FOM-Edition
FOM Hochschule für Oekonomie & Management

Mike Wienbracke

Einführung in die Grundrechte

Mit wirtschaftsjuristischem Schwerpunkt und dem Recht der Verfassungsbeschwerde

Prof. Dr. iur. Mike Wienbracke, LL. M. (Edinburgh)
Westfälische Hochschule
Gelsenkirchen, Bocholt, Recklinghausen, Deutschland

Dieses Werk erscheint in der FOM-Edition, herausgegeben von FOM Hochschule für Oekonomie & Management.

ISBN 978-3-658-00763-8   ISBN 978-3-658-00764-5 (eBook)
DOI 10.1007/978-3-658-00764-5

Die Deutsche Nationalbibliothek verzeichnet diese Publikation in der Deutschen Nationalbibliografie; detaillierte bibliografische Daten sind im Internet über http://dnb.d-nb.de abrufbar.

Springer Gabler
© Springer Fachmedien Wiesbaden 2013

Lektorat: Angela Pfeiffer

Gedruckt auf säurefreiem und chlorfrei gebleichtem Papier.

Springer Gabler ist eine Marke von Springer DE. Springer DE ist Teil der Fachverlagsgruppe Springer Science+Business Media
www.springer-gabler.de

Vorwort

Wie allein schon ein Blick in die auf den Seiten 359 ff. zusammengestellte Literaturauswahl verdeutlicht, besteht an etablierten Lehrbüchern namhafter Autoren zum Thema „Grundrechte" kein Mangel. Dass das vorliegende Werk dem Leser gleichwohl einen speziellen Mehrwert bietet, resultiert zum einen aus der Fokussierung auf das examensrelevante Wissen. So sind die Grundrechte als Teil des Staatsrechts (nur) eines von mehreren Pflichtfächern in der Juristenausbildung, siehe etwa § 11 Abs. 2 JAG NRW. Diesem Befund wird in Teil II dadurch Rechnung getragen, dass dort gerade nicht sämtliche Grundrechte und grundrechtsgleichen Rechte des deutschen Grundgesetzes – in womöglich noch gleichbleibender Tiefe – behandelt werden, sondern der Fokus vielmehr auf einzelnen, im Examen am häufigsten vorkommenden Grundrechten liegt (vgl. das Ergebnis der Klausurauswertung bei *Preis/Prütting/Sachs/Weigend*, Die Examensklausur, 4. Auflage 2010, S. 347 f.). Um dem Kandidaten jedoch auch bei der Prüfung von weniger klausurrelevanten Grundrechten eine erste Handreichung zu geben und um generell eine solide dogmatische Grundlage für die Bearbeitung von Grundrechtsfällen zu schaffen, nehmen die in Teil I behandelten Allgemeinen Grundrechtslehren einen vergleichsweise weiten Raum ein.

Zum anderen illustrieren die weit mehr als 100 über das gesamte Buch verteilten, vornehmlich dem Bereich des Wirtschafts, Arbeits- und Steuerrechts entnommenen Beispielsfälle die „Alltagsrelevanz" der Grundrechte. Damit soll nicht nur der (Fehl-)Wahrnehmung entgegengewirkt werden, dass es sich bei den Grundrechten um eine „abstrakte" Materie handele, die mit dem „echten Leben" (im zivil-/strafrechtlichen Bereich) nichts zu tun hätte. Vielmehr richtet sich das hiesige Buch ebenfalls an Studenten und Praktiker gerade aus dem ökonomischen Bereich (Wirtschaftswissenschaftler). Nicht zuletzt im Hinblick auf diesen Adressatenkreis ist die wirtschaftsjuristische Schwerpunktsetzung sowie die Aufnahme auch des Abschnitts zur Vereinigungs- und Koalitionsfreiheit des Art. 9 GG erfolgt. Beiden Zielgruppen gleichermaßen dienen die insgesamt über 30 Tabellen und Abbildungen beim Erfassen von Zusammenhängen bzw. zur Orientierung bei der Falllösung. Da Letztere ohne die Behandlung prozessualer Themen regelmäßig nicht auskommt, wird in Teil III schließlich noch das Recht der (Individual-)Verfassungsbeschwerde als „dem spezifische[n] Rechtsbehelf des Bürgers gegen den Staat" (BVerfGE 4, 27 [30]) behandelt.

Das vorliegende Lernbuch versteht sich nicht als Konkurrenz, sondern als Ergänzung zur bereits vorhandenen Grundrechtsliteratur. Hierauf ist zurückzuführen, dass sich in

dessen Fließtext eine große Anzahl von ausgewählten Zitaten vornehmlich aus „klassischen" Entscheidungen des BVerfG, aber auch aus den einschlägigen Standardwerken des
Schrifttums wiederfinden. Um den schnellen Leser nicht mit Detailinformationen zu über-
frachten, dem Interessierten aber gleichwohl weitergehende Hintergrundinformationen
zur Verfügung zu stellen, ist der Fußnotenapparat bewusst nicht auf die bloße Angabe
von Rechtsprechungs- bzw. Literaturnachweisen beschränkt; sofern darin auf Internetsei-
ten (des Bundesverfassungsgerichts) verwiesen wird, wurden diese letztmalig am 31. August 2012 abgerufen. Gleichwohl dürfte selbstverständlich sein, dass eine lückenlose Erfas-
sung sämtlicher streitig diskutierter Fragen aus dem hier behandelten Grundrechtsbereich
im gegebenen Umfang nicht bewerkstelligt werden kann, sondern den einschlägigen Ab-
handlungen namentlich in Kommentaren und Handbüchern vorbehalten ist.

Innerhalb der einzelnen Abschnitte zum materiellen Recht folgt der Aufbau der Darstellung dem hergebrachten Prüfungsraster, d. h. bei den Freiheitsgrundrechten (1) Schutzbereich, (2) Eingriff und (3) verfassungsrechtliche Rechtfertigung. Um dabei Wiederho-
lungen zu vermeiden, sind die einzelnen Teile des Buchs durch zahlreiche Querverweise
miteinander verwoben. Die für eine erfolgreiche Falllösung unabdingbaren Begriffsdefini-
tionen sind optisch hervorgehoben.

Bezüglich der verwendeten Abkürzungen wird auf *Kirchner*, Abkürzungsverzeichnis
der Rechtssprache, 6. Auflage, Berlin 2008, verwiesen.

Der FOM, namentlich den Herren Prof. Dr. *Thomas Heupel* und Prof. Dr. *Jens Schmitt-
mann*, danke ich für die Aufnahme des Werkes in die FOM-Edition sowie Herrn Dipl.-jur.
Kai Enno Stumpp für die Begleitung bei dessen Herstellung.

Recklinghausen, im August 2012   Mike Wienbracke

Inhaltsverzeichnis

Teil I
Allgemeine Grundrechtslehren

A. Einführung

I. Begriff und Entwicklungsgeschichte der Grundrechte

Obgleich es an einer verbindlichen Definition des **Begriffs „Grundrechte"** fehlt, wer- 1
den hierunter allgemeinhin die verfassungsrechtlich garantierten subjektiv-öffentlichen
(Elementar-)Rechte[1] des Einzelnen gegenüber dem Staat verstanden, welche die äußerste Grenze der staatlichen Herrschaftsgewalt markieren.[2] Als solche sind sie allerdings
keinesfalls „vom (Werte-)Himmel gefallen",[3] sondern als Teil des Staats- und Verfassungsrechts dem historischen Wandel der politischen Ordnungen unterworfen.[4] Namentlich
die Grundrechte des Grundgesetzes sind mithin keine originären „Erfindungen" der Ver-
fassungsväter und -mütter von 1949, sondern wurden vor dem Hintergrund einer langen
und keinesfalls immer geradlinig verlaufenen **verfassungsgeschichtlichen Entwicklung**
herausgebildet.[5] Deren wesentliche Stufen sind in der nachfolgenden Tabelle aufgeführt,
wobei insbesondere auf die „entstehungsgeschichtlichen Verbindungslinien [...] von 1848
direkt zu den Grundrechten der Weimarer Reichsverfassung" und zum Grundgesetz hingewiesen wird.[6]

---

[1] Hierunter ist die dem Einzelnen verliehene Rechtsmacht zu verstehen, von einem Träger öffentlicher Gewalt ein Tun oder Unterlassen verlangen zu können, siehe *Manssen*, Staatsrecht II, Rn. 19.
[2] Vgl. *Hufen*, Staatsrecht II, § 1 Rn. 6; *Pieroth/Schlink*, Grundrechte, Rn. 45; *Wilms*, Staatsrecht II,
Rn. 1. Zur Differenzierung zwischen **Menschen-** und **Bürger**(grund-)**rechten** siehe Rn. 27.
[3] So plastisch *Dreier, Horst*, in: ders. (Hrsg.), GG, 2. Auflage, Tübingen 2010, Vorb. vor Art. 1 Rn. 7.
[4] *Pieroth/Schlink*, Grundrechte, Rn. 18.
[5] *Hufen*, Staatsrecht II, § 2 Rn. 21; *Manssen*, Staatsrecht II, Rn. 2.
[6] *Pieroth/Schlink*, Grundrechte, Rn. 26, 39. Siehe ferner BVerfGE 124, 300 (328): **Grundgesetz „als
Gegenentwurf zu dem Totalitarismus des nationalsozialistischen Regimes".**

M. Wienbracke, *Einführung in die Grundrechte*, FOM-Edition, 3
DOI 10.1007/978-3-658-00764-5_1, © Springer Fachmedien Wiesbaden 2013

2　Entwicklungsgeschichte der Grundrechte[7]

Jahr	Rechtsakt
1215 (England)	**Magna Charta Libertatum** → Vereinbarung zwischen König und Adel, die diesem bestimmte Privilegien garantierte (v. a. Schutz vor willkürlicher Verhaftung)
1679 (England)	**Habeas Corpus Act** → Verbürgung prozeduraler Rechte bei Freiheitsentziehungen
1689 (England)	**Bill of Rights** → Enthält neben Parlaments- auch Individualrechte (u. a. Petitionsrecht)
1776 (Nordamerika)	**Virginia Bill of Rights** → Erste vollständige Erklärung der Menschenrechte im modernen Sinn (v. a. Recht auf Leben und Freiheit, Religions-, Presse- und Eigentumsfreiheit)
1787/91 (Nordamerika)	**Amerikanische Bundesverfassung** (mit 10 Zusatzartikeln, sog. *amendments*) → Gewährleistet u. a. die Religions-, Meinungs-, Presse- und Versammlungsfreiheit
1789 (Frankreich)	**Französische Menschen- und Bürgerrechtserklärung** (*Déclaration des droits des homme et du citoyen*) → Markiert mit der Verbürgung nahezu aller modernen Menschenrechte (u. a. Gleichheit der Menschen, allgemeine Handlungsfreiheit, Religions-, Meinungs-, Presse- und Eigentumsfreiheit) den Beginn der neueren europäischen Verfassungsentwicklung und gehört noch heute zum geltenden französischen Verfassungsrecht
1818/19 (Deutschland)	**Verfassungen süddeutscher Staaten** (Bayern, Baden und Württemberg) → Monarchische Gewährung von „staatsbürgerlichen Rechten" (u. a. Sicherheit der Person und des Eigentums; Gewissensfreiheit)
1848/49 (Deutschland)	**Paulskirchenverfassung** → Stellte mit Kodifizierung des ersten gesamtdeutschen Grundrechtskatalogs (u. a. allgemeiner Gleichheitssatz; Religions-, Meinungs-, Presse- und Versammlungsfreiheit; Berufs- und Eigentumsfreiheit) den Anschluss an die Entwicklungen in Nordamerika und Frankreich her und sah die Möglichkeit einer Verfassungsbeschwerde vor; wurde nach Scheitern der sog. Märzrevolution bereits 1851 wieder aufgehoben
1850 (Deutschland)	**Preußische Verfassungsurkunde** → Enthielt zwar einen mit dem der Paulskirchenverfassung im Wesentlichen vergleichbaren Katalog von Grundrechten; jedoch war in Art. 3 ausdrücklich vorgesehen, dass der (reaktionäre) Gesetzgeber bestimmte, unter welchen Bedingungen diese Rechte „erworben, ausgeübt und verloren werden"
1867 (Deutschland)	**Verfassung des Norddeutschen Bundes** › Beinhaltete keine Grundrechte

---

[7] Zur Tabelle vgl. auch *Berg*, Staatsrecht, Rn. 402 ff.; *Epping*, Grundrechte, Rn. 1 ff; *Ipsen*, Staatsrecht II, Rn. 5 ff. m. w. N.; *Katz*, Staatsrecht, Rn. 549 ff.; *Manssen*, Staatsrecht II, Rn. 3 ff.; *Michael/Morlok*, Grundrechte, § 2; *Papier/Krönke*, Grundkurs Öffentliches Recht 2, Rn. 20 ff.; *Sodan/Ziekow*, Grundkurs Öffentliches Recht, § 20 Rn. 2 ff.; *Zippelius/Würtenberger*, Deutsches Staatsrecht, § 16 Rn. 1 ff. Näher *Frotscher, Werner/Pieroth, Bodo*, Verfassungsgeschichte, 10. Auflage, München 2011. Zum **ideengeschichtlichen Hintergrund** siehe *Sachs*, Verfassungsrecht II, A 1 Rn. 1 f.; *Wilms*, Staatsrecht II, Rn. 8 ff. m. w. N.

(Fortsetzung)

Jahr	Rechtsakt
1871 (Deutschland)	**Bismarck'sche Reichsverfassung** → Beinhaltete keine Grundrechte (außer der Niederlassungs- und Gewerbefreiheit)
1919 (Deutschland)	**Weimarer Reichsverfassung (WRV)** → In Anknüpfung an die Paulskirchenverfassung erster längerwährender gesamtdeutscher Grundrechtskatalog, der neben klassisch-liberalen Freiheitsrechten (u. a. Freiheit der Person; Religions-, Meinungs- und Versammlungsfreiheit) auch Grundrechte mit ökonomischen/sozialen Dimensionen beinhaltete; Letztere wurden allerdings nur als unverbindliche „Programmsätze" verstanden und es fehlte sowohl an einer Bindung des Gesetzgebers an die Grundrechte[8] als auch an der Möglichkeit der Geltendmachung ihrer Verletzung vor einem Verfassungsgericht im Wege der Verfassungsbeschwerde; wurde 1933 mit der nationalsozialistischen Machtergreifung außer Kraft gesetzt

II. Grundrechte des Grundgesetzes

Wie sich bereits aus der Überschrift von Abschnitt I des Grundgesetzes ergibt, sind dort „die Grundrechte" vorrangig in den **Art. 1 bis 19 GG** normiert – wenngleich es sich umgekehrt freilich nicht bei sämtlichen dieser Vorschriften um subjektive (Grund-)Rechte handelt (z. B. Art. 15 GG).[9] Darüber hinaus enthält das Grundgesetz aber auch in den **Art. 20 Abs. 4, 33, 38, 101, 103 und 104 GG** materiell jeweils als vollwertige Grundrechte zu qualifizierende sog. **grundrechtsgleiche Rechte**.[10] Während deren Verletzung gem. Art. 93 Abs. 1 Nr. 4a GG ebenso wie die der in den Art. 1 bis 19 GG enthaltenen **Grundrechte (im engeren Sinn)** im Wege der (Individual-)Verfassungsbeschwerde vor dem BVerfG geltend gemacht werden kann (Rn. 571 ff.), steht diese Rechtsschutzmöglichkeit im Hinblick auf **sonstige verfassungsrechtlich verbürgte Rechte** (z. B. Art. 34 GG) nicht zur Verfügung.[11]

3

Anders als unter der WRV noch teilweise der Fall gewesen (Rn. 2), handelt es sich bei den Grundrechten des GG (inkl. der grundrechtsgleichen Rechte i. S. v. Art. 93 Abs. 1 Nr. 4a GG) nicht bloß um unverbindliche „Programmsätze",[12] sondern gem. Art. 1

4

---

[8] „Gesetzmäßigkeit der Verfassung" statt „Verfassungsmäßigkeit der Gesetze", *Berg*, Staatsrecht, Rn. 425.

[9] *Pieroth/Schlink*, Grundrechte, Rn. 65 ff. Zu dem vom BVerfG aus Art. 2 Abs. 1 i. V. m. Art. 1 Abs. 1 GG entwickelten allgemeinen Persönlichkeitsrecht als „unbenanntem" (sog. Inominat-) **Grundrecht** siehe BVerfGE 54, 148 (153) sowie jüngst BVerfGE 120, 274 (302) (Grundrecht auf Computerschutz) und allgemein *Manssen*, Staatsrecht II, Rn. 43. Zu **überpositiven Grundrechten** siehe *Sachs*, Verfassungsrecht II, A 2 Rn. 46 m. w. N.

[10] *von Kielmansegg*, JuS 2009, S. 19.

[11] *Jarass*, in: ders./Pieroth, GG, Vorb. vor Art. 1 Rn. 1; *Zippelius/Würtenberger*, Deutsches Staatsrecht, § 16 Rn. 14 ff.

[12] *Jarass*, in: ders./Pieroth, GG, Art. 1 Rn. 30; *Wilms*, Staatsrecht II, Rn. 63.

Abs. 3 GG um „**unmittelbar geltendes Recht**". Sind die Grundrechte damit aus juristischer Sicht zunächst einmal nichts anderes als „gewöhnliche" Rechtsnormen, die für den Einzelnen subjektive (Rn. 67 ff.), notfalls gerichtlich einklagbare Rechte begründen (vgl. Art. 19 Abs. 4 Satz 1, 93 Abs. 1 Nr. 4a GG) und von ihren Adressaten – nämlich der „Gesetzgebung, vollziehende[n] Gewalt und Rechtsprechung" (Art. 1 Abs. 3 GG; Rn. 98 ff.) – ohne Weiteres Beachtung verlangen, so partizipieren sie als Teil des Verfassungsrechts freilich an dessen **Vorrang** vor allen anderen innerstaatlichen Rechtsnormen (dem sog. einfachen Gesetzesrecht) und Rechtsakten (der Verwaltung und der Rechtsprechung), die mit ihnen vereinbar sein müssen.[13]

III. Inter-, supranationale und landesverfassungsrechtliche Grundrechte

5   Neben den im deutschen Grundgesetz verorteten Grundrechten finden sich ebenfalls auf **inter-, supranationaler und landesverfassungsrechtlicher Ebene** Grundrechtsgewährleistungen, wodurch es teilweise zu entsprechenden Doppel- bzw. Mehrfachbindungen der deutschen Staatsgewalt kommt.[14]

Beispiel 1[15]

6   Eine Landesbehörde vollzieht in einem (EU-)grenzüberschreitenden Fall ein Landesgesetz. Hierbei ist sie gebunden an die (1) Landesgrundrechte, (2) Grundrechte des GG, (3) EMRK, (4) EU-GRC (und die EU-Grundfreiheiten der Art. 28 ff. AEUV); ggf. können (1) das Landesverfassungsgericht, (2) das BVerfG, (3) der EGMR und (4) der EuGH angerufen werden.

1. Europäische Konvention zum Schutz der Menschenrechte und Grundfreiheiten (EMRK)

7   Der Europarat hat am 4.11.1950 die Europäische Konvention zum Schutz der Menschenrechte und Grundfreiheiten (EMRK) erarbeitet, die einen Katalog von klassischen (Grund-)Rechten und Freiheiten enthält und in ihren Art. 19 ff. die Errichtung des Europäischen Gerichtshofs für Menschenrechte (EGMR) vorsieht (Sitz: Straßburg), welcher die Einhaltung der in dieser Konvention von den Vertragsparteien übernommenen Verpflichtungen sicherstellen soll.[16] Da die EMRK als **völkerrechtlicher Vertrag** allerdings nur die

---

[13] *Hufen*, Staatsrecht II, § 4 Rn. 4 („Das ist [...] die Grundlage der ‚**Normenhierarchie**'", Hervorhebung d. d. Verf.); *Katz*, Staatsrecht, Rn. 548; *von Kielmansegg*, JuS 2009, S. 19; *Sachs*, Verfassungsrecht II, A 3 Rn. 1; *Wilms*, Staatsrecht II, Rn. 64. Vgl. auch **Art. 79 Abs. 3 GG**.

[14] Vgl. *Wilms*, Staatsrecht II, Rn. 267 ff.

[15] Nach *Michael/Morlok*, Grundrechte, Rn. 88.

[16] Hierzu kann er unter den Voraussetzungen der Art. 34 f. EMRK u. a. von einer natürlichen Person mit einer sog. **Individualbeschwerde** befasst werden. Demgegenüber handelt es sich bei der von der

Vertragsstaaten untereinander bindet, bedurfte es zu ihrer innerstaatlichen Wirksamkeit im Verhältnis Staat-Bürger eines Umsetzungsaktes, vgl. Art. 59 Abs. 2 Satz 1 GG.[17] Ein derartiges Transformationsgesetz hat der Bundesgesetzgeber am 7.8.1952 erlassen.[18] Innerhalb der deutschen Rechtsordnung steht die EMRK daher im **Rang eines einfachen Bundesgesetzes**.[19] Als solches bindet sie zwar die vollziehende Gewalt und die Rechtsprechung (Art. 20 Abs. 3 GG), welche die EMRK wie jedes anderes Gesetzesrecht des Bundes im Rahmen methodisch vertretbarer Auslegung „ergebnisorientiert"[20] zu beachten und anzuwenden haben, ist aber kein unmittelbarer verfassungsrechtlicher Prüfungsmaßstab, vgl. Art. 93 Abs. 1 Nr. 4a GG, § 90 Abs. 1 BVerfGG. Insbesondere kann daher ein Beschwerdeführer vor dem BVerfG nicht *unmittelbar* die Verletzung eines in der EMRK enthaltenen Menschenrechts mit einer Verfassungsbeschwerde rügen.[21]

Allerdings hat das BVerfG im *Görgülü*-Beschluss aus dem Jahr 2004[22] für Recht erkannt, dass die Gewährleistungen der EMRK aufgrund der Völkerrechtsfreundlichkeit des Grundgesetzes die Auslegung von dessen rechtsstaatlichen Grundsätzen sowie der Grundrechte durchaus beeinflussen.[23] Der Konventionstext und die Rechtsprechung des EGMR dienen insoweit als „**Auslegungshilfen**"[24] – und zwar auch für solche Gesetze, die nach dem Beitritt Deutschlands zur EMRK erlassen wurden; „denn es ist nicht anzunehmen, daß der Gesetzgeber, sofern er dies nicht klar bekundet hat, von völkerrechtlichen Verpflichtungen der Bundesrepublik Deutschland abweichen oder die Verletzung solcher Verpflich-

8

Generalversammlung der Vereinten Nationen am 10.12.1948 verabschiedeten **Allgemeinen Erklärung der Menschenrechte** um eine bloße Empfehlung ohne (völker-)rechtliche Bindungswirkung, siehe *Zippelius/Würtenberger*, Deutsches Staatsrecht, § 16 Rn. 31.

[17] *Pieroth/Schlink*, Grundrechte, Rn. 56. Die EMRK gehört (grundsätzlich, vgl. aber Art. 3 und 4 Abs. 1 EMRK) **nicht** zu den allgemeinen Regeln des Völkerrechts i. S. v. **Art. 25 GG**, siehe *Zippelius/Würtenberger*, Deutsches Staatsrecht, § 16 Rn. 37.

[18] Gesetz über die Konvention zum Schutze der Menschenrechte und Grundfreiheiten vom 7.8.1952, BGBl. II 1952, S. 685.

[19] BVerfGE 120, 180 (200) m. w. N. Folge: „Der Bundesgesetzgeber ist staatsrechtlich nicht gehindert, Gesetze zu schaffen, die der EMRK widersprechen; darin läge allerdings eine Verletzung des Völkerrechts", *Berg*, Staatsrecht, Rn. 444. Ob die EMRK nunmehr über **Art. 6 Abs. 3 EUV** am Anwendungsvorrang des Unionsrechts teilnimmt, ist str., bejahend *Detterbeck*, Öffentliches Recht, Rn. 601 a. E. und *Hufen*, Staatsrecht II, § 4 Rn. 10, verneinend *Michael/Morlok*, Grundrechte, Rn. 96, denen zufolge sich auch durch Art. 6 Abs. 3 EUV nichts an der Eigenschaft der EMRK als bloßer **Rechtserkenntnisquelle** geändert habe (a. a. O. Rn. 82; ebenso *Epping*, Grundrechte, Rn. 1043). Hiergegen wiederum *Ehlers, Dirk*, in ders., Europäische Grundrechte und Grundfreiheiten, 3. Auflage, Berlin 2009, § 2 Rn. 18, § 14 Rn. 15.

[20] BVerfG, NJW 2011, S. 1931 (1936).

[21] BVerfGE 111, 307 (317) m. w. N. Siehe auch Rn. 605.

[22] BVerfGE 111, 307.

[23] Mithin stellt das BVerfG die EMRK in der Normenhierarchie über das einfache Recht und zieht sie mittelbar auch gegenüber dem Gesetzgeber als Kontrollmaßstab heran, siehe *Pieroth/Schlink*, Grundrechte, Rn. 58. Im Ergebnis kommen der Grundrechtsschutz nach der EMRK und dem GG daher nebeneinander zur Anwendung, siehe *Zippelius/Würtenberger*, Deutsches Staatsrecht, § 16 Rn. 48.

[24] BVerfG, NJW 2011, S. 1931 (1935) m. w. N.

tungen ermöglichen will."[25] „Sowohl die fehlende Auseinandersetzung mit einer Entscheidung des EGMR als auch deren gegen vorrangiges Recht verstoßende schematische Vollstreckung können deshalb gegen **Grundrechte i. V. m. dem Rechtsstaatsprinzip** [Art. 20 Abs. 3 GG] verstoßen." Die hieraus resultierende „Pflicht zur Berücksichtigung der Gewährleistungen der EMRK und der Entscheidungen des EGMR erfordert zumindest, dass die entsprechenden Texte und Judikate zur Kenntnis genommen werden und in den Willensbildungsprozess des zu einer Entscheidung berufenen Gerichts[26], der zuständigen Behörde[27] oder des Gesetzgebers einfließen"[28] – und zwar über den konkret vom EGMR entschiedenen Einzelfall hinaus.[29] „Das BVerfG hält es daher für geboten, dass ein Beschwerdeführer gestützt auf das einschlägige Grundrecht mit der **Verfassungsbeschwerde** rügen können muss, dass ein staatliches Organ eine Konventionsbestimmung oder eine Entscheidung des EGMR missachtet oder nicht berücksichtigt habe."[30]

Beispiel 2[31]

9   Arbeitnehmerin N ist als Altenpflegerin bei Arbeitgeber G, einer vom deutschen Bundesland B beherrschten GmbH, tätig. Aufgrund Personalmangels sind bei G ernsthafte Defizite in der Pflege zu verzeichnen, worüber N die Geschäftsführung von G mehrfach informierte. Da diese hierauf jedoch nicht reagierte und N infolge Überlastung zeitweise arbeitsunfähig war, erstattete N nach vorheriger Ankündigung durch ihren Rechtsanwalt schließlich Strafanzeige gegen die bei G Verantwortlichen wegen Betrugs (§ 263 StGB). Als G hiervon erfuhr, wurde N gem. § 626 Abs. 1 BGB fristlos gekündigt. Auf die Klage der N gegen die Kündigung stellte das ArbG zunächst fest, dass der Arbeitsvertrag durch die Kündigung nicht beendet worden sei. Das LAG hob dieses Urteil später allerdings auf und stellte seinerseits fest, dass die Kündigung rechtmäßig gewesen sei; denn bei der Strafanzeige der N handele es sich um einen „wichtigen Grund" i. S. v. § 626 Abs. 1 BGB. Das BAG wies die Nichtzulassungsbeschwerde der N zurück

---

[25] BVerfGE 74, 358 (370). Die *lex-posterior*-**Regel** ist insoweit also regelmäßig unanwendbar, vgl. *Epping*, Grundrechte, Rn. 1033.

[26] Ggf. über **§ 580 Nr. 8 ZPO** (ggf. i. V. m. **§ 79 Satz 1 ArbGG, § 134 FGO, § 179 Abs. 1 SGG** bzw. **§ 153 Abs. 1 VwGO**) oder § 359 Nr. 6 StPO.

[27] Zu den insofern ggf. in Betracht kommenden **§ 51 Abs. 1 Nr. 3 (L-)VwVfG** i. V. m. **§ 580 Nr. 8 ZPO** bzw. – für Parallelfälle – **§§ 48, 51 Abs. 5 (L-)VwVfG** siehe *Breuer, Marten*, in: Karpenstein/Mayer, EMRK, München 2012, Art. 46 Rn. 65 ff.

[28] BVerfGE 111, 307 (317 ff.) m. w. N. Der EGMR kann konventionswidrige nationale Maßnahmen allerdings **nicht aufheben**, sondern eine Verletzung der EMRK **lediglich feststellen** und **ggf.** eine **Entschädigung** zusprechen, siehe Art. 41 EMRK. In Art. 46 Abs. 1 EMRK haben sich alle Vertragsparteien in allen Rechtssachen, in denen sie Partei sind, zur Befolgung des endgültigen Urteils des EGMR verpflichtet.

[29] BVerfG, NJW 2011, S. 1931 (1935).

[30] BVerfG, NVwZ 2007, S. 808 (811) (Hervorhebung d. d. Verf.). Siehe auch Rn. 605.

[31] Nach EGMR, NZA 2011, S. 1269. Zur „Transposition" dieses Themas auf Ebene des **Art. 5 Abs. 1 GG** siehe *Wienbracke, Mike*, in: Bontrup/Korenke/Wienbracke, Festschrift zum 65. Geburtstag von Peter Pulte, Hamburg 2012, S. 21. Siehe auch EGMR, NZA 2011, S. 279.

und das BVerfG nahm ihre Verfassungsbeschwerde nicht zur Entscheidung an. Vor dem EGMR rügt N nunmehr, dass die Kündigung sie in ihrem in Art. 10 Abs. 1 EMRK garantierten Recht auf Freiheit der Meinungsäußerung verletzte. Hat N mit ihrer zulässigen Beschwerde in der Sache Erfolg? Wie wird der EGMR entscheiden?

Ja. Als sog. *Whistleblowing*, d. h. die Offenlegung von Missständen durch den Arbeitnehmer, fällt das Erstatten der Strafanzeige durch N in den Schutzbereich von Art. 10 Abs. 1 EMRK. Auch greifen die deswegen ausgesprochene Kündigung und die sie aufrecht erhaltenden Entscheidungen der deutschen Gerichte in das Recht der N auf Freiheit der Meinungsäußerung ein. Mangels Verhältnismäßigkeit ist dieser auf § 626 Abs. 1 BGB gestützte Eingriff schließlich auch nicht gerechtfertigt, haben die deutschen Gerichte im konkreten Fall doch keinen angemessenen Ausgleich zwischen den Positionen von G einerseits und N andererseits hergestellt. So waren die von N weitergegebenen Informationen über die Mängel in der Pflege bei G sowohl wahr als auch von öffentlichem Interesse, wurde G von N vor Erstattung der Strafanzeige mehrfach auf die zum Betrugsvorwurf führenden Mängel ohne Erfolg hingewiesen und die Anzeige angekündigt sowie diese auch in gutem Glauben erstattet. Wenngleich hierdurch der gute Ruf von G sowie dessen wirtschaftliche Interessen geschädigt wurden, so überwiegt zugunsten der N doch das in einer demokratischen Gesellschaft bestehende öffentliche Interesse an Informationen über Mängel in der staatlichen Altenheimpflege. Zudem ist vorliegend mit der fristlosen Kündigung die härteste Sanktion gegen N verhängt worden, die nach dem deutschen Arbeitsrecht möglich ist. Diese hat aber nicht nur negative Folgen für die weitere berufliche Laufbahn der N, sondern kann auch eine abschreckende Wirkung auf andere in der Pflegebranche tätige Arbeitnehmer haben und diese davon abhalten, über Mängel in „ihrer" jeweiligen Pflegeeinrichtung zu berichten, was wiederum eine schädigende Wirkung für die gesamte Gesellschaft zur Folge hätte. Mithin wird der EGMR die Bundesrepublik Deutschland nach Art. 41 EMRK zur Zahlung einer gerechten Entschädigung an N verurteilen.

2. Unionsgrundrechte

Im Gegensatz zur völkerrechtlichen EMRK entfaltet das supranationale EU-Recht unmittelbare Geltung im nationalen Recht.[32] Zu diesem gehört gem. Art. 6 Abs. 1 UAbs. 1 EUV auch die **Charta der Grundrechte der Europäischen Union** (EU-GRC) vom 7.12.2000. Wenngleich die darin verbürgten Rechte, Freiheiten und Grundsätze den Einzelnen primär gegenüber dem Handeln der „Organe [Art. 13 Abs. 1 EUV], Einrichtungen und sonstigen Stellen der Union" schützen sollen, so gilt die EU-GRC nach dem ausdrücklichen Wortlaut ihres Art. 51 Abs. 1 Satz 1 darüber hinaus doch ebenfalls „für die Mitgliedstaaten bei der Durchführung des Rechts der Union". Ein solcher Fall liegt vor, wenn die Mit-

10

---

[32] EuGH, NJW 1978, S. 1741; BVerfGE 73, 339 (374 f.); *Oppermann, Thomas/Classen, Claus D./Nettesheim, Martin*, Europarecht, 5. Auflage, München 2011, § 9 Rn. 14.

gliedstaaten „im Anwendungsbereich des Unionsrechts handeln",[33] d. h. jedenfalls dann, wenn und soweit ihr Handeln auf primärem oder sekundärem EU-Recht – und nicht allein auf nationalem Recht – beruht (z. B. Anwendung einer Verordnung oder Vollzug eines Beschlusses).[34] Entsprechendes gilt in Bezug auf mitgliedstaatliche Einschränkungen der in den Art. 28 ff. AEUV verankerten Europäischen Grundfreiheiten.[35] Soweit dagegen das EU-Recht den Mitgliedstaaten Spielräume einräumt (z. B. bzgl. der Umsetzung einer Richtlinie, Art. 288 Abs. 3 AEUV), sind die diese Spielräume ausfüllenden nationalen Maßnahmen nicht mehr i. S. v. Art. 51 Abs. 1 Satz 1 EU-GRC unionsrechtlich determiniert, sodass insofern ausschließlich eine Bindung an die nationalen Grundrechte besteht (str.).[36] Nach Art. 53 EU-GRC ist keine Bestimmung der EU-GRC „als eine Einschränkung oder Verletzung der Menschenrechte und Grundfreiheiten auszulegen, die […] durch die Verfassungen der Mitgliedstaaten anerkannt werden."

Beispiel 3[37]

11   Nach § 622 Abs. 2 Satz 1 BGB beträgt die Kündigungsfrist für eine Kündigung durch den Arbeitgeber, wenn das Arbeitsverhältnis in dem Betrieb oder Unternehmen

- (Nr. 1) zwei Jahre bestanden hat, einen Monat zum Ende eines Kalendermonats,
- (Nr. 4) zehn Jahre bestanden hat, vier Monate zum Ende eines Kalendermonats.

Allerdings werden gem. § 622 Abs. 2 Satz 2 BGB bei der Berechnung der Beschäftigungsdauer Zeiten, die vor der Vollendung des 25. Lebensjahrs des Arbeitnehmers liegen, nicht berücksichtigt. Die am 12.2.1981 geborene Arbeitnehmerin N war seit dem 4.6.1999 bei Arbeitgeber G beschäftigt. Mit Schreiben vom 19.12.2009 erklärte G die Kündigung und zwar bereits zum 31.1.2010. N meint, dass nach § 622 Abs. 2 Satz 1 Nr. 4 BGB eine viermonatige Kündigungsfrist hätte eingehalten werden müssen, da § 622 Abs. 2 Satz 2 BGB infolge Verstoßes gegen ihre „europäischen Grundrechte" unangewendet bleiben müsse. Geben diese die von N behauptete Rechtsfolge an sich her, wenn die durch G ausgesprochene Kündigung in den Anwendungsbereich des Unionsrechts fällt und Sekundärrecht nicht zu prüfen ist?

Ja. Nach Art. 21 Abs. 1 EU-GRC, der seit dem 1.12.2009 den gleichen rechtlichen Rang hat wie der EUV und der AEUV (siehe Art. 6 Abs. 1 UAbs. 1 2. Hs. EUV), d. h.

---

[33] Erläuterungen zu Art. 51 EU-GRC (ABl. EU 2007 Nr. C 303, S. 32) m. w. N. zur EuGH-Rechtsprechung.

[34] *Jarass,* GRCh, München 2010, Art. 51 Rn. 16 f. m. w. N. aus der EuGH-Rechtsprechung; *Pieroth/Schlink,* Grundrechte, Rn. 60.

[35] Vgl. EuGH, EuZW 2002, S. 603 (605) und siehe *Ehlers,* in: ders. (Hrsg.), Europäische Grundrechte und Grundfreiheiten, 3. Auflage, Berlin 2009, § 14 Rn. 53 m. w. N.

[36] *Pieroth/Schlink,* Grundrechte, Rn. 61. **A. A.** *Jarass,* EU-Grundrechte, München 2005, § 4 Rn. 13 m. w. N.; vgl. auch EuGH, NVwZ 2006, S. 1033 (1036). Zu der nach der letztgenannten Auffassung eintretenden **Doppelbindung** der Mitgliedstaaten sowohl an die nationalen Grundrechte als auch an die Unionsgrundrechte siehe *Michael/Morlok,* Grundrechte, Rn. 86, 104 f. Siehe auch Rn. 116.

[37] Nach EuGH, NJW 2010, S. 427; BAG, NZA 2012, S. 754.

im Wege des Anwendungsvorrangs kollidierendes nationales Recht zurückdrängt, sind Diskriminierungen u. a. wegen des Alters verboten. § 622 Abs. 2 Satz 2 BGB enthält jedoch eine eben solche Ungleichbehandlung. Denn diese Vorschrift des deutschen Arbeitsrechts behandelt Personen, die die gleiche Betriebszugehörigkeitsdauer aufweisen, unterschiedlich, je nachdem, in welchem Alter sie in den Betrieb eingetreten sind. Sofern diese Altersdiskriminierung nicht gerechtfertigt werden kann, hat N daher Recht.

Als weitere Quelle der letztlich vom EuGH (Sitz: Luxemburg) überwachten Unions-　12
grundrechte erwähnt Art. 6 Abs. 3 EUV neben der EU-GRC zudem noch „die Grundrechte, wie sie in der Europäischen Konvention zum Schutz der Menschenrechte und Grundfreiheiten [EMRK] gewährleistet sind und wie sie sich aus den **gemeinsamen Verfassungsüberlieferungen der Mitgliedstaaten** ergeben." Bedeutsam ist dies v. a. im Hinblick auf die Entwicklung zusätzlicher Grundrechte durch den EuGH, die wie beispielsweise die allgemeine Handlungsfreiheit nicht in der EU-GRC enthalten sind.[38] Auch diese Unionsgrundrechte binden die Mitgliedstaaten, soweit sie im Anwendungsbereich des EU-Rechts handeln.[39]

3. Grundrechte der Landesverfassungen

Die aus der Staatsqualität der einzelnen Bundesländer resultierende Verfassungsautonomie　13
umfasst deren grundsätzliche Befugnis, Grundrechte in ihre jeweilige Landesverfassung mit aufzunehmen (so z. B. Art. 98 ff. BayVerf) sowie eine eigene Landesverfassungsgerichtsbarkeit mit einer Zuständigkeit für (Landes-)Verfassungsbeschwerden zu errichten (so z. B. Art. 65 i. V. m. Art. 92, Art. 66 i. V. m. Art. 120 BayVerf).[40] Soweit von dieser Befugnis Gebrauch gemacht wurde, stellt sich die Frage nach dem Verhältnis dieser **Landesgrundrechte** – welche allein die jeweilige Landesstaatsgewalt binden und insbesondere keinen Entscheidungsmaßstab für das BVerfG bilden (Rn. 605) – zu den im Grundgesetz verankerten Grundrechten.[41]

---

[38] *Haratsch, Andreas/Koenig, Christian/Pechstein, Matthias*, Europarecht, 8. Auflage, Tübingen 2012, Rn. 662 m. w. N. aus der EuGH-Rechtsprechung. Zum Beitritt der EU zur EMRK siehe **Art. 6 Abs. 2 EUV**. Soweit die **EU-GRC** „Rechte enthält, die den durch die EMRK garantierten Rechten entsprechen, haben sie die gleiche Bedeutung und Tragweite, wie sie ihnen in der genannten Konvention verliehen wird", Art. 52 Abs. 3 Satz 1 EU-GRC.
[39] Vgl. *Ehlers, Dirk*, in: ders. (Hrsg.), Europäische Grundrechte und Grundfreiheiten, 3. Auflage, Berlin 2009, § 14 Rn. 48 ff.
[40] Vgl. BVerfGE 103, 332 (350 f.) m. w. N.; *Sodan/Ziekow*, Grundkurs Öffentliches Recht, § 21 Rn. 2; *Wilms*, Staatsrecht II Rn. 267, 271.
[41] BVerfGE 96, 345 (366); *Detterbeck*, Öffentliches Recht, Rn. 251; *Manssen*, Staatsrecht II, Rn. 23; *Pieroth/Schlink*, Grundrechte, Rn. 62. Diese Bindung der Landesstaatsgewalt an die Landesgrundrechte besteht neben ihrer aus Art. 1 Abs. 3 GG folgenden **Bindung an die Grundrechte des GG** (Rn. 98), siehe *Michael/Morlok*, Grundrechte, Rn. 81. Die **praktische Bedeutung** der Landesgrundrechte ist allerdings eher **gering**, siehe *Epping*, Grundrechte, Rn. 23. Zur Heranziehung der (älteren)

14   Die Antwort hierauf liefert **Art. 142 GG**, wonach „ungeachtet der Vorschrift des Arti-
        kels 31 [GG die] Bestimmungen der Landesverfassungen auch insoweit in Kraft [bleiben],
        als sie in Übereinstimmung mit den Artikeln 1 bis 18 dieses Grundgesetzes Grundrech-
        te gewährleisten." Das ist dann der Fall, „wenn der Gewährleistungsbereich der jeweiligen
        Grundrechte und ihre Schranken einander nicht widersprechen. Diese Widerspruchsfrei-
        heit besteht bei Grundrechten, die **inhaltsgleich** sind, weil sie ‚den gleichen Gegenstand
        in gleichem Sinne, mit gleichem Inhalt und in gleichem Umfang' regeln. Aber auch so-
        weit Landesgrundrechte gegenüber dem Grundgesetz einen **weitergehenden** Schutz oder
        auch einen **geringeren** Schutz verbürgen, widersprechen sie den entsprechenden Bundes-
        grundrechten als solchen nicht, wenn das jeweils engere Grundrecht als Mindestgarantie
        zu verstehen ist und daher nicht den Normbefehl enthält, einen weitergehenden Schutz
        zu unterlassen."[42] Nur im Übrigen geht das betreffende Bundesgrundrecht dem jeweiligen
        Landesgrundrecht nach **Art. 31 GG** vor.[43]

Beispiel 4[44]

15   Nachdem die monatelangen Tarifverhandlungen zwischen der Gewerkschaft G und
        dem Arbeitgeberverband A für das Tarifgebiet Hessen gescheitert waren und G nach
        einer Urabstimmung zu einem unbefristeten Streik aufgerufen hatte, beschloss A ei-
        ne sog. suspendierende Abwehraussperrung. G ist der Auffassung, diese sei aufgrund
        von Art. 29 Abs. 5 der Verfassung des Landes Hessen (LVerfHess) rechtswidrig. Hat G
        Recht, wenn es in Art. 29 Abs. 5 LVerfHess ausdrücklich heißt: „Die Aussperrung ist
        rechtswidrig"?
            Nein. Zwar hat G gem. § 1004 BGB i. V. m. § 823 Abs. 1 BGB und Art. 9 Abs. 3 GG
        einen Anspruch gegen A als tariflichen Gegenspieler auf Unterlassung rechtswidriger
        Arbeitskampfmaßnahmen. Doch ist die von A beschlossene suspendierende Aussper-
        rung nicht rechtswidrig. Insbesondere verstößt sie nicht gegen Art. 29 Abs. 5 LVerfHess.
        Denn diese Vorschrift ist gem. Art. 31 GG jedenfalls insoweit nichtig, als sie die sus-
        pendierende Abwehraussperrung für rechtswidrig erklärt. Insoweit kollidiert Art. 29
        Abs. 5 LVerfHess nämlich mit der von Art. 9 Abs. 3 GG geschützten Koalitionsfreiheit,
        deren Zweck v. a. der Abschluss von Tarifverträgen ist und die ebenfalls die zur Ver-

---

Landesgrundrechte als Auslegungshilfe zur Interpretation der Grundrechte des Grundgesetzes vgl.
BVerfGE 2, 237 (262) und siehe *Pieroth/Schlink*, Grundrechte, Rn. 62 f.

[42] BVerfGE 96, 345 (365) m. w. N. (Hervorhebungen abweichend vom Original) unter Hinweis darauf, dass auch wenn Art. 142 GG ein Landesgrundrecht prinzipiell in Kraft lässt, weil es dem
Bundesgrundrecht nicht widerspricht, es dennoch durch Art. 31 GG verdrängt werden kann, sofern
sein Regelungsgehalt mit **einfachem Bundesrecht** kollidiert. Hierzu siehe *Sachs*, Verfassungsrecht II,
A 1 Rn. 25 ff.

[43] Vgl. *Hufen*, Staatsrecht II, § 4 Rn. 8. **Art. 142 GG** ist *lex specialis* gegenüber **Art. 31 GG**, siehe
Pieroth, in: Jarass/Pieroth, GG, Art. 31 Rn. 1, Art. 142 Rn. 1. Dieses Nebeneinander von Bundes-
und Landesgrundrechten kann zur Folge haben, dass der **Rechtsweg zu zwei Verfassungsgerichten**,
nämlich dem des Bundes sowie dem des jeweiligen Landes, **eröffnet** ist, siehe *Zippelius/Würtenberger*,
Deutsches Staatsrecht, § 16 Rn. 21.

[44] Nach BAG, NJW 1989, S. 186.

folgung des jeweiligen Vereinigungszwecks eingesetzten Mittel schützt. Zu diesen von Art. 9 Abs. 3 GG geschützten Mitteln gehört nach der Rechtsprechung des BVerfG[45] gerade auch die hier von A beschlossene suspendierende Abwehraussperrung als Reaktion auf einen begrenzten Teilstreik als unerlässliches Mittel zur Herstellung der Verhandlungsparität und damit zur Aufrechterhaltung einer funktionierenden Tarifautonomie. Abweichendes ergibt sich auch nicht etwa aus Art. 142 GG, da Art. 29 Abs. 5 LVerfHess bereits kein (Landes-)Grundrecht i. S. d. Vorschrift enthält. Denn wie die Entstehungsgeschichte zeigt, wurde die Aussperrung in Art. 29 Abs. 5 LVerfHess deshalb untersagt, weil sie als Sonderfall des Missbrauchs wirtschaftlicher Macht angesehen wurde, der nach Art. 39 Abs. 1 LVerfHess auch in jeder anderen Erscheinungsform verboten war. Damit aber wäre namentlich die Interpretation des Aussperrungsverbots als grundrechtsverstärkender Schutz des gewerkschaftlichen Streiks (Art. 29 Abs. 4 LVerfHess) nicht in Einklang zu bringen.

16

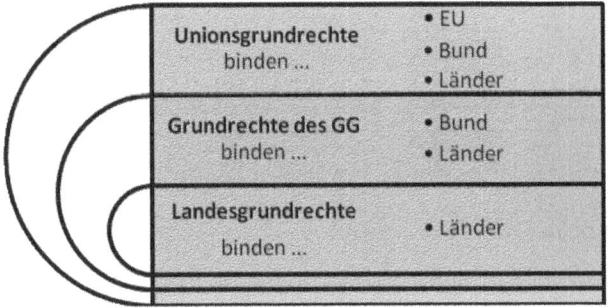

Grundrechtsbindungen im Mehrebenensystem

<hr />

[45] BVerfGE 84, 212 (225). Siehe auch Rn. 342.

B. Allgemeine Grundrechtslehren

Entsprechend dem Wesen der Grundrechte primär als Abwehrrechte des Einzelnen gegenüber dem Staat (Rn. 68 f.) ist Gegenstand eines Grundrechtsfalls typischerweise die Fragestellung, ob eine bestimmte Maßnahme des Staates, durch die sich ein Einzelner beschwert fühlt, mit dessen im Grundgesetz enthaltenen Grundrechten vereinbar ist bzw. gegen diese verstößt.[46] Zur Beantwortung dieser Frage sind zunächst die im konkreten Fall thematisch einschlägigen Grundrechte zu ermitteln.[47] Sodann sind diese nacheinander und jeweils getrennt für sich zu prüfen.[48] Dabei gilt i. d. R., dass **Freiheitsgrundrechte vor** den **Gleichheitsgrundrechten** und innerhalb dieser Gruppen jeweils die **speziellen,**

17

---

[46] *Pieroth/Schlink*, Grundrechte, Rn. 9. Geht es im konkreten Fall um **mehrere** verschiedene **Grundrechtseingriffe**, so sind diese getrennt voneinander zu prüfen, siehe *Michael/Morlok*, Grundrechte, Rn. 38 a. E. Zum Prüfungsaufbau in Fällen, in denen der Einzelne eine staatliche **Handlung** (Schutz) **begehrt**, siehe Rn. 83.

[47] „Der erste Schritt der Grundrechtsprüfung besteht [...] darin, aus dem Grundrechtskatalog **die im konkreten Fall in Betracht kommenden Grundrechte herauszufinden**. Die Auswahl erfordert ein ‚Hin- und Herwandern des Blickes' [...] zwischen (Grundrechts-)Tatbestand und (Lebens-)Sachverhalt." „Die Beschwer stellt gewissermaßen den Lichtkegel eines Suchscheinwerfers dar, mit dem das einschlägige Grundrecht aufgespürt werden soll. Der Blick richtet sich hierbei auf den Grundrechtsinhalt, insbesondere auf das grundrechtlich geschützte Rechtsgut (Schutzgut)", *Ipsen*, Staatsrecht II, Rn. 123 f. m. w. N. (Hervorhebungen d. d. Verf.).

[48] Vgl. *Epping*, Grundrechte, Rn. 26; *Manssen*, Staatsrecht II, Rn. 882.

M. Wienbracke, *Einführung in die Grundrechte*, FOM-Edition,
DOI 10.1007/978-3-658-00764-5_2, © Springer Fachmedien Wiesbaden 2013

d. h. sachnäheren, **vor den allgemeinen Grundrechten** zu prüfen sind.[49] Die Prüfung der Verletzung eines einzelnen Freiheitsgrundrechts erfolgt hierbei in **drei Stufen**.[50]

18

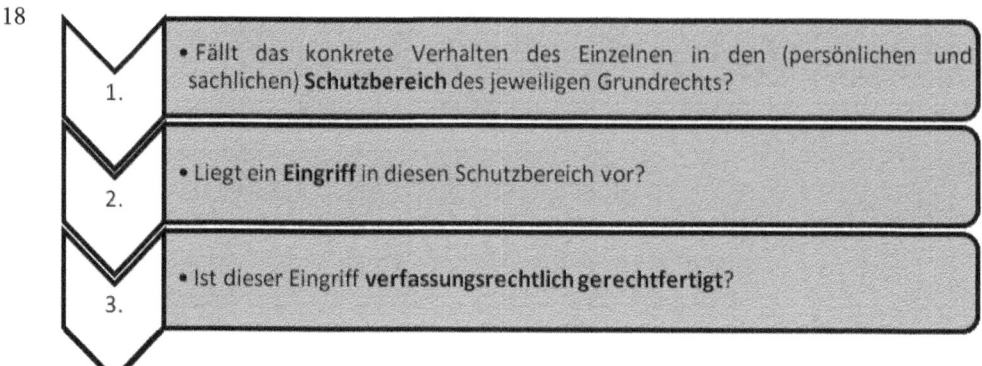

1.
• Fällt das konkrete Verhalten des Einzelnen in den (persönlichen und sachlichen) **Schutzbereich** des jeweiligen Grundrechts?

2.
• Liegt ein **Eingriff** in diesen Schutzbereich vor?

3.
• Ist dieser Eingriff **verfassungsrechtlich gerechtfertigt**?

Prüfung der Verletzung eines Freiheitsgrundrechts[51]

19 Nur – und erst – dann, wenn die beiden ersten Fragen zu bejahen sind und die letzte Frage zu verneinen ist, ist der Eingriff in den Schutzbereich des betreffenden **Grundrechts** mangels Rechtfertigung verfassungswidrig und dieses daher **verletzt** mit der Folge, dass die grundrechtsverletzende Rechtsnorm nichtig (Rn. 668), der grundrechtsverletzende Verwaltungsakt anfechtbar und aufhebbar bzw. der grundrechtsverletzende Realakt zu beseitigen bzw. zu unterlassen ist (Rn. 68).[52] Ist der Schutzbereich des Grundrechts dagegen bereits gar nicht berührt (z. B. schützt das Grundrecht der Eigentumsfreiheit aus Art. 14 Abs. 1 Satz 1 GG nicht zukünftige Verdienstmöglichkeiten; Rn. 283) oder zwar eröffnet, aber wird hierin nicht eingegriffen (z. B. gestaltet die gesetzliche Festlegung des Gesellschaftstyps „GmbH" das in Art. 9 Abs. 1 GG verankerte Grundrecht der Vereini-

---

[49] *Manssen*, Staatsrecht II, Rn. 33, 37. *Papier/Krönke*, Grundkurs Öffentliches Recht 2, Rn. 213: „Denn zum einen beurteilt sich die Frage eines Freiheitsverstoßes grundsätzlich unabhängig von der Behandlung anderer Vergleichsgruppen" und hängen zum anderen „die Anforderungen an die verfassungsrechtliche Rechtfertigung einer Ungleichbehandlung u. a. davon ab, ob zugleich ein Eingriff in ein Freiheitsrecht vorliegt" (Rn. 556). „**Ein** gewissermaßen **dramaturgischer Aufbau**, der erst über Stufen von Nebensächlichkeiten dem Kulminationspunkt der Prüfung entgegenstrebt, **ist verfehlt**", *Ipsen*, Staatsrecht II, Rn. 135 (Hervorhebungen d. d. Verf.).

[50] Namentlich die Trennung der ersten beiden Stufen hat sich als zweckmäßig erwiesen, siehe *Sachs*, Verfassungsrecht II, A 7 Rn. 7. *Papier/Krönke*, Grundkurs Öffentliches Recht 2, Rn. 34 zufolge resultiert der nachfolgend dargestellte „klassische Aufbau der Grundrechtsprüfung" aus der subjektiv-rechtlichen Abwehrfunktion der Grundrechte. Zum Aufbau der Prüfung von **Gleichheitsgrundrechten** siehe Rn. 570.

[51] Zum Schaubild vgl. auch *Katz*, Staatsrecht, Rn. 627; *Zippelius/Würtenberger*, Deutsches Staatsrecht, § 19 Rn. 1 ff.

[52] *Papier/Krönke*, Grundkurs Öffentliches Recht 2, Rn. 35, 127; *Sodan/Ziekow*, Grundkurs Öffentliches Recht, § 24 Rn. 13. Zur Anfechtbarkeit und Aufhebbarkeit von Verwaltungsakten siehe näher *Wienbracke, Mike*, Allgemeines Verwaltungsrecht, 3. Auflage, Heidelberg 2012, Rn. 251 ff., 295 ff.

gungsfreiheit lediglich aus; Rn. 351) oder ist der vorhandene Eingriff verfassungsrechtlich gerechtfertigt (z. B. wiegt der für ein Rauchverbot in Gaststätten sprechende Belang der Volksgesundheit stärker als das Grundrecht der Berufsfreiheit aus Art. 12 Abs. 1 GG; siehe Beispiel 58), so kann jeweils kein Grundrechtsverstoß festgestellt werden.[53]

20

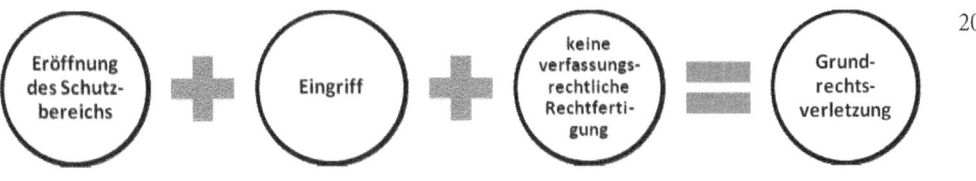

Grundrechtsverletzung

I. Schutzbereich

„Unter dem **Schutzbereich** eines Freiheitsrechts versteht man denjenigen Lebensbereich – d. h. die Verhaltensweisen, Eigenschaften, Situationen, Rechtspositionen und -güter – des Einzelnen, die das jeweilige Freiheitsrecht prinzipiell gegen staatliche Eingriffe schützt",[54] wobei innerhalb der Prüfung des Schutzbereichs noch weiter zwischen dem **persönlichen** bzw. personellen **Schutzbereich** („wer wird geschützt?") und dem **sachlichen** („was wird [wie] geschützt?") unterschieden werden kann.[55]

21

1. Persönlicher Schutzbereich

In persönlicher Hinsicht schützen die Grundrechte zuvorderst **natürliche Personen**, d. h., generell fähig, Träger von Grundrechten zu sein (sog. Grundrechtsfähigkeit, Grundrechts-

22

---

[53] Vgl. *Ipsen*, Staatsrecht II, Rn. 136, 171. „Die Grundrechtsverletzung ist definiert als der nicht gerechtfertigte Eingriff […]. [Dieser Begriff] hat grundsätzlich auf der Eingriffsstufe noch nichts zu suchen, weil die **Verletzung erst nach der Prüfung der Rechtfertigung** […] **festgestellt werden kann**", *Hufen*, Staatsrecht II, § 8 Rn. 4 (Hervorhebungen d. d. Verf.). Folglich ist es ein „**schlimmer Fehler, wenn allein vom** Vorliegen eines Grundrechts**eingriffs auf** eine Grundrechts**verletzung geschlossen wird**", *Detterbeck*, Öffentliches Recht, Rn. 290 (Hervorhebungen d. d. Verf.). **Ausnahme:** Art. 1 Abs. 1 GG, da jeder Eingriff in die Menschenwürde als „oberster Wert" in der freiheitlichen Demokratie (BVerfGE 5, 85 [204]) mangels verfassungsrechtlicher Rechtfertigungsmöglichkeit zugleich einen Verstoß gegen dieses Grundrecht bedeutet, siehe Rn. 150 und *Pieroth/Schlink*, Grundrechte, Rn. 381a m. w. N. auch zur **a. A.**

[54] *Papier/Krönke*, Grundkurs Öffentliches Recht 2, Rn. 128 (Hervorhebung im Original).

[55] Die **Prüfungsreihenfolge** wird **uneinheitlich** gehandhabt, siehe nur *Wilms*, Staatsrecht II, Rn. 169 ff., 1186 („1. Persönlicher Schutzbereich, 2. Sachlicher Schutzbereich") und *Papier/Krönke*, Grundkurs Öffentliches Recht 2, Rn. 158 a. E. („1. Sachlicher Schutzbereich, 2. Persönlicher Schutzbereich").

trägerschaft), sind primär Menschen.[56] Bei einigen Grundrechten ergibt sich dies bereits unmittelbar (z. B. Art. 3 Abs. 1 GG: „alle Menschen") bzw. mittelbar (z. B. Art. 8 Abs. 1 GG: „alle Deutschen"; vgl. Art. 116 Abs. 1 GG[57]) aus ihrem Wortlaut, gilt im Übrigen aber auch für sämtliche anderen Grundrechte (z. B. Art. 2 Abs. 1 GG: „jeder"; Art. 9 Abs. 3 Satz 1 GG: „jedermann"; Art. 3 Abs. 3 Satz 1 GG: „niemand"), wie ihre Geschichte (Rn. 1), nicht zuletzt aber auch ein Umkehrschluss aus Art. 19 Abs. 3 GG (Rn. 35) zeigt.[58] Dies gilt selbst dann, wenn das jeweilige Grundrecht ohne Nennung eines bestimmten Personenkreises lediglich einen sachlichen Schutzgegenstand benennt (z. B. Art. 10 Abs. 1 GG: „das Briefgeheimnis [ist] unverletzlich").[59]

23   Über die bloße physische Existenz als Mensch hinausgehende Anforderungen an die persönlichen Eigenschaften des Einzelnen stellt das Grundgesetz – mit Ausnahme der sog. Bürger- bzw. Deutschengrundrechte (Rn. 28 ff.) – regelmäßig nicht. Insbesondere Altersgrenzen sind im Bereich der Grundrechte bzw. grundrechtsgleichen Rechte allein in Art. 12a Abs. 1 und Art. 38 Abs. 2 GG enthalten. Entgegen einer in Teilen des Schrifttums unter dem Stichwort „Grundrechtsmündigkeit"[60] vertretenen Auffassung[61] können sich materiell-rechtlich[62] daher namentlich auch **Minderjährige** unabhängig von ihrem Alter bzw. ihrer individuellen Einsichtsfähigkeit auf die Grundrechte berufen, sofern sie die natürliche Fähigkeit zur Ausübung des betreffenden Grundrechts haben.[63] Einfach-

---

[56] *Hufen*, Staatsrecht II, § 6 Rn. 30 f.; *Ipsen*, Staatsrecht II, Rn. 61; *Manssen*, Staatsrecht II, Rn. 64. „Die abstrakte Grundrechtsfähigkeit sagt allerdings noch nicht[s] über die Grundrechtsträgerschaft **im konkreten Fall**. So ist ein Ausländer zwar grundrechtsfähig, er ist aber nicht Träger aller Grundrechte", *Hufen*, Staatsrecht II, § 6 Rn. 31 (Hervorhebungen d. d. Verf.). Überwiegend werden die Begriffe **Grundrechtsberechtigung, -trägerschaft und -fähigkeit** dagegen synonym verwendet, siehe *Papier/Krönke*, Grundkurs Öffentliches Recht 2, Rn. 86. Hat das BVerfG die **Verwirkung eines Grundrechts** (**Art. 18 GG**) festgestellt (§ 39 Abs. 1 Satz 1 BVerfGG), so kann sich der Betroffene hierauf nicht mehr mit Erfolg berufen, siehe *Jarass*, in: ders./Pieroth, GG, Art. 18 Rn. 7. Bislang ist ein solcher Ausspruch durch das BVerfG allerdings noch nicht erfolgt, siehe *Papier/Krönke*, Grundkurs Öffentliches Recht 2, Rn. 110.

[57] Anders als natürliche Personen verfügen **juristische Personen** über **keine Staatsangehörigkeit** im technischen Sinn, sondern nur über eine Staatszugehörigkeit, vgl. *Ipsen*, Staatsrecht II, Rn. 63; *Remmert, Barbara*, in: Maunz/Dürig, GG, 55. EGL, München 2009, Art. 19 Abs. 3 Rn. 25.

[58] Vgl. BVerfGE 3, 383 (391); *Epping*, Grundrechte, Rn. 156.

[59] *Sachs*, Verfassungsrecht II, A 6 Rn. 5.

[60] Diese wird definiert als die **Fähigkeit** natürlicher Personen, **Grundrechte selbstständig auszuüben**, siehe *Stein/Frank*, Staatsrecht, § 27 II.

[61] Vgl. *Zippelius/Würtenberger*, Deutsches Staatsrecht, § 18 Rn. 63 ff.

[62] Hiervon abzugrenzen ist die (verfassungs-)prozessuale Fragestellung nach der **Prozessfähigkeit** von Minderjährigen (Rn. 585 ff.), vgl. *Michael/Morlok*, Grundrechte, Rn. 452. Sofern die „Grundrechtsmündigkeit" hierauf bezogen wird, „bestehen in der Sache keine Einwände", *Jarass*, in: ders./Pieroth, GG, Art. 19 Rn. 13.

[63] Statt vieler: *von Kielmansegg*, JuS 2009, S. 216 (219); *Pieroth/Schlink*, Grundrechte, Rn. 140 unter Hinweis auf BVerfGE 47, 46 (73 f.); 75, 201 (215). Letztlich geht es hierbei um die **sachliche Reichweite des jeweiligen Grundrechts** (Rn. 58 ff.), vgl. BVerfGE 99, 341 (351); *Hufen*, Staatsrecht II, § 6 Rn. 41; *Manssen*, Staatsrecht II, Rn. 66: „Wem die faktischen Fähigkeiten fehlen, grundrechtliche Freiheiten auszuüben, dem braucht nicht im Wege der Verfassungsinterpretation zusätzlich

gesetzliche Regelungen, wonach beispielsweise Minderjährige (vgl. § 2 BGB), die das siebente Lebensjahr vollendet haben, nur beschränkt geschäftsfähig sind (§ 106 BGB) und für eine nicht lediglich rechtlich vorteilhafte Willenserklärung der Einwilligung ihres gesetzlichen Vertreters, d. h. der Eltern (§§ 1626 ff. BGB), bedürfen (§ 107 BGB), stellen folglich einen durch Art. 6 Abs. 2 Satz 1 GG (elterliches Erziehungsrecht) gerechtfertigten Eingriff des Gesetzgebers in das Grundrecht des Kindes aus Art. 2 Abs. 1 GG (Vertragsfreiheit) dar – und nicht etwa eine unmittelbar aus der Verfassung selbst folgende Einschränkung der Geltung der Grundrechte des Minderjährigen.[64]

a) Grundrechtsfähigkeit vor der Geburt bzw. nach dem Tod

Die für die Grundrechtsträgerschaft natürlicher Personen erforderliche physische Existenz   24
als Mensch beginnt grundsätzlich mit der Vollendung der Geburt (vgl. auch § 1 BGB) und endet regelmäßig mit dem (Hirn-)Tod (vgl. auch § 3 Abs. 2 Nr. 2 TPG), d. h. erstreckt sich typischerweise nur auf **Lebende**.[65] Abweichend hiervon hat das BVerfG im Hinblick auf den sachlichen Gewährleistungsgehalt einzelner – nicht: aller (!) – Grundrechte allerdings Ausnahmen in beide Richtungen hin anerkannt:[66] So wird das bereits gezeugte, aber noch ungeborene menschliche Leben (sog. *nasciturus*) sowohl von Art. 1 Abs. 1 GG[67] (Menschenwürde) als auch von Art. 2 Abs. 2 Satz 1 GG[68] (Recht auf Leben) geschützt (sog. **pränataler** Grundrechtsschutz) und endet nach dem *Mephisto*-Beschluss des BVerfG „die in Art. 1 Abs. 1 GG aller staatlichen Gewalt auferlegte Verpflichtung, dem Einzelnen Schutz

---

die Berufung auf das Grundrecht versagt zu werden. Das Erfordernis der Grundrechtsmündigkeit ist insoweit überflüssig." Vgl. auch *Berg*, Staatsrecht, Rn. 436; *Ipsen*, Staatsrecht II, Rn. 80. Plastisch *Robbers*, Verfassungsprozessuale Probleme in der öffentlich-rechtlichen Arbeit, S. 10: „Im Extremfall etwa eines **Zusammenkommens einjähriger Kinder** griffe **Art. 8 Abs. 1 GG nicht**, weil es an einem Sich-Versammeln der Betroffenen im Sinne dieser Norm fehlen würde: Das Beieinandersein wäre nicht Ausdruck gemeinschaftlicher, auf Kommunikation angelegter Entfaltung" (Hervorhebungen d. d. Verf.).

[64] *Sachs*, Verfassungsrecht II, A 6 Rn. 34; *Sodan/Ziekow*, Grundkurs Öffentliches Recht, § 23 Rn. 9 m. w. N. Nach *von Münch, Ingo/Kunig, Philipp*, in: dies., GG, 6. Auflage, München 2012, Vorb. Art. 1–19 Rn. 31 geben die einfachgesetzlichen Altersgrenzen in Bezug auf die materiell-rechtliche „Fähigkeit einer natürlichen Person ‚Grundrechte selbständig ausüben zu dürfen' […] exakt dasjenige wieder […], was auch einem einzelnen Grundrecht als Zeitpunkt seiner Einschlägigkeit vorschwebt" (Normenhierarchie!). Das **Grundrecht auf Leben** steht jeder natürlichen Person zu.

[65] *Katz*, Staatsrecht, Rn. 600; *Wilms*, Staatsrecht II, Rn. 111.

[66] Vgl. *Pieroth/Schlink*, Grundrechte, Rn. 133; *Sachs*, Verfassungsrecht II, A 6 Rn. 26.

[67] BVerfGE 88, 203 (251) unter Hinweis auf § 10 Abs. 1 Satz 1 Allgemeines Landrecht für die Preußischen Staaten (ALR) von 1794: „Die allgemeinen Rechte der Menschheit gebühren auch den noch ungeborenen Kindern, schon von der Zeit ihrer Empfängnis." Vgl. auch § 1923 Abs. 2 BGB.

[68] BVerfGE 39, 1 (37). Denn „Leben im Sinne der geschichtlichen Existenz eines menschlichen Individuums besteht nach gesicherter biologisch-physiologischer Erkenntnis jedenfalls vom 14. Tage nach der Empfängnis (Nidation, Individuation) an […]. Ob der *nasciturus* selbst Grundrechtsträger ist oder aber wegen mangelnder Rechts- und Grundrechtsfähigkeit ‚nur' von den objektiven Normen der Verfassung [Rn. 75 ff.] in seinem Recht auf Leben geschützt wird", hat das Gericht a. a. O. (S. 41) allerdings dahinstehen lassen. Von Bedeutung ist dies v. a. in prozessualer Hinsicht (Rn. 597 ff.), siehe *Michael/Morlok*, Grundrechte, Rn. 451.

gegen Angriffe auf seine Menschenwürde zu gewähren, nicht mit dem Tode"[69] (sog. **post-mortaler** Grundrechtsschutz), vgl. auch § 22 Satz 3 KunstUrhG.

25

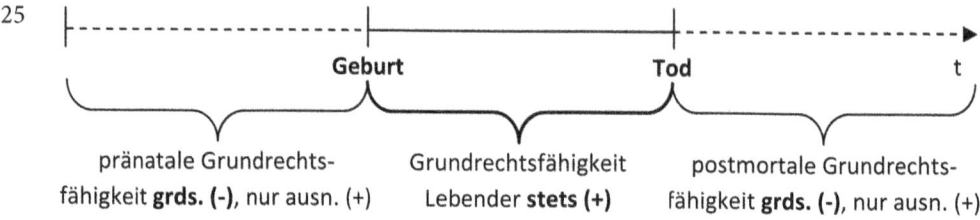

Grundrechtsfähigkeit natürlicher Personen

Beispiel 5[70]

26   Die 14-jährige T wurde Opfer eines Tötungsverbrechens, über welches in den Medien ausführlich berichtet worden ist. Auf Grundlage dieser Berichte verfasste Autor A ein Theaterstück, in dem episodenhaft der Ablauf des Tages bis zur Tat und Ereignisse aus dem Leben der Getöteten erzählt werden, deren Figur an die T angelehnt ist. Die von den Eltern E der T gegen die Aufführung dieses Theaterstücks an den Städtischen Bühnen der Gemeinde G erhobene Klage blieb vor den Zivilgerichten ohne Erfolg. Nunmehr rügen E eine Verletzung des postmortalen Persönlichkeitsrechts der T aus Art. 2 Abs. 1 i. V. m. Art. 1 Abs. 1 GG vor dem Bundesverfassungsgericht. Haben die E in der Sache Recht, wenn das Stück die Menschenwürde der T nicht antastet?

Nein. Zwar endet die in Art. 1 Abs. 1 GG aller staatlichen Gewalt auferlegte Verpflichtung, dem Einzelnen Schutz gegen Angriffe auf seine Menschenwürde zu gewähren, nicht mit dessen Tod. Doch wird ein Verstorbener nicht zugleich auch durch das Grundrecht der freien Entfaltung der Persönlichkeit aus Art. 2 Abs. 1 GG geschützt. Denn dieses Grundrecht setzt die Existenz einer wenigstens potenziell oder zukünftig handlungsfähigen Person als unabdingbar voraus, d. h. Träger des Grundrechts aus Art. 2 Abs. 1 GG sind ausschließlich lebende Personen. Folglich sind die Schutzwirkungen des verfassungsrechtlichen postmortalen Persönlichkeitsrechts nicht identisch mit denen, die sich aus Art. 2 Abs. 1 i. V. m. Art. 1 Abs. 1 GG für den Schutz lebender Personen ergeben. Gemessen an dem somit allein verbleibenden Grundrecht aus Art. 1 Abs. 1 GG wird das postmortale Persönlichkeitsrecht der T durch die Aufführung des Theaterstücks aber nicht verletzt, da es ihre Menschenwürde nicht antastet.

---

[69] BVerfGE 30, 173 (194). Denn dem Menschen kommt „Würde kraft seines Personseins" zu. **Prozessual** kann ein Verstoß hiergegen vom Nachkommen des Verstorbenen geltend gemacht werden, siehe *Epping*, Grundrechte, Rn. 604 unter Hinweis auf BVerfG, NJW 2001, S. 594.
[70] Nach BVerfG, NVwZ 2008, S. 549.

b) Grundrechtsberechtigung von Nicht-Deutschen

Soweit sich aus dem Wortlaut des Verfassungstexts nichts anderes ergibt, können sich natürliche Personen unabhängig von ihrer jeweiligen Nationalität auf die Grundrechte berufen.[71] Derartige (**Jedermanns-)Grundrechte** (synonym: Menschenrechte), die mangels Eingrenzung der Berechtigung in persönlicher Hinsicht mithin sowohl Deutsche als auch Nicht-Deutsche (Ausländer und Staatenlose) schützen, sind an Formulierungen wie „alle Menschen" (so z. B. Art. 3 Abs. 1 GG), „jeder" (so z. B. Art. 5 Abs. 1 Satz 1 GG), „jedermann" (so z. B. Art. 17 GG) und „niemand" (so z. B. Art. 4 Abs. 3 Satz 1 GG) zu erkennen.[72] Das Gleiche trifft auf solche Grundrechte zu, die bestimmte Freiheiten ohne jegliche personale Eingrenzung gewähren (so z. B. Art. 14 Abs. 1 Satz 1 GG: „Das Eigentum [wird] gewährleistet").[73] Demgegenüber werden durch die in Art. 8 Abs. 1, Art. 9 Abs. 1, Art. 11 Abs. 1, Art. 12 Abs. 1, Art. 16, Art. 20 Abs. 4 und Art. 33 Abs. 1, 2 GG verbürgten Grundrechte bzw. grundrechtsgleichen Rechte explizit jeweils nur „Deutsche" berechtigt.[74]

27

▸   „**Deutscher**" i. S. d. Grundgesetzes ist gem. Art. 116 Abs. 1 GG, wer entweder die – im Staatsangehörigkeitsgesetz (StAG) näher geregelte[75] – deutsche Staatsangehörigkeit besitzt oder als sog. Statusdeutscher[76] zu qualifizieren ist.

28

---

[71] Vgl. *Katz*, Staatsrecht, Rn. 594; *Wilms*, Staatsrecht II, Rn. 109.

[72] *Jarass*, in: ders./Pieroth, GG, Art. 19 Rn. 11. Daneben wird der **Begriff „Menschenrechte"** auch zur Kennzeichnung der „dem Menschen von Natur aus zustehenden, also dem Staat vorausliegenden, **überpositiven Rechte**" verwendet, siehe *Papier/Krönke*, Grundkurs Öffentliches Recht 2, Rn. 6 (Hervorhebungen z. T. im Original). Während der Begriff „Grundrechtsfähigkeit" sich auf die generelle Fähigkeit bezieht, Träger (irgend-)eines Grundrechts zu sein, meint der Terminus „**Grundrechtsberechtigung**" die Zuordnung des im konkreten Fall sachlich einschlägigen Grundrechts zu einer bestimmten Person, vgl. Rn. 22 und *Hufen*, Staatsrecht II, § 6 Rn. 29 f. Letztere ist **höchstpersönlich**, d. h. ein Grundrecht kann nicht auf einen Dritten zu dessen eigener oder stellvertretenden Ausübung übertragen werden, vgl. BVerfGE 16, 147 (158) und siehe *Pieroth/Schlink*, Grundrechte, Rn. 120.

[73] *Pieroth/Schlink*, Grundrechte, Rn. 121.

[74] Entsprechendes gilt letztlich auch in Bezug auf **Art. 38 Abs. 1 S. 1, Abs. 2 GG**, vgl. BVerfGE 83, 37 (51 f.).

[75] Gem. § 4 Abs. 1 Satz 1 StAG erwirbt ein Kind durch die Geburt die deutsche Staatsangehörigkeit, wenn ein Elternteil die deutsche Staatsangehörigkeit besitzt, sog. **Abstammungsprinzip** (*ius sanguinis*). Dasselbe gilt nach dem in § 4 Abs. 3 Satz 1 StAG verankerten **Geburtsortsprinzip** (*ius soli*) in Bezug auf ein im Inland geborenes Kind ausländischer Eltern, wenn ein Elternteil seit acht Jahren rechtmäßig seinen gewöhnlichen Aufenthalt im Inland hat und ein unbefristetes Aufenthaltsrecht oder als Staatsangehöriger der Schweiz oder dessen Familienangehöriger eine Aufenthaltserlaubnis auf Grund des Abkommens vom 21.6.1999 zwischen der Europäischen Gemeinschaft und ihren Mitgliedstaaten einerseits und der Schweizerischen Eidgenossenschaft andererseits über die Freizügigkeit (BGBl. II 2001, S. 810) besitzt (insoweit siehe auch das **Optionsmodell** in § 29 StAG). Näher hierzu *Zippelius/Würtenberger*, Deutsches Staatsrecht, § 4 Rn. 10 ff.

[76] Näher zu diesem *Jarass*, in: ders./Pieroth, GG, Art. 116 Rn. 4 ff.

29   Die daraus folgende Unanwendbarkeit dieser sog. Bürger- bzw. **Deutschengrundrech-**
        te auf **Ausländer und Staatenlose**[77] bedeutet allerdings nicht etwa, dass „die Verfassung
        sie in diesem Bereich [völlig] schutzlos lässt. Der systemgerechte Ansatz liegt vielmehr bei
        dem subsidiären allgemeinen Freiheitsrecht des Art. 2 Abs. 1 GG. Das darf allerdings nicht
        so verstanden werden, dass der Nichtdeutsche, dem die Berufung [beispielsweise] auf die
        Berufsfreiheit [des Art. 12 Abs. 1 GG] verwehrt ist, denselben Schutz über Art. 2 Abs. 1 GG
        beanspruchen könnte [wie dem Deutschen über Art. 12 Abs. 1 GG zukommt]. Eine solche
        Auffassung ließe [nämlich] das Spezialitätsverhältnis zwischen Art. 12 Abs. 1 und Art. 2
        Abs. 1 GG [Rn. 516] außer Acht."[78] Vielmehr wird der den Ausländern und Staatenlo-
        sen im sachlichen Schutzbereich von Deutschengrundrechten über Art. 2 Abs. 1 GG zuteil
        werdende Grundrechtsschutz lediglich „in dem durch Art. 2 Abs. 1 GG gezogenen Rah-
        men, besonders nur in den Schranken der verfassungsmäßigen Ordnung [Rn. 522] gewähr-
        leistet",[79] wohingegen namentlich die zu Art. 12 Abs. 1 GG entwickelte sog. Drei-Stufen-
        Theorie (Rn. 258 ff.) deutschen Staatsangehörigen einen vergleichsweise stärkeren Schutz
        ihrer Berufsfreiheit bietet (graduelles Zurückbleiben des Grundrechtsschutzes von Auslän-
        dern und Staatenlosen im sachlichen Schutzbereich von Deutschengrundrechten).[80]

Beispiel 6[81]

30   Wer die Heilkunde, ohne als Arzt bestallt zu sein, ausüben will, bedarf dazu nach § 1
        Abs. 1 HeilPraktG der Erlaubnis. Nach § 2 Abs. 1 lit. b) der zur Durchführung des
        HeilPraktG erlassenen Verordnung heißt es, dass die Erlaubnis zu versagen ist, wenn
        der Antragsteller nicht die deutsche Staatsangehörigkeit besitzt. Unter Hinweis hierauf
        wurde der von der Diplom-Psychologin P gestellte Antrag auf Erlaubniserteilung abge-
        lehnt, weil die P Brasilianerin ist. P meint, die Erlaubnisversagung verstoße gegen ihr
        Grundrecht aus Art. 12 Abs. 1 GG. Hat P Recht?

---

[77] Auch einer nur „eingeschränkten" Anwendung der Deutschengrundrechte, nämlich im Umfang
ihres **Menschenwürdegehalts** (Art. 1 Abs. 1 GG), auf Nicht-EU-Ausländer hat das BVerfG in NVwZ
2000, S. 1281 unter Hinweis auf „die ausdrückliche Entscheidung des Grundgesetzes" eine Absage
erteilt. „Der **Begriff Bürgerrechte** bezeichnet […] die Beschränkung der Grundrechtsträgerschaft
auf deutsche Staatsbürger [und] hat nichts mit der sprachlich vergleichbaren Differenzierung der
französischen Menschen- und Bürgerrechtserklärung zu tun, in der bürgerschaftliche Mitwirkungsrechte (*droits du citoyen*) gemeint sind", *Ipsen*, Staatsrecht II, Rn. 62 (Hervorhebungen abweichend
vom Original).
[78] BVerfGE 78, 179 (196 f.); ebenso *Detterbeck*, Öffentliches Recht, Rn. 278. **A. A.:** *Maurer, Hartmut,*
Staatsrecht I, 6. Auflage, München 2010, § 9 Rn. 30 m. w. N.: „Der Rückgriff auf Art. 2 Abs. 1 GG ist
nur zulässig, wenn ein Fall tatbestandsmäßig nicht von einem speziellen Freiheitsrecht erfasst wird.
Mit der Beschränkung auf Deutsche wird jedoch tatbestandsmäßig eine negative Regelung zu Lasten
von Ausländern getroffen".
[79] BVerfGE 35, 382 (399).
[80] Vgl. *Michael/Morlok*, Grundrechte, Rn. 445; *Papier/Krönke*, Grundkurs Öffentliches Recht 2,
Rn. 89.
[81] Nach BVerfGE 78, 179. Siehe auch **Beispiel 92**.

Nein. Ein Verstoß gegen Art. 12 Abs. 1 GG liegt nicht vor, weil dieses Grundrecht
nur für Deutsche gilt, P aber Brasilianerin ist. Abweichendes ergibt sich auch nicht etwa
aus der Selbstverständlichkeit, dass Ausländer Träger von Menschenrechten sind, soll
die ausdrückliche Entscheidung des Grundgesetzes, die Berufsfreiheit nur deutschen
Staatsbürgern zu gewähren, nicht unterlaufen werden. Zu prüfen bleibt jedoch eine etwaige Verletzung des Grundrechts der P aus Art. 2 Abs. 1 GG.

Der **verfassungspolitische Hintergrund** dieser bereits im römischen Recht zu finden-   31
den Ungleichbehandlung von eigenen und fremden Staatsangehörigen bzw. Staatenlosen
besteht darin, die mit besonderer politischer und sozialer „Sprengkraft" behafteten Grundrechte auf den Kreis der Erstgenannten zu beschränken und nur die für die Wahrung der
menschlichen Existenz unverzichtbaren Grundrechte auch auf Nicht-Deutsche zu erstrecken.[82] Dies verstößt auch nicht etwa gegen den allgemeinen Gleichheitssatz des Art. 3
Abs. 1 GG oder das spezielle Differenzierungsverbot des Art. 3 Abs. 3 GG. Denn diese
Vorschriften stehen normhierarchisch auf derselben Stufe wie die ebenfalls seit 1949 im
Grundgesetz enthaltenen Bürger- bzw. Deutschengrundrechte, d. h. sind gegenüber Letzteren keinesfalls vorrangig.[83]

Aufgrund des (Anwendungs-)Vorrangs des EU-Rechts auch gegenüber dem nationa-   32
len Verfassungsrecht[84] sehr wohl messen lassen muss sich die im Grundgesetz angelegte Differenzierung zwischen Bürger-/Deutschengrundrechten einerseits und Menschen-/
Bürgergrundrechten andererseits hingegen an den besonderen Diskriminierungsverbo-
ten der europäischen Grundfreiheiten (Art. 28 ff. AEUV), zumindest aber am insofern
subsidiären allgemeinen Diskriminierungsverbot des Art. 18 Abs. 1 AEUV.[85] Danach ist
„im Anwendungsbereich der Verträge", d. h. bei Vorliegen eines entweder vom EUV oder
AEUV erfassten Sachverhalts (vgl. Art. 1 Abs. 2 Satz 2 AEUV),[86] „jede Diskriminierung aus
Gründen der Staatsangehörigkeit verboten". Da es jedoch gerade eine (offene) Diskriminierung i. d. S. darstellen würde, Staatsangehörigen anderer EU-Mitgliedstaaten die Berufung
auf Bürger- bzw. Deutschengrundrechte unter Hinweis auf ihre fehlende Eigenschaft als
„Deutsche" i. S. v. Art. 116 Abs. 1 GG zu versagen, besteht im Ergebnis weitgehend Einigkeit darüber, dass **EU-Ausländer** den gleichen Grundrechtsschutz genießen wie deutsche

---

[82] *Berg*, Staatsrecht, Rn. 428; *Hufen*, Staatsrecht II, § 6 Rn. 34.

[83] Vgl. *Zippelius/Würtenberger*, Deutsches Staatsrecht, § 18 Rn. 30.

[84] EuGH, NJW 1971, S. 343; BVerfGE 123, 267 (395 f., 398); *Herdegen, Matthias*, Europarecht, 14. Auflage, München 2012, § 10 Rn. 1.

[85] Vgl. BVerfG, NZG 2011, S. 1262 (1265) und siehe *Pieroth/Schlink*, Grundrechte, Rn. 131.

[86] „Der Anwendungsbereich der Verträge richtet sich insoweit nach dem jeweiligen Stand des
Primär- und Sekundärrechts der Europäischen Union und damit nach den ihr in den europäischen
Verträgen übertragenen Hoheitsrechten (Art. 23 Abs. 1 Satz 2 GG, Art. 5 Abs. 1 Satz 1, Abs. 2 EUV).
Insbesondere ist er bei der Verwirklichung der Grundfreiheiten des Vertrags und dem Vollzug des
Unionsrechts eröffnet", BVerfG NZG 2011, S. 1262 (1265) (Hervorhebungen d. d. Verf.).

Staatsangehörige.[87] Lediglich die Frage, auf welchem rechtsmethodischen Weg dieses Resultat zu erreichen ist, wird unterschiedlich beantwortet:[88]

33   So seien nach teilweise vertretener Auffassung die Deutschengrundrechte in Bezug auf Bürger anderer EU-Staaten dahingehend europarechtskonform **auszulegen**, dass sie in persönlicher Hinsicht neben Deutschen auch EU-Ausländer erfassten. Unter Hinweis darauf, dass nach allgemeiner juristischer Methodik der Wortlaut des Gesetzes die Grenze jeder Auslegung markiere und in den im vorliegenden Zusammenhang einschlägigen Grundgesetzbestimmungen ausdrücklich von „Deutschen" die Rede sei, wird diese Vorgehensweise jedoch überwiegend kritisch gesehen (ein „Franzose", „Italiener", „Spanier" etc. ist eben kein „Deutscher").[89] Vielmehr ließe sich die im vorgenannten Umfang bestehende Kollision des deutschen Verfassungstexts mit dem EU-Recht nach anderer Ansicht methodisch „sauber" nur dadurch beseitigen, indem man die in den genannten Grundrechten enthaltene persönliche Einschränkung auf „Deutsche" im Anwendungsbereich namentlich des AEUV **unangewendet** lasse und auf diese Weise den persönlichen Schutzbereich der Deutschengrundrechte ebenfalls für EU-Ausländer öffne. Hiernach wäre beispielsweise Art. 12 Abs. 1 Satz 1 GG wie folgt zu lesen: „Alle ~~Deutschen~~ haben das Recht, Beruf, Arbeitsplatz und Ausbildungsstätte frei zu wählen." Einer solchen Nichtanwendung einzelner Bestimmungen des Grundgesetzes bedürfe es einer dritten Meinung zufolge allerdings dann nicht, wenn sich die gebotene Gleichbehandlung von EU-Ausländern und Deutschen zwar nicht durch eine europarechtskonforme Auslegung speziell der Deutschengrundrechte, aber der Grundrechte insgesamt bewirken ließe. Genau dies sei jedoch der Fall: Ebenso wie Nicht-EU-Ausländer und Staatenlose könnten sich zwar auch EU-Ausländer im sachlichen Schutzbereich von Deutschengrundrechten wegen ihrer fehlenden Deutschen-Eigenschaft im Ausgangspunkt nur auf Art. 2 Abs. 1 GG berufen (vgl. Beispiele 6, 92). Doch sei dessen an sich geringeres Schutzniveau bei europarechtskonformer Interpretation auf das Niveau des betreffenden Deutschengrundrechts anzuheben. Bewerkstelligen ließe sich dies dadurch, dass dessen jeweilige **engere Beschränkungsmöglichkeit** (z. B. die zu Art. 12 Abs. 1 GG entwickelte sog. Drei-Stufen-Theorie; Rn. 258 ff.) **auf Art. 2 Abs. 1 GG übertra-**

---

[87] Statt vieler: *Detterbeck*, Öffentliches Recht, Rn. 279; *Manssen*, Staatsrecht II, Rn. 41. **A. A.** *Sodan/Ziekow*, Grundkurs Öffentliches Recht, § 23 Rn. 7, die für eine „entsprechende Auslegung des ‚einfachen' Rechts" plädieren.

[88] Zum gesamten Folgenden siehe *Epping*, Grundrechte, Rn. 588 f.; *Papier/Krönke*, Grundkurs Öffentliches Recht 2, Rn. 90; *Wersmann*, Jura 2000, S. 657 jeweils m. w. N. Zur parallelen Problematik im Rahmen von **Art. 19 Abs. 3 GG** betreffend **juristische Personen** mit Sitz im **EU-Ausland** siehe Rn. 41.

[89] Vgl. auch BVerfG NZG 2011, S. 1262 (1264) zum Begriff „Inland" i. S. v. Art. 19 Abs. 3 GG: „Es würde die Wortlautgrenze übersteigen, wollte man seine unionsrechtskonforme Auslegung auf eine Deutung des Merkmals ‚inländische' als ‚deutsche einschließlich europäische' juristische Personen stützen".

gen werde.[90] Da alle drei vorgenannten Ansätze zum selben Ergebnis gelangen, bedarf es keiner Entscheidung zwischen ihnen.

34

Person: Grundrecht:	Deutsche	Nicht-Deutsche	
		EU-Ausländer	Nicht-EU-Ausländer und Staatenlose
Menschen-/Jedermannsgrundrechte	(+)	(+)	(+)
Bürger-/Deutschengrundrechte	(+)	(+)	(-)

Grundrechtsberechtigung von Deutschen und Nicht-Deutschen

c) Grundrechtsfähigkeit von juristischen Personen

Über den Kreis der natürlichen Personen hinaus gelten die Grundrechte gem. **Art. 19 Abs. 3 GG** „auch für inländische juristische Personen, soweit sie ihrem Wesen nach auf diese anwendbar sind".

35

aa) Juristische Personen

Ebenso wie alle anderen im Grundgesetz verwendeten Begriffe ist auch derjenige der „juristischen Person" i. S. v. Art. 19 Abs. 3 GG verfassungsautonom – und nicht etwa nach Maßgabe des niederrangigeren einfachen Rechts – auszulegen.[91] Der hierfür v. a. maßgebliche Sinn und Zweck der vorgenannten Vorschrift besteht darin, die nach privatem oder öffentlichem Recht begründeten Rechte und Befugnisse auch von Personengruppen dem Schutz der Grundrechte zu unterstellen.[92] Entsprechend dieser Funktion werden daher zum einen diejenigen Personenmehrheiten und Organisationen vom verfassungsrechtlichen Begriff der „juristischen Person" erfasst, denen das Privatrecht (wie z. B. § 13 Abs. 1 GmbHG der GmbH oder § 1 Abs. 1 AktG der AG) oder das öffentliche Recht **vollumfängliche Rechtspersönlichkeit** und damit die uneingeschränkte Fähigkeit zuspricht, Träger von Rechten und Pflichten zu sein (juristische Personen des Privatrechts bzw. des öffentlichen Rechts; zu Letzteren siehe freilich noch Rn. 47 ff.).[93] Doch darf „aus Art. 19 Abs. 3 GG […] nicht geschlossen werden, dass nur Personengruppen, die allgemeine Rechtsfähigkeit besitzen, Träger von Grundrechten sein können […]. Gibt der Gesetzgeber bestimmten Personengruppen [eine] Rechtsstellung ohne Rücksicht darauf, ob sie allgemeine Rechtsfähigkeit besitzen oder nicht, so müssen sie, unabhängig von ihrer Rechtsform" grundrechts-

36

---

[90] Vgl. auch BVerfG, NVwZ 2011, S. 486 (488): „Es kann dahinstehen, ob sich der Bf. als Österreicher und damit EU-Staatsbürger auf den Schutz des seinem Wortlaut nach Deutschen i. S. des Art. 116 Abs. 1 GG vorbehaltenen Grundrechts aus Art. 12 Abs. 1 GG berufen kann. Ein entsprechender Grundrechtsschutz ist für den Bf. [als Habilitant] jedenfalls über Art. 2 Abs. 1 i. V. mit Art. 5 Abs. 3 Satz 1 sowie Art. 19 Abs. 4 GG gewährleistet".

[91] Vgl. Rn. 280, 320, 419 und *Michael/Morlok*, Grundrechte, Rn. 453 sowie **Beispiel 47**.

[92] Vgl. *Pieroth/Schlink*, Grundrechte, Rn. 162.

[93] *Pieroth/Schlink*, Grundrechte, Rn. 158 ff.

fähig sein.[94] Demzufolge gelangen die Grundrechte unter den übrigen Voraussetzungen des Art. 19 Abs. 3 GG zum anderen ebenfalls auf nichtrechtsfähige Vereinigungen zur Anwendung, soweit sie wenigstens **teilrechtsfähig** sind.[95] Dies gilt gem. § 124 Abs. 1 HGB namentlich für die oHG bzw. i. V. m. § 161 Abs. 2 HGB auch für die KG.[96] Ob im Übrigen „eine nicht rechtsfähige Personengruppe als solche Träger eines Grundrechts ist oder ob dieses Grundrecht ihren Mitgliedern nur als Einzelpersonen zusteht, wird jeweils von verschiedenen Umständen abhängen, so insbesondere von der Natur des Grundrechts und davon, ob und welche Rechte die Personengruppe nach allgemeinem Recht hat."[97] Nicht von Art. 19 Abs. 3 GG geschützt wird demgegenüber etwa die kollektive Grundrechtsausübung Einzelner, erkennt diese Vorschrift doch vielmehr die eigene Grundrechtssubjektivität von juristischen Personen an.[98]

37   ▸   **„Juristische Personen"** i. S. v. Art. 19 Abs. 3 GG sind alle Personenmehrheiten und Organisationen, denen das Privatrecht oder das öffentliche Recht entweder vollumfängliche Rechtspersönlichkeit oder zumindest die teilweise Fähigkeit einräumt, Träger von Rechten und Pflichten zu sein.[99]

Beispiel 7[100]

38   Nach dem Gesetz über die Hilfe der gewerblichen Wirtschaft (HgW) hat diese zur Deckung des vordringlichen Investitionsbedarfs der Energiewirtschaft einen einmaligen Beitrag in Höhe von 1 Milliarde Euro aufzubringen. Bemessungsgrundlage ist ein Betrag, der für jeden Betrieb aus Gewinn und Umsatz der letzten beiden Jahre vor dem Inkrafttreten des HgW errechnet wird. Der Aufbringungssatz beträgt 3,5 % der Bemessungsgrundlage. Als auch der G-GbR ein auf das HgW gestützter Aufbringungsbescheid seitens der zuständigen Behörde zugeht, wird Rechtsanwalt R mit der Prüfung beauftragt, „ob die G-GbR durch den Bescheid in ihren Grundrechten verletzt wird". R fragt sich, ob eine GbR nach Art. 19 Abs. 3 GG überhaupt Trägerin eines Grundrechts sein kann.

Ja. Auch eine GbR kann nach Art. 19 Abs. 3 GG Trägerin eines Grundrechts sein. Abweichendes ergibt sich insbesondere nicht etwa daraus, dass die GbR in den §§ 705 ff. BGB nicht mit voller Rechtsfähigkeit ausgestattet ist und daher keine juristische Person i. S. d. Privatrechts ist. Denn der verfassungsrechtliche Begriff der „juristischen Person" (Art. 19 Abs. 3 GG) ist insofern weiter als der einfachgesetzliche,

---

[94] BVerfGE 3, 383 (391).

[95] *Jarass*, in: ders./Pieroth, GG, Art. 19 Rn. 20. „Der **Begriff** der **juristischen Person i. S. v. Art. 19 Abs. 3 GG** ist damit [...] **weiter** [...] **als** der **einfachrechtliche Begriff** [der juristischen Person], der nur vollrechtsfähige Personenmehrheiten erfasst", *Papier/Krönke*, Grundkurs Öffentliches Recht 2, Rn. 97 (Hervorhebungen d. d. Verf.).

[96] St. Rspr. seit BVerfGE 4, 7 (12).

[97] BVerfGE 6, 273 (277).

[98] *Schoch*, Jura 2001, S. 201 (202).

[99] Vgl. *Pieroth/Schlink*, Grundrechte, Rn. 158 ff.

[100] Nach BVerfGE 4, 7; BVerfG, NJW 2002, S. 3533.

als dass er ebenfalls teilrechtsfähige Personenmehrheiten umfasst. Aus §§ 124 Abs. 1, 161 Abs. 2 HGB folgt, dass sowohl eine oHG als auch eine KG unter ihrer jeweiligen Firma Rechte erwerben, Verbindlichkeiten eingehen und vor Gericht als Partei auftreten können. Dann agieren die unter einer gemeinschaftlichen Firma zusammengeschlossenen Gesellschafter. Ein derartiges Handeln kommt auch bei der Verteidigung von Grundrechten in Frage, nämlich dann, wenn sich der staatliche Eingriff auf das gesamthänderisch gebundene Gesellschaftsvermögen oder das von der Gesellschaft betriebene Handelsgewerbe bezieht. Diese Überlegungen lassen sich ohne Weiteres auf die GbR übertragen. Denn diese ist, da sie als Gesamthandsgemeinschaft gem. § 718 Abs. 1 BGB Rechtspositionen einnehmen kann, nach der BGH-Rechtsprechung[101] insoweit rechtsfähig.

bb) Inlandsbezug

▸ **„Inländisch"** i. S. v. Art. 19 Abs. 3 GG ist eine juristische Person dann, wenn sich der Mittelpunkt ihrer tatsächlichen Tätigkeit (Sitz) im Inland befindet.[102]   39

Auf den **satzungsmäßigen Sitz der Hauptverwaltung** der juristischen Person kommt es zwecks Vermeidung von Manipulationen dagegen **nicht** an.[103]

Um zu verhindern, dass Nicht-EU-Ausländer oder Staatenlose, denen bei individuellem   40
Handeln die Berufung auf die Bürgerrechte verwehrt ist (siehe Beispiele 6, 92), den darin jeweils enthaltenen Deutschenvorbehalt dadurch umgehen, dass sie sich zu einer inländischen juristischen Person i. S. v. Art. 19 Abs. 3 GG zusammenschließen, „deren Mitglieder oder Leiter sämtlich oder überwiegend Ausländer sind" (sog. Ausländerverein, § 14 Abs. 1 Satz 1 VereinsG), um sodann in diesem Kollektiv die Deutschengrundrechte geltend zu machen, wird in Bezug auf Letztere zusätzlich noch verlangt, dass die betreffende Vereinigung von Deutschen beherrscht wird (vgl. §§ 16 f. AktG; str.).[104] Hinsichtlich der auch Nicht-EU-Ausländern und Staatenlosen zustehenden Menschen- bzw. Jedermannsgrundrechte existiert eine solche Umgehungsgefahr dagegen von vornherein nicht, sodass es jedenfalls insoweit für die Beantwortung der Frage, ob es sich um eine inländische oder

---

[101] BGHZ 146, 341 (343).
[102] Vgl. BVerfG, NJW 2002, S. 1485; 2009, S. 2518 (2519) und siehe *Katz*, Staatsrecht, Rn. 603. Juristische Personen besitzen keine Staatsangehörigkeit, siehe *Ipsen*, Staatsrecht II, Rn. 63.
[103] Vgl. *Sachs*, Verfassungsrecht II, A 6 Rn. 55; *Wilms*, Staatsrecht II, Rn. 129. Folge: „Eine **im Ausland rechtlich ansässige Firma** [genießt] in Deutschland **Grundrechtsschutz, sobald** sie ihren **Tätigkeitsmittelpunkt in Deutschland** hat", *Epping*, Grundrechte, Rn. 170 (Hervorhebungen d. d. Verf.). Insbesondere ist „Art. 19 Abs. 3 GG […] **nicht** zu entnehmen, dass die Grundrechtsfähigkeit neben dem Sitz im Inland auch die Verwendung einer **inländischen Rechtsform** voraussetzt", *Krausnick*, JuS 2008, S. 869 (871) (Hervorhebungen d. d. Verf.).
[104] Siehe *Jarass*, in: ders./Pieroth, GG, Art. 19 Rn. 22 und vgl. BVerfG, NVwZ 2000, S. 1281 zu Art. 9 Abs. 1 GG. **A. A.** *Sachs*, Verfassungsrecht II, A 6 Rn. 56. Offengelassen in BVerfG, NJW 2002, S. 1485 m. w. N. zum Streitstand.

eine ausländische juristische Person handelt, ausschließlich auf deren Sitz – und nicht auf die **Staatsangehörigkeit der hinter ihr stehenden** (natürlichen) **Personen** – ankommt.[105]

41 Ebenso wie bei natürlichen Personen im Hinblick auf den Deutschenvorbehalt der Bürgerrechte der Fall (Rn. 32 f.) ist allerdings auch hinsichtlich der in Art. 19 Abs. 3 GG enthaltenen Inländerklausel insbesondere das unionsrechtliche Diskriminierungsverbot der europäischen Grundfreiheiten (Art. 28 ff. AEUV) bzw. – subsidiär – des allgemeinen Art. 18 Abs. 1 AEUV zu beachten.[106] Dieses gebietet es, im Anwendungsbereich des EUV bzw. AEUV juristische Personen mit **Sitz in einem anderen EU-Mitgliedstaat** ebenso wie inländische juristische Personen zu behandeln.[107] Während teilweise dafür plädiert wird, diesem Gleichstellungspostulat durch eine europarechtskonforme Auslegung des Begriffs „inländisch" Rechnung zu tragen („‚inländische' als ‚deutsche einschließlich europäische'" bzw. „EU als Inland"), erachten andere Stimmen in der Literatur diesen Weg in Anbetracht des ausdrücklichen entgegenstehenden Wortlauts von Art. 19 Abs. 3 GG als methodisch versperrt. Vielmehr greife deshalb der Anwendungsvorrang des EU-Rechts Platz, d. h. das in Art. 19 Abs. 3 GG enthaltene Tatbestandsmerkmal „inländisch" sei insoweit unanwendbar, als dadurch juristische Personen aus dem EU-Ausland diskriminiert würden.[108] Dieser Sichtweise hat sich nunmehr auch das BVerfG ausdrücklich angeschlossen.[109] Juristische Personen aus dem **Nicht-EU-Ausland** sind dagegen überhaupt nicht grundrechtsfähig (Alles-oder-Nichts-Prinzip).[110]

Beispiel 8[111]

42 Die Prüfungsstelle des Deutschen Patentamts erteilte der C-Corp., einer Aktiengesellschaft nach US-amerikanischem Recht (Staat Delaware) mit Sitz in New York, ein Patent. Auf Grund der Beschwerde eines deutschen Unternehmens hob das Bundespa-

---

[105] Vgl. BVerfG, NVwZ 2000, S. 1281 (1282); 2008, S. 670 und siehe *Jarass*, in: ders./Pieroth, GG, Art. 19 Rn. 22. Vgl. auch Rn. 317.

[106] BVerfG NZG 2011, S. 1262 (1264). **Art. 18 Abs. 1 AEUV** findet **auch** auf **Gesellschaften** Anwendung, vgl. EuGH, NVwZ 2010, S. 107 (110) m. w. N.

[107] *Pieroth/Schlink*, Grundrechte, Rn. 163. **A. A.** *Manssen*, Staatsrecht II, Rn. 72: Dem Diskriminierungsverbot müsse dadurch entsprochen werden, „dass die Fachgerichtsbarkeiten [...] diskriminierende Behandlungen unterbinden". Offengelassen in BVerfG, NVwZ 2008, S. 670 (671).

[108] Für EU-ausländische juristische Personen „gilt der Inlandsvorbehalt des Art. 19 Abs. 3 GG [daher] nicht", *Detterbeck*, Öffentliches Recht, Rn. 281 (im Original mit Hervorhebungen). Nachweise zum Meinungsstand bei *Zippelius/Würtenberger*, Deutsches Staatsrecht, § 18 Rn. 36.

[109] BVerfG NZG 2011, S. 1262 (1264).

[110] *Michael/Morlok*, Grundrechte, Rn. 454. Zum **verfassungspolitischen Hintergrund** (keine verfassungsrechtliche Beschränkung der völkerrechtlichen Aktionsfähigkeit der Bundesrepublik bzgl. der wechselseitigen Behandlung juristischer Personen) siehe *Sachs*, Verfassungsrecht II, A 6 Rn. 53.

[111] Nach BVerfGE 21, 207. Abweichendes ergibt sich im Hinblick auf Art. 19 Abs. 3 GG auch nicht aus der im (völkerrechtlichen) **Freundschafts-, Handels- und Schifffahrtsvertrag zwischen der Bundesrepublik Deutschland und den Vereinigten Staaten von Amerika** vom 29.10.1954 vereinbarten „Inländerbehandlung", vgl. BGHZ 76, 387 (391); *Pieroth/Schlink*, Grundrechte, Rn. 163; *Sachs*, Verfassungsrecht II, A 6 Rn. 53. Vgl. aber auch *Hufen*, Staatsrecht II, § 6 Rn. 36; *Jarass*, in: ders./Pieroth, GG, Art. 19 Rn. 23.

tentgericht den Erteilungsbeschluss nachfolgend wieder auf und versagte das Patent. Die hiergegen gerichtete Rechtsbeschwerde der C-Corp. wies der BGH zurück. Die C-Corp. macht geltend, durch die Beschlüsse des Bundespatentgerichts und des BGH in ihren Grundrechten aus Art. 2 Abs. 1, Art. 3 Abs. 1 und Art. 14 Abs. 1 GG verletzt zu sein. Mit Erfolg?

Nein. Zwar stehen nach Art. 19 Abs. 3 GG die den natürlichen Personen eingeräumten Grundrechte auch juristischen Personen zu, soweit sie ihrem Wesen nach auf diese anwendbar sind. Diese Erweiterung der Grundrechte erstreckt sich nach dem ausdrücklichen Wortlaut von Art. 19 Abs. 3 GG jedoch ausschließlich auf inländische juristische Personen. Das verbietet eine ausdehnende Auslegung auch auf ausländische juristische Personen, jedenfalls auf solche außerhalb der EU. Daher kann die C-Corp., die ihren Sitz in den USA hat, nicht mit Erfolg die Verletzung der Grundrechte aus Art. 2 Abs. 1, Art. 3 Abs. 1 und Art. 14 Abs. 1 GG durch die angefochtenen Gerichtsentscheidungen geltend machen.

Allein das Recht auf den gesetzlichen Richter nach Art. 101 Abs. 1 Satz 2 GG sowie den   43
Anspruch auf rechtliches Gehör gem. Art. 103 Abs. 1 GG hat das BVerfG ebenfalls ausländischen juristischen Personen zugesprochen.[112] Denn diese **Justizgrundrechte** stehen „jedem zu, der an einem gerichtlichen Verfahren als Partei beteiligt ist, gleichgültig, ob er eine natürliche oder eine juristische, eine inländische oder eine ausländische Person ist."[113] Gegenteiliges ergibt sich insoweit auch nicht aus Art. 19 Abs. 3 GG, der nur für die in Abschnitt I des Grundgesetzes gewährten Grundrechte i. e. S. gilt.[114] Denn zum einen gehören die grundrechtsgleichen Rechte des Art. 101 Abs. 1 Satz 2 und des Art. 103 Abs. 1 GG bereits „formell nicht zu den Grundrechten im Sinne von Art. 19 [Abs. 3] GG [vgl. ferner Art. 93 Abs. 1 Nr. 4a GG]; sie gewährleisten auch nach ihrem Inhalt keine Individualrechte wie die Art. 1 bis 17 GG, sondern enthalten objektive Verfahrensgrundsätze, die für jedes gerichtliche Verfahren gelten."[115] Zum anderen würde es einen Einbruch in eines der zentralen Prinzipien des Grundgesetzes, nämlich den Grundsatz der Rechtsstaatlichkeit (Art. 20 Abs. 3 GG), bedeuten, wollte „man aus dem Kreis der möglichen Verfahrensbeteiligten eine bestimmte Gruppe (hier: ausländische juristische Personen) herausnehmen und ihr die in Art. [101 Abs. 1 Satz 2,] 103 Abs. 1 GG gegebene Sicherung versagen, die allen anderen – also auch dem prozessualen Gegner der ausländischen juristischen Person – zukommt."[116]

---

[112] BVerfGE 64, 1 (11). Nach *Manssen*, Staatsrecht II, Rn. 71 gelte Entsprechendes auch für **Art. 19 Abs. 4 und Art. 101 Abs. 1 Satz 1 GG.**

[113] BVerfGE 18, 441 (447).

[114] BVerfGE 12, 6 (8).

[115] BVerfGE 21, 362 (373).

[116] BVerfGE 12, 6 (8). Vgl. auch Rn. 54.

cc) Wesensgemäße Anwendbarkeit

44   Ob „die Grundrechte [...] ihrem Wesen nach" (Art. 19 Abs. 3 GG) auch auf juristische
Personen als bloße Zweckgebilde der Rechtsordnung anwendbar sind, ist **für jedes Grund-
recht gesondert** festzustellen und kommt jedenfalls dort, „wo der Grundrechtsschutz an
Eigenschaften, Äußerungsformen oder Beziehungen anknüpft, die nur natürlichen Perso-
nen wesenseigen sind", *a priori* nicht in Betracht[117] – so z. B. Art. 1 Abs. 1 (Menschenwür-
de), Art. 2 Abs. 2 Satz 1 (Recht auf Leben und körperliche Unversehrtheit), Art. 2 Abs. 2
Satz 2 i. V. m. Art. 104 Abs. 1 (Freiheit der Person), Art. 3 Abs. 2 (Gleichberechtigung von
Männern und Frauen), Art. 3 Abs. 3 Satz 2 (Verbot der Diskriminierung Behinderter),
Art. 4 Abs. 1 2. Var. (Gewissensfreiheit), Art. 6 Abs. 1 (Schutz von Ehe und Familie), Art. 12
Abs. 3 (Schutz vor Zwangsarbeit), Art. 16 (Schutz vor Ausbürgerung und Auslieferung),
Art. 16a Abs. 1 (Asylrecht) GG.[118]

45   Im Übrigen herrscht Uneinigkeit darüber, nach welchen Kriterien sich die wesensgemäße Anwendbarkeit eines Grundrechts auf eine juristische Person bemisst. Das BVerfG
lässt sich insoweit von der Überlegung leiten, dass die Grundrechte „in erster Linie die
Freiheitssphäre des Einzelnen gegen Eingriffe der staatlichen Gewalt schützen und ihm insoweit zugleich die Voraussetzungen für eine freie aktive Mitwirkung und Mitgestaltung
im Gemeinwesen sichern [sollen]. Von dieser zentralen Vorstellung her ist auch Art. 19
Abs. 3 GG auszulegen und anzuwenden. Sie rechtfertigt eine Einbeziehung der juristischen Personen in den Schutzbereich der Grundrechte nur, wenn ihre Bildung und Betätigung Ausdruck der freien Entfaltung der natürlichen Personen sind, besonders wenn der
‚**Durchgriff**' auf die hinter den juristischen Personen stehenden Menschen dies als sinnvoll oder erforderlich erscheinen lässt."[119] An diesem auch als „personales Substrat"[120]
beschriebenen Erfordernis wird in der Literatur kritisiert, dass Art. 19 Abs. 3 GG die juristischen Personen gerade um ihrer selbst willen – und nicht wegen der hinter ihnen
stehenden natürlichen Personen – schützte.[121] Mithin sei richtigerweise darauf abzustellen, ob das betreffende Grundrecht nicht nur individuell, sondern vielmehr auch korporativ
ausgeübt werden könne. In diesem Fall nämlich befinde sich die juristische Person in einer
ebenso freiheitsgefährdeten, d. h. **grundrechtstypischen, Gefährdungslage** wie eine natürliche Person, was wiederum die Anwendbarkeit des jeweiligen Grundrechts nach Art. 19

---

[117] BVerfGE 95, 220 (242); 106, 28 (42). Siehe auch *Wilms*, Staatsrecht II, Rn. 131. Die „Wesensklausel"
des Art. 19 Abs. 3 GG bezieht sich „auf das Wesen der Grundrechte, nicht auf das der juristischen
Person", *Sachs*, Verfassungsrecht II, A 6 Rn. 61 (im Original mit Hervorhebungen), hat letztlich aber
gleichwohl auch Auswirkungen auf den Kreis der geschützten juristischen Personen (Rn. 47), siehe
Michael/Morlok, Grundrechte, Rn. 457, 462.

[118] *Sodan/Ziekow*, Grundkurs Öffentliches Recht, § 23 Rn. 14 mit weiteren Negativbeispielen. Siehe
auch *Sachs, Michael*, in: ders., GG, 6. Auflage, München 2011, Art. 19 Rn. 68.

[119] BVerfGE 21, 362 (369) (Hervorhebung d. d. Verf.). So auch BVerfG, NVwZ 2009, S. 1282 (1282 f.)
m. w. N.

[120] *Pieroth/Schlink*, Grundrechte, Rn. 168.

[121] Nachweise bei *Sodan/Ziekow*, Grundkurs Öffentliches Recht, § 24 Rn. 13. Siehe auch Rn. 36.

Abs. 3 GG auf die betreffende juristische Personen rechtfertige.[122] Letztlich darf der vorstehend skizzierte Meinungsstreit allerdings nicht überbewertet werden, sind doch sowohl der Rechtsprechung des BVerfG[123] als auch dem Schrifttum[124] zufolge insbesondere die in Art. 2 Abs. 1 (allgemeine Handlungsfreiheit), Art. 3 Abs. 1 (allgemeiner Gleichheitssatz), Art. 10 Abs. 1 (Brief-, Post- und Fernmeldegeheimnis), Art. 12 Abs. 1 (Berufsfreiheit), Art. 13 Abs. 1 (Unverletzlichkeit der Wohnung) und Art. 14 Abs. 1 (Eigentumsfreiheit) GG normierten Grundrechte ihrem Wesen nach auf juristische Personen anwendbar.[125]

Beispiel 9[126]

Nach § 24c Abs. 1 KWG hat jedes Kreditinstitut eine Datei zu führen, in der bestimmte   46
Stammdaten der bei ihm geführten Konten zu speichern sind. § 93 Abs. 7, 8 und § 93b
Abs. 1 AO erschließen die gem. § 24c Abs. 1 KWG geführten Dateien auch für Abrufersuchen der Finanzbehörden und weiterer Stellen, v. a. der Sozialbehörden. Die A-AG,
ein inländisches Kreditinstitut, wendet sich unter Berufung auf ihr allgemeines Persönlichkeitsrecht aus Art. 2 Abs. 1 i. V. m. Art. 1 Abs. 1 GG in seiner Ausprägung als Recht
auf informationelle Selbstbestimmung dagegen, dass die Stammdaten auch für Abrufe
nach den vorgenannten einfachgesetzlichen Normen zur Verfügung stehen. Ist dieses
Grundrecht auf die A-AG als juristische Person überhaupt anwendbar?

Für das allgemeine Persönlichkeitsrecht lässt sich nicht allgemein angeben, ob es
i. S. v. Art. 19 Abs. 3 GG seinem Wesen nach auf juristische Personen anwendbar ist.
Vielmehr ist dies für die verschiedenen Ausprägungen dieses Grundrechts differenziert zu beurteilen. Denn soweit das allgemeine Persönlichkeitsrecht beispielsweise vor
einem Zwang zur Selbstbezichtigung schützt, wird es im Interesse der ausschließlich natürlichen Personen zustehenden Menschenwürde (Art. 1 Abs. 1 GG) gewährt. Knüpft es
damit aber in diesem Bereich an Eigenschaften an, die nur Menschen wesenseigen sind,
so kommt eine Erstreckung auf juristische Personen nicht in Betracht. Demgegenüber
ist ein Schutz für juristische Personen dann möglich, wenn das betreffende Grundrecht
auch korporativ betätigt werden kann. Dies trifft in Bezug auf das allgemeine Persönlichkeitsrecht etwa insofern zu, als es unabhängig von einem besonderen personalen
Kommunikationsinhalt den Schutz des Rechts am gesprochenen Wort gewährleistet.
In dieser Hinsicht können staatliche informationelle Maßnahmen auch Gefährdungen
oder Verletzungen der grundrechtlich geschützten Freiheit juristischer Personen herbeiführen und einschüchternd auf die Ausübung von Grundrechten wirken. Folglich
besteht insoweit ein Schutzbedürfnis, das dem natürlicher Personen im Ansatz entspricht. Verfassungsrechtliche Grundlage dieses grundrechtlichen Schutzes des Rechts
auf informationelle Selbstbestimmung juristischer Personen ist Art. 2 Abs. 1 GG. Ein

---

[122] *Pieroth/Schlink*, Grundrechte, Rn. 168. Vgl. auch BVerfGE 45, 63 (79); 61, 82 (105).

[123] BVerfGE 3, 383 (391 f.); 4, 7 (17); 10, 89 (99); 21, 261 (266); 42, 212 (219); 100, 313 (356). Weitere Nachweise bei *Katz*, Staatsrecht, Rn. 604.

[124] Etwa *Zippelius/Würtenberger*, Deutsches Staatsrecht, § 18 Rn. 40.

[125] Darüber hinaus siehe die **weiteren** bei *Berg*, Staatsrecht, Rn. 432 genannten **Grundrechte**.

[126] Nach BVerfGE 118, 168.

Unterschied ergibt sich allerdings insofern, als der Tätigkeitskreis juristischer Personen – anders als derjenige natürlicher Personen – regelmäßig durch eine bestimmte Zwecksetzung begrenzt wird. Dieser Divergenz, die zwischen den Schutzbedürfnissen natürlicher und juristischer Personen bzgl. des Rechts auf informationelle Selbstbestimmung mithin besteht, ist bei der Bestimmung der jeweiligen grundrechtlichen Gewährleistungen Rechnung zu tragen.

47   „Obwohl Art. 19 Abs. 3 GG nur von ‚juristischen Personen‘ spricht, gebietet er keine Gleichstellung der **juristischen Personen des öffentlichen** und des privaten **Rechts.** Vielmehr führt ‚das Wesen der Grundrechte‘, auf das es nach dem Inhalt der Bestimmung entscheidend ankommt, von vornherein zu einer grundsätzlichen Unterscheidung dieser beiden Gruppen" (teleologische Reduktion von Art. 19 Abs. 3 GG[127]). Denn die Grundrechte betreffen in erster Linie das Verhältnis des Einzelnen zur öffentlichen Gewalt (Rn. 4, 68, 98 ff.). Hiermit wäre es jedoch „unvereinbar, den Staat selbst zum Teilhaber oder Nutznießer der Grundrechte zu machen; er kann nicht gleichzeitig Adressat [Verpflichteter, vgl. Art. 1 Abs. 3 GG] und Berechtigter der Grundrechte sein", (sog. **Konfusionsargument**[128]). Vielmehr handelt es sich bei Eingriffen und Übergriffen eines Hoheitsträgers in die Funktion und das Vermögen eines anderen Hoheitsträgers „der Sache nach um Kompetenzkonflikte im weiteren Sinne" – und nicht um die Verletzung subjektiver (Grund-)Rechte, welche es innerhalb des hoheitlichen Staatsaufbaus nicht geben kann. Zudem könnte bei „Anerkennung der Grundrechtsfähigkeit der juristischen Personen des öffentlichen Rechts als Träger öffentlicher Aufgaben [...] eine sinnvolle Ordnung der staatlichen Aufgabenerfüllung und eine Anpassung der Staatsorganisation an die wechselnden Erfordernisse der wirtschaftlichen, sozialen und kulturellen Entwicklung erheblich erschwert werden. Der Gesetzgeber und die Exekutive müssten [nämlich ansonsten] bei jeder Änderung der bestehenden Verhältnisse, die in den Funktionsbereich oder das Vermögen einer rechtsfähigen Körperschaft oder einer anderen selbständigen Verwaltungseinheit eingriffe, damit rechnen, dass die Betroffenen sich auch mit der Verfassungsbeschwerde zur Wehr setzten."[129]

48   Diese prinzipielle Unanwendbarkeit der Grundrechte auf juristische Personen des öffentlichen Rechts besteht unabhängig davon, ob der **Staat** im konkreten Fall **unmittelbar** in Erscheinung tritt (durch Bundes- oder Landesbehörden) oder sich zur Erfüllung seiner öffentlichen Aufgaben (v. a. der Daseinsvorsorge, z. B. Wasserversorgung) eines selbständigen Rechtsgebildes – sei es eines solchen des öffentlichen Rechts (z. B. öffentlich-rechtliche

[127] *Epping*, Grundrechte, Rn. 161 m. w. N.

[128] *Papier/Krönke*, Grundkurs Öffentliches Recht 2, Rn. 105. Zur entsprechenden Rechtslage im Bereich der **Unionsgrundrechte** und der **EMRK** siehe *Michael/Morlok*, Grundrechte, Rn. 460.

[129] BVerfGE 21, 362 (369 ff.) (Hervorhebungen d. d. Verf.). „Die Verneinung der Grundrechtsträgerschaft juristischer Personen des öffentlichen Rechts beeinträchtigt ihre **Rechtsfähigkeit** *im Übrigen* nicht. Der Staat und seine rechtsfähigen Untergliederungen können deshalb – wie juristische Personen des Privatrechts [auch] – Inhaber subjektiver Vermögensrechte sein und am Rechtsverkehr teilnehmen", *Ipsen*, Staatsrecht II, Rn. 66 (Hervorhebungen teilweise im Original).

Körperschaften [z. B. Gemeinden[130], Industrie- und Handelskammern], Anstalten [z. B. Sparkassen] und Stiftungen) oder des Privatrechts (z. B. Stadtwerke AG)[131] – bedient, sog. **mittelbare Staatsverwaltung**; irrelevant ist insofern auch, ob die jeweilige Körperschaft (verwaltungs-)**privat- oder öffentlich-rechtlich tätig** wird.[132]

Beispiel 10[133]

Die A-AG betreibt das in ihrem Eigentum stehende Stromversorgungsnetz auf dem Ge-   49
biet der Stadt S. In einem Missbrauchsverfahren gab ihr das Bundeskartellamt auf, sog.
Arealnetzbetreibern in bestimmtem Umfang den Zugang zu ihrem Mittelspannungs-
netz zu gewähren. Die A-AG sieht sich hierdurch in ihren Grundrechten aus Art. 12
Abs. 1 und Art. 14 Abs. 1 GG verletzt. Ist sie im Hinblick auf diese Grundrechte gem.
Art. 19 Abs. 3 GG grundrechtsfähig, wenn S mittelbar 75,2 % der Anteile an der A-
AG hält und sich die übrigen 24,8 % der Aktien in privatem Streubesitz befinden, sog.
gemischt-wirtschaftliches Unternehmen?

Nein. Aufgrund ihrer vorrangigen Funktion, nämlich die Freiheitssphäre des Einzelnen gegenüber staatlichen Eingriffen zu schützen, sind die Grundrechte jedenfalls
insoweit nicht wesensgemäß (Art. 19 Abs. 3 GG) auf juristische Personen des öffentlichen Rechts anwendbar, als diese öffentliche Aufgaben wahrnehmen. Entsprechend
dieser Begründung beansprucht der vorgenannte Grundsatz gleichfalls für juristische
Personen des Privatrechts Geltung, wenn diese sich – wie die von S als Gebietskör-
perschaft des öffentlichen Rechts mit einer qualifizierten Mehrheit von über 75 % des
Grundkapitals beherrschte A-AG – überwiegend im Eigentum der öffentlichen Hand
befinden. Auch diese können sich daher nicht auf den Schutz der materiellen Grundrechte berufen, soweit sie bestimmungsgemäß öffentliche Aufgaben wahrnehmen (hier:
Energieversorgung) und in dieser Funktion von einem Hoheitsakt betroffen sind. Insbesondere darf ein Hoheitsträger nicht durch die Gründung einer juristischen Person

---

[130] Für diese gilt selbst **außerhalb des Bereichs der Wahrnehmung öffentlicher Aufgaben** nichts anderes, vgl. die *Sasbach*-Entscheidung des BVerfG (BVerfGE 61, 82 [105 ff.]): Art. 14 Abs. 1 GG „schützt nicht das Privateigentum, sondern das Eigentum Privater". Siehe aber auch die Rspr.-Nachweise bei *Zippelius/Würtenberger*, Deutsches Staatsrecht, § 18 Rn. 52.

[131] Voraussetzung für deren fehlende Grundrechtsfähigkeit ist allerdings ein **beherrschender Einfluss** (vgl. §§ 16 f. AktG) **des Staates** auf das betreffende Privatrechtssubjekt, vgl. BVerfGE 115, 205 (227 f.). Näher *Detterbeck*, Öffentliches Recht, Rn. 267 m. w. N. Korrespondierend besteht in einem solchen Fall eine unmittelbare Grundrechtsbindung des von der öffentlichen Hand beherrschten (gemischtwirtschaftlichen) Unternehmens nach **Art. 1 Abs. 3 GG**, siehe BVerfG, NJW 2011, S. 1201 (1203) und Rn. 108.

[132] Vgl. BVerfGE 21, 362 (370); 45, 63 (78 f.); *Hufen*, Staatsrecht II, § 6 Rn. 38; *Ipsen*, Staatsrecht II, Rn. 64; *Zippelius/Würtenberger*, Deutsches Staatsrecht, § 18 Rn. 46 und Rn. 108. Zu **juristischen Personen mit „Doppelstatus"** (Träger öffentlicher Aufgaben und Interessenverband der Mitglieder) siehe *Manssen*, Staatsrecht II, Rn. 77 m. w. N. Zum gesamten Vorstehenden vgl. auch *Wienbracke, Mike*, Allgemeines Verwaltungsrecht, 3. Auflage, Heidelberg 2012, Rn. 50. Weitere Beispiele bei *Wilms*, Staatsrecht II, Rn. 124.

[133] Nach BVerfG, NVwZ 2009, S. 1282.

des Privatrechts die eigene Grundrechtsbindung abstreifen (keine sog. „Flucht ins Privatrecht") und mittelbar eine eigene Grundrechtsfähigkeit erwerben.

50   Eine **Ausnahme** vom Vorstehenden erkennt das BVerfG allerdings dann an, „wenn Einrichtungen des Staates Grundrechte in einem Bereich verteidigen, in dem sie vom Staat unabhängig sind",[134] d. h. die betreffende juristische Person des öffentlichen Rechts „unmittelbar dem durch die Grundrechte geschützten Lebensbereich zuzuordnen ist"[135] und damit „den Bürgern zur Verwirklichung ihrer individuellen Grundrechte" dient, sog. funktionale Betrachtungsweise.[136] „Ihre Tätigkeit betrifft insoweit nicht den Vollzug gesetzlich zugewiesener hoheitlicher Aufgaben, sondern die Ausübung grundrechtlicher Freiheiten."[137] Allgemein anerkannt ist dies für:[138]

51   • **Universitäten** und Fakultäten, „die zwar in der Regel vom Staat gegründet sind und auch von ihm unterhalten werden, aber in Wissenschaft, Forschung und Lehre frei sind",[139] siehe Art. 5 Abs. 3 Satz 1 GG. Sie können sich daher – freilich „nur" – auf die Wissenschaftsfreiheit berufen, sog. „partielle Grundrechtsfähigkeit";[140]

52   • **öffentlich-rechtliche Rundfunkanstalten** (z. B. ZDF). Denn gerade „um die Verwirklichung des Grundrechts der Rundfunkfreiheit zu ermöglichen, sind die Rundfunkanstalten als vom Staat unabhängige, sich selbstverwaltende Anstalten des öffentlichen Rechts durch Gesetze geschaffen worden."[141] Eine Ausdehnung ihrer Grundrechtsfähigkeit auf andere Grundrechte (wie z. B. Art. 2 Abs. 1, Art. 3 Abs. 1, Art. 14 Abs. 1 GG) als die Rundfunkfreiheit (Art. 5 Abs. 1 Satz 2 GG) und das hiermit in funktionellem Zusammenhang stehende Fernmeldegeheimnis (Art. 10 Abs. 1 GG) lässt sich hieraus jedoch nicht ableiten;[142]

53   • **Religionsgemeinschaften mit dem Status einer Körperschaft des öffentlichen Rechts** (Art. 140 GG i. V. m. Art. 137 Abs. 5 WRV; z. B. evangelische Landeskirchen, römisch-katholische Kirche). In Bezug auf diese ist v. a. wesentlich, dass sie „sich grundsätzlich von den allgemeinen Körperschaften des öffentlichen Rechts unterscheiden, weil

---

[134] BVerfGE 15, 256 (262).

[135] BVerfGE 21, 362 (373). In diesem Zusammenhang wird auch von der juristischen Person des öffentlichen Rechts als „‚**Sachwalter**' des Einzelnen bei der Wahrnehmung seiner Grundrechte" gesprochen, siehe BVerfGE 61, 82 (101 ff.); 75, 192 (196).

[136] BVerfGE 45, 63 (79). Vgl. auch BVerfG, NVwZ 2005, S. 572 (573); 2007, S. 1420 (1421); NVwZ-RR 2009, S. 361; *Sodan/Ziekow*, Grundkurs Öffentliches Recht, § 23 Rn. 16.

[137] BVerfGE 68, 193 (207).

[138] Zu **juristischen Personen des öffentlichen Rechts im formellen Sinn** (Status einer Körperschaft des öffentlichen Rechts ohne Wahrnehmung staatlicher Funktionen, z. B. bay. DRK) siehe *Manssen*, Staatsrecht II, Rn. 79.

[139] BVerfGE 15, 256 (262).

[140] *Katz*, Staatsrecht, Rn. 606. Siehe auch *Detterbeck*, Öffentliches Recht, Rn. 265.

[141] BVerfGE 31, 314 (322).

[142] BVerfGE 59, 231 (255); 78, 101 (102 f.); 107, 299 (310); *Sachs*, Verfassungsrecht II, A 6 Rn. 80. Zum Grundrechtsschutz auch für die Ausübung der **die Rundfunkfreiheit unterstützenden Verhaltensweisen** (Hilfstätigkeiten) siehe *Epping*, Grundrechte, Rn. 166 m. w. N.

sie nicht vom Staat geschaffen sind, sondern im außerstaatlichen Bereich wurzeln und in ihrem Eigenbereich weder staatliche Aufgaben wahrnehmen noch staatliche Gewalt ausüben."[143] Im Gegensatz zu Universitäten und öffentlich-rechtlichen Rundfunkanstalten sind öffentlich-rechtliche Religionsgemeinschaften daher „grundsätzlich grundrechtsfähig" und können sich somit unter den übrigen Voraussetzungen des Art. 19 Abs. 3 GG auch auf andere Grundrechte (z. B. Art. 3 Abs. 1 GG) als die Religionsfreiheit des Art. 4 Abs. 1, 2 GG berufen.[144]

Zudem billigt das BVerfG aus denselben Erwägungen heraus wie bei ausländischen juristischen Personen (Rn. 43) ebenfalls juristischen Personen des öffentlichen Rechts die Justizgrundrechte des **Art. 101 Abs. 1 Satz 2** und des **Art. 103 Abs. 1 GG** zu.[145] Auch der Schutz des **Art. 19 Abs. 4 Satz 1 GG** steht ihnen zu – jedenfalls soweit sie sich auf materielle Grundrechte berufen können. Denn im „Rechtsstaat des Grundgesetzes gehört zu einer grundrechtlichen Garantie die Möglichkeit einer gerichtlichen Kontrolle ihrer Einhaltung."[146]

54

▸   Die Grundrechte i. e. S. (Rn. 3) sind i. S. v. Art. 19 Abs. 3 GG „**ihrem Wesen nach**" grds. nur auf nicht vom Staat beherrschte juristische Personen des Privatrechts (Ausn.: Universitäten, Rundfunkanstalten und öffentlich-rechtlich organisierte Religionsgemeinschaften) anwendbar und dies auch nur dann, wenn der Durchgriff auf die hinter ihnen stehenden natürlichen Personen die Grundrechtsfähigkeit der juristischen Person rechtfertigt bzw. das betreffende Grundrecht auch korporativ ausgeübt werden kann, d. h. die juristische Person sich in einer grundrechtstypischen Gefährdungslage befindet.

55

---

[143] BVerfGE 21, 362 (374). Vgl. auch BVerfGE 18, 385 (386 f.).
[144] BVerfGE 30, 112 (119); 70, 138 (160). Siehe auch BVerfGE 19, 1 (5); *Pieroth/Schlink*, Grundrechte, Rn. 175.
[145] BVerfGE 21, 362 (373); 61, 82 (104); jeweils m. w. N.
[146] BVerfGE 107, 299 (311).

56

> **1. „Juristische Person" i.S.v. Art. 19 Abs. 3 GG**
> - Verfassungsautonome Begriffsauslegung: neben einfachgesetzlicher Voll- (z.B. GmbH, AG) reicht auch Teilrechtsfähigkeit (z.B. GbR, oHG, KG) aus

> **2. „Inländisch"**
> - Mittelpunkt der tatsächlichen Tätigkeit muss sich im Inland befinden; satzungsmäßiger Sitz der Hauptverwaltung ist hingegen unbeachtlich
> - Merkmal ist zumindest wegen Art. 18 Abs. 1 AEUV nicht anwendbar auf juristische Personen mit Sitz im EU-Ausland (a.A. europarechtskonforme Auslegung)
> - Im Bereich von Deutschengrundrechten darf die juristische Person nicht von Nicht-EU-Ausländern oder Staatenlosen beherrscht werden (str.)
> - Justizgrundrechte gelten auch für ausländische juristische Personen

> **3. „Wesensgemäße Anwendbarkeit der Grundrechte"**
> - Durchgriff auf die hinter der juristischen Person stehenden natürlichen Personen muss Grundrechtsfähigkeit der juristischen Person rechtfertigen (Rspr.) bzw. jeweiliges Grundrecht muss auch korporativ ausgeübt werden können, d.h. die juristische Person muss sich in einer grundrechtstypischen Gefährdungslage befinden (Lit.)
> - Außer Universitäten, Rundfunkanstalten und öffentlich-rechtlich organisierten Religionsgemeinschaften (Kirchen) sind juristische Personen des öffentlichen Rechts als Grundrechtsverpflichtete grds. nicht grundrechtsfähig (Konfusionsargument); Ausn.: Justizgrundrechte. Entsprechendes gilt für vom Staat beherrschte juristische Personen des Privatrechts

Grundrechtsfähigkeit von juristischen Personen

2. Sachlicher Schutzbereich

57   Der sachliche Schutzbereich betrifft zunächst die gegenständliche Reichweite eines Grundrechts, das sog. **Schutzgut** (Rn. 58 ff.).[147] Ist dieses bestimmt und wird das konkret zu beurteilende Verhalten hiervon erfasst, so ist anschließend zu untersuchen, ob das betreffende Grundrecht auch die vom Einzelnen begehrte Gewährleistung (synonym: Garantie, Verbürgung) hergibt (z. B. Anspruch auf eine staatliche Leistung), d. h. es ist die grundrechtliche **Schutzwirkung** zu ermitteln (Rn. 67 ff.).[148]

a) Schutzgut

58   Gegenständlich schützen die Grundrechte jeweils einen bestimmten Ausschnitt aus der Lebenswirklichkeit, so z. B. Art. 2 Abs. 1 GG die freie Entfaltung der Persönlichkeit, Art. 2

---

[147] Vgl. *Sodan/Ziekow*, Grundkurs Öffentliches Recht, § 24 Rn. 3. Mitunter wird insoweit auch vom **Grundrechtsinhalt** (*Ipsen*, Staatsrecht II, Rn. 124) bzw. **Grundrechtstatbestand** gesprochen, siehe *Sachs*, Verfassungsrecht II, A 7 Rn. 1 ff. Vom sachlichen Schutzbereich ist der **Regelungsbereich** eines Grundrechts zu unterscheiden. Letzterer meint den „Lebensbereich, dem das Grundrecht gilt [z. B. regelt Art. 8 GG alle Versammlungen] und in dem es den Schutzbereich erst bestimmt" (z. B. schützt Art. 8 Abs. 1 GG nur friedliche und waffenlose Versammlungen), siehe *Pieroth/Schlink*, Grundrechte, Rn. 214 f. Vgl. ferner *Stein/Frank*, Staatsrecht, § 26 V: „**Normbereich**".

[148] *Pieroth/Schlink*, Grundrechte, Rn. 219. „Das Verhalten im Schutzbereich eines Grundrechts kann als **Grundrechtsgebrauch** oder Grundrecht**sausübung** bezeichnet werden." Das gilt auch bei „sachbezogen formulierte[n] Grundrechte[n]" wie z. B. Art. 5 Abs. 3 Satz 1 GG: „Kunst und Wissenschaft [...] sind frei", a. a. O., Rn. 216 (Hervorhebungen im Original).

Abs. 2 Satz 2 GG die Freiheit der Person, Art. 11 Abs. 1 GG die Freizügigkeit im ganzen Bundesgebiet und Art. 13 Abs. 1 GG die Wohnung. Welcher Lebensbereich von dem einzelnen Grundrecht genau erfasst wird, ist im Wege der Auslegung des in der betreffenden Verfassungsnorm enthaltenen „Leitbegriffs"[149] nach allgemeiner juristischer Methodik,[150] d. h. anhand von

- **Wortlaut** (Grammatik),   59

> **Beispiel 11**[151]
>
> Zur Eindämmung der Steuerflucht bestimmt § 2 Abs. 1 AStG, dass Deutsche, die ihren Wohnsitz aus dem Inland in einen sog. Niedrigsteuerstaat verlegen, unter den sonstigen in dieser Vorschrift genannten Voraussetzungen weiterhin mit bestimmten Einkünften der deutschen Einkommensteuerpflicht unterliegen, sog. erweiterte beschränkte Einkommensteuerpflicht. Millionär M, dem von seinem Steuerberater eine derartige Wohnsitzverlegung empfohlen wurde, meint, § 2 Abs. 1 AStG verletzte ihn in seinem Grundrecht aus Art. 11 Abs. 1 GG. Stimmt das?
>
> Nein. Die Wohnsitzverlegung eines Deutschen ins Ausland steht – ebenso wie die nur befristete Ausreise dorthin – verfassungsrechtlich nicht unter dem Schutz des Art. 11 Abs. 1 GG. Denn diese Norm gewährleistet die Freizügigkeit lediglich „im" ganzen Bundesgebiet. Bereits der Wortlaut spricht also nicht dafür, dass Art. 11 Abs. 1 GG auch ein Grundrecht auf freie Ausreise „aus" dem Bundesgebiet gewähren sollte.

- **Systematik** (Regelungszusammenhang),   60

> **Beispiel 12**[152]
>
> Während des Verfahrens nach § 18a AsylVfG ist der Aufenthalt von Asylsuchenden auf die Räumlichkeiten im Transitbereich des Flughafens begrenzt. Greift diese Regelung in das Grundrecht des Art. 2 Abs. 2 Satz 2 GG ein?

---

[149] *von Kielmansegg*, JuS 2008, S. 23 (24). Durch das **einfache Gesetzesrecht** vermögen die Verfassung im Allgemeinen und die Grundrechte im Besonderen dagegen **nicht** authentisch interpretiert zu werden (Normenhierarchie!), vgl. *Leibholz/Rinck*, GG, 46. EGL, Köln 2007, vor Art. 1–19 Rn. 36.
[150] Kritisch hierzu *Papier/Krönke*, Grundkurs Öffentliches Recht 2, Rn. 29, die mangels Existenz weder eines „vorgefasste[n] objektive[n] Willen[s]" der Verfassung" noch eines „vorgefasste[n] subjektive[n] Willen[s] der Verfassungsgeber" ein „häufige[s] Fehlgehen der herkömmlichen Auslegungsmethoden in Ansehen der Verfassungsrechtsnormen" konstatieren. Vielmehr erfordere die Verfassungsinterpretation „häufig auch rechtsschöpferische ‚Konkretisierung'" (Hervorhebung im Original). Zum Streit um die insoweit „richtige" (klassisch-hermeneutische, topisch-problemorientierte bzw. wirklichkeitswissenschaftlich orientierte) „Methode zur Konkretisierung der offenen Formulierungen der Grundrechtsnormen" siehe a. a. O., Rn. 30 m. w. N. Zum **Wandel der Grundrechtsinterpretation** sowie der Unterscheidung zwischen **Grundrechten als** (starre) **Regeln** oder (abwägungszugänglichen) **Prinzipien** siehe *Michael/Morlok*, Grundrechte, Rn. 19 ff.
[151] Nach BVerfGE 6, 32.
[152] Nach BVerfGE 94, 166; *Grabitz, Eberhard*, in: Isensee und Kirchhof, HdbStR Bd. IV, 2. Auflage, Heidelberg 1999, § 130 Rn. 5.

Nein. Ein Eingriff in Art. 2 Abs. 2 Satz 2 GG liegt nicht vor, da der sachliche Schutzbereich dieses Grundrechts von vornherein nicht die Befugnis umfasst, sich unbegrenzt überall aufhalten und überall hin bewegen zu dürfen. Vielmehr schützt das Grundrecht auf Freiheit der Person allein die im Rahmen der geltenden allgemeinen Rechtsordnung gegebene tatsächliche körperliche Bewegungsfreiheit vor staatlichen Eingriffen. Dies ergibt sich u. a. aus dem systematischen Zusammenhang mit Art. 104 GG, der Verfahrensgarantien nur für Eingriffe in Form des „Ergreifens", der „Festnahme", des „Festhaltens" und des „in Gewahrsam"-Halten vorsieht. Wenn Eingriffe in die Freiheit der Person damit aber ausschließlich in physischen Beschränkungen der Bewegungsfreiheit bestehen, dann erstreckt sich auch der Gewährleistungsgehalt von Art. 2 Abs. 2 Satz 2 GG nur auf diese.

61   • **Entstehungsgeschichte** (Historie) sowie

Beispiel 13[153]

Unternehmer U ist Eigentümer eines Pferdes, auf dem er nach Feierabend und an den Wochenenden zu Erholungszwecken durch den nahegelegenen Forst reitet. Als U in der Zeitung davon liest, dass demnächst ein Gesetz in Kraft treten soll, wonach das Reiten im Walde grundsätzlich nur noch auf solchen privaten Straßen und Wegen erlaubt ist, die als Reitwege gekennzeichnet sind, fragt er umgehend bei Rechtsanwalt R nach, ob eine solche Regelung mit Art. 2 Abs. 1 GG vereinbar wäre. Bereits zu Beginn seiner diesbezüglichen Prüfung kommen R Bedenken, ob es sich bei dem Vorgang „Reiten im Walde" um einen solchen handelt, der unter das Tatbestandsmerkmal „freie Entfaltung [der] Persönlichkeit" i. S. v. Art. 2 Abs. 1 GG subsumiert werden kann.

Das „Reiten im Walde" wird vom sachlichen Schutzbereich des Art. 2 Abs. 1 GG erfasst. Wenngleich dessen „feierlich" anmutende Formulierung Anlass dazu geben könnte, dieses Grundrecht besonders im Lichte des Art. 1 Abs. 1 GG zu sehen und daraus abzuleiten, dass Art. 2 Abs. 1 GG mit dazu bestimmt sei, das Menschenbild des Grundgesetzes zu prägen, kann das Grundgesetz mit der „freien Entfaltung der Persönlichkeit" letztlich dennoch nicht nur die Entfaltung innerhalb jenes Kernbereichs der Persönlichkeit gemeint haben, der das Wesen des Menschen als geistig-sittliche Person ausmacht. Vielmehr schützt das Grundgesetz die Handlungsfreiheit in Art. 2 Abs. 1 GG in einem umfassenden Sinn. Denn es waren nicht rechtliche Erwägungen, sondern allein sprachliche Gründe, die den Verfassungsgeber dazu bewogen haben, die ursprüngliche Fassung „Jeder kann tun und lassen was er will" durch den jetzigen Wortlaut des Art. 2 Abs. 1 GG zu ersetzen (vgl. *v. Mangoldt*, Parlamentarischer Rat, 42. Sitzung des Hauptausschusses, S. 533).

---

[153] Nach BVerfGE 6, 32; 80, 137.

- **Sinn und Zweck** (griech.: „Telos")   62

Beispiel 14[154]

Zwecks Prüfung der Voraussetzungen für die Eintragung in die Handwerksrolle sind die Beauftragten der Handwerkskammer gem. § 17 Abs. 2 Satz 1 HwO dazu befugt, Grundstücke und Geschäftsräume zu betreten und dort Prüfungen und Besichtigungen vorzunehmen. Der Gewerbetreibende G hält diese Regelung für verfassungswidrig und beruft sich auf Art. 13 Abs. 1 GG (Unverletzlichkeit der Wohnung). Ist dieses Grundrecht vorliegend überhaupt einschlägig?

Ja. Der in Art. 13 Abs. 1 GG verwendete Begriff „Wohnung" ist i. S. e. „räumlichen Privatsphäre" zu verstehen und umfasst als solche auch Arbeits-, Betriebs- und Geschäftsräume. Dies folgt nicht zuletzt aus dem Schutzzweck von Art. 13 Abs. 1 GG, nämlich den räumlichen Bereich individueller Persönlichkeitsentfaltung zu sichern. Zu Letzterer zählt v. a. auch die Berufsarbeit, welcher in Art. 12 Abs. 1 GG ein besonders hoher Rang zuerkannt wird. Aufgrund dieses Zusammenhangs ist es nur folgerichtig, dem räumlichen Bereich, in dem sich diese Arbeit vorwiegend vollzieht, einen entsprechend wirksamen rechtlichen Schutz zukommen zu lassen.

---

zu ermitteln.[155] Im Verhältnis zueinander sind die vier vorgenannten Auslegungskriterien prinzipiell gleichrangig.[156]

Entsprechend dieser Kriterien hat das BVerfG die durchweg auf hohem Abstraktions-   63
niveau formulierten sachlichen Schutzbereiche der Grundrechte in zahlreichen Entscheidungen näher konkretisiert, wobei freilich ebenfalls das jeweilige Vorverständnis von der Funktion der Grundrechte von nicht unerheblicher Bedeutung ist.[157] Sofern auch nach Heranziehung dieses sog. *case-law* (Fallrecht) als „wichtigste[r] Erkenntnisquelle für die Ermittlung des Grundrechtsinhalts"[158] immer noch Zweifel verbleiben sollten, „ist derjenigen [extensiven] Auslegung der Vorzug zu geben ‚die die juristische Wirkungskraft der betreffenden Norm am stärksten entfaltet'", sog. Grundsatz der Grundrechtseffektivität (*in dubio pro libertate*).[159] Namentlich hinsichtlich der Annahme von sog. Schutzbereichsbe-

---

[154] Nach BVerfGE 32, 54.

[155] *Hufen*, Staatsrecht II, § 6 Rn. 5. Die Anwendung dieser Kriterien führt im Ergebnis zu einer **Definition** des jeweiligen sachlichen Schutzbereichs, welche wiederum für die konkrete Grundrechtsanwendung unablässig ist, vgl. BVerfGE 67, 213 (225) und siehe *Sachs*, Verfassungsrecht II, A 7 Rn. 24.

[156] Vgl. BVerfGE 11, 126 (130) und siehe *Butzer/Epping*, Arbeitstechnik im Öffentlichen Recht, 3. Auflage, Stuttgart u. a. 2006, S. 32, 47.

[157] Vgl. *Papier/Krönke*, Grundkurs Öffentliches Recht 2, Rn. 29. Zu den verschiedenen **Grundrechtstheorien** siehe *Katz*, Staatsrecht, Rn. 559 ff. m. w. N. Zur Konkretisierung von **normgeprägten Grundrechten** durch den **Gesetzgeber** siehe Rn. 282, 326, 344 und *Hufen*, Staatsrecht II, § 6 Rn. 13 f.

[158] *Ipsen*, Staatsrecht II, Rn. 129.

[159] St. Rpsr. seit BVerfGE 6, 55 (72) m. w. N. Vgl. aber auch *Zippelius/Würtenberger*, Deutsches Staatsrecht, § 19 Rn. 16 m. w. N. zu **restriktiven Tendenzen** in der neueren Rechtsprechung, v. a. BVerfGE 105, 252 (265 f.); 105, 279 (294 f.). Zur Bedeutung des **Selbstverständnisses** des prä-

grenzungen (z. B. bzgl. sozialschädlicher Verhaltensweisen; Beispiel 47) ist daher Zurückhaltung geboten.[160]

64   Vorstehendes gilt auch für den Umfang der vom jeweiligen Schutzbereich eines Grundrechts erfassten Verhaltensweisen. So wird etwa von der Glaubensfreiheit des Art. 4
Abs. 1 GG nicht nur die Freiheit geschützt, einen Glauben zu haben sowie nach den eigenen Glaubensüberzeugungen zu leben und zu *handeln* (sog. **positive Freiheit**), sondern
umgekehrt ebenfalls die Freiheit, kultischen Handlungen eines nicht geteilten Glaubens
durch *Unterlassen* fernzubleiben (sog. **negative Freiheit**; Rn. 450).[161]

65

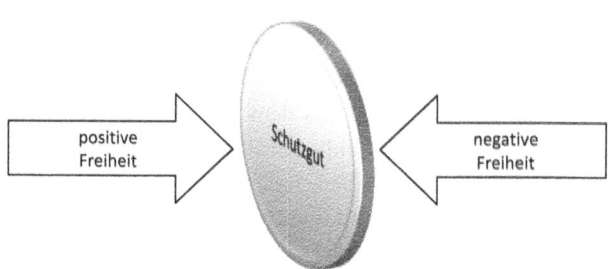

Positive und negative grundrechtliche Freiheiten

Beispiel 15[162]

66   Die G-GmbH betätigt sich im Bezirk der örtlichen Industrie- und Handelskammer
(IHK), einer Körperschaft des öffentlichen Rechts (§ 3 Abs. 1 IHKG), als Versicherungs-
maklerin. Als solche ist sie gem. § 2 Abs. 1 IHKG Pflichtmitglied in der IHK, welche
gegenüber der G-GmbH einen Beitragsbescheid nach § 3 Abs. 2 Satz 1 IHKG erlässt.
Unter Berufung auf ihre „aus Art. 9 Abs. 1 GG folgende negative Vereinigungsfreiheit"
verweigert die G-GmbH die Zahlung, da bereits die – für sie völlig nutzlose – Zwangsmitgliedschaft in der IHK als solche verfassungswidrig sei. Ist Art. 9 Abs. 1 GG insofern
einschlägig?

Nein. Nach Art. 9 Abs. 1 GG haben alle Deutschen das Recht, Vereine und Gesellschaften zu bilden. Hiervon erfasst wird die (positive) Freiheit, sich aus privater

---

sumtiven Grundrechtsträgers für die Grundrechtsinterpretation siehe Rn. 479 und *Michael/Morlok*,
Grundrechte, Rn. 40.
[160] Vgl. *Wilms*, Staatsrecht II, Rn. 181 ff. m. w. N. „Überwiegend werden Kollisionen zwischen verschiedenen Grundrechten nicht auf Schutzbereichs-, sondern erst auf Rechtfertigungsebene gelöst
(verfassungsimmanente Schranken)", *von Kielmansegg*, JuS 2009, S. 19 (23). Zur insofern mitunter
verwendeten (missverständlichen) Terminologie der „**verfassungsunmittelbaren Schranken**" siehe
Rn. 408 und *Detterbeck*, Öffentliches Recht, Rn. 277. Diese sind streng zu unterscheiden von den auf
Ebene der verfassungsrechtlichen Rechtfertigung zu verortenden verfassungsimmanenten Schranken (Rn. 153 ff.).
[161] Siehe nur BVerfGE 93, 1 (15). Allgemein *Pieroth/Schlink*, Grundrechte, Rn. 216.
[162] Nach BVerwGE 107, 169. Zur Vereinbarkeit der IHK-Zwangsmitgliedschaft mit **Art. 49 und
Art. 107 AEUV** sowie dem Demokratieprinzip des **Art. 20 Abs. 1 GG** siehe OVG Rheinland-Pfalz,
GewA 2011, S. 326.

Initiative mit anderen zu Vereinigungen zusammenzufinden und diese zu gründen. Ein Recht auf Bildung öffentlich-rechtlicher Verbände begründet Art. 9 Abs. 1 GG dagegen nicht. Steht die freie Bildung öffentlich-rechtlicher Organisationsformen dem Einzelnen danach also nicht offen, so kann aber auch die im vorliegenden Fall geltend gemachte negative Vereinigungsfreiheit nicht weiter gehen als die positive. In negativer Hinsicht ist Art. 9 Abs. 1 GG mithin auf die Freiheit beschränkt, privaten Vereinen fernzubleiben und aus ihnen wieder auszutreten. Nicht durch Art. 9 Abs. 1 GG gewährleistet ist hingegen eine negative Vereinigungsfreiheit gegenüber öffentlich-rechtlichen Körperschaften wie der IHK. Dies folgt im Übrigen auch aus der Historie dieser Verfassungsbestimmung sowie dem systematischen Zusammenhang mit Art. 9 Abs. 2 GG.

b) Schutzwirkung

Fällt das konkrete Verhalten des Einzelnen (Sachverhalt) in den derart ermittelten Schutzbereich eines Grundrechts (Tatbestand), d. h. ist dieser „eröffnet", so ist nachfolgend – abermals im Wege der Auslegung – zu ermitteln, welche rechtlichen Wirkungen (Rechtsfolgen) sich hieraus für diesen hinsichtlich des jeweiligen Schutzguts im Verhältnis zum Staat ergeben.[163] „Beispielsweise genügt es dafür, dass jemand unter Berufung auf Art. 12 Abs. 1 [GG] die staatliche Unterstützung für eine zusätzliche Berufsausbildung fordern kann, nicht aus, dass auch die zusätzliche Berufsausbildung in den Schutzbereich von Art. 12 Abs. 1 [GG] fällt; vielmehr muss Art. 12 Abs. 1 [GG] neben den entsprechenden Abwehrrechten gerade entsprechende Leistungsrechte gewährleisten."[164] Klassisch ist insoweit die „Statuslehre" nach *Georg Jellinek*,[165] welche zwischen folgenden **subjektiv-rechtlichen** (Multi-) Funktionen der (Freiheits-)Grundrechte differenziert:[166]

67

- **Grundrechte als Abwehrrechte** (sog. *status negativus*)
  „Ohne Zweifel sind die Grundrechte in erster Linie dazu bestimmt, die Freiheitssphäre des einzelnen vor Eingriffen der öffentlichen Gewalt zu sichern; sie sind **Abwehrrechte des Bürgers gegen den Staat**. Das ergibt sich aus der geistesgeschichtlichen Entwicklung der Grundrechtsidee wie aus den geschichtlichen Vorgängen, die zur Aufnahme von Grundrechten in die Verfassungen der einzelnen Staaten geführt haben [Rn. 1]. Diesen Sinn haben auch die Grundrechte des Grundgesetzes, das mit der Voranstellung des Grundrechtsabschnitts den Vorrang des Menschen und seiner Würde gegen-

68

---

[163] *Ipsen*, Staatsrecht II, Rn. 92; *Papier/Krönke*, Grundkurs Öffentliches Recht 2, Rn. 129.
[164] *Pieroth/Schlink*, Grundrechte, Rn. 221. „**Grundpflichten** des Einzelnen gegenüber dem Staat" (*status passivus*) statuiert das Grundgesetz – anders noch als die WRV – demgegenüber **nicht**, siehe *Papier/Krönke*, Grundkurs Öffentliches Recht 2, Rn. 56 (Hervorhebung im Original).
[165] *Jellinek, Georg*, System der subjektiven öffentlichen Rechte, 2. Auflage, Tübingen 1919, S. 87, 94 ff.
[166] *Detterbeck*, Öffentliches Recht, Rn. 252. Die Begriffe **Grundrechtsdimensionen, -funktionen, -gehalte und -wirkungen** sind eng miteinander verwandt, siehe *Voßkuhle/Kaiser*, JuS 2011, S. 411. Zu den **Funktionen der Gleichheitsgrundrechte** siehe *Jarass*, in: ders./Pieroth, GG, Vorb. vor Art. 1 Rn. 9.

über der Macht des Staates betonen wollte."[167] Im Übrigen lässt bereits der Wortlaut des Verfassungstexts erkennen, dass es sich bei den meisten Grundrechten um Freiheitsrechte i. d. S. handelt, vgl. nur Art. 4 Abs. 1 GG („Freiheit [...] ist unverletzlich") und Art. 2 Abs. 2 Satz 3 GG („In diese Rechte darf nur auf Grund eines Gesetzes eingegriffen werden"). Als solche gewährleisten sie die Freiheit von grundrechtswidrigem Zwang („Freiheit vom Staat"[168]), d. h. als unmittelbar anwendbares Recht (Rn. 4) einen Anspruch gegen den Staat auf Unterlassung von rechtswidrigen Grundrechtseingriffen (Recht, vom Staat in Ruhe gelassen zu werden) bzw. auf Beseitigung von deren Folgen (negatorische Rechte).[169]

Beispiel 16[170]

69   V ist Vorstand einer gesetzlichen Krankenversicherung. Nach § 35a Abs. 6 Satz 2 SGB IV ist „die Höhe der jährlichen Vergütungen der einzelnen Vorstandsmitglieder [...] im Bundesanzeiger und gleichzeitig [...] in der Mitgliederzeitschrift der betreffenden Krankenkasse zu veröffentlichen". V, der nicht möchte, dass die Höhe seiner Vergütung öffentlich bekannt wird, erhebt Klage vor dem zuständigen Gericht, mit der er sich gegen die auf § 35a Abs. 6 Satz 2 SGB IV gestützte Verpflichtung durch das Bundesversicherungsamt zur Veröffentlichung seiner Vorstandsvergütung wendet. Zur Begründung beruft sich V auf sein Grundrecht aus Art. 2 Abs. 1 i. V. m. Art. 1 Abs. 1 GG. Das darin gewährleistete allgemeine Persönlichkeitsrecht umfasse auch die Befugnis des Einzelnen, grundsätzlich selbst zu entscheiden, wann und innerhalb welcher Grenzen persönliche Lebenssachverhalte offenbart werden. Damit macht V gegenüber dem Staat die klassisch abwehrrechtliche Funktion der Grundrechte geltend.

70   • **Grundrechte als Leistungsrechte** (sog. *status positivus*)
      „Der verfassungsrechtliche Grundrechtsschutz [...] erschöpft sich indessen nicht in der den Freiheitsrechten herkömmlich beigemessenen Schutzfunktion gegen Eingriffe der öffentlichen Gewalt [...]. Je stärker der moderne Staat sich der sozialen Sicherung und kulturellen Förderung der Bürger zuwendet, desto mehr tritt im Verhältnis zwischen Bürger und Staat neben das ursprüngliche Postulat grundrechtlicher Freiheitssicherung vor dem Staat die komplementäre Forderung nach grundrechtlicher Verbürgung der [...] staatlichen Leistungen."[171] Sofern derartige, auf ein positives Handeln des Staates gerichtete Ansprüche des Bürgers nicht ausnahmsweise ausdrücklich im Grundgesetz

---

[167] So grundlegend BVerfGE 7, 198 (204 f.) (Hervorhebungen d. d. Verf.); seitdem st. Rspr. Aus der Literatur statt aller: *Manssen*, Staatsrecht II, Rn. 44.

[168] *Voßkuhle/Kaiser*, JuS 2011, S. 411.

[169] Vgl. BVerfGE 27, 1 (6); 38, 175 (181); *Sodan/Ziekow*, Grundkurs Öffentliches Recht, § 22 Rn. 5 m. w. N. und siehe *Hufen*, Staatsrecht II, § 5 Rn. 4; *Ipsen*, Staatsrecht II, Rn. 91; *Wilms*, Staatsrecht II, Rn. 72. Siehe auch *Katz*, Staatsrecht, Rn. 573: „**staatsfreie Privatsphäre**". Vereinzelt geblieben ist demgegenüber der Versuch, unmittelbar aus den Grundrechten auch **Schadensersatz-/Entschädigungsansprüche** abzuleiten, siehe *Sachs*, Verfassungsrecht II, A 4 Rn. 15 m. w. N.

[170] Nach BVerfG, NJW 2008, S. 1435.

[171] BVerfGE 33, 303 (330 f.).

vorgesehen sind – so z. B. in Art. 6 Abs. 4 GG (Anspruch der Mutter auf Schutz und Für-
sorge) und Art. 19 Abs. 4 Satz 1 GG (Anspruch auf Rechtsschutz gegen die öffentliche
Gewalt) – ist allerdings insbesondere im Hinblick auf die Anerkennung sog. **originärer**,
d. h. auf Schaffung von zuvor noch nicht Vorhandenem gerichteter, **Leistungsrechte**
(„Freiheit durch den Staat"[172]) äußerste Zurückhaltung geboten (z. B. gewährt Art. 5
Abs. 1 Satz 1 2. Hs. GG keinen Anspruch des Einzelnen gegen den Staat auf Verschaf-
fung von Informationen).[173] Denn das liberale (freiheitsgewährende) Grundgesetz hat
bewusst auf soziale Grundrechte (z. B. ein Recht auf Arbeit) verzichtet.[174] Vielmehr ist
„grundsätzlich daran festzuhalten [. . .], dass es auch im modernen Sozialstaat der nicht
einklagbaren Entscheidung des Gesetzgebers überlassen bleibt, ob und wieweit er im
Rahmen der darreichenden Verwaltung [R]echte gewähren will."[175] Jedenfalls aber stehen „sie doch unter dem Vorbehalt des [finanziell] Möglichen im Sinne dessen, was der
Einzelne vernünftigerweise von der Gesellschaft beanspruchen kann. Dies hat in erster Linie der Gesetzgeber in eigener Verantwortung zu beurteilen [vgl. Art. 110 Abs. 2
Satz 1 GG], der bei seiner Haushaltswirtschaft auch andere Gemeinschaftsbelange zu
berücksichtigen" hat.[176]

Beispiel 17[177]

Die T-GmbH betreibt in der Gemeinde G ein Theater. Wenngleich die dort aufgeführten   71
Stücke künstlerisch sehr anspruchsvoll sind, sind die Besucherzahlen – und damit die

---

[172] *Voßkuhle/Kaiser*, JuS 2011, S. 411. Speziell zu staatlichen „**Schutz**"-Leistungen siehe Rn. 79 ff.
und *Michael/Morlok*, Grundrechte, Rn. 527. Zu „**Verfahrens**-"Leistungen siehe Rn. 89 und *Epping*,
Grundrechte, Rn. 16. Insbesondere bei der Befreiung von einem präventivem Verbot mit Erlaubnisvorbehalt (**Beispiele 85, 96**) geht es hingegen **nur scheinbar** um einen **Leistungsanspruch**, in
Wirklichkeit aber um die Abwehr des durch die gesetzliche Statuierung dieses Verbots bewirkten
Grundrechtseingriffs, siehe *Pieroth/Schlink*, Grundrechte, Rn. 80. Zu **derivativen Leistungsrecht**en
siehe Rn. 72.
[173] Vgl. BVerfGE 36, 321 (332 f.); BVerfG, NJW 2005, S. 2843 und siehe *Sodan/Ziekow*, Grundkurs
Öffentliches Recht, § 22 Rn. 8. Zu **Art. 1 Abs. 1 i. V. m. Art. 20 Abs. 1 GG** siehe BVerfGE 125, 175
(222 f.); BVerfG, NVwZ 2012, S. 1024 (1026 f.) zu **Art. 5 Abs. 1 Satz 2 GG** siehe BVerfGE 87, 181
(197 f.) und zu **Art. 7 Abs. 4 Satz 1 GG** siehe BVerfGE 75, 40 (61 ff.).
[174] *Zippelius/Würtenberger*, Deutsches Staatsrecht, § 17 Rn. 5. Siehe ferner *Ipsen*, Staatsrecht II,
Rn. 111, 113 f.: Zwar ist die Freiheit der Berufswahl (Art. 12 Abs. 1 GG) für eine Millionenzahl von
Arbeitslosen ein *nudum ius*. „Die sich im Sozialstaat der Gegenwart stellenden Verteilungsprobleme
sind [aber] prinzipiell nicht durch den Rückgriff auf Grundrechte lösbar." Vielmehr finden sozi-
alpolitische Maßnahmen im **Sozialstaatsprinzip** des Art. 20 Abs. 1 GG ihre verfassungsrechtliche
Legitimation.
[175] BVerfGE 33, 303 (331).
[176] BVerfGE 33, 303 (333). Siehe auch *Katz*, Staatsrecht, Rn. 582. **Andernfalls würden** die zur
Erfüllung von Leistungsrechten notwendigen **finanziellen Mittel bei der Erfüllung anderer Staatsaufgaben fehlen** (siehe *Manssen*, Staatsrecht II, Rn. 57), **ohne dass** dies auf eine entsprechende eigene
Entscheidung des Haushalts**gesetzgebers** rückführbar wäre, siehe *Sachs*, Verfassungsrecht II, A 4
Rn. 22.
[177] Nach BVerfG, NJW 2005, S. 2843. Siehe auch **Beispiel 87**.

Einnahmen der T-GmbH – doch seit Jahren gering. Um für das Publikum attraktiver zu werden, plant die T-GmbH daher die Aufführung eines Theaterstücks mit einem aus dem Fernsehen bekannten Künstler. Da dessen Gagenforderung (50.000,- Euro) die finanziellen Möglichkeiten der T-GmbH allerdings bei Weitem übersteigt, wendet diese sich an G mit der Bitte um entsprechende finanzielle Förderung. Weil G diesem Auftrag nicht nachkommt, erhebt die T-GmbH nunmehr Klage auf Bewilligung der begehrten 50.000,- Euro gegen G. Zur Begründung beruft sich die T-GmbH auf ihr Grundrecht auf Kunstfreiheit aus Art. 5 Abs. 3 Satz 1 (i. V. m. Art. 19 Abs. 3) GG. Mit Erfolg?

Nein. Art. 5 Abs. 3 Satz 1 GG enthält im Ausgangspunkt ein Freiheitsrecht für alle Kunstschaffenden und alle an der Darbietung und Verbreitung von Kunstwerken Beteiligten, welches sie vor Eingriffen der öffentlichen Gewalt in den künstlerischen Bereich schützt. Darüber hinaus gibt diese Grundrechtsbestimmung als objektive Wertentscheidung für die Freiheit der Kunst dem modernen Staat, der sich – i. S. e. Staatszielbestimmung – auch als Kulturstaat versteht, die Aufgabe auf, ein freiheitliches Kunstleben zu erhalten und zu fördern. Hieraus folgt jedoch kein Anspruch des Einzelnen auf eine bestimmte Form der Förderung, wie etwa die vorliegend von der T-GmbH gegenüber G geltend gemachten 50.000,- Euro.

72   Sofern hingegen der Staat bereits öffentliche Einrichtungen geschaffen hat (z. B. im kommunalen Bereich) oder Leistungen an Dritte gewährt, welche den Grundrechtsgebrauch erleichtern oder erst ermöglichen (z. B. Subventionen), kann sich aus Art. 3 Abs. 1 GG für den Einzelnen sehr wohl ein Anspruch auf gleichberechtigte Partizipation an diesen vorhandenen Einrichtungen bzw. Leistungen ergeben.[178] Zu diesen im ersten *numerus clausus*-Urteil entwickelten sog. **derivativen**, d. h. von bereits Bestehendem abgeleiteten, **Leistungsrechten** (sog. Teilhabrechte) führt das BVerfG aus, dass es „in einem freiheitlichen Rechts- und Sozialstaat nicht mehr der freien Entscheidung der staatlichen Organe überlassen bleiben [kann], den Kreis der Begünstigten nach ihrem Gutdünken abzugrenzen und einen Teil der Staatsbürger von den Vergünstigungen auszuschließen."[179] Vielmehr darf der Staat dann, wenn er in vergleichbaren Fällen Leistungen etc. gegenüber einem Personenkreis erbringt, andere hiervon nicht ohne sachlichen Grund ausschließen.[180]

Beispiel 18[181]

73   In Beispiel 17 hat G in der Haushaltssatzung für das betreffende Haushaltsjahr finanzielle Mittel für die Förderung von Theatern in G i. H. v. insgesamt 2 Mio. Euro bereitgestellt. Das Nähere der Mittelvergabe im Einzelfall ist in einer Verwaltungsvorschrift geregelt. In diesem Fall hat die T-GmbH einen aus dem allgemeinen Gleichheitssatz des

[178] *Hufen*, Staatsrecht II, § 5 Rn. 10; *Pieroth/Schlink*, Grundrechte, Rn. 78, 104.
[179] BVerfGE 33, 303 (332).
[180] Vgl. *Wilms*, Staatsrecht II, Rn. 93; *Zippelius/Würtenberger*, Deutsches Staatsrecht, § 17 Rn. 10.
[181] Nach VGH Mannheim, NJW 2004, S. 624.

Art. 3 Abs. 1 (i. V. m. Art. 19 Abs. 3) GG folgenden Anspruch gegen G auf ermessensfeh-
lerfreie Entscheidung über den von ihr gestellten Antrag auf Subventionierung i. H. v.
50.000,- Euro.

- **Grundrechte als Mitwirkungsrechte** (sog. *status activus*)
  Die staatsbürgerlichen Rechte, allen voran **Art. 38 Abs. 1 Satz 1, Abs. 2 GG** (aktives   74
  und passives Wahlrecht), gewährleisten die Mitwirkung des Bürgers an der politischen
  Willensbildung des Staates („Freiheit im und für den Staat").[182]

Dass die Grundrechte neben der vorstehend skizzierten subjektiv-rechtlichen Dimen-   75
sion zugleich eine „objektive Wertordnung" begründen, hat das BVerfG bereits im *Lüth*-
Urteil aus dem Jahr 1958 herausgestellt.[183] Ausprägungen dieses im Ausgangspunkt rein
objektiv-rechtlichen Gehalts der Grundrechte, in dem sie Gesetzgebung, Verwaltung und
Rechtsprechung zwar Richtlinien und Impulse geben, aber dem einzelnen Bürgern (zunächst) keine unmittelbar eigenen Rechte einräumen,[184] sind:

- **Einrichtungsgarantien**
  Während dem Einzelnen der Gebrauch einiger Grundrechte bereits allein aufgrund   76
  seiner physischen Natur als Mensch möglich ist (z. B. Art. 2 Abs. 2 Satz 1 GG [Leben],
  Art. 5 Abs. 1 Satz 1 GG [Meinungsäußerung], Art. 11 Abs. 1 GG [Freizügigkeit]), d. h. das
  grundrechtlich geschützte Verhalten „an eine dem Recht vorausliegende natürliche Ge-
  gebenheit anknüpft",[185] bedarf es hinsichtlich anderer (sog. rechts-/**normgeprägter**)
  Grundrechte erst noch einer Ausgestaltung bzw. Konkretisierung ihres jeweiligen
  Schutzguts durch die Rechtsordnung.[186] So kann beispielsweise von der durch Art. 6
  Abs. 1 GG geschützten Eheschließungsfreiheit erst dann Gebrauch gemacht werden,
  wenn der Gesetzgeber Vorschriften erlässt, die ausgestalten und abgrenzen, welche Le-
  bensgemeinschaft als Ehe den Schutz der Verfassung genießt (vgl. §§ 1303 ff. BGB).[187]
  Entsprechendes gilt ebenfalls für die Vereinigungsfreiheit des Art. 9 Abs. 1 GG (Rn. 326)
  sowie im Hinblick auf die Eigentumsfreiheit des Art. 14 Abs. 1 GG, dessen Satz 2 aus-

---

[182] *Pieroth/Schlink*, Grundrechte, Rn. 83. Siehe auch *Hufen*, Staatsrecht II, § 5 Rn. 11. Zur Bedeutung
von Art. 38 Abs. 1 Satz 1 GG hinsichtlich Maßnahmen im Rahmen der **europäischen Integration**
(Versubjektivierung „des an sich objektiv-rechtlichen Demokratieprinzips" des Art. 20 Abs. 1 GG)
siehe *Papier/Krönke*, Grundkurs Öffentliches Recht 2, Rn. 49 m. w. N. und **Beispiel 105**.
[183] BVerfGE 7, 198 (205).
[184] Vgl. *Detterbeck*, Öffentliches Recht, Rn. 256; *Sodan/Ziekow*, Grundkurs Öffentliches Recht, § 22
Rn. 14. Im Ergebnis führt „die Anerkennung der Grundrechte als objektive Wertordnung […] dazu, dass aus den Grundrechten weitergehende **subjektive Rechte** des Einzelnen hergeleitet werden"
(Rn. 77, 81, 87), *Wilms*, Staatsrecht II, Rn. 104 m. w. N. (Hervorhebung im Original). Ebenso *Micha-
el/Morlok*, Grundrechte, Rn. 864.
[185] *Papier/Krönke*, Grundkurs Öffentliches Recht 2, Rn. 50 (im Original mit Hervorhebung).
[186] *Pieroth/Schlink*, Grundrechte, Rn. 225.
[187] Vgl. BVerfGE 105, 313 (345); *Stein/Frank*, Staatsrecht, § 36 II b).

drücklich davon spricht, dass der „Inhalt" des Eigentums „durch die Gesetze bestimmt" wird (Rn. 279).[188]

77 Die Gefahr, die mit dieser Konkretisierung des sachlichen Schutzbereichs normgeprägter Grundrechte durch den Gesetzgeber verbunden ist, besteht darin, dass dieser die Grenze der bloßen Ausgestaltung überschreitet und in diesen – ggf. in einem schleichend verlaufenden – Prozess derart intensiv eingreift, dass von dem im Verfassungstext bezeichneten Schutzgut „Ehe", „Eigentum" etc. nichts mehr übrig bleibt, was gemessen v. a. am historisch gewachsenen Verständnis diesen Namen noch verdient.[189] Hier nun setzen die in einigen Grundrechten verbürgten sog. Einrichtungsgarantien an, welche als sog. **institutionelle Garantien** den Kernbereich bestimmter öffentlichrechtlicher Rechtseinrichtungen (z. B. die Garantie kommunaler Selbstverwaltung gem. Art. 28 Abs. 2 GG, das Berufsbeamtentum i. S. v. Art. 33 Abs. 5 GG) und als sog. **Institutsgarantien** den Kernbereich bestimmter privatrechtlicher Normenkomplexe (z. B. freie Presse, Art. 5 Abs. 1 Satz 2 GG; Ehe und Familie, Art. 6 Abs. 1 GG; Eigentum, Art. 14 Abs. 1 GG, Rn. 290) der Disposition des Gesetzgebers entziehen.[190] Soweit dieser hiergegen verstößt und dadurch zugleich in das betreffende Grundrecht eines Bürgers eingreifen sollte, vermag Letzterer sich gegen eine solche Regelung (verfassungs-)gerichtlich zur Wehr zu setzen (objektiv-rechtliche Einrichtungsgarantie als subjektiv-öffentliches Recht).[191]

Beispiel 19[192]

78 Die Fraktion der P-Partei im Deutschen Bundestag brachte bei diesem die Vorlage eines „Gesetzes zur Herstellung sozialer Gerechtigkeit (GHsG)" ein, demzufolge § 16 Abs. 1 ErbStG a. F. ersatzlos aufgehoben werden sollte. § 16 Abs. 1 ErbStG a. F. bestimmte u. a., dass der Vermögenserwerb von Todes wegen durch den überlebenden Ehegatten bzw. durch ein Kind grundsätzlich i. H. v. 125.000,- Euro bzw. 45.000,- Euro erbschaftsteuerfrei bleibt. Im Übrigen betrug der Steuersatz für diesen Personenkreis

---

[188] *Sodan/Ziekow*, Grundkurs Öffentliches Recht, § 22 Rn. 27, § 42 Rn. 4.

[189] *Manssen*, Staatsrecht II Rn. 48; *Ipsen*, Staatsrecht II, Rn. 166: Denn **auch der Verfassungsgeber hat** etwa hinsichtlich „des Verhältnisses von Menschen zu Sachen [Art. 14 Abs. 1 GG] **keine** *tabula rasa*" **vorgefunden**, sondern an „zum Teil Jahrtausende alte Rechtsinstitute" angeknüpft (Hervorhebungen d. d. Verf.). **A. A.** *Michael/Morlok*, Grundrechte, Rn. 43, denen zufolge auch „die gesetzliche Ausgestaltung eines Grundrechts [...] eine Beschränkung darstellen" könne.

[190] BVerfGE 1, 167 (173 f.); 20, 162 (175); 24, 367 (389); 105, 313 (344 f.); 121, 205 (219); BVerfG, NJW 2011, S. 1859 (1860) m. w. N. Vgl. auch Rn. 326 zu **Art. 9 Abs. 1 GG**. Terminologie nach *Schmitt, Carl*, Verfassungsrechtliche Aufsätze, 2. Auflage, Berlin 1973, S. 140 ff. Zur Abgrenzung zur **Wesensgehaltsgarantie** vgl. *Katz*, Staatsrecht, Rn. 577 m. w. N. Zu den Einrichtungsgarantien unter der **WRV** siehe *Sachs*, Verfassungsrecht II, A 4 Rn. 50, 53.

[191] *Detterbeck*, Öffentliches Recht, Rn. 258; *Epping*, Grundrechte, Rn. 431; *Zippelius/Würtenberger*, Deutsches Staatsrecht, § 17 Rn. 17.

[192] Nach BVerfGE 93, 165. Siehe auch **Beispiel 29**. Zur verfassungsprozessualen (Zulässigkeits-)Frage der Selbstbetroffenheit eines zukünftigen Erblassers durch ein allein den Erbanfall beim Erben besteuerndes Gesetz siehe BVerfG, NJW 2011, S. 366.

in Abhängigkeit vom Wert des steuerpflichtigen Erwerbs zwischen 3 % und 35 %, siehe § 19 Abs. 1 i. V. m. § 15 Abs. 1 ErbStG a. F. Wäre das GHsG mit Art. 14 Abs. 1 Satz 1 GG (i. V. m. Art. 6 Abs. 1 GG) vereinbar gewesen?

Nein. Zwar lässt die verfassungsrechtliche Garantie des Erbrechts (Art. 14 Abs. 1 Satz 1 GG) es grundsätzlich zu, dass der Steuergesetzgeber eine Erbschaftsteuer vorsieht, die den durch den Erbfall beim Erben anfallenden Vermögenszuwachs und die dadurch vermittelte finanzielle Leistungsfähigkeit belastet, vgl. Art. 106 Abs. 2 Nr. 2 GG. Doch muss die konkrete Ausgestaltung und Bemessung der Erbschaftsteuer den grundlegenden Gehalt der Erbrechtsgarantie wahren; insbesondere darf sie die Funktion des Erbrechts als Rechtseinrichtung nicht zunichte oder wertlos machen. Die Erbrechtsgarantie (Art. 14 Abs. 1 Satz 1 GG) gewährleistet das Rechtsinstitut der Privaterbfolge. Das Erbrecht hat die Funktion, das Privateigentum als Grundlage der eigenverantwortlichen Lebensgestaltung mit dem Tode des jeweiligen Eigentümers nicht untergehen zu lassen, sondern seinen Fortbestand im Wege der Rechtsnachfolge abzusichern. Wenngleich Art. 14 Abs. 1 Satz 2 GG es dem Gesetzgeber überlässt, Inhalt und Schranken des Erbrechts zu bestimmen, so ist damit doch auch dem Erbschaftsteuergesetzgeber nur im Rahmen der Garantie des Privaterbrechts eine Gestaltungsbefugnis eröffnet. Hieraus sowie aus dem Recht des Erben, kraft Erbfolge zu erwerben (Art. 14 Abs. 1 Satz 1 GG), und dem verfassungsrechtlichen Schutz von Ehe und Familie (Art. 6 Abs. 1 GG) folgt, dass der erbschaftsteuerliche Zugriff bei Familienangehörigen derart zu mäßigen ist, dass jedem dieser Steuerpflichtigen der jeweils auf ihn überkommene Nachlass – je nach dessen Größe – zumindest zum deutlich überwiegenden Teil oder, bei kleineren Vermögen, völlig steuerfrei zugutekommt. Wird dies bei den Steuersätzen des § 19 Abs. 1 ErbStG a. F. in typisierender Weise durch die Freibeträge des § 16 Abs. 1 ErbStG a. F. für Ehegatten und Kinder erreicht, so würde die ersatzlose Aufhebung dieser Vorschrift durch das GHsG den vorgenannten Verfassungsbestimmungen gerade zuwiderlaufen.

- **Schutzpflichten**
  Pflichten des Staates, in die grundrechtlich gewährte Freiheitssphäre des Bürgers nicht nur selbst nicht einzugreifen, sondern sich darüber hinaus schützend und fördernd vor diese zu stellen und vor rechtswidrigen Eingriffen dritter Personen und Staaten sowie Bedrohungen durch die Naturgewalten zu sichern, ergeben sich über den ausdrücklichen Wortlaut des Art. 1 Abs. 1 Satz 2 GG (die Menschenwürde „zu schützen ist Verpflichtung aller staatlichen Gewalt") und des Art. 6 Abs. 4 GG („Jede Mutter hat Anspruch auf den Schutz [...] der Gemeinschaft") hinaus nach der Rechtsprechung des BVerfG vornehmlich in Bezug auf die Schutzgüter „Leben" und „körperliche Unversehrtheit" (Art. 2 Abs. 2 Satz 1 GG) sowic nach mittlerweile h. M. auch für **sämtliche** übrigen **Freiheitsgrundrechte** („Garantenstellung des Staates").[193]

79

---

[193] *Michael/Morlok*, Grundrechte, Rn. 511. Siehe auch BVerfGE 53, 30 (57); 88, 203 (251); 92, 26 (46); BVerfG, NJW 1998, S. 2961 (2962); *Manssen*, Staatsrecht II, Rn. 50; *Sachs*, Verfassungsrecht II,

80   Bei der Erfüllung dieser primär objektiv-rechtlich, d. h. unabhängig vom Bestehen eines
        korrespondierenden subjektiven Rechts eines Einzelnen, begründeten Schutzpflichten
        als besondere Formen von staatlichen Leistungen (Rn. 70) kommt dem Gesetzgeber –
        ebenso wie der vollziehenden Gewalt – allerdings ein **weiter** und nur in begrenztem
        Umfang justiziabler **Einschätzungs-, Wertungs- und Gestaltungsbereich** zu, der auch
        Raum dafür lässt, etwa konkurrierende öffentliche und private Interessen zu berück-
        sichtigen.[194] „Ob, wann und mit welchem Inhalt" sich eine bestimmte staatliche Maß-
        nahme „von Verfassungs wegen gebietet, hängt von der Art, der Nähe und dem Aus-
        maß möglicher Gefahren, der Art und dem Rang des verfassungsrechtlich geschützten
        Rechtsguts sowie von den schon vorhandenen Regelungen ab."[195] Freilich muss nach
        den Ausführungen des BVerfG im sog. Abtreibungsurteil (*Schwangerschaftsabbruch I*)
        diese „Schutzverpflichtung des Staates **umso ernster** genommen werden, **je höher der
        Rang des** in Frage stehenden **Rechtsgutes** innerhalb der Wertordnung des Grundge-
        setzes anzusetzen ist. Das menschliche Leben stellt, wie nicht näher begründet werden
        muss, innerhalb der grundgesetzlichen Ordnung einen Höchstwert dar [vgl. Art. 2 Abs. 2
        Satz 1 GG]; es ist die vitale Basis der Menschenwürde und die Voraussetzung aller an-
        deren Grundrechte."[196] Folglich genügt „hinsichtlich schwerer Schäden an Leben oder
        Gesundheit einer Vielzahl von Grundrechtsträgern [...] prinzipiell bereits eine im Vor-
        feld erkannte Realisierungstendenz, um Schutzpflichten des Staates auszulösen."[197]

81   Gibt das Grundgesetz dem Staat bzgl. der Frage, wie er seinen Schutzpflichten nach-
        kommt, mithin „nur den Rahmen, nicht aber bestimmte Lösungen vor",[198] so besteht
        korrespondierend hierzu regelmäßig auch kein Anspruch des Einzelnen auf Ergreifung
        einer konkreten staatlichen Maßnahme.[199] Vielmehr verdichtet sich der grundsätzlich
        bestehende Handlungsspielraum des Staates nur dann einmal auf eine solche, wenn
        dieser seine Schutzpflicht ganz offenkundig verletzt, d. h. „wenn die öffentliche Gewalt

---

A 4 Rn. 27. Zudem hat der **Staat** durch sein **Gewaltmonopol** dem Einzelnen viele Möglichkeiten
genommen, seine (Grund-)Rechte selbst zu verteidigen, siehe *Epping*, Grundrechte, Rn. 123.

[194] BVerfG 79, 174 (202); *Katz*, Staatsrecht, Rn. 575; *Papier/Krönke*, Grundkurs Öffentliches Recht 2,
Rn. 41. Vgl. auch *Hufen*, Staatsrecht II, § 5 Rn. 6: „**Ermessensspielraum**" und *Ipsen*, Staatsrecht II,
Rn. 102: „Schutzpflichten [...] als **Leistungsrechte** auf Gewährung staatlichen Schutzes" (Hervorhebung d. d. Verf.). „Der **Umfang dieses Spielraums** hängt von Faktoren verschiedener Art ab, im
besonderen von der Eigenart des in Rede stehenden Sachbereichs, den Möglichkeiten, sich – zumal
über künftige Entwicklungen wie die Auswirkungen einer Norm – ein hinreichend sicheres Urteil zu
bilden, und der Bedeutung der auf dem Spiel stehenden Rechtsgüter", BVerfGE 88, 203 (262) (Hervorhebungen d. d. Verf.). Zur **Judikative** vgl. BVerfG NJW 1997, S. 249.

[195] BVerfGE 49, 89 (142); 56, 54 (78). „Die Wahl kann aber immer nur auf solche Mittel fallen, deren
Einsatz mit der Verfassung in Einklang steht", BVerfGE 115, 118 (160).

[196] BVerfGE 39, 1 (42). Siehe auch BVerfG, NVwZ 2010, S. 702 (703 f.): „**Je größer das Risikopotenzi-
al** für Leben oder Gesundheit ist, **desto niedriger liegt die Schwelle der Wahrscheinlichkeit für** die
Prognose eines **Schadenseintritts**, bei deren Überschreitung wirksame staatliche Schutzmaßnahmen
geboten sind" (alle Hervorhebungen d. d. Verf.).

[197] BVerfG, NVwZ 2010, S. 702 (704) m. w. N.

[198] BVerfGE 92, 26 (46).

[199] *Jarass*, in: ders./Pieroth, GG, Vorb. vor Art. 1 Rn. 6.

Schutzvorkehrungen entweder überhaupt nicht getroffen hat [Unterlassen] oder die getroffenen Regelungen und Maßnahmen gänzlich ungeeignet oder völlig unzulänglich sind, das gebotene Schutzziel zu erreichen, oder erheblich dahinter zurückbleiben", sog. **Untermaßverbot**.[200] Ist dies einmal der Fall, „so liegt darin zugleich eine Verletzung des [betreffenden] Grundrechts [...], gegen die sich der Betroffene mit Hilfe der Verfassungsbeschwerde zur Wehr setzen kann" (subjektiv-rechtlicher Gehalt der objektiv-rechtlich begründeten Schutzpflicht).[201]

Beispiel 20[202]

Der Industrielle I wurde von Terroristen entführt und befindet sich seither in deren Gewalt. Diese haben gegenüber der Bundesregierung die Freilassung des I davon abhängig gemacht, dass mehrere ihrer in Untersuchungs- bzw. Strafhaft einsitzenden Gesinnungsgenossen freigelassen werden; andernfalls würde I „hingerichtet". Unter Hinweis darauf, dass bei einem Eingehen auf die Forderungen der Entführer das Leben weiterer Unbeteiligter in höchstem Maße gefährdet sei – die inhaftierten Terroristen seien besonders gefährlich und würden nach ihrer Freilassung ihr verbrecherisches Tun fortsetzen – kommt die Bundesregierung der Forderung der Terroristen nicht nach. Der Rechtsvertreter des I stellt gem. § 32 BVerfGG vor dem BVerfG einen Antrag auf Erlass einer einstweiligen Anordnung des Inhalts, dass die Bundesregierung den Forderungen der Entführer nachkomme. Hat dieser Antrag in der Sache Erfolg?

Nein. Zwar verpflichtet Art. 2 Abs. 2 Satz 1 i. V. m. Art. 1 Abs. 1 Satz 2 GG den Staat, jedes menschliche Leben zu schützen. Insbesondere gebietet diese Schutzpflicht dem Staat, sich schützend und fördernd vor dieses Leben zu stellen, d. h. es auch vor rechtswidrigen Eingriffen von Seiten anderer zu bewahren. Doch wie die staatlichen Organe ihre Verpflichtung zu einem effektiven Schutz des Lebens erfüllen, ist von ihnen grundsätzlich in eigener Verantwortung zu entscheiden. Ihre Freiheit in der Wahl der Mittel zum Schutz des Lebens kann sich in besonders gelagerten Ausnahmefällen durchaus auch auf die Wahl eines bestimmten Mittels verengen, wenn ein effektiver Lebensschutz auf andere Weise nicht zu erreichen ist. Ein solcher Fall ist hier jedoch nicht

82

---

[200] BVerfGE 92, 26 (46). Vgl. auch BVerfG, NJW 1983, S. 2931 (2932); BVerfGE 88, 203 (254); *Wilms*, Staatsrecht II, Rn. 85 und siehe *Detterbeck*, Öffentliches Recht, Rn. 260. Weitere Nachweise bei BVerfG, NJW 1997, S. 2509. M. a. W.: Der Staat muss Vorkehrungen **normativer und tatsächlicher Art** treffen, die für einen angemessenen und wirksamen Schutz ausreichend sind und zudem auf sorgfältigen **Tatsachenermittlungen** und **vertretbaren Einschätzungen** beruhen, vgl. BVerfGE 88, 203 (254, 261). *Michael*, JuS 2001, S. 764 (765 ff.) prüft das Untermaßverbot anhand ähnlicher Kriterien wie dessen Pendant, das **Übermaßverbot** (**Verhältnismäßigkeitsgrundsatz**). A. A. *Papier/Krönke*, Grundkurs Öffentliches Recht 2, Rn. 45: Untermaßverbot als „eigenständige dogmatische Figur".
[201] BVerfGE 77, 170 (214). Vgl. auch BVerfGE 125, 39 (78) und *Sodan/Ziekow*, Grundkurs Öffentliches Recht, § 22 Rn. 22: „Aus der staatlichen Schutz**pflicht** erwächst also ein Schutz**recht** des betroffenen Bürgers" (Hervorhebungen im Original). Ist zur Erfüllung einer grundrechtlichen Schutzpflicht ein **Eingriff in** das **Grundrecht** eines anderen notwendig, so bedarf es hierfür einer besonderen gesetzlichen Grundlage (Rn. 159), siehe *von Kielmansegg*, JuS 2009, S. 216 (217).
[202] Nach BVerfGE 46, 160.

gegeben. Denn das Grundgesetz begründet eine Schutzpflicht nicht nur gegenüber dem Einzelnen, sondern auch gegenüber der Gesamtheit der Bürger. Eine wirksame Wahrnehmung dieser Pflicht gegenüber allen Bürger setzt aber voraus, dass die zuständigen staatlichen Organe in der Lage sind, auf die jeweiligen Umstände des Einzelfalls angemessen zu reagieren. Eine Festlegung auf ein bestimmtes Mittel kann von Verfassungs wegen deshalb nicht erfolgen, zumal andernfalls die Reaktion des Staates für Terroristen kalkulierbar und diesem damit entgegen Art. 2 Abs. 2 Satz 1 GG der effektive Schutz seiner Bürger unmöglich gemacht würde.

83

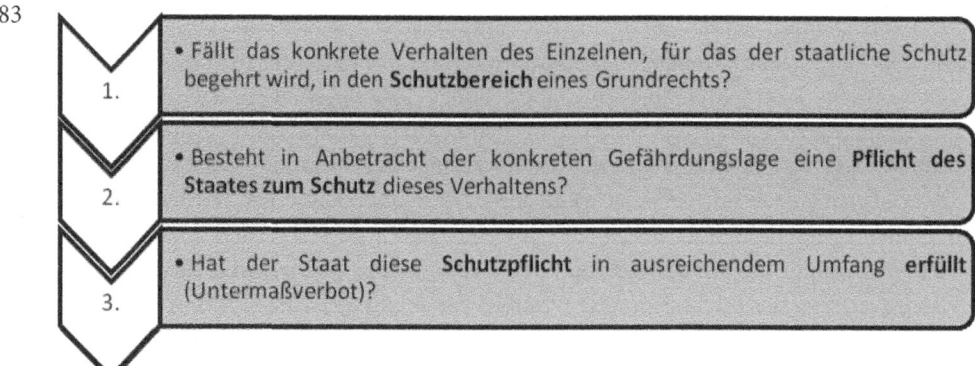

Grundrechte als staatliche Schutzpflichten[203]

- **Ausstrahlungswirkung auf das einfache Recht**

84   Nach Art. 1 Abs. 3 GG ist nicht nur die Legislative beim Erlass von Gesetzen, sondern sind ebenfalls die Exekutive und die Judikative bei Auslegung und Anwendung des einfachen (z. B. Zivil-, Straf-, Verwaltungs-)Rechts an die Grundrechte gebunden.[204] Hieraus folgt, dass falls eine Norm des einfachen Rechts unter Berücksichtigung der vier klassischen juristischen Auslegungskriterien (Wortlaut, Systematik, Historie und Telos) mehrere Deutungsmöglichkeiten zulässt (z. B. aufgrund eines unbestimmten Rechtsbegriffs oder Ermessensspielraums), von denen wenigstens eine zu einem grundrechtskonformen Ergebnis führt, zwingend dieser Interpretation der Vorzug zu geben und nur die als verfassungswidrig erkannte Interpretationsvariante zu verwerfen ist.[205] „Denn der Respekt vor der gesetzgebenden Gewalt gebietet es, im Rahmen des verfassungsrechtlich

---

[203] Zum Schaubild vgl. auch *Manssen,* Staatsrecht II, Rn. 54; *Pieroth/Schlink,* Grundrechte, Rn. 11, 361; *Zippelius/Würtenberger,* Deutsches Staatsrecht, § 17 Rn. 41.

[204] *Papier/Krönke,* Grundkurs Öffentliches Recht 2, Rn. 53; *Wilms,* Staatsrecht II, Rn. 77.

[205] BVerfGE 6, 32 (43); 115, 51 (65); BVerfG, NVwZ 2007, S. 1306; *Manssen,* Staatsrecht II, Rn. 60. Vgl. auch BVerfGE 112, 164 (182 f.) m. w. N. **Künftige Rechtsanwender** sind an einen entsprechenden Ausspruch des BVerfG gem. § 31 BVerfGG **gebunden** (Rn. 683), d. h. dürfen die für verfassungswidrig erklärte Interpretation nicht mehr zugrunde legen, siehe *Benda/Klein,* Verfassungsprozessrecht, Rn. 1415. „Das unterscheidet die verfassungskonforme Auslegung durch das BVerfG von derjenigen der anderen Gerichte", *Schlaich/Korioth,* Das Bundesverfassungsgericht, Rn. 445. Zum behördli-

Zulässigen so viel wie möglich von dem aufrechtzuerhalten, was der Gesetzgeber gewollt hat."[206] Diesem Postulat nach **grundrechts-**(als Unterfall verfassungs-)**konformer Auslegung** („Konstitutionalisierung der Rechtsordnung") werden allerdings durch den Wortlaut, aber auch durch die Entstehungsgeschichte und den Gesetzeszweck zugleich wieder Grenzen gezogen.[207] Ein Normverständnis nämlich, „das in Widerspruch zu dem klar erkennbar geäußerten Willen des Gesetzgebers treten würde, kann auch im Wege verfassungskonformer Auslegung nicht begründet werden", würde ansonsten doch der normative Gehalt der betreffenden Vorschrift grundlegend neu bestimmt.[208] Das aber kann aufgrund des Gewaltenteilungsprinzips (Art. 20 Abs. 2 Satz 2 GG) nicht durch einen Richterspruch geschehen. „Vielmehr muss dem Gesetzgeber die Entscheidung vorbehalten bleiben, ob er die verfassungswidrige Regelung durch eine verfassungsmäßige ersetzen will. Seiner rechtspolitischen Entscheidung kann und darf [auch] das BVerfG nicht vorgreifen."[209] Auch würde eine solche „Korrektur" des Gesetzes „nicht zuletzt Art. 100 Abs. 1 GG zuwiderlaufen, der die Autorität des parlamentarischen Gesetzgebers im Verhältnis zur Rechtsprechung wahren soll."[210] „Durch verfassungskonforme Auslegung lässt sich daher zwar das vom Gesetzgeber Gewollte einschränken oder präzisieren, nicht aber inhaltlich verändern."[211]

Beispiel 21[212]

Bauträger B beantragte die Genehmigung für die Bebauung eines ca. 20.000 qm großen 85 Grundstücks im Außenbereich mit Wochenendhäusern. Obwohl die Erschließung gesichert ist und das Vorhaben von B öffentliche Belange nicht beeinträchtigt, lehnte die zuständige Behörde dessen Antrag ab. Zur Begründung berief sie sich auf § 35 Abs. 2 BauGB, wonach sonstige Vorhaben – wie die von B geplanten Wochenendhäuser – im Einzelfall zwar zugelassen werden „können", wenn ihre Ausführung oder Benutzung öffentliche Belange nicht beeinträchtigt und die Erschließung gesichert ist, aber eben nicht zugelassen werden „müssen". B hingegen meint, er habe aufgrund von Art. 14 Abs. 1 Satz 1 GG im konkreten Fall einen Anspruch auf Zulassung des Vorhabens. Trifft diese Rechtsansicht zu?

---

chen Beurteilungs- und Ermessensspielraum siehe *Wienbracke, Mike*, Allgemeines Verwaltungsrecht, 3. Auflage, Heidelberg 2012, Rn. 216 ff., 226 ff.

[206] BVerfGE 90, 263 (274 f.). Vgl. auch BVerfGE 118, 212 (234) m. w. N.

[207] *Zippelius/Würtenberger*, Deutsches Staatsrecht, § 17 Rn. 20. Siehe auch *Pieroth/Schlink*, Grundrechte, Rn. 103. **A. A.** bzgl. des Wortlauts *Voßkuhle/Kaiser*, JuS 2011, S. 411 (412). Zur **grundrechtskonformen Rechtsfortbildung** siehe *Papier/Krönke*, Grundkurs Öffentliches Recht 2, Rn. 54 m. w. N. und **Beispiel 116**.

[208] BVerfGE 112, 164 (183) m. w. N. Vgl. auch BVerfGE 124, 25 (39).

[209] BVerfGE 8, 71 (79).

[210] BVerfGE 118, 212 (234).

[211] *Stein/Frank*, Staatsrecht, § 20 II 1 d).

[212] Nach BVerwGE 18, 247.

Ja. Das Recht das Grundstückseigentümers (hier: B), sein Grundstück im Rahmen der Gesetze zu bebauen, ist durch die Eigentumsgarantie des Art. 14 Abs. 1 Satz 1 GG geschützt. Die Bestimmung des genauen Inhalts und der Schranken dieser grundrechtlichen Freiheit überlässt Art. 14 Abs. 1 Satz 2 GG den Gesetzen. Welche Einzelbefugnisse und -pflichten den Inbegriff des Eigentums ausmachen, ergeben somit allein die – verfassungskonformen – Gesetze. Mit dieser Regelung will Art. 14 Abs. 1 Satz 2 GG zugleich verhindern, dass der Gesetzgeber sich der ihm obliegenden Regelung enthält und stattdessen die Bestimmung des Eigentumsinhalts dem Ermessen der Verwaltung anheimstellt. Im Hinblick auf die Auslegung von § 35 Abs. 2 BauGB hat dies zur Konsequenz, dass, falls die Verwaltung hiernach tatsächlich nach ihrem Ermessen darüber entscheiden dürfte, ob sie ein nach dem Tatbestand dieser Vorschrift rechtlich unbedenkliches, d. h. gesetzmäßiges, Vorhaben zulässt oder nicht, im Einzelfall die Zulassung ebenso rechtmäßig wäre wie ihre Versagung. Dann aber ergäbe sich der Inhalt des Eigentums entgegen Art. 14 Abs. 1 Satz 2 GG nicht mehr aus dem Gesetz, sondern würde vom Rechtsanwendungsorgan nach seinem Ermessen bestimmt werden. Bei verfassungskonformer Auslegung von § 35 Abs. 2 BauGB bedeutet die darin verwendete Formulierung „können [...] zugelassen werden" daher das gleiche, wie wenn es hieße „dürfen [...] nur zugelassen werden" im Sinne von „sind [...] zuzulassen" bzw. „müssen zugelassen werden".

86   Nichts anderes gilt letztlich für die Vorschriften des **Privatrechts**: Zwar gelten in dessen Regelungsbereich, dem (horizontalen) Rechtsverhältnis der Bürger untereinander, die Grundrechte an sich nicht.[213] Denn mit Ausnahme von Art. 9 Abs. 3 GG (siehe Beispiel 65)[214] binden sie nach dem ausdrücklichen Wortlaut von Art. 1 Abs. 3 GG unmittelbar nur die drei Staatsgewalten Gesetzgebung, vollziehende Gewalt und Rechtsprechung (jeweils gegenüber dem Bürger, d. h. vertikal), nicht dagegen auch Private (Rn. 100).[215] Doch hat – wie das BVerfG grundlegend bereits 1958 im *Lüth*-Urteil erkannt hat – das Grundgesetz, „das keine wertneutrale Ordnung sein will", in seinem

---

[213] *Detterbeck*, Öffentliches Recht, Rn. 271.

[214] Und wohl auch **Art. 20 Abs. 4, Art. 38 Abs. 1 Satz 1 i. V. m. Art. 48 Abs. 1, 2 GG**, siehe *Sodan/Ziekow*, Grundkurs Öffentliches Recht, § 22 Rn. 17. Demgegenüber können *Berg*, Staatsrecht, Rn. 439 zufolge Art. 16 Abs. 1 und Art. 33 Abs. 5 GG „unter keinen Umständen" Drittwirkung entfalten.

[215] Vgl. *Starck, Christian*, in: von Mangoldt/Klein/Starck, GG, 6. Auflage München 2010, Art. 1 Rn. 248 f. *Epping*, Grundrechte, Rn. 346 führt insofern zudem noch die **Systematik**, **Historie** und den **Telos** von Art. 1 Abs. 3 GG an. „Der Private, der sich gegenüber seinem Vertragspartner auf seine Grundrechte beriefe, müsste sich entgegenhalten lassen, dass er die **Verpflichtung freiwillig** – in Ausübung seiner Privatautonomie – **eingegangen** sei", *Ipsen*, Staatsrecht II, Rn. 69 (Hervorhebungen d. d. Verf.). Siehe auch das plastische Beispiel bei *Detterbeck*, Öffentliches Recht, Rn. 271: Der private Autokäufer K verstößt nicht gegen Art. 3 Abs. 1 (i. V. m. Art. 21 Abs. 1) GG, wenn er wegen der Zugehörigkeit von Autohändler H zu einer bestimmten politischen Partei bei diesem nicht kauft; vgl. auch BGH, NJW 2012, S. 1725. Die in BAGE 1, 185 (192 ff.) und BGHZ 24, 72 (76 f.) ursprünglich

Grundrechtsabschnitt auch eine „objektive Wertordnung" geschaffen (Rn. 75). „Dieses Wertsystem [...] muss als verfassungsrechtliche Grundentscheidung für alle Bereiche des Rechts gelten [...]. So beeinflusst es selbstverständlich auch das bürgerliche Recht; keine bürgerlich-rechtliche Vorschrift darf in Widerspruch zu ihm stehen, jede muss in seinem Geiste ausgelegt werden [...]. Der Einfluss grundrechtlicher Wertmaßstäbe wird sich vor allem bei denjenigen Vorschriften des Privatrechts geltend machen, die zwingendes Recht enthalten [...], d. h. der Prinzipien, die aus Gründen des gemeinen Wohls auch für die Gestaltung der Rechtsbeziehungen zwischen den Einzelnen verbindlich sein sollen und deshalb der Herrschaft des Privatwillens entzogen sind [...]. Der Rechtsprechung bieten sich zur Realisierung dieses Einflusses vor allem die ‚Generalklauseln', die, wie § 826 BGB,[216] zur Beurteilung menschlichen Verhaltens auf [...] außerrechtliche Maßstäbe, wie die ‚guten Sitten', verweisen. Denn bei der Entscheidung darüber, was diese sozialen Gebote jeweils im Einzelfall fordern, muss in erster Linie von der Gesamtheit der Wertvorstellungen ausgegangen werden, die das Volk in einem bestimmten Zeitpunkt seiner geistig-kulturellen Entwicklung erreicht und in seiner Verfassung fixiert hat. Deshalb sind [...] die [zivilrechtlichen] Generalklauseln [...] die ‚Einbruchstellen' der Grundrechte in das bürgerliche Recht",[217] sog. **„Ausstrahlungs- oder mittelbare Drittwirkung der Grundrechte."**[218] Der insofern maßgebliche Grundsatz der **prakti-**

---

noch vertretene **a. A.** wurde nachfolgend wieder aufgegeben, siehe BAGE 48, 122 (138 f.); BGHZ 70, 313 (324).

[216] Ferner z. B. § 138 Abs. 1 BGB („**gute Sitten**"), § 242 BGB („**Treu und Glauben**"), § 315 Abs. 1 BGB („**billiges Ermessen**"), § 626 Abs. 1 BGB („**wichtiger Grund**") und § 823 Abs. 1 BGB („**widerrechtlich**"). Allerdings ist „der Einfluss der Grundrechte auf die Auslegung und Anwendung der zivilrechtlichen Normen [...] nicht auf Generalklauseln beschränkt, sondern erstreckt sich auf **alle auslegungsfähigen und -bedürftigen Tatbestandsmerkmale der zivilrechtlichen Vorschriften**", BVerfG, NZG 2011, S. 1262 (1266) m. w. N. (Hervorhebungen d. d. Verf.).

[217] BVerfGE 7, 198 (205 f.). Vgl. auch BVerfGE 25, 256 (263). Gegen den **abweichenden Begründungsansatz** (unmittelbare Bindung des Zivilrichters an die Grundrechte) von *Hufen*, Staatsrecht II, § 7 Rn. 9 und *Ipsen*, Staatsrecht II, Rn. 70 überzeugend *Epping*, Grundrechte, Rn. 359 f.; *Papier/Krönke*, Grundkurs Öffentliches Recht 2, Rn. 124; *Pieroth/Schlink*, Grundrechte, Rn. 192 ff.; siehe auch Rn. 111. Zur Herleitung der mittelbaren Drittwirkung der Grundrechte im Privatrecht aus den grundrechtlichen **Schutzpflichten** (Rn. 79 ff.) siehe *Guckelberger*, JuS 2003, S. 1151 (1155 f.) m. w. N.

[218] BVerfGE 73, 261 (269) (Hervorhebungen d. d. Verf.). Insofern „muss regelmäßig ein **Ausgleich zwischen** dem **Schutz des einen Grundrechtsinhabers und** der **Beeinträchtigung des anderen Grundrechtsinhabers** getroffen werden, so dass gleichzeitig die Abwehr- und Schutzfunktion der Grundrechte zum Tragen kommen", *Jarass*, in: ders./Pieroth, GG, Art. 1 Rn. 56 (Hervorhebungen d. d. Verf.). Zur Terminologie siehe *Stein/Frank*, Staatsrecht, § 27 V: „Unter **unmittelbarer Drittwirkung** versteht man die Frage, ob die Grundrechte von ihren Trägern auch ohne Beteiligung staatlicher Stellen gegen ihre Mitmenschen (also gegen ‚Dritte') geltend gemacht werden können [...]. Bei der **mittelbaren Drittwirkung** geht es dagegen darum, ob Menschen (‚Dritte') durch Entscheidungen von Staatsorganen verpflichtet werden können Grundrechte ihrer Mitmenschen zu beachten." M. a. W.: „Ob Grundrechte nicht nur im ‚**vertikalen**' Über-Unterordnungsverhältnis des Bürgers gegenüber dem Staat gelten, sondern auch in dem von Gleichordnung der Bürger untereinander geprägten ‚**horizontalen**' Verhältnis der Bürger zueinander", *de Wall/Wagner*, JA 2011, S. 734 m. w. N. (sämtliche Hervorhebungen d. d. Verf.).

schen Konkordanz fordert, den Privatrechtskonflikt „fallbezogen zu lösen" – und zwar nicht so, dass „eine der widerstreitenden Rechtspositionen bevorzugt und maximal behauptet wird, sondern [dass] alle einen möglichst schonenden Ausgleich erfahren."[219]

87   Sollte ein Zivilgericht diesen grundrechtlichen Einfluss verkennen („spezifische Verfassungsverletzung"; Rn. 654) und deshalb zum Nachteil einer Prozesspartei entscheiden, so verstößt es nicht nur gegen objektives Verfassungsrecht, sondern verletzt diese zugleich in ihren Grundrechten (Beispiel 114).[220] „Gegen ein solches Urteil kann – unbeschadet der Bekämpfung des Rechtsfehlers im bürgerlich-rechtlichen Instanzenzug – das BVerfG im Wege der Verfassungsbeschwerde angerufen werden."[221] Auch insoweit also „erweist sich die objektiv-rechtliche Funktion der Grundrechte als Geburtshelferin neuer **subjektiver Rechte**"[222] („,Resubjektivierung' des objektiv-rechtlichen Grundrechtsgehalts"[223]).

Beispiel 22[224]

88   Der japanische Staatsangehörige M ist Mieter einer Wohnung in Düsseldorf. Da über den dort vorhandenen Internet-/Kabelanschluss allerdings keine japanischen Fernsehsender empfangen werden können, M sich aber weiterhin über das Geschehen in seinem Heimatland unterrichten und die kulturelle und sprachliche Verbindung zu diesem aufrechterhalten möchte, beantragte er bei Vermieter V, dass dieser der Installation einer Satellitenempfangsanlage an der Außenwand seines Hauses zustimme, mittels derer auch japanische Fernsehprogramme empfangen werden können. Unter Hinweis darauf, dass die Anbringung einer solchen Anlage das äußere Erscheinungsbild des in seinem Eigentum stehenden Jugendstilhauses verunstalte, verweigerte V die Erteilung einer solchen Genehmigung, woraufhin M nunmehr – gestützt auf §§ 535 Abs. 1, 242 BGB – Klage vor dem zuständigen Amtsgericht erhebt. In der Klagebegründung führt der von M beauftragte Rechtsanwalt aus, dass das Gericht zugunsten seines Mandanten das Grundrecht auf Informationsfreiheit (Art. 5 Abs. 1 Satz 1 2. Hs. GG) berücksichtigen müsse. Ist diese Rechtsauffassung zutreffend?

Ja. Das primär als Abwehrrecht gegen die Staatsgewalt (Art. 1 Abs. 3 GG) gerichtete Grundrecht aus Art. 5 Abs. 1 Satz 1 2. Hs. GG, dessen sachlicher Schutzgehalt sich auch auf die Beschaffung und Nutzung von technischen Anlagen erstreckt, die eine an die Allgemeinheit gerichtete Information – wie z. B. ausländische Fernsehsendungen – erst individuell erschließen, beansprucht im Wege der mittelbaren Drittwirkung ebenfalls in zivilgerichtlichen Streitigkeiten (hier: zwischen M und V) über die Anbringung von

---

[219] BVerfG, NJW 2010, S. 220 (221 f.) m. w. N. Siehe auch Rn. 153, 208.

[220] BVerfGE 89, 214 (229 f.).

[221] BVerfGE 7, 198 (207).

[222] *Pieroth/Schlink*, Grundrechte, Rn. 99 (Hervorhebungen d. d. Verf.); vgl. auch a. a. O., Rn. 200.

[223] *Papier/Krönke*, Grundkurs Öffentliches Recht 2, Rn. 124 a. E.

[224] Nach BVerfGE 90, 27; BVerfG, NJW-RR 2005, S. 661; BGH, NJW-RR 2007, S. 1243; NJW 2008, S. 216. Siehe auch **Beispiele 65, 66, 67, 72, 80, 93 und 114.**

Antennen an Mietwohnungen Beachtung. Zwar findet nach Art. 5 Abs. 2 GG die Informationsfreiheit ihre Schranken u. a. in den allgemeinen Gesetzen, wozu auch die
miet- und eigentumsrechtlichen Bestimmungen des BGB gehören. Doch verlangt die
Verfassung, dass bei deren Auslegung – namentlich bei Konkretisierung der zivilrechtlichen Generalklauseln – die jeweils betroffenen Grundrechte berücksichtigt werden,
damit ihr wertsetzender Gehalt für die gesamte Rechtsordnung auch auf der Rechtsan-
wendungsebene zur Geltung kommt. Da das BGB keine Vorschriften enthält, die sich
explizit auf die Anbringung von Antennen an Mietwohnungen beziehen, ist diesem
Postulat im Rahmen der Auslegung und Anwendung der §§ 535 Abs. 1, 242 BGB Rechnung zu tragen. Soweit unter Berufung auf diese Normen ein Anspruch auf Errichtung
einer Empfangsanlage geltend gemacht wird, ist dem Grundrecht der Informationsfreiheit aus Art. 5 Abs. 1 Satz 1 2. Hs. GG Rechnung zu tragen. Andererseits ist freilich
zu berücksichtigen, dass das Grundrecht des Eigentümers aus Art. 14 Abs. 1 Satz 1 GG
berührt ist, wenn er unter Berufung auf die vorgenannten Bestimmungen dazu verurteilt werden sollte, eine Empfangsanlage an seinem Eigentum zu dulden. Damit
wird eine fallbezogene Abwägung der von dem eingeschränkten Grundrecht und dem
grundrechtsbeschränkenden Gesetz geschützten Interessen notwendig, die im Rahmen
der auslegungsfähigen Tatbestandsmerkmale des bürgerlichen Rechts vorzunehmen
ist.

Beim Streit um die Anbringung von Satellitenantennen an Mietwohnungen kommt
es daher v. a. darauf an, was unter Berücksichtigung von Treu und Glauben (§ 242 BGB)
noch als „vertragsgemäßer Gebrauch" einer Wohnung i. S. v. § 535 Abs. 1 BGB anzusehen ist. Hierbei sind die Eigentumsinteressen des Vermieters an der auch optisch
ungeschmälerten Erhaltung seines Wohnhauses und die Informationsinteressen des
Mieters an der Nutzung allgemein zugänglicher Informationsquellen zu berücksichtigen. Da beide Interessen grundrechtlich geschützt sind (Art. 5 Abs. 1 Satz 1 2. Hs. GG
einerseits, Art. 14 Abs. 1 Satz 1 GG andererseits) und keines von ihnen dem jeweils
anderen generell vorgeht, hängt die Entscheidung im Einzelfall davon ab, welche Beeinträchtigung im Rahmen des vom Gesetzgeber abstrakt vorgenommenen Interessenausgleichs im konkreten Fall schwerer wiegt. So muss der Vermieter die Zustimmung
zur Errichtung typischerweise etwa dann erteilen, wenn weder eine Substanzverletzung
noch eine nennenswerte ästhetische Beeinträchtigung seines Eigentums zu besorgen ist
(z. B. weil eine mobile Antenne im Innern des Gebäudes aufgestellt wird) oder er – wie
hier der Fall – keinen geeigneten Internet-/Kabelanschluss bereitstellt, wohingegen
umgekehrt bei Verfügbarkeit eines solchen Anschlusses regelmäßig ein sachbezogener
Grund zur Versagung der Genehmigung einer Satellitenantenne gegeben ist, vorausgesetzt die (Anschluss- und laufenden monatlichen) Kosten hierfür sind nicht wesentlich höher als für die Anschaffung und fachmännische Installation einer Satellitenantenne.

89   „Quer" zu den beiden vorgenannten subjektiv-rechtlichen und objektiv-rechtlichen Di-
        mensionen der Grundrechte mit ihren jeweiligen Funktionen liegt schließlich deren weite-
        re Bedeutung für **Verfahren und Organisation**,[225] wozu das BVerfG in seinem Beschluss
        zum Atomkraftwerk *Mülheim-Kärlich*[226] im Jahr 1979 grundlegend Stellung genommen
        hat. Soweit dies für einen effektiven Grundrechtsschutz von Bedeutung ist und im konkre-
        ten Fall keine speziellen Verfahrensrechte (z. B. Art. 19 Abs. 4 Satz 1, Art. 103 Abs. 1 GG)
        eingreifen, beeinflussen die Grundrechte über die Ausgestaltung des materiellen Rechts
        hinaus auch die jeweilige „Organisations- und Verfahrensgestaltung" und setzen Maßstäbe
        „für eine grundrechtsfreundliche Anwendung vorhandener Verfahrensvorschriften", sog.
        Grundrechtsschutz durch Verfahren und Organisation (*status activus processualis*).[227] Für
        den Gesetzgeber folgt hieraus, dass, falls das von ihm geschaffene Verfahrensrecht (z. B.
        §§ 9 ff. VwVfG) seine Aufgabe entweder nicht erfüllt oder aber der Rechtsausübung so
        hohe Hindernisse entgegensetzt, dass die „Gefahr einer Entwertung der materiellen Grund-
        rechtsposition entsteht", es „mit dem Grundrecht, dessen Schutz es bewirken soll, unver-
        einbar" ist.[228] Auf Ebene der das Verfahren im konkreten Fall durchführenden Behörde
        ist zwar nicht jeder prozedurale Fehler bereits als Grundrechtsverletzung zu qualifizieren.
        „Eine solche Verletzung kommt aber dann in Betracht, wenn die [B]ehörde solche Ver-
        fahrensvorschriften außer Acht lässt, die der Staat in Erfüllung seiner Pflicht zum Schutz
        [des jeweiligen Grundrechts] erlassen hat."[229] Gegenteiliges gilt, „wenn von vornherein
        ausgeschlossen werden [kann], dass bei fehlerfreier Verfahrensgestaltung eine für den [Ein-
        zelnen] günstigere Entscheidung getroffen worden wäre oder hätte getroffen werden müs-
        sen."[230]

---

[225] *Jarass*, in: ders./Pieroth, GG, Vorb. vor Art. 1 Rn. 12. Die **subjektiv-rechtliche** Dimension
andeutend *Epping*, Grundrechte, Rn. 134; *Michael/Morlok*, Grundrechte, Rn. 864. A. A. *Zippeli-
us/Würtenberger*, Deutsches Staatsrecht, § 17 Rn. 42: „Konkretisierung der **objektivrechtlichen**
Dimension der Grundrechte" (Hervorhebung d. d. Verf.). *Pieroth/Schlink*, Grundrechte, Rn. 115 f.
ordnen die aus den Grundrechten resultierenden Vorgaben für das Verfahren der grundrechtlichen
Schutzfunktion zu, *Sachs*, Verfassungsrecht II, A 4 Rn. 63 ihrer **Ausstrahlungswirkung auf das einfache Recht**.
[226] BVerfGE 53, 30.
[227] BVerfGE 69, 315 (355) m. w. N. Vgl. auch *Katz*, Staatsrecht, Rn. 583. Zudem: **Art. 101, 104 GG**,
siehe *Wilms*, Staatsrecht II, Rn. 86. Terminologie nach *Häberle*, VVDStRL 30 (1972), S. 82 ff. Zum
Grundrechtsschutz durch Verfahren(-srechte) siehe allgemein *Wienbracke, Mike*, Allgemeines Verwaltungsrecht, 3. Auflage Heidelberg 2012, Rn. 150. Dort (Rn. 182 ff.) sowie bei BVerfGE 84, 59 (72)
und *Hufen*, Staatsrecht II, § 5 Rn. 11 auch speziell zum Anhörungsrecht nach § 28 Abs. 1 VwVfG. Zum
Organisationsrecht siehe etwa BVerfGE 35, 79 (124): „Negativ gesehen verbietet Art. 5 Abs. 3 GG
dem Gesetzgeber einen Wissenschaftsbetrieb organisatorisch so zu gestalten, daß die Gefahr [...]
der Beeinträchtigung des für die wissenschaftliche Betätigung der Mitglieder erforderlichen Frei-
heitsraumes herbeigeführt wird." Hierzu siehe *Sodan/Ziekow*, Grundkurs Öffentliches Recht, § 22
Rn. 29.
[228] BVerfGE 63, 131 (143).
[229] BVerfGE 53, 30 (65 f.).
[230] BVerfGE 73, 280 (299). Vgl. denn auch etwa § 46 VwVfG. Näher hierzu siehe *Wienbracke, Mike*,
Allgemeines Verwaltungsrecht, 3. Auflage, Heidelberg 2012, Rn. 282 ff.

Beispiel 23[231]

E ist Eigentümer eines Grundstücks im Wert von 21.000,- Euro. Auf Grund eines für   90
vollstreckbar erklärten Zahlungsbefehls über einen Betrag von 460,- Euro sowie eines
Kostenfestsetzungsbeschlusses von 39,- Euro beantragte G, die Gläubigerin des E, mit
Erfolg die Zwangsversteigerung von dessen Grundstück. Den von E gestellten Antrag,
das Zwangsversteigerungsverfahren nach § 30a ZVG einstweilen einzustellen, lehnte
der zuständige Rechtspfleger zeitgleich mit Erteilung des Zuschlags auf das Höchstgebot
von 11.000,- Euro am Versteigerungstermin Monate später ab. Nach erfolgloser (weiterer) Beschwerde zum LG bzw. OLG macht E nunmehr im Wege der Verfassungsbeschwerde vor dem BVerfG geltend, dass die Art und Weise, wie die Zwangsversteigerung
seines Grundstücks durchgeführt worden ist, gegen sein Grundrecht aus Art. 14 Abs. 1
Satz 1 GG verstoße. Mit Erfolg?

Ja. Denn vorliegend ist bei der Gestaltung des Verfahrens der Zwangsversteigerung
eines Grundstücks die Bedeutung des Verfassungsrechts – v. a. diejenige der Eigentumsgarantie des Art. 14 Abs. 1 Satz 1 GG im sozialen Rechtsstaat (Art. 20 Abs. 1,
3 GG) – nicht ausreichend berücksichtigt worden. Diese verfassungsrechtlichen Gewährleistungen beeinflussen nicht nur die Ausgestaltung des materiellen Rechts, sondern wirken zugleich auch auf das zugehörige Verfahrensrecht ein. So folgt unmittelbar
aus Art. 14 Abs. 1 Satz 1 GG die Pflicht, bei Eingriffen in dieses Grundrecht einen tatsächlich wirksamen Rechtsschutz zu gewähren. Dies gilt v. a. für die Wahrnehmung von
Rechtsschutzmöglichkeiten, welche die Prozessordnung jeweils vorsieht. Des Weiteren
folgt aus dem Rechtsstaatsprinzip (Art. 20 Abs. 3 GG) der Anspruch auf eine „faire Ver-
fahrensführung". Das Verfahrensrecht dient nämlich der Herbeiführung gesetzmäßiger
und unter diesem Aspekt „richtiger", aber auch gerechter Entscheidungen. Bestehen wie
hier gem. §§ 30b, 87 ZVG im Interesse einer angemessenen Verfahrensgestaltung Er-
messensbefugnisse, so müssen diese im konkreten Fall mit Blick auf die Grundrechte
ausgelegt und angewendet werden; insbesondere dürfen sie nicht zu einer Verkürzung
des grundrechtlich gesicherten Anspruchs auf einen effektiven Rechtsschutz führen.
Mit diesen verfassungsrechtlichen Grundsätzen steht es nicht im Einklang, dass der
Rechtspfleger im hiesigen Fall über den Antrag des E erst nach Monaten gleichzeitig mit dem Zuschlagsbeschluss entschieden hat und die Gerichte dies gebilligt haben.
Nicht nur hätte eine rechtzeitige Entscheidung dem E die Konsequenzen der Nichtbe-
friedigung der G deutlich vor Augen geführt, sondern hat die konkrete Vorgehensweise
zudem auch dazu geführt, dass für E die Vollstreckungsschutzmöglichkeit des § 765a
ZPO praktisch entwertet wurde.

---

[231] Nach BVerfGE 49, 220.

91

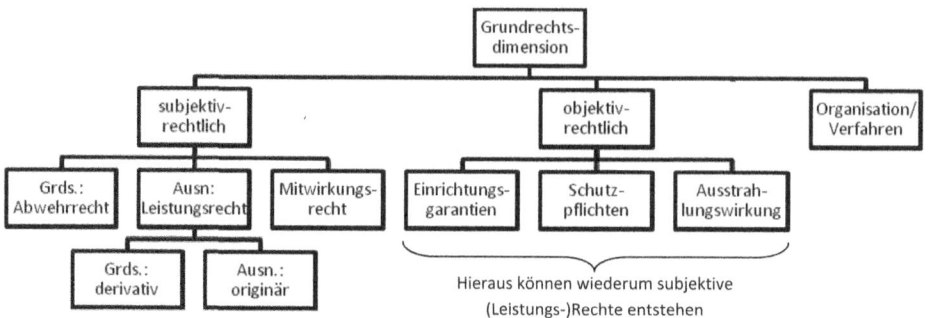

Grundrechtsdimensionen und -funktionen

3. Grundrechtskonkurrenzen

92   Fällt das konkrete Verhalten desselben Grundrechtsträgers (Personenidentität) in den persönlichen und sachlichen **Schutzbereich mehrerer Grundrechte** (z. B. Berufstätigkeit [Art. 12 Abs. 1 GG] des Wissenschaftlers [Art. 5 Abs. 3 Satz 1 GG]), so stellt sich die Frage, ob die jeweilige staatliche Maßnahme tatsächlich an sämtlichen dieser Grundrechte zu messen ist oder ob nicht vielmehr nur einzelne von diesen zur Anwendung gelangen.[232] Die Antwort hierauf hängt ab von dem Konkurrenzverhältnis, in dem diese Grundrechte zueinander stehen. Insofern lassen sich folgende Konstellationen unterscheiden:

93   • Stehen die in Betracht kommenden Grundrechte zueinander in einem **Spezialitätsverhältnis**, so wird auch im vorliegenden Zusammenhang nach allgemeiner juristischer Methodik die allgemeine von der speziellen Vorschrift verdrängt, d. h. tritt Erstere hinter Letztere zurück (*lex specialis derogat legi generali*).[233] Ein solcher Fall auch sog. unechter Grundrechtskonkurrenz liegt zum einen dann vor, wenn eine Norm alle Tatbestandsmerkmale der anderen enthält und zudem noch mindestens ein weiteres Tatbestandsmerkmal aufweist, sog. **logische Spezialität**.[234] Dies ist namentlich im Verhältnis des

---

[232] *Epping*, Grundrechte, Rn. 259, 574. **Zuvor** ist freilich durch sorgfältige **Abgrenzung** der in Betracht kommenden Grundrechte auf **Schutzbereichsebene** zu ermitteln, **ob** im konkreten Fall wirklich die Schutzbereiche von **mehreren Grundrechten berührt** sind, siehe *Sachs*, Verfassungsrecht II, A 11 Rn. 2. „Den ‚Rekord‘ hält das […] ‚religiöse Straßentheater mit Versammlungszweck‘. Hier ist zusätzlich zu **Art. 5 Abs. 1, Art. 8 und Art. 4** noch die Kunstfreiheit des **Art. 5 Abs. 3 GG** in Erwägung zu ziehen“, *Hufen*, Staatsrecht II, § 6 Rn. 45 (Hervorhebungen d. d. Verf.). „Die Konkurrenzfrage bezieht sich immer auf **ein und dieselbe Maßnahme** […]. Davon unabhängig sind mehrere Maßnahmen stets getrennt voneinander an den Grundrechten zu messen. Sie stellen je unterschiedliche Eingriffe dar, für die jeweils […] eine vollständige Grundrechtsprüfung […] durchzuführen ist“ (Rn. 17), *Michael/Morlok*, Grundrechte, Rn. 52 (Hervorhebungen abweichend vom Original).
[233] *Sodan/Ziekow*, Grundkurs Öffentliches Recht, § 25 Rn. 2. Nach *Jarass*, in: ders./Pieroth, GG, Vorb. vor Art. 1 Rn. 17 f. m. w. N. muss **zudem** noch ein **Eingriff** in den Schutzbereich des speziellen Grundrechts vorliegen, damit dieses das allgemeine Grundrecht verdrängt.
[234] *Zippelius/Würtenberger*, Deutsches Staatsrecht, § 18 Rn. 84.

(Auffang-)Grundrechts der allgemeinen Handlungsfreiheit zu den speziellen Freiheitsgrundrechten (z. B. Art. 12 Abs. 1 GG) der Fall, weshalb Art. 2 Abs. 1 GG gegenüber
diesen nur subsidiär zur Anwendung gelangt.[235] Zum anderen bejaht das BVerfG ein
Spezialitätsverhältnis ebenfalls dann, wenn eine Grundrechtsnorm zwar nicht generell,
aber doch im Einzelfall „nach ihrem spezifischen Sinngehalt die stärkere sachliche Beziehung zu dem zu prüfenden Sachverhalt hat" hat, sog. normative Spezialität (so z. B.
Art. 5 Abs. 3 Satz 1 GG gegenüber Art. 5 Abs. 1 Satz 1 GG bzgl. künstlerischer Aussagen).[236]

Beispiel 24[237]

Das Unternehmen U produziert Leiterplatten im Schichtbetrieb und beschäftigt durch-   94
schnittlich 80 Arbeitnehmer. Mit Arbeitnehmer A hatte U zunächst eine wöchentliche
Arbeitszeit von „35 Stunden an Werktagen" vereinbart. Später schlossen die Parteien
einen von U vorformulierten Änderungsvertrag, wonach die regelmäßige wöchentliche
Arbeitszeit von A nur noch 30 Stunden beträgt. Ein Anspruch des A gegen U, ihn wöchentlich mehr als 30 Stunden zu beschäftigen, wurde im Vertrag explizit ausgeschlossen. Zudem erklärte sich A darin „ausdrücklich damit einverstanden und verpflichtet
sich, auf eine Aufforderung des Arbeitgebers mehr als 30 Stunden zu arbeiten." A, dessen tatsächliche Arbeitsleistung nach dieser Vertragsänderung bis zu seiner Erkrankung
durchschnittlich 35 Stunden/Woche betrug, wurde von U nach seiner Gesundung nur
noch im Umfang von 30 Stunden/Woche beschäftigt. Auf die Klage des A hin verurteilte das ArbG den U zur Beschäftigung von A mit 35 Stunden wöchentlich, weil der
Änderungsvertrag gem. § 307 BGB unwirksam sei. U meint, das Urteil greife in seine grundrechtlich geschützte Privatautonomie ein. Ist insofern Art. 2 Abs. 1 GG oder
Art. 12 Abs. 1 GG Prüfungsmaßstab?

Der grundrechtliche Schutz der Vertragsfreiheit wird zwar allgemein durch das
Grundrecht der allgemeinen Handlungsfreiheit gem. Art. 2 Abs. 1 GG gewährleistet.
Doch geht es wie hier um die Handlungsfreiheit gerade im Bereich des Berufsrechts,
welche ihre spezielle Gewährleistung in Art. 12 Abs. 1 GG gefunden hat, so schei-
det Art. 2 Abs. 1 GG als Prüfungsmaßstab aus. Denn gegenüber diesem speziellen
Freiheitsgrundrechte ist die allgemeine Handlungsfreiheit subsidiär.

• Liegt ein derartiges Spezialitätsverhältnis hingegen nicht vor (so z. B. im Verhältnis   95
der Freiheits- zu den Gleichheitsgrundrechten; Rn. 516), so gelangen die betreffenden

---

[235] BVerfGE 6, 32 (37); *Katz*, Staatsrecht, Rn. 598. Siehe auch Rn. 516. Einer **M. M.** zufolge soll diese
Verdrängungswirkung dagegen bereits dann eintreten, wenn das Verhalten lediglich in den **Regelungsbereich** (Rn. 57) eines speziellen Grundrechts fällt; kritisch hierzu *Pieroth/Schlink*, Grundrechte, Rn. 354: „Eine unfriedliche Versammlung fällt in den Regelungs-, nicht aber in den Schutzbereich
des Art. 8 Abs. 1 GG; sie ist durch Art. 2 Abs. 1 GG geschützt".

[236] BVerfGE 13, 290 (296). Vgl. auch BVerfGE 30, 173 (200); 65, 104 (112); 75, 348 (357). Siehe auch
Rn. 291, 383.

[237] Nach BVerfG, NJW 2007, S. 286. Siehe auch **Beispiel 94**.

Grundrechte nebeneinander (parallel) zur Anwendung, sog. **Idealkonkurrenz** bzw. echte Grundrechtskonkurrenz.[238] Dies gilt unabhängig davon, ob sie identische (z. B. Art. 4 Abs. 1, 2 GG und Art. 5 Abs. 3 GG) oder unterschiedlich strenge (sog. Schrankendivergenz, z. B. Art. 4 Abs. 1, 2 GG einerseits und Art. 8 Abs. 2 GG andererseits) Anforderungen an die verfassungsrechtliche Rechtfertigung eines Eingriffs in sie stellen.[239] Folge dessen ist, dass die jeweils in Frage stehende staatliche Maßnahme nur dann grundrechtskonform ist, wenn sie auch den Anforderungen des Grundrechts mit den stärksten Schrankenregelungen genügt bzw. sie umgekehrt bereits dann grundrechtswidrig ist, wenn sie auch nur eines der einschlägigen Grundrechte verletzt.[240]

Beispiel 25[241]

96 Nach § 5 Satz 1 HebG a. F. konnte der zuständige Minister eine Altersgrenze für Hebammen festsetzen. Mit Erreichen dieser Altersgrenze erloschen nach § 5 Satz 2 HebG a. F. die Anerkennung als Hebamme und die Niederlassungserlaubnis. In § 1 der 4. DVO zum HebG wurde als Altersgrenze das vollendete 70. Lebensjahr festgesetzt.

Die Festsetzung der Altersgrenze für Hebammen auf die Vollendung des 70. Lebensjahrs greift nicht nur in deren jeweiliges Grundrecht auf Berufsfreiheit ein (Art. 12 Abs. 1 GG), sondern ist ebenfalls am Maßstab von Art. 3 Abs. 1 GG (allgemeiner Gleichheitssatz) zu messen, besteht doch namentlich für den Heilberuf des Arztes keine solche Altersgrenze.

II. Eingriff

97 Fällt das Verhalten des Einzelnen in den persönlichen und sachlichen Schutzbereich eines Grundrechts, so wird es durch dieses generell vor Eingriffen durch den Staat geschützt.[242] Ob im konkreten Fall tatsächlich ein Eingriff (synonym: Beeinträchtigung, Begrenzung, Be-/Einschränkung, Verkürzung) vorliegt, ist durch einen Abgleich der jeweiligen staatlichen (Rn. 98 ff.) Maßnahme (Rn. 120 ff.) mit dem Schutzgut (Rn. 58 ff.) und der Schutzwirkung (Rn. 67 ff.) des betreffenden Grundrechts zu ermitteln.[243]

---

[238] *Sodan/Ziekow*, Grundkurs Öffentliches Recht, § 25 Rn. 3. Die in Idealkonkurrenz zueinander stehenden Grundrechte sind **nacheinander** – jeweils **getrennt** für sich – zu prüfen, vgl. *Manssen*, Staatsrecht II, Rn. 34; *Stein/Frank*, Staatsrecht, § 26 III. Zur **Prüfungsreihenfolge** siehe Rn. 17. Die vom BVerfG demgegenüber mitunter praktizierte Verstärkung des Schutzgehalts eines Grundrechts um den eines anderen (sog. **Schutzbereichsverstärkung**; so z. B. BVerfGE 101, 361 [385 f.]; 104, 337 [346]; Rn. 207) ist als systemwidrig abzulehnen, siehe *Zippelius/Würtenberger*, Deutsches Staatsrecht, § 18 Rn. 93 m. w. N.

[239] *Zippelius/Würtenberger*, Deutsches Staatsrecht, § 18 Rn. 87.

[240] *Sodan/Ziekow*, Grundkurs Öffentliches Recht, § 25 Rn. 3; *Wilms*, Staatsrecht II, Rn. 266 m. w. N.

[241] Nach BVerfGE 9, 338.

[242] Vgl. *Bleckmann, Albert*, Staatsrecht II, 4. Auflage, Köln u. a. 1997, § 12 Rn. 6; *Merten, Detlef*, in: ders./Papier, Handbuch der Grundrechte Bd. III, Heidelberg 2009, § 56 Rn. 1.

[243] *Ipsen*, Staatsrecht II, Rn. 136 ff.; *Pieroth/Schlink*, Grundrechte, Rn. 223 f.

1. Grundrechtsverpflichtete

Wie alle anderen subjektiven Rechte können ebenfalls die aus den Grundrechten folgenden   98
(Abwehr- und ggf. Leistungs-)Ansprüche („was") von ihrem jeweils Berechtigten („wer")
nur einem durch diese Verpflichteten („wem") entgegengehalten werden, d. h. tauglicher
„Täter" eines Grundrechtseingriffs kann allein ein durch die Grundrechte gebundener
(Grundrechts-)Adressat sein.[244] Dies trifft ohne weiteres zu in Bezug auf die Träger „öffentlicher" (Art. 93 Abs. 1 Nr. 4a GG) bzw. „staatlicher" Gewalt (Art. 1 Abs. 1 Satz 2 GG) –
und zwar sowohl des **Bundes** als auch der **Länder**.[245] Genauer: Grundrechtsadressaten
bzw. -verpflichtete sind gem. Art. 1 Abs. 3 GG[246] die „**Gesetzgebung, vollziehende Gewalt
und Rechtsprechung**".

In Anbetracht dieser umfassenden Bindung der staatlichen Gewalt an die Grundrechte   99
hat das BVerfG in seinem *Strafgefangenen*-Beschluss aus dem Jahr 1972 klargestellt, dass
diese entgegen der früher vorherrschenden Lehre vom „**besonderen Gewaltverhältnis**"
ebenfalls innerhalb von sog. Sonderrechts- bzw. Sonderstatusverhältnissen gelten, in denen der Einzelne in einer engeren Beziehung zum Staat steht als im allgemeinen Staat-
Bürger-Verhältnis der Fall (z. B. Beamte, Soldaten, Schüler, Studenten und Strafgefangene),
d. h. auch insoweit existieren keine grundrechtsfreien Räume, vgl. ferner Art. 17a GG.[247]
Schließlich handelt es sich bei den Grundrechten des Grundgesetzes – anders als bei einigen der in der WRV normierten (Rn. 2) – nicht um unverbindliche sog. Programmsätze,
sondern um „unmittelbar geltendes Recht", siehe Art. 1 Abs. 3 GG.[248]

Im Gegensatz zu dieser mithin lückenlosen Bindung der gesamten (deutschen; Rn. 112)   100
Staatsgewalt an die Grundrechte werden mit Ausnahme von Art. 9 Abs. 3 Satz 2 GG
(Rn. 347) **Private** nicht unmittelbar durch die Grundrechte gebunden; jedoch entfalten
diese eine sog. **mittelbare (Dritt-)Wirkung** im Privatrecht (Rn. 86 ff.).[249]

---

[244] Vgl. *Ipsen*, Staatsrecht II, Rn. 57, 119.

[245] BVerfGE 103, 332 (347 f.); *Sachs*, Verfassungsrecht II, A 5 Rn. 2.

[246] Im Verhältnis zu **Art. 20 Abs. 3 GG** ist **Art. 1 Abs. 3 GG** *lex specialis*, siehe *Hillgruber, Christian*,
in: Epping/Hillgruber, GG, München 2009, Art. 1 Rn. 60.

[247] BVerfGE 33, 1 (11); *Sachs*, Verfassungsrecht II, A 5 Rn. 11; *Wilms*, Staatsrecht II, Rn. 137 f. Zur (er-
leichterten) **Rechtfertigung** von Grundrechtseingriffen v. a. in freiwilligen Sonderstatusverhältnissen
(z. B. Richter, Beamte) siehe *Berg*, Staatsrecht, Rn. 435; *Michael/Morlok*, Grundrechte, Rn. 745 ff.; *Zip-
pelius/Würtenberger*, Deutsches Staatsrecht, § 20 Rn. 105 ff. Demgegenüber liegt allerdings dann kein
Grundrechtseingriff vor, wenn die staatliche Maßnahme den Beamten etc. nicht in seiner persönlichen Rechtsstellung als Bürger (sog. **Grundverhältnis**), sondern allein in seiner Amtsstellung (sog.
Betriebsverhältnis) trifft, siehe *Epping*, Grundrechte, Rn. 702 f.

[248] Vgl. *Katz*, Staatsrecht, Rn. 654. Demgemäß gilt auch insofern der **Vorbehalt des Gesetzes**, siehe
Manssen, Staatsrecht II, Rn. 100.

[249] *Epping*, Grundrechte, Rn. 346. Bzgl. Grundrechtseingriffen ist der **Staat** mithin **nicht „Alleintä-
ter"**, siehe *Michael/Morlok*, Grundrechte, Rn. 489.

101

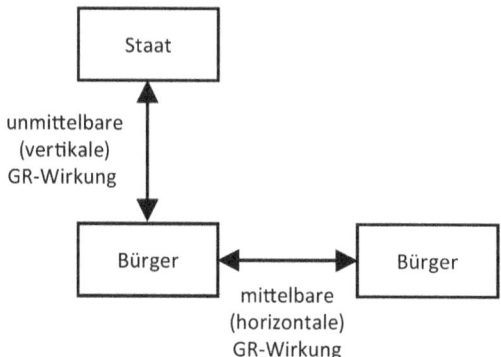

Unmittelbare und mittelbare Grundrechtswirkungen

a) Gesetzgebung

102 ▸ Unter **„Gesetzgebung"** (Legislative) i. S. v. Art. 1 Abs. 3 GG „sind die gesetzgebenden Organe auf Bundes- und Landesebene – also der Bundestag und die
Landesparlamente – zu verstehen."[250]

103   Während von diesem förmlichen Begriffsverständnis auch der Erlass von **Gesetzen im**
rein **formellen Sinn** erfasst wird (z. B. Zustimmungsgesetz nach Art. 59 Abs. 2 Satz 1 GG
zu völkerrechtlichem Vertrag; Haushaltsgesetz nach Art. 110 Abs. 2 Satz 1 GG), fällt die
Funktion der Rechtssetzung durch andere Organe, namentlich der Erlass von **Gesetzen**
im nur **materiellen Sinn** (Rechtsverordnungen, Satzungen) durch die vollziehende Gewalt
(z. B. Minister bzw. Gemeinderat), **nicht** hierunter (str.).[251] Erlässt der nachkonstitutionelle
(Bundes-/Landes-)Gesetzgeber entgegen Art. 1 Abs. 3 GG gleichwohl ein Gesetz, das gegen
die Grundrechte verstößt, so ist es materiell verfassungswidrig und kann prozessual allein
(vgl. Art. 100 Abs. 1 GG) vom BVerfG für **nichtig** erklärt werden, vgl. §§ 31 Abs. 2 Satz 2,
95 Abs. 3 Satz 1 BVerfGG.[252] Im Bereich des Privatrechts ist insoweit zu beachten, dass nur
dessen zwingende Normen (z. B. § 476 BGB, vgl. § 475 Abs. 1, 3 BGB) in die Grundrechte
der Bürger eingreifen, nicht dagegen auch die dispositiven Vorschriften (vgl. z. B. § 622
Abs. 1 BGB im Umfang des § 622 Abs. 5 BGB).[253]

104   Nach der gegenüber Art. 1 Abs. 3 GG spezielleren Regelung des **Art. 79 Abs. 3 GG** (sog.
Ewigkeitsgarantie) ist der **verfassungsändernde Gesetzgeber** im Bereich der Grundrechte dagegen nur an „die in den Artikeln 1 und [nicht: bis] 20 niedergelegten Grundsätze"

---

[250] *Ipsen*, Staatsrecht II, Rn. 67.

[251] Vgl. *Hufen*, Staatsrecht II, § 7 Rn. 3; *Wilms*, Staatsrecht II, Rn. 142 Fn. 8. Letztlich kommt es hierauf
jedoch nicht an, da **auch die Exekutive durch Art. 1 Abs. 3 GG gebunden** wird (Rn. 106 ff.), siehe
Stern, Klaus, in: ders./Becker, Grundrechtekommentar, Köln 2009, Art. 1 Rn. 106.

[252] *Sachs*, Verfassungsrecht II, A 5 Rn. 5. Dort (Rn. 6 f.) und in Rn. 143, 595, 642 auch zum Grundrechtsverstoß durch **legislatives Unterlassen**. Siehe auch Rn. 668.

[253] *Pieroth/Schlink*, Grundrechte, Rn. 193. **A. A.** *de Wall/Wagner*, JA 2011, S. 734 (739), die auch in
den dispositiven Vorschriften des Zivilrechts einen Grundrechtseingriff sehen.

gebunden.[254] „Dazu gehört nicht nur der in Art. 1 Abs. 1 GG verankerte Grundsatz der Achtung und des Schutzes der Menschenwürde. Auch das in Art. 1 Abs. 2 GG enthaltene Bekenntnis zu unverletzlichen und unveräußerlichen Menschenrechten als Grundlage der menschlichen Gemeinschaft, des Friedens und der Gerechtigkeit erlangt insoweit Bedeutung; i. V. m. der in Art. 1 Abs. 3 GG enthaltenen Verweisung auf die nachfolgenden Grundrechte sind deren Verbürgungen insoweit einer Einschränkung grundsätzlich entzogen, als sie zur Aufrechterhaltung einer dem Art. 1 Abs. 1 und 2 GG entsprechenden Ordnung unverzichtbar sind."[255] Auch **andere Grundrechte** als die Menschenwürde (Art. 1 Abs. 1 GG) werden folglich – wenngleich „nur" – im Umfang ihres jeweiligen, durch Auslegung der betreffenden Grundrechtsbestimmung zu ermittelnden **Menschenwürdegehalts** von Art. 79 Abs. 3 GG erfasst.[256] Ferner darf der verfassungsändernde Gesetzgeber hiernach auch „grundlegende Gerechtigkeitspostulate nicht außer Acht lassen. Dazu gehören der Grundsatz der Rechtsgleichheit und das Willkürverbot. Ebenso sind grundlegende Elemente des Rechts- und des Sozialstaatsprinzips, die in Art. 20 Abs. 1 und 3 GG zum Ausdruck kommen, zu achten. Bei alledem verlangt Art. 79 Abs. 3 GG allerdings nur, dass die genannten Grundsätze nicht berührt werden."[257] Sind diese Grenzen gewahrt, so hat der verfassungsändernde Gesetzgeber das Recht, „einzelne Grundrechte zu ändern, einzuschränken oder sogar aufzuheben."[258]

Beispiel 26[259]

Im Zuge der Verhandlungen über den Beitritt der DDR zur Bundesrepublik Deutschland gaben die Regierungen beider deutscher Staaten zunächst eine „Gemeinsame Erklärung" zur Regelung offener Vermögensfragen ab, der zufolge die Enteignungen auf besatzungsrechtlicher bzw. besatzungshoheitlicher Grundlage (1945 bis 1949) nicht mehr rückgängig zu machen sind. Entsprechend dieser Erklärung, die nachfolgend Bestandteil des Einigungsvertrages geworden ist (siehe dessen Art. 41 Abs. 1 i. V. m. Anlage III), schließt das spätere Gesetz zur Regelung offener Vermögensfragen in § 1 Abs. 8 lit. a) seine Geltung für Enteignungen von Vermögenswerten auf besatzungsrechtlicher oder besatzungshoheitlicher Grundlage aus. Dieser Ausschluss der Rückgabe von Vermögenswerten, die in den Jahren 1945 bis 1949 in der sowjetisch besetzten Zone Deutschlands auf besatzungsrechtlicher oder besatzungshoheitlicher

105

---

[254] Vgl. *Jarass*, in: ders./Pieroth, GG, Art. 1 Rn. 32. D. h., die **einzelnen Grundrechte** werden – mit Ausnahme ihres Menschenwürdegehalts – **nicht** durch Art. 79 Abs. 3 GG gesichert, siehe *Schnapauff, Klaus-Dieter*, in: Hömig, GG, 9. Auflage, Baden-Baden 2010, Art. 79 Rn. 4 m. w. N. Soweit gegen Art. 79 Abs. 3 GG verstoßen wird, kommt es zur Entstehung von **„verfassungswidrigem Verfassungsrecht"**, das vom BVerfG für nichtig erklärt werden kann, siehe *Badura, Peter*, Staatsrecht, 5. Auflage, München 2012, F Rn. 66.

[255] BVerfGE 94, 49 (102 f.) m. w. N.

[256] Vgl. BVerfGE 94, 12 (34); 109, 279 (310) und siehe *Pieroth*, in: Jarass/Pieroth, GG, Art. 79 Rn. 10.

[257] BVerfGE 84, 90 (121). Siehe auch BVerfGE 30, 1 (24 f.).

[258] BVerfGE 109, 279 (310).

[259] Nach BVerfGE 94, 12.

Grundlage enteignet wurden, ist schließlich im Grundgesetz selbst für bestandskräftig erklärt worden, indem der verfassungsändernde Gesetzgeber mit der erforderlichen Mehrheit von zwei Dritteln der Mitglieder des Bundestages und zwei Dritteln der Stimmen des Bundesrates (Art. 79 Abs. 2 GG) in Art. 143 Abs. 3 GG eine entsprechende Regelung eingefügt hat. E ist Erbe des früheren Eigentümers eines Gutes und dazugehöriger Hausgrundstücke in Sachsen, die 1945 im Zuge der Bodenreform enteignet worden waren. Sein Antrag auf Rückübertragung dieser Vermögenswerte ist 1992 mit der Begründung abgelehnt worden, dass es sich um eine Enteignung auf besatzungsrechtlicher bzw. besatzungshoheitlicher Grundlage im o. g. Sinn gehandelt habe. Da Widerspruch, Klage und Beschwerde gegen die Nichtzulassung der Revision keinen Erfolg hatten, macht E nunmehr im Wege der Verfassungsbeschwerde vor dem BVerfG geltend, dass diese letztlich auf Art. 143 Abs. 3 GG beruhenden Behörden- und Gerichtsentscheidungen ihn in seinem Grundrecht aus Art. 14 Abs. 1 GG verletzten. Ist diese Vorschrift hier überhaupt anwendbar?

Nein. Art. 14 Abs. 1 GG kommt vorliegend als Prüfungsmaßstab nicht in Betracht, da der Ausschluss der Rückgabe von Vermögenswerten, die in den Jahren 1945 bis 1949 in der sowjetisch besetzten Zone Deutschlands auf besatzungsrechtlicher oder besatzungshoheitlicher Grundlage enteignet wurden, durch die Verfassungsänderung in Art. 143 Abs. 3 GG selbst für bestandskräftig erklärt worden ist. Das BVerfG kann mithin lediglich prüfen, ob dabei die Anforderungen gewahrt worden sind, welche Art. 79 Abs. 3 GG an Verfassungsänderungen stellt. Hiernach sind solche Änderungen unzulässig, durch die die in Art. 1 und Art. 20 GG niedergelegten Grundsätze „berührt" werden. Andere als diese Prüfungsmaßstäbe kommen daher nicht in Betracht; insbesondere ist Art. 14 Abs. 1 GG nicht unmittelbar anwendbar. Vielmehr kann dieses Grundrecht nur insoweit herangezogen werden, als dessen Kernelemente zu den in Art. 1 und Art. 20 GG niedergelegten Grundsätzen gehören und sich somit einer Verfassungsänderung entziehen.

b) Vollziehende Gewalt

106 ▸ *Ipsen*[260] zufolge umfasst die aus der Verwaltung (Administrative) und der Regierung (Gubernative) bestehende **„vollziehende Gewalt"** (Exekutive) i. S. v. Art. 1 Abs. 3 GG alle Organe des Staates und seiner Untergliederungen, die nicht zur „Gesetzgebung" (Rn. 102) und „Rechtsprechung" (Rn. 110) gehören.

107 Grundrechtsverpflichtet sind demnach nicht nur die Gebietskörperschaften **Bund** und **Länder** (Staat), wenn sie durch ihre jeweils eigenen Behörden (Organe) handeln (sog. unmittelbare Staatsverwaltung), sondern auch dann, wenn sich der Staat zur Aufgabenerledigung anderer selbständiger Rechtssubjekte wie **Körperschaften** (z. B. Gemeinden,

---

[260] *Ipsen*, Staatsrecht II, Rn. 67. Siehe auch *Hufen*, Staatsrecht II, § 7 Rn. 4. Im vorliegenden Zusammenhang mag diese **negative Begriffsbestimmung** (Subtraktionsmethode) ausreichen, vgl. Rn. 98. Näher *Wienbracke, Mike*, Allgemeines Verwaltungsrecht, 3. Auflage, Heidelberg 2012, Rn. 2 ff. m. w. N.

Industrie- und Handelskammern), **Anstalten** (z. B. Sparkassen) **und Stiftungen des öffentlichen Rechts** oder Privater als sog. **Beliehene**[261] (z. B. TÜV-Sachverständige, § 29 Abs. 2 Satz 2 StVZO) bedient, sog. mittelbare Staatsverwaltung.[262] Hieraus wiederum folgt, dass auch die **Universitäten, öffentlich-rechtlichen Rundfunkanstalten** und **Religionsgemeinschaften** mit dem Status einer Körperschaft des öffentlichen Rechts trotz ihrer eigenen Grundrechtsberechtigung im Verhältnis zum Staat (Rn. 50 ff.) gegenüber ihren Nutzern bzw. Mitgliedern (Dritten) an die Grundrechte gebunden sind.[263]

Dieser umfassenden Bindung an die Grundrechte vermag sich der Staat auch nicht   108
etwa dadurch zu entledigen, dass er sich – sofern mangels entgegenstehender öffentlich-rechtlicher Normen oder Rechtsgrundsätze zulässig –, zur Erfüllung der ihm anvertrauten öffentlichen Aufgaben der Formen und der Mittel des Privatrechts bedient, **keine** sog. **„Flucht ins Privatrecht."**[264] Vielmehr greifen ebenfalls dann, wenn die Verwaltung eine öffentliche Aufgabe namentlich der Daseinsvorsorge (z. B. Wasserversorgung) in privatrechtlicher Handlungs- (z. B. Abschluss eines Kaufvertrags gem. § 433 BGB) oder/und Organisationsform (z. B. Stadtwerke GmbH) wahrnimmt, die Grundsätze des sog. **Verwaltungsprivatrechts** ein, wonach die Normen des Privatrechts durch Bestimmungen des öffentlichen Rechts – insbesondere die Grundrechte (u. a. Art. 3 Abs. 1 GG) – „ergänzt, überlagert und modifiziert" werden.[265] „Der Verwaltung [...] stehen bei der Erfüllung öffentlicher Aufgaben nur die privatrechtlichen Rechtsformen, nicht aber die Freiheiten

---

[261] Das sind natürliche oder juristische Personen des Privatrechts, denen bestimmte Verwaltungsaufgaben durch oder aufgrund Gesetz zur selbständigen hoheitlichen Wahrnehmung im eigenen Namen übertragen worden sind, vgl. *Pieroth/Schlink*, Grundrechte, Rn. 183. Demgegenüber ist der **Verwaltungshelfer** als Privater selbst nicht Hoheitsträger, sondern vielmehr wird dessen Handeln unmittelbar der ihn einschaltenden Behörde zugerechnet, vgl. *Michael/Morlok*, Grundrechte, Rn. 468. Zu beiden siehe *Wienbracke, Mike*, Allgemeines Verwaltungsrecht, 3. Auflage, Heidelberg 2012, Rn. 51 f.

[262] Vgl. *Zippelius/Würtenberger*, Deutsches Staatsrecht, § 18 Rn. 2 f. Aufgrund der gem. Art. 20 Abs. 3 GG ohnehin bestehenden Gesetzesbindung der Verwaltung sowie der Grundrechtsbindung der Legislative hat Art. 1 Abs. 3 GG bzgl. der Verwaltung nur insoweit eigenständige Bedeutung, wie diese entweder **ohne gesetzliche Grundlage** tätig wird oder aber im Rahmen der Gesetze über einen eigenen **Beurteilungs-/Ermessensspielraum** verfügt, siehe Rn. 224 und *Sachs*, Verfassungsrecht II, A 5 Rn. 9.

[263] *Hufen*, Staatsrecht II, § 7 Rn. 4.

[264] *Zippelius/Würtenberger*, Deutsches Staatsrecht, § 18 Rn. 8 unter Hinweis auf *Fleiner, Fritz*, Institutionen des Verwaltungsrechts, 8. Auflage, Tübingen 1928, S. 326. Siehe auch BVerwGE 129, 9 (14 f.) m. w. N. Nach BGHZ 9, 145 (147) muss sich der Staat z. B. im Bereich „**Polizei und Gerichtsbarkeit**" stets öffentlich-rechtlicher Formen bedienen.

[265] BVerwGE 129, 9 (15); BGHZ 52, 325 (328); 91, 84 (97 f.); 154, 146 (150 f.); BGH, NVwZ-RR 2006, S. 608; NVwZ 2010, S. 531 (532). Das gilt allerdings nur dann, wenn das betreffende privatrechtliche Unternehmen entweder im **Alleineigentum** des Staates steht **oder vom Staat beherrscht** wird, d. h. wenn die Unternehmensanteile zu mehr als 50 % von öffentlichen Anteilseignern gehalten werden (vgl. §§ 16, 17 AktG, Art. 2 Abs. 1 lit. f) Richtlinie 2004/109/EG; siehe auch **Beispiel 10**). „Die Rechte der privaten Anteilseigner erfahren hierdurch keine ungerechtfertigte Einbuße: Ob diese sich an einem öffentlich beherrschten Unternehmen beteiligen oder nicht, liegt in ihrer freien Entscheidung", BVerfG, NJW 2011, S. 1201 (1203).

und Möglichkeiten der Privatautonomie zu."[266] Entgegen der (älteren) Rechtsprechung[267] und im Einklang mit der h. M. im Schrifttum[268] gelten die Grundrechte daher auch bei sog. **fiskalischen Hilfsgeschäften** („Staat als Kunde", z. B. Behörde kauft Büromaterial) und bei **erwerbswirtschaftlicher Betätigung des Staates** (sog. Fiskalverwaltung, z. B. eigene unternehmerische Tätigkeit des Staates; staatliche Beteiligung an privatwirtschaftlichen Unternehmen).[269]

Beispiel 27[270]

109 Mit notariellem Vertrag kauften die Eheleute E von der Stadt S ein 500 qm großes Baugrundstück. Aufgrund ihrer Ortsansässigkeit erhielten E einen 10%igen Abschlag vom Verkehrswert des unbebauten Grundstücks i. H. v. 250,- Euro/qm (sog. Einheimischenmodell), sodass sich der Kaufpreis nur auf 112.500,- Euro (anstatt 125.000,- Euro) belief. Um zu gewährleisten, dass die bevorzugten ortsansässigen Käufer die auf den Grundstücken zu errichtenden Eigenheime zumindest für einen bestimmten Zeitraum tatsächlich selbst nutzten und nicht dadurch auf Kosten der Allgemeinheit Spekulationsgewinne erzielten, dass sie das verbilligte Bauland alsbald zum Verkehrswert weiterveräußerten, wurde in § 6 des Kaufvertrags folgende Klausel aufgenommen: „Verkauft der Käufer sein Grundstück innerhalb von zehn Jahren nach Kaufvertragsabschluss, so hat er die Differenz zwischen dem erzielten Verkaufspreis und dem Ankaufspreis an S abzuführen". Als E acht Jahre nach dem Kauf des Grundstücks dieses berufsbedingt zu 260,- Euro/qm an einen Dritten weiterverkauften, verlangte S von E den Abschöpfungsbetrag nach § 6 des Kaufvertrags. Diese jedoch verweigern die Zahlung, weil die zehnjährige Bindungsdauer unverhältnismäßig und damit gem. § 134 BGB nichtig sei. S wendet dagegen ein, der öffentlich-rechtliche Verhältnismäßigkeitsgrundsatz sei auf den mit E geschlossenen privatrechtlichen Kaufvertrag von vornherein nicht anwendbar. Ist diese Ansicht zutreffend, wenn die §§ 305 bis 310 BGB vorliegend nicht einschlägig sind? EU-Recht ist nicht zu prüfen.

Nein. Zwar handelt es sich bei dem von S und E geschlossenen Kaufvertrag in der Tat um einen privat- und nicht um einen öffentlich-rechtlichen. Denn die von den

---

[266] BGHZ 91, 84 (96).

[267] BGHZ 36, 91 (95 f.). Weitere Rspr.-Nachweise bei *Katz*, Staatsrecht, Rn. 609. Aus der Literatur vgl. *Sachs*, Verfassungsrecht II, A 5 Rn. 12 ff.

[268] Statt vieler siehe *Manssen*, Staatsrecht II, Rn. 101 f.; *Papier/Krönke*, Grundkurs Öffentliches Recht 2, Rn. 115; *Pieroth/Schlink*, Grundrechte, Rn. 187; *Sodan/Ziekow*, Grundkurs Öffentliches Recht, § 23 Rn. 1. Weitere Nachweise bei *Wilms*, Staatsrecht II, Rn. 150 f, Vgl. auch BVerfGE 116, 135 (153); BVerfG, NJW 2011, S. 1201 (1202 ff.) sowie in abgeschwächter Form BGHZ 97, 312 (317); BGH, NJW 2004, S. 1031. Die **Bedeutung dieses Streits** unter Hinweis auf die jedenfalls mittelbare Drittwirkung der Grundrechte auch im Privatrecht (Rn. 86) **relativierend** *Denninger, Erhard*, in: ders./Hoffmann-Riem/Schneider/Stein, GG, Reihe Alternativkommentare, Neuwied u. a. 2001, Art. 1 Abs. 2, 3 Rn. 30.

[269] Zur Terminologie: „Mit ‚**Fiskus**' wurde früher der Bereich bezeichnet, in dem der Staat nicht hoheitlich, sondern privat handelt", *Hufen*, Staatsrecht II, § 7 Rn. 11 (Hervorhebung d. d. Verf.).

[270] Nach BGH, NJW 2003, S. 888.

Parteien vorliegend getroffenen Vertragsabmachungen, der Grundstückskauf, hat ungeachtet seiner städtebaurechtlichen Zielsetzung seinen Schwerpunkt im Privatrecht. Diese Zuordnung ändert jedoch nichts an der Maßgeblichkeit des Gebots verhältnismäßiger bzw. angemessener Vertragsgestaltung auch für den vorliegenden Fall. Dieses Postulat resultiert nunmehr ausdrücklich aus § 11 Abs. 2 Satz 1 BauGB (vgl. auch § 56 Abs. 1 Satz 2 VwVfG für öffentlich-rechtliche Verträge), galt aber auch schon vor dem In-Kraft-Treten dieser Vorschrift aufgrund des allgemeinen, verfassungsrechtlich verankerten Grundsatzes der Verhältnismäßigkeit, welcher auch ohne explizite gesetzliche Regelung das gesamte Handeln der Verwaltung bestimmt. Nichts anderes gilt aber nach den Grundsätzen des Verwaltungsprivatrechts in Fällen der vorliegenden Art, in denen sich die Verwaltung zur Erfüllung ihrer öffentlichen Aufgaben – hier: der Bereitstellung von Bauland für ortsansässige Bürger – privatrechtlicher Handlungsformen bedient. Insoweit nämlich werden die Normen des Privatrechts durch Bestimmungen des öffentlichen Rechts ergänzt, überlagert und modifiziert.

c) Rechtsprechung

▸ Der Begriff „**Rechtsprechung**" (Judikative) in Art. 1 Abs. 3 GG ist i. S. v. Art. 92 GG   110
zu verstehen. Danach ist Kennzeichen der durch staatliche Gerichte ausgeübten rechtsprechenden Tätigkeit „die letztverbindliche Klärung der Rechtslage in einem Streitfall im Rahmen besonders geregelter Verfahren."[271]

Im Hinblick auf die Grundrechtsbindung der Rechtsprechung ist zwischen der Entscheidung des Gerichts in der Sache und den namentlich im (EG)GVG, in der ZPO, StPO, VwGO, FGO, im ArbGG und SGG normierten Anforderungen an die Organisation und das Verfahren des Gerichts zu unterscheiden:[272] „**Im gerichtlichen Verfahren** tritt der Richter den Verfahrensbeteiligten formell und in unmittelbarer Ausübung staatlicher Hoheitsgewalt gegenüber. Er ist daher nach Art. 1 Abs. 3 GG bei der Urteilsfindung an die insoweit maßgeblichen Grundrechte [v. a. Art. 19 Abs. 4 Satz 1, Art. 101 Abs. 1 Satz 2 und Art. 103 Abs. 1 GG] gebunden und zu einer rechtsstaatlichen Verfahrensgestaltung verpflichtet. Das gilt nicht nur für öffentlich-rechtliche Streitigkeiten, sondern auch für den Zivilprozess."[273] Entsprechendes gilt im Ergebnis für die **Sachenentscheidungen** in der **Strafrecht**spflege sowie denen der **Verwaltungs-, Finanz- und Sozialgerichte**, da auch insoweit jeweils nach den Maßstäben des Öffentlichen Rechts (z. B. StGB, PolG NRW, EStG, SGB VI) entschieden wird.[274] In dieser Hinsicht ist die Rechtsprechung daher gem. Art. 1 Abs. 3 GG unmittelbar insbesondere an die materiellen Grundrechte (z. B. Art. 2 Abs. 1, Art. 3 Abs. 1, Art. 12 Abs. 1, Art. 14 Abs. 1 GG) gebunden.[275] Demgegenüber resultiert die   111

---

[271] BVerfGE 103, 111 (138); *Ipsen*, Staatsrecht II, Rn. 67; *Jarass*, in: ders./Pieroth, GG, Art. 1 Rn. 34. Vgl. auch Rn. 618.

[272] *Pieroth/Schlink*, Grundrechte, Rn. 194.

[273] BVerfGE 52, 203 (207) (Hervorhebungen d. d. Verf.).

[274] *Pieroth/Schlink*, Grundrechte, Rn. 194.

[275] Vgl. *Wilms*, Staatsrecht II, Rn. 154.

Grundrechtsbindung des Richters in Bezug auf **zivil- und arbeitsgerichtliche Sachentscheidungen** erst aus der mittelbaren Drittwirkung der Grundrechte im Privatrecht.[276] Denn das Gericht entscheidet den jeweiligen Rechtsstreit auf Basis derjenigen Normen, die auf das betreffende Rechtsverhältnis anwendbar sind. „Ob bei einem Streit unter Bürgern die Grundrechte dazu gehören, ist aber gerade die Frage" (siehe Beispiele 22, 65, 66, 72, 80, 90, 93 und 114).[277]

d) EU-Organe und innerstaatliche(r) Umsetzung/Vollzug von EU-Recht

112   Wenngleich Art. 1 Abs. 3 GG die drei dort genannten Staatsgewalten nicht näher qualifiziert, so herrscht im Schrifttum doch gleichwohl Einigkeit darüber, dass hiernach **ausschließlich** „der **deutsche Gesetzgeber**, die **deutschen Verwaltungsbehörden** und die **deutschen Gerichte**"[278] an die Grundrechte gebunden sind – dies allerdings unabhängig davon, wo (In-/Ausland) die deutsche Staatsgewalt territorial jeweils ausgeübt wird bzw. ihre Wirkungen eintreten.[279] Denn das Grundgesetz gilt grundsätzlich nur für die von ihm verfasste (deutsche) Staatsgewalt.[280] **Akte ausländischer öffentlicher Gewalt** unterliegen hiernach also **nicht** gem. Art. 1 Abs. 3 GG der Bindung an die Grundrechte des deutschen Grundgesetzes.[281]

113   Um eine „Flucht in organisatorisch verselbstständigte Einheiten auf der zwischenstaatlichen Ebene" zu verhindern,[282] hat das **BVerfG** in seinem *Maastricht*-Urteil aus dem Jahr 1993 demgegenüber ein funktionales Verständnis des Begriffs der „öffentlichen Gewalt" zugrunde gelegt und im Hinblick auf das von den **EU-Organen** (vgl. Art. 13 Abs. 1 EUV)

---

[276] BVerfGE 7, 198 (205 ff.); *Pieroth/Schlink*, Grundrechte, Rn. 196. Siehe auch Rn. 86 ff. Zu dem auf „spezifische Verfassungsverletzungen" eingeschränkten Prüfungsumfang des BVerfG bei Urteilsverfassungsbeschwerden siehe Rn. 654 und *Hufen*, Staatsrecht II, § 7 Rn. 5; *Sachs*, Verfassungsrecht II, A 5 Rn. 19.

[277] *de Wall/Wagner*, JA 2011, S. 734 (735).

[278] So statt vieler *Manssen*, Staatsrecht II, Rn. 87. Siehe auch *Papier/Krönke*, Grundkurs Öffentliches Recht 2, Rn. 117: „Adressat des **Art. 1 Abs. 3 GG** ist **nur** die **deutsche Staatsgewalt**" (sämtliche Hervorhebungen d. d. Verf.).

[279] BVerfGE 57, 9 (23); *Pieroth/Schlink*, Grundrechte, Rn. 203 m. w. N. Insoweit kann jedoch „eine **Minderung des Grundrechtsstandards** in Kauf zu nehmen" sein, wenn andernfalls die Grundrechte noch weniger realisiert würden, siehe BVerfGE 92, 26 (42) (Hervorhebungen d. d. Verf.). Differenzierter: *Zippelius/Würtenberger*, Deutsches Staatsrecht, § 18 Rn. 72 ff. Im Ergebnis hat dies zur Folge, dass sich auch ein **Ausländer im Ausland** zumindest auf die Jedermannsgrundrechte des GG berufen kann, soweit er dort mit der deutschen öffentlichen Gewalt konfrontiert wird, siehe *Pieroth/Schlink*, Grundrechte, Rn. 124.

[280] BVerfGE 58, 1 (26 f.) m. w. N.; *Jarass*, in: ders./Pieroth, GG, Art. 1 Rn. 43.

[281] Vgl. BVerfGE 1, 10 (11) und siehe *Wilms*, Staatsrecht II, Rn. 161. Handelt es sich bei diesen allerdings um die **mittelbare Folge** des Verhaltens deutscher öffentlicher Gewalt (Voraussetzungen: diesbzgl. Ursächlichkeit und Zurechenbarkeit), so besteht durchaus eine Grundrechtsbindung, siehe BVerfGE 66, 39 (60). Auch sofern der ausländische Hoheitsakt noch der **Durchsetzung durch die deutsche öffentliche Gewalt** bedarf, darf diese insoweit gem. Art. 1 Abs. 3 GG nicht gegen die Grundrechte verstoßen, vgl. BVerfGE 31, 58 (70 ff.).

[282] BVerfG, NJW 2001, S. 2705.

geschaffene **europäische Sekundärrecht** (vgl. Art. 288 AEUV) judiziert, dass auch dieses die Grundrechtsberechtigten in Deutschland betrifft.[283] Berühren diese Akte einer supranationalen Organisation damit aber die Gewährleistungen des Grundgesetzes und die Aufgaben des BVerfG, so sei unter dem Begriff „öffentlicher Gewalt' [i. S. v. Art. 93 Abs. 1 Nr. 4a GG, § 90 Abs. 1 BVerfGG – und damit letztlich auch von Art. 1 Abs. 3 GG] nicht allein die deutsche Staatsgewalt zu verstehen [...]. Auswirkungen [i. S. d. *Maastricht*-Rechtsprechung] für die Grundrechtsberechtigten können [vielmehr auch] Rechtsakte internationaler Organisationen haben, denen Hoheitsrechte nach Art. 24 Abs. 1 GG [z. B. NATO] oder Art. 23 Abs. 1 Satz 2 GG [EU] übertragen wurden. Die dem BVerfG übertragene Aufgabe des Grundrechtsschutzes erstreckt sich dementsprechend auch auf abgeleitete [sog. Sekundärrechts-]Akte von solchen Organisationen."[284] Korrespondierend hierzu bestehe „die Pflicht des BVerfG zur Wahrung des Grundgesetzes [...] gegenüber allen **Maßnahmen der deutschen öffentlichen Gewalt**, grundsätzlich **auch solchen, die [...] Unionsrecht umsetzen oder vollziehen.**"[285]

Mit dieser Rechtsprechung stellt sich das BVerfG freilich gegen den **EuGH**. Diesem zufolge haben die Mitgliedstaaten nämlich dadurch, dass sie nach Maßgabe der Bestimmungen des EUV und des AEUV Rechte und Pflichten, die bis dahin ihren inneren Rechtsordnungen unterworfen waren, der Regelung durch die EU-Rechtsordnung vorbehalten haben, „eine endgültige Beschränkung ihrer Hoheitsrechte bewirkt, die durch spätere einseitige, mit dem [Unions-]begriff unvereinbare Maßnahmen nicht rückgängig gemacht werden kann."[286] Gerade auch im Hinblick auf das in Art. 267 AEUV geregelte Vorabentscheidungsverfahren seien folglich insbesondere die nationalen (Verfassungs-)Gerichte „nicht befugt, Handlungen der [Unions-]Organe für ungültig zu erklären", etwa weil sie gegen die jeweiligen nationalen Grundrechte verstoßen.[287]

114

---

[283] BVerfGE 89, 155 (175) unter Abweichung von der *Eurocontrol I*-Entscheidung aus dem Jahr 1981, BVerfGE 58, 1 (27). Siehe auch BVerfG, NJW 2001, S. 2705 zur **unmittelbaren Geltung** und zum **Anwendungsvorrang** des EU-Rechts. Beim Erlass deutscher **Zustimmungsgesetze zum EU-Primärrecht** (EUV, AEUV) als völkerrechtlichen Verträgen ist der deutsche Gesetzgeber dagegen ohne Weiteres gem. Art. 1 Abs. 3 GG an die Grundrechte gebunden (vgl. BVerfGE 123, 267 [329]), ebenso wie die deutschen Vertreter (z. B. Minister) in EU-Organen (z. B. Rat, Art. 16 EUV) bei der **Mitwirkung am Erlass von EU-Sekundärrecht**, da sie insoweit nicht nur europäische Organwalter sind, sondern zugleich auch deutsche Staatsgewalt ausüben (Doppelfunktion), siehe *Hufen*, Staatsrecht II, § 7 Rn. 7. In beiden Fällen gilt freilich der abgesenkte Maßstab des **Art. 23 Abs. 1 Satz 3 i. V. m. Art. 79 Abs. 3 GG**, siehe *Pieroth/Schlink*, Grundrechte, Rn. 206. **A. A.** *Michael/Morlok*, Grundrechte, Rn. 73, wonach der deutsche Ratsvertreter gem. Art. 1 Abs. 3 GG umfassend grundrechtsgebunden sei.
[284] BVerfG, NJW 2001, S. 2705.
[285] BVerfGE 126, 286 (298 f.) m. w. N. (Hervorhebungen d. d. Verf.).
[286] EuGH, NJW 1964, S. 2371 (2372). Vgl. ferner die Rspr.-Nachweise bei *Oppermann, Thomas/Classen, Claus D./Nettesheim, Martin*, Europarecht, 5. Auflage, München 2011, § 11 Rn. 9.
[287] EuGH, NJW 1988, S. 1451. Siehe auch Europäisches Parlament, EuZW 1998, S. 165 (Nr. 9, 10); *Haratsch, Andreas/König, Christian/Pechstein, Matthias*, Europarecht, 8. Auflage, Tübingen 2012, Rn. 142; *Wilms*, Staatsrecht II, Rn. 164.

115   Gleichwohl können sich Grundrechtsträger ebenfalls unter Zugrundelegung der vor-
           genannten Rechtsprechung des BVerfG (Rn. 113) vor diesem praktisch nicht mehr mit
           Erfolg gegen etwaige Verstöße der EU und von auf EU-Recht beruhenden Entscheidun-
           gen deutscher Hoheitsträger gegen nationale Grundrechte zur Wehr setzen.[288] Denn be-
           reits vor dem o. g. *Maastricht*-Urteil hat das BVerfG im *Solange II*-Beschluss aus dem Jahr
           1986 – und seither in st. Rspr. – für Recht erkannt: „**Solange die Europäische [Union]**,
           insbesondere die Rechtsprechung des Gerichtshofs [der EU], **einen wirksamen Schutz
           der Grundrechte gegenüber der Hoheitsgewalt der [EU] generell gewährleisten**, der
           dem vom Grundgesetz als unabdingbar gebotenen Grundrechtsschutz im wesentlichen
           gleich zu achten ist, zumal den Wesensgehalt der Grundrechte generell verbürgt, **wird
           das BVerfG seine Gerichtsbarkeit über** die Anwendbarkeit von **abgeleitetem** [d. h. se-
           kundärem **Unions-]recht**, das als Rechtsgrundlage für ein Verhalten deutscher Gerichte
           und Behörden im Hoheitsbereich der Bundesrepublik Deutschland in Anspruch genom-
           men wird, **nicht mehr ausüben** und dieses Recht mithin nicht mehr am Maßstab der
           Grundrechte des Grundgesetzes überprüfen" – was in Anbetracht des aktuellen Stands der
           Unionsgrundrechte (Rn. 10 ff.) gegenwärtig der Fall ist.[289]

116   Dieses sog. **Kooperationsverhältnis** zwischen dem BVerfG und dem EuGH gilt nicht
           nur in Bezug auf **Verordnungen** nach Art. 288 Abs. 2 AEUV, sondern ebenfalls für **Richt-
           linien** i. S. v. Art. 288 Abs. 3 AEUV:[290] „Auch eine innerstaatliche Rechtsvorschrift, die
           eine Richtlinie in deutsches Recht umsetzt, wird [daher] insoweit nicht an den Grund-
           rechten des Grundgesetzes gemessen, als das [Unions-]recht keinen Umsetzungsspielraum
           lässt, sondern zwingende Vorgaben macht."[291] Gleiches trifft schließlich auf den Fall des

---

[288] *Hufen*, Staatsrecht II, § 4 Rn. 11.

[289] BVerfGE 73, 339 (387) (Hervorhebungen d. d. Verf.). Jüngst wieder BVerfG, DStR 2011, S. 2141
(2142) m. w. N. **Auch in** absehbarer **Zukunft** dürfte der vom BVerfG gemachte Vorbehalt nicht zum
Tragen kommen (*Manssen*, Staatsrecht II, Rn. 91 ff.), müsste hierfür doch dargelegt werden, dass „der
jeweils als unabdingbar gebotene Grundrechtsschutz generell nicht gewährleistet ist. Dies erfordert
eine Gegenüberstellung des Grundrechtsschutzes auf nationaler und auf [Unions-]ebene", BVerf-
GE 102, 147 (164). Demgegenüber hatte das BVerfG im *Solange I*-Beschluss aus dem Jahr 1974 noch
judiziert, dass der seinerzeitige „Integrationsprozess der [Union] nicht so weit fortgeschritten ist, dass
das [Unions-]recht auch einen von einem Parlament beschlossenen und in Geltung stehenden formulierten Katalog von Grundrechten enthält, der dem Grundrechtskatalog des Grundgesetzes adäquat
ist", BVerfGE 37, 271 (285).

[290] BVerfGE 89, 155 (175).

[291] BVerfGE 118, 79 (95). Dementsprechend sind auch **Verfassungsbeschwerden**, die sich gegen
die Anwendung von in diesem Sinne verbindlichem Recht der EU richten, **grundsätzlich unzulässig** (Rn. 606). Abweichendes gilt allerdings auch in Bezug auf Richtlinienbestimmungen mit
zwingendem Inhalt, als geltend gemacht wird, dass es hierfür an einer unionsrechtlichen Kompe-
tenzgrundlage fehle und sie gegen europäische Grundrechtsverbürgungen verstoße. Insoweit kann
nämlich mittels einer unmittelbar gegen das deutsche Umsetzungsgesetz erhobenen Verfassungsbeschwerde eine Vorlage durch das BVerfG an den EuGH erstrebt werden, damit dieser im Wege der
Vorabentscheidung nach Art. 267 AEUV die Richtlinie für nichtig erklärt und so den Weg frei macht
für eine Überprüfung der angegriffenen Vorschriften am Maßstab der deutschen Grundrechte, siehe
BVerfGE 125, 260 (307). Denn der Schutz der Funktionsfähigkeit der Unionsrechtsordnung verlangt

Vollzugs eines an die Bundesrepublik Deutschland gerichteten **Beschlusses** gem. Art. 288 Abs. 4 AEUV zu, so etwa bei einem Beihilferückforderungsverlangen der Kommission nach Art. 108 Abs. 2 UAbs. 1 AEUV.[292] Soweit der deutsche Gesetzgeber bei der **Umsetzung von EU-Recht** (z. B. einer Richtlinie, Art. 288 Abs. 3 AEUV) hingegen über eine eigene Gestaltungsfreiheit verfügt, ist eine Berufung auf die Grundrechte des Grundgesetzes möglich.[293]

Im *Lissabon*-Urteil vom 30.06.2009 hat das BVerfG nunmehr entschieden, dass – wenn Rechtsschutz auf Unionsebene nicht zu erlangen ist – es Sekundärrechtsakte der europäischen Organe und Einrichtungen nicht nur daraufhin überprüft, ob sie sich in den Grenzen der ihnen im Wege der begrenzten Einzelermächtigung (vgl. Art. 5 Abs. 1 Satz 1, Abs. 2 EUV) eingeräumten Hoheitsrechte halten (sog. ausbrechende Rechtsakte bzw. *Ultra-vires*-Kontrolle[294]), sondern auch, „ob der unantastbare Kerngehalt der Verfassungsidentität des Grundgesetzes nach **Art. 23 Abs. 1 Satz 3 i. V. m. Art. 79 Abs. 3 GG** gewahrt ist [...]. Die Identitätskontrolle ermöglicht die Prüfung, ob infolge des Handelns europäischer Organe die in Art. 79 Abs. 3 GG für unantastbar erklärten Grundsätze der **Art. 1** und **Art. 20 GG** verletzt werden. Sowohl die *Ultra-vires*- als auch die Identitätskontrolle können dazu führen, dass [...] Unionsrecht in Deutschland für unanwendbar erklärt wird."[295]

117

Beispiel 28[296]

Der Markt für Bananen war innerhalb der EU in den einzelnen Mitgliedstaaten zunächst unterschiedlich geregelt. In Deutschland bestand ein sog. offener Markt, für den keine mengenmäßigen Beschränkungen bzgl. der Einfuhr von Bananen galten. An die Stelle dieser verschiedenen nationalen Regelungen trat nachfolgend eine

118

---

die europarechtsfreundliche Anwendung des nationalen Verfassungsrechts, sodass bei Beachtung des in Art. 100 Abs. 1 GG zum Ausdruck gebrachten Rechtsgedankens sowohl eine Ultra-vires-Feststellung (Rn. 117) als auch die Feststellung einer Verletzung der Verfassungsidentität (Art. 23 Abs. 1 Satz 3 i. V. m. Art. 79 Abs. 3 GG; Rn. 117) allein dem BVerfG obliegt, siehe BVerfGE 123, 267 (354). Dieses Monopol gilt auch für die Grundrechtsprüfung, siehe *Herdegen*, Europarecht, 13. Auflage, München 2011, § 10 Rn. 29. Sind jedoch sämtliche zur Richtlinienumsetzung erlassenen nationalen Vorschriften mit dem Grundgesetz vereinbar, „kommt es auf die Auslegung [...] unionsrechtlicher Bestimmungen nicht entscheidungserheblich an. Eine Vorlage ist in diesem Fall weder geboten noch zulässig", BVerfGE 128, 1 (36).

[292] BVerfGE 118, 79 (95 f.) m. w. N. Hierzu siehe *Wienbracke, Mike*, Allgemeines Verwaltungsrecht, 3. Auflage, Heidelberg 2012, Rn. 321.

[293] BVerfGE 125, 260 (306 f.); *Papier/Krönke*, Grundkurs Öffentliches Recht 2, Rn. 119 a. E.

[294] Lat.: „Über die Kräfte", d. h. „in Überschreitung der Machtbefugnisse". Zu den insoweit bestehenden prozessualen (**vorherige Befassung des EuGH** im Wege eines Vorabentscheidungsverfahrens nach Art. 267 AEUV) und materiell-rechtlichen (**hinreichend qualifizierter**, d. h. offensichtlicher und erheblicher **Verstoß**) Voraussetzungen siehe BVerfGE 126, 286 (304).

[295] BVerfGE 123, 267 (353 f.) unter Hinweis auf BVerfGE 113, 273 (296) (Hervorhebungen d. d. Verf.). Art. 1 GG gewährleistet in Abs. 1 die **Menschenwürde**, in Abs. 2 die **Menschenrechte** und in Abs. 3 (i. V. m. Art. 20 Abs. 3 GG) die grundsätzliche **Geltung von Grundrechten überhaupt**, siehe Rn. 104 und *Michael/Morlok*, Grundrechte, Rn. 69.

[296] Nach BVerfGE 102, 147; 126, 286.

EU-Verordnung i. S. v. Art. 288 Abs. 2 AEUV, durch welche eine gemeinsame Importre-
gelung für Bananen eingeführt wurde. Diese sog. Bananenmarktordnung unterscheidet
zwischen in der EU produzierten „Unionsbananen", Bananen, die aus bestimmten
Staaten Afrikas, der Karibik und des Pazifik stammen (sog. „AKP-Bananen") und
„Drittlandsbananen" aus sonstigen Gebieten. Um die Produktion von Unionsbananen
zu stützen und den zollfreien Absatz traditioneller AKP-Bananen zu ermöglichen, sieht
die Bananenmarktordnung vor, dass die bislang v. a. in Deutschland bekannten und
verbreiteten Drittlandsbananen nur noch im Rahmen eines bestimmten Kontingents
zollfrei eingeführt werden können. Dieses Gesamtkontingent wird auf der Grundlage
der von den einzelnen Marktbeteiligten in den letzten drei Jahren vor In-Kraft-Treten
der Bananenmarktordnung jeweils vermarkteten Bananenmengen auf diese verteilt.
Als das deutsche Unternehmen U, das seit Jahrzehnten als Importeur von Bananen auf
allen Stufen des Transports, der Reifung und der Vermarktung von Bananen tätig ist,
eine im Vergleich zum bisherigen Jahresumsatz drastisch reduzierte Kontingentmenge
zugeteilt bekommt, beauftragt es Rechtsanwalt R mit der Prüfung, ob unter Zugrundelegung der Rechtsprechung des BVerfG die EU-Verordnung mit der Berufs- und
Eigentumsfreiheit von U nach Art. 12 Abs. 1 bzw. Art. 14 Abs. 1 GG vereinbar ist. Zu
welchem Ergebnis wird R gelangen, wenn Art. 267 AEUV nicht zu prüfen ist?

Wenngleich die Grundrechte des deutschen Grundgesetzes nach der funktionalen
Betrachtungsweise des BVerfG zu Art. 1 Abs. 3 GG auch die EU-Organe beim Erlass von
Sekundärrecht binden, so erkennt doch auch dieses im Hinblick auf Art. 4 Abs. 3 EUV
und Art. 23 Abs. 1 GG den grundsätzlichen (Anwendungs-)Vorrang des EU-Rechts vor
entgegenstehendem Recht der Mitgliedstaaten an. Allerdings kann dem BVerfG zufolge
dieser Vorrang nicht umfassend sein, da ebenfalls das autonome EU-Recht von der ver-
traglichen Übertragung und Ermächtigung durch die Mitgliedstaaten als den „Herren
der Verträge" abhängig bleibt, sog. Brückentheorie. Es gilt das Prinzip der begrenzten Einzelermächtigung, siehe Art. 5 Abs. 1 Satz 1, Abs. 2 EUV. Deshalb sieht sich das
BVerfG im Ausgangspunkt berechtigt und verpflichtet, Handlungen der europäischen
Organe und Einrichtungen – wie etwa den vorliegenden Sekundärrechtsakt – darauf
hin zu überprüfen, ob er sich sowohl im Rahmen der der EU durch das deutsche Zustimmungsgesetz zum EUV und AEUV übertragenen Kompetenzen (Art. 23 Abs. 1
Satz 2 GG, sog. *Ultra-vires*-Kontrolle) als auch im nach Art. 23 Abs. 1 Satz 3 GG nicht
übertragbaren Bereich der Verfassungsidentität (Art. 79 Abs. 3 i. V. m. Art. 1 und 20 GG)
hält. Kommt insoweit eine Überprüfung der hier infrage stehenden EU-Verordnung zumindest anhand des Menschenwürdegehalts von Art. 12 Abs. 1 bzw. Art. 14 Abs. 1 GG in
Betracht, so sieht sich das BVerfG jedoch in einem Kooperationsverhältnis zum EuGH
und übt seine vorgenannte Überprüfungskompetenz solange nicht mehr aus, als dieser einen wirksamen Schutz der Grundrechte gegenüber der von der EU ausgeübten
Hoheitsgewalt generell gewährleistet, der dem vom Grundgesetz als unabdingbar gebotenen Grundrechtsschutz im Wesentlichen gleich zu achten ist. Die tatsächliche Existenz eines derartigen Schutzniveaus auf EU-Ebene hat das BVerfG bereits in seiner
Solange II-Entscheidung aus dem Jahr 1986 konstatiert. Da im Hinblick auf die nachfol-

gende Einfügung von Art. 6 EUV der Grundrechtsschutz auf EU-Ebene sogar eher noch zugenommen hat, bestehen aktuell keine Anhaltspunkte dafür, die sog. Reservekompetenz des BVerfG wiederzubeleben. Folglich wird das BVerfG die hiesige EU-Verordnung nicht am Maßstab der Grundrechte des deutschen Grundgesetzes überprüfen.

119

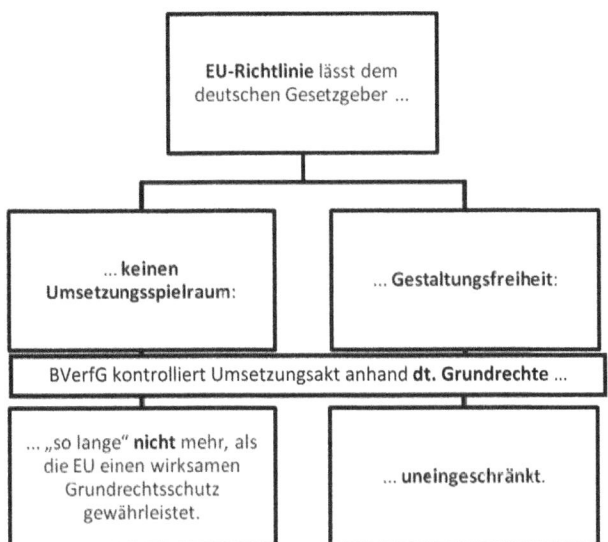

Bindung der deutschen Staatsgewalt an die deutschen Grundrechte bei der Umsetzung von EU-Richtlinien

2. Eingriffsmaßnahme

Um Konflikte zu vermeiden, die bei einem „wildwüchsigen" Gebrauch der grundrechtlich gewährleisteten Freiheiten sowohl mit den Interessen der Allgemeinheit (z. B. keine Monumentalskulptur im Außenbereich, Beispiel 89) als auch dem Freiheitsgebrauch anderer Grundrechtsberechtigter entstehen würden (z. B. Schutz der strukturell unterlegenen Partei vor ihrem stärkeren Vertragspartner, Beispiel 93), greift der Staat nicht selten in den Schutzbereich der Grundrechte ein.[297]

120

▸ Die Maßnahme eines Grundrechtsverpflichteten **greift** dann in den Schutzbereich eines Grundrechts **ein**, wenn sie das hierdurch geschützte Verhalten des Grundrechtsberechtigten erschwert oder unmöglich macht.[298]

121

[297] Vgl. *Pieroth/Schlink*, Grundrechte, Rn. 222. Näher *Katz*, Staatsrecht, Rn. 620 ff. und siehe *Kloepfer, Michael*, Verfassungsrecht Bd. II, München 2010, § 51 Rn. 1: „Eine **absolute Freiheit** einzelner **kann es** in einer Gesellschaft und einem Staat **nicht geben**. Eine solche kann deshalb auch nicht von den Freiheitsgrundrechten gewährleistet werden" (Hervorhebungen d. d. Verf.).
[298] Vgl. *Katz*, Staatsrecht, Rn. 637a. Nicht zuletzt im Hinblick auf die weitere Prüfung (vgl. Rn. 221) ist die jeweilige staatliche Eingriffsmaßnahme **genau zu identifizieren** (z. B. gesetzliche Regelung,

122 Abzugrenzen vom Grundrechtseingriff sind bloße **Ausgestaltungen** bzw. **Konkretisierungen** des sachlichen Schutzbereichs eines Grundrechts durch den Gesetzgeber.[299] Hierbei will der Staat ein grundrechtlich geschütztes Verhalten nämlich gerade nicht verhindern, sondern im Gegenteil Verhaltensmöglichkeiten erst eröffnen, damit der Einzelne von einem Grundrecht überhaupt Gebrauch machen kann. Notwendig ist dies bei Grundrechten, die wie beispielsweise die Eigentumsfreiheit des Art. 14 Abs. 1 Satz 1 GG einen rechts- bzw. normgeprägten sachlichen Schutzbereich aufweisen (Rn. 279).[300] Insofern stellt sich freilich das Problem, dass die Verfassung dem Gesetzgeber einerseits – mitunter sogar explizit – die Aufgabe zuweist, den Inhalt der jeweiligen Freiheit gesetzlich zu bestimmen (z. B. Art. 14 Abs. 1 Satz 2 GG), ihn andererseits aber zugleich an das betreffende Grundrecht bindet, siehe Art. 1 Abs. 3 GG. Auflösen lässt sich dieser vermeintliche Widerspruch durch eine Grenzziehung zwischen dem Bereich, innerhalb dessen eine gesetzliche Regelung den Schutzbereich des betreffenden Grundrechts noch ausgestaltet, und jenseits dessen sie von außen in diesen eingreift.[301] Als freilich nicht stets ganz konturenscharfer Grenzstein wird insofern die im jeweiligen normgeprägten Grundrecht enthaltene Einrichtungsgarantie (Rn. 76 ff.) bemüht, welche einen v. a. am historisch gewachsenen Begriffsverständnis zu ermittelnden Kernbestand an Vorschriften des jeweiligen Rechtsinstituts gegen eine Aufhebung oder wesentliche Umgestaltung durch die Legislative absichert.[302]

Beispiel 29[303]

123 Dem Beispiel US-amerikanischer Bundesstaaten folgend, erlässt der Deutsche Bundestag ein „Gesetz zur Stärkung der Testierfreiheit" (GzSdT). Dieses sieht eine ersatzlose Aufhebung der §§ 2303 bis 2338 BGB (Pflichtteilsrecht) vor, welche bislang den jeweiligen Erblasser im Regelfall daran gehindert haben, seine nächsten Angehörigen

---

Verwaltungsakt oder Gerichtsurteil). Ist eine einzelne Hoheitsmaßnahme für sich betrachtet grundrechtskonform, so kann sich Abweichendes ggf. dadurch ergeben, dass ihre Belastungswirkungen mit denen weiterer Eingriffsmaßnahmen zeitgleich bei ein und demselben Grundrechtsberechtigten zusammentreffen. Ob dieser sog. **additive Grundrechtseingriff** (Rn. 208) in Anbetracht der Kumulation von Belastungswirkungen insbesondere noch verhältnismäßig ist, ist dann gesondert zu prüfen, vgl. BVerfGE 123, 186 (265 f.) m. w. N. und siehe *Zippelius/Würtenberger*, Deutsches Staatsrecht, § 19 Rn. 38 ff.

[299] Vgl. *Detterbeck*, Öffentliches Recht, Rn. 291; *Ipsen*, Staatsrecht II, Rn. 162 ff.

[300] Auch **ansonsten** sind ausgestaltende Regelungen freilich möglich, siehe *Sachs*, Verfassungsrecht II, A 8 Rn. 5.

[301] Zum gesamten Vorstehenden siehe *Pieroth/Schlink*, Grundrechte, Rn. 225, 229. Dort (Rn. 235) auch zu dem etwa in Art. 4 Abs. 3 Satz 2 GG enthaltenen Begriff der „**Regelung**". Insoweit gilt letztlich allerdings nichts anderes als bzgl. der Ausgestaltung normgeprägter Grundrechte, vgl. *Hufen*, Staatsrecht II, § 6 Rn. 14. Speziell zu Art. 12 Abs. 1 Satz 2 GG siehe freilich Rn. 256. **A. A.** *Michael/Morlok*, Grundrechte, Rn. 43 f.: Ausgestaltung als Eingriff.

[302] Vgl. BVerfGE 80, 81 (92); *Zippelius/Würtenberger*, Deutsches Staatsrecht, § 19 Rn. 23 m. w. N. und siehe *Wilms*, Staatsrecht II, Rn. 179. Näher zur Abgrenzung zwischen Ausgestaltung und Eingriff siehe *Epping*, Grundrechte, Rn. 437 ff.

[303] Nach BVerfGE 99, 341; 112, 332. Siehe auch **Beispiel 19**.

vollständig von der Erbfolge auszuschließen und ihnen gar nichts zuzuwenden. Ist das GzSdT mit Art. 14 Abs. 1 Satz 1 GG vereinbar?

Nein. Zwar ist es nach Art. 14 Abs. 1 Satz 2 GG dem Gesetzgeber überlassen, den Inhalt des Erbrechts zu bestimmen. Dieser legislative Gestaltungsspielraum ist allerdings nicht unbeschränkt. Denn bei der näheren Ausgestaltung des Erbrechts muss der Gesetzgeber den grundlegenden Gehalt der verfassungsrechtlichen Gewährleistung des Art. 14 Abs. 1 Satz 1 GG wahren. Hierzu gehört neben der Testierfreiheit und dem Erwerbsrecht des Erben auch die grundsätzlich unentziehbare und bedarfsunabhängige wirtschaftliche Mindestbeteiligung namentlich der Kinder am Nachlass als tradiertes und damit institutionell verbürgtes Kernelement der Erbrechtsgarantie des Art. 14 Abs. 1 Satz 1 GG. So hat die Teilhabe der Kinder am Nachlass des Erblassers eine lange Tradition, die ihren Ursprung im römischen Recht findet. Kannte man in den germanischen Rechten überwiegend keine Verfügungsfreiheit des Erblassers, so war in sämtlichen der vor dem In-Kraft-Treten des BGB in Deutschland geltenden Partikularrechtsordnungen die zwingende Beteiligung der Kinder des Erblassers am Nachlass vorgesehen. Ebenfalls die 1. Kommission zur Schaffung eines BGB für das Deutsche Reich beschloss im Jahr 1875 einstimmig, grundsätzlich das Pflichtteilsrecht anzuerkennen; in den Beratungen der 2. Kommission stand die grundsätzliche Frage einer Beibehaltung oder Beseitigung des Pflichtteilsrechts schon nicht mehr zur Debatte. Vor diesem Hintergrund ist es mit der in Art. 14 Abs. 1 Satz 1 GG enthaltenen Institutsgarantie unvereinbar, wenn das Pflichtteilsrecht durch das GzSdT ersatzlos aufgehoben wird.

124

Abgrenzung „Grundrechtseingriff" vs. „Grundrechtsausgestaltung"

a) Klassischer Eingriffsbegriff

Ohne Weiteres zu bejahen sind die o. g. Eingriffsvoraussetzungen (Rn. 121) im Fall eines **Grundrechtseingriffs im** herkömmlichen („**klassischen**") **Sinn**.[304] Unter diesem wird „ein rechtsförmiger Vorgang verstanden, der unmittelbar und gezielt (final) durch ein vom Staat verfügtes, erforderlichenfalls zwangsweise durchzusetzendes Ge- oder Verbot, also

125

---

[304] Vgl. *Hufen*, Staatsrecht II, § 8 Rn. 5; *Michael/Morlok*, Grundrechte, Rn. 492; *Sachs*, Verfassungsrecht II, A 8 Rn. 13.

imperativ, zu einer Verkürzung grundrechtlicher Freiheiten führt."[305] Hierbei bedeutet das Merkmal[306]

126 • **Finalität**, dass die staatliche Maßnahme eine Grundrechtsbeeinträchtigung gerade bezweckt (z. B. Enteignung des Eigentums an einem Grundstück), Letztere also nicht bloß die unbeabsichtigte Nebenfolge eines auf ganz andere Ziele gerichteten Staatshandelns ist (so aber z. B. bei der Verursachung eines Hausbrands durch einen Fehlschuss der Bundeswehr im Rahmen einer Artillerieübung);

127 • **Unmittelbarkeit**, dass die Grundrechtsbeeinträchtigung der staatlichen Maßnahme ohne weitere Zwischenursachen folgt (z. B. Verwaltungsakt, mit dem eine Behörde im konkreten Fall die Schließung des Betriebs eines bestimmten Gewerbetreibenden verfügt; nicht dagegen z. B. § 15 Abs. 2 Satz 1 GewO, der die Behörden zum Erlass von Schließungsverfügungen lediglich ermächtigt, selbst diese aber noch nicht bewirkt);

128 • **Rechtsförmlichkeit**, dass die grundrechtsbeeinträchtigende staatliche Maßnahme die Gestalt eines Rechtsakts hat (Gesetz, Verwaltungsakt oder Gerichtsurteil) – und nicht nur rein tatsächlich wirkt (so aber z. B. städtische Straßenbauarbeiten, die den Zugang zu einem Geschäftslokal erschweren und dort zu einem Umsatzrückgang führen);

129 • **Imperativität**, dass die grundrechtsbeeinträchtigende Maßnahme des Staates von diesem notfalls mit Zwang durchgesetzt werden kann (z. B. Beitreibung der durch Steuerbescheid festgesetzten Steuer im Vollstreckungsverfahren durch die Finanzbehörde gem. §§ 259 ff. AO; nicht hingegen z. B. bloßer Warnhinweis der Bundesregierung vor möglicherweise gesundheitsgefährdenden Lebensmitteln).

Beispiel 30[307]

130 Die Bundesregierung veröffentlicht eine Informationsbroschüre, in der sie die Sekte S u. a. als „destruktive" und „pseudoreligiöse" Gruppierung bezeichnet. Daraufhin erhebt S Klage vor dem zuständigen Verwaltungsgericht mit dem Antrag, die Bundesregierung zur Unterlassung dieser Äußerungen zu verurteilen. Zur Klagebegründung beruft sich S auf ihr Grundrecht auf Religions- und Weltanschauungsfreiheit aus Art. 4 Abs. 1, 2 GG. Die Bundesregierung hingegen meint, es liege schon kein Eingriff in dieses Grundrecht vor. Hat sie hiermit Recht?

Nein. Zwar erfüllt die streitgegenständliche Äußerung keines der Merkmale des klassischen Eingriffsbegriffs: Die Kennzeichnung als „destruktiv" und „pseudoreligiös" erfolgte nicht rechtsförmig, sondern war in einer Informationsbroschüre enthalten. Sie war auch nicht unmittelbar an S adressiert, sondern die Bundesregierung wollte die Öffentlichkeit über diese Bewegung unterrichten. Weiter war es auch nicht Zweck der Äußerung, S Nachteile zuzufügen; beabsichtigt war vielmehr nur, der Öffentlichkeit die Risiken aufzuzeigen, die nach Meinung der Bundesregierung mit der Mitgliedschaft in

---

[305] BVerfGE 105, 279 (300).
[306] Zum gesamten Folgenden siehe *Epping*, Grundrechte, Rn. 392; *Wilms*, Staatsrecht II, Rn. 188 m. w. N.
[307] Nach BVerfGE 105, 279. Siehe auch **Beispiel 32**.

S verbunden sein konnten, wobei nachteilige Rückwirkungen auf S freilich in Kauf genommen wurden. Sofern diese eintraten, beruhten sie allerdings nicht auf einem erforderlichenfalls zwangsweise durchsetzbaren staatlichen Ge- oder Verbot, sondern vielmehr allein darauf, dass der einzelne Bürger aus der ihm durch die Bundesregierung zugänglich gemachten Information entsprechende Konsequenzen zog und S fernblieb. Jedoch beeinträchtigt bei Zugrundelegung des modernen Eingriffsbegriffs die Verwendung der Attribute „destruktiv" und „pseudoreligiös" in der Informationsbroschüre der Bundesregierung durchaus das in Art. 4 Abs. 1, 2 GG garantierte Grundrecht von S auf eine in religiös-weltanschaulicher Hinsicht neutrale und zurückhaltende Behandlung durch den Staat.

b) Moderner Eingriffsbegriff

Sowohl dem BVerfG als auch dem Schrifttum[308] zufolge ist der Grundrechtsschutz allerdings „nicht auf Eingriffe im herkömmlichen [klassischen] Sinne beschränkt. Vielmehr kann der Abwehrgehalt der Grundrechte auch bei faktischen oder mittelbaren Beeinträchtigungen betroffen sein, wenn diese in der Zielsetzung und in ihren Wirkungen Eingriffen gleichkommen. Durch die Wahl eines solchen funktionalen Äquivalents eines Eingriffs entfällt die Grundrechtsbindung nicht."[309] Mit diesem **modernen Eingriffsbegriff** werden in Anbetracht veränderter, nicht länger auf Ge-/Verbote reduzierter staatlicher Handlungsformen alle vier o. g. Merkmale des klassischen Eingriffsbegriffs aufgeweicht, was im Hinblick auf den durch Art. 1 Abs. 3 GG auch insoweit garantierten lückenlosen Grundrechtsschutz geboten ist.[310] Ob die durch die staatliche Maßnahme bewirkte Erschwerung oder Unmöglichkeit des grundrechtlich geschützten Verhaltens des Einzelnen final oder unbeabsichtigt, unmittelbar oder mittelbar, rechtlich oder tatsächlich, mit oder ohne Befehl und Zwang eintritt, ist mithin ohne Belang.[311]

131

132

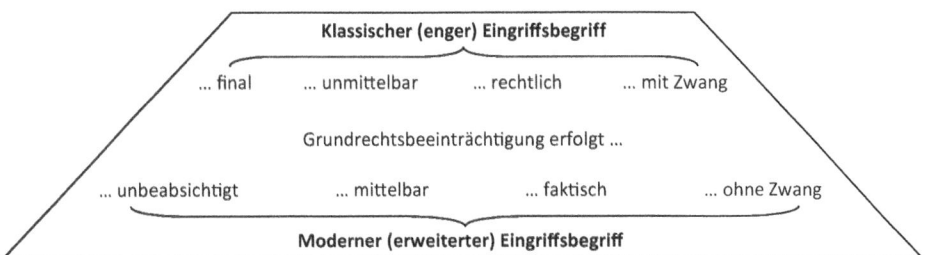

Grundrechtseingriff im klassischen und im modernen Sinn

[308] Statt vieler: *Katz*, Staatsrecht, Rn. 637a m. w. N.
[309] BVerfGE 116, 202 (222) m. w. N.
[310] *Michael/Morlok*, Grundrechte, Rn. 493 f.
[311] *Pieroth/Schlink*, Grundrechte, Rn. 253 m. w. N. Eines Eingehens auf den (weiten) **modernen Eingriffsbegriff** bedarf es richtigerweise **nur** dann, **wenn** die Voraussetzungen des (engen) **klassischen Eingriffs**begriffs im konkreten Fall **nicht** erfüllt sind, vgl. *Michael/Morlok*, Grundrechte, Rn. 492; *Papier/Krönke*, Grundkurs Öffentliches Recht 2, Rn. 132. **A. A.** *Pieroth/Schlink*, a. a. O., Rn. 255.

133   Um der mit diesem auch sog. erweiterten Eingriffsbegriff verbundenen Gefahr einer
         Ausuferung des grundrechtlichen Rechtfertigungsdrucks (vgl. Rn. 18 f.) für entsprechende
         staatliche Maßnahmen entgegenzutreten, besteht ungeachtet dogmatischer Unklarheiten
         im Detail Einigkeit darüber, dass – ebenso wie in anderen Rechtsgebieten (siehe z. B. die
         Adäquanztheorie im Zivilrecht und die Lehre von der objektiven Zurechenbarkeit im Straf-
         recht) – nicht jedwede schlichte **Kausalität** zwischen einem bestimmten Staatshandeln und
         einer konkreten Grundrechtsbeeinträchtigung ausreicht, um insofern einen Grundrecht-
         seingriff i. w. S. annehmen zu können.[312] Vielmehr muss die fragliche Einwirkung dem
         Staat ebenfalls zurechenbar sein.[313] Diese **Zurechenbarkeit** wiederum beurteilt sich nach
         folgenden Wertungsgesichtspunkten, deren etwaige Bejahung im Einzelfall einer näheren
         Begründung bedarf:[314]

134   • Staatliche Maßnahmen, die eine Grundrechtsbeeinträchtigung nicht zielgerichtet (final)
           bezwecken, sondern vielmehr auf ein ganz anderes Ziel gerichtet sind und bloß als **un-
           beabsichtigte** Nebenfolge eine Grundrechtsbeeinträchtigung verursachen, können nur
           dann als Grundrechtseingriff qualifiziert werden, wenn diese Wirkung als typische Folge
           des betreffenden Staatshandelns vorhersehbar war, wobei die diesbzgl. Anforderungen
           mit zunehmender Schwere (Intensität) der Grundrechtsbetroffenheit sinken.[315]

         Beispiel 31[316]

135   Zum Schutz der Verbraucher erlässt der Bundestag ein Gesetz, das den Vertrieb eines
         gesundheitsschädlichen Lebensmittels im Bundesgebiet verbietet. Unternehmer U, der
         eben dieses Lebensmittel für den deutschen Markt bislang hergestellt hat, meint, dass
         das gesetzliche Vertriebsverbot in seine Grundrechte eingreife. Stimmt das?

         Ja. Zwar besteht das Ziel der hier infrage stehenden gesetzlichen Regelung darin,
         lediglich den Vertrieb des gesundheitsschädlichen Lebensmittels durch Händler zu un-
         terbinden. Da aber die Herstellung eines Produkts ohne spätere Verkaufsmöglichkeit
         wirtschaftlich sinnlos ist, wirkt sich das Verkehrsverbot auch auf die diesbzgl. Grund-
         rechtspositionen von dessen Herstellern (hier: U) negativ aus – und zwar in erheblicher
         Weise. Diese Folge ist auch ohne Weiteres vorhersehbar.

136   • Folgt die Grundrechtsbeeinträchtigung nicht unmittelbar, sondern lediglich **mittelbar** –
           über eine Kette weiterer Zwischenursachen – aus der staatlichen Maßnahme, so handelt

---

[312] *von Kielmansegg*, JuS 2008, S. 23 (25); *Michael/Morlok*, Grundrechte, Rn. 495; *Sachs*, Verfassungsrecht II, A 8 Rn. 17. Auch die **Terminologie** ist **uneinheitlich**, vgl. nur *Hufen*, Staatsrecht II, § 8
Rn. 10, *Manssen*, Staatsrecht II, Rn. 138 ff. und *Sodan/Ziekow*, Grundkurs Öffentliches Recht, § 24
Rn. 7 jeweils zum Begriff „faktisch".
[313] Vgl. BVerfGE 66, 39 (60) und siehe *Zippelius/Würtenberger*, Deutsches Staatsrecht, § 19 Rn. 29.
[314] *von Kielmansegg*, JuS 2009, S. 19 (21).
[315] *Epping*, Grundrechte, Rn. 395; *Hufen*, Staatsrecht II, § 8 Rn. 11. Speziell zu **Art. 12 Abs. 1 GG**
siehe Rn. 244.
[316] Nach *Detterbeck*, Öffentliches Recht, Rn. 283.

es sich bei Letzterer nur dann um einen Grundrechtseingriff, wenn „bei einer normativen Betrachtung unter Berücksichtigung der Bedeutung des Schutzguts" des betreffenden Grundrechts die Grundrechtsbeeinträchtigung „als adäquate Folge der staatlichen Tätigkeit dieser normativ zurechenbar" ist, sie „also weder aus einer selbständig zu
verantwortenden Tätigkeit Dritter" resultiert „noch auf einer schicksalhaften Fügung"
beruht.[317] Relevant wird dies v. a. dann, wenn zwischen die staatliche Maßnahme und
die Grundrechtsbeeinträchtigung noch Handlungen privater Dritter treten. Deren Verhalten ist dem Staat dann i. S. e. sog. intentionalen Grundrechtseingriffs zurechenbar,
wenn er auf dieses gerade abzielt oder es zumindest objektiv voraussehbar war und vom
Staat billigend in Kauf genommen wurde.[318] Erweist sich damit unabhängig vom Vorliegen der drei übrigen Merkmale des klassischen Eingriffsbegriffs zumindest jede gezielte
(finale) Einwirkung des Staates auf ein grundrechtlich geschütztes Gut – auf welchem
Umweg auch immer – als Eingriff in dieses, so wird der Nachweis hierfür allerdings umso
schwieriger zu führen sein, je länger die Kausalkette zwischen dem staatlichen Handeln
und dem unmittelbar grundrechtsbeeinträchtigenden Verhalten ist.[319]

Beispiel 32[320]

Die G-GmbH mit Sitz in Berlin verlegt die Wochenzeitung Z. In dem vom Innenministerium des Bundeslands B herausgegebenen Verfassungsschutzbericht für das vergan-
gene Jahr wurde Z im Rahmen der Berichterstattung über extremistische Bestrebungen
ausführlich behandelt und als „verfassungsfeindlich" bezeichnet. Die G-GmbH ist der
Meinung, dies greife in ihr Grundrecht auf Pressefreiheit aus Art. 5 Abs. 1 Satz 2 i. V. m.
Art. 19 Abs. 3 GG ein. Ist diese Auffassung zutreffend, wenn der Schutzbereich dieses
Grundrechts vorliegend eröffnet ist?

137

Ja. Zwar wird die G-GmbH durch die Erwähnung von Z im Verfassungsschutzbericht nicht unmittelbar daran gehindert, diese Zeitung weiter herzustellen und zu
vertreiben sowie auch zukünftig Artikel abzudrucken. Vielmehr ist der Bericht an die
Öffentlichkeit adressiert, um diese aufzuklären und so Bestrebungen gegen die freiheitliche demokratische Grundordnung abzuwehren. Doch werden die Wirkungsmöglich-
keiten der G-GmbH durch den Verfassungsschutzbericht mittelbar sehr wohl negativ
beeinflusst. Insbesondere ist dieser geeignet, potenzielle Leser davon abzuhalten, die
Zeitung zu erwerben und zu lesen. Wenngleich diese nachteiligen Rückwirkungen nicht
auf einem entsprechenden staatlichen Ge- oder Verbot, sondern darauf beruhen, dass
der Einzelne aus der ihm durch den Verfassungsschutzbericht zugegangenen Information über die Z entsprechende Konsequenzen bzgl. seines Kaufverhaltens zieht, so wird

---

[317] BVerfG, NJW 1999, S. 3399 (3401).
[318] *Voßkuhle/Kaiser*, JuS 2009, S. 313. Dies ist namentlich auch beim **Gebrauchmachen** von **einer
behördlichen** (z. B. Bau-)**Genehmigung** durch einen Privaten zu bejahen, siehe Rn. 614 und *Micha-
el/Morlok*, Grundrechte, Rn. 498. **A. A.** *Epping*, Grundrechte, Rn. 394.
[319] Vgl. BVerwGE 90, 112 (120) m. w. N. und siehe *Sachs*, Verfassungsrecht II, A 8 Rn. 23; *So-
dan/Ziekow*, Grundkurs Öffentliches Recht, § 24 Rn. 8.
[320] Nach BVerfGE 105, 279; 113, 63. Siehe auch **Beispiel 30**.

diese Folge für die G-GmbH vom Innenministerium des Bundeslands B doch zumindest in Kauf genommen, wenn nicht gar beabsichtigt.

138   Vor diesem Hintergrund kann entgegen der *Glykol*-Entscheidung des BVerfG aus dem Jahr 2002[321] und in Einklang mit dem Schrifttum[322] in Bezug auf marktbezogene Informationen des Staates (z. B. **Produktwarnungen**, siehe Beispiel 59) nichts anderes gelten, selbst wenn diese „richtig und sachlich" sind und ohne Verzerrung der Marktverhältnisse nach Maßgabe der rechtlichen Vorgaben für staatliches Informationshandeln erfolgen, d. h. eine entsprechende staatliche Aufgabe vorliegt und die Zuständigkeitsordnung eingehalten wird.

139   Demgegenüber fehlt es an einer Zurechenbarkeit der Grundrechtsbeeinträchtigung zur staatlichen Maßnahme dann, „wenn mittelbare Folgen ein bloßer Reflex einer nicht entsprechend ausgerichteten [...] Regelung sind."[323] Dies ist insbesondere im Hinblick auf solche Staatshandlungen von Bedeutung, die grundrechtsverkürzende Wirkungen bei anderen Personen (sog. **Drittbetroffene**) als ihren unmittelbaren Adressaten zeitigen.[324]

Beispiel 33[325]

140   Gem. § 3 Abs. 2 Nr. 1 LadÖG BW müssen Verkaufsstellen an Sonn- und Feiertagen für den geschäftlichen Verkehr mit Kunden geschlossen sein. G ist Geschäftsführerin eines mittelständischen Unternehmens und alleinerziehende Mutter. Aufgrund ihrer hohen Arbeitsbelastung hat sie werktags keine Gelegenheit, in Ruhe Einkäufe zu tätigen. Da § 3 Abs. 2 Nr. 1 LadÖG BW sie ohne ersichtlichen Grund daran hindere, sonntags einkaufen zu gehen, sieht sich G durch diese Regelung in ihrem Grundrecht aus Art. 2 Abs. 1 GG verletzt. Liegt hier überhaupt ein Eingriff in dieses Grundrecht der G vor?

Ja. Formell sind zwar allein die Inhaber der Verkaufsstellen Adressaten des von § 3 Abs. 2 Nr. 1 LadÖG BW ausgesprochenen Gesetzesbefehls, da nur ihnen – und nicht auch der G – die Schließung ihrer Läden zu bestimmten Zeiten auferlegt wird. Die Einwirkung dieser legislatorischen Maßnahme auf die allgemeine Handlungsfreiheit der G aus Art. 2 Abs. 1 GG geht aber über eine bloße Reflexwirkung hinaus. Denn die an die Ladeninhaber gerichtete Vorschrift des § 3 Abs. 2 Nr. 1 LadÖG BW hindert zwangsläufig ebenfalls die Kundschaft am Einkauf an Sonn- und Feiertagen und wirkt damit ebenso wie ein unmittelbar an diese gerichteter Gesetzesbefehl.

141   • In Bezug auf rein tatsächlich, d. h. **faktisch** – und nicht rechtsförmlich – wirkende staatliche Maßnahme stellt sich das Problem, „bloße Bagatellen, alltägliche Lästigkeiten, sub-

---

[321] BVerfGE 105, 252 (265). Siehe auch Rn. 244.

[322] Statt vieler: *Detterbeck*, Öffentliches Recht, Rn. 286; *Sodan/Ziekow*, Grundkurs Öffentliches Recht, § 24 Rn. 12.

[323] BVerfGE 116, 202 (222) m. w. N.

[324] Vgl. *Hufen*, Staatsrecht II, § 8 Rn. 9. *Ipsen*, Staatsrecht II, Rn. 170 bemüht auch insoweit die **Intensität** der Einwirkung beim Nichtadressaten als Maßstab für die Prüfung eines Grundrechtseingriffs.

[325] Nach BVerfGE 13, 230. Siehe auch BVerfG, NJW 2012, S. 1062 (1063) und **Beispiel 107**.

jektive Empfindlichkeiten" (z. B. Stau auf der Straße infolge einer Polizeikontrolle) von Grundrechtseingriffen zu unterscheiden.[326] Ob die im konkreten Fall zu beurteilende staatliche Maßnahme bei objektiver Betrachtungsweise „das Maß einer als sozialadäquat eingestuften Beeinträchtigung" übersteigt, ist anhand der Schwere (Intensität) der Auswirkungen auf das jeweilige Grundrecht des Betroffenen zu bestimmen.[327] Ferner sprechen die etwaige Finalität und Unmittelbarkeit des Staatshandelns für das Vorliegen eines faktischen Grundrechtseingriffs.[328]

Beispiel 34[329]

Strafverteidiger S nahm von seinem später wegen Gründung einer kriminellen Vereinigung in Tateinheit mit Betrug zu einer langjährigen Freiheitsstrafe verurteilten Mandanten M einen Betrag i. H. v. 100.000,- Euro in bar als Honorarvorschuss entgegen. Mit der Begründung, dass S bei der Entgegennahme dieses Geldes sicher von dessen Herkunft aus den Betrugtaten des M wusste, wurde S wegen Geldwäsche durch Annahme des Strafverteidigerhonorars strafgerichtlich verurteilt. Mit seiner hiergegen gerichteten Verfassungsbeschwerde macht S u. a. geltend, dass der seiner Verurteilung zugrunde liegende Straftatbestand des § 261 Abs. 2 Nr. 1 StGB in sein durch Art. 12 Abs. 1 GG gewährleistetes Recht auf freie Berufsausübung eingreife. Zu Recht?

142

Ja. Zwar schützt Art. 12 Abs. 1 GG nur vor solchen Beeinträchtigungen, die gerade auf die berufliche Betätigung bezogen sind. Es genügt daher nicht, dass eine Rechtsnorm bzw. ihre Anwendung nur unter bestimmten Umständen Rückwirkungen auf die Berufstätigkeit entfaltet. Vielmehr liegt ein Eingriff in das Grundrecht der Berufsfreiheit erst dann vor, wenn die Norm, auf die die Maßnahme gestützt ist, eine sog. objektiv berufsregelnde Tendenz hat. Das bedeutet allerdings nicht, dass die Berufstätigkeit direkt betroffen sein muss. Vielmehr kann es auch vorkommen, dass eine Regelung die Berufstätigkeit selbst unberührt lässt, aber im Blick auf den Beruf die Rahmenbedingungen verändert, unter denen er ausgeübt werden kann, d. h. ohne primär berufsbezogene Zielrichtung in ihren tatsächlichen Auswirkungen zu einer Beeinträchtigung der freien Berufsausübung führt. Hiernach kann § 261 Abs. 2 Nr. 1 StGB die Berufsausübungsfreiheit des Strafverteidigers verkürzen. Zwar gilt das darin verankerte Verbot, sich aus bestimmten Vortaten stammende („bemakelte") Vermögenswerte zu verschaffen, für alle am Wirtschaftsverkehr Teilnehmenden gleichermaßen. Doch beeinträchtigt es beim Strafverteidiger wegen der Eigenart seiner beruflichen Tätigkeit in besonderer Weise dessen Entschließungsfreiheit bei der Übernahme eines Mandats. So erlangt er in Wahrnehmung seiner beruflichen Aufgabe aus dem Verteidigungsverhältnis typischerweise Informationen sowohl über den Lebenssachverhalt, der dem Tatvorwurf zugrunde liegt,

---

[326] *Pieroth/Schlink*, Grundrechte, Rn. 260.
[327] BVerfG, NJW 1999, S. 3399 (3401). Siehe auch *Hufen*, Staatsrecht II, § 8 Rn. 11; *Manssen*, Staatsrecht II, Rn. 139.
[328] Vgl. *Jarass*, in: ders./Pieroth, GG, Vorb. vor Art. 1 Rn. 29, der zudem noch auf den **Schutzzweck** des jeweiligen Grundrechts abstellt.
[329] Nach BVerfGE 95, 267; 110, 226. Siehe auch **Beispiel 49**.

als auch über die Vermögensverhältnisse seines Mandanten, was das Risiko des Strafverteidigers, selbst in den Anfangsverdacht einer Geldwäsche zu geraten, signifikant
erhöht. Dieses Risiko aber, sich durch die Entgegennahme eines Honorars oder Hono-
rarvorschusses im Rahmen eines Wahlmandats wegen Geldwäsche strafbar zu machen,
gefährdet das Recht des Strafverteidigers, seine berufliche Leistung wirtschaftlich zu
verwerten, stellt es ihn doch vor die Frage, ob er in Anbetracht der nicht unwahrschein-
lichen Möglichkeit einer eigenen Strafbarkeit eine Verteidigung überhaupt übernehmen will.

143   Entsprechend der Multifunktionalität der Grundrechte (Rn. 67 ff.) vermag ein Grund-
rechtsverpflichteter in diese schließlich nicht nur in Form von positiven **Handlungen** einzugreifen (z. B. Ge-/Verbot; Grundrechte als Abwehrrechte), sondern ebenfalls durch **Unterlassen** einer Leistung (z. B. Schutz, Teilhabe), zu deren Erbringung er grundrechtlich
gegenüber dem jeweiligen Grundrechtsberechtigten verpflichtet ist (Grundrechte als Leistungsrechte).[330]

c) Grundrechtsverzicht

144   Auch wenn die vorgenannten Voraussetzungen (Rn. 97 ff.) im konkreten Fall vorliegen, so handelt es sich bei der betreffenden Maßnahme des Grundrechtsverpflichteten
gleichwohl dann nicht um einen Eingriff in die Grundrechte des jeweiligen Grundrechtsberechtigten, wenn dieser hierin wirksam eingewilligt hat (z. B. Verzicht auf die nach
Art. 19 Abs. 4 Satz 1 GG an sich bestehende Klagemöglichkeit gegen eine bestimmte
Behördenentscheidung).[331] Durch die hierdurch ausgelöste rechtliche Bindungswirkung
hinsichtlich der Grundrechtsmäßigkeit der betreffenden staatlichen Maßnahme („*volenti
non fit iniuria*"[332]) unterscheidet sich dieser sog. **Grundrechtsverzicht** vom tatsächlichen
Nicht-Gebrauchmachen eines Grundrechts, d. h. der Ausübung der von diesem ebenfalls
geschützten negativen Freiheit durch den Grundrechtsberechtigten (Rn. 64, z. B. schlichtes
Nicht-Beschreiten des Rechtswegs gem. Art. 19 Abs. 4 Satz 1 GG).[333] Während generell
keine Bedenken gegen die Rechtsfigur des Grundrechtsverzichts als „Ausdruck des in
Art. 2 Abs. 1 GG geschützten Selbstbestimmungsrechts" bestehen, ist die Rechtswirksam-

---

[330] Vgl. *Zippelius/Würtenberger*, Deutsches Staatsrecht, § 19 Rn. 36. Zum Grundrechtsverstoß durch
legislatives Unterlassen vgl. Rn. 595, 642; *Hufen*, Staatsrecht II, § 8 Rn. 13.

[331] Vgl. BVerfG, NVwZ 2007, S. 688 (690) und siehe *Epping*, Grundrechte, Rn. 111. Nach *Hufen*, Verfassungsrecht II, § 6 Rn. 43, § 9 Rn. 1 und *Papier/Krönke*, Grundkurs Öffentliches Recht 2, Rn. 108
handele es sich bei der Einwilligung bzw. dem Grundrechtsverzicht dagegen um einen **Rechtfertigungsgrund**.

[332] Lat.: „Dem Einwilligenden wird kein Unrecht angetan".

[333] *Wilms*, Staatsrecht II, Rn. 203. Zwischen beidem („tatsächlicher Nichtgebrauch grundrechtlicher
Freiheiten" und Gebrauchmachen von der „negativen Dimension der Grundrechte") **differenzierend**
Fischinger, JuS 2007, S. 808 m. w. N.

keit des im Einzelfall erklärten Grundrechtsverzichts an folgende zwei Voraussetzungen gebunden:[334]

- **Disponibilität des Grundrechts**   145

  Auf den Schutz eines Grundrechts vermag der durch dieses Berechtigte nur dann zu verzichten, wenn es überhaupt **verzichtbar** ist.[335] Ob ein Grundrecht i. d. S. disponibel ist, lässt sich zum Teil bereits dem Wortlaut der betreffenden Verfassungsbestimmung entnehmen. Während etwa Art. 16 Abs. 1 Satz 2 GG den Verlust der deutschen Staatsangehörigkeit ausdrücklich vom „Willen des Betroffenen" abhängig macht (vgl. auch Art. 6 Abs. 3, Art. 7 Abs. 3 Satz 3 GG), ergibt sich aus Art. 9 Abs. 3 Satz 2 GG, dass die Berechtigten der Koalitionsfreiheit auch durch übereinstimmende Willenserklärungen („Abreden") nicht auf den Schutz des Art. 9 Abs. 3 Satz 1 GG verzichten können (Rn. 347). Im Übrigen gilt, dass ein Verzicht auf Grundrechte, die der persönlichen Entfaltungsfreiheit dienen (z. B. Art. 10 Abs. 1, Art. 12 Abs. 1, Art. 13 Abs. 1, Art. 14 Abs. 1 GG), grundsätzlich möglich ist, wohingegen in Bezug auf solche, die für den Prozess der staatlichen Willensbildung von Bedeutung sind (z. B. Wahlrecht und dessen geheimer Gebrauch, Art. 38 Abs. 1 Satz 1 GG), ein Grundrechtsverzicht regelmäßig nicht in Betracht kommt.[336] Ist das betreffende Grundrecht hiernach als solches disponibel, so ist es einem Verzicht insoweit zugänglich, als es dem diesen Erklärenden **subjektive Rechte** gewährt (Rn. 67 ff.); demgegenüber ist der objektiv-rechtliche Gehalt der Grundrechte (Rn. 75 ff.) dessen Dispositionsbefugnis entzogen.[337]

Beispiel 35[338]

Der kleinwüchsige K bestreitet seinen Lebensunterhalt dadurch, dass er sich bei öffent-   146
lichen Veranstaltungen zwecks allgemeiner Belustigung gegen Entgelt von körperlich stärkeren Personen aus dem Publikum wie ein Sportgerät möglichst weit durch die Luft werfen lässt. Als K bei Diskothekenbetreiber D auftreten möchte, beantragt dieser bei der zuständigen Behörde die gem. § 33a Abs. 1 GewO hierfür notwendige Erlaubnis für die „gewerbsmäßige Schaustellung von Personen". Unter Hinweis darauf, dass der sog. „Zwergenweitwurf" die einzelne Person in menschenunwürdiger Weise zum Objekt herabwürdige und damit gegen die „guten Sitten" i. S. v. § 33a Abs. 2 Nr. 2 GewO verstoße, wird die Erlaubnis jedoch versagt. D ist der Ansicht, die Versagung sei zu Unrecht erfolgt, da K sich freiwillig werfen ließe und die Veranstaltung selbst nicht als entwürdigend empfinde. Sind diese Erwägungen rechtlich relevant?

---

[334] BVerfGE 106, 28 (44). Siehe auch *Sodan/Ziekow*, Grundkurs Öffentliches Recht, § 23 Rn. 19 sowie zum gesamten Folgenden *Sachs*, Verfassungsrecht II, A 8 Rn. 37 ff.

[335] *Manssen*, Staatsrecht II, Rn. 134, 136.

[336] *Pieroth/Schlink*, Grundrechte, Rn. 152 f. m. w. N. Zur Reichweite der **Dispositionsbefugnis** des Einzelnen **über** die **staatliche Schutzpflicht** siehe *Fischinger*, JuS 2007, S. 808 (812).

[337] Vgl. *Jarass*, in: ders./Pieroth, GG, Vorb. vor Art. 1 Rn. 36.

[338] Nach VG Neustadt, NVwZ 1993, S. 98. Vgl. auch BVerwGE 84, 314.

Nein. Für die Vereinbarkeit oder Unvereinbarkeit des von D geplanten „Zwergenweitwurfs" mit den „guten Sitten" kommt es nicht darauf an, dass sich K freiwillig werfen lässt und die Veranstaltung selbst nicht als entwürdigend empfindet. Denn die hierdurch betroffene Würde des Menschen ist ein unverfügbarer Wert, auf dessen Beachtung der Einzelne nicht wirksam verzichten kann, vgl. Art. 1 Abs. 1 GG.

- **Wirksame Verzichtserklärung**

147   Die Beantwortung der Frage, ob im konkreten Fall zum Zeitpunkt der grundrechtsrelevanten hoheitlichen Maßnahme überhaupt eine **Verzichtserklärung vorliegt**, kann mitunter deshalb Schwierigkeiten bereiten, weil „eine Einwilligung in eine [Grundrechts-] beeinträchtigung [...] nicht nur ausdrücklich, sondern auch stillschweigend erklärt werden [kann]. Eine konkludente Einwilligung darf [...] angenommen werden, wenn ein bestimmtes Verhalten in einem solchen Maße üblich und geradezu selbstverständlich ist, dass entsprechend dem Grundgedanken des § 157 BGB nach Treu und Glauben und mit Rücksicht auf die Verkehrssitte vernünftigerweise nur von einer Zustimmung des Betroffenen ausgegangen werden kann, sofern er dem Verhalten nicht widerspricht."[339] Steht das Vorliegen einer derartigen Erklärung im Einzelfall zweifelsfrei fest, so ist diese nur dann rechtswirksam, wenn der **einsichtsfähige** Grundrechtsberechtigte sie **freiwillig**, d. h. nicht unter Druck oder Täuschung (vgl. § 123 Abs. 1 BGB), abgegeben hat und der in ihr enthaltene Verzicht sowohl inhaltlich („kein genereller, kein Blanko- oder Totalverzicht"[340]) als auch zeitlich (kein Grundrechtsverzicht „auf Dauer"[341]) **hinreichend bestimmt** ist.[342] Andernfalls nämlich wäre die Tragweite der Erklärung für den Äußernden nicht absehbar, sodass es sich bei dieser nicht mehr um einen selbstbestimmten (autonomen) „Akt der Ausübung grundrechtlicher Freiheit" handeln würde.[343]

Beispiel 36[344]

148   Nachdem die Stadt S eine mittelalterliche Synagoge auf dem P-Platz hat restaurieren lassen, kam es dort zu mehreren Vorfällen, welche dazu geführt haben, dass der P-Platz

---

[339] BVerfGE 106, 28 (45 f.). Siehe aber auch BVerfG, NJW 2011, S. 3571: „Die **Eingriffsqualität entfällt nicht** bereits **dann, wenn** der Betroffene der [staatlichen Maßnahme] **keinen physischen Widerstand entgegensetzt** [...], etwa weil er die Aussichtslosigkeit eines körperlichen Widerstands erkennt [oder] zur Vermeidung [...] zusätzlichen Übels" (Hervorhebungen d. d. Verf.). Zur umstr. Frage, ob eine **nachträgliche Genehmigung** ausreicht und mit welcher zeitlicher Wirkung ein zunächst erklärter Verzicht später **widerrufen** werden kann, siehe die Nachweise bei *Fischinger*, JuS 2007, S. 808 (809).
[340] *Katz*, Staatsrecht, Rn. 655.
[341] *Ipsen*, Staatsrecht II, Rn. 82 m. w. N.
[342] *Michael/Morlok*, Grundrechte, Rn. 538; *Wilms*, Staatsrecht II, Rn. 208; *Pieroth/Schlink*, Grundrechte, Rn. 151. Dort (Rn. 154) auch zu **weiteren Gesichtspunkten** wie der „Schwere und Dauer des Eingriffs", der „Gefahr des Missbrauchs der Verzichtsmöglichkeit" sowie einer „mehr oder weniger große[n] Not- oder Zwangslage des Verzichtenden".
[343] *Zippelius/Würtenberger*, Deutsches Staatsrecht, § 20 Rn. 9.
[344] Nach BVerfG, NVwZ 2007, S. 688.

nunmehr von S „rund um die Uhr" mittels vier Videokameras überwacht wird. Das hierdurch gewonnene Bildmaterial ist dazu bestimmt, belastende hoheitliche Maßnahmen gegen solche Personen vorzubereiten, die in dem von der Überwachung erfassten Bereich des P-Platzes bestimmte unerwünschte Verhaltensweisen zeigen. B, ein Bürger von S, überquert täglich den P-Platz, wobei er unweigerlich von den Kameras gefilmt wird. Er meint, die Videoüberwachung verletzte ihn in seinem allgemeinen Persönlichkeitsrecht aus Art. 2 Abs. 1 i. V. m. Art. 1 Abs. 1 GG. Insbesondere befürchtet er die Erstellung eines Profils seines Verhaltens in dem überwachten Raum, an den auch mehrere Geschäfte und Banken grenzen. S hingegen meint, es liege bereits kein Eingriff in das Grundrecht des B vor. Denn die Videoüberwachung erfolge – was sachlich zutreffend ist – i. d. S. „offen", dass an sämtlichen Zugängen zum P-Platz jeweils ein Schild deutlich auf die dortige 24-stündige Videoüberwachung durch S hinweist. Hat S Recht?

Nein. Von einer einen Eingriff in das Grundrecht des B aus Art. 2 Abs. 1 i. V. m. Art. 1 Abs. 1 GG ausschließenden Einwilligung in die Informationserhebung kann hier nicht allein deshalb ausgegangen werden, weil B auf Grund der Beschilderung weiß, dass er im räumlichen Bereich des P-Platzes von S gefilmt wird. Denn das Unterlassen eines ausdrücklichen Protests kann nicht ohne Weiteres mit einer (konkludenten) Einverständniserklärung gleichgesetzt werden.

III. Verfassungsrechtliche Rechtfertigung

Ist ein Eingriff in den Schutzbereich eines Grundrechts festgestellt, so wird dieses hierdurch nur dann verletzt, wenn der Eingriff verfassungsrechtlich nicht gerechtfertigt ist.[345] Andernfalls ist der Eingriff dagegen verfassungsgemäß und es liegt kein Grundrechtsverstoß vor.[346]

149

1. Grundrechtsschranken

Denknotwendige Voraussetzung für die verfassungsrechtliche Rechtfertigung des im konkreten Fall erfolgten Grundrechtseingriffs ist, dass das betreffende **Grundrecht** von Verfassungs wegen überhaupt **einschränkbar** ist, d. h. eine entsprechende Grundrechtsschranke existiert.[347] Im Ergebnis trifft dies mit Ausnahme der gem. Art. 1 Abs. 1 Satz 1 GG „unan-

150

---

[345] Vgl. *Papier/Krönke*, Grundkurs Öffentliches Recht 2, Rn. 138.
[346] Vgl. *Sodan/Ziekow*, Grundkurs Öffentliches Recht, § 24 Rn. 13. Siehe auch Rn. 18 ff.
[347] Vgl. *Detterbeck*, Öffentliches Recht, Rn. 293; *Papier/Krönke*, Grundkurs Öffentliches Recht 2, Rn. 139. M. a. W.: „Ein Grundrecht darf nur dann und insoweit eingeschränkt werden, als die Verfassung dies zulässt", *Michael/Morlok*, Grundrechte, Rn. 541. Denn die Grundrechte haben Verfassungsrang, sodass aufgrund der Normenhierarchie (vgl. **Art. 1 Abs. 3 GG**) nur das Grundgesetz selbst bestimmen kann, ob Grundrechtseingriffe zulässig sind, siehe *von Kielmansegg*, JuS 2008, S. 23 (25). Zum diesbzgl. Einfluss des EU-Rechts siehe *Enders, Christoph*, in: Friauf/Höfling, Berliner Kom-

tastbaren" Menschenwürde als dem höchstrangigen und damit nicht abwägungsfähigem Verfassungsgut auf sämtliche Grundrechte zu.[348] Im Einzelnen gilt:

a) Gesetzesvorbehalt

151 In Bezug auf eine Vielzahl von Grundrechten sieht der Verfassungstext bereits ausdrücklich vor, dass in diese eingriffen werden darf. So heißt es beispielsweise in Art. 14 Abs. 1 Satz 2 GG, dass die Schranken des Eigentums „durch die Gesetze" bestimmt werden. Nach Art. 2 Abs. 2 Satz 3 GG darf in das Recht auf Leben „auf Grund eines Gesetzes" eingeriffen werden und Art. 8 Abs. 2 GG besagt, dass für Versammlungen unter freiem Himmel das Recht auf Versammlungsfreiheit „durch Gesetz oder auf Grund eines Gesetzes" beschränkt werden kann. Wenngleich die Unterschiede in den Formulierungen dieser sog. **Gesetzesvorbehalte**[349] vermuten lassen, dass in manche Grundrechte (z. B. Art. 14 Abs. 1 Satz 1 GG) ausschließlich unmittelbar „**durch**" ein sich selbst vollziehendes Gesetz – und gerade nicht durch einen Exekutivakt – eingegriffen werden darf (sog. Delegationsverbot; vgl. aber Art. 80 Abs. 1 GG), hinsichtlich Eingriffen in andere Grundrechte (z. B. Art. 2 Abs. 2 Satz 1 GG) dagegen das genaue Gegenteil gilt, d. h. diese nur „**auf Grund** eines Gesetzes", also namentlich durch die Verwaltung – und nicht unmittelbar durch den Gesetzgeber – beschränkt werden dürfen (sog. Verwaltungsverfahrensvorbehalt), so besteht gleichwohl weitgehend Einigkeit darüber, dass unabhängig vom Wortlaut des jeweiligen Gesetzesvorbehalts ein Eingriff in das unter diesem stehende Grundrecht sowohl unmittelbar durch die Legislative als auch durch einen auf einer parlamentsgesetzlichen Ermächtigungsgrundlage beruhenden Exekutiv- bzw. Judikativakt verfassungsrechtlich möglich

---

mentar zum GG, Gw., Berlin 2000, vor Art. 1 Rn. 118. Vorstehendes gilt auch im Rahmen früher sog. besonderer Gewaltverhältnisse (heute: **Sonderstatusverhältnisse**, Rn. 99), siehe BVerfG, NJW 2006, S. 2093 (2094) m. w. N.

[348] Vgl. BVerfGE 6, 32 (41); 93, 266 (293) und siehe Rn. 402 sowie *Manssen*, Staatsrecht II, Rn. 149. Zu **weiteren „Sonderfälle[n] absoluten Schutzes"** siehe *Michael/Morlok*, Grundrechte, Rn. 546.

[349] „Sie erlauben der (grundsätzlich hierzu nicht berechtigten, weil grundrechtsgebundenen [Art. 1 Abs. 3 GG]) Gesetzgebung, in die Schutzgegenstände von Abwehrrechten einzugreifen [...] oder die Organe der Staatgewalt im Übrigen dazu zu ermächtigen", *Sachs*, Verfassungsrecht II, A 9 Rn. 5 (im Original mit Hervorhebungen). Hiervon abzugrenzen sind die sog. **Regelungs**- bzw. Ausgestaltungs**vorbehalte**, welche keine Rechtfertigung für einen Grundrechtseingriff, sondern lediglich eine Befugnis zur Konkretisierung des betreffenden Grundrechtsinhalts beinhalten, siehe Rn. 122 und *Hufen*, Staatsrecht II, § 9 Rn. 11; speziell zu Art. 12 Abs. 1 Satz 2 GG siehe freilich Rn. 256. Mit dem aus **Art. 20 Abs. 3 GG** resultierenden Grundsatz vom **Vorbehalt des Gesetzes** überschneiden sich die spezielleren (BVerfGE 40, 237 [249]; vgl. auch *Voßkuhle*, JuS 2007, S. 118) grundrechtlichen Gesetzesvorbehalte insoweit, als sie ebenfalls eine gesetzliche Grundlage für das von ihnen erfasste Staatshandeln fordern, vgl. *Jarass*, in: ders./Pieroth, GG, Art. 20 Rn. 45.

ist.[350] „Der Grund für den verkürzten Wortlaut dürfte darin liegen, dass der Verfassungs-geber lediglich die [jeweils] erwähnte Alternative für bedeutsam hielt."[351]

Während u. a. die vorgenannten Grundrechtsbestimmungen der Art. 2 Abs. 2 Satz 3,   152
Art. 8 Abs. 2 und Art. 14 Abs. 1 Satz 2 GG keine besonderen Anforderungen an das Gesetz stellen, „durch" welches bzw. „auf Grund" dessen in das jeweilige Grundrecht eingegriffen werden darf (daher auch sog. **einfache Gesetzesvorbehalte**), verlangen die vereinzelt anzutreffenden sog. **qualifizierten Gesetzesvorbehalte** hingegen zusätzlich noch, dass das Gesetz, „durch" das bzw. „auf Grund" dessen der Grundrechtseingriff erfolgt, an bestimmte Situationen anknüpft (z. B. Art. 11 Abs. 2 GG), bestimmten Zwecken dient (z. B. Art. 5 Abs. 2 GG) oder bestimmte Mittel benutzt (z. B. Art. 13 Abs. 3 GG).[352]

b) Verfassungsimmanente Schranken

Demgegenüber unterliegen einige andere Grundrechte keinem geschriebenen Gesetzes-   153
vorbehalt, so z. B. Art. 4 Abs. 1, 2 (Glaubens- und Gewissensfreiheit), Art. 5 Abs. 3 Satz 1 (Kunst- und Wissenschaftsfreiheit) und Art. 8 Abs. 1 (Versammlungen in geschlossenen Räumen) GG. Mit Ausnahme von Art. 1 Abs. 1 GG (Rn. 150) bedeutet die vorbehaltlose Gewährleistung eines Grundrechts nun allerdings nicht etwa, dass dieses die betreffende Freiheit völlig schrankenlos gewährt.[353] Vielmehr gilt auch insofern, dass der wild-wüchsige Freiheitsgebrauch die Gefahr von Konflikten in sich birgt.[354] Anders als bei den Grundrechten mit einfachem bzw. qualifiziertem Gesetzesvorbehalt der Fall, ist die Auf-lösung dieses Konflikts bei Grundrechten ohne geschriebenen Gesetzesvorbehalt jedoch nicht der mehr oder weniger stark ausgeprägten Gestaltungsfreiheit des Gesetzgebers an-heimgestellt, sondern ist allein nach Maßgabe der grundgesetzlichen Wertordnung zu lö-sen.[355] „Nur kollidierende Grundrechte Dritter und andere mit Verfassungsrang ausgestat-tete Rechtswerte sind [als sog. **verfassungsimmanente Schranken**] mit Rücksicht auf die Einheit der Verfassung und die von ihr geschützte gesamte Wertordnung ausnahmswei-se imstande, auch uneinschränkbare Grundrechte in einzelnen Beziehungen zu begren-zen."[356] Als „**sonstige Rechtsgüter von Verfassungsrang**" i. d. S. anerkannt sind beispiels-

---

[350] Vgl. *Bumke/Voßkuhle,* Casebook Verfassungsrecht, 5. Auflage, München 2008, S. 16 m. w. N.; *Müller-Franken, Sebastian,* in: Schmidt-Bleibtreu/Hofmann/Hopfauf, GG, 12. Auflage, Köln u. a. 2011, Vorb. v. Art. 1 Rn. 40; *Windthorst, Kay,* Verfassungsrecht I, München 1994 § 9 Rn. 63 f., 146 f. **A. A.** *Michael/Morlok,* Grundrechte, Rn. 586.

[351] *Jarass,* in: ders./Pieroth, GG, Vorb. vor Art. 1 Rn. 42.

[352] Vgl. *Pieroth/Schlink,* Grundrechte, Rn. 264, 266.

[353] Vgl. BVerfGE 77, 240 (253) und siehe *Katz,* Staatsrecht, Rn. 643.

[354] *Zippelius/Würtenberger,* Deutsches Staatsrecht, § 19 Rn. 48 ff. Siehe auch Rn. 120.

[355] Vgl. BVerfGE 30, 173 (193) und siehe *Pieroth/Schlink,* Grundrechte, Rn. 270.

[356] BVerfGE 28, 243 (261). Die verfassungsimmanenten Schranken finden auf **Grundrechte mit geschriebenem Gesetzesvorbehalt** erst recht Anwendung, vgl. BVerfGE 111, 147 (157) und siehe Rn. 392 sowie *Manssen,* Staatsrecht II, Rn. 154. Der Sache nach handelt es sich bei den verfassungsim-manenten Schranken um ungeschriebene Gesetzesvorbehalte, die durch die Schutzzwecke „Grund-rechte Dritter" und „sonstige Güter von Verfassungsrang" qualifiziert sind, vgl. *von Kielmansegg,* JuS 2008, S. 23 (26). Streng zu unterscheiden von den verfassungsimmanenten Schranken ist der zuwei-

weise die in Art. 20 Abs. 1, 3 GG enthaltenen fünf Staatsstrukturpinzipien (vgl. auch Art. 79 Abs. 3 GG) und die Staatszielbestimmungen wie etwa der Umwelt- und Tierschutz, siehe Art. 20a GG (Beispiele 85, 89).[357] Mit diesen Verfassungsbestimmungen bzw. **Grundrechten Dritter** ist das vorbehaltlos gewährleistete Grundrecht im Konfliktfall zu einem möglichst schonenden, d. h. verhältnismäßigen, Ausgleich zu bringen, sog. **praktische Konkordanz**.[358]

Beispiel 37[359]

154   Zur Bekämpfung der Massenarbeitslosigkeit hat der Bundestag ein Gesetz erlassen, wonach die Bundesanstalt für Arbeit zu Arbeitsbeschaffungsmaßnahmen, die zur Erhaltung und Verbesserung der Umwelt und zur Verbesserung des Angebots bei den sozialen Diensten und in der Jugendhilfe dienen (sog. Strukturanpassungsmaßnahmen), einen Zuschuss zur Finanzierung des Arbeitsentgelts an den jeweiligen Träger der Maßnahme zahlt. In voller Höhe wird dieser Zuschuss jedoch nur dann geleistet, wenn das vereinbarte Arbeitsentgelt 80 % der Tariflöhne für vergleichbare Tätigkeiten auf dem freien Arbeitsmarkt nicht übersteigt. Die Gewerkschaft G meint, durch diese sog. Lohnabstandsklausel in ihrem Grundrecht auf Koalitionsfreiheit verletzt zu sein, da hierdurch ihre Position bei Tarifvertragsverhandlungen geschwächt werde. Zur Begründung führt sie u. a. aus, dass Art. 9 Abs. 3 Satz 1 GG ein vorbehaltlos gewährleistetes Grundrecht und allein deshalb schon jeder Eingriff hierein mangels Rechtfertigungsmöglichkeit verfassungswidrig sei. Ist diese Argumentation zutreffend?

Nein. Zwar ist die Koalitionsfreiheit in Art. 9 Abs. 3 Satz 1 GG in der Tat ohne Gesetzesvorbehalt gewährleistet. Doch kann auch dieses Grundrecht zum Schutz von Gemeinwohlbelangen eingeschränkt werden, denen gleichermaßen verfassungsrechtlicher Rang gebührt. Das ist in Bezug auf das mit der Lohnabstandsklausel verfolgte Ziel, die Massenarbeitslosigkeit durch Förderung von zusätzlich bereitgestellten Arbeitsplätzen zu bekämpfen, der Fall. Dessen Verfassungsrang folgt aus Art. 20 Abs. 1 GG (Sozialstaatsprinzip), Art. 1 Abs. 1 und Art. 2 Abs. 1 GG (Grundrecht auf Persönlichkeitsentfaltung und Selbstachtung) sowie Art. 109 Abs. 2 GG (gesamtwirtschaftliches Gleichgewicht).

---

len im Schrifttum auf Schutzbereichsebene zur Kennzeichnung negativer Tatbestandsmerkmale (z. B. Art. 8 Abs. 1 GG: „friedlich und ohne Waffen") verwendete Begriff der **„verfassungsunmittelbaren Schranken"**, siehe Rn. 63, 408 und vgl. *Wilms*, Staatsrecht II, Rn. 214 f.

[357] *Hufen*, Staatsrecht II, § 9 Rn. 32; *Michael/Morlok*, Grundrechte, Rn. 727 ff.; *Zippelius/Würtenberger*, Deutsches Staatsrecht, § 19 Rn. 52. **A. A.** *Epping*, Grundrechte, Rn. 86. Eine Aufzählung „sonstiger Rechtsgüter" von Verfassungsrang findet sich bei *Stern*, Staatsrecht, Bd. III/2, München 1994, § 84 IV 5 b) β) m. w. N. Nach BVerfGE 69, 1 (21 f.) gehören hierzu auch die grundgesetzlichen **Kompetenzvorschriften** (z. B. Art. 73 Abs. 1 Nr. 1, 87a GG), **Ermächtigungsnormen** (z. B. Art. 12a GG) und **Organisationsregelungen** (z. B. Art. 115b GG). **A. A.** die abw. M. in BVerfGE 69, 1 (59) und *Katz*, Staatsrecht, Rn. 644.

[358] Vgl. BVerfGE 93, 1 (21) und siehe *Hesse, Konrad*, Grundzüge des Verfassungsrechts der Bundesrepublik Deutschland, 20. Auflage, Heidelberg 1999, Rn. 72, 317 ff.

[359] Nach BVerfGE 100, 271. Siehe auch **Beispiele 66, 72, 80, 90, 93, 114.**

Explizit abgelehnt hat das BVerfG in seinem *Mephisto*-Beschluss aus dem Jahr 1971   155
demgegenüber das Vorbringen, dass die vorbehaltlos gewährleisten Grundrechte durch
die in Art. 2 Abs. 1 2. Hs. GG genannten Rechte anderer, die verfassungsmäßige Ordnung und das Sittengesetz beschränkt seien.[360] Denn eine derartige **Übertragung der sog.**
Schrankentrias des Art. 2 Abs. 1 2. Hs. GG „ist unvereinbar mit dem […] Verhältnis der
Subsidiarität des Art. 2 Abs. 1 GG zur Spezialität der Einzelfreiheitsrechte, das eine Erstreckung des Gemeinschaftsvorbehalts des Art. 2 Abs. 1 2. Hs. GG auf die durch besondere
Grundrechte geschützten Lebensbereiche nicht zuläßt."[361]

Bereits aus dem rechtsstaatlichen Grundsatz vom Vorbehalt des Gesetzes (Art. 20   156
Abs. 3 GG) folgt freilich, dass Exekutive und Judikative nicht befugt sind, eigenmächtig
unter Hinweis auf eine (vermeintliche) verfassungsimmanente Schranke in ein vorbe-
haltloses Grundrecht im Einzelfall einzugreifen.[362] Vielmehr bedarf es hierfür – ebenso
wie bei den geschriebenen Gesetzesvorbehalten der Fall (Rn. 151) – einer **gesetzlichen**
Grundlage, welche die jeweilige verfassungsimmanente Schranke nachzeichnet.[363] Die
„einen Eingriff rechtfertigenden immanenten Schranken ersetzen [mithin] lediglich den
Gesetzesvorbehalt, nicht aber das für einen Eingriff notwendige ermächtigende Gesetz."[364]

Subsidiär gelangen die verfassungsimmanenten Schranken auf **Grundrechte mit**   157
(einfachem oder qualifiziertem) **Gesetzesvorbehalt erst recht** zur Anwendung (Beispiel 66).[365]

158

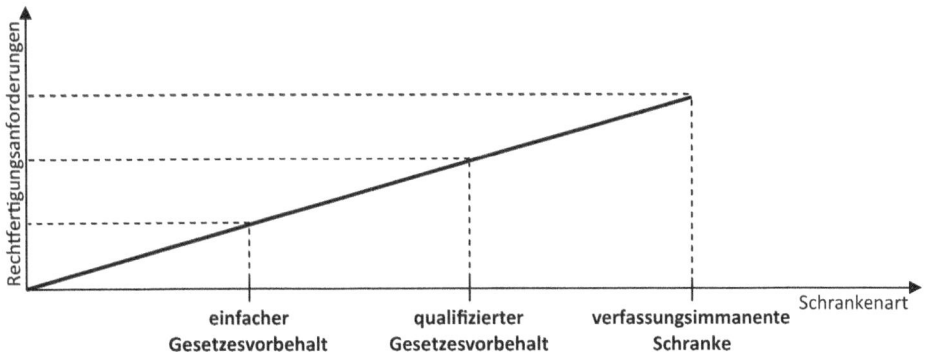

Grundrechtsschranken

---

[360] Vgl. *Berg*, Staatsrecht, Rn. 462.
[361] BVerfGE 30, 173 (192).
[362] *Detterbeck*, Öffentliches Recht, Rn. 296.
[363] Vgl. auch BVerfGE 111, 147 (157 f.) m. w. N. und siehe *Hufen*, Staatsrecht II, § 9 Rn. 1.
[364] *Wilms*, Staatsrecht II, Rn. 232.
[365] *Jarass*, in: ders./Pieroth, GG, Vorb. vor Art. 1 Rn. 50 m. w. N. aus der BVerfG-Rspr. Kritisch hingegen *Epping*, Grundrechte, Rn. 89.

2. Verfassungsmäßigkeit des schrankenausfüllenden Gesetzes

a) Vorliegen eines Gesetzes

159   Nach dem Vorstehenden ist zur verfassungsrechtlichen Rechtfertigung eines jedweden Eingriffs, d. h. sowohl in ein Grundrecht mit als auch ohne geschriebenen Gesetzesvorbehalt, ein Gesetz notwendig.[366]

160   ▸   „**Gesetz**" i. S. d. der Gesetzesvorbehalte der Grundrechte (Art. 1 bis 19 GG) ist das von einem Parlament (Bundes- oder Landtag[367]) beschlossene, d. h. förmliche, Gesetz (str.).[368]

161   Das Erfordernis einer parlamentsgesetzlichen Eingriffsgrundlage schließt es freilich nicht aus, dass ein Grundrechtseingriff nicht unmittelbar durch ein förmliches Gesetz selbst, sondern durch ein **Gesetz im materiellen** Sinn (Rechtsverordnung, Satzung) oder einen **Verwaltungsakt** bzw. eine **Gerichtsentscheidung** erfolgt.[369] Notwendig ist aber

---

[366] „Die Konstruktion von Grundrecht und Grundrechtsschranke hat zur Folge, dass grundsätzlich **alles** rechtlich **erlaubt** ist, **was** durch Gesetz **nicht** ausdrücklich **verboten** ist", *Ipsen*, Staatsrecht II, Rn. 180 (Hervorhebungen d. d. Verf.) und vgl. BVerfGE 84, 372 (380) sowie Rn. 520. Demgegenüber ist nach BVerfGE 105, 279 (301 ff.) für **Informationshandeln der Bundesregierung**, das **mittelbar-faktisch** (Rn. 136 ff.) in Grundrechte eingreift, keine gesonderte gesetzliche Grundlage notwendig, sondern ergibt sich die diesbzgl. Ermächtigung bereits aus der der Bundesregierung im GG zugewiesenen Aufgabe (!) der Staatsleitung (Art. 65 Satz 1, 2 GG), da sich derartige faktisch-mittelbare Wirkungen typischerweise einer Normierung entziehen. Ebenso BVerfG, NJW 2011, S. 511 (512). Zur diesbzgl. Kritik aus dem Schrifttum siehe *von Kielmansegg*, JuS 2009, S. 118 (120) m. w. N.

[367] Vgl. BVerfGE 108, 282 (302) und siehe *Manssen*, Staatsrecht II, Rn. 156: „Es ist also **keinesfalls so, dass nur Bundesgesetze** die von der Bundesverfassung eingeräumten **Grundrechte einschränken können**" (Hervorhebungen d. d. Verf.).

[368] *Michael/Morlok*, Grundrechte, Rn. 575; *Papier/Krönke*, Grundkurs Öffentliches Recht 2, Rn. 141; *Pieroth/Schlink*, Grundrechte, Rn. 273; *Zippelius/Würtenberger*, Deutsches Staatsrecht, § 12 Rn. 40. Dass ein Umkehrschluss aus **Art. 104 Abs. 1 Satz 1 GG** insoweit nicht zwingend ist (vgl. aber *Sachs*, Verfassungsrecht II, A 9 Rn. 10), ergibt sich aus den zu Rn. 180 ff. angestellten Überlegungen, vgl. *Epping*, Grundrechte, Rn. 390 ff. Anders dagegen der Gesetzesbegriff i. S. v. **Art. 20 Abs. 3 GG**, der neben Gesetzen im formellen Sinn auch Gesetze im nur materiellen Sinn erfasst, siehe *Wienbracke, Mike*, Allgemeines Verwaltungsrecht, 3. Auflage, Heidelberg 2012, Rn. 9. In Zusammenschau mit den weiteren Ausführungen unter Rn. 161 dürfen die Unterschiede zwischen der hier vertretene Auffassung und derjenigen Ansicht, die als „**Gesetz**" im Sinne der Gesetzesvorbehalte der Grundrechte auch solche **im materiellen Sinn** ausreichen lässt, bzgl. Letzterer aber wegen der Erstarkung des Gesetzes- zum Parlamentsvorbehalt eine formell-gesetzliche Grundlage fordern (vgl. *Wilms*, Staatsrecht II, Rn. 219, 221), nicht überbewertet werden.

[369] Die historische **Funktion der** grundrechtlichen **Gesetzesvorbehalte** lag in der Absicherung der bürgerlichen Gesellschaft gegen die monarchische Exekutive, siehe *Pieroth/Schlink*, Grundrechte, Rn. 271. Diese Tradition wirkt bis heute fort, steht doch zu vermuten, „dass der parlamentarische Gesetzgeber respektvoller mit den Grundrechten umgehen wird als Regierung und Verwaltung", *von Kielmansegg*, JuS 2008, S. 23 (26). Insofern haben die grundrechtlichen Gesetzesvorbehalte durchaus „eine freiheitliche und demokratische Funktion durch Rückkopplung der Verwaltung an den parlamentarischen Gesetzgeber", *von Kielmansegg*, JuS 2009, S. 118 (121 f.).

stets, dass diese weiteren Hoheitsakte – zumindest mittelbar – auf ein förmliches Gesetz rückführbar sind, d. h. dieses eine entsprechende Ermächtigungsgrundlage enthält.[370] Allein im Gewohnheitsrecht kann ein Grundrechtseingriff dagegen niemals seine Grundlage finden.[371] Entsprechendes gilt erst recht für Verwaltungsvorschriften als rein „verwaltungsinterne Anweisung[en]. Derartige Regelungen, durch die eine vorgesetzte Behörde etwa auf ein einheitliches Verfahren oder eine einheitliche Gesetzesanwendung hinwirkt, stellen kein Gesetz […] dar […]. Eine Verwaltungsvorschrift kann für sich […] keinen Eingriff in [ein] Grundrecht […] rechtfertigen, da es einer formell-gesetzlichen Grundlage bedarf.“[372]

Beispiel 38[373]

B war mehrere Jahre als Bergarbeiter bei Unternehmen U beschäftigt, das zunächst Bergwerke betrieb und seit deren Stilllegung im Jahr 1966 Beteiligungen und Grundvermögen verwaltet sowie Lasten aus der früheren Bergbautätigkeit abwickelt. Als Inhaber eines sog. Bergmannsversorgungsscheins hatte B gegenüber U einen Anspruch auf Zur-Verfügung-Stellung von sog. Hausbrandkohlen, deren Lieferung U nach Umbau ihrer von B bewohnten Mietswohnung von einer Kohle- auf eine Gasheizung allerdings einstellte; den von U zuvor angebotenen Umzug in eine Wohnung mit Kohleheizung hatte B abgelehnt. Daraufhin erhob B mit Erfolg Klage vor dem Arbeitsgericht, welches U zur Zahlung einer Energiebeihilfe als Abgeltung des Anspruchs des B auf Hausbrandkohle verurteilte. Zur Begründung berief sich das Gericht auf eine im Jahr 1976 in den Manteltarifvertrag für die Arbeiter des Rheinisch-Westfälischen Steinkohlenbergbaus eingefügte Klausel, in der dieser Abgeltungsanspruch ausdrücklich vorgesehen ist. U meint, dieses Urteil verstoße gegen Art. 2 Abs. 1 (i. V. m. Art. 19 Abs. 3) GG, weil – was sachlich jeweils zutreffend ist – U bereits im Jahr 1966 aus dem Arbeitgeberverband für den Rheinisch-Westfälischen Steinkohlenbergbau ausgeschieden und der vorgenannte Manteltarifvertrag nicht für allgemeinverbindlich erklärt worden ist. Hat U in der Sache Recht?

Ja. Das Urteil verletzt U in seinem Grundrecht aus Art. 2 Abs. 1 (i. V. m. Art. 19 Abs. 3) GG. Denn die vom Arbeitsgericht ausgesprochene Verurteilung des U zur Zahlung einer Energiebeihilfe an B ist nicht von der „verfassungsmäßigen Ordnung" i. S. v. Art. 2 Abs. 1 GG gedeckt. Es fehlt bereits am Vorliegen eines Gesetzes. Zwar hat der Staat im Rahmen von Art. 9 Abs. 3 Satz 1 GG seine Rechtsetzungszuständigkeit weitgehend

162

---

[370] Vgl. *Papier/Krönke*, Grundkurs Öffentliches Recht 2, Rn. 142; *Pieroth/Schlink*, Grundrechte, Rn. 273.

[371] Vgl. BVerfGE 32, 54 (75) und siehe *Jarass*, in: ders./Pieroth, GG, Vorb. vor Art. 1 Rn. 43.

[372] BVerfG, NJW 2009, S. 3293 (3294). Näher zu Verwaltungsvorschriften siehe *Wienbracke, Mike*, Allgemeines Verwaltungsrecht, 3. Auflage, Heidelberg 2012, Rn. 238 ff.

[373] Nach BVerfGE 64, 208. Siehe auch **Beispiele 51, 104** und BVerfGE 44, 322 (341) m. w. N.: „Bei der **Normsetzung durch** die **Tarifparteien** handelt es sich um **Gesetzgebung im materiellen Sinne**, die **Normen im rechtstechnischen Sinn**e erzeugt" bezogen auf den jeweils „normativen Teil" der Tarifverträge, der „Rechtsregeln, d. h. generell-abstrakte […], zwingende Bestimmungen für den Inhalt der von ihm erfaßten Arbeitsverhältnisse enthält" (Hervorhebungen d. d. Verf.).

zurückgenommen und die Ausgestaltung der Rechtsordnung den Tarifvertragsparteien überlassen. Diese Verfassungsnorm lässt Rechtsetzung durch die Tarifvertragsparteien jedoch grundsätzlich nur gegenüber ihren Verbandsmitgliedern zu. Zu der hier vom Arbeitsgericht gegenüber U vorgenommenen Erstreckung auf Nichtmitglieder bedarf es hingegen eines normierenden Aktes einer staatlichen Stelle. Denn soll der Bürger nicht schrankenlos einer normsetzenden Gewalt nichtstaatlicher Einrichtungen ausgeliefert werden, so darf der Gesetzgeber seine Normsetzungsbefugnis nicht in beliebigem Umfang außerstaatlichen Stellen überlassen. Diese sind den sog. Außenseitern (hier: U) gegenüber nämlich weder staatlich-demokratisch noch mitgliedschaftlich legitimiert. Vielmehr gebietet es das Rechtsstaatsprinzip, dass Einschränkungen der Freiheit des Bürgers nur „durch" oder „aufgrund" staatlicher Gesetze erfolgen dürfen; zudem verlangt das Demokratieprinzip (Art. 20 Abs. 1 GG) nach einer Ordnung der Lebensbereiche, die auf Grundlage des Grundgesetzes staatlicher Regelung offenstehen, durch Sätze des objektiven Rechts, welche auf eine entsprechende Willensentschließung der vom Volk gewählten Gesetzgebungsorgane rückführbar sein müssen. Die hierfür im vorliegenden Zusammenhang notwendige Allgemeinverbindlicherklärung der vom Arbeitsgericht angeführten tarifvertraglichen Regelung ist jedoch gerade nicht erfolgt.

163

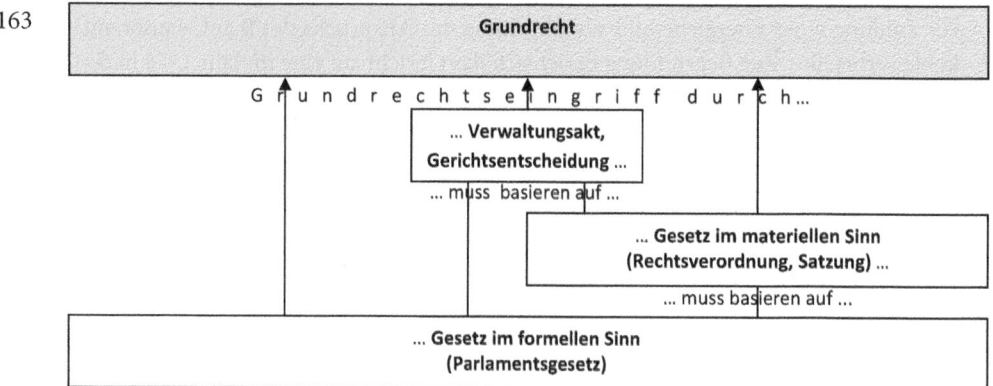

Grundrechtlicher Gesetzesvorbehalt

164   Ist eine parlamentsgesetzliche Eingriffsgrundlage (förmliches Gesetz) vorhanden, so taugt diese allerdings nur dann zur Rechtfertigung des betreffenden Grundrechtseingriffs, wenn sie „in jeder Hinsicht den Anforderungen des Grundgesetzes entspricht",[374] d. h. ihrerseits **formell** (Rn. 165 ff.) **und materiell** (Rn. 178 ff.) **verfassungsgemäß** ist, vgl. Art. 1 Abs. 3, Art. 20 Abs. 3 GG (sog. „Freiheit von ungesetzlichem Zwang"[375]).[376]

---

[374] BVerfGE 115, 118 (139).

[375] *Hufen*, Staatsrecht II, § 9 Rn. 12.

[376] *Sodan/Ziekow*, Grundkurs Öffentliches Recht, § 24 Rn. 22. M. a. W.: Das **konkrete Gesetz muss** als Ausdruck der jeweiligen **Grundrechtsschranke** von dieser gedeckt sein, d. h. sie „**konkreti-**

b) Verfassungsmäßigkeit des Gesetzes

aa) Formelle Verfassungsmäßigkeit

▸ Ein Gesetz ist **formell verfassungsgemäß**, wenn es vom hierfür **zuständigen** 165
Gesetzgeber (Art. 70 ff. GG) unter Einhaltung der jeweils einschlägigen **Verfah-
rens-** (auf Bundesebene: Art. 76 ff. GG) und **Form**vorschriften (auf Bundesebene:
v. a. Art. 82 GG) erlassen wurde.[377]

Wie das BVerfG bereits 1957 im *Elfes*-Urteil klargestellt hat, führen die vorgenannten 166
Anforderungen letztlich dazu, dass jedermann „im Wege der Verfassungsbeschwerde geltend machen [kann], ein seine Handlungsfreiheit beschränkendes Gesetz gehöre nicht zur
verfassungsmäßigen Ordnung, weil es (formell *oder* inhaltlich [materiell]) gegen einzelne
Verfassungsbestimmungen oder allgemeine Verfassungsgrundsätze verstoße; deshalb werde sein Grundrecht aus Art. 2 Abs. 1 GG verletzt."[378] Nachfolgend hat das BVerfG diese
Rechtsprechung auf alle anderen Grundrechte ausgedehnt.[379]

Beispiel 39[380]

Zum Schutz der Berufsbezeichnung „Ingenieur" erlässt der Bundestag ein Gesetz 167
(IngG), wonach nur solche Personen die Berufsbezeichnung „Ingenieur" führen dürfen,
die entweder das Studium einer überwiegend technisch-naturwissenschaftlichen Fach-
richtung an einer deutschen wissenschaftlichen Hochschule mit Erfolg abgeschlossen
oder die Abschlussprüfung an einer deutschen staatlichen oder staatlich anerkannten
Ingenieurschule bestanden haben. I, der sein Studium an einer nicht staatlich anerkannten privaten Ingenieurschule erfolgreich abgeschlossen hat, ist aufgrund des IngG
zur Führung der Berufsbezeichnung „Ingenieur" nicht mehr berechtigt. Er meint, dies
verletzte ihn in seinem Grundrecht aus Art. 2 Abs. 1 GG und erhebt daher Verfassungsbeschwerde gegen das IngG. Zu deren Begründung führt I aus, dass das IngG bereits
deshalb verfassungswidrig sei, weil es dem Bund an der hierfür erforderlichen Gesetzgebungszuständigkeit fehle. Hat die zulässige Verfassungsbeschwerde des I Erfolg,
wenn das IngG es aufgrund einer in ihm enthaltenen sog. Besitzstandswahrungs-
klausel weder zu verhindern vermag, dass nichtqualifizierte Kräfte beim Angebot von
Ingenieurleistungen mit qualifizierten weiterhin in Wettbewerb treten, noch dass der

---

sieren", siehe *Gersdorf*, Verfassungsprozessrecht und Verfassungsmäßigkeitsprüfung, Rn. 248. Zur
Ausgestaltung bzw. Konkretisierung des sachlichen Schutzbereichs von normgeprägten Grundrechten durch den Gesetzgeber siehe Rn. 122.

[377] Vgl. *Manssen*, Staatsrecht II, Rn. 163.

[378] BVerfGE 6, 32 (41). Die objektiv-rechtlichen Normen des **Staatsorganisationsrechts** werden
damit innerhalb der subjektiv-rechtlichen Grundrechtsgewährleistungen relevant, siehe *Micha-
el/Morlok*, Grundrechte, Rn. 561. Siehe auch Rn. 529.

[379] So etwa BVerfGE 9, 83 (88) zu Art. 12 Abs. 1 GG und BVerfGE 34, 139 (146) zu Art. 14 Abs. 1 GG.
Allgemein siehe *Sachs*, Verfassungsrecht II, A 10 Rn. 53, B 2 Rn. 36 m. w. N.

[380] Nach BVerfGE 26, 246. Siehe auch BVerfG, NJW 2012, S. 1563.

Verbraucher darauf vertrauen kann, dass sein Geschäftspartner, der sich „Ingenieur"
nennt, auch eine bestimmte fachliche Vorbildung hat?

Ja. Das im IngG enthaltene Verbot greift zumindest in das (Auffang-)Grundrecht des
I aus Art. 2 Abs. 1 GG ein. Da das IngG jedoch mangels Gesetzgebungskompetenz des
Bundes formell verfassungswidrig ist, gehört es nicht zur „verfassungsmäßigen Ordnung" i. S. d. Norm, sodass der hierdurch bewirkte Grundrechtseingriff verfassungsrechtlich nicht gerechtfertigt und I daher in seinem Grundrecht aus Art. 2 Abs. 1 GG
verletzt ist. Insbesondere kann sich der Bund im Hinblick auf das IngG nicht mit Erfolg
auf die Kompetenznorm des Art. 74 Abs. 1 Nr. 11 GG („Recht der Wirtschaft") berufen.
Hiervon erfasst werden alle das wirtschaftliche Leben und die wirtschaftliche Betätigung als solche regelnden Normen, die sich v. a. in irgendeiner Form auf die Erzeugung,
Herstellung und Verteilung von Gütern des wirtschaftlichen Bedarfs beziehen. Folglich
gehören zum „Recht der Wirtschaft" primär – hier freilich nicht vorliegende (s. o. „Be-
sitzstandswahrungsklausel") – Bestimmungen über den wirtschaftlichen Wettbewerb
und den Verbraucherschutz. Daneben erstreckt sich die Gesetzgebungszuständigkeit
des Bundes nach Art. 74 Abs. 1 Nr. 11 GG allerdings auch darauf, Berufe „in der Wirtschaft" rechtlich zu ordnen und ihre Berufsbilder rechtlich zu fixieren. Da das IngG
jedoch nicht die Ausübung des Ingenieurberufs, sondern nur die Berufsbezeichnung
„Ingenieur" als „Titel" schützen will, kann es auch unter dem letztgenannten Aspekt
nicht auf Art. 74 Abs. 1 Nr. 11 GG gestützt werden. Denn die bloße Regelung der Befugnis zum Führen der Berufsbezeichnung „Ingenieur" hat für sich allein keinerlei Bezug
zum „Recht der Wirtschaft" i. d. S.

168   Zusätzlich zum Vorstehenden muss nach Art. 19 Abs. 1 Satz 2 GG „das [grundrechts-
einschränkende] Gesetz[381] das [eingeschränkte] Grundrecht unter Angabe des Artikels
nennen." Diesem sog. **Zitiergebot** ist nur dann „Rechnung getragen, wenn das Grundrecht im Gesetzestext ausdrücklich als eingeschränkt benannt wird" (so z. B. § 29 Abs. 2
Satz 2 2. Hs. GewO: „das Grundrecht der Unverletzlichkeit der Wohnung (Artikel 13 des
Grundgesetzes) wird insoweit eingeschränkt").[382] „Ein bloßer Hinweis in der Gesetzesbe-
gründung genügt dem Formerfordernis des Art. 19 Abs. 1 Satz 2 GG nicht."[383]

169   Der Sinn und Zweck von Art. 19 Abs. 1 Satz 2 GG besteht darin, „dass nur wirklich
gewollte Eingriffe erfolgen; auch soll sich der Gesetzgeber über die Auswirkungen seiner
Regelungen für die betroffenen Grundrechte Rechenschaft geben"[384] – und zwar in öffentlicher Debatte, sog. **Warn- und Besinnungsfunktion** („psychologische Schranke"[385]).[386]

---

[381] Art. 19 Abs. 1 Satz 2 GG bezieht sich auf **förmliche Gesetze**, siehe *Jarass*, in: ders./Pieroth, GG,
Art. 19 Rn. 3.
[382] BVerfGE 120, 274 (343). Mitunter wird das Zitiergebot den sog. **„Schranken-Schranken"**
(Rn. 178) zugeordnet, siehe *Sodan/Ziekow*, Grundkurs Öffentliches Recht, § 24 Rn. 22.
[383] BVerfGE 113, 348 (367).
[384] BVerfGE 64, 72 (79).
[385] *Herzog, Roman*, in: Maunz/Dürig, GG, 19. EGL, München 1981, Art. 19 Abs. 1 Rn. 48.
[386] BVerfGE 85, 386 (403 f.).

Zudem entfaltet das Zitiergebot eine **Klarstellungsfunktion** gegenüber dem Gesetzesanwender, der wissen soll, in welche Grundrechte ihn das Gesetz allein einzugreifen ermächtigt und dient korrespondierend hierzu ebenfalls dazu, dem Bürger Rechtsklarheit über das Ausmaß der Grundrechtseinschränkungen zu verschaffen (**Informationsfunktion**).[387] Entsprechend findet Art. 19 Abs. 1 Satz 2 GG „nicht nur [auf] erstmalige Grundrechtseinschränkung[en Anwendung], sondern […] bei jeder Veränderung der Eingriffsvoraussetzungen […], die zu neuen Grundrechtseinschränkungen führt", d. h. auch bzgl. **Änderungsgesetzen**.[388]

Um allerdings zu verhindern, dass die „Formvorschrift" des Art. 19 Abs. 1 Satz 2 GG „zu einer leeren Förmlichkeit erstarrt und den […] Gesetzgeber in seiner Arbeit unnötig behindert",[389] legt das BVerfG diese in st. Rspr. eng aus. Hiernach ist das Zitiergebot **nicht anwendbar** auf[390]   170

- **vorkonstitutionelle Gesetze**[391] (z. B. § 81 StPO; vgl. Art. 123 Abs. 1 GG) sowie „solche   171
  nach Inkrafttreten des Grundgesetzes erlassenen Gesetze, die lediglich bereits geltende
  Grundrechtsbeschränkungen unverändert oder mit geringen Abweichungen wiederholen." Denn „Art. 19 Abs. 1 Satz 2 GG soll lediglich verhindern, dass neue, dem bisherigen Recht fremde Möglichkeiten des Eingriffs in Grundrechte geschaffen werden, ohne dass der Gesetzgeber sich darüber Rechenschaft legt und dies ausdrücklich zu erkennen gibt";[392]
- „grundrechtsrelevante Regelungen […], die der Gesetzgeber in Ausführung der ihm ob-   172
  liegenden, im Grundrecht vorgesehenen **Regelung**saufträge, Inhaltsbestimmungen oder Schrankenziehungen vornimmt" (so z. B. Art. 2 Abs. 1, Art. 12 Abs. 1 Satz 2 und Art. 14 Abs. 1 Satz 2 GG). Denn „Satz 2 des Art. 19 Abs. 1 GG knüpft an die in Satz 1 umschriebene Voraussetzung an, dass ‚ein Grundrecht durch Gesetz oder aufgrund eines Gesetzes

---

[387] *Wilms*, Staatsrecht II, Rn. 254. Vgl. auch *Ipsen*, Staatsrecht II, Rn. 203. „Ein Gesetz, das keine Grundrechte als einschränkbar zitiert, darf auch in der späteren Anwendungspraxis nicht zu Grundrechtseinschränkungen führen", *Berg*, Staatsrecht, Rn. 473.

[388] BVerfGE 113, 348 (366). Da das BVerfG allerdings vor seiner Entscheidung in BVerfGE 113, 348 nicht geklärt hatte, „ob es in den Fällen, in denen das ändernde Gesetz zu neuen Grundrechtseinschränkungen führt oder ermächtigt, den Anforderungen des Art. 19 Abs. 1 Satz 2 GG genügt, wenn das geänderte Gesetz bereits eine Zitiervorschrift im Sinne dieser Bestimmung enthält" und sich hierzu in der Folge eine unterschiedliche Praxis in der Gesetzgebung herausgebildet hatte, führt die Nichtbeachtung des Zitiergebots aus Gründen der Rechtssicherheit „**erst bei solchen** grundrechtseinschränkenden **Änderungsgesetzen** zur Nichtigkeit, **die nach dem** Zeitpunkt der Verkündung dieser Entscheidung [vom **27.7.2005**] **beschlossen werden**", BVerfGE 113, 348 (367) (Hervorhebungen d. d. Verf.).

[389] BVerfGE 28, 36 (46).

[390] **Weitere Fallgruppen** benennt *Manssen*, Staatsrecht II, Rn. 164.

[391] BVerfGE 2, 121 (122 f.). Denn „vor Inkrafttreten des Grundgesetzes konnte der damalige Gesetzgeber die Anforderungen des Zitiergebots, das zu diesem Zeitpunkt nicht bestand, schlechterdings nicht einhalten", *Sachs*, Verfassungsrecht II, A 10 Rn. 14.

[392] BVerfGE 5, 13 (16).

eingeschränkt werden kann'" (Rn. 217). Zudem ist dem Gesetzgeber hier in der Regel ohnehin bewusst, „dass er sich im grundrechtsrelevanten Bereich bewegt";[393]

173 • **vorbehaltlose Grundrechte** wie Art. 4 Abs. 1, 2 und Art. 5 Abs. 3 Satz 1 GG, da es auch insoweit an einer ausdrücklichen Ermächtigung des Gesetzgebers zur Grundrechtseinschränkung i. S. v. Art. 19 Abs. 1 Satz 1 GG fehlt;[394]

174 • „die ‚**allgemeinen Gesetze**' im Sinne des Art. 5 Abs. 2 GG, die dem Grundrecht der Meinungsfreiheit generell Schranken setzen und damit von vornherein den Inhalt des Grundrechts bestimmen, wenn auch im Einzelfall erst nach Abwägung der sich gegenübertretenden geschützten Rechtsgüter";[395]

175 • **offenkundige Grundrechtseingriffe**;[396]

176 • **unbeabsichtigte bzw. mittelbare oder faktische Grundrechtseingriffe** (Rn. 134 ff.).[397]

177   Die **praktische Bedeutung** von Art. 19 Abs. 1 Satz 2 GG ist dementsprechend **gering**.[398] Während diese Vorschrift zwar beispielsweise für Art. 2 Abs. 2, Art. 8 Abs. 2 und Art. 10 Abs. 2 GG gilt und im Fall ihrer Nichteinhaltung zur Verfassungswidrigkeit (Nichtigerklärung) des betreffenden Gesetzes führt, sind „die wichtigsten Gesetze, die im gesetzgeberischen Alltag die Grundrechte tangieren, nicht an das Zitiergebot gebunden."[399]

bb) Materielle Verfassungsmäßigkeit

178 Macht der einfache Gesetzgeber von der ihm durch die Grundrechtsschranken eröffneten Möglichkeit des Eingriffs in ein Grundrecht Gebrauch, so ist er bei dieser Schrankenziehung allerdings keineswegs völlig frei, sondern unterliegt insofern seinerseits verfassungsrechtlichen Beschränkungen.[400] Diese nachfolgend einzeln aufgeführten sog. **Schranken-Schranken** dienen vor dem Hintergrund der unter der WRV gemachten negativen Erfahrungen (Rn. 1) dazu, die Grundrechte vor einer Aushöhlung durch die Legislative zu schützen.[401]

---

[393] BVerfGE 64, 72 (79 f.) (Hervorhebung d. d. Verf.) m. w. N.

[394] Vgl. BVerfGE 83, 130 (154) und siehe *Pieroth/Schlink*, Grundrechte, Rn. 324.

[395] BVerfGE 28, 282 (289) (Hervorhebung d. d. Verf.).

[396] Vgl. BVerfGE 35, 185 (189) und siehe *Michael/Morlok*, Grundrechte, Rn. 581.

[397] Vgl. BVerfG, NJW 1999, S. 3399 (3400); *Epping*, Grundrechte, Rn. 763 und siehe *Detterbeck*, Öffentliches Recht, Rn. 310; *Hufen*, Staatsrecht II, § 9 Rn. 28.

[398] *Ipsen*, Staatsrecht II, Rn. 204.

[399] *Katz*, Staatsrecht, Rn. 660. Siehe auch BVerfGE 5, 13 (16); 113, 348 (366); *Zippelius/Würtenberger*, Deutsches Staatsrecht, § 19 Rn. 69.

[400] *Pieroth/Schlink*, Grundrechte, Rn. 285.

[401] *Zippelius/Würtenberger*, Deutsches Staatsrecht, § 19 Rn. 60 ff. Die Terminologie ist **uneinheitlich**. Während der **Begriff** „**Schranken-Schranken**" überwiegend im auch hier zugrunde gelegten Sinn von (nur) „**materieller** Verfassungsmäßigkeit des Gesetzes" verwendet wird (siehe etwa *Detterbeck*, Öffentliches Recht, Rn. 298; Hervorhebungen d. d. Verf.), prüfen andere unter diesem Oberbegriff, „ob das grundrechtseinschränkende Gesetz [. . .] **formell und materiell** verfassungsgemäß ist", *Wilms*, Staatsrecht II, Rn. 210 (Hervorhebungen d. d. Verf.), der insofern auch von „**Gegenschranken**" spricht (a. a. O., Rn. 236). Ebenso wie dieser *Papier/Krönke*, Grundkurs Öffentliches Recht 2, Rn. 145.

Namentlich muss das in ein Grundrecht eingreifende bzw. zu einem Grundrechtsein- 179
griff ermächtigende Gesetz in materieller Hinsicht zunächst den etwaig vorhandenen **speziellen Anforderungen des jeweiligen Grundrechts** genügen (z. B. Erfüllung eines qualifizierten Gesetzesvorbehalts bzw. verfassungsimmanenter Schranken; Rn. 152 ff.). Danach
ist zu untersuchen, ob die Voraussetzungen des sog. **Parlamentsvorbehalts** (inkl. des **Be-
stimmtheitsgrundsatzes**) erfüllt sind (Rn. 180 ff.) und – was regelmäßig den Schwerpunkt
der Untersuchung bildet – ob der **Verhältnismäßigkeitsgrundsatz** gewahrt ist (Rn. 186 ff.).
Im Vergleich hierzu von eher untergeordneter Bedeutung sind die beiden weiteren sich aus
Art. 19 GG ergebenden Prüfungspunkte der „**Wesensgehaltsgarantie**" (Art. 19 Abs. 2 GG;
Rn. 211 ff.) und das „**Verbot einschränkender Einzelfallgesetze**" (Art. 19 Abs. 1 Satz 1 GG;
Rn. 215 ff.). Abschließend ist bei Anlass auf mögliche Verstöße gegen **sonstige Verfas-
sungsbestimmungen** (z. B. Rückwirkungsverbot) einzugehen.[402]

(1) Parlamentsvorbehalt

Ist die (Organ-)Kompetenz zur Entscheidung über Grundrechtseingriffe nach dem zu 180
Rn. 159 ff. Gesagten der volksgewählten Legislative anvertraut, d. h. dem Parlament
vorbehalten (**Parlamentsvorbehalt**) – wobei je nach betroffenem Sachbereich die Ver-
bandskompetenz gem. Art. 70 ff. GG entweder beim Bund- oder bei den Ländern liegt –,
so folgt darüber hinaus v. a. aus dem Demokratieprinzip des Art. 20 Abs. 1 GG, dass der Gesetzgeber alle für die Grundrechtsausübung wesentlichen Entscheidungen selbst zu treffen
hat und nicht der Exekutive überlassen darf.[403] Denn „dem vom Parlament beschlossenen
Gesetz [kommen] gegenüber dem bloßen Verwaltungshandeln die unmittelbarere demokratische Legitimation zu [auf Bundesebene: Art. 38 Abs. 1 GG], und das parlamentarische
Verfahren gewährleistet ein höheres Maß an Öffentlichkeit der Auseinandersetzung [auf
Bundesebene: Art. 42 Abs. 1 Satz 1 GG] und Entscheidungssuche und damit auch größere
Möglichkeiten eines Ausgleichs widerstreitender Interessen."[404]

Um den Anforderungen dieser sog. **Wesentlichkeitstheorie** zu genügen, müssen zu- 181
mindest die Voraussetzungen für den Grundrechtseingriff sowie die bei ihrem Vorliegen
zu erwartenden Eingriffshandlungen und -ziele im förmlichen Bundes- bzw. Landesgesetz
bestimmt sein.[405] Die formell-gesetzliche Normierungspflicht betrifft nämlich „nicht nur
die Frage, ob ein bestimmter Gegenstand überhaupt gesetzlich geregelt sein muß, sondern
auch, wie weit diese Regelungen im einzelnen zu gehen haben", d. h. die Regelungsdichte:[406]
Je intensiver der Grundrechtseingriff ist, umso detaillierter muss das Parlamentsgesetz sein,

---

[402] Das ist Folge der *Elfes*-Rspr. des BVerfG (Rn. 166 f.), siehe *Detterbeck*, Öffentliches Recht, Rn. 317.
Zum gesamten Vorstehenden vgl. *Pieroth/Schlink*, Grundrechte, Rn. 359; *Sodan/Ziekow*, Grundkurs
Öffentliches Recht, § 24 Rn. 55.
[403] BVerfGE 83, 130 (142); 88, 103 (116); *Ipsen*, Staatsrecht II, Rn. 172; *Manssen*, Staatsrecht II,
Rn. 156.
[404] BVerfGE 40, 237 (249).
[405] *Hufen*, Staatsrecht II, § 9 Rn. 4; *Wilms*, Staatsrecht II, Rn. 222.
[406] BVerfGE 101, 1 (34) m. w. N. Siehe auch *Epping*, Grundrechte, Rn. 405.

sog. Gleitformel.[407] Insofern „genügt es daher nicht, dass überhaupt eine parlamentsgesetz-liche Regelung vorhanden ist; vielmehr muss die Legislative auch alle wesentlichen Fragen selbst im förmlichen Gesetz entschieden haben."[408]

182   In diesem Umfang überschneiden sich die aus der Wesentlichkeitstheorie resultieren-den Anforderungen mit dem aus dem Rechtsstaatsprinzip des Art. 20 Abs. 3 GG folgen-den allgemeinen **Bestimmtheitsgebot**, welches im Hinblick auf Strafnormen in Art. 103 Abs. 2 GG („*nulla poena sine lege certa*"[409]) und bzgl. Ermächtigungen zum Erlass von Rechtsverordnungen in Art. 80 Abs. 1 Satz 2 GG spezielle Ausprägungen erfahren hat.[410] Es verlangt hinsichtlich sämtlicher Rechtsvorschriften – und nicht nur bzgl. förmlicher Gesetze –, dass der Gesetzgeber „Anlass, Zweck und Grenzen des Eingriffs hinreichend bereichsspezifisch, präzise und normenklar" festlegt. Dadurch soll insbesondere sicher-gestellt werden, „dass Regierung und Verwaltung im Gesetz steuernde und begrenzen-de Handlungsmaßstäbe vorfinden und dass die Gerichte eine wirksame Rechtskontrolle durchführen können. Ferner erlauben die Bestimmtheit und Klarheit der Norm, dass der betroffene Bürger sich auf mögliche belastende Maßnahmen einstellen kann."[411] Konkret bedeutet dieses sog. **Gebot der Normenklarheit und -bestimmtheit**, dass „die tatsächli-chen Voraussetzungen für die [in der jeweiligen Norm] ausgesprochene Rechtsfolge [...] für die Betroffenen in zumutbarer Weise zu erkennen" sein müssen.[412]

Beispiel 40[413]

183   Entgegen den Bestimmungen in dem von Notar N angenommenen Treuhandauftrag überwies dieser den von Grundstückskäufer K auf das Notaranderkonto des N einge-zahlten Kaufpreis vorzeitig an Grundstücksverkäufer V. Zur Eintragung des Eigentums-

---

[407] Vgl. BVerfGE 86, 288 (311) m. w. N. und siehe *Pieroth/Schlink*, Grundrechte, Rn. 278; *Zippeli-us/Würtenberger*, Deutsches Staatsrecht, § 12 Rn. 41.

[408] *Wienbracke, Mike*, Allgemeines Verwaltungsrecht, 3. Auflage, Heidelberg 2012, Rn. 15 m. w. N.

[409] Lat.: „Keine Strafe ohne hinreichend bestimmtes Gesetz".

[410] Vgl. *Jarass*, in: ders./Pieroth, GG, Art. 20 Rn. 57, 60.

[411] BVerfGE 118, 168 (186); 120, 378 (407 f.) m. w. N. Zur Vereinbarkeit von **unbestimmten Rechts-begriffen** (z. B. „öffentliche Ordnung" i. S. v. § 14 Abs. 1 OBG NRW) und **Generalklauseln** (z. B. § 8 Abs. 1 PolG NRW: „kann die notwendigen Maßnahmen treffen") mit dem Bestimmtheitsgebot siehe *Michael/Morlok*, Grundrechte, Rn. 565 f. Dort (Rn. 564) auch zur **Abhängigkeit** der Be-stimmtheitsanforderungen **von der jeweiligen Regelungsmaterie**. Vgl. ferner BVerfG, NVwZ 2009, S. 1486 (1488): „Die **Konkretisierung gesetzlicher Tatbestandsmerkmale** gehört zu den anerkann-ten Aufgaben der **Rechtsprechung**, die sie auch im Interesse der verfassungsrechtlich geforderten Rechtssicherheit wahrnimmt. Entscheidend ist, dass die [konkreten Grundrechts-]beschränkungen aus den [gesetzlichen] Vorschriften selbst und ihrem Regelungszusammenhang ableitbar sind. Selbst das Fehlen einer ausdrücklichen und bestimmten normativen Regelung bedeutet noch nicht, dass eine [grundrechts-]einschränkende Gerichtsentscheidung den Anforderungen des [...] GG wider-sprechen müsste. Auch aus einer Gesamtregelung kann sich unter Berücksichtigung ihrer Auslegung in Rechtsprechung und Schrifttum eine hinreichend erkennbare und bestimmte, den Anforderungen des Gesetzesvorbehalts genügende Regelung [...] ergeben" (Hervorhebungen d. d. Verf.).

[412] BVerfGE 128, 1 (59). Siehe auch BVerfGE 108, 186 (235).

[413] Nach BVerfG, NJW 2009, S. 2370. Siehe auch **Beispiel 116**.

wechsels im Grundbuch kam es nachfolgend jedoch nicht mehr, da u. a. eine Unbedenklichkeitsbescheinigung des Finanzamts gem. § 22 GrEStG fehlte. Daraufhin wurde N gem. § 266 Abs. 1 StGB wegen Untreue verurteilt. N meint, diese Strafvorschrift verstoße gegen das Bestimmtheitsgebot aus Art. 103 Abs. 2 GG, soweit in § 266 Abs. 1 StGB das Tatbestandsmerkmal des Zufügens eines (Vermögens-)„Nachteils" verwendet wird. Dringt N mit dieser Auffassung durch?

Nein. Art. 103 Abs. 2 GG verpflichtet den Gesetzgeber, die Voraussetzungen der Strafbarkeit so genau zu umschreiben, dass Tragweite und Anwendungsbereich der Straftatbestände für den Normadressaten bereits aus dem Gesetz selbst zu erkennen sind und sich durch Auslegung ermitteln und konkretisieren lassen. Auf diese Weise will das Grundgesetz gewährleisten, dass jedermann sein Verhalten auf die Strafrechtslage eigenverantwortlich einrichten kann und keine unvorhersehbaren staatlichen Reaktionen befürchten muss. Dieses Gebot der Gesetzesbestimmtheit bedeutet jedoch nicht, dass der Gesetzgeber gezwungen ist, sämtliche Straftatbestände ausschließlich mit deskriptiven, exakt erfassbaren Tatbestandsmerkmalen zu umschreiben. Vielmehr sind Generalklauseln oder unbestimmte, wertausfüllungsbedürftige Begriffe auch im Strafrecht nicht von vorneherein verfassungsrechtlich zu beanstanden. Jedenfalls bestehen gegen ihre Verwendung solange keine durchgreifenden Bedenken, als sich mit Hilfe der üblichen Auslegungsmethoden (Wortlaut, Systematik, Historie und Telos) oder auf Grund einer gefestigten Rechtsprechung eine zuverlässige Grundlage für die Auslegung und Anwendung der betreffenden Norm gewinnen lässt, sodass der Einzelne die Möglichkeit hat, den durch die Strafnorm geschützten Wert sowie das Verbot bestimmter Verhaltensweisen zu erkennen und die staatliche Reaktion vorauszusehen. Gemessen hieran ist das Tatbestandsmerkmal des „Nachteils" in § 266 Abs. 1 StGB noch hinreichend bestimmt. Zwar ist der „Nachteil" für das betroffene Vermögen ein weiter Begriff. Allerdings hat dieser einen allgemein verständlichen Bedeutungsgehalt, nämlich „etwas, was sich für jemanden gegenüber einem anderen negativ auswirkt, ihn beeinträchtigt, ihm schadet", vgl. *Duden*, Deutsches Universalwörterbuch, 5. Auflage 2003, S. 1120. Dieser umgangssprachliche Wortsinn stimmt überein mit der Auslegung des Begriffs des „Nachteils" im StGB, worunter die dort h. M. eine durch die Tathandlung verursachte Vermögensminderung versteht, vgl. BGHSt 15, 342 (343 f.). Hierdurch erhält der Rechtsanwender noch ausreichende Vorgaben hinsichtlich der Auslegung des Merkmals (Vermögens-)„Nachteil". Angesichts der Notwendigkeit, den tatbestandlichen Erfolg i. S. v. § 266 Abs. 1 StGB in einer Weise zu umschreiben, die sämtliche nach dem Normzweck strafwürdigen Folgen des ungetreuen Handelns erfasst und zudem zukunftsoffen für neue wirtschaftliche Zusammenhänge bleibt, durfte der Gesetzgeber einen derart weiten Begriff wählen. Für den Einzelnen ist das Risiko einer Strafbarkeit dabei noch ausreichend deutlich erkennbar.

184   Diese Vorgaben sind ebenfalls bei der als solcher grundsätzlich zulässigen Delegati-
on von Rechtssetzungsbefugnissen durch die Legislative auf die Exekutive zu beachten.[414]
So darf sich der förmliche Gesetzgeber seiner Verantwortung zur Regelung aller grund-
rechtswesentlichen Fragen insbesondere nicht dadurch entziehen, dass er die Verwaltung
„großzügig" zum eigenständigen Erlass von grundrechtseingreifenden Gesetzen (im materiellen Sinn) ermächtigt.[415] Während einem solchen Bestreben speziell im Hinblick auf
Rechtsverordnungen regelmäßig bereits die Vorschrift des Art. 80 Abs. 1 Satz 2 GG entgegensteht,[416] wonach „Inhalt, Zweck und Ausmaß" der Ermächtigung im Parlamentsgesetz
„bestimmt" sein müssen, greift das BVerfG bei der Verleihung von **Satzung**sgewalt v. a.
auf das Demokratieprinzip des Art. 20 Abs. 1 GG zurück und verlangt auch insofern, dass
der parlamentarische Gesetzgeber alle wesentlichen Entscheidungen selbst trifft, d. h. „eine
hinreichend präzisierte Ermächtigung zu exekutiver Normsetzung formuliert."[417]

Beispiel 41[418]

185   Gem. § 2 HeilberufsG des Bundeslands B gehören alle dort praktizierenden Ärztin-
nen und Ärzte der Ärztekammer B – einer Körperschaft des öffentlichen Rechts – an.
Nach § 5 dieses Gesetzes kann die Ärztekammer B eine für ihre Kammerangehöri-
gen verbindliche Berufsordnung durch besondere Satzung beschließen. Da in B keine
formell-gesetzlichen Vorschriften über Fachärzte bestehen, erlässt die Ärztekammer B
eine Berufsordnung, die das gesamte Facharztwesen regelt, sog. Facharztordnung. Danach hängt die Erteilung der Facharztbezeichnung in einem Gebiet davon ab, dass der
diese beantragende Arzt eine entsprechende mehrjährige Weiterbildung absolviert und
mit einer Facharztprüfung erfolgreich abgeschlossen hat. Nähere Angaben zur Mindestdauer der Ausbildung sind in § 7 der Facharztordnung enthalten. Als Medizinstudent
M bei einer Studentenfete Jurastudent J von diesem „Normengestrüpp" berichtet, kommen J insoweit Bedenken an der Verfassungsmäßigkeit. Sind diese Zweifel begründet?

Ja. Zwar postuliert Art. 12 Abs. 1 GG nicht, dass Regelungen, die die Berufsfreiheit
beschränken, ausschließlich durch den staatlichen Gesetzgeber oder durch die von die-

---

[414] *Michael/Morlok*, Grundrechte, Rn. 576. **Ausnahme** z. B. Art. 104 Abs. 1 Satz 1 GG. Andernfalls
ist die Ermächtigungsgrundlage **verfassungswidrig**, siehe *Stein/Frank*, Staatsrecht, § 20 II 6.
[415] Vgl. *Pieroth/Schlink*, Grundrechte, Rn. 272 ff.
[416] *Hufen*, Staatsrecht II, § 9 Rn. 6. Bzw. die **entsprechenden Bestimmungen der jeweiligen Landesverfassung**, z. B. Art. 61 Abs. 1 Satz 2 LVerf BW, Art. 70 Satz 2 LVerf NRW. „Das Bundesverfassungsgericht prüft [. . .] Rechtsverordnungen des Bundes auch daraufhin, ob sie sich im Rahmen der nach
Art. 80 Abs. 1 GG erforderlichen gesetzlichen Ermächtigungsgrundlage halten", BVerfGE 127, 293
(320) m. w. N. Speziell zur Verfassungsbeschwerde siehe Rn. 664.
[417] *Sachs*, Verfassungsrecht II, A 9 Rn. 13. Vgl. auch BVerfGE 111, 191 (214 ff.). Beachte: „Die Selbst-
verwaltungskompetenz [z. B. **Art. 28 Abs. 2 GG**] gibt keine Befugnis zum Eingriff in Grundrechte",
Hufen, Staatsrecht II, § 9 Rn. 5. Vielmehr bedarf es für eine grundrechtsbeschränkende Satzung einer
über die allgemeine Ermächtigung (z. B. § 7 Abs. 1 Satz 1 GO NRW) zum Satzungserlass hinaus-
gehenden besonderen parlamentsgesetzlichen Grundlage (z. B. § 2 KAG NRW), siehe *Wienbracke,
Mike*, Allgemeines Verwaltungsrecht, 3. Auflage, Heidelberg 2012, Rn. 17.
[418] Nach BVerfGE 33, 125. Siehe auch **Beispiel 51**.

sem hierzu ermächtigte staatliche Exekutive getroffen werden müssen. Vielmehr sind derartige Regelungen innerhalb bestimmter Grenzen auch in Gestalt von Satzungen zulässig, die – wie hier in Bezug auf die Facharztordnung der Ärztekammer B der Fall – von einer mit Autonomie versehenen Körperschaft des öffentlichen Rechts erlassen werden. Das Grundgesetz setzt der Verleihung und Ausübung von Satzungsgewalt jedoch bestimmte Grenzen. So folgt namentlich aus dem Demokratieprinzip des Art. 20 Abs. 1 GG auch außerhalb des auf Rechtsverordnungen beschränkten Art. 80 Abs. 1 GG, dass der Gesetzgeber sich seiner Rechtsetzungsbefugnis nicht völlig entäußern und seinen Einfluss auf den Inhalt der von den körperschaftlichen Organen zu erlassenden Normen nicht vollständig preisgeben darf. Jedenfalls die Entscheidung darüber, welche Gemeinschaftsinteressen so gewichtig sind, dass das Freiheitsrecht des Einzelnen aus Art. 12 Abs. 1 GG zurücktreten muss, überträgt dessen Satz 2 ausdrücklich dem parlamentarischen Gesetzgeber. Hieraus folgt im Hinblick darauf, dass die Entscheidung, sich der Tätigkeit eines Facharztes zu widmen, einer Berufswahl zumindest nahekommt, im Bereich des Facharztwesens jedenfalls die sog. „statusbildenden" Normen, d. h. gerade auch die hier infrage stehenden Regeln, welche die Voraussetzungen der Facharztanerkennung, die zugelassenen Facharztrichtungen sowie die Mindestdauer der Ausbildung betreffen, in den Grundzügen durch ein förmliches Gesetz festgelegt werden müssen. Genau dies hat der insoweit zuständige Landesgesetzgeber vorliegend aber nicht getan.

(2) Verhältnismäßigkeitsgrundsatz

Von nachgerade überragender Bedeutung für die Grundrechtsprüfung ist die Schranken-Schranke des **Verhältnismäßigkeitsgrundsatzes** (synonym: Übermaßverbot), dessen verfassungsrechtlicher Rang sich auch ohne explizite Regelung im Grundgesetz „aus dem Rechtsstaatsprinzip, im Grunde bereits aus dem Wesen der Grundrechte selbst [ergibt], die als Ausdruck des allgemeinen Freiheitsanspruchs des Bürgers gegenüber dem Staat von der öffentlichen Gewalt jeweils nur so weit beschränkt werden dürfen, als es zum Schutz öffentlicher Interessen unerlässlich ist."[419] Die meisten Entscheidungen, in denen das BVerfG auf einen Verstoß gegen ein Freiheitsgrundrecht erkannt hat, sind auf die Verletzung eben dieses Grundsatzes zurückzuführen.[420]

186

▶   Der **Grundsatz der Verhältnismäßigkeit** verlangt, „dass ein Grundrechtsein-   187
    griff einem legitimen Zweck dient und als [legitimes] Mittel zu diesem Zweck
    geeignet, erforderlich und angemessen ist."[421]

---

[419] BVerfGE 19, 342 (348 f.). Siehe auch *Sodan/Ziekow*, Grundkurs Öffentliches Recht, § 24 Rn. 32. Zum Gegenstück des Übermaßverbots (Verhältnismäßigkeitsgrundsatz), dem **Untermaßverbot**, siehe Rn. 81.

[420] *Stein/Frank*, Staatsrecht, § 30 V.

[421] BVerfGE 120, 274 (318 f.) m. w. N. Bzgl. einzelner Grundrechte hat der Verhältnismäßigkeitsgrundsatz in der BVerfG-Rspr. eine besondere Ausprägung erfahren, siehe die zu Art. 5 Abs. 1 GG entwickelte **Wechselwirkungslehre** (Rn. 395 ff.) und die zu Art. 12 Abs. 1 GG entwickelte **Drei-Stufen-Theorie** (Rn. 258 ff.), siehe *Wilms*, Staatsrecht II, Rn. 240.

188   Wird dem Staat durch diesen Grundsatz der Sache nach letztlich nichts anderes un-
         tersagt, als was auch schon der Volksmund mit der Redensart „mit Kanonen auf Spatzen
         schießen" verpönt, so lässt sich die demnach aufgeworfene Frage, ob das staatlicherseits
         eingesetzte Mittel in einer verhältnismäßigen Relation zu dem vom Staat verfolgten Zweck
         (Ziel) steht, denknotwendig nur dann beantworten, wenn zunächst der Zweck und das
         Mittel des Staatshandelns jeweils isoliert für sich in einer Art „**Vorprüfung**" – zumindest
         gedanklich – herausgearbeitet werden.[422] Sofern sich hierbei ergeben sollte, dass der Staat
         entweder schon nicht berechtigt war, den jeweiligen Zweck zu verfolgen (Rn. 189 ff.) oder
         aber das von ihm zur Zweckverfolgung gewählte Mittel als solches nicht verwenden durf-
         te (Rn. 192 f.), kommt es gar nicht mehr zur Prüfung der Mittel-Zweck-Relation. Denn
         bei Verfolgung eines *per se* illegitimen Zwecks oder dem Einsatz eines für sich (absolut)
         verfassungswidrigen Mittels kann auch das (relative) Verhältnis beider zueinander nicht
         verfassungskonform sein.[423] Sofern ein solcher (Ausnahme-)Fall jedoch nicht vorliegt, ist
         der Einstieg in die **eigentliche Verhältnismäßigkeitsprüfung** eröffnet und es ist danach zu
         fragen, ob das Mittel zur Zweckerreichung geeignet (Rn. 194 ff.), erforderlich (Rn. 198 ff.)
         und angemessen (Rn. 204 ff.) ist.[424] Hierbei ist zu beachten, dass die drei vorgenannten
         Kriterien in einem Stufenverhältnis zueinander stehen: Erweist sich das Mittel bereits als
         nicht geeignet (bzw. erforderlich), so steht seine Unverhältnismäßigkeit (i. w. S.) damit fest
         und es ist seine Erforderlichkeit (bzw. Angemessenheit) nicht mehr zu prüfen.[425]

(a) Zweck

189   Welchen Zweck der Staat – im vorliegenden Zusammenhang: der Gesetzgeber (Rn. 164) –
         mit dem von ihm eingesetzten Mittel genau verfolgt, ist durch **Auslegung** der jeweiligen
         gesetzlichen Regelung nach ihrem Wortlaut, ihrer Systematik, ihrer Historie sowie ihrem
         Telos zu ermitteln.[426] Ist der Gesetzeszweck auf diese Weise identifiziert, so ist anschlie-
         ßend zu untersuchen, ob dieser auch **legitim** ist.[427] Hierbei gilt, dass die Legislative –
         anders als die gem. Art. 20 Abs. 3 GG jeweils an „Gesetz und Recht" gebundene Exekutive

---

[422] *Detterbeck*, Öffentliches Recht, Rn. 300; *Michael*, JuS 2001, S. 654 (655); *Sodan/Ziekow*, Grundkurs
Öffentliches Recht, § 24 Rn. 32; *Stein/Frank*, Staatsrecht, § 30 V.

[423] Vgl. *Detterbeck*, Öffentliches Recht, Rn. 302.

[424] *Wilms*, Staatsrecht II, Rn. 239.

[425] Vgl. *Detterbeck*, Öffentliches Recht, Rn. 309.

[426] Vgl. *Sachs*, Verfassungsrecht II, A 10 Rn. 34. Ein **pauschaler Hinweis auf** das „**öffentliche Interesse**" etc. **genügt nicht**, siehe *Epping*, Grundrechte, Rn. 52. Dient das Mittel zugleich **mehreren
Zwecken**, so ist für jeden von ihnen zu prüfen, ob er den Grundrechtseingriff rechtfertigt, siehe *Mi-
chael/Morlok*, Grundrechte, Rn. 617. Ob insoweit sämtliche – **objektiv** denkbaren – Gesetzeszwecke
berücksichtigungsfähig sind (so z. B. BVerfG, NVwZ-RR 2012, S. 257 [259] und NJW 1998, S. 1776
[1777] jeweils m. w. N.: „Berücksichtigung aller Gesichtspunkte, auch wenn sie in der Gesetzesbe-
gründung keinen Niederschlag gefunden haben") oder allein die – **subjektiv** – vom Gesetzgeber
verfolgten beachtlich sind (vgl. BVerfGE 93, 121 [147]: „erkennbare Entscheidung des Gesetzgebers"
sowie BVerfG, NVwZ 2003, S. 715 [717] m. w. N.), ist streitig, siehe *Manssen*, Staatsrecht II, Rn. 182.

[427] Vgl. BVerfGE 101, 331 (348) und siehe *Pieroth/Schlink*, Grundrechte, Rn. 289 ff. „Nach der Rechtsprechung des BVerfG ist es grundsätzlich ein **legitimes Gemeinwohlanliegen, Menschen davor zu**

und Judikative – über einen weiten Spielraum verfügt.[428] Denn gem. Art. 20 Abs. 3 GG
ist der Gesetzgeber allein an das Grundgesetz gebunden, sodass er im Übrigen, d. h. mit
Ausnahme der Verfolgung verfassungswidriger Ziele (ein derartiges „Zweckverbot" enthält
z. B. Art. 3 Abs. 2 Satz 1 GG), bei seiner Zweckwahl frei ist:[429] „Legitime Gemeinwohl-
ziele können, müssen sich aber nicht aus der Verfassung ergeben."[430] Insofern „eröffnet
sich im Grunde der gesamte Horizont der Staatsaufgaben", falls nicht im betreffenden Fall
ein qualifizierter Gesetzesvorbehalt bzw. eine verfassungsimmanente Schranke inhaltliche
Vorgaben in Bezug auf den Eingriffszweck machen.[431]

Beispiel 42[432]

Mit der alleinigen Zielrichtung, Umsatzverlagerungen von einer Apotheke zu einer an-   190
deren Apotheke zu verhindern, wird ein Gesetz erlassen, das Apothekern jegliche Werbung verbietet. Steht diese Regelung in Einklang mit dem GG?
    Nein. Der durch das Werbeverbot bewirkte Eingriff in das Grundrecht der Berufs-
freiheit (Art. 12 Abs. 1 Satz 1 GG) ist verfassungsrechtlich bereits deshalb nicht gerechtfertigt, weil der hiermit verfolgte Zweck des Schutzes vor Umsatzverlagerungen, d. h.
vor „Abwandern" von Kunden zur Konkurrenz, nicht legitim und damit das Gesetz
insgesamt unverhältnismäßig ist. Denn in Anbetracht von Art. 12 Abs. 1, Art. 3 Abs. 1
und Art. 2 Abs. 1 GG ist Konkurrenzschutz für sich allein kein Gemeinwohlbelang, der
einen Eingriff in die Berufsfreiheit zu rechtfertigen vermag.

Ein vom Gesetzgeber mit einer konkreten Maßnahme etwaig zu schützen beabsichtig-   191
tes **Gemeinwohlinteresse** (z. B. der Schutz des Vertrauens der Patienten in die Integrität
der Ärzteschaft) rechtfertigt einen Grundrechtseingriff (z. B. ärztliches Werbeverbot) allerdings dann nicht, wenn dieses Interesse durch die infolge der Maßnahme beschränkte
Grundrechtsbetätigung (z. B. Zahnarzt wirbt mit dem Betrieb eines zahntechnischen La-
bors) schon gar nicht **gefährdet** wird.[433] Allerdings kommt dem Gesetzgeber nicht nur
hinsichtlich der Auswirkungen eines Gesetzes (Rn. 196, 202), „sondern auch bei der Beurteilung einer Bedrohungslage für das Gemeinschaftsgut, zu dessen Schutz er im konkreten Fall tätig wird", ein Einschätzungs- und Prognosespielraum zu. Dieser ist allerdings
dann überschritten, wenn die legislatorischen Vorstellungen „in einem Maße wirtschaftli-

---

bewahren, sich selbst leichtfertig einen größeren persönlichen **Schaden zuzufügen**", BVerfG, NJW
2012, S. 1062 (1063) m. w. N. (Hervorhebungen d. d. Verf.).

[428] Vgl. BVerfGE 77, 84 (106) und siehe *Wienbracke, Mike*, Allgemeines Verwaltungsrecht, 3. Auflage,
Heidelberg 2012, Rn. 245.

[429] Vgl. BVerfGE 30, 292 (316) und siehe *Sodan/Ziekow*, Grundkurs Öffentliches Recht, § 24 Rn. 35.

[430] *Hufen*, Staatsrecht II, § 9 Rn. 19. Im vorliegenden Zusammenhang geht es also „allein um Legitimität am Maßstab des höherrangigen Rechts" – und **nicht** etwa darum, ob „der Zweck der Maßnahme
politisch oder **moralisch** zustimmungswürdig ist", von *Kielmansegg*, JuS 2009, S. 118 (121) (Hervorhebungen d. d. Verf.).

[431] *Ipsen*, Staatsrecht II, Rn. 187 (im Original mit Hervorhebung).

[432] Nach BVerfGE 94, 372; *Detterbeck*, Öffentliches Recht, Rn. 301. Siehe auch **Beispiel 48**.

[433] BVerfG, NJW 2011, S. 2636 (2637).

chen Gesetzen oder praktischer Erfahrung widersprechen, dass sie vernünftigerweise keine Grundlage für gesetzgeberische Maßnahmen abgeben können."[434]

(b) Mittel

192   Ist der vom Gesetzgeber verfolgte Zweck **verfassungsrechtlich legitim**, so muss Gleiches ebenfalls auf das gewählte Mittel, d. h. die konkret getroffene Maßnahme (den staatlichen Eingriffsakt), zutreffen.[435] Dieses muss als solches vom Staat eingesetzt werden dürfen.[436] Insoweit gilt wiederum, dass die Legislative gem. Art. 20 Abs. 3 GG allein an die Verfassung gebunden ist („Mittelverbote" enthalten z. B. Art. 102 und 104 Abs. 1 Satz 2 GG), wohingegen sich Verwaltung und Rechtsprechung nur der ihnen nach „Gesetz und Recht" vorgegeben Instrumente bedienen dürfen.[437]

Beispiel 43[438]

193   Mit der Begründung, dass die bestehenden Vorschriften nicht ausreichten, um die Entwicklung von Kindern und Jugendlichen zu eigenverantwortlichen und gemeinschaftsfähigen Persönlichkeiten vor Beeinträchtigungen durch Filme zu schützen, fügt der Bundestag mit Zustimmung des Bundesrats eine neue Vorschrift (§ 15a) in das JuSchG ein, wonach Filme, die öffentlich vorgeführt werden sollen, zuvor der zuständigen Behörde vorzulegen sind, die sie anhand von bestimmten, im Gesetz genannten Grundsätzen prüft und je nach dem Ergebnis ihrer Prüfung die öffentliche Vorführung erlaubt oder verbietet. Ungeprüfte Filme dürfen der Öffentlichkeit nicht zugänglich gemacht werden. Ist eine solche Bestimmung verfassungsgemäß?

Nein. Die Regelung des § 15a JuSchG n. F. (Vorzensur) greift in das Grundrecht aus Art. 5 Abs. 1 Satz 1 2. Hs. GG (Informationsfreiheit) ein, ohne dass dieser Eingriff gerechtfertigt wäre. Zwar verpflichtet Art. 5 Abs. 2 GG den Gesetzgeber bei Eingriffen in ein Grundrecht aus Art. 5 Abs. 1 Satz 1 GG ausdrücklich auf den auch hier verfolgten Zweck des Jugendschutzes. Doch ist ihm zur Erreichung dieses Ziels das Mittel der (Vor-)Zensur durch Art. 5 Abs. 1 Satz 3 GG gerade verboten.

(c) Geeignetheit

194   Die eigentliche Verhältnismäßigkeitsprüfung (i. w. S.) beginnt mit dem Kriterium der Geeignetheit des Mittels zur Zweckerreichung.[439] Eine ungeeignete Maßnahme vermag den verfolgten Zweck niemals zu erreichen, sodass sie stets als „übermäßig" zu qualifizieren ist.[440]

---

[434] BVerfG, NVwZ 2010, S. 1212 (1216) m. w. N.
[435] *Detterbeck*, Öffentliches Recht, Rn. 300; *Michael/Morlok*, Grundrechte, Rn. 612.
[436] *Pieroth/Schlink*, Grundrechte, Rn. 289.
[437] *Pieroth/Schlink*, Grundrechte, Rn. 290.
[438] Nach BVerfGE 33, 52.
[439] Vgl. *Michael*, JuS 2001, S. 148 (149).
[440] *Ipsen*, Staatsrecht II, Rn. 189 m. w. N.

▸   „Ein Mittel ist […] dann im verfassungsrechtlichen Sinne **geeignet** [zur Zwecker-   195
reichung], wenn mit seiner Hilfe der gewünschte Erfolg gefördert werden kann,
wobei die Möglichkeit der Zweckerreichung genügt."[441]

Nicht verlangt wird dagegen, dass der Gesetzgeber das jeweils **bestmögliche** (optima-   196
le) Mittel zum Einsatz bringt.[442] Auch muss der erstrebte Erfolg **nicht** in jedem Einzelfall
tatsächlich eintreten.[443] Vielmehr reicht es nach der vorstehenden Definition aus, wenn
das Mittel die abstrakte Möglichkeit aufweist, den jeweiligen Zweck zu erreichen, wofür
schon eine Teileignung genügt.[444] Da das BVerfG dem **Parlament** insofern zudem einen
weiten, gerichtlich nur in begrenztem Umfang nachprüfbaren **Einschätzungs- und Pro-
gnosevorrang** (-prärogative) einräumt und eine verfassungsrechtliche Beanstandung unter
dem Aspekt der Geeignetheit lediglich dann für möglich hält, wenn „das vom Gesetzgeber angewandte Mittel von vornherein objektiv untauglich" ist, verwundert es nicht, dass
ein grundrechtseinschränkendes Gesetz nur äußerst selten an der Eignungsprüfung scheitert.[445]

Beispiel 44[446]

Gem. § 3 Abs. 1 EinzelHG a. F. ist zur Ausübung des Einzelhandels eine Erlaubnis erfor-   197
derlich, die zu versagen ist, wenn der Unternehmer nicht die erforderliche Sachkunde
nachweisen kann. Während § 4 Abs. 2 EinzelHG a. F. für den Einzelhandel mit Lebensmitteln und Arzneimitteln eine jeweils besondere Warenkunde verlangt, ist für den
allgemeinen Einzelhandel der Nachweis der Sachkunde bereits dann erbracht, wenn der
Bewerber in einer besonderen Prüfung allgemeine Kenntnisse der beim Einzelhandel
vorkommenden kaufmännischen Vorgänge nachweist; Warenkenntnisse sind insofern
nicht notwendig. Alternativ hierzu genügt auch das Bestehen einer Kaufmannsgehil-
fenprüfung in einem beliebigen Zweig des Handelsgewerbes mit anschließender praktischer Tätigkeit im Handel von mindestens zwei Jahren. Da Unternehmer U seinen allgemeinen Einzelhandelsbetrieb ohne einen solchen Sachkundenachweis betreibt, wurde
gegen ihn ein Bußgeld verhängt. Nach erfolgter Einlegung eines Einspruchs hiergegen

---

[441] BVerfGE 115, 276 (308).
[442] *Manssen*, Staatsrecht II, Rn. 183.
[443] Vgl. BVerfGE 67, 157 (175) und siehe *Jarass*, in: ders./Pieroth, GG, Art. 20 Rn. 84. Je nach Konstellation kann es daher durchaus **mehrere geeignete Mittel** geben, siehe *Wilms*, Staatsrecht II, Rn. 245.
„Der Staat ist bei der Auswahl unter den geeigneten Mitteln […] frei", *Detterbeck*, Öffentliches Recht,
Rn. 303 (im Original mit Hervorhebung).
[444] BVerfGE 100, 313 (373); *Michael/Morlok*, Grundrechte, Rn. 619; *Wilms*, Staatsrecht II, Rn. 245.
[445] BVerfGE 16, 147 (181). Siehe auch BVerfGE 115, 276 (308) m. w. N.; *Hufen*, Staatsrecht II, § 9
Rn. 20. Vgl. ferner BVerfG, NJW 2012, S. 1062 (1063): Mit dem Sonnenstudioverbot für Minderjährige verfolgt der **Gesetzgeber** „das Ziel, die Bevölkerung […] vor UV-Strahlung zu schützen, da
eine Vielzahl von **wissenschaftlichen Untersuchungen nach** *seiner* **Auffassung belegt**, dass diese
sowohl die Hautkrebsentstehung als auch den Verlauf einer bestehenden Hautkrebserkrankung entscheidend beeinflusst" (Hervorhebungen d. d. Verf.).
[446] Nach BVerfGE 19, 330.

ist nunmehr das Amtsgericht mit der Angelegenheit befasst, welches das Verfahren nach
Art. 100 Abs. 1 GG ausgesetzt und die Entscheidung des BVerfG darüber erbeten hat,
ob § 3 Abs. 1 EinzelHG a. F. mit dem Grundgesetz vereinbar ist. Zu welchem Ergebnis
wird das BVerfG bzgl. der Frage der Verhältnismäßigkeit von § 3 Abs. 1 EinzelHG a. F.
gelangen?

§ 3 Abs. 1 EinzelHG a. F. bezweckt den Schutz des Verbrauchers, der dem Einzelhändler als Kunde gegenübersteht, vor der Gefahr gesundheitlicher oder auch wirtschaftlicher Schädigung. Zur Erreichung dieses wichtigen Gemeinschaftsinteresses ist
das hier gewählte, als solches legitime Mittel der Sachkundeprüfung allerdings ungeeignet. Denn der Einzelhändler wirkt lediglich durch Warendistribution an der Be-
darfsdeckung mit. Seine volkswirtschaftliche Funktion besteht darin, Waren zu beschaffen, zu lagern und – regelmäßig an private Verbraucher – abzusetzen. Die Be- und
Verarbeitung der Ware („Manipulation"), die weitgehend von den Produktions- und
Großhandelsbetrieben übernommen wurde, tritt demgegenüber ganz zurück. Vielmehr
werden im Einzelhandel typischerweise verwendungsbereite Konsumwaren abgesetzt.
Gesundheitliche Gefahren könnten dem Verbraucher von einem fachlich ungeeigne-
ten Einzelhändler daher allenfalls beim Handel mit Lebensmitteln, Arzneimitteln und
dergleichen drohen. Für diese Warenzweige gelten denn auch gem. § 4 Abs. 2 Einzel-
HG a. F. besondere Vorschriften, die im vorliegenden Zusammenhang des allgemeinen
Einzelhandels jedoch nicht zu prüfen sind. Dagegen vermag der allgemeine Einzelhandel den Kunden gesundheitlich in aller Regel nicht zu gefährden. Allein die Möglichkeit wirtschaftlicher Gefährdung ist nicht auszuschließen, wenn der Einzelhändler beispielsweise mangelhafte Ware beschafft, die Ware unsachgemäß lagert oder den Kunden
unzulänglich berät. Diese Gefahr könnte ausgeschlossen oder doch zumindest reduziert werden, wenn von dem Einzelhändler der Nachweis der Warenkunde in seiner
besonderen Branche gefordert würde. Gerade diesen Nachweis verlangt das Gesetz jedoch nicht. Vielmehr begnügt es sich mit dem Nachweis allgemeiner kaufmännischer
Kenntnisse, die zudem noch in einer ganz anderen Branche erworben sein können. Das
Ziel des Verbraucherschutzes wird durch das Erfordernis des (kaufmännischen) Sach-
kundenacheises im allgemeinen Einzelhandel demnach in keiner Weise gefördert. Für
diesen Zweck ist das hier gewählte Mittel folglich ungeeignet und damit insgesamt unverhältnismäßig.

(d) Erforderlichkeit

198   Erweist sich das eingesetzte Mittel als zur Zweckerreichung geeignet, so folgt nunmehr
die Prüfung seiner Erforderlichkeit.[447] Denn „nur was geeignet ist, kann auch erforderlich
sein."[448]

---

[447] *Sodan/Ziekow*, Grundkurs Öffentliches Recht, § 24 Rn. 41.
[448] *Pieroth/Schlink*, Grundrechte, Rn. 298.

▶ „Das Mittel ist [zur Zweckerreichung] **erforderlich**, wenn der Gesetzgeber nicht 199
ein anderes, gleich wirksames, aber das Grundrecht nicht oder doch weniger
fühlbar einschränkendes [d. h. milderes] Mittel hätte wählen können."[449]

„Die Prüfung der Erforderlichkeit verlangt mithin zweierlei, nämlich **(1)** das Aufzei- 200
gen einer ihrerseits rechtmäßigen (!) Handlungsalternative [...] (‚milderes Mittel‘) und
(2) einen Vergleich der Effektivität [Geeignetheit] dieses anderen Mittels mit dem [...]
tatsächlich eingesetzten Mittel."[450] Hierauf liegt nicht selten der Schwerpunkt der Verhältnismäßigkeitsprüfung.[451]

Die erste Frage, nämlich ob es noch mindestens ein weiteres (**milderes** Alternativ-) 201
Mittel gibt, welches das betroffene Grundrecht weniger stark belastet als das vom Staat
tatsächlich eingesetzte Mittel, ist an die „juristische Phantasie" adressiert und von vornherein auf den Kreis des verfassungsrechtlich Legitimen beschränkt (Rn. 192 f.).[452] Ebenfalls
nicht „milder" sind solche Mittel, welche die durch den Grundrechtseingriff (z. B. Abga-
benerhebung) bei einer Gruppe (z. B. Arbeitgeber) bewirkte Belastung nur auf Dritte (z. B.
Arbeitnehmer) oder die Allgemeinheit (z. B. Aufgabenfinanzierung aus Steuermitteln) ver-
schieben.[453]

Wird sich *irgendein* milderes Mittel als das tatsächlich eingesetzte regelmäßig finden 202
(z. B. Selbstverpflichtung anstelle eines gesetzlichen Ge-/Verbots), so hat dies nach der o. g.
Definition allerdings nur dann die fehlende Erforderlichkeit des Letztgenannten zur Konsequenz, wenn das weniger stark belastende (Alternativ-)Mittel auch mindestens **genauso**
geeignet (wirksam, effektiv) ist wie das vom Staat verwendete Mittel – und zwar bzgl.
sämtlicher verfolgten Zwecke.[454] Bei dieser zweiten im Rahmen der Erforderlichkeitsprüfung zu untersuchenden Fragestellung setzt sich die legislative Einschätzungsprärogative
bzgl. der Geeignetheit eines Mittels zur Zweckerreichung (Rn. 196) fort[455] – im hiesigen
Zusammenhang freilich hinsichtlich des milderen Mittels –, weshalb eine staatliche Maßnahme nur dann auf der vorliegenden Stufe des Verhältnismäßigkeitsgrundsatzes scheitert,
wenn die „sachliche Gleichwertigkeit zur Zweckerreichung [...] bei dem als Alternative

---

[449] BVerfGE 30, 292 (316) (Hervorhebung d. d. Verf.). Siehe auch BVerfGE 90, 145 (172); 91, 207
(222) sowie die **Negativdefinition** bei *Detterbeck*, Öffentliches Recht, Rn. 304: Das Mittel ist nicht
erforderlich, „wenn der Staat zu einem anderen Mittel greifen könnte, das die Bürger weniger belastet,
aber ebenso effektiv ist" (im Original mit Hervorhebungen).

[450] *Wienbracke, Mike*, Allgemeines Verwaltungsrecht, 3. Auflage, Heidelberg 2012, Rn. 245 m. w. N.
(Hervorhebungen im Original), wo im Klammerzusatz nicht wie vorliegend auf ein „milderes Mittel",
sondern auf „andere Mittel" Bezug genommen wird.

[451] *Sodan/Ziekow*, Grundkurs Öffentliches Recht, § 24 Rn. 42. Steht dagegen **nur eine Maßnahme**
zur Verfügung, so ist diese auch erforderlich, siehe *Ipsen*, Staatsrecht II, Rn. 191.

[452] *Detterbeck*, Öffentliches Recht, Rn. 304.

[453] Vgl. BVerfGE 109, 64 (86) und siehe *Manssen*, Staatsrecht II, Rn. 186.

[454] Vgl. BVerfG, GewA 2010, 489 (490) und siehe *Detterbeck*, Öffentliches Recht, Rn. 304; *Micha-
el/Morlok*, Grundrechte, Rn. 620 f.

[455] Vgl. BVerfGE 117, 163 (189) und siehe *Voßkuhle*, JuS 2007, S. 429 (430).

vorgeschlagenen geringeren Eingriff [...] *eindeutig* feststeh[t]"[456] – und zwar „in jeder Hinsicht."[457]

> **Beispiel 45**[458]
>
> 203 Nach § 35 StBerG a. F. darf als Steuerberater nur bestellt werden, wer die Prüfung als Steuerberater bestanden hat oder wer von der Ableistung dieser Prüfung befreit worden ist. Die Zulassung zur Prüfung als Steuerberater setzt gemäß § 36 Abs. 1 StBerG a. F. entweder ein Hochschulstudium nebst dreijähriger Berufspraxis voraus (Nr. 1) oder aber nach Realschulabschluss und Lehrzeit eine zehnjährige hauptberufliche Tätigkeit auf dem Gebiet des Steuerwesens (Nr. 2). Als Sonderregelung für Beamte des gehobenen Dienstes bestimmt § 36 Abs. 2 StBerG a. F.: „Die Voraussetzungen des Absatzes 1 entfallen bei ehemaligen Beamten [...] des gehobenen Dienstes der Finanzverwaltung, die mindestens sieben Jahre auf dem Gebiet des Steuerwesens als Sachbearbeiter [...] tätig geworden sind." Ferner setzt die Zulassung zur Prüfung voraus, „daß der Bewerber nicht Beamter [...] der Finanzverwaltung ist, es sei denn, daß er seine Entlassung beantragt hat", § 37 Abs. 1 Nr. 3 StBerG a. F. F steht seit 20 Jahren im höheren Dienst der bayerischen Finanzverwaltung. Sein Antrag auf Zulassung zur Steuerberaterprüfung wurde vom Zulassungsausschuss des Finanzministeriums abgelehnt, weil er bislang noch keine Entlassung aus der Finanzverwaltung beantragt hatte; er sei kein „ehemaliger" Beamter. Daraufhin erhebt F Verpflichtungsklage auf Zulassung zur Steuerberaterprüfung. Zur Begründung führt F aus, dass die gesetzliche Regelung, wonach die Zulassung von Angehörigen der Finanzverwaltung zur Steuerberaterprüfung von einem vorherigen Antrag auf Entlassung aus dem öffentlichen Dienst abhängig ist, unverhältnismäßig sei und damit gegen sein Grundrecht auf Berufsfreiheit aus Art. 12 Abs. 1 GG verstoße. Hat F Recht, wenn es nach § 61 StBerG a. F. ehemaligen Angehörigen der Finanzverwaltung für die Dauer von drei Jahren nach ihrem Ausscheiden verboten ist, für solche Auftraggeber tätig zu werden, mit deren Steuerangelegenheiten sie innerhalb der letzten drei Jahre vor ihrem Ausscheiden befasst waren?
>
> Ja. Indem die beanstandete Regelung den Zugang zum freien Beruf des Steuerberaters mit der Erfüllung bestimmter Voraussetzungen in der Person des Bewerbers verknüpft, schränkt sie die von Art. 12 Abs. 1 GG geschützte Freiheit der Berufswahl ein. Der zur verfassungsrechtlichen Rechtfertigung einer solchen subjektiven Zulassungsvoraussetzung nötige wichtige Gemeinwohlbelang liegt hier zwar in Gestalt der Erhaltung einer funktionsfähigen Steuerrechtspflege vor. Doch ist die von F gerügte Bestimmung des StBerG zum Schutz dieses Gemeinschaftsguts nicht erforderlich. Denn um die Steuerrechtspflege vor den Gefahren zu schützen, die mit einer gleichzeitigen Tätigkeit als Finanzbeamter und als Steuerberater verbunden wären, reicht eine Inkompatibilitätsregelung des Inhalts aus, dass der Bewerber erst vor seiner Bestellung zum Steuerberater – und nicht schon vor Beantragung der Zulassung zur Prüfung (Durch-

---

[456] BVerfGE 81, 70 (91) (Hervorhebung d. d. Verf.).
[457] BVerfGE 126, 331 (362) m. w. N.
[458] Nach BVerfGE 69, 209. Siehe auch **Beispiel 57**.

fallquote: i. d. R. ca. 50 %) – aus der Finanzverwaltung ausgeschieden sein muss. Im Gegensatz zur bisherigen weitreichenden Vorverlegung des Schutzes der Allgemeinbelange ist eine solche Regelung im Hinblick auf die wirtschaftliche Basis (Existenzgrundlage) der Berufsbewerber das mildere Mittel. Im Übrigen genügt zum Schutz der Steuerrechtspflege vor Loyalitätskonflikten, die in der Person eines in der Steuerberaterprüfung erfolgreichen Angehörigen der Finanzverwaltung („Steuerberater auf Abruf") zu befürchten sein könnten, die Bestimmung des § 61 StBerG a. F.

(e) Angemessenheit

Ist die Erforderlichkeit des eingesetzten Mittels zur Zweckerreichung zu bejahen, so muss dieses hierzu schließlich noch in einer angemessenen Relation stehen, damit es insgesamt als verhältnismäßig eingestuft werden kann.[459] Auch insoweit besteht wiederum ein Stufenverhältnis: „Eine Maßnahme kann nicht mehr angemessen sein, wenn sie schon nicht erforderlich ist."[460] Unter dieser Prämisse kann es sich bei der „Angemessenheit" um einen (weiteren) Schwerpunkt der im jeweiligen Fall durchzuführenden Verhältnismäßigkeitsprüfung handeln.[461]

204

> Das gewählte Mittel ist **angemessen** zur Zweckerreichung (synonym: proportional, verhältnismäßig i. e. S., zumutbar), wenn „das Maß der den Einzelnen [...] treffenden Belastung noch in einem vernünftigen Verhältnis zu den der Allgemeinheit erwachsenden Vorteilen"[462] bzw. – negativ formuliert – „die Schwere des Eingriffs bei einer Gesamtabwägung nicht außer Verhältnis zu dem Gewicht der ihn rechtfertigenden Gründe" steht.[463]

205

Um die insofern bestehende Gefahr, „die subjektiven Urteile und Vorurteile des Prüfenden zur Geltung zu bringen",[464] möglichst an ihrer Realisierung zu hindern, ist die Angemessenheitsprüfung in rational nachvollziehbarer Weise wie folgt abzuschichten (siehe Beispiele 22, 46, 58, 64, 85 und 90):[465]

206

---

[459] *Sodan/Ziekow*, Grundkurs Öffentliches Recht, § 24 Rn. 44.

[460] *Detterbeck*, Öffentliches Recht, Rn. 309.

[461] *Epping*, Grundrechte, Rn. 61.

[462] BVerfGE 76, 1 (51). Siehe auch BVerfGE 90, 145 (173); *Hufen*, Staatsrecht II, § 9 Rn. 23.

[463] BVerfGE 118, 168 (195). Mitunter wird das **„Verbot, mit Kanonen auf Spatzen zu schießen"** (Rn. 188), allein auf dieses Teilelement des Verhältnismäßigkeitsgrundsatzes bezogen, siehe *Wilms*, Staatsrecht II, Rn. 249.

[464] *Pieroth/Schlink*, Grundrechte, Rn. 303. „Methodologisch ist der Begriff der ‚Verhältnismäßigkeit' ein unbestimmter Rechtsbegriff", *Ipsen*, Staatsrecht II, Rn. 195.

[465] Zum Folgenden vgl. *Manssen*, Staatsrecht II, Rn. 188; *Michael*, JuS 2001, S. 654 (659); *Papier/Krönke*, Grundkurs Öffentliches Recht 2, Rn. 155; *Zippelius/Würtenberger*, Deutsches Staatsrecht, § 12 Rn. 89. Wenngleich es sich bei dieser Güterabwägung **nicht** um einen „**mathematischen Prozess**" handelt, so geht es bei ihr dennoch um einen (verfassungs-)„rechtlichen" Vorgang – und „nicht um eine[n] persönliche[n], politische[n] oder moralische[n]", *von Kielmansegg*, JuS 2009, S. 118 (122) (Hervorhebungen d. d. Verf.).

207   • In einem ersten Schritt sind die sich jeweils **gegenüberstehenden** (Rechts-)**Positionen** –
         sowohl die durch den Eingriff belasteten als auch die zu dessen Rechtfertigung bemühten
         (z. B. Grundrechte Dritter, Staatszielbestimmung) – zu **benennen**.[466]

208   • Sodann sind diese widerstreitenden Interessen in einem zweiten Schritt gegeneinander
         abzuwägen. Hierzu ist zunächst deren jeweilige (**abstrakte**) Gewichtigkeit (Rang) zu be-
         stimmen.[467] Anschließend ist die **konkrete** „Intensität der Gefährdung" des Rechtsguts,
         das durch den Grundrechtseingriff geschützt werden soll, der „Schwere der Beeinträch-
         tigung" (Kriterien: Häufigkeit, Dauer und Ausmaß) des nachteilig betroffenen Freiheits-
         rechts gegenüberzustellen.[468] „Je schwerwiegender eine Grundrechtseinschränkung ist,
         desto gewichtiger muss auch das mit der Regelung zu erreichende Ziel sein."[469]

209   Diese Prüfung kann dazu führen, „dass ein an sich geeignetes und erforderliches Mittel
       des Rechtsgüterschutzes nicht angewandt werden darf, weil die davon ausgehenden Beein-
       trächtigungen der Grundrechte des Betroffenen den Zuwachs an Rechtsgüterschutz deut-
       lich überwiegen, sodass der Einsatz des Schutzmittels als unangemessen erscheint. Daraus
       folgt, dass unter Umständen der an sich in legitimer Weise angestrebte Schutz zurück-
       stehen muss, wenn das eingesetzte Mittel zu einer unangemessenen Beeinträchtigung der
       Rechte des Betroffenen führen würde."[470] Um ein solches Resultat zu verhindern, hat der

---

[466] Zur insoweit vom BVerfG mitunter (z. B. BVerfGE 104, 337 [346]) praktizierten sog. **Schutzbereichsverstärkung**, d. h. der Einstellung auch von im konkreten Einzelfall durch die jeweilige staatliche Maßnahme (**Verwaltungsakt, Gerichtsentscheidung**) nicht unmittelbar betroffenen
Grundrechten in die Abwägung, siehe Rn. 95 und *Manssen*, Staatsrecht II, Rn. 190. Bei der gutach-
terlichen Überprüfung eines **Gesetzes** auf seine Verfassungskonformität hin sind dagegen ohnehin
sämtliche einschlägigen Grundrechte heranzuziehen, siehe *Detterbeck*, Öffentliches Recht, Rn. 317.

[467] Vgl. BVerfGE 39, 1 (42 f.); 113, 63 (80); 120, 274 (327); 121, 317 (357 f.) und Rn. 80. Nach *Mi-
chael/Morlok*, Grundrechte, Rn. 624 ergibt sich aus den unterschiedlichen **Grundrechtsschranken**
(Rn. 150 ff.) „eine gewisse Abstufung des Grundrechtsschutzes". **A. A.** *Sachs*, Verfassungsrecht II, A 10
Rn. 40, dem zufolge die Verfassung gerade „keine eindeutige Wertehierarchie" vorgebe, weshalb es
von vornherein ausgeschlossen sei, die betroffenen Grundrechte abstrakt in ihrer relativen Wertigkeit
zu erfassen. Vgl. ferner *Hufen*, Staatsrecht II, § 4 Rn. 6: Wegen der „grundsätzlichen Gleichwertigkeit
aller Grundrechte" kämen Abstufungen erst im Rahmen des konkreten Falls in Betracht.

[468] BVerfGE 113, 63 (80). So wiegt beispielsweise ein **repressives Verbot mit Befreiungsvorbehalt**
schwerer als ein **präventives Verbot mit Genehmigungsvorbehalt** (zu beiden siehe *Wienbracke, Mike*, Allgemeines Verwaltungsrecht, 3. Auflage, Heidelberg 2012, Rn. 56 und Beispiele 85, 96), vgl.
BVerfGE 20, 150 (155 ff.). Sofern es sich bei dem von der Eingriffsmaßnahme zu schützen beabsichtigten Rechtsgütern um Grundrechte Dritter handelt, ist zwischen diesen und den mit ihnen
kollidierenden Grundrechten ein möglichst schonender Ausgleich im Wege der **praktischen Konkordanz** (Rn. 153) herzustellen (vgl. *Zippelius/Würtenberger*, Deutsches Staatsrecht, § 19 Rn. 91),
damit beide „zu optimaler Wirksamkeit" gelangen können, siehe *Hesse, Konrad*, Grundzüge des
Verfassungsrechts der Bundesrepublik Deutschland, 20. Auflage, Heidelberg 1999, Rn. 72. Zum **ad-
ditiven Grundrechtseingriff** (Rn. 121) vgl. BVerfG, NJW 2009, S. 2033 (2045) m. w. N. und siehe
Sodan/Ziekow, Grundkurs Öffentliches Recht, § 24 Rn. 45.

[469] *Sachs*, Verfassungsrecht II, A 10 Rn. 39.

[470] BVerfGE 90, 145 (185). Im Rechtsstaat **heiligt der Zweck eben nicht jedes Mittel**, siehe *von Kielmansegg*, JuS 2009, S. 118 (122).

Gesetzgeber die Möglichkeit, den Grundrechtseingriff insbesondere durch **Übergangs-, Befreiungs-, Ausnahme- und Kompensationsregelungen** abzumildern.[471] Ob der Gesetzgeber sich hierzu entschließt, liegt daher regelmäßig nicht in seinem Ermessen; vielmehr steht ihm nur die Ausgestaltung namentlich von Übergangsvorschriften frei. Insoweit, d. h. bzgl. der „Überleitung bestehender Rechtslagen, Berechtigungen und Rechtsverhältnisse", verbleibt dem Gesetzgeber allerdings durchaus „ein breiter Gestaltungsspielraum. Zwischen dem sofortigen übergangslosen Inkraftsetzen des neuen Rechts und dem ungeschmälerten Fortbestand begründeter subjektiver Rechtspositionen sind vielfache Abstufungen denkbar. Der Nachprüfung durch das BVerfG unterliegt nur, ob der Gesetzgeber bei einer Gesamtabwägung zwischen der Schwere des Eingriffs und dem Gewicht und der Dringlichkeit der ihn rechtfertigenden Gründe unter Berücksichtigung aller Umstände die Grenze der Zumutbarkeit überschritten hat."[472]

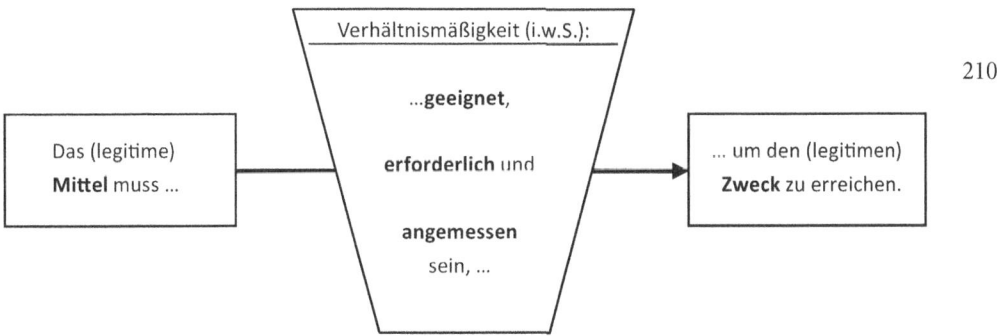

210

Verhältnismäßigkeitsgrundsatz

(3) Wesensgehaltsgarantie

Als weitere Schranken-Schranke bestimmt **Art. 19 Abs. 2 GG**, dass „in keinem Falle [...] ein Grundrecht in seinem Wesensgehalt angetastet werden" darf, sog. **Wesensgehaltsgarantie**. Herrscht hinsichtlich der Frage, „worin der unantastbare Wesensgehalt eines Grundrechts besteht" noch Einigkeit i. d. S., dass dieser „für jedes Grundrecht aus seiner besonderen Bedeutung im Gesamtsystem der Grundrechte ermittelt werden" muss,[473] so ist demgegenüber unklar, ob Art. 19 Abs. 2 GG einen absoluten oder nur einen relativen Schutz gewährt und worauf dieser zu beziehen ist (individuell auf den einzelnen Grundrechtsberechtigten oder generell auf das jeweilige Grundrecht):[474]

211

Nach der **Theorie vom relativen Wesensgehalt** verstößt ein Grundrechtseingriff (z. B. Verurteilung zu lebenslanger Freiheitsstrafe gem. § 211 Abs. 1 StGB) so lange nicht gegen die Wesensgehaltsgarantie, „wie gewichtige Schutzinteressen Dritter den Eingriff legiti-

212

---

[471] *Manssen*, Staatsrecht II, Rn. 188. Siehe auch Rn. 312.

[472] BVerfG, NVwZ 2010, S. 1212 (1220).

[473] BVerfGE 22, 180 (219).

[474] Ausführlich zum nachfolgend skizzierten Streitstand siehe *Nierhaus, Michael*, in: Dolzer/Vogel/Graßhof, Bonner Kommentar zum GG, 132. EGL., Heidelberg 2008, Art. 19 Abs. 2 Rn. 57 ff.

mieren und der Grundsatz der Verhältnismäßigkeit gewahrt ist."[475] Entsprechend wäre hiernach eine Antastung des Wesensgehalts zu bejahen, wenn dem betroffenen Grundrecht (z. B. Freiheit der Person, Art. 2 Abs. 2 Satz 2 GG) im Vergleich zu den für den Eingriff sprechenden Gründen (z. B. Strafzwecke des Schuldausgleichs, der Prävention, der Resozialisierung des Täters sowie Sühne und Vergeltung für begangenes Unrecht) das größere Gewicht bzgl. der konkret zu entscheidenden Frage zukommt.[476] Würde sich Art. 19 Abs. 2 GG bei Zugrundlegung dieses Verständnisses mithin in einer bloßen Wiederholung des Verhältnismäßigkeitsgrundsatzes (i. e. S.) erschöpfen, so käme der Wesensgehaltsgarantie keine eigenständige Bedeutung zu.[477] Allein schon aus diesem Grund ist der **Theorie vom absoluten Wesensgehalt** zu folgen, wonach Art. 19 Abs. 2 GG eine „absolute Grenze" statuiert, „deren Überschreitung den Wesensgehalt [des betreffenden] Grundrechts antasten würde."[478] Können hiernach „selbst schwerwiegende Interessen der Allgemeinheit […] Eingriffe in [den jeweiligen Wesens-]Bereich nicht rechtfertigen; eine Abwägung nach Maßgabe des Verhältnismäßigkeitsgrundsatzes findet nicht statt",[479] so spricht ebenfalls der „klare Wortlaut" des Art. 19 Abs. 2 GG („in keinem Falle") für diese Deutung (die lebenslange Freiheitsstrafe hat das BVerfG aus historischen Gründen als mit Art. 19 Abs. 2 GG vereinbar angesehen).[480] Dieser Schutz des Wesenskerns gilt für jedes Grundrecht, wohingegen die Institutsgarantie (Rn. 77) auf bestimmte rechtliche Teilordnungen (z. B. Eigentum, Art. 14 Abs. 1 GG) beschränkt ist.[481]

213   Auch die weitere Frage, „ob Art. 19 Abs. 2 GG die restlose Entziehung eines Grundrechts im Einzelfall [d. h. **individuell**] verbietet oder ob er nur verhindern will, dass der Wesenskern des Grundrechts als solcher [d. h. **generell**], z. B. durch praktischen Wegfall

---

[475] BVerfGE 115, 118 (165) m. w. N. Vgl. auch BVerwGE 47, 330 (357 f.); *Michael/Morlok*, Grundrechte, Rn. 26. Zur Geltung von Art. 19 Abs. 2 GG auch für „**Inhaltsbestimmungen**" und „**Regelungen**" siehe *Zippelius/Würtenberger*, Deutsches Staatsrecht, § 19 Rn. 77 m. w. N.

[476] Vgl. *Pieroth/Schlink*, Grundrechte, Rn. 313.

[477] *Detterbeck*, Öffentliches Recht, Rn. 316. So denn auch *Hufen*, Staatsrecht II, § 9 Rn. 29: Die Verhältnismäßigkeitsprüfung sei an die Stelle der Wesensgehaltsgarantie getreten.

[478] BVerfGE 16, 194 (201).

[479] BVerfGE 80, 367 (373).

[480] BVerfGE 7, 377 (411); 45, 187 (270 f.).

[481] *Ipsen*, Staatsrecht II, Rn. 218. **Was genau** durch den Wesenskern „geschützt wird, **ist unklar** und wurde bisher noch nicht bestimmt." Die Umschreibung, dass trotz aller Eingriffe vom Grundrecht noch etwas übrig bleiben müsse, sei ebenso vage wie die üblicherweise verwendeten Begriffe „Grundsubstanz, Mindestinhalt oder Grundrechtskern", siehe *Epping*, Grundrechte, Rn. 72 (Hervorhebungen d. d. Verf.). Im Hinblick auf Art. 79 Abs. 3 GG hat das BVerfG judiziert, dass „eine Antastung des Wesensgehalts im Sinne von Art. 19 Abs. 2 GG […] zwar im Einzelfall zugleich den […] Menschenwürdegehalt eines Grundrechts beeinträchtigen [kann]. Der **Wesensgehalt** ist aber **nicht mit** dem **Menschenwürdegehalt** eines Grundrechts **gleichzusetzen**", BVerfGE 109, 279 (311) (Hervorhebungen d. d. Verf.). Unter Hinweis auf BVerfGE 61, 82 (113) sei *Ipsen*, Staatsrecht II, Rn. 217 zufolge das Wesen der Grundrechte dann angetastet, wenn sie ihre **Funktion als subjektiv-öffentliche Abwehrrechte** (Rn. 67 ff.; „Störungsabwehranspruch") einbüßen. Kumulativ hierzu sei nach *Sodan/Ziekow*, Grundkurs Öffentliches Recht, § 24 Rn. 49 auch die **objektiv-rechtliche Dimension** der Grundrechte (Rn. 75 ff.) von Art. 19 Abs. 2 GG geschützt.

der im Grundgesetz verankerten, der Allgemeinheit gegebenen Garantie angetastet wird",
wird unterschiedlich beantwortet.[482] Während manche unter Hinweis auf den systematischen Zusammenhang von Art. 19 Abs. 2 GG mit gesetzgeberischen Beschränkungen von
Grundrechten allein darauf abstellen, ob nach einer solchen von dem betreffenden Grundrecht im Allgemeinen noch Gebrauch gemacht werden kann (dies ist z. B. im Hinblick auf
das in Art. 2 Abs. 2 Satz 1 GG garantierte Recht auf Leben auch dann noch zu bejahen,
wenn ein Einzelner durch einen sog. „finalen Rettungsschuss" der Polizei getötet wird),[483]
betonen andere den Sinn und Zweck der Grundrechte primär als Abwehrrechte des Einzelnen gegenüber dem Staat (Rn. 68) und verlangen, dass das konkrete Grundrecht auch
nach seiner Einschränkung gerade für den jeweils Betroffenen noch Bestand haben muss
(dies ist im vorgenannten Beispielsfall zu verneinen, da dem durch den polizeilichen To-
desschuss Getöteten das Leben vollständig entzogen wird).[484] Anders als Art. 19 Abs. 1 GG
spreche Art. 19 Abs. 2 GG mit der Formulierung „in keinem Fall" nämlich nicht nur die
Gesetzgebung, sondern ebenfalls die vollziehende Gewalt und die Rechtsprechung an, deren Grundrechtsbeeinträchtigungen jeweils gerade den Einzelfall betreffen.[485] Daher gelte
die Wesensgehaltsgarantie „prinzipiell für alle [...] Grundrechtseingriffe (durch Legislative, Exekutive und Judikative)."[486]

Auf die vorstehend skizzierten Meinungsstreitigkeiten ist in der konkreten Fallbear-   214
beitung allerdings nur ganz ausnahmsweise näher einzugehen, da die **praktische Bedeutung von Art. 19 Abs. 2 GG** überhaupt sehr **gering** ist. Denn werden die sonstigen für
Grundrechtseingriffe geltenden Regeln beachtet (v. a. der Verhältnismäßigkeitsgrundsatz),
ist auch die Wesensgehaltsgarantie als „letzte [...] Schutzposition" nicht verletzt.[487] Andernfalls, d. h. im Falle eines Verstoßes gegen Art. 19 Abs. 2 GG, ist das betreffende Gesetz
verfassungswidrig und für nichtig zu erklären.[488]

(4) Verbot des grundrechtseinschränkenden Einzelfallgesetzes

„Soweit nach diesem Grundgesetz ein Grundrecht durch Gesetz oder auf Grund eines Ge-   215
setzes eingeschränkt werden kann, muss das Gesetz" gem. Art. 19 Abs. 1 Satz 1 GG schließlich noch „allgemein und nicht nur für den Einzelfall gelten", sog. **Verbot** (grundrechts-)
einschränkender Einzelfallgesetze.[489]

---

[482] BVerfGE 2, 266 (285).

[483] Vgl. BVerfGE 117, 71 (96); *Manssen*, Staatsrecht II, Rn. 193.

[484] *Stein/Frank*, Staatsrecht, § 30 VI. Nach Grundrechten differenzierend: *Wilms*, Staatsrecht II,
Rn. 252.

[485] *Sachs*, Verfassungsrecht II, A 10 Rn. 27.

[486] *Krausnick*, JuS 2007, S. 1088 (1091).

[487] *Berg*, Staatsrecht, Rn. 477. Siehe auch BVerfGE 58, 300 (348); *Jarass*, in: ders./Pieroth, GG, Art. 19
Rn. 9.

[488] *Krausnick*, JuS 2007, S. 1088 (1090) m. w. N.

[489] Hierbei handelt es sich (nur) um **eine** – und nicht um zwei – **Voraussetzung**(en), „weil das
Gebot des *allgemein*en und das Verbot des *einzelfall*bezogenen Gesetzes das Gleiche bezeichnen",
Sodan/Ziekow, Grundkurs Öffentliches Recht, § 24 Rn. 50 (Hervorhebungen d. d. Verf.). Art. 19
Abs. 1 Satz 1 GG erfasst **vor- und nachkonstitutionelle (formelle) Bundes- und Landesgesetze,**

216   Inhaltlich **konkretisiert** diese Schranken-Schranke den allgemeinen Gleichheitssatz des **Art. 3 Abs. 1 GG**, indem sie es dem Gesetzgeber verbietet, „aus einer Reihe gleichartiger Sachverhalte willkürlich einen Fall herauszugreifen und zum Gegenstand einer Ausnahmeregelung zu machen."[490] Zudem soll das Verbot des Einzelfallgesetzes verhindern, dass die Legislative zielgerichtet Grundrechte einzelner Personen einschränkt, ist nach dem **Gewaltenteilungsprinzip** des Art. 20 Abs. 2 Satz 2 GG doch vielmehr die Exekutive[491] für den Erlass konkret-individueller Maßnahmen (Verwaltungsakte, vgl. § 35 Satz 1 VwVfG) zuständig.[492] Gesetze (im materiellen Sinn) haben demgegenüber schon definitionsgemäß einen abstrakt-generellen, d. h. für eine Vielzahl von Sachverhalten und Personen geltenden, Inhalt.[493]

217   Bzgl. des **Anwendungsbereichs** von Art. 19 Abs. 1 Satz 1 GG ist streitig, ob dieser getreu seinem Wortlaut ausschließlich der Sicherung solcher Grundrechte dient, die wie z. B. Art. 2 Abs. 2, Art. 8 und Art. 10 GG „auf Grund eines speziellen im Grundgesetz enthaltenen Vorbehalts ‚durch Gesetz' oder ‚auf Grund eines Gesetzes' eingeschränkt werden können" – mit der Folge, dass Art. 19 Abs. 1 Satz 1 GG auf Grundrechte wie z. B. Art. 2 Abs. 1 und Art. 14 Abs. 1 GG nicht anwendbar wäre (siehe Rn. 172 zu Art. 19 Abs. 1 Satz 2 GG)[494] – oder ob „Art. 19 Abs. 1 Satz 1 GG Einzelfallregelungen nicht nur für ‚Einschränkungen' von Grundrechten auf Grund eines speziellen Gesetzesvorbehalts, sondern auch in anderen Fällen verbietet."[495] Im Ergebnis dürfte diese Kontroverse allerdings von eher untergeordneter Bedeutung sein, gelangt doch selbst dann, wenn man der letztge-

---

siehe *Katz*, Staatsrecht, Rn. 659; *Sodan/Ziekow*, Grundkurs Öffentliches Recht, § 24 Rn. 52. „**Nur für** die Einschränkung von **Grundrechten verbietet** […] **das Grundgesetz Einzelfallgesetze**; außerhalb dieses Bereiches sind sie als solche weder unzulässig noch unterliegen sie einer strengeren verfassungsrechtlichen Prüfung als andere Gesetze", BVerfGE 25, 376 (399) (Hervorhebungen d. d. Verf.).

[490] BVerfGE 25, 371 (399).

[491] Bzw. die **Judikative**, siehe *Sachs*, Verfassungsrecht II, A 10 Rn. 9.

[492] *Ipsen*, Staatsrecht II, Rn. 198; *Pieroth/Schlink*, Grundrechte, Rn. 321.

[493] *Manssen*, Staatsrecht II, Rn. 176 f. Zum Bezug zum **Demokratieprinzip** des Art. 20 Abs. 1 GG siehe *Berg*, Staatsrecht, Rn. 471.

[494] Ferner z. B. **Art. 4 Abs. 1, 2, Art. 5 Abs. 1, 3 GG**, siehe *Zippelius/Würtenberger*, Deutsches Staatsrecht, § 19 Rn. 63. **Art. 19 Abs. 1 Satz 1 GG gilt „anerkanntermaßen in den Fällen, in denen auch das Zitiergebot des Abs. 1 Satz 2 zum Tragen kommt"**, *Jarass*, in: ders./Pieroth, GG, Art. 19 Rn. 1. Die zur Formvorschrift des **Art. 19 Abs. 1 Satz 2 GG** entwickelten Ausnahmen von dessen Anwendungsbereich (Rn. 170 ff.) werden daher weitgehend auch auf die materiell-rechtliche Regelung des Art. 19 Abs. 1 Satz 1 GG übertragen (Ausnahme z. B.: Das Einzelfallverbot gilt auch für vorkonstitutionelle Gesetze), vgl. *Krausnick*, JuS 2007, S. 991 (993 f.) m. w. N. und *ders.*, JuS 2007, S. 1088: „**ähnliche Anwendungsbereiche" von Art. 19 Abs. 1 Satz 2 und 1 GG.**

[495] BVerfGE 25, 371 (399). Insoweit ist allerdings speziell in Bezug auf **Art. 14 Abs. 3 Satz 2 GG** zu beachten, dass diese Norm es dem Gesetzgeber unter bestimmten Voraussetzungen gestattet, „eine Enteignung, also den Entzug eines konkreten Eigentums, selbst anzuordnen, so dass er nicht unter allen Umständen darauf verwiesen ist, in einem allgemeinen Gesetz zunächst generell-abstrakt den Enteignungszweck festzulegen, die Verfolgung des Regelungsziels im weiteren aber der Administrativenteignung zu überlassen", BVerfGE 95, 1 (26).

nannten Auffassung nicht folgt, mit Art. 3 Abs. 1 GG ein vergleichbarer Prüfungsmaßstab wie Art. 19 Abs. 1 Satz 1 GG zur Anwendung.[496]

„Die Anforderung, dass das Gesetz allgemein zu sein hat, ist dann **erfüllt, wenn** sich wegen der **abstrakten Fassung der gesetzlichen Tatbestände** nicht absehen lässt, auf wie viele und welche Fälle das Gesetz Anwendung findet, wenn also nicht nur ein einmaliger Eintritt der vorgesehenen Rechtsfolgen möglich ist. Dass der Gesetzgeber eine Anzahl konkreter Fälle vor Augen hat, die er zum Anlass seiner Regelung nimmt [sog. Anlass- bzw. **Maßnahmegesetz**], verleiht dieser nicht den Charakter eines Einzelfallgesetzes, wenn sie nach der Art der in Betracht kommenden Sachverhalte geeignet ist, unbestimmt viele weitere Fälle zu regeln" (z. B. stellt die gesetzliche Beschränkung der Ladenöffnungszeit für bestimmte Arten von Verkaufsstellen auch dann kein verbotenes Einzelfallgesetz dar, wenn es von diesen Verkaufsstellen im Zeitpunkt des Gesetzeserlasses bundesweit zwar nur eine einzige gibt, aufgrund der abstrakt-generellen Normfassung aber auch in Zukunft etwa noch zu gründende Verkaufsstellen von der Beschränkung erfasst werden).[497] Auch steht nach dem Urteil des BVerfG i. S. *lex Rheinstahl* aus dem Jahr 1969 fest, dass Art. 19 Abs. 1 Satz 1 GG die gesetzliche Regelung eines Einzelfalls dann nicht ausschließt, „wenn der Sachverhalt so beschaffen ist, daß es nur einen zu regelnden Fall dieser Art gibt und die Regelung dieses singulären Sachverhalts von sachlichen Gründen getragen wird."[498] Vielmehr liegt ein Verstoß gegen Art. 19 Abs. 1 Satz 1 GG nur vor, „wenn der Gesetzgeber ausschließlich einen bestimmten Einzelfall oder eine bestimmte Gruppe von Einzelfällen regeln will und zur Verdeckung dieser Absicht generell formulierte Tatbestandsmerkmale dergestalt in einer Norm zusammenfaßt, daß diese nur auf jene konkreten Sachverhalte Anwendung finden kann, die dem Gesetzgeber vorschwebten und auf die die Norm zugeschnitten ist",[499] d. h. die abstrakt-generelle Formulierung „zur Verschleierung einer einzelfallbezogenen Regelung" dienen soll, sog. **getarntes Individualgesetz**.[500]

In der **Praxis** spielt Art. 19 Abs. 1 Satz 1 GG eine **sehr geringe Rolle**.[501] Bislang wurde durch das BVerfG noch kein Verstoß gegen diese Verfassungsbestimmung festgestellt, d. h. ein Gesetz aus diesem Grund für nichtig erklärt.[502]

218

219

---

[496] Vgl. BVerfGE 25, 371 (399 f.); *Detterbeck*, Öffentliches Recht, Rn. 310.
[497] BVerfGE 99, 367 (400). Siehe auch BVerfGE 13, 225; 25, 371 (396); *Wilms*, Staatsrecht II, Rn. 261.
[498] BVerfGE 25, 371 (399).
[499] BVerfGE 10, 234 (244).
[500] BVerfGE 99, 367 (400).
[501] *Hufen*, Staatsrecht II, § 9 Rn. 27.
[502] *Epping*, Grundrechte, Rn. 70; *Krausnick*, JuS 2007, S. 991 m. w. N.

220

> **A. Schutzbereich**
>
> > I. Persönlich
> >
> > II. Sachlich
> >
> > III. Grundrechtskonkurrenz
>
> **B. Eingriff**
>
> > I. Grundrechtsverpflichteter
> >
> > II. Eingriffsmaßnahme
>
> **C. Verfassungsrechtliche Rechtfertigung**
>
> > I. Grundrechtsschranken
> >
> > II. Verfassungsmäßigkeit des schrankenausfüllenden Gesetzes
> >
> > > 1. Vorliegen eines Gesetzes
> > >
> > > 2. Formelle Verfassungsmäßigkeit
> > >
> > > > a) Zuständigkeit
> > > >
> > > > b) Verfahren
> > > >
> > > > c) Form (inkl. Zitiergebot, Art. 19 Abs. 1 Satz 2 GG)
> > >
> > > 3. Materielle Verfassungsmäßigkeit (sog. Schranken-Schranken)
> > >
> > > > a) ggf. besondere Voraussetzungen eines qualifizierten Gesetzes-vorbehalts bzw. einer verfassungsimmanenten Schranke
> > > >
> > > > b) Parlamentsvorbehalt (inkl. Bestimmtheitsgrundsatz)
> > > >
> > > > c) Verhältnismäßigkeitsgrundsatz
> > > >
> > > > d) Wesensgehaltsgarantie, Art. 19 Abs. 2 GG
> > > >
> > > > e) Verbot des grundrechtseinschränkenden Einzelfallgesetzes, Art. 19 Abs. 1 Satz 1 GG
> > > >
> > > > f) Verstoß gegen sonstiges Verfassungsrecht (z.B. Rückwirkungs-verbot)

Prüfungsschema „Verletzung eines Freiheitsgrundrechts"[503]

3. Ggf.: Verfassungsmäßigkeit des Rechtsanwendungsakts

221   Erfolgt der Grundrechtseingriff – wie häufig der Fall – nicht unmittelbar durch ein sich selbst vollziehendes Gesetz, sondern durch einen Akt der vollziehenden Gewalt (z. B. Ver-

---

[503] Zur Abbildung vgl. auch *von Kielmansegg*, JuS 2008, S. 23 (29); *Michael/Morlok*, Grundrechte, S. 453 ff.; *Papier/Krönke*, Grundkurs Öffentliches Recht 2, Rn. 158 a. E.; *Pieroth/Schlink*, Grundrechte, Rn. 359; *Sodan/Ziekow*, Grundkurs Öffentliches Recht, § 24 Rn. 55; *Wilms*, Staatsrecht II, Rn. 1186.

waltungsakt, § 35 VwVfG) oder der Rechtsprechung (z. B. Gerichtsurteil), so ist dieser nur dann verfassungsgemäß, wenn hierfür

- eine verfassungsgemäße **formell-gesetzliche** (Ermächtigungs-)**Grundlage** vorhanden ist (Rn. 159 ff.)[504]   222
  und
- die Exekutive bzw. Judikative bei der Anwendung des abstrakt-generellen Gesetzes auf   223
  den konkret-individuellen Einzelfall das jeweils einschlägige Grundrecht gewahrt hat,
  d. h. die hoheitliche Maßnahme **„formell und materiell rechtmäßig"** ist.[505] Wenngleich
  es sich aufgrund des Vorbehalts des Gesetzes bei jedem Verstoß von Verwaltung und
  Rechtsprechung gegen das einfache Recht, d. h. bei jeder unrichtigen Tatsachenfeststel-
  lung und fehlerhaften Gesetzesanwendung, materiell-rechtlich um eine Grundrechtsverletzung handelt („der Eingriff ergeht nur dann ‚auf Grund eines Gesetzes', wenn
  im konkreten Fall die Tatbestandsvoraussetzungen der Ermächtigungsgrundlage erfüllt sind und der Eingriff von ihrer Rechtsfolgenanordnung umfasst ist"[506]), führt die
  im Rahmen von Urteilsverfassungsbeschwerden verfassungsprozessual eingeschränkte
  Prüfungskompetenz des BVerfG („keine Superrevisionsinstanz"; Rn. 653) gleichwohl
  dazu, dass im Ergebnis nicht jedweder Rechtsanwendungsfehler (Rechtswidrigkeit),
  sondern nur eine Verletzung von „spezifischem Verfassungsrecht" (Verfassungswidrigkeit) zur Feststellung einer Grundrechtsverletzung durch das BVerfG führt.[507]

Spielen diejenigen verfassungsrechtlichen Vorgaben, die Anforderungen an Grund-   224
rechtsbeschränkungen sowohl durch den Gesetzgeber als auch durch die Verwaltung und
die Rechtsprechung stellen (z. B. Verhältnismäßigkeitsgrundsatz), bei Grundrechtseingriffen durch eine der beiden letztgenannten Staatsgewalten mithin zweimal eine Rolle –
„nämlich zunächst hinsichtlich der gesetzlichen Ermächtigung und dann für die darauf
gestützte Gesetzesanwendung" –,[508] so verlagert sich der **Schwerpunkt der** jeweiligen **Prüfung** von der ersten Stufe – der Verfassungsmäßigkeit des abstrakt-generellen Gesetzes –
auf die zweite Ebene der Grundrechtskonformität der Gesetzesauslegung und -anwendung
durch die vollziehende Gewalt bzw. die Rechtsprechung im konkret-individuellen Einzelfall, sofern die Legislative – im Rahmen des verfassungsrechtlich Zulässigen (Rn. 182 f.) –

---

[504] *von Kielmansegg*, JuS 2008, S. 23 (28).

[505] *Papier/Krönke*, Grundkurs Öffentliches Recht 2, Rn. 157. Hierauf ist im vorstehenden Prüfungs-
schema (Rn. 220) in einem **eigenständigen Prüfungspunkt** (nämlich dort nach „C. II." als „C.
III.") einzugehen, vgl. *Detterbeck*, Öffentliches Recht, Rn. 319; *Epping*, Grundrechte, Rn. 42, 62;
Pieroth/Schlink, Grundrechte, Rn. 360; *Sodan/Ziekow*, Grundkurs Öffentliches Recht, § 24 Rn. 54;
Stein/Frank, Staatsrecht, § 30 VII; *Wilms*, Staatsrecht II, Rn. 1186.

[506] *von Kielmansegg*, JuS 2008, S. 23 (28).

[507] *Manssen*, Staatsrecht II, Rn. 199 f.; *Sachs*, Verfassungsrecht II, A 10 Rn. 7. Wegen des Erfor-
dernisses der Rechtswegerschöpfung (§ 90 Abs. 2 Satz 1 BVerfGG; Rn. 617 ff.) wird sich eine
Individualverfassungsbeschwerde nur ganz ausnahmsweise unmittelbar gegen einen Akt der **Exekutive** richten, siehe Rn. 596 und *Benda/Klein*, Verfassungsprozessrecht, Rn. 551.

[508] *Sachs*, Verfassungsrecht II, A 10 Rn. 5. Siehe auch *Katz*, Staatsrecht, Rn. 656.

von der Möglichkeit Gebrauch macht, den beiden anderen Staatsgewalten durch die Verankerung von unbestimmten Rechtsbegriffen bzw. Generalklauseln auf Tatbestandsebene und/oder Ermessen auf der Rechtsfolgenseite eigenständige Beurteilungs- bzw. Entscheidungsspielräume einzuräumen.[509] Demgegenüber kann wegen der Verfassungsbindung der Legislative (Art. 1 Abs. 3, Art. 20 Abs. 3 GG) „die gesetzmäßig handelnde vollziehende Gewalt mit den Grundrechten nicht in Konflikt kommen, sofern sie eine gebundene Entscheidung zu treffen hat."[510] Entsprechendes gilt im Hinblick auf die Rechtsprechung.[511]

Beispiel 46[512]

225   Exzentriker E ist Geschäftsführer und Hauptgesellschafter der G-GmbH. Da E als Geschäftsführer wiederholt Fragebögen der Handwerkskammer nicht ordnungsgemäß ausgefüllt, sondern mit z. T. völlig sinnlosen Vermerken versehen hatte, wurde gegen die G-GmbH ein Bußgeld i. H. v. 500,- Euro verhängt. Da E diesen Bußgeldbescheid verschuldet und somit der Gesellschaft einen Schaden von 500,- Euro zufügt hat, ist gegen ihn wegen Untreue zum Nachteil der G-GmbH Anklage erhoben worden. Um die in der Hauptverhandlung aufgetretene Frage nach der Zurechnungsfähigkeit des E zu klären, ordnete Amtsrichter A durch Beschluss gem. § 81a StPO die Untersuchung des Liquor (Gehirn- und Rückenmarkflüssigkeit) bei E an, wozu es eines Einstichs in den Wirbelkanal mit einer langen Hohlnadel entweder im Bereich der oberen Lendenwirbel (Lumbalpunktion) oder im Nacken zwischen Schädel und oberstem Halswirbel (Okzipitalpunktion) bedarf. Nach erfolgloser Ausschöpfung aller hiergegen zur Verfügung stehenden Rechtsmittel erhebt E in zulässiger Weise Verfassungsbeschwerde zum BVerfG, mit der er die Verletzung seines Grundrechts auf körperliche Unversehrtheit aus Art. 2 Abs. 2 Satz 1 GG rügt. Hat E hiermit in der Sache Erfolg?

Ja. Die im Beschluss angeordnete Entnahme von Gehirn- und Rückenmarkflüssigkeit mit einer langen Hohlnadel greift in den Schutzbereich des Grundrechts des E auf körperliche Unversehrtheit nach Art. 2 Abs. 2 Satz 1 GG ein. Zwar kann dieses Grundrecht gem. Art. 2 Abs. 2 Satz 3 GG auf Grund eines Gesetzes eingeschränkt werden. Auch genügt § 81a StPO als Gesetz im förmlichen Sinn dieser Anforderung und bestehen ebenfalls an der Verfassungsmäßigkeit dieser Vorschrift keine Bedenken. Sie ist nicht nur formell (vgl. v. a. Art. 74 Abs. 1 Nr. 1 GG), sondern auch materiell verfassungsgemäß. Jedoch verletzt die Anwendung dieser Norm im konkreten Einzelfall

---

[509] Vgl. *Sachs*, Verfassungsrecht II, A 10 Rn. 8. Zu behördlichen Beurteilungs- und Ermessensspielräumen siehe *Wienbracke, Mike*, Allgemeines Verwaltungsrecht, 3. Auflage, Heidelberg 2012, Rn. 216 ff., 226 ff. Dort (Rn. 218) m. w. N. insbesondere auch zu den **verfassungsrechtlichen Grenzen** der gesetzgeberischen Befugnis zur **Einräumung von behördlichen Beurteilungsspielräumen**. Insbesondere muss „der den Rechtsanwendern belassene Spielraum […] die Grenzen der Zumutbarkeit" wahren, siehe BVerfGE 128, 1 (66), das insofern allerdings eine erst sukzessive Normkonkretisierung „durch administrative und gerichtliche Vorgaben" ausreichen lässt.

[510] *Wilms*, Staatsrecht II, Rn. 146. Siehe auch Rn. 107.

[511] Vgl. *Pieroth/Schlink*, Grundrechte, Rn. 195.

[512] Nach BVerfGE 16, 194.

durch Amtsrichter A in spezifischer Weise das Grundrecht des E auf körperliche Unversehrtheit aus Art. 2 Abs. 2 Satz 1 GG. Denn in Anbetracht dessen, dass es sich vorliegend
einerseits um eine Bagatellsache handelt, derentwegen nur eine geringe Strafe bzw. u. U.
sogar eine Einstellung wegen Geringfügigkeit in Betracht kommen dürfte (vgl. § 153
Abs. 1 StPO), andererseits die Liquorentnahme in ihren beiden Formen einen alles
andere als belanglosen Eingriff in die körperliche Integrität des E darstellt, ist deren
Anordnung hier im Hinblick auf den mit ihr verfolgten Zweck der Aufklärung der von
E etwaig begangenen Straftat nicht mehr angemessen und verstößt daher evidenterma
ßen gegen den Verhältnismäßigkeitsgrundsatz.

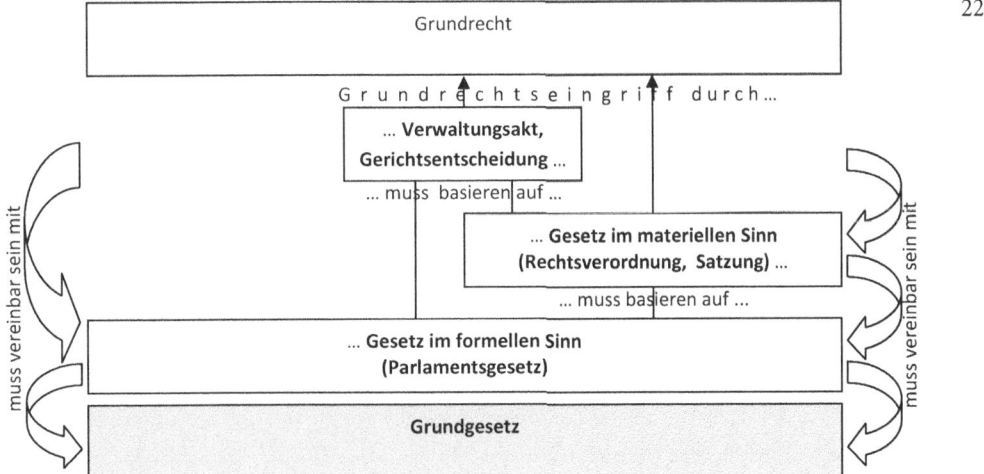

226

Grundrechtskonformität eines Rechtsanwendungsakts

Teil II
Ausgewählte Einzelgrundrechte

A. „Wirtschaftsverfassung"

Anders als die WRV, die in ihren Art. 151 ff. einen eigenen Abschnitt über „das Wirtschaftsleben" enthielt, konnten sich die beiden großen in den Jahren 1948/49 im Parlamentarischen Rat vertretenen Parteien (CDU und SPD) nicht auf ein bestimmtes Wirtschaftssystem (Marktwirtschaft oder Planwirtschaft) einigen.[513] Folglich ist das GG **wirtschaftspolitisch** insofern **„neutral"**, als es keine konkreten verfassungsrechtlichen Grundsätze der Gestaltung des Wirtschaftslebens normiert.[514] Vielmehr ist dessen Ordnung dem Gesetzgeber überlassen, der hierbei „jede ihm sachgemäß erscheinende Wirtschaftspolitik verfolgen [darf], sofern er dabei das GG, insbesondere die Grundrechte beachtet."[515] Namentlich die gegenwärtige Wirtschafts- und Sozialordnung der „sozialen Marktwirtschaft" ist daher „zwar eine nach dem GG mögliche Ordnung, keineswegs aber die allein mögliche. Sie beruht auf einer vom Willen des Gesetzgebers getragenen wirtschafts- und sozialpolitischen Entscheidung, die durch eine andere Entscheidung ersetzt oder durchbrochen werden kann."[516] Begrenzt wird diese weitgehende Gestaltungsfreiheit des Gesetzgebers allerdings einerseits durch die „klassischen ökonomischen Freiheitsrechte" der Art. 12 Abs. 1 GG (Rn. 228 ff.) und Art. 14 Abs. 1 GG (Rn. 277 ff.), aus denen sich – ebenso wie aus den Art. 1 Abs. 1, Art. 2 Abs. 1 (Rn. 500 ff.) und Art. 9 Abs. 3 Satz 1 GG (Rn. 315 ff.) – „starke Aussagen für einen Vorrang von wirtschaftlicher Selbstbestimmung" (Autonomie) des Einzelnen und Freiheit gegenüber staatlicher Lenkung ableiten lassen.[517] Andererseits wird hierdurch aber auch nicht einem „uneingeschränkten ‚laissez-faire Kapitalismus'" das Wort geredet, wie insbesondere die Art. 1 Abs. 1, Art. 3 (Rn. 531 ff.), Art. 14 Abs. 2 (Rn. 277 ff.) und Art. 15 GG sowie das Sozialstaatsprinzip des Art. 20 Abs. 1 GG und

227

---

[513] *Berg*, Staatsrecht, Rn. 182; *Maurer, Hartmut*, Staatsrecht I, 6. Auflage, München 2010, § 8 Rn. 64, 86; *Stein/Frank*, Staatsrecht, § 45 I.

[514] BVerfGE 4, 7 (17 f.).

[515] BVerfGE 50, 290 (338).

[516] BVerfGE 4, 7 (18).

[517] *Hufen*, Staatsrecht II, Vorbem. § 35 Rn. 4; *Zippelius/Würtenberger*, Deutsches Staatsrecht, § 35 Rn. 2.

M. Wienbracke, *Einführung in die Grundrechte*, FOM-Edition,
DOI 10.1007/978-3-658-00764-5_3, © Springer Fachmedien Wiesbaden 2013

ferner Art. 20a GG zeigen.[518] Die gesetzgeberische Aufgabe besteht mithin darin, ein Wirtschaftsmodell zu schaffen, „das individuelle Freiheit, soziale Bindung und wirtschaftliche Effizienz, freien Wettbewerb und Solidarität sowie Ökonomie und Ökologie verbindet und ausbalanciert."[519]

I. Berufsfreiheit, Art. 12 Abs. 1 GG

228 Nach **Art. 12 Abs. 1 GG** haben „alle Deutschen [...] das Recht, Beruf, Arbeitsplatz und Ausbildungsstätte frei zu wählen. Die Berufsausübung kann durch Gesetz oder auf Grund eines Gesetzes geregelt werden." Während dieses Grundrecht „die Freiheit des Bürgers in einem für die moderne arbeitsteilige Gesellschaft besonders wichtigen Bereich" schützt,[520] kommt **Art. 12 Abs. 2** (Schutz vor Arbeitszwang) und **Abs. 3** (Schutz vor Zwangsarbeit) **GG**, welche vor dem Hintergrund der „im nationalsozialistischen System üblich gewordenen Formen der Zwangsarbeit mit ihrer Herabwürdigung der menschlichen Persönlichkeit"[521] Eingang in das GG gefunden haben, aktuell keine Bedeutung zu.[522] Im Folgenden werden diese beiden Bestimmungen daher – ebenso wie der diesen gegenüber speziellere **Art. 12a GG** (Wehr-/Ersatzdienst)[523] – nicht weiter thematisiert.

1. Schutzbereich

a) Persönlicher Schutzbereich

229 In persönlicher Hinsicht schützt Art. 12 Abs. 1 GG „alle **Deutschen**" i. S. v. Art. 116 Abs. 1 GG. Aufgrund der gebotenen europarechtskonformen Handhabung sämtlicher Deutschengrundrechte (Rn. 32 f.) genießen darüber hinaus allerdings auch **EU-Ausländer** hinsichtlich ihrer beruflichen Betätigung letztlich dasselbe grundrechtliche Schutzniveau wie deutsche Staatsangehörige.[524] Auf **juristische Personen des Privatrechts** ist das Grundrecht des Art. 12 Abs. 1 GG anwendbar, „soweit [sie] eine Erwerbszwecken dienende Tätigkeit, insbesondere ein Gewerbe, [...] betreiben" und „diese Tätigkeit ihrem Wesen und ihrer Art nach in gleicher Weise von einer juristischen wie von einer natürlichen

---

[518] *Hufen*, Staatsrecht II, Vorbem. § 35 Rn. 5.

[519] *Katz*, Staatsrecht, Rn. 831.

[520] BVerfGE 7, 377 (397).

[521] BVerfGE 74, 102 (116).

[522] Vgl. *Detterbeck*, Öffentliches Recht, Rn. 486.

[523] Durch das WehrRÄndG 2011 vom 28.4.2011 (BGBl. I 2011, S. 678) wurde die **Wehrpflicht ausgesetzt**.

[524] *Nolte/Tams*, JuS 2006, S. 31 (31 f.). Zu **Nicht-EU-Ausländern** siehe **Beispiele 6, 92** und vgl. BVerfGE 128, 1 (68): „Art. 2 Abs. 1 GG kommt als Prüfungsmaßstab für die Einschränkung der wirtschaftlichen Betätigungsfreiheit von ausländischen Personen [...] in Betracht, die nicht unter den Schutz der Berufsfreiheit fallen (Art. 12 Abs. 1 GG)".

Person ausgeübt werden kann."[525] Ist Letzteres in Bezug auf die Wahl und Ausübung eines Berufs regelmäßig der Fall (z. B. Mineralölimporthandel),[526] so scheidet eine i. S. v. Art. 19 Abs. 3 GG „wesensgemäße Anwendbarkeit" von Art. 12 Abs. 1 GG auf juristische Personen im Hinblick auf „die freie Wahl der Ausbildungsstätte und wohl auch des Arbeitsplatzes [hingegen] aus, die ganz auf natürliche Personen zugeschnitten ist."[527]

b) Sachlicher Schutzbereich

Der Wortlaut von Art. 12 Abs. 1 GG suggeriert, dass diese Vorschrift mit der freien Wahl von „Beruf, Arbeitsplatz und Ausbildungsstätte" (Satz 1) sowie der „Berufsausübung" (Satz 2) vier verschiedene Grundrechte normiert.[528] Demgegenüber hat das BVerfG bereits im *Apotheken*-Urteil aus dem Jahr 1958 herausgestellt, dass es sich bei Art. 12 Abs. 1 GG um „ein **einheitliches Grundrecht (der ‚Berufsfreiheit')**" handelt. Denn „die Begriffe ‚Wahl' und ‚Ausübung' des Berufes lassen sich nicht so trennen, daß jeder von ihnen nur eine bestimmte zeitliche Phase des Berufslebens bezeichnete, die sich mit der andern nicht überschnitte; namentlich stellt die Aufnahme der Berufstätigkeit sowohl den Anfang der Berufsausübung dar wie die gerade hierin [...] sich äußernde Betätigung der Berufswahl; ebenso sind der in der laufenden Berufsausübung sich ausdrückende Wille zur Beibehaltung des Berufs und schließlich die freiwillige Beendigung der Berufsausübung im Grunde zugleich Akte der Berufswahl. Die beiden Begriffe erfassen den einheitlichen Komplex ‚berufliche Betätigung' von verschiedenen Blickpunkten her."[529] Dadurch, dass die Sekretärin werktags im Büro Schreibarbeiten verrichtet, übt sie ihren Beruf nicht nur aus, sondern bestätigt jedes Mal aufs Neue konkludent ihre (Berufswahl-)Entscheidung, als Sekretärin tätig sein zu wollen.[530]

aa) Schutzgut

Das mithin einheitliche Grundrecht der Berufsfreiheit ist binnengegliedert in die drei Schutzgüter „**Beruf**", „**Arbeitsplatz**" und „**Ausbildungsstätte**", vgl. Art. 12 Abs. 1 Satz 1 GG.[531]

▸ „**Beruf**" i. S. v. Art. 12 Abs. 1 GG ist „jede auf Erwerb gerichtete Tätigkeit [...], die auf Dauer angelegt ist und der Schaffung und Aufrechterhaltung einer Lebensgrundlage dient" und die nicht schlechthin sozial- und gemeinschaftsschädlich ist.[532]

230

231

232

---

[525] BVerfGE 50, 290 (363). Siehe auch Rn. 44 ff.

[526] Vgl. BVerfGE 97, 228 (253); *Katz*, Staatsrecht, Rn. 790.

[527] *Sachs*, Verfassungsrecht II, B 12 Rn. 21.

[528] *Sodan/Ziekow*, Grundkurs Öffentliches Recht, § 40 Rn. 1.

[529] BVerfGE 7, 377 (401 f.) (Hervorhebungen d. d. Verf.). **Auf** der **Eingriffs-/Rechtfertigungsebene ist** die Binnen**differenzierung** des Schutzbereichs **zwischen Berufswahl und -ausübung** dagegen nach wie vor **bedeutsam**, siehe Rn. 247 ff., 259 ff. und *Kluth*, Jura 2001, S. 371 (372).

[530] Vgl. *Wilms*, Staatsrecht II, Rn. 895.

[531] Vgl. *Ipsen*, Staatsrecht II, Rn. 634.

[532] BVerfGE 115, 276 (300 f.) m. w. N.

233   Diese Begriffsbestimmung ist weit zu verstehen und erfasst nicht nur **traditionelle**
oder **gesetzlich fixierte Berufsbilder** (z. B. Bäcker, siehe § 1 Abs. 2 HwO i. V. m. Anlage A
Nr. 30), sondern **auch neu entstandene Berufe** (z. B. Patentgebühren-Überwachung),
sog. „Berufserfindungsrecht des Bürgers".[533] Ob es sich bei einer bestimmten Tätigkeit
(z. B. Durchführung des Werkfernverkehrs) um einen eigenständigen Beruf oder nur um
eine besondere Ausübungsform eines allgemeinen Berufs (z. B. Möbelfabrikant) handelt,
beurteilt sich nach der „allgemeinen Verkehrsauffassung".[534] „Wichtiges Indiz für die Annahme eines Berufs ist es, dass seiner Ausübung eine über die Vermittlung der üblichen
Branchenkenntnisse hinausgehende Berufsausbildung vorausgeht."[535]

234   Ferner ist es im Hinblick auf die Eröffnung des sachlichen Schutzbereichs von Art. 12
Abs. 1 GG unerheblich, ob die betreffende Tätigkeit – in der Privatwirtschaft – **selbstständig oder unselbstständig** (als Arbeitnehmer) ausgeübt wird bzw. ob es sich bei ihr um
einen **staatlich gebundenen Beruf** (z. B. Notar) oder gar um einen solchen des „**öffentlichen Dienstes**" i. S. v. Art. 33 Abs. 5 GG (z. B. Beamter) handelt.[536] Da Nebentätigkeiten zur
Schaffung und Aufrechterhaltung einer Lebensgrundlage immerhin beitragen, werden im
Gegensatz zu reinen Hobbies und ehrenamtlichen Tätigkeiten auch **Neben-/Zweitberufe**
von Art. 12 Abs. 1 GG geschützt.[537] Entsprechendes gilt im Ergebnis schließlich ebenfalls
für **kurzfristige Beschäftigungen** (z. B. Ferienjob), sofern diese sich nicht jeweils in einem
einmaligen Erwerbsakt erschöpfen.[538]

235   Zum Negativmerkmal der **fehlenden Sozial- und Gemeinschaftsschädlichkeit** siehe
das nachfolgende Beispiel.

Beispiel 47[539]

Aufgrund einer Erlaubnis nach dem Rennwett- und Lotteriegesetz betreibt W ein
Wettbüro in München. Nach erfolgter Ablehnung seines bei der zuständigen Behörde
gestellten Antrags auf Erteilung einer Erlaubnis auch zur Vermittlung von privaten
Sportwetten (sog. Oddset-Wetten) erhebt W nunmehr Verpflichtungsklage vor dem
Verwaltungsgericht. Dort beruft sich W in Ermangelung einer einfachgesetzlichen

---

[533] *Hufen*, Staatsrecht II, § 35 Rn. 6. Siehe auch BVerfGE 119, 59 (78) m. w. N.; *Pieroth/Schlink*, Grundrechte, Rn. 879.

[534] BVerfGE 16, 14 (164).

[535] BVerfGE 119, 59 (78). Demgegenüber „**steht** die vergleichsweise **geringe Zahl der Berufsange-
hörigen**" der **Annahme eines eigenständigen Berufs** „**nicht entgegen**, weil bei einem beschränkten
Betätigungsfeld die Zahl der Angehörigen des Spezialberufs von Natur aus begrenzt ist", BVerfG,
NVwZ 2010, S. 1212 (1214) (Hervorhebungen d. d. Verf.).

[536] BVerfGE 7, 377 (397 f.). **A. A.** *Berg*, Staatsrecht, Rn. 596: „Der Zugang zum öffentlichen Dienst
bestimmt sich nicht nach Art. 12, sondern nach **Art. 33 Abs. 2** [GG]" (Hervorhebungen abweichend
vom Original). **Staatliche gebundene Berufe** zeichnen sich dadurch aus, dass bei ihnen „öffentliche
Aufgaben in privater Hand liegen", *Pieroth/Schlink*, Grundrechte, Rn. 887.

[537] BVerfGE 110, 141 (156 f.); *Michael/Morlok*, Grundrechte, Rn. 341, 346; *Pieroth/Schlink*, Grundrechte, Rn. 881.

[538] BVerfGE 97, 228 (253). Vgl. auch *Jarass*, in: ders./Pieroth, GG, Art. 12 Rn. 5.

[539] Nach BVerfGE 115, 276; BVerwGE 22, 286.

Regelung des Berufs des Sportwettunternehmers auf Art. 12 Abs. 1 GG als Anspruchs-
grundlage für sein Begehren. Die Beklagte hingegen meint, Art. 12 Abs. 1 GG sei bereits
tatbestandlich gar nicht einschlägig. Mangels bestehender Vorschriften über die Zulassung der Vermittlung von Sportwetten mit fester Gewinnquote durch Private greife
vorliegend das in § 284 Abs. 1 StGB statuiere Verbot öffentlichen Glücksspiels Platz. Sei
die von W geplante Tätigkeit danach aber nicht erlaubt, so handele es sich bei ihr nicht
um einen „Beruf" i. S. d. Grundgesetzes. Ist diese Auffassung zutreffend? Europarecht
ist nicht zu prüfen.

Nein. Einer die Merkmale des Berufsbegriffs des Art. 12 Abs. 1 GG grundsätzlich er-
füllenden Tätigkeit ist der Schutz durch das Grundrecht der Berufsfreiheit nicht schon
dann versagt, wenn das einfache Recht – wie hier § 284 Abs. 1 StGB – die gewerbliche
Ausübung dieser Tätigkeit verbietet. Denn für welche Erwerbstätigkeiten die grundrechtlich gewährleistete Berufsfreiheit gilt und für welche nicht, ist eine Frage des sachlichen Geltungsbereichs der verfassungsrechtlichen Berufsfreiheit. Dieser aber kann aus
Gründen der Normenhierarchie nicht durch einfaches, im Rang unterhalb des Grundgesetzes stehendes Recht bestimmt werden. Vielmehr ist allein der Verfassung zu entnehmen, welche Betätigungen außerhalb des Grundrechtsschutzes eines „Berufs" stehen. Eine derartige Ausnahme kommt allenfalls hinsichtlich solcher Tätigkeiten in Betracht, die bereits ihrem Wesen nach als verboten anzusehen sind, weil sie aufgrund
ihrer Sozial- und Gemeinschaftsschädlichkeit schlechthin nicht am Schutz durch das
Grundrecht der Berufsfreiheit teilhaben können (z. B. „Berufskiller"[540]). Diese Voraussetzungen liegen in Bezug auf die von W vorgesehene gewerbliche Vermittlung von
Wetten, welche nicht vom Freistaat Bayern veranstaltet werden, allerdings gerade nicht
vor. Denn die Rechtsordnung kennt durchaus das Angebot von Sportwetten als erlaubte
Betätigung: So lässt das Rennwett- und Lotteriegesetz eine Sonderform des Sportwet-
tens zu und gestaltet den Beruf des Buchmachers für das Vermitteln von Wetten bei
öffentlichen Leistungsprüfungen für Pferde als privates Gewerbe aus.

Sind im jeweiligen Fall sämtliche vorgenannten Merkmale erfüllt, so schützt Art. 12   236
Abs. 1 GG „das **berufsbezogene Verhalten** [...] am Markt",[541] d. h. positiv die Wahl eines
bestimmten Berufs und dessen Ausübung sowie negativ die „Freiheit, überhaupt keinen
Beruf zu ergreifen und auszuüben."[542] Während die **Berufswahl** das „Ob" der beruflichen
Betätigung betrifft[543] – „die erstmalige Ergreifung eines Berufes, der Wille zur Beibehal-
tung eines Berufs, die Ausübung mehrerer Berufe nebeneinander, der Berufswechsel, die
Ausbildung zu einem weiteren Beruf und die freiwillige Berufsbeendigung"[544] –, bezieht
sich die **Berufsausübung** auf das „Wie" der beruflichen Betätigung, d. h. die Bestimmung

---

[540] Siehe ferner die von *Papier/Krönke*, Grundkurs Öffentliches Recht 2, Rn. 372 genannten „**Trick-
dieb[e]**" und „**Rauschgift-Dealer**".
[541] BVerfGE 116, 135 (145) m. w. N. (Hervorhebungen d. d. Verf.).
[542] BVerfGE 58, 358 (364) m. w. N. Siehe auch Rn. 64 ff. und *Pieroth/Schlink*, Grundrechte, Rn. 882.
[543] *Sachs*, Verfassungsrecht II, B 12 Rn. 16.
[544] *Sodan/Ziekow*, Grundkurs Öffentliches Recht, § 40 Rn. 14 ff. m. w. N.

über deren Form, Mittel und Umfang sowie Inhalt.[545] Namentlich werden daher „die Teilnahme am Wettbewerb im Rahmen der hierfür aufgestellten rechtlichen Regeln",[546] „das Recht, Art und Qualität der am Markt angebotenen Güter und Leistungen selbst festzulegen",[547] „die Vertragsfreiheit [...] im Bereich beruflicher Betätigung",[548] „die wirtschaftliche Verwertung der beruflich erbrachten Leistung"[549] sowie „Betriebs- und Geschäftsgeheimnisse"[550] von Art. 12 Abs. 1 GG geschützt.

237   ▸   **„Arbeitsplatz"** i. S. v. Art. 12 Abs. 1 GG „ist die Stätte, an der eine berufliche Tätigkeit ausgeübt wird."[551]

238   Auf diese räumliche Dimension ist der Begriff „Arbeitsplatz" freilich nicht beschränkt. Vielmehr geht es bei dessen Wahl „um die Entscheidung für eine konkrete Betätigungsmöglichkeit oder ein bestimmtes Arbeitsverhältnis. Gegenstand des Grundrechts auf freie Wahl des Arbeitsplatzes ist dementsprechend zunächst der Entschluß des Einzelnen, eine konkrete Beschäftigungsmöglichkeit in dem gewählten Beruf zu ergreifen. Dazu zählt namentlich bei abhängig Beschäftigten auch die Wahl des Vertragspartners samt den dazu notwendigen Voraussetzungen, insbesondere der Zutritt zum Arbeitsmarkt."[552]

239   ▸   **„Ausbildungsstätte"** i. S. v. Art. 12 Abs. 1 GG ist jede private oder öffentliche Einrichtung, die – wie etwa in Bezug auf Universitäten, Fachhochschulen, staatliche Vorbereitungsdienste (Referendariat) und (über-)betriebliche Ausbildungsgänge der Fall – über die Vermittlung einer allgemeinen (Grund-/Haupt-)Schulbildung hinaus auf das Ziel einer berufsbezogenen Qualifikation gerichtet ist.[553]

bb) Schutzwirkungen

240   Wie bei den übrigen Freiheitsgrundrechten handelt es sich ebenfalls bei Art. 12 Abs. 1 GG primär um ein **Abwehrrecht**.[554] Als solches „zielt [es] auf eine möglichst unreglementierte berufliche Betätigung ab",[555] d. h. gewährleistet „Freiheit von Zwängen oder Verboten

---

[545] *Manssen*, Staatsrecht II, Rn. 594; *Sachs*, Verfassungsrecht II, B 12 Rn. 17.

[546] BVerfGE 116, 202 (221).

[547] BVerfGE 121, 317 (345).

[548] BVerfGE 117, 163 (181). **Art. 2 Abs. 1 GG wird** insoweit **verdrängt**, siehe BVerfGE 116, 202 (221) und **Beispiele 24, 94**.

[549] BVerfGE 97, 228 (253).

[550] BVerfGE 115, 205 (230). „Als **Betriebs- und Geschäftsgeheimnisse** werden dabei alle auf ein Unternehmen bezogenen Tatsachen, Umstände und Vorgänge verstanden, die nicht offenkundig, sondern nur einem begrenzten Personenkreis zugänglich sind und an deren Nichtverbreitung der Rechtsträger ein berechtigtes Interesse hat", BVerfGE 128, 1 (56) (Hervorhebungen d. d. Verf.).

[551] *Pieroth/Schlink*, Grundrechte, Rn. 891.

[552] BVerfGE 84, 133 (146). Zu **Selbständigen** siehe *Stein/Frank*, Staatsrecht, § 43 II 1.

[553] Vgl. *Wilms*, Staatsrecht II, Rn. 910 m. w. N.

[554] *Ipsen*, Staatsrecht II, Rn. 648 m. w. N. Siehe auch Rn. 68 f.

[555] BVerfGE 82, 209 (223) m. w. N.

im Zusammenhang mit Wahl und Ausübung des Berufes."[556] Ein **originäres Leistungs-recht** i. S. e. staatsgerichteten „Anspruch[s] auf Bereitstellung eines Arbeitsplatzes" ist mit der Berufswahlfreiheit hingegen **nicht** verbunden, ebenso wenig wie „eine Bestandsgarantie für den einmal gewählten Arbeitsplatz."[557] Dies leuchtet ohne Weiteres ein, würde ein Anspruch eines jeden Trägers des Grundrechts aus Art. 12 Abs. 1 GG auf Zur-Verfügung-Stellung eines Arbeitsplatzes doch zwangsläufig die in einer freiheitlichen Wirtschaftsordnung wie der des Grundgesetzes gerade fehlende Verfügungsmacht des Staates über den gesamten Arbeitsmarkt voraussetzen.[558] Ebenso „schützt die Berufsfreiheit grundsätzlich nicht vor Veränderungen der Marktdaten und Rahmenbedingungen der unternehmerischen Entscheidungen. In der bestehenden Wirtschaftsordnung umschließt das Freiheitsrecht des Art. 12 Abs. 1 GG das berufsbezogene Verhalten der Unternehmen am Markt nach den Grundsätzen des Wettbewerbs. Marktteilnehmer haben aber keinen grundrechtlichen Anspruch darauf, dass die Wettbewerbsbedingungen für sie gleich bleiben. Insbesondere gewährleistet das Grundrecht keinen Anspruch auf eine erfolgreiche Marktteilhabe oder künftige Erwerbsmöglichkeiten. Vielmehr unterliegen die Wettbewerbsposition und damit auch die erzielbaren Erträge dem Risiko laufender Veränderung je nach den Verhältnissen am Markt und damit nach Maßgabe seiner Funktionsbedingungen."[559]

Beispiel 48[560]

Nach bisherigem Recht war der akademische Grad des „Diplom-Ingenieurs" den Absolventen eines ingenieurwissenschaftlichen Studiums an einer Universität oder Technischen Hochschule vorbehalten. Als infolge mehrerer Gesetzesänderungen nunmehr auch Fachhochschulen den Titel des „Diplom-Ingenieur" verleihen dürfen, erhebt I, dem durch Urkunde einer Universität der „Dipl.-Ing." verliehen wurde, hiergegen unter Berufung auf seine durch Art. 12 Abs. 1 GG geschützte Berufsfreiheit Verfassungsbeschwerde. Hat I in der Sache Erfolg?

Nein. Die Verleihung des Diplomgrades an Fachhochschulabsolventen berührt als solche den dem I verliehenen akademischen Grad nicht unmittelbar. Vielmehr bringt es die Verleihung des Diplomgrades an Fachhochschulingenieure lediglich mit sich, dass weitere Träger des Titels „Diplom-Ingenieur" mit I in Wettbewerb treten. Gegen eine mögliche neue Konkurrenz, die I infolge der Vereinheitlichung der Diplomgrade erwachsen kann, vermag Art. 12 Abs. 1 GG jedoch keinen Schutz zu gewähren (kei-

241

---

[556] BVerfGE 33, 303 (331).
[557] BVerfGE 97, 169 (175). Siehe auch Rn. 70 f.
[558] *Ipsen*, Staatsrecht II, Rn. 649. „Anderslautende Aussagen in einigen **Landesverfassungen** [...] stellen ‚bloße Programmsätze' dar, verdeutlichen aber, dass der Staat für einen hohen Beschäftigungsstand (Art. 109 Abs. 2 GG i. V. m. § 1 StWG) Sorge zu tragen hat", *Sodan/Ziekow*, Grundkurs Öffentliches Recht, § 40 Rn. 6 (Hervorhebung d. d. Verf.).
[559] BVerfGE 110, 274 (288).
[560] Nach BVerfGE 34, 252; 55, 261. Siehe auch **Beispiel 42**.

ne „Freiheit vor Wettbewerb"[561]). Im Gegenteil zielt dieses Grundrecht gerade auf eine
möglichst unreglementierte berufliche Betätigung ab („Freiheit des Wettbewerbs"[562]).
Insbesondere gibt es nach der freiheitlichen Ordnung des Grundgesetzes kein subjektives verfassungskräftiges Recht auf die Erhaltung des Geschäftsumfangs und die Sicherung weiterer Erwerbsmöglichkeiten.

242 Als sehr wohl von Art. 12 Abs. 1 GG i. V. m. Art. 3 Abs. 1 GG und dem Sozialstaatsgebot
des Art. 20 Abs. 1 GG umfasst angesehen hat das BVerfG in seinem ersten *numerus clausus*-
Urteil aus dem Jahr 1972 dagegen ein **derivatives Teilhaberecht** des Einzelnen an den vom
Staat geschaffen Ausbildungseinrichtungen.[563] Hiernach sind die vorhandenen, mit öffentlichen Mitteln geschaffenen Ausbildungskapazitäten erschöpfend zu nutzen und Auswahl
und Verteilung haben nach sachgerechten Kriterien wie Leistung (z. B. Durchschnittsnote
des Schulabschlusses), Wartezeit und Berücksichtigung etwaiger sozialer Härten zu erfolgen.[564] Eine ebensolche Chancengleichheit fordert Art. 33 Abs. 2 GG in Bezug auf die
Vergabe öffentlicher Ämter (z. B. Einstellung als Angestellter im öffentlichen Dienst).[565]
Zudem verpflichtet Art. 12 Abs. 1 GG in seinem objektiv-rechtlichen Gehalt den Staat
dazu, die Sphäre der Berufsfreiheit zu sichern,[566] etwa „gegen den Verlust des Arbeitsplatzes aufgrund privater Disposition. Insofern obliegt dem Staat [...] eine aus dem Grundrecht folgende **Schutzpflicht**" (z. B. zur Normierung von Kündigungsfristen).[567] Für die
Rechtsanwendung durch die Zivilgerichte folgt hieraus der Auftrag, der objektiven Grundentscheidung des Art. 12 Abs. 1 GG mit den Mitteln des Zivilrechts – notfalls über die
Generalklauseln etwa der §§ 138, 242 BGB – Geltung zu verschaffen (**mittelbare Drittwirkung** der Grundrechte im Privatrecht).[568] Darüber hinaus ist Art. 12 Abs. 1 GG schließlich
noch in **verfahrensrecht**licher Hinsicht von Relevanz, insbesondere im Bereich berufsbe-
zogener Prüfungen (z. B. Erste und Zweite Juristische Staatsprüfung). So darf etwa „eine
vertretbare und mit gewichtigen Argumenten folgerichtig begründete Lösung [...] nicht
als falsch gewertet werden" und steht den Prüfungsbehörden – zumal in Anbetracht von
Art. 19 Abs. 4 Satz 1 GG – lediglich bzgl. „prüfungsspezifische[r] Wertungen" ein der
gerichtlichen Überprüfung nur in beschränktem Umfang zugänglicher Beurteilungsspielraum zu.[569]

---

[561] *Papier/Krönke*, Grundkurs Öffentliches Recht 2, Rn. 374 (im Original mit Hervorhebung).

[562] *Papier/Krönke*, Grundkurs Öffentliches Recht 2, Rn. 374.

[563] BVerfGE 33, 303 (331, 338). Siehe auch Rn. 72 f.

[564] Vgl. BVerfGE 43, 291 (317 ff.).

[565] Vgl. *Detterbeck*, Öffentliches Recht, Rn. 465.

[566] BVerfGE 92, 26 (46).

[567] BVerfGE 97, 169 (175) (Hervorhebung d. d. Verf.). Hierzu siehe auch Rn. 79 ff. und *Wienbracke,
Mike*, in: Bontrup/Korenke/Wienbracke, Festschrift zum 65. Geburtstag von Peter Pulte, Hamburg
2012, S. 21 (39) m. w. N.

[568] BVerfGE 81, 242 (255 f.). Siehe auch Rn. 86 ff.

[569] BVerfGE 84, 34 (50, 55). Siehe auch Rn. 89 f. Zum behördlichen Beurteilungsspielraum siehe
Wienbracke, Mike, Allgemeines Verwaltungsrecht, 3. Auflage, Heidelberg 2012, Rn. 216 ff.

c) Grundrechtskonkurrenzen

Während **Art. 2 Abs. 1 GG** durch den sachlich spezielleren Art. 12 Abs. 1 GG verdrängt   243
wird (siehe Beispiele 24, 94),[570] steht die Berufs- zur Eigentumsfreiheit in einem Exklu-
sivitätsverhältnis: „**Art. 14 Abs. 1 GG** schützt das Erworbene, die Ergebnisse geleisteter
Arbeit, Art. 12 Abs. 1 GG dagegen den Erwerb, die Betätigung selbst" (siehe Beispiel 61).[571]
Werden **andere Freiheitsgrundrechte** (z. B. Art. 5 Abs. 3 Satz 1 GG) mit nachhaltigem Er-
werbszweck ausgeübt, so sind sie – ebenso wie **Art. 3 Abs. 1 GG** – neben Art. 12 Abs. 1 GG
anwendbar (Idealkonkurrenz; str.).[572] In Bezug auf Arbeitsverhältnisse des öffentlichen
Dienstes trifft **Art. 33 Abs. 2 GG** eine „ergänzende Regelung" zu Art. 12 Abs. 1 GG[573] und
Art. 33 Abs. 5 GG ermöglicht Sonderregelungen, durch welche die Berufsfreiheit stärker
eingeschränkt werden kann als bei nicht staatlich gebundenen Berufen bzw. solchen außerhalb des öffentliches Dienstes der Fall.[574]

2. Eingriff

Entsprechend den zu den allgemeinen Grundrechtslehren gemachten Ausführungen   244
(Rn. 120 ff.) ist auch in Bezug auf Art. 12 Abs. 1 GG ein Eingriff in dessen Schutzbereich
in zwei Formen denkbar: Zum einen können die Grundrechtsverpflichteten die Berufsfreiheit in Gestalt eines **klassischen Eingriffs** beeinträchtigen (z. B. Erlaubnispflicht für
Maklertätigkeit gem. § 34c Abs. 1 GewO). Zum anderen schützt Art. 12 Abs. 1 GG grundsätzlich aber auch vor **modernen Eingriffsformen**. Allerdings ist insofern einschränkend
zu beachten, dass „nahezu jede Norm oder deren Anwendung unter bestimmten Voraussetzungen Rückwirkungen auf die Berufstätigkeit haben kann" (z. B. zivilrechtliche Folgen
der Schlechterfüllung von Verträgen und die Haftung für Schäden, die aus unerlaubter
Handlung entstehen). Um einer angesichts dieses Umstands ansonsten drohenden Konturlosigkeit des Grundrechts der Berufsfreiheit entgegenzuwirken, qualifiziert das BVerfG
Normen und Akte, die sich nicht unmittelbar auf die Berufstätigkeit beziehen, daher nur

---

[570] BVerfGE 105, 252 (279). Siehe auch Rn. 516.

[571] BVerfGE 102, 26 (40) (Hervorhebung d. d. Verf.). Siehe auch Rn. 291.

[572] *Sachs*, Verfassungsrecht II, B 12 Rn. 54 f. Siehe auch Rn. 489, 550. **A. A.** *Hufen*, Staatsrecht II, § 35
Rn. 14 bzgl. der „**spezielleren** berufsbezogenen Grundrechte (Kunstfreiheit, Wissenschaftsfreiheit,
Pressefreiheit, Religionsfreiheit des Pfarrers etc.)" (Hervorhebung d. d. Verf.). Speziell zum Verhält-
nis zu **Art. 4 Abs. 1, 2 GG** siehe Rn. 458, zu **Art. 5 Abs. 1 Satz 1 GG** (**Wirtschaftswerbung**) siehe
Beispiel 70, zu **Art. 5 Abs. 3 Satz 1 GG** siehe Rn. 489 und zu **Art. 9 Abs. 3 GG** siehe Rn. 350. Im
Verhältnis zu **Art. 9 Abs. 1 GG** bestehe *Jarass*, in: ders./Pieroth, GG, Art. 12 Rn. 4 zufolge Idealkonkurrenz, wohingegen *Hufen*, Staatsrecht II, § 31 Rn. 12 in Bezug auf berufliche Vereinigungen von
einem Vorrang von Art. 9 Abs. 1 GG ausgeht. BVerfGE 98, 49 (59) hat diese Frage offengelassen.

[573] BVerfGE 96, 152 (163). **A. A.**: Art. 33 Abs. 2 GG ist *lex specialis* gegenüber Art. 12 Abs. 1 GG,
vgl. BVerfGE 108, 282 (295). Ebenso bzgl. Art. 33 Abs. 5 GG: *Kluth*, Jura 2001, S. 371 (372). Zu
dem aus Art. 33 Abs. 2 GG folgenden sog. **Bewerbungsverfahrensanspruch** siehe *Wienbracke, Mike*,
Verwaltungsprozessrecht, Heidelberg 2009, Rn. 119 m. w. N.

[574] Vgl. BVerfGE 73, 280 (292); 73, 301 (315).

dann als Eingriff in Art. 12 Abs. 1 GG, wenn sie „eine **objektiv berufsregelnde Tendenz** haben",[575] d. h. „wenn sie nach Entstehungsgeschichte und Inhalt im Schwerpunkt Tätig-keiten betreffen, die typischerweise beruflich ausgeübt werden."[576] Namentlich durch die Subventionierung von Konkurrenten sowie die Vergabe von Aufträgen an diese – ebenso wie durch seine eigene Wirtschaftstätigkeit[577] – überschreitet der Staat diese Schwelle des Eingriffs in das Grundrecht der jeweils nicht begünstigten Marktteilnehmer aus Art. 12 Abs. 1 GG i. d. R. allerdings noch nicht.[578] Abweichendes gilt allerdings dann, wenn die betreffende Maßnahme zu Wettbewerbsverzerrungen führt, welche „die wirtschaftliche Stellung des nicht begünstigten Unternehmers in unerträglichem Maße und unzumutbar schädigt."[579]

Beispiel 49[580]

245   Bundesland B hat ein Gesetz erlassen, wonach die Erzeuger von Sonderabfällen eine Abgabe zu entrichten haben, wenn die betreffenden Abfälle zur Entsorgung abgegeben oder vom Erzeuger in eigenen Anlagen verbrannt oder abgelagert werden. Die A-AG betreibt ein chemisches Unternehmen, bei dem abgabepflichtige Abfälle anfallen. Sie macht geltend, durch die Abfallabgabe in ihrem Grundrecht aus Art. 12 Abs. 1 GG ver-letzt zu sein. Liegt hier überhaupt ein Eingriff in die Berufsfreiheit der A-AG vor?

Ja. Zwar greifen allgemeine Abgabengesetze i. d. R. nicht in die Berufsfreiheit der Abgabenschuldner ein. Denn typischerweise knüpfen sie als Normen mit einem un-spezifischen Adressatenkreis ohne unmittelbare Beziehung zu einem Beruf an generelle Merkmale wie Gewinn, Ertrag, Umsatz oder Vermögen an (so z. B. das EStG, das undif-ferenziert u. a. Einkünfte aus erwerbswirtschaftlicher Tätigkeit und sonstige Einkünfte erfasst, etwa aus Kapitalvermögen, aus Vermietung und Verpachtung). Doch greift die Erhebung von Steuern und sonstigen Abgaben wie Beiträgen, Gebühren und Sonderab-gaben ausnahmsweise dann in den Schutzbereich von Art. 12 Abs. 1 GG ein, wenn sie in

---

[575] BVerfGE 97, 228 (253 f.) (Hervorhebungen d. d. Verf.). Weitere Nachweise bei BVerfGE 128, 1 (82). Vgl. allerdings auch BVerfGE 61, 291 (308) m. w. N. Eine **subjektiv berufsregelnde Tendenz** liegt im Fall des klassischen Eingriffs vor, vgl. *Epping*, Grundrechte, Rn. 400; *Manssen*, Staatsrecht II, Rn. 602.

[576] BVerfGE 97, 228 (254). Nach BVerfGE 105, 252 (272) schützte Art. 12 Abs. 1 GG „**nicht** vor der **Verbreitung von inhaltlich zutreffenden und unter Beachtung des Gebots der Sachlichkeit sowie mit angemessener Zurückhaltung formulierten Informationen durch einen Träger von Staats-gewalt**", siehe auch Rn. 138. Anderes gelte jedoch dann, wenn sie „in der Zielsetzung und ihren Wirkungen Ersatz für eine staatliche Maßnahme ist, die als Grundrechtseingriff zu qualifizieren wä-re" (Hervorhebungen d. d. Verf.). Zu den sich aus Art. 12 Abs. 1 GG ergebenden **Anforderungen an durch Behörden geäußerte Rechtsansichten** siehe OVG Münster, NVwZ 2012, S. 767.

[577] Ausnahme: Hierdurch wird „jede **private Konkurrenz unmöglich** gemacht", BVerwGE 39, 329 (336) (Hervorhebungen d. d. Verf.). Extrembeispiel hierfür ist ein **staatliches Monopol** für die be-treffende Tätigkeit, vgl. BVerwG NJW 1995, S. 2938 (2939).

[578] *Michael/Morlok*, Grundrechte, Rn. 355 m. w. N. Vgl. auch **Beispiel 95**.

[579] BVerwGE 71, 183 (193) m. w. N.

[580] Nach BVerfGE 47, 1; 98, 83. Siehe auch BVerfGE 123, 132; 124, 235 und **Beispiel 34**.

engem Zusammenhang mit der Ausübung eines Berufs steht und objektiv eine berufsregelnde Tendenz deutlich erkennen lässt. Das ist bei der vorliegend infrage stehenden Abfallabgabe der Fall. Denn sie belastet die erwerbswirtschaftliche Tätigkeit der Güterproduktion in der Nebenwirkung der Abfallerzeugung, nimmt Einfluss auf die Art und Weise dieser unternehmerischen Tätigkeit und ist deswegen an Art. 12 Abs. 1 GG zu messen.

Liegt hiernach im konkreten Fall ein Eingriff in das Grundrecht der **Berufsfreiheit** vor, so ist im Hinblick auf die nachfolgende Prüfungsebene der verfassungsrechtlichen Rechtfertigung (Drei-Stufen-Theorie; Rn. 258 ff.) von Bedeutung, ob durch den Eingriff lediglich die Berufsausübung geregelt oder vielmehr die freie Berufswahl eingeschränkt wird:[581]   246

- **Berufsausübungsregelungen** betreffen das „Wie" der beruflichen Betätigung, d. h. deren Modalitäten (z. B. Pflicht zur Anzeige des selbstständigen Betriebs eines stehenden Gewerbes nach § 14 Abs. 1 Satz 1 GewO, Festsetzung von Ladenschlusszeiten, Werbeverbot gem. § 8 Abs. 2 Satz 1 StBerG, Verpflichtung zum Aufdruck von Warnhinweisen für Tabakerzeugnisse, siehe Beispiel 69).[582]   247
- Demgegenüber beziehen sich **Berufswahlregelungen** auf das „Ob" der beruflichen Betätigung. Je nachdem, ob diese auch sog. Berufszulassungsschranken den Beginn bzw. das Ende einer bestimmten Berufstätigkeit an subjektive oder objektive Kriterien knüpfen, ist entsprechend weiter zu differenzieren:[583]   248
  - **Subjektive Berufswahlregelungen** knüpfen die Wahl eines Berufs an das Vorliegen bestimmter persönlicher Eigenschaften, Fähigkeiten und Fertigkeiten an (z. B. [Un-]Zuverlässigkeit nach § 35 Abs. 1 GewO, Bestehen der Meisterprüfung gem. § 7 Abs. 1a HwO).[584]   249
  - **Objektive Berufswahlregelungen** verlangen für die Wahl eines Berufs, dass bestimmte objektive, dem Einfluss des Einzelnen entzogene und von seiner Qualifi   250

---

[581] Vgl. *Papier/Krönke*, Grundkurs Öffentliches Recht 2, Rn. 378; *Pieroth/Schlink*, Grundrechte, Rn. 932. Vgl. auch Rn. 295 zu Art. 14 GG. **A. A.** *Epping*, Grundrechte, Rn. 396: **Prüfung der Eingriffsqualität** (Berufsausübungs- oder -wahlregelung) **erst innerhalb** der **Verhältnismäßigkeit** „bei der Frage, ob ein legitimer Zweck besteht". Bzgl. der **Ausbildungsfreiheit** gilt das Nachfolgende entsprechend, siehe *Pieroth/Schlink*, Grundrechte, Rn. 909: ausbildungsbezogene Regelungen (z. B. Arbeitszeit), subjektive Zulassungsschranken (z. B. Abiturnote) und objektive Zulassungsschranken (z. B. absoluter *numerus clausus*).
[582] Ferner gehören hierzu „**alle sonstigen Vorschriften, die nicht** unter den Begriff der (subjektiven und objektiven) **Berufswahlregelungen** fallen, etwa ein gesetzliches Rauchverbot in Gaststätten" (negative Definition der Berufsausübungsregelung), *Papier/Krönke*, Grundkurs Öffentliches Recht 2, Rn. 382 (Hervorhebungen z. T. im Original). Nach BVerfGE 123, 186 (238 f.) handelt es sich auch beim **Kontrahierungszwang** für Versicherungsunternehmen um eine Berufsausübungsregelung.
[583] *Detterbeck*, Öffentliches Recht, Rn. 471.
[584] BVerfGE 9, 388 (345).

kation unabhängige Voraussetzungen erfüllt sind (z. B. Bedürfnisklauseln des § 13 Abs. 4 PBefG, staatliches Monopol).[585]

251   Umstritten ist die Einordnung von (Mindest- bzw. Höchst-)**Altersgrenzen** (z. B. für Verkehrspiloten, § 20 Abs. 2 LuftVZO i. V. m. JAR-FCL 1.060/JAR-FCL 3.060; siehe auch Beispiel 25). Geht man – wie das BVerfG in st. Rspr.[586] – davon aus, dass es für die Frage, ob es sich bei einer Regelung um eine subjektive oder um eine objektive Zulassungsschranke handelt, nicht entscheidend darauf ankommt, ob der Betreffende Einfluss auf die Erfüllung der darin genannten Anforderung hat oder nicht, so sind Altersgrenzen als subjektive Berufswahlregelungen einzustufen. Stellt man hingegen darauf ab, dass der Einzelne sein Alter nicht beeinflussen kann, so handelt es sich bei diesem Kriterium um eine objektive Berufswahlregelung.[587]

252   Wesentlich für die **Qualifizierung** eines Eingriffs entweder als Berufsausübungsregelung oder aber als Berufswahlregelung ist, ob es sich bei der betreffenden Tätigkeit um einen eigenständigen Beruf oder lediglich um eine besondere Ausübungsform eines allgemeinen Berufs handelt (Rn. 233).[588]

Beispiel 50[589]

253   Nach der einschlägigen gesetzlichen Regelung ist auf 500 Kassenmitglieder in der Regel nur ein Kassenarzt zuzulassen. Arzt A sieht hierin eine Verletzung seines Grundrechts auf Berufsfreiheit in Form einer objektiven Zulassungsvoraussetzung. Ist diese Auffassung zutreffend?

Nein. Bei der von A gerügten Bedürfnisklausel würde es sich nur dann um eine objektive Berufszulassungsregelung handeln, wenn es sich bei der Tätigkeit als Kassenarzt um einen eigenen Beruf i. S. v. Art. 12 Abs. 1 GG handeln würde. Dies ist jedoch nicht der Fall. Vielmehr handelt es sich hierbei nur um eine besondere Ausübungsform des allgemeinen Berufs des frei praktizierenden Arztes. Zwar mag es ärztliche Tätigkeiten geben, die sich in der Aufgabenstellung und durch ihre rechtliche Ausgestaltung so sehr vom Beruf des frei praktizierenden Arztes unterscheiden, dass man sie als besonderen Beruf ansehen muss (z. B. Amtsarzt). In Bezug auf den „Kassenarzt" ist das aber nicht der Fall. Insbesondere ist die Tätigkeit als Arzt im Ganzen die gleiche wie die des nicht zu den Kassen zugelassenen Arztes. Die Beschränkungen in der Wahl der Behandlungsweise und bei der Verschreibung von Heilmitteln, die dem Kassenarzt aus Rücksicht auf die finanzielle Leistungsfähigkeit der Krankenkassen auferlegt sind, unterscheiden sich nur der Form nach von den Beschränkungen, die sich bei

---

[585] *Pieroth/Schlink*, Grundrechte, Rn. 895. BVerfG, NVwZ 2000, S. 1212 (1214) wirft die **Frage** auf, „**ob** die Errichtung eines echten Verwaltungs**monopols überhaupt an Art. 12 Abs. 1 GG zu messen** ist", beantwortet sie allerdings nicht (Hervorhebungen d. d. Verf.).

[586] Seit BVerfGE 9, 388 (345). Ebenso *Papier/Krönke*, Grundkurs Öffentliches Recht 2, Rn. 386.

[587] So *Hufen*, Staatsrecht II, § 35 Rn. 22.

[588] *Detterbeck*, Öffentliches Recht, Rn. 474.

[589] Nach BVerfGE 11, 30. Siehe aber auch **Beispiel 55**.

der Behandlung von Privatpatienten aus deren individueller finanzieller Leistungsfähigkeit ergeben. Sogar der Patientenkreis des Kassenarztes und des nicht zugelassenen Arztes ist rechtlich – wenngleich nicht faktisch – derselbe: Der Kassenarzt darf jederzeit Privatpatienten behandeln, ebenso wie umgekehrt der nicht (kassen-)zugelassene Arzt jederzeit Kassenmitglieder behandeln darf – sofern sie bereit sind, ihn selbst zu honorieren. Die Zulassung zu den Krankenkassen hebt den Kassenarzt mithin nicht derart aus dem Kreis der übrigen frei praktizierenden Ärzte heraus, dass man seine Tätigkeit als besonderen Beruf bezeichnen könnte. Folglich ist auch die Zulassung zur Kassenpraxis nicht die Zulassung zu einem besonderen Beruf „Kassenarzt", sondern lediglich eine Berufsausübungsregelung innerhalb der Berufssphäre des einheitlichen Berufs „frei praktizierender Arzt".

Ein Eingriff in die **freie Arbeitsplatzwahl** liegt v. a. dann vor, „wenn der Staat den Einzelnen am Erwerb eines zur Verfügung stehenden Arbeitsplatzes hindert, ihn zur Annahme eines bestimmten Arbeitsplatzes zwingt oder die Aufgabe eines Arbeitsplatzes verlangt."[590]   254

3. Verfassungsrechtliche Rechtfertigung

Eingriffe in die Berufsfreiheit sind nach Art. 12 Abs. 1 Satz 2 GG „nur auf der Grundlage   255
einer gesetzlichen Regelung erlaubt, die den Anforderungen der Verfassung an grundrechtsbeschränkende Gesetze genügt. Dies ist der Fall, wenn die eingreifende Norm kompetenzgemäß erlassen worden ist, durch hinreichende, der Art der betroffenen Betätigung und der Intensität des jeweiligen Eingriffs Rechnung tragende Gründe des Gemeinwohls gerechtfertigt wird und dem Grundsatz der Verhältnismäßigkeit entspricht."[591]

a) Schranken

Dem Wortlaut nach sieht Art. 12 Abs. 1 GG in seinem Satz 2 allein für die **Berufsausübung**   256
eine Regelung „durch Gesetz oder auf Grund eines Gesetzes" vor. Dass dieser an sich „einfache Gesetzesvorbehalt"[592] sich „dem Grunde nach" gleichwohl „sowohl auf die Berufsausübung wie auf die **Berufswahl** erstreckt", hat das BVerfG im *Apotheken*-Urteil aus dem Jahr 1958 mit dem Charakter von Art. 12 Abs. 1 GG als einheitliches Grundrecht der „Berufsfreiheit" (Rn. 230) begründet und ist seitdem allgemein anerkannt.[593] Dem einheitlichen Schutzbereich entspricht ein einheitlicher Gesetzesvorbehalt.[594] Die freie Wahl von **Ar-**

---

[590] BVerfGE 84, 133 (146 f.).

[591] BVerfGE 102, 197 (213) m. w. N. Siehe auch Rn. 164.

[592] *Zippelius/Würtenberger*, Deutsches Staatsrecht, § 30 Rn. 19. Siehe aber Rn. 259.

[593] BVerfGE 7, 377 (402) (Hervorhebung d. d. Verf.). Siehe auch *Katz*, Staatsrecht, Rn. 795.

[594] Vgl. BVerfGE 7, 377 (402). Der „**Regelungsvorbehalt**" des Art. 12 Abs. 1 Satz 2 GG „wird vom Bundesverfassungsgericht zwar ausdrücklich vom allgemeinen […] Gesetzesvorbehalt abgegrenzt […]. In der Sache wird Art. 12 Abs. 1 Satz 2 GG aber in der heutigen Lehre seit Langem **wie ein**

beitsplatz und **Ausbildungsstätte** unterfallen ebenfalls diesen Einschränkungsmöglichkeiten.[595]

Beispiel 51[596]

257   Gem. § 31b Abs. 1 Satz 2 LuftVG a. F. konnte das Bundesministerium für Verkehr, Bau und Stadtentwicklung (BMVBS) geeignete natürliche Personen mit der Wahrnehmung einzelner Aufgaben der Flugsicherung beauftragen. In der vom BMVBS zu dieser Norm erlassenen Verwaltungsvorschrift hieß es, dass jedenfalls mit Vollendung des 57. Lebensjahres die Eignung i. S. v. § 31b Abs. 1 Satz 2 LuftVG a. F. entfällt. Sechs Monate vor Vollendung seines 57. Lebensjahres beantragte der vom BMVBS befristet bis zu diesem Zeitpunkt mit der Durchführung der Flugverkehrskontrolle auf dem Flughafen F beauftragte B die Verlängerung seiner Beauftragung um ein weiteres Jahr. Unter Hinweis auf die vorgenannte Verwaltungsvorschrift wurde der Antrag des B abgelehnt. Ist dieser Eingriff in die Berufsfreiheit des B aus Art. 12 Abs. 1 GG verfassungsrechtlich gerechtfertigt?

Nein. Denn ungeachtet des Umstands, dass Altersgrenzen wie die in der Verwaltungsvorschrift zu § 31b Abs. 1 Satz 2 LuftVG a. F. niedergelegte als solche verfassungsrechtlich bedenklich sind, ist in Bezug auf den hiesigen Fall maßgebend, dass bereits der in Art. 12 Abs. 1 Satz 2 GG enthaltene Gesetzesvorbehalt nicht gewahrt ist. Verwaltungsvorschriften besitzen nämlich keine Rechtsnormqualität, d. h. sind keine „Gesetze" i. S. v. Art. 12 Abs. 1 Satz 2 GG.

b) Schranken-Schranken

258   Dass der Vorbehalt des Art. 12 Abs. 1 Satz 2 GG sich demnach über die **Beruf**sausübung hinaus auch auf die Berufswahl erstreckt „heißt jedoch nicht, daß die Befugnisse des Gesetzgebers hinsichtlich jeder dieser ,Phasen' der Berufstätigkeit inhaltlich gleich weit gehen. Denn es bleibt stets der im Wortlaut des Art. 12 Abs. 1 [GG] deutlich zum Ausdruck kommende Wille der Verfassung zu beachten, daß die Berufswahl ,frei' sein soll, die Berufsausübung geregelt werden darf. Dem entspricht nur eine Auslegung, die annimmt, daß die Regelungsbefugnis die beiden ,Phasen' nicht in gleicher sachlicher Intensität erfaßt, daß der Gesetzgeber vielmehr um so stärker beschränkt ist, je mehr er in die Freiheit der Berufswahl eingreift."[597] Die vor diesem Hintergrund vom BVerfG im *Apotheken*-Urteil sodann entwickelte **Drei-Stufen-Theorie** konkretisiert den **Verhältnismäßigkeitsgrundsatz**, für dessen Prüfung im Rahmen von Art. 12 Abs. 1 GG die folgenden Besonderheiten

---

[…] **Gesetzesvorbehalt** behandelt", *Papier/Krönke*, Grundkurs Öffentliches Recht 2, Rn. 380 (Hervorhebungen z. T. im Original). M. a. W.: Art. 12 Abs. 1 Satz 2 GG ermächtigt nicht nur zu bloßen Regelungen (Rn. 151), sondern auch zu **Eingriffen**, vgl. BVerfGE 54, 237 (245 f.).

[595] *Epping*, Grundrechte, Rn. 402.

[596] Nach BVerfGE , NVwZ 2007, S. 804; BVerfGE 80, 257. Siehe auch **Beispiel 41**.

[597] BVerfGE 7, 377 (402).

gelten;[598] für die freie **Arbeitsplatz-** und **Ausbildungsstätten**wahl gilt das Nachfolgende entsprechend:[599]

• **Zweck**

Während an den vom Gesetzgeber mit dem Eingriff verfolgten Zweck im Allgemeinen   259
keine weiteren Anforderungen gestellt werden als diejenige, dass es sich um einen verfassungsrechtlich legitimen handeln muss (Rn. 189), ergeben sich in Bezug auf Art. 12
Abs. 1 GG insoweit unterschiedliche Voraussetzungen – „je nachdem, ob die Berufsausübung betroffen oder die Berufswahl (subjektiv oder objektiv) eingeschränkt wird". Im
Ergebnis behandelt das BVerfG den Vorbehalt des Art. 12 Abs. 1 Satz 2 GG damit „wie
einen qualifizierten Gesetzesvorbehalt":[600]

– „Am freiesten ist der Gesetzgeber, wenn er eine reine [**Berufs-**]**Ausübungsregelung**   260
trifft, die auf die Freiheit der Berufswahl nicht zurückwirkt, vielmehr nur bestimmt,
in welcher Art und Weise die Berufsangehörigen ihre Berufstätigkeit im einzelnen zu
gestalten haben. Hier können in weitem Maße Gesichtspunkte der Zweckmäßigkeit
zur Geltung kommen; nach ihnen ist zu bemessen, welche Auflagen den Berufsangehörigen gemacht werden müssen, um Nachteile und Gefahren für die Allgemeinheit
abzuwehren. Auch der Gedanke der Förderung eines Berufes und damit dcr Erzie-
lung einer höheren sozialen Gesamtleistung seiner Angehörigen kann schon gewisse
die Freiheit der Berufsausübung einengende Vorschriften rechtfertigen. Der Grundrechtsschutz beschränkt sich insoweit auf die Abwehr in sich verfassungswidriger, weil
etwa übermäßig belastender und nicht zumutbarer gesetzlicher Auflagen; von diesen Ausnahmen abgesehen, trifft die [...] Beeinträchtigung der Berufsfreiheit [auf
der Ausübungsebene] den Grundrechtsträger nicht allzu empfindlich, da er bereits
im Beruf steht und die Befugnis, ihn auszuüben, nicht berührt wird." Die Freiheit der
Berufsausübung kann mithin bereits insoweit beschränkt werden, wie „**vernünftige
Erwägungen des Gemeinwohls** es zweckmäßig erscheinen lassen" (z. B. Lauterkeit
des Wettbewerbs, § 3 UWG).[601] Wenngleich es sich hierbei um eine „sehr niedrige
Hürde" handelt, ist doch speziell der Konkurrentenschutz ein Motiv, das als solches
niemals einen Eingriff in Art. 12 Abs. 1 GG zu rechtfertigen vermag.[602]

---

[598] Vgl. BVerfGE 13, 97 (104). Zur Unanwendbarkeit von **Art. 19 Abs. 1 Satz 2 GG** auf Art. 12
Abs. 1 GG siehe Rn. 172. „Es gibt **verschiedene Modelle der** Einpassung der Dreistufentheorie in
die **Prüfung** von Art. 12 GG", *Detterbeck*, Öffentliches Recht, Rn. 484 m. w. N. (Hervorhebungen d.
d. Verf.).

[599] *Pieroth/Schlink*, Grundrechte, Rn. 931.

[600] *Epping*, Grundrechte, Rn. 403, 417. Vgl. auch BVerfGE 119, 59 (83). Der zur Eingriffsrechtferti-
gung angeführte **Gemeinwohlbelang muss** freilich **tatsächlich existieren**, vgl. BVerfG, NJW 2011,
S. 665 und Rn. 191.

[601] BVerfGE 7, 377 (405) (Hervorhebung d. d. Verf.).

[602] *Detterbeck*, Öffentliches Recht, Rn. 477.

| Beispiel 52[603] |

261   Nach § 49 Abs. 4 Satz 2, 3 PBefG dürfen mit Mietwagen „nur Beförderungsaufträge ausgeführt werden, die am Betriebssitz oder in der Wohnung des Unternehmers
eingegangen sind. Nach Ausführung des Beförderungsauftrags hat der Mietwagen unverzüglich zum Betriebssitz zurückzukehren". Nachdem Mietwagenunternehmen M in
der Vergangenheit mehrfach gegen diese Vorschrift verstoßen hatte, beantragt Taxiunternehmer T nunmehr vor dem Landgericht, dem M dieses Verhalten zu untersagen. M
verteidigt sich damit, dass § 49 Abs. 4 Satz 3 PBefG durch nichts zu rechtfertigen und
damit verfassungswidrig sei. Dringt M mit diesem Einwand durch?

Nein. Zwar handelt es sich bei der in § 49 Abs. 4 Satz 3 PBefG normierten Rück-
kehrpflicht um einen Eingriff in das Grundrecht aus Art. 12 Abs. 1 GG in Gestalt einer
Berufsausübungsregelung. Doch ist diese durch einen vernünftigen Grund des Gemeinwohls gerechtfertigt. § 49 Abs. 4 Satz 3 PBefG dient dazu, dass Mietwagen nach
Beendigung eines Beförderungsauftrags nicht wie Taxis auf öffentlichen Straßen und
Plätzen bereitgestellt werden und dort Beförderungsaufträge annehmen. Geschützt
wird dadurch letztlich die Existenz- und Funktionsfähigkeit des Taxenverkehrs. Diese
wäre nämlich beeinträchtigt, wenn das Bereitstellen von Mietwagen gesetzlich freige-
geben würde. So sind Mietwagen – im Gegensatz zu den Taxen – nicht an festgelegte
Tarife gebunden (vgl. § 51 PBefG), sondern kann das Beförderungsentgelt insofern
frei vereinbart werden; überdies besteht bei ihnen kein Kontrahierungszwang (vgl.
§ 22 PBefG). Wäre es den Mietwagenunternehmern nun aber erlaubt, in völlig gleicher
Weise wie Taxiunternehmer, allerdings ohne Tarifbindung und Kontrahierungszwang,
tätig zu werden, könnten sie durch Unterbietung des Taxitarifs die Wettbewerbsfähig-
keit des Taxenverkehrs untergraben, ohne dass dieser hierauf durch flexible Gestaltung
der Beförderungsentgelte reagieren dürfte. Auf Dauer könnte dies dazu führen, dass
ein Großteil der Taxiunternehmer zum Mietwagenverkehr übergeht, um nicht mehr
an die Tarife gebunden zu sein. Es besteht aber ein legitimes Bedürfnis danach, der
Allgemeinheit mit dem Taxenverkehr ein Verkehrsmittel für individuelle Bedürfnisse
zu einem festgelegten Tarif zur Verfügung zu stellen.

262   Demgegenüber unterliegen Regelungen, welche schon die Aufnahme der Berufstätigkeit
von der Erfüllung bestimmter Voraussetzungen abhängig machen und damit die Freiheit
der Berufswahl berühren, einem erhöhten Rechtfertigungsdruck:

263   • „Die Regelung subjektiver [Berufswahlregelungen] ist ein Teil der rechtlichen Ordnung eines Berufsbildes; sie gibt den Zugang zum Beruf nur den in bestimmter – und
zwar meist formaler – Weise qualifizierten Bewerbern frei. Eine solche Beschränkung
legitimiert sich aus der Sache heraus; sie beruht darauf, daß viele Berufe bestimmte, nur
durch theoretische und praktische Schulung erwerbbare technische Kenntnisse und Fertigkeiten (im weiteren Sinn) erfordern und daß die Ausübung dieser Berufe ohne solche

---

[603] Nach BVerfGE 81, 70. Siehe auch **Beispiele 42, 48, 56**.

Kenntnisse entweder unmöglich oder unsachgemäß wäre oder aber Schäden, ja Gefahren für die Allgemeinheit mit sich bringen würde. Der Gesetzgeber konkretisiert und ‚formalisiert' nur dieses sich aus einem vorgegebenen Lebensverhältnis ergebende Erfordernis; dem Einzelnen wird in Gestalt einer vorgeschriebenen formalen Ausbildung nur etwas zugemutet, was er grundsätzlich der Sache nach ohnehin auf sich nehmen müßte, wenn er den Beruf ordnungsgemäß ausüben will. Diese Freiheitsbeschränkung erweist sich so als das adäquate Mittel zur Verhütung möglicher Nachteile und Gefahren; sie ist auch deshalb nicht unbillig, weil sie für alle Berufsanwärter gleich und ihnen im voraus bekannt ist, so daß der Einzelne schon vor der Berufswahl beurteilen kann, ob es ihm möglich sein werde, die geforderten Voraussetzungen zu erfüllen." Vor diesem Hintergrund darf die Freiheit der Berufswahl durch subjektive Berufswahlregelungen nur dann eingeschränkt werden, „soweit der Schutz **besonders wichtiger** [...] **Gemeinschaftsgüter** es zwingend erfordert."[604] I. d. S. schutzwürdig „können nicht nur allgemein anerkannte, sondern auch solche Gemeinschaftswerte sein, die sich erst aus den besonderen wirtschafts-, sozial- und gesellschaftspolitischen Zielen des Gesetzgebers ergeben" (z. B. Energieversorgung).[605]

Beispiel 53[606]

Gem. § 1 Abs. 1 Satz 1 HwO ist „der selbständige Betrieb eines zulassungspflichtigen Handwerks als stehendes Gewerbe [...] nur den in der Handwerksrolle eingetragenen natürlichen und juristischen Personen und Personengesellschaften gestattet." In die Handwerksrolle wird nach § 7 Abs. 1a HwO eingetragen, „wer in dem von ihm zu betreibenden oder in einem mit diesem verwandten zulassungspflichtigen Handwerk die Meisterprüfung bestanden hat." Ist diese Regelung vor Art. 12 Abs. 1 GG zu rechtfertigen?

264

Ja. Das Erfordernis des Befähigungsnachweises (Meisterzwang) ist eine subjektive Berufszulassungsvoraussetzung. Sie macht die Aufnahme der Berufstätigkeit als selbständiger Handwerker vom Besitz beruflicher Fähigkeiten und Fertigkeiten abhängig, die sich der Einzelne durch einen bestimmten Ausbildungsgang aneignen kann und die er grundsätzlich in einer besonderen Prüfung nachzuweisen hat. Derartige Regelungen sind nur zum Schutze eines besonders wichtigen Gemeinschaftsgutes gerechtfertigt. Dies trifft auf die mit der Normierung des Meisterzwangs in §§ 1 Abs. 1 Satz 1, 7 Abs. 1a HwO verfolgten Ziele der Erhaltung des Leistungsstands und der Leistungsfähigkeit des Handwerks sowie der Sicherung der Ausbildung qualifizierten Nachwuchses für die gesamte gewerbliche Wirtschaft zu.

- Besonders strenge Anforderungen sind schließlich an **objektive Berufswahlregelungen** zu stellen. Denn „ihre Erfüllung ist dem Einfluß des Einzelnen schlechthin entzogen.

265

---

[604] BVerfGE 7, 377 (405 ff.) (Hervorhebung d. d. Verf.).
[605] BVerfGE 13, 97 (2. LS).
[606] Nach BVerfGE 13, 97. Siehe auch BVerwGE 140, 267 und 276 sowie Rn. 536. **Kritisch** hingegen BVerfG, GewA 2006, S. 71 (72).

Dem Sinn des Grundrechts wirken sie strikt entgegen, denn sogar derjenige, der durch Erfüllung aller von ihm geforderten Voraussetzungen die Wahl des Berufes bereits real vollzogen hat und hat vollziehen dürfen, kann trotzdem von der Zulassung zum Beruf ausgeschlossen bleiben. Diese Freiheitsbeschränkung ist um so gewichtiger und wird demgemäß auch um so schwerer empfunden, je länger und je fachlich spezialisierter die Vor- und Ausbildung war, je eindeutiger also mit der Wahl dieser Ausbildung zugleich dieser konkrete Beruf gewählt wurde [...]. Durch die Wahl dieses gröbsten und radikalsten Mittels der Absperrung fachlich und moralisch (präsumtiv) voll geeigneter Bewerber vom Berufe kann so [...] der Freiheitsanspruch des Einzelnen in besonders empfindlicher Weise verletzt werden. Daraus ist abzuleiten, daß [...] im allgemeinen [...] nur die Abwehr nachweisbarer oder höchstwahrscheinlicher schwerer Gefahren für ein **überragend wichtiges Gemeinschaftsgut** diesen Eingriff in die freie Berufswahl [wird] legitimieren können."[607] Da ein solches Gewicht allerdings nur Gütern von Verfassungsrang zukommt (z. B. Schutz der Gesundheit der Bevölkerung, Art. 2 Abs. 2 Satz 1 GG), unterliegen objektive Berufswahlregelungen im Ergebnis denselben (verfassungsimmanenten) Schranken wie die vorbehaltlos gewährleisteten Grundrechte des Grundgesetz (Rn. 153).[608]

Beispiel 54[609]

266 Um die Einnahmen des Staats zu erhöhen, erlässt das Bundesland B ein Gesetz, wonach für den Betrieb der Spielbanken in B eine Erlaubnis allein solchen Unternehmen in einer Rechtsform des privaten Rechts erteilt werden darf, deren sämtliche Anteile (un-)mittelbar von B gehalten werden. Ist ein solches Gesetz mit dem Grundrecht auf Berufsfreiheit vereinbar?

Nein. Durch die vorstehende Regelung wird es Unternehmen in privater Trägerschaft verwehrt, in B eine Spielbank zu betreiben. Letztlich wirkt dies, weil der Zugang zum Beruf des Spielbankunternehmers insoweit nicht von der Qualifikation der Unternehmen abhängig ist, wie eine objektive Berufszulassungsvoraussetzung. Diese ist im Allgemeinen jedoch nur dann zulässig, wenn sie zur Abwehr nachweisbarer oder höchstwahrscheinlicher schwerer Gefahren für ein überragend wichtiges Gemeinschaftsgut zwingend geboten ist. Die vorliegend insoweit einzig in Betracht kommenden fiskalischen Gründe der Einnahmeerhöhung des Staates reichen als Rechtfertigungsgrund für Beschränkungen der Berufswahlfreiheit aber niemals aus.

---

[607] BVerfGE 7, 377 (407 f.) (Hervorhebungen d. d. Verf.).
[608] *Sachs*, Verfassungsrecht II, B 12 Rn. 40.
[609] Nach BVerfGE 102, 197. Dort (S. 215) auch zu den hier nicht näher thematisierten **Besonderheiten des Spielbanken„marktes"**, welche dazu führten, dass letztlich bereits **wichtige Gemeinwohlbelange** für die Beschränkung des Zugangs zu jenem Beruf ausreichten.

267

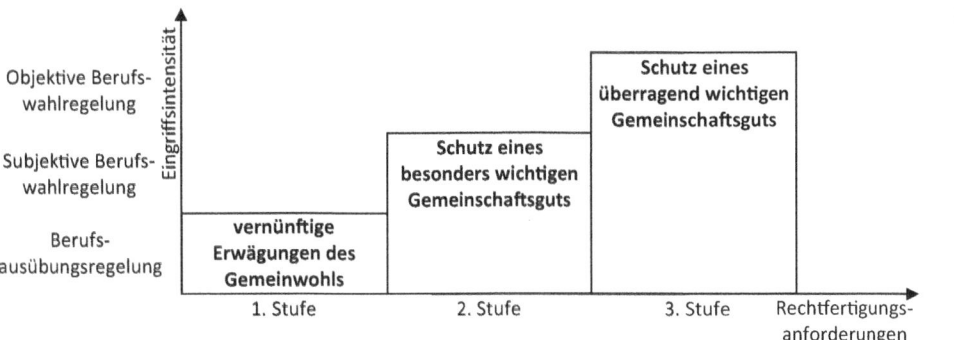

Drei-Stufen-Theorie

Da die durch den Verhältnismäßigkeitsgrundsatz begrenzte Regelungsbefugnis des Gesetz-   268
gebers letztlich allerdings von materiellen Gesichtspunkten abhängt, darf die o. g. Stufen-
zuordnung nicht schematisch erfolgen.[610] Einen „Kunstgriff" wendet das BVerfG daher
dann an, wenn ein **formal** betrachtet auf einer **niedrigeren Stufe** einzuordnender Eingriff in seiner **Intensität** einem Eingriff auf einer **höheren Stufe** gleichkommt:[611] In einem
solchen Fall gelangen diejenigen Voraussetzungen zur Anwendung, welche nach der Drei-
Stufen-Theorie (Rn. 258 ff.) an den Eingriff auf eben dieser höheren Stufe gestellt werden
(Schrankenübertragung).[612]

Beispiel 55[613]

Bei der im Hinblick auf die Kassenarztzulassung bestehenden Bedürfnisklausel in Bei-   269
spiel 50 handelt es sich um eine Berufsausübungsregelung. Da allerdings mehr als 80 %
der Bevölkerung von der gesetzlichen Krankenversicherung erfasst werden, ist der Arzt
im Allgemeinen auf die Kassenzulassung angewiesen. War die kassenärztliche Tätigkeit
in früheren Zeiten lediglich eine zusätzliche Einkommensquelle für den frei praktizierenden Arzt, bietet heute umgekehrt die freie Praxis ein zusätzliches Einkommen zum
Haupteinkommen aus der Kassenpraxis. Kann der frei praktizierende Arzt seinen Beruf in aller Regel wirtschaftlich gesehen also ohne Kassenzulassung nicht erfolgreich
ausüben, so kommt die o. g. Bedürfnisklausel in ihrer Wirkung einer objektiven Berufszulassungsvoraussetzung nahe. Sie ist daher nur dann gerechtfertigt, wenn sie die
diesbzgl. bestehenden Rechtfertigungsanforderungen erfüllt, d. h. sie durch besonders
wichtige Interessen der Allgemeinheit gefordert wird, die anders nicht geschützt werden
können.

---

[610] *Katz*, Staatsrecht, Rn. 802.
[611] *Ipsen*, Staatsrecht II, Rn. 671.
[612] Vgl. BVerwGE 140, 276 (282) und siehe *Zippelius/Würtenberger*, Deutsches Staatsrecht, § 30
Rn. 41.
[613] Nach BVerfGE 11, 30.

- **Erforderlichkeit**

270   Während sich im Hinblick auf die Verfassungslegitimität des eingesetzten **Mittels** und
        dessen **Geeignetheit** zur Zweckerreichung als weitere Prüfungspunkte des Verhältnis-
        mäßigkeitsgrundsatzes (Rn. 192 ff.) keine Besonderheiten aus Art. 12 Abs. 1 GG erge-
        ben,[614] ist bzgl. der **Erforderlichkeit** speziell von subjektiven und objektiven Berufs-
        wahlregelungen zu beachten, dass „der Gesetzgeber [...] Regelungen nach Art. 12 Abs. 1
        Satz 2 [GG] jeweils auf der ‚Stufe' vornehmen [muss], die den geringsten Eingriff in die
        Freiheit der Berufswahl mit sich bringt, und [...] die **nächste ‚Stufe' erst dann betreten**
        [darf], **wenn mit** hoher Wahrscheinlichkeit dargetan werden kann, daß die befürch-
        teten Gefahren mit (verfassungsmäßigen) **Mitteln der vorausgehenden ‚Stufe' nicht**
        wirksam bekämpft werden können."[615] Konkret bedeutet dies: „Wo eine Ausübungsre-
        gelung genügt, darf [...] keine Zulassungsregelung getroffen werden; wo die Einführung
        subjektiver Zulassungsvoraussetzungen ausreicht, dürfen nicht objektive Zulassungsvor-
        aussetzungen geschaffen werden."[616]

Beispiel 56[617]

271   Aus Sorge um die ansonsten drohende Existenzgefährdung der Apotheken und die
        dadurch bewirkte Gefährdung der ordnungsgemäßen Arzneimittelversorgung der Be-
        völkerung, d. h. letztlich der Volksgesundheit, bestimmte Art. 3 Abs. 1 lit. b) bay. Apo-
        thekenG a. F., dass eine Betriebserlaubnis für eine neu zu errichtende Apotheke nur
        erteilt werden durfte, wenn „anzunehmen ist, daß ihre wirtschaftliche Grundlage gesi-
        chert ist und durch sie die wirtschaftliche Grundlage der benachbarten Apotheken nicht
        so weit beeinträchtigt wird, daß die Voraussetzungen für den ordnungsgemäßen Apo-
        thekenbetrieb nicht mehr gewährleistet sind". Ist diese Vorschrift mit Art. 12 Abs. 1 GG
        vereinbar?

        Nein. Die objektive Berufswahlregelung des Art. 3 Abs. 1 lit. b) bay. ApothekenG
        a. F. verstößt gegen das Grundrecht der Berufsfreiheit, weil sie zur Erreichung des mit
        ihr verfolgten Ziels nicht erforderlich ist. Denn anstelle dieser schärfsten Einschrän-
        kung der freien Berufswahl, nämlich die Absperrung voll qualifizierter Bewerber von
        der selbständigen Ausübung des Apothekerberufs, könnte der Gesetzgeber durch eine
        Regelung der Berufsausübung (z. B. Werbebeschränkungen) genauso gut den Gesund-
        heitsschutz der Bevölkerung sicherstellen.

272   Darüber hinaus gilt für sämtliche Eingriffsformen in Art. 12 Abs. 1 GG, also sowohl für
        Berufsausübungs- als auch für (subjektive wie objektive) Berufswahlregelungen, dass

---

[614] Auf dem Gebiet der Arbeitsmarkt-, Sozial- und Wirtschaftsordnung verfügt der Gesetzgeber über
weite Gestaltungsfreiheit und einen Einschätzungs- und Prognosespielraum, siehe BVerfGE 77, 84
(106).

[615] BVerfGE 7, 377 (408) (Hervorhebungen d. d. Verf.).

[616] *Zippelius/Würtenberger*, Deutsches Staatsrecht, § 30 Rn. 40.

[617] Nach BVerfGE 7, 377. Siehe auch **Beispiel 52**.

diese jeweils nur dann erforderlich zur Zweckerreichung sind, wenn es **auf derselben Eingriffsstufe** (z. B. Berufsausübungsregelung) **kein milderes Mittel** (z. B. subjektive Berufsausübungsregelungen) gibt, welches das verfolgte Ziel ebenso effektiv erreichen kann wie das tatsächlich eingesetzte Mittel (z. B. objektive Berufsausübungsregelung).[618] Die Erforderlichkeitsprüfung findet damit „nicht nur zwischen den einzelnen Stufen, sondern auch innerhalb einer Stufe" statt.[619]

Beispiel 57[620]

Produzent P stellt Süßwaren-Saisonartikel (Osterhasen und Weihnachtsmänner) her, die im Wesentlichen aus Puffreis bestehen und bei denen als Bindemasse eine Glasur aus Sojafett, Staubzucker und Kakaopulver verwendet wird. Gegen die Herstellung und den Verkauf dieser Artikel erhebt der V-e. V., dessen satzungsmäßiger Zweck in der Bekämpfung des unlauteren Wettbewerbs besteht, mit Erfolg Unterlassungsklage vor den Zivilgerichten. Zur Klagebegründung beruft sich der V-e. V. auf § 14 Nr. 2 KakaoVO a. F. Diese Vorschrift lautet: „Gewerbsmäßig dürfen nicht in den Verkehr gebracht werden: Lebensmittel, die infolge ihrer sinnlich wahrnehmbaren Eigenschaften, insbesondere Aussehen, Geruch oder Geschmack, mit einem in der Anlage aufgeführten Erzeugnis verwechselbar sind", wobei in Anlage I zur KakaoVO a. F. unter Ziffer 8 das Lebensmittel „Schokolade" aufgeführt ist. Mit der nunmehr erhobenen Verfassungsbeschwerde rügt P eine Verletzung seines Grundrechts auf Berufsfreiheit aus Art. 12 Abs. 1 GG, da das sich aus § 14 Nr. 2 KakaoVO a. F. ergebende Verkehrsverbot für kakaohaltige Fettglasuren nicht i. S. d. Verhältnismäßigkeitsgrundsatzes „erforderlich" sei. Hat P mit dieser Meinung Recht?

Ja. Zur Erreichung des von der Berufsausübungsregelung des § 14 Nr. 2 KakaoVO a. F. in legitimer Weise verfolgten Zwecks, nämlich dem Schutz des Verbrauchers vor Verwechslung und Täuschung, ist das in dieser Vorschrift angeordnete – und als solches verfassungsrechtlich nicht zu beanstandende – Verkehrsverbot zwar geeignet, nicht aber auch erforderlich. Denn während das Verkehrsverbot eines der denkbar entscheidendsten Mittel ist, um den Verbraucher vor Verwechslung und Täuschung zu bewahren, steht in Gestalt eines Kennzeichnungsgebots ein anderes Mittel zur Verfügung, das zur Erreichung des vorgenannten Zwecks ebenso geeignet ist wie ein Verkehrsverbot, welches die Lebensmittelproduzenten aber in weniger gravierender Weise belastet als dieses.

- **Angemessenheit**

Wie ansonsten auch, müssen ebenfalls im Rahmen von Art. 12 Abs. 1 GG „die vom Gesetzgeber zur Verfolgung legitimer Zwecke gewählten Mittel [...] nicht nur geeignet und erforderlich, sondern auch **angemessen** sein. Voraussetzung hierfür ist, dass das

273

274

---

[618] Vgl. BVerfGE 86, 28 (39) und siehe *Pieroth/Schlink*, Grundrechte, Rn. 920.
[619] Vgl. BVerfG, NVwZ 2011, S. 355 (357) und siehe *Katz*, Staatsrecht, Rn. 798, 802.
[620] Nach BVerfGE 53, 135. Siehe auch **Beispiel 45**.

Maß der Belastung des Einzelnen noch in einem vernünftigen Verhältnis zu den der Allgemeinheit erwachsenden Vorteilen steht. Um dies feststellen zu können, ist eine Abwägung zwischen den Gemeinwohlbelangen, zu deren Wahrnehmung der Eingriff in Grundrechte erforderlich ist, und den Auswirkungen auf die Rechtsgüter der davon Betroffenen notwendig."[621]

Beispiel 58[622]

275 Zum Schutz der Bevölkerung vor den Gefahren des Passivrauchens erlässt das Bundesland B folgenden § 7 LNRSchG: „(1) In Gaststätten ist das Rauchen untersagt [...]. Satz 1 gilt nicht für Bier-, Wein- und Festzelte sowie die Außengastronomie und die im Reisegewerbe betriebenen Gaststätten. (2) Abweichend von Absatz 1 ist das Rauchen in vollständig abgetrennten Nebenräumen zulässig, wenn und soweit diese Räume in deutlich erkennbarer Weise als Raucherräume gekennzeichnet sind [...]." Kleingastronom K betreibt seit Jahrzehnten eine 63 qm messende „Eckkneipe" in der Landeshauptstadt von B. Das Lokal wurde bislang überwiegend von Stammgästen besucht, von denen rund 70 % Raucher sind. Da dem K die Einrichtung eines Raucherraums aus baulichen Gründen nicht möglich ist, muss er seit Inkrafttreten des LNRSchG eine reine Nichtrauchergaststätte führen. Entsprechend halten sich die rauchenden Stammgäste erheblich kürzer in der Gaststätte des K auf und konsumieren dort weniger. Da bei Anhalten dieses Umsatzrückgangs absehbar ist, dass K seine Eckkneipe zukünftig nicht mehr profitabel wird führen können, rügt er vor dem BVerfG eine Verletzung seines Grundrechts aus Art. 12 Abs. 1 GG. Ist die Regelung des § 7 LNRSchG verhältnismäßig?

Nein. Zwar ist die Berufsausübungsregelung des § 7 LNRSchG geeignet und erforderlich, das mit ihr verfolgte Ziel des Gesundheitsschutzes der Bevölkerung zu erreichen – ein überragend wichtiger Gemeinwohlbelang, der selbst ein absolutes Rauchverbot in Gaststätten zu rechtfertigen vermag. Doch wenn der Gesetzgeber von seiner Befugnis Gebrauch macht, in Bezug auf den jeweiligen Lebensbereich darüber zu entscheiden, ob, mit welchem Schutzniveau und auf welche Weise Situationen entgegengewirkt werden soll, die nach seiner Einschätzung zu Schäden führen können, und berücksichtigt er bei der Wahl seines Schutzkonzepts auch Interessen, die gegenläufig zu dem von ihm verfolgten Gemeinwohlziel sind, so bleibt dies nicht ohne Auswirkungen auf die Angemessenheitsprüfung. Denn mit der Entscheidung für ein bestimmtes Konzept bewertet der Gesetzgeber die Vor- und Nachteile für die jeweils betroffenen Rechtsgüter und wägt diese hinsichtlich der Folgen für die verschiedenen betroffenen Rechtsgüter gegeneinander ab. Im Rahmen der verfassungsrechtlichen Vorgaben bestimmt letztlich also der Gesetzgeber, mit welcher Wertigkeit die von ihm verfolgten Interessen der Allgemeinheit in die Verhältnismäßigkeitsprüfung eingehen. Hier hat der Landesgesetzgeber sich für eine Konzeption des Nichtraucherschutzes entschieden,

---

[621] BVerfGE 117, 163 (192 f.) (Hervorhebung d. d. Verf.). Siehe auch Rn. 204 ff.
[622] Nach BVerfGE 121, 317. Siehe auch BVerfG, NVwZ-RR 2012, S. 257.

die das Schutzziel nicht unbedingt verfolgt, sondern mit Rücksicht auf kollidierende Interessen nur einen eingeschränkten, von verschiedenen Ausnahmetatbeständen (§ 7 Abs. 1 Satz 2, Abs. 2 LNSchG) durchzogenen Schutz als hinreichend ansieht. Die Gefahren durch Passivrauchen werden danach zwar als erheblich eingeschätzt, aber in verfassungsrechtlich vertretbarer Weise nicht als derart schwerwiegend bewertet, dass der Gesundheitsschutz in jeder Hinsicht Vorrang vor einer Berücksichtigung der beruflichen Interessen der Gaststättenbetreiber und der Verhaltensfreiheit der Raucher genießen müsste. Aufgrund dieser Relativierung des mit § 7 Abs. 1 Satz 1 LNschG verfolgten Ziels des Gesundheitsschutzes erlangen dessen Auswirkungen für Kleingastronomen wie K im Rahmen der vorzunehmenden Gesamtabwägung ein stärkeres Gewicht. Während für größere Gaststätten mit Raucherräumen letztlich nur ein relatives Rauchverbot gilt, das es diesen ermöglicht, auch den rauchenden Gästen ein Angebot unterbreiten zu können, besteht ein absolutes, mit existenzbedrohenden Umsatzrückgängen verbundenes absolutes Rauchverbot allein für kleinere Gaststätten. Das Maß dieser Belastung steht in Anbetracht der Zurücknahme des erstrebten Schutzziels aber nicht mehr in einem zumutbaren Verhältnis zu den Vorteilen, welche der Landesgesetzgeber mit dem gelockerten Rauchverbot für die Allgemeinheit zu erlangen beabsichtigt. Erschwerend kommt hinzu, dass nach der gesetzlichen Konzeption die Kleingastronomie nicht nur Verluste wegen derjenigen Raucher hinnehmen muss, die jetzt auf einen Gaststättenbesuch völlig verzichten oder ihren Aufenthalt verkürzen; vielmehr sind sie zusätzlich auch noch durch die Abwanderung derjenigen Gäste belastet, die nunmehr größere Gaststätten mit Raucherräumen aufsuchen.

276

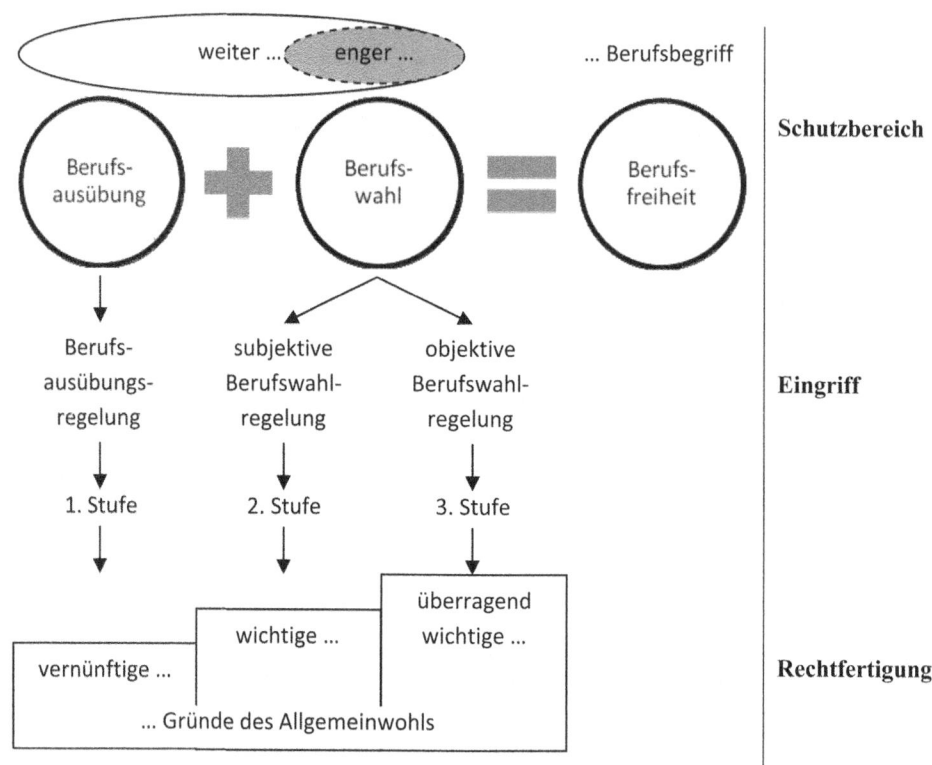

Zusammenhang der Prüfungsebenen bei Art. 12 Abs. 1 GG

II. Eigentumsfreiheit, Art. 14 Abs. 1 GG

277   Der in **Art. 14 Abs. 1 Satz 1 GG** verankerten Eigentumsgarantie „kommt im Gesamtge-
        füge der Grundrechte die Aufgabe zu, dem Träger des Grundrechts einen Freiheitsraum
        im vermögensrechtlichen Bereich zu sichern und ihm dadurch eine eigenverantwortliche
        Gestaltung seines Lebens zu ermöglichen."[623] Die praktische Bedeutung der in Art. 14
        Abs. 1 Satz 1 GG daneben noch verbürgten Erbrechtsgarantie ist demgegenüber gering[624]
        und wird vorliegend daher nicht näher behandelt. „Inhalt und Schranken" des Eigentums
        werden nach **Art. 14 Abs. 1 Satz 2 GG** durch die Gesetze bestimmt, wobei „Eigentum ver-
        pflichtet" und sein Gebrauch zugleich „dem Wohle der Allgemeinheit" dienen soll, siehe
        Art. 14 Abs. 2 GG. Art. 14 Abs. 3 GG schließlich enthält Vorgaben bzgl. der Enteignung
        als klassischem und zugleich besonders schwerem Eingriff in die Eigentumsfreiheit.

---

[623] BVerfGE 50, 290 (339).
[624] *Detterbeck*, Öffentliches Recht, Rn. 513. Siehe aber auch **Beispiel 29**.

1. Schutzbereich

a) Persönlicher Schutzbereich

Da Art. 14 Abs. 1 Satz 1 GG rein objektiv formuliert ist und in persönlicher Hinsicht   278
keine Einschränkungen enthält, handelt es sich bei der Eigentumsfreiheit um ein **Menschenrecht**, auf das sich unabhängig von der jeweiligen Nationalität jede natürliche Person
berufen kann.[625] Auf **juristische Personen des Privatrechts** ist das Grundrecht des Art. 14
Abs. 1 Satz 1 GG i. S. v. Art. 19 Abs. 3 GG seinem „Wesen nach" ebenfalls anwendbar.[626]

b) Sachlicher Schutzbereich

Art. 14 Abs. 1 Satz 1 GG ist ein **normgeprägtes Grundrecht**.[627] Anders als beispielsweise   279
in Bezug auf Art. 2 Abs. 2 Satz 1 GG der Fall, dessen Schutzgüter („Leben und körperliche Unversehrtheit") dem Menschen bereits von Natur aus gegeben sind, wird „Eigentum" erst durch die staatliche Rechtsordnung geschaffen.[628] Dementsprechend formuliert
Art. 14 Abs. 1 Satz 2 GG denn auch einen an den Gesetzgeber adressierten Regelungs-
auftrag, dass dieser den Inhalt des Eigentums bestimmen soll. Das freilich führt zu einem
scheinbaren „Dilemma", schützt Art. 14 Abs. 1 Satz 1 GG (i. V. m. Art. 1 Abs. 3 GG) den
Einzelnen doch zugleich vor Eingriffen in sein Eigentum auch gerade durch die Legislative
(Bestandsgarantie).[629] Erschwerend kommt als zunächst weitere „Unbekannte" noch die
Sozialpflichtigkeit des Eigentums nach Art. 14 Abs. 2 GG hinzu.[630] Diesem „dialektischen
Verhältnis von verfassungsrechtlich garantierter Freiheit und dem Gebot einer sozialgerechten Eigentumsordnung" hat der Gesetzgeber letztlich dadurch Rechnung zu tragen,
dass er „die schutzwürdigen Interessen aller Beteiligten in einen gerechten Ausgleich und
ein ausgewogenes Verhältnis" bringen muss.[631]

aa) Schutzgut

Der in Art. 14 Abs. 1 Satz 1 GG vorausgesetzte, dort allerdings nicht legaldefinierte ver-   280
fassungsrechtliche Eigentumsbegriff „muß aus der Verfassung selbst gewonnen werden.
Aus Normen des einfachen Rechts, die im Range unter der Verfassung stehen, kann [...]
der Begriff des Eigentums im verfassungsrechtlichen Sinn [dagegen nicht] abgeleitet [...]
werden."[632] „Bei der Beantwortung der Frage, welche vermögenswerten Güter als Eigentum im Sinne des Art. 14 GG anzusehen sind, muß [...] auf den Zweck und die Funktion
der Eigentumsgarantie unter Berücksichtigung ihrer Bedeutung im Gesamtgefüge der Ver-

---

[625] *Sachs*, Verfassungsrecht II, B 14 Rn. 3, 15. Siehe auch Rn. 27.
[626] St. Rspr. seit BVerfGE 4, 7 (17). Siehe auch Rn. 44 ff.
[627] *Sodan/Ziekow*, Grundkurs Öffentliches Recht, § 42 Rn. 1. Siehe auch Rn. 76, 122.
[628] *Ipsen*, Staatsrecht II, Rn. 740.
[629] *Michael/Morlok*, Grundrechte, Rn. 377. Siehe auch Rn. 77.
[630] *Pieroth/Schlink*, Grundrechte, Rn. 973.
[631] BVerfGE 37, 132 (140).
[632] BVerfGE 58, 300 (335). Vgl. auch Rn. 36, 320, 419.

fassung zurückgegriffen werden."[633] Dieser besteht darin, „dem Grundrechtsträger einen Freiraum im vermögensrechtlichen Bereich [zu] erhalten und dem Einzelnen damit die Entfaltung und eigenverantwortliche Gestaltung seines Lebens [zu] ermöglichen." Hierzu „soll der Bestand der geschützten Rechtspositionen gegenüber Maßnahmen der öffentlichen Gewalt bewahrt werden",[634] was letztlich zu folgender Begriffsdefinition führt:

281   ▶   **„Eigentum"** i. S. v. Art. 14 Abs. 1 Satz 1 GG ist jede konkrete vermögenswerte Rechtsposition, die das einfache Recht zu einem bestimmten Zeitpunkt dem Einzelnen zur privaten Nutzung und zur eigenen Verfügung ausschließlich zuweist.[635]

282   Art. 14 Abs. 1 Satz 1 GG schützt mithin kein der Rechtsordnung vorausliegendes Eigentum, sondern in seiner abwehrrechtlichen Funktion lediglich dasjenige, was das **einfache Recht** dem Einzelnen als Eigentum zuweist (z. B. erstreckt sich das Grundeigentum nach § 4 Abs. 3 Nr. 1 i. V. m. § 9 Abs. 1 WHG nicht auch auf das Grundwasser).[636]

283   Vermögenswerte Rechtspositionen, d. h. subjektive Rechte, die einen materiellen Wert haben, gibt es sowohl im Privat- als auch im Öffentlichen Recht.[637] Zu den von Art. 14 Abs. 1 Satz 1 GG geschützten **privatrechtlichen Rechtspostionen** gehört zuvorderst das (Sach-)Eigentum i. S. d. Zivilrechts (§§ 903 ff. BGB) sowie alle sonstigen dinglichen Rechte (z. B. Grundschuld gem. §§ 1191 ff. BGB).[638] Allerdings hat es hierbei nicht sein Bewenden, geht der Eigentumsbegriff des Art. 14 Abs. 1 Satz 1 GG doch insoweit über den zivilrechtlichen Eigentumsbegriff hinaus,[639] als Ersterer beispielsweise auch „das in der Aktie verkörperte Anteilseigentum",[640] „geistige[s] Eigentum" (z. B. Marken-, Patent- und Urheberrechte),[641] das „Besitzrecht des Mieters an der gemieteten Wohnung"[642] und „schuldrechtliche Forderungen" (z. B. aus Kaufvertrag, § 433 BGB)[643] erfasst. Als „sonstiges Recht" i. S. v. § 823 Abs. 1 BGB unter den verfassungsrechtlichen Eigentumsbegriff zu subsumieren wäre hiernach an sich ebenfalls das Recht am eingerichteten und ausgeübten Gewerbebetrieb,[644] worunter über die zum Betrieb gehörenden und als solche ohnehin schon von Art. 14 Abs. 1 Satz 1 GG geschützten sächlichen Betriebsmittel (z. B. Grundstücke, Gebäude, Maschinen) hinaus der „Betrieb als ‚Sach- und Rechtsgesamtheit'" verstanden wird, d. h. „alles,

---

[633] BVerfGE 36, 281 (290).

[634] BVerfG, NVwZ 2010, S. 771 (772) m. w. N.

[635] Vgl. BVerfGE 78, 58 (71); 112, 93 (107) m. w. N.; *Sodan/Ziekow*, Grundkurs Öffentliches Recht, § 42 Rn. 6 f.

[636] *Epping*, Grundrechte, Rn. 440; *Zippelius/Würtenberger*, Deutsches Staatsrecht, § 31 Rn. 3.

[637] BVerfGE 58, 300 (335 f.); *Ipsen*, Staatsrecht II, Rn. 724.

[638] Vgl. BVerfGE 112, 93 (107) m. w. N.

[639] BVerfGE 95, 267 (300).

[640] BVerfGE 100, 289 (301) m. w. N.

[641] BVerfGE 79, 29 (40).

[642] BVerfGE 89, 1 (5 f.).

[643] BVerfGE 112, 93 (107) m. w. N.

[644] So BGHZ 92, 34 (37) m. w. N.; BGH, MDR 2012, S. 763 (763 f.); *Manssen*, Staatsrecht II, Rn. 657.

was zusammengenommen den wirklichen Wert des Betriebes ausmacht."[645] Das BVerfG hat hierzu bislang allerdings keine Stellung genommen, sondern lediglich judiziert, dass „eigentumsrechtlich gesehen [...] das Unternehmen die tatsächliche – nicht aber die rechtliche – Zusammenfassung der zu seinem Vermögen gehörenden Sachen und Rechte" sei.[646] Mangels Vorliegens einer entsprechenden Rechtsposition handelt es sich jedenfalls bei in der Zukunft liegenden (Umsatz- und Gewinn-)Chancen und Verdienstmöglichkeiten sowie tatsächlichen Gegebenheiten (z. B. Geschäftsverbindungen, Kundenstamm, Marktstellung) nicht um Eigentum i. S. v. Art. 14 Abs. 1 Satz 1 GG; auch vor Konkurrenz bietet dieses Grundrecht keinen Schutz.[647]

Beispiel 59[648]

Nachdem bekannt wurde, dass sich in Deutschland Weine im Handel befinden, die   284
mit Diethylenglykol versetzt sind, veröffentlichte der Bundesgesundheitsminister eine vorläufige Liste von Kellereien, deren Erzeugnisse in Verdacht stehen, mit diesem normalerweise als Frostschutzmittel und als chemisches Lösungsmittel verwendeten Stoff versetzt zu sein. Weinkellerei W, die mit insgesamt sieben Produkten in diese Liste aufgenommen ist, erhebt daraufhin Klage vor dem Verwaltungsgericht gegen die Bundesrepublik Deutschland mit dem Begehren, es zu unterlassen, die von ihr abgefüllten Weine in die Liste aufzunehmen. Insbesondere macht W eine Verletzung von Art. 14 Abs. 1 Satz 1 GG geltend, da sich seit der Nennung ihres Namens auf der Liste der Absatz ihres gesamten Warensortiments nachhaltig verringert hat. Mit Erfolg?

Nein. Das Grundrecht der W aus Art. 14 Abs. 1 Satz 1 GG ist vorliegend deshalb nicht verletzt, weil der Schutzbereich der verfassungsrechtlichen Eigentumsgarantie durch die Veröffentlichung der Liste schon nicht berührt ist. Die Eigentumsgarantie schützt nämlich nur den konkreten Bestand an vermögenswerten Gütern vor ungerechtfertigten Eingriffen durch die öffentliche Gewalt, d. h. von diesem Grundrecht erfasst werden allein solche Rechtspositionen, die dem betreffenden Rechtssubjekt bereits zustehen – nicht aber erst in der Zukunft liegende Chancen und Verdienstmöglichkeiten. Bei der Absatzmöglichkeit, die W infolge der Listenveröffentlichung als beeinträchtigt sieht, handelt es sich somit nicht um ein Schutzgut des Art. 14 Abs. 1 Satz 1 GG. Zwar fällt hierunter grundsätzlich auch das Recht des Eigentümers, sein Eigentum zu veräußern. In dem Recht, ihren Wein auf dem Markt anzubieten, ist W durch die Veröffentlichung der Liste jedoch gerade nicht eingeschränkt worden. Beeinträchtigt ist vielmehr allein die tatsächliche Möglichkeit von W, ihre Produkte weiterhin zu verkaufen und damit die im Angebot liegende Chance eines gewinnbringenden Absatzes zu realisieren. Eine all-

---

[645] BGHZ 111, 349 (356).

[646] BVerfGE 51, 193 (221 f.). Vgl. auch BVerfGE 105, 252 (278); 123, 186 (259) m. w. N. Siehe aber BVerfGE 58, 300 (353).

[647] BVerfGE 77, 84 (118); BVerfG, NVwZ 2002, S. 1232 m. w. N.; *Katz*, Staatsrecht, Rn. 817. „**Vom zusätzlichen** eigenständigen grundrechtlichen **Eigentumsschutz** des eingerichteten und ausgeübten Gewerbebetriebs **bleibt dann freilich** (fast) **nichts über**", *Detterbeck*, Öffentliches Recht, Rn. 503 (Hervorhebungen d. d. Verf.).

[648] Nach BVerfGE 105, 252. Siehe aber auch Rn. 138 zur Kritik an dieser Entscheidung.

gemeine Wertgarantie vermögenswerter Rechtspositionen lässt sich Art. 14 Abs. 1 GG
aber nicht entnehmen.

285   **Öffentlich-rechtliche Rechtspositionen** unterfallen dann dem sachlichen Schutzbereich von Art. 14 Abs. 1 Satz 1 GG, wenn sie „Äquivalent einer nicht unerheblichen eigenen
Leistung" des Bürgers sind (z. B. Anspruch auf Erstattung von zu viel gezahlten Steuern,
nicht dagegen z. B. auf Subventionszahlung).[649] Was speziell den Eigentumsschutz von so-
zialversicherungsrechtlichen Positionen anbelangt, so stellt das BVerfG in st. Rspr. darauf
ab, ob diese jeweils „nach Art eines Ausschließlichkeitsrechts dem Rechtsträger als privat-
nützig zugeordnet [sind]; diese genieß[en] den Schutz der Eigentumsgarantie dann, wenn
sie auf nicht unerheblichen Eigenleistungen des Versicherten beruh[en] und zudem der
Sicherung seiner Existenz dien[en]" (z. B. Rentenanwartschaft aus eigener Versicherung
in der gesetzlichen Rentenversicherung).[650] Demgegenüber unterfallen aus allgemeinen
Steuermitteln finanzierte „Ansprüche auf Sozialleistungen, die ausschließlich darauf beruhen, daß der Staat sie in Erfüllung seiner Fürsorgepflicht [aus Art. 1 Abs. 1 i. V. m. Art. 20
Abs. 1 GG] durch Gesetz eingeräumt hat, nicht dem Schutz des Art. 14 GG" (z. B. Grund-
sicherung für Arbeitsuchende nach dem SGB II, sog. „Hartz IV").[651]

286   Keine konkrete vermögenswerte Rechtspositionen und damit **nicht** ein Schutzgut i. S. v.
Art. 14 Abs. 1 Satz 1 GG ist schließlich das „**Vermögen als solches**",[652] d. h. der „Inbegriff
aller geldwerten Güter einer Person."[653] Relevant wird dies namentlich für die Frage, ob die
Auferlegung von Abgaben (v. a. Steuern, Gebühren, Beiträge, Sonderabgaben) am Maßstab
von Art. 14 Abs. 1 Satz 1 GG zu messen ist.[654]

Beispiel 60[655]

287   Als Unternehmer U am 1. April ein Einkommensteuerbescheid des Finanzamts i. H. v.
260.000,- Euro sowie kurze Zeit später ein Gewerbesteuerbescheid der Gemeinde G
i. H. v. weiteren 112.000,- Euro zuging, hielt er dies für einen schlechten Scherz. Bezogen auf den Gesamtbetrag seiner Einkünfte im betreffenden Veranlagungszeitraum
i. H. v. 648.000,- Euro beträgt seine steuerliche Gesamtbelastung ca. 57 % – ein Ergebnis,
dass mit dem aus Art. 14 GG folgenden sog. „Halbteilungsgrundsatz" augenscheinlich
nicht zu vereinbaren sei. Nach erfolglosem Einspruch gegen den Einkommensteuerbescheid beim Finanzamt, ebensolcher Klage beim Finanzgericht und erfolgter Zurückweisung der Revision durch den BFH wendet sich U nunmehr im Wege der Verfassungsbeschwerde an das BVerfG. Wird dieses einen Verstoß gegen die Eigentumsfreiheit des U feststellen?

---

[649] BVerfGE 116, 96 (121); 128, 90 (101).
[650] BVerfGE 69, 272 (300).
[651] BVerfGE 69, 272 (301 f.). Vgl. auch BVerfGE 128, 90 (101) m. w. N.
[652] BVerfGE 91, 207 (220) m. w. N. Siehe auch *Epping*, Grundrechte, Rn. 448.
[653] BVerfGE 95, 267 (300).
[654] *Pieroth/Schlink*, Grundrechte, Rn. 985.
[655] Nach BVerfGE 115, 97.

Nein, ein Verstoß gegen das Grundrecht des U aus Art. 14 Abs. 1 Satz 1 GG liegt nicht vor. Zunächst ist bereits fraglich, ob Art. 14 Abs. 1 Satz 1 GG überhaupt gegen Eingriffe durch die Auferlegung von staatlichen Geldleistungspflichten wie eben z. B. Steuern schützt. Ganz im Sinne der bisherigen Rechtsprechungslinie[656] verneint der Erste Senat des BVerfG[657] diese Frage weiterhin damit, dass der verfassungsrechtliche Eigentumsschutz an konkrete Rechtspositionen gebunden sei. Kein Eigentum i. S. v. Art. 14 Abs. 1 Satz 1 GG sei daher das Vermögen als solches, welches selber kein Recht, sondern lediglich den Inbegriff aller geldwerten Güter einer Person darstelle. Daraus folge, dass Art. 14 Abs. 1 Satz 1 GG grundsätzlich nicht vor der Auferlegung von Geldleistungspflichten schütze; vielmehr gelange insoweit allein Art. 2 Abs. 1 GG – bzw. bei objektiv berufsregelnder Tendenz Art. 12 Abs. 1 GG – zur Anwendung. Denn diese Pflichten seien nicht mittels eines bestimmten Eigentumsobjekts zu erfüllen, sondern würden aus dem fluktuierenden Vermögen bestritten. Etwas anderes komme ausnahmsweise nur dann in Betracht, wenn die konkrete Geldleistungspflicht den Betroffenen übermäßig belastet und seine Vermögensverhältnisse so grundlegend beeinträchtigt, dass sie eine erdrosselnde Wirkung hat, sog. konfiskatorische Besteuerung.[658]

Demgegenüber sei der vom Zweiten Senat des BVerfG[659] vertretenen Auffassung zufolge die Gewährleistung des Art. 14 Abs. 1 Satz 1 GG nicht nur dann betroffen, wenn – wie etwa im Gefahrenabwehrrecht der Fall – dem Bürger aufgrund seiner Eigentümerstellung die Kosten beispielsweise einer Sanierungsmaßnahme auferlegt würden, sondern jedenfalls auch dann, wenn Steuerpflichten – wie eben im Einkommen- und Gewerbesteuerrecht – an den Hinzuerwerb von Eigentum anknüpften. Denn wenn es Sinn der Eigentumsgarantie sei, das private Innehaben und Nutzen vermögenswerter Rechtspositionen zu schützen, dann greife auch ein Steuergesetz als rechtfertigungsbedürftige Inhalts- und Schrankenbestimmung (Art. 14 Abs. 1 Satz 2 GG) in den Schutzbereich der Eigentumsgarantie ein, sofern der Steuerzugriff tatbestandlich an das Innehaben von vermögenswerten Rechtspositionen anknüpft und so den privaten Nutzen der erworbenen Rechtspositionen zugunsten der Allgemeinheit einschränkt. Der hiergegen ursprünglich gerichtete Einwand, Steuern müssten dann sinnwidriger Weise als Enteignung i. S. v. Art. 14 Abs. 3 GG qualifiziert werden (Rechtsfolge: Entschädigungspflicht!; *argumentum ad absurdum*), habe sich durch die Entwicklung des Enteignungsbegriffs erledigt. Auf die Frage, ob Art. 14 Abs. 1 Satz 1 GG das Vermögen als Ganzes schützt, komme es für die Würdigung der hier allein infrage stehenden Einkommen- und Gewerbesteuer nicht an, da jedenfalls diese beiden Steuerarten im vorstehenden Sinn als Beeinträchtigung konkreter subjektiver Rechtspositionen zu qualifizieren seien. So seien Einkünfte i. S. d. Einkommensteuerrechts das, was der Steuerpflichtige im Laufe eines Jahres erworben habe. Art. 14 Abs. 1 Satz 1 GG schütze zwar nicht den Erwerb,

---

[656] Vgl. bereits BVerfGE 4, 7 (17).

[657] BVerfGE 95, 267 (300).

[658] „Wann diese Erheblichkeitsschwelle erreicht ist, hat das BVerfG freilich nicht gesagt", *Detterbeck*, Öffentliches Recht, Rn. 498.

wohl aber den Bestand des Hinzuerworbenen. Beim gewerblichen Gewinn etwa sei das
der Zuwachs an bilanzierungsfähigen Wirtschaftsgütern, welche geschützte Rechtsgüter im Verfügungsbereich des Gewerbetreibenden darstellten. Diese bildeten den Anknüpfungspunkt für die Steuerpflicht. Der innerhalb einer Besteuerungsperiode erfolgte Hinzuerwerb von Eigentum i. S. v. Art. 14 Abs. 1 Satz 1 GG sei daher tatbestandliche
Voraussetzung für die belastende Rechtsfolgenanordnung sowohl des Einkommen- als
auch des Gewerbesteuergesetzes. Der Steuerpflichtige müsse die jeweilige Steuer zahlen, weil und soweit seine Leistungsfähigkeit durch den Erwerb von Eigentum erhöht
sei. Dass die Zahlungspflicht für sich genommen dem Steuerpflichtigen die Wahl lasse, aus welchen Mitteln er den staatlichen Steueranspruch erfüllt, ändere nichts daran,
dass das Hinzuerworbene tatbestandlicher Anknüpfungspunkt der belastenden Rechtsfolge sei. Zwar möge die Auferlegung von Geldleistungspflichten für sich genommen
die Eigentumsgarantie grundsätzlich unberührt lassen; für die Anknüpfung von Geldleistungspflichten an den Erwerb vermögenswerter Rechtspositionen gelte dies jedoch
nicht.

Ungeachtet dieser im Ausgangspunkt unterschiedlichen Ansätze bedarf es letztlich
gleichwohl keiner Streitentscheidung zwischen beiden, da sich selbst die Zuordnung der
angegriffenen Steuerlast zum Schutzbereich des Art. 14 Abs. 1 Satz 1 GG (anstatt zu dem
des subsidiär anwendbaren Art. 2 Abs. 1 GG) im Ergebnis nicht entscheidungserheblich auswirkt. Abweichend von einer früheren Entscheidung des BVerfG[660] lässt sich aus
dem in Art. 14 Abs. 1 Satz 1 und Abs. 2 Satz 2 GG zum Ausdruck kommenden Maßstab
nämlich eine allgemein verbindliche, absolute Belastungsobergrenze in der Nähe einer
hälftigen Teilung (sog. Halbteilungsgrundsatz), auf die sich U vorliegend beruft, nicht
ableiten. Der Wortlaut von Art. 14 Abs. 2 Satz 2 GG („zugleich") reicht zur Begründung
einer mit Sinn und Zweck dieser Vorschrift sowie ihrer Entstehungsgeschichte zu vereinbarenden Herleitung einer derartigen Höchstbelastungsgrenze nicht aus. Vielmehr
ist die Gestaltungsfreiheit des Gesetzgebers auch bei der Schrankenbestimmung durch
Auferlegung von Steuerlasten nur durch den allgemeinen Verhältnismäßigkeitsgrundsatz begrenzt. Eine i. d. S. unzumutbare Belastung durch Einkommen- und Gewerbesteuer ist aber selbst bei der von U errechneten Quote von ca. 57 % noch nicht erreicht,
verbleibt ihm doch auch nach Abzug der Einkommen- und Gewerbesteuer ein bedeu-
tender Ertrag seiner erwerbswirtschaftlichen Tätigkeit.

---

[659] BVerfGE 115, 97 (111 ff.).
[660] BVerfGE 93, 121 (138).

288

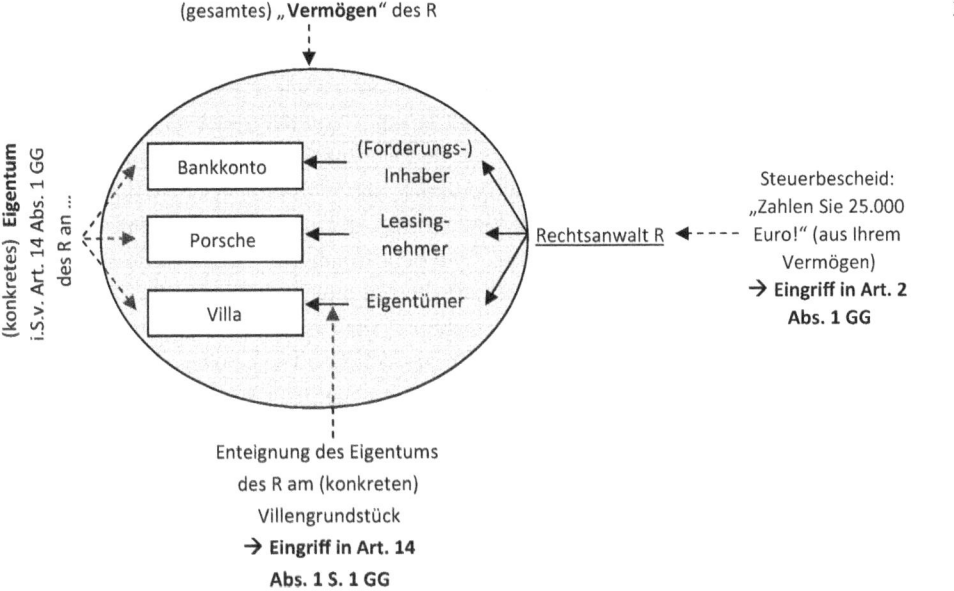

Abgrenzung „Eingriff in Eigentum" vs. „Eingriff in Vermögen"

Liegt eine von Art. 14 Abs. 1 Satz 1 GG geschützte Rechtsposition vor, so gewährleistet   289
die Eigentumsfreiheit, diese Position „innezuhaben, zu nutzen, zu verwalten und über sie
zu verfügen."[661] Während der **Bestand**sschutz den Fortbestand eines einmal entstandenen
und durch Art. 14 Abs. 1 Satz 1 GG als Eigentum erfassten Rechts gewährleistet, d. h. vor
dessen Entzug schützt, berechtigt die **Nutzung** des Eigentums zu dessen Verwendung (z. B.
Überlassung an Dritte gegen Entgelt) inkl. dessen Verbrauchs; auch die negative Freiheit,
das Eigentum nicht zu nutzen, wird von Art. 14 Abs. 1 Satz 1 GG umfasst.[662] Im Gegensatz zur **Verfügung**smöglichkeit über bestehendes Eigentum gehört der Eigentumserwerb
allerdings nicht mehr zu den Art. 14 Abs. 1 Satz 1 GG unterfallenden Verhaltensweisen,
sondern es kommt insofern vielmehr Art. 2 Abs. 1 GG zum Tragen.[663]

bb) Schutzwirkungen

Ebenso wie bei den übrigen Freiheitsgrundrechten des Grundgesetzes handelt es sich auch   290
bei dem Grundrecht des Art. 14 Abs. 1 Satz 1 GG um ein klassisches **Abwehrrecht**.[664]
In dieser subjektiv-rechtlichen Funktion schützt es den Eigentumsbestand des Einzelnen

---

[661] BVerfGE 115, 97 (111) m. w. N.
[662] Vgl. BVerfGE 89, 1 (7); *Sodan/Ziekow*, Grundkurs Öffentliches Recht, § 42 Rn. 12 und siehe *Pie-
roth/Schlink*, Grundrechte, Rn. 992. Siehe auch Rn. 64 ff.
[663] *Jarass*, in: ders./Pieroth, GG, Art. 12 Rn. 18 m. w. N.
[664] *Epping*, Grundrechte, Rn. 433. Siehe auch Rn. 68 f.

gegenüber belastenden Maßnahmen der öffentlichen Gewalt.[665] Darüber hinaus gewährleistet Art. 14 Abs. 1 Satz 1 GG das Privateigentum aber auch noch als **Institutsgarantie** (Einrichtungsgarantie; Rn. 77): „Das Grundrecht des Einzelnen setzt das Rechtsinstitut ‚Eigentum' voraus; es wäre nicht wirksam gewährleistet, wenn der Gesetzgeber an die Stelle des Privateigentums etwas setzen könnte, was den Namen ‚Eigentum' nicht mehr verdient [z. B. Eigentümerstellung ohne Nutzungsbefugnis, sog. *nudum ius*[666] bzw. ‚leere Hülle']. Die Institutsgarantie sichert einen Grundbestand von Normen, die als Eigentum im Sinne dieser Grundrechtsbestimmung bezeichnet werden. Inhalt und Funktion des Eigentums sind dabei der Anpassung an die gesellschaftlichen und wirtschaftlichen Verhältnisse fähig und bedürftig; es ist Sache des Gesetzgebers, Inhalt und Schranken des Eigentums unter Beachtung der grundlegenden verfassungsrechtlichen Wertentscheidung zu bestimmen (Art. 14 Abs. 1 Satz 2 GG). Die Institutsgarantie verbietet jedoch, daß solche Sachbereiche der Privatrechtsordnung entzogen werden, die zum elementaren Bestand grundrechtlich geschützter Betätigung im vermögensrechtlichen Bereich gehören, und damit der durch das Grundrecht geschützte Freiheitsbereich aufgehoben oder wesentlich geschmälert wird."[667] Zudem folgen aus Art. 14 Abs. 1 Satz 1 GG **Schutzpflichten** sowohl für den Gesetzgeber (gerichtet u. a. auf den Erlass entsprechender **Verfahrens**vorschriften; siehe Beispiel 23) als auch den Rechtsanwender (v. a. **mittelbare Drittwirkung** im Privatrecht; siehe Beispiel 22).[668] Ein Anspruch auf **Leistung** – i. S. e. staatsgerichteten „Anspruchs auf Bildung von Eigentum" – lässt sich Art. 14 Abs. 1 Satz 1 GG demgegenüber **nicht** entnehmen.[669]

c) Grundrechtskonkurrenzen

291 Namentlich bei der Nutzung von Eigentum stellt sich die Frage, ob das betreffende Verhalten (z. B. Autofahren) in den Schutzbereich von Art. 14 Abs. 1 Satz 1 GG oder in denjenigen eines anderen **Freiheitsgrundrechts** fällt.[670] Hintergrund dieses Abgrenzungsproblems ist, dass menschliches Handeln sich vielfach eigentumsrechtlich geschützter Rechte (z. B. an einem Pkw) bedient, derartige Verhaltensweisen ihrer sozialen Funktion nach aber gleichwohl häufig dem Schutzbereich eines anderen Grundrechts als dem der Eigentumsfreiheit zugehören.[671] Letztlich wird denn auch – von der Eingriffsseite her kommend – zutreffend danach differenziert, ob eine „Nutzungsregelung im Schwerpunkt verhaltens- bzw.

---

[665] Vgl. BVerfGE 83, 201 (208) m. w. N. Plastisch *Stein/Frank*, Staatsrecht II, § 42 II 2: „Die Bestandsgarantie bezieht sich auf die konkreten Rechte, die jemand an ganz bestimmten Vermögensobjekten hat, z. B. das Eigentum von Frau Krause an ihrem Grundstück in Bamberg".

[666] Lat.: „nacktes Recht"; *Zippelius/Würtenberger*, Deutsches Staatsrecht, § 31 Rn. 36.

[667] BVerfGE 24, 367 (389 f.). „Das Privateigentum im Sinne der Verfassung zeichnet sich in seinem rechtlichen Gehalt durch **Privatnützigkeit** und **grundsätzliche Verfügungsbefugnis** über den Eigentumsgegenstand aus", BVerfGE 37, 132 (140) (Hervorhebungen d. d. Verf.).

[668] *Hufen*, Staatsrecht II, § 38 Rn. 48; *Katz*, Staatsrecht, Rn. 814; *Michael/Morlok*, Grundrechte, Rn. 392.

[669] *Ipsen*, Staatsrecht II, Rn. 737. Siehe auch Rn. 70 ff.

[670] *Zippelius/Würtenberger*, Deutsches Staatsrecht, § 31 Rn. 32.

[671] *Epping*, Grundrechte, Rn. 445; *Pieroth/Schlink*, Grundrechte, Rn. 993.

personenbezogen oder sachbezogen ist. Ein Baugebot ist sachbezogen und betrifft den Schutzbereich von Art. 14 GG [...], Geschwindigkeitsbegrenzungen sind aber verhaltensbezogen und fallen damit in den Schutzbereich des Art. 2 Abs. 1 GG."[672] Diese allgemeine Abgrenzungsformel hat speziell im Hinblick auf das Verhältnis der Eigentums- zur Berufsfreiheit ihre Ausprägung in folgendem Merksatz gefunden: „Art. 14 Abs. 1 GG schützt das Erworbene, die Ergebnisse geleisteter Arbeit, **Art. 12 Abs. 1 GG** dagegen den Erwerb, die Betätigung selbst."[673]

Beispiel 61[674]

Um die Versorgung der deutschen Wirtschaft mit Energie sicherzustellen, erlässt der Bundestag ein Gesetz, nach dessen § 1 die Inhaber solcher Unternehmen, die bestimmte Erdölerzeugnisse einführen, hiervon ständig eine gewisse Menge vorrätig halten müssen. Da ein Ausgleich für die hierdurch entstehenden wirtschaftlichen Belastungen (Lagerhaltungskosten etc.) im Gesetz nicht vorgesehen ist, erhebt die zur Unternehmensgruppe der unabhängigen Ölimporteure gehörende A-AG Verfassungsbeschwerde gegen das Gesetz. U. a. trägt die A-AG vor, dass die gesetzliche Bevorratungspflicht sie in ihrem Grundrecht auf Eigentumsfreiheit verletzte. Hat sie hiermit Recht?

Nein. Ausgehend davon, dass Art. 12 Abs. 1 GG den Erwerb und Art. 14 Abs. 1 GG das Erworbene schützt, wird die Eigentumsfreiheit der in § 1 des Gesetzes genannten Unternehmen (i. V. m. Art. 19 Abs. 3 GG) durch die Auferlegung der Erdölbevorratungspflicht schon gar nicht berührt. Denn diese werden durch das Gesetz nicht etwa in ihrer Eigenschaft als Eigentümer, sondern vielmehr allein deshalb zur Pflichtbevorratung herangezogen, weil sie Erdölerzeugnisse einführen, d. h. eine bestimmte erwerbswirtschaftliche Tätigkeit ausüben. § 1 des Gesetzes regelt die gewerbliche Tätigkeit der betroffenen Unternehmer, nicht hingegen die Ausübung von deren Eigentümerbefugnissen.

292

2. Eingriff

Ein Eingriff in die Eigentumsfreiheit liegt vor, wenn eine von Art. 14 Abs. 1 Satz 1 GG geschützte Rechtsposition entweder **entzogen oder** aber ihre **Nutzung, Verwaltung oder Verfügung beschränkt** wird. Geschehen kann dies nicht nur durch einen Eingriff im klassischen Sinn, sondern auch durch eine mittelbar oder rein faktisch wirkende Maßnahme

293

---

[672] *Zippelius/Würtenberger*, Deutsches Staatsrecht, § 31 Rn. 34.
[673] BVerfGE 102, 26 (40) (Hervorhebung d. d. Verf.). Siehe auch Rn. 243 und weiter BVerfG, NVwZ 2010, S. 1212 (1214) m. w. N.: Sind im konkreten Fall „die **Begrenzung der Innehabung und Verwendung vorhandener Vermögensgüter**, für die der Schutz des Art. 14 GG grundsätzlich in Betracht kommt, sowie der **Wertverlust der unternehmerischen Einheit** [...] nur mittelbare Folgen" der betreffenden staatlichen Maßnahme, so wird Art. 14 Abs. 1 GG von Art. 12 Abs. 1 GG „als dem sachnäheren Grundrecht verdrängt" (Hervorhebungen d. d. Verf.).
[674] Nach BVerfGE 30, 292.

(moderner Eingriffsbegriff).[675] Zu Letzteren gehören namentlich die enteignenden und die enteignungsgleichen Eingriffe, bei denen dem Einzelnen als unmittelbare Folge eines

294   • rechtmäßigen Verwaltungshandelns (**enteignender Eingriff**; z. B. Grundstücksbeeinträchtigung durch Straßen-/Fluglärm) bzw.

  • rechtswidrigen Verhaltens der Exekutive (**enteignungsgleicher Eingriff**; z. B. Bauverzögerung infolge ungerechtfertigter Änderungswünsche der Baugenehmigungsbehörde trotz Genehmigungsfähigkeit des Vorhabens)

ein Sonderopfer von hinreichender Intensität in Bezug auf eine Eigentumsposition i. S. v. Art. 14 Abs. 1 Satz 1 GG abverlangt wird.[676] Diese ursprünglich in §§ 74, 75 der Einleitung zum Allgemeinen Landrecht für die Preußischen Staaten (ALR) positivierten Rechtsinstitute werden von der (umstr.) BGH-Rechtsprechung mittlerweile als Gewohnheitsrecht anerkannt und gewähren unter den vorstehenden Voraussetzungen losgelöst von Art. 14 Abs. 3 GG einen Entschädigungsanspruch.[677]

295   Ist ein Eingriff in den Schutzbereich von Art. 14 Abs. 1 Satz 1 GG festgestellt, so bedarf es mit Blick auf die für (Inhalts- und) Schrankenbestimmungen einerseits und die für Enteignungen andererseits jeweils geltenden unterschiedlichen Rechtfertigungsanforderungen (Rn. 307 ff.) einer genauen Zuordnung der konkreten Eigentumsbeeinträchtigung (im klassischen Sinn) zu einer dieser beiden Eingriffskategorien.[678] Die „Doppelqualifizierung" einer Maßnahme zugleich als Enteignung und als Inhalts-/Schrankenbestimmung ist unzulässig („*aliud*-Verhältnis").[679]

296   ▸   Die **„Enteignung"** i. S. v. Art. 14 Abs. 3 GG „ist auf die vollständige oder teilweise Entziehung konkreter subjektiver, durch Art. 14 Abs. 1 Satz 1 GG gewährleisteter Rechtspositionen zur Erfüllung bestimmter öffentlicher Aufgaben gerichtet."[680]

---

[675] *Manssen*, Staatsrecht II, Rn. 682. Siehe auch Rn. 120 ff.

[676] *Pieroth/Schlink*, Grundrechte, Rn. 1004 f. Vgl. auch BGH, NJW 2011, S. 3157 (3158) m. w. N.

[677] BGHZ 90, 17 (29 ff.); 91, 20 (26 ff.); 102, 350 (357). **Kritisch** hierzu *Hufen*, Staatsrecht II, § 38 Rn. 25 ff.; *Lege*, Jura 2011, S. 826 (830 ff.). *Papier/Krönke*, Grundkurs Öffentliches Recht 2, Rn. 428 zufolge sei die verfassungsrechtliche Rechtfertigung von **enteignenden Eingriffen** „an dem Maßstab vorzunehmen, der auch für sonstige Anwendungs- und Vollzugsakte von **Inhalts- und Schrankenbestimmungen** gilt" und stellten **enteignungsgleiche Eingriffe** „verfassungsrechtlich nicht gerechtfertigte Eingriffe** in die Eigentumsgarantie des Art. 14 Abs. 1 Satz 1 GG dar" (Hervorhebungen im Original).

[678] Vgl. *Detterbeck*, Öffentliches Recht, Rn. 514; *Epping*, Grundrechte, Rn. 461; *Sachs*, Verfassungsrecht II, B 14 Rn. 18. Die „Abgrenzung von Inhalts- und Schrankenbestimmungen zu Enteignungen […] kann bereits bei der Bestimmung des Eingriffs vorgenommen werden", *Wilms*, Staatsrecht II, Rn. 1007. Vgl. auch Rn. 246 ff. zu Art. 12 GG. **A. A.** *Papier/Krönke*, Grundkurs Öffentliches Recht 2, Rn. 409. Die in **Art. 15 GG** vorgesehene Sozialisierungsmöglichkeit als weitere Eingriffsform ist praktisch bedeutungslos, siehe *Sodan/Ziekow*, Grundkurs Öffentliches Recht, § 42 Rn. 22.

[679] *Katz*, Staatsrecht, Rn. 828.

[680] BVerfGE 104, 1 (9) m. w. N.

Je nachdem, durch welche Staatsgewalt das Eigentum entzogen wird, kann weiter un-   297
terschieden werden zwischen

- sog. **Legalenteignungen**: Art. 14 Abs. 3 Satz 2 GG räumt dem Gesetzgeber die Möglichkeit ein, „‚durch Gesetz' einem bestimmten oder bestimmbaren Personenkreis konkrete
  Eigentumsrechte zu entziehen, die aufgrund der allgemein geltenden Gesetze im Sinne
  des Art. 14 Abs. 1 Satz 2 GG rechtmäßig erworben worden sind" (z. B. gesetzliche Regelung, wonach das Eigentum an bestimmten Grundstücken auf den Staat übergeht);[681]
- **Administrativenteignungen:** Der Gesetzgeber erteilt – wiederum gestützt auf Art. 14
  Abs. 3 Satz 2 GG („auf Grund eines Gesetzes") – „der Exekutive die Ermächtigung [...],
  konkretes Eigentum Einzelner zu entziehen" (z. B. § 85 Abs. 1 BauGB: „Nach diesem
  Gesetzbuch kann [...] enteignet werden [...]"; § 104 Abs. 1 BauGB: „Die Enteignung
  wird von der höheren Verwaltungsbehörde durchgeführt").[682]

In beiden Fällen hängt das Vorliegen einer Enteignung freilich nicht davon ab, ob mit
ihr auch ein **Güterbeschaffung**svorgang verbunden ist. „Entscheidendes Merkmal ist [viel-
mehr] der Entzug des Eigentums und der dadurch bewirkte Rechts- und Vermögensverlust,
nicht aber die Übertragung des entzogenen Objekts" (str.).[683]

▷   I. S. e. Auffangtatbestands werden als „(**Inhalts- und**) **Schrankenbestimmun-**   298
     gen" i. S. v. Art. 14 Abs. 1 Satz 2 GG alle diejenigen Eingriffe in die Eigentumsfrei-
     heit erfasst, welche nicht als Enteignung zu qualifizieren sind (Subtraktionsme-
     thode).[684]

Wenngleich die Begriffe „Inhalts- und Schrankenbestimmung" häufig zusammen in ei-   299
nem Atemzug genannt werden, so darf dies jedoch nicht den Blick dafür verstellen, dass es
sich bei der Inhaltsbestimmung des Eigentums im Ausgangspunkt um etwas gänzlich anderes handelt als bei der Bestimmung von Eigentumsschranken.[685] Mittels Ersterer kommt
der Gesetzgeber seinem aus Art. 14 Abs. 1 Satz 1 Satz 2 GG folgenden Auftrag nach, das
normgeprägte Grundrecht des Art. 14 Abs. 1 Satz 1 GG auszuformen.[686] Demgemäß „versteht das Grundgesetz unter **Inhaltsbestimmung** im Sinne des Art. 14 Abs. 1 Satz 2 GG die

---

[681] BVerfGE 58, 300 (330 f.).

[682] BVerfGE 58, 300 (331): Legal- und Administrativenteignung **schließen sich gegenseitig aus**.

[683] BVerfGE 83, 201 (211). **Siehe aber** auch BVerfGE 104, 1 (10): Die Enteignung „ist beschränkt
auf solche Fälle, in denen Güter hoheitlich beschafft werden, mit denen ein konkretes, der Erfüllung
öffentlicher Aufgaben dienendes Vorhaben durchgeführt werden soll." I. d. S. auch die h. L., siehe
etwa *Jochum/Durner*, JuS 2005, S. 412 (412 f.).

[684] Vgl. *Zippelius/Würtenberger*, Deutsches Staatsrecht, § 31 Rn. 57.

[685] *Sachs*, Verfassungsrecht II, B 14 Rn. 23. **A. A.** *Detterbeck*, Öffentliches Recht, Rn. 517: „Eine
weitergehende Feinunterscheidung zwischen Inhalts- und Schrankenbestimmungen ist nicht mehr
erforderlich und häufig auch gar nicht möglich". Ebenso *Papier/Krönke*, Grundkurs Öffentliches
Recht 2, Rn. 405 unter Hinweis auf Art. 14 Abs. 1 Satz 2 GG: „Gleichbehandlung von Inhalts- und
Schrankenbestimmungen". Vgl. auch *Michael/Morlok*, Grundrechte, Rn. 397.

[686] Vgl. *Ipsen*, Staatsrecht II, Rn. 740. Siehe auch Rn. 76 ff., 122 f.

generelle und abstrakte Festlegung von Rechten und Pflichten durch den Gesetzgeber hinsichtlich solcher Rechtsgüter, die als Eigentum im Sinne der Verfassung zu verstehen sind. Sie ist auf die Normierung objektiv-rechtlicher Vorschriften gerichtet, die den ‚Inhalt' des Eigentumsrechts vom Inkrafttreten des Gesetzes an für die Zukunft bestimmen."[687] Gestalten Inhaltsbestimmungen den sachlichen Schutzbereich von Art. 14 Abs. 1 Satz 1 GG insoweit aber lediglich aus, d. h. eröffnen überhaupt erst Verhaltensmöglichkeiten in Bezug auf das „Eigentum", so handelt es sich bei ihnen richtigerweise gar nicht um Eingriffe in den subjektiv-rechtlichen Gehalt von Art. 14 Abs. 1 Satz 1 GG.[688]

300   Allerdings ist es nicht selten so, dass durch den Erlass neuer, für die Zukunft geltender Vorschriften subjektive Rechtspositionen i. S. v. Art. 14 Abs. 1 Satz 1 GG beschränkt werden, die der Einzelne auf Grund des alten Rechts erworben hat. „Die Inhaltsbestimmung für zukünftige Neueigentümer stellt sich [dann] für die bisherigen Eigentümer als **Schrankenbestimmung** dar", welche die Eigentümerbefugnisse einengt, sog. Wandelbarkeit des Eigentums.[689] Zwingend ist dies freilich nicht, steht es dem Gesetzgeber doch frei, „bei einer Regelung bestehende Eigentumspositionen gänzlich unangetastet zu lassen. In diesem Fall stellt sich die Regelung lediglich als Inhaltsbestimmung ohne Beeinträchtigung bestehenden Eigentums [...] dar."[690] Lassen sich Inhalts- und Schrankenbestimmungen mithin allein anhand ihrer jeweiligen zeitlichen Wirkung voneinander unterscheiden,[691] so gilt in Bezug auf die Frage, ob ihnen Eingriffscharakter zukommt, folgende Formel: „Inhalts[bestimmungen] konstituieren [...] das Eigentum und stellen im Falle der Verkürzung der Eigentümerbefugnisse gegenüber der vorherigen Rechtslage Eingriffe in die Eigentumsfreiheit dar; Schranken[bestimmungen] beeinträchtigen dagegen stets die Eigentumsfreiheit."[692]

Beispiel 62[693]

301   Nach § 29 des Gesetzes betreffend das Urheberrecht an Werken der Literatur und Tonkunst (LUG) betrug die diesbzgl. Schutzfrist ursprünglich 50 Jahre. Durch das später erlassene Gesetz über Urheberrecht und verwandte Schutzrechte (UrhG) wurde diese

---

[687] BVerfGE 52, 1 (27); 72, 66 (76). Vgl. auch BVerfGE 58, 300 (330) (Hervorhebung d. d. Verf.).

[688] Siehe Rn. 122. Vgl. *Epping*, Grundrechte, Rn. 467: „Reine Inhaltsbestimmungen [...] sind ausschließlich am Maßstab der **Institutsgarantie** zu überprüfen" (Hervorhebung d. d. Verf.). Weitergehend BVerfGE 128, 1 (70 ff.), das neben dem Bestimmtheitsgrundsatz auch die Verhältnismäßigkeit prüft.

[689] *Epping*, Grundrechte, Rn. 464. Siehe auch *Ipsen*, Staatsrecht II, Rn. 744; *Pieroth/Schlink*, Grundrechte, Rn. 977. Nur in diesem Sinn „gewinnt die zusammenfassende Formulierung von der **Inhalts- und Schrankenbestimmung** einen [...] unbedenklichen Sinn", *Sachs*, Verfassungsrecht II, B 14 Rn. 27 (sämtliche Hervorhebungen d. d. Verf.).

[690] *Epping*, Grundrechte, Rn. 466.

[691] Siehe *Pieroth/Schlink*, Grundrechte, Rn. 998 und vgl. *Papier/Krönke*, Grundkurs Öffentliches Recht 2, Rn. 405 Fn. 821: „Fehlen sachlicher Unterschiede zwischen Inhalts- und Schrankenbestimmungen".

[692] *Sodan/Ziekow*, Grundkurs Öffentliches Recht, § 42 Rn. 18.

[693] Nach BVerfGE 31, 275; *Stein/Frank*, Staatsrecht, § 42 II 2.

Frist auf 25 Jahre verkürzt, welche nach der Überleitungsvorschrift des § 135 UrhG auch für solche Urheberrechte galt, die bereits unter dem LUG entstanden waren.

Im Hinblick auf die nach dem Inkrafttreten des UrhG erstmalig entstehenden Urheberrechte handelt es sich bei der gesetzlichen Festlegung der Schutzfrist auf 25 Jahre um eine Inhaltsbestimmung. Als solche regelt sie generell und für die Zukunft die Geltungsdauer des urheberrechtlichen Schutzes. Insoweit dagegen, als § 135 UrhG die Geltung der neuen (kürzeren) Schutzfrist von 25 Jahren auch auf solche Rechtspositionen anordnet, die noch unter der Geltung des LUG entstanden und danach für einen Zeitraum von 50 Jahren geschützt waren, schränkt der Gesetzgeber subjektive Rechtspositionen i. S. v. Art. 14 Abs. 1 Satz 1 GG ein, die der Einzelne auf Grund des alten Rechts erworben hatte.

Enteignung	**(Inhalts- und) Schrankenbestimmung**
• Betrifft **konkrete** Rechtspositionen	• Legt die mit dem Eigentum verbundenen Rechte und Pflichten **abstrakt** fest
• Wirkt gegenüber einem bestimmten oder bestimmbaren Personenkreis (**individuell**)	• Wirkt **generell** für eine unbestimmte Anzahl von Personen
• Ist final auf die **Entziehung** des Eigentums gerichtet	• Führt zur **Verkürzung** von Eigentumsrechten
• Erfolgt zur **Erfüllung öffentlicher Aufgaben**	

302

Abgrenzung „Enteignung" vs. „Inhalts-/Schrankenbestimmung"[694]

Abweichend von der früheren Rechtsprechung des BGH und BVerwG ist die **Abgrenzung** zwischen **Enteignung und Inhalts-/Schrankenbestimmung** demnach nicht anhand materieller Kriterien wie der Eingriffsintensität (sog. Sonderopfer- bzw. Schweretheorie), sondern vielmehr – seit der *Nassauskiesungs*-Entscheidung des BVerfG[695] aus dem Jahr 1981 – einzig nach Maßgabe der in der vorstehenden Abbildung zusammengefassten **formellen Kriterien** vorzunehmen, sog. Trennungstheorie.[696] Auch eine unverhältnismäßig schwere und damit verfassungswidrige Inhalts- und Schrankenbestimmung behält danach „ihren Rechtscharakter als Regelung im Sinne des Art. 14 Abs. 1 Satz 2 GG und wandelt sich nicht in eine den Anforderungen des Art. 14 Abs. 3 GG unterliegende Enteignungsnorm."[697] Wenngleich es damit gerade keine fließenden Übergänge („Umschlagen") zwischen der Inhalts-/Schrankenbestimmung auf der einen und der Enteignung auf der anderen Seite gibt, kann eine diesbzgl. Abgrenzung gleichwohl einmal mit Problemen verbunden sein, wenn nämlich der bloß teilweise Entzug einer eigentumsrechtlich geschütz-

303

---

[694] Zum Schaubild vgl. auch *Pieroth/Schlink*, Grundrechte, Rn. 1001.

[695] BVerfGE 58, 300.

[696] *Epping*, Grundrechte, Rn. 470 ff. Kurzdarstellung der **früheren Rechtsprechung** des BGH und BVerwG bei *Papier/Krönke*, Grundkurs Öffentliches Recht 2, Rn. 411. Siehe ferner die Rspr.-Nachweise bei *Wilms*, Staatsrecht II, Rn. 1007.

[697] BVerfGE 58, 300 (320). Vgl. auch BVerfGE 79, 174 (192); 102, 1 (16).

ten Vermögensposition infrage steht.[698] Insofern ist von Bedeutung, ob es sich um eine rechtlich selbständige oder zumindest verselbständigungsfähige Rechtsposition handelt (dann: Enteignung; z. B. Belastung eines fremden Grundstücks mit einer Dienstbarkeit nach §§ 1018 ff. BGB) oder nicht; bloße Nutzungs- oder Verfügungsbeschränkungen entziehen keine verselbständigten Positionen.[699] Letztlich ist das Anwendungsfeld für Enteignungen danach nur noch „sehr schmal."[700]

Beispiel 63[701]

304   Gestützt auf eine entsprechende Ermächtigung im Landesgesetz über die Freiheit und das Recht der Presse hat der zuständige Kultusminister eine Pflichtexemplarverordnung erlassen, deren § 1 Abs. 1 wie folgt lautet: „Von jedem Druckwerk, das innerhalb des Landes […] erscheint, hat der Verleger […] ein Stück (Pflichtexemplar) unentgeltlich und auf eigene Kosten je nach dem Verlagsort an nachstehende Bibliotheken abzugeben […]." V mit Sitz in der Landeshauptstadt von L verlegt bibliophile Bücher in geringen Auflagen sowie Original-Graphiken. Er ist der Ansicht, dass die vorgenannte Ablieferungspflicht gegen sein Grundrecht auf Eigentumsfreiheit verstoße. Denn wegen der hohen Herstellungskosten und der geringen Auflagenhöhe seien bei ihm die zulässigen Grenzen einer Bestimmung von Inhalt und Schranken des Eigentums i. S. v. Art. 14 Abs. 1 Satz 2 GG überschritten. Es handele sich daher um eine Enteignung i. S. v. Art. 14 Abs. 3 GG, die mangels gesetzlich vorgesehener Entschädigung verfassungswidrig sei. Stimmt das?

Nein. Die von V gerügte Ablieferungspflicht ist zwar auf ein einzelnes Belegstück gerichtet; gleichwohl handelt es sich bei ihr nicht um eine Enteignung i. S. v. Art. 14 Abs. 3 GG. Denn § 1 Abs. 1 Pflichtexemplarverordnung enthält keine Ermächtigung für die Exekutive, durch Einzelakt auf ein bestimmtes Vermögensobjekt zuzugreifen. Vielmehr begründet die Vorschrift in genereller und abstrakter Weise eine Naturalleistungspflicht. Sie trifft diejenigen, die wie V als Verleger Eigentum in den Verkehr bringen und lastet auf der Gesamtheit der zu einer Auflage gehörenden und im Eigentum des Verlegers stehenden Druckstücke. Dieses Eigentum am Druckwerk ist bereits im Zeitpunkt seiner Entstehung mit der Verpflichtung zur Ablieferung eines Exemplars belastet. Die vom Verleger sodann vorzunehmende Auswahl und Ablieferung eines beliebigen Druckstücks aus der Auflage aktualisiert lediglich die diesem allgemein und im Vorhinein obliegende Verpflichtung. Folglich handelt es sich bei der Pflichtexemplarregelung um eine objektiv-rechtliche Vorschrift, die i. S. v. Art. 14 Abs. 1 Satz 2 GG in allgemeiner Form den Inhalt des Eigentums am Druckwerk als der Gesamtheit aller Druckstücke bestimmt. Hieran ändert sich auch dann nichts, wenn diese Inhaltsbestimmung wegen der Intensität der durch sie getroffenen Belastung für Sachverhalte

---

[698] *Ipsen*, Staatsrecht II, Rn. 755.
[699] Vgl. BVerfGE 58, 300 (332) und siehe *Epping*, Grundrechte, Rn. 474.
[700] *Detterbeck*, Öffentliches Recht, Rn. 521.
[701] Nach BVerfGE 58, 137.

wie den vorliegenden mangels Verhältnismäßigkeit nicht mit dem Grundgesetz in Einklang steht. Wenn nämlich bei der Festlegung von Eigentümerpflichten die sich aus
der Verfassung ergebenden Grenzen überschritten werden, so ist die gesetzliche Regelung verfassungswidrig; sie wird dadurch aber nicht etwa zu einer Enteignung. Fällt
die sich aus der Pflichtexemplarregelung ergebende Verpflichtung daher unabhängig
vom Grad der den Verleger jeweils treffenden Belastung in den Bereich von Art. 14
Abs. 1 Satz 2 GG, so ist die von V als verletzt gerügte Junktimklausel des Art. 14 Abs. 3
Satz 2 GG vorliegend schon gar nicht anwendbar – ebenso wenig wie i.Ü. die Rechts-
wegregelung des Art. 14 Abs. 3 Satz 4 GG.

3. Verfassungsrechtliche Rechtfertigung

Liegt ein Eingriff in das Grundrecht aus Art. 14 Abs. 1 Satz 1 GG vor, so gelten hinsicht-			305
lich dessen verfassungsrechtlicher Rechtfertigung die allgemeinen Regeln: Das zu Grunde
liegende Gesetz muss formell und materiell verfassungsgemäß sein; auch darf dessen konkrete Anwendung nicht gegen Verfassungsrecht verstoßen.[702]

a) Schranken

Abhängig davon, um welche Form von Eingriff in die Eigentumsfreiheit es sich jeweils han-		306
delt, gelangen unterschiedliche Arten von Gesetzesvorbehalten zur Anwendung: Während
(Inhalts- und) **Schrankenbestimmung**en (Rn. 298 ff.) dem einfachen Gesetzesvorbehalt
des Art. 14 Abs. 1 Satz 2 GG unterliegen, gilt für **Enteignung**en (Rn. 296 f.) nach Art. 14
Abs. 3 GG ein qualifizierter Gesetzesvorbehalt.[703]

b) Schranken-Schranken

Über die allgemeinen Voraussetzungen[704] hinaus ergeben sich für in die Eigentumsfreiheit			307
eingreifende Gesetze speziell aus Art. 14 GG folgende Anforderungen:

- **Enteignungen** sind gem. Art. 14 Abs. 3 Satz 1 GG nur „zum **Wohle der Allgemeinheit**" zulässig sind. Damit reicht für eine Enteignung „nicht jedes beliebige öffentliche
  Interesse aus" (wie z. B. rein fiskalische Gründe); die Enteignung darf „kein Instrument
  zur Vermehrung des Staatsvermögens" sein.[705] Notwendig ist vielmehr „ein besonders
  schwerwiegendes, dringendes öffentliches Interesse."[706] Liegt dieses vor (z. B. Energie-

---

[702] Vgl. *Epping*, Grundrechte, Rn. 484, 494. Siehe auch Rn. 165 ff.
[703] *Sachs*, Verfassungsrecht II, B 14 Rn. 39; *Wilms*, Staatsrecht II, Rn. 1014.
[704] Zur Unanwendbarkeit von **Art. 19 Abs. 1 Satz 2 GG** auf Eingriffe in Art. 14 Abs. 1 Satz 1 GG siehe
Rn. 172. Eine äußerste Grenze sowohl für Enteignungen als auch für Inhalts- und Schrankenbestimmungen wird durch die **Institutsgarantie** des Art. 14 Abs. 1 Satz 1 GG gezogen, siehe Rn. 76 ff. und
Sodan/Ziekow, Grundkurs Öffentliches Recht, § 42 Rn. 26, 38.
[705] BVerfGE 38, 175 (180).
[706] BVerfGE 74, 264 (289).

versorgung, Schaffung von Arbeitsplätzen), so kann auch eine Enteignung zugunsten eines Privaten zulässig sein. Denn Art. 14 Abs. 3 Satz 1 GG verlangt mit dem Allgemeinwohl allein einen qualifizierten Enteignungszweck; der Person des Begünstigten kommt dagegen keine ausschlaggebende Bedeutung bei der Beurteilung der Verfassungsmäßigkeit einer Enteignung zu. Allerdings muss ebenfalls in derartigen Fällen „gewährleistet sein, daß der im Allgemeininteresse liegende Zweck der Maßnahme erreicht und dauerhaft gesichert wird."[707]

308   Der verfassungsrechtliche **Verhältnismäßigkeitsgrundsatz**, der „zu den allgemein anerkannten Grundsätzen des Enteignungsrechts gehört",[708] ist insoweit v. a. auf der Prüfungsstufe der Erforderlichkeit (Rn. 198 ff.) von Bedeutung. „Die Enteignung [muss] *ultima ratio* sein; sie [kann] nur dann als zulässig angesehen werden, wenn es keine andere rechtlich und wirtschaftlich vertretbare Lösung [gibt] als die Enteignung; sie [ist] solange unzulässig, ‚als der Zweck, dem sie dienen soll, auch auf andere, weniger schwer in die Rechte des Einzelnen eingreifende Weise erreicht werden kann."[709] Zu diesen im Vergleich zur Enteignung milderen Mitteln gehören namentlich der freihändige Erwerb sowie die Einräumung dinglicher oder obligatorischer Rechte.[710] Auch hat der Gesetzgeber keinesfalls die freie Wahl zwischen Administrativ- und Legalenteignung (Rn. 297). Denn „wählt der Gesetzgeber an Stelle der Enteignung durch Verwaltungsakt die Enteignung durch Gesetz, so schließt er damit den nach Art. 19 Abs. 4 GG garantierten Rechtsweg zu den zuständigen Gerichten aus, weil die Gesetzgebung nicht zur ‚öffentlichen Gewalt' im Sinne dieser Verfassungsvorschrift gehört. Die richterliche Prüfung, ob die Enteignung gegenüber dem einzelnen Grundrechtsträger zulässig ist, ist damit nicht möglich", was „die Abwehrmöglichkeit des Grundrechtsträgers in einem wesentlichen Punkt verkürzt." Deshalb kann „die förmliche Enteignung durch Gesetz nach dem System des Grundgesetzes nur in eng begrenzten Fällen als zulässig angesehen werden" (z. B. wenn Einzelenteignungen nicht in angemessener Zeit durchgeführt werden können).[711] Schließlich hat der Enteignete einen Anspruch auf Rückübertragung der ihm entzogenen Rechtsposition, wenn der Enteignungszweck nachträglich wieder entfällt.[712]

309   Des Weiteren darf die Enteignung nach Art. 14 Abs. 3 Satz 2 GG nur durch Gesetz oder auf Grund eines Gesetzes erfolgen, das Art und Ausmaß der **Entschädigung** regelt (z. B. § 93 Abs. 1 BauGB: „Für die Enteignung ist Entschädigung zu leisten.").[713] Diese „Verknüpfung von Enteignung und Entschädigungsregelung (Junktim)" schützt das Budgetrecht des Parlaments (Art. 110 Abs. 2 Satz 1 GG) – keine Haushaltsbelastungen durch unbedachte finanzielle Folgen eines Gesetzes (Warnfunktion der Junk-

---

[707] BVerfGE 74, 264 (285 f.).

[708] BVerfGE 45, 297 (335).

[709] BVerfGE 24, 367 (405) m. w. N.

[710] BVerfGE 24, 367 (405); 45, 297 (335).

[711] BVerfGE 24, 367 (401 ff.).

[712] BVerfGE 38, 175 (181).

[713] Im Fall der Enteignung wird aus der Bestandsgarantie des Art. 14 Abs. 1 Satz 1 GG damit eine bloße **Wertgarantie**, vgl. BVerfGE 58, 300 (323).

timklausel) – und das Verwerfungsmonopol des BVerfG (Art. 100 Abs. 1 GG; keine Gesetzeskorrektur durch die Judikative).[714] „Ein Gesetz, das dieser Anforderung [des Art. 14 Abs. 3 Satz 2 GG] nicht genügt, [ist] verfassungswidrig"[715] – mit der Folge, dass der Bürger sich gem. § 40 Abs. 1 Satz 1 VwGO bei den Verwaltungsgerichten um die Aufhebung des hierauf beruhenden Eingriffsakts bemühen muss, sog. Vorrang des Primärrechtsschutzes.[716] „Er kann aber nicht unter Verzicht auf die Anfechtung eine ihm vom Gesetz nicht zugebilligte Entschädigung beanspruchen" (kein sog. „dulde und liquidiere"[717]). „Der Betroffene hat hiernach [also] kein Wahlrecht, ob er sich gegen eine wegen Fehlens der gesetzlichen Entschädigungsregelung rechtswidrige ‚Enteignung' zur Wehr setzen oder unmittelbar eine Entschädigung verlangen will."[718] Ob **salvatorische Entschädigungsklauseln** (z. B. § 19 Abs. 3 1. Hs. WHG a. F.: „Stellt eine Anordnung nach [diesem Gesetz] eine Enteignung dar, so ist dafür Entschädigung zu leisten") den Anforderungen des Art. 14 Abs. 3 Satz 2 GG genügen, hat das BVerfG offengelassen.[719] Die **Höhe der Entschädigung** ist gem. Art. 14 Abs. 3 Satz 3 GG „unter gerechter Abwägung der Interessen der Allgemeinheit und der Beteiligten zu bestimmen." Muss dem Enteigneten durch die Entschädigung mithin nicht stets das „volle Äquivalent [Markt-/ Verkehrswert] für das Genommene gegeben werden", sondern kann der Gesetzgeber „je nach den Umständen vollen Ersatz, aber auch eine darunter liegende Entschädigung bestimmen"[720] – dem Grundgesetz ist „eine starre, allein am Marktwert orientierte Entschädigung [...] fremd"[721] –, so ist umgekehrt eine bloß nominelle Entschädigung nicht ausreichend.[722]

- Im Hinblick auf (Inhalts- und) **Schrankenbestimmungen** folgt aus Art. 14 Abs. 2 GG, dass „Eigentum verpflichtet" und sein Gebrauch „zugleich dem Wohle der Allgemeinheit dienen" soll. Diese Sozialpflichtigkeit des Eigentums – eine Ausprägung des allgemeinen Sozialstaatsprinzips (Art. 20 Abs. 1 GG) – wird besonders relevant für die im Rahmen des **Verhältnismäßigkeitsgrundsatzes** vorzunehmende Angemessenheitsprüfung (Rn. 204 ff.) und prägt diese stärker als bei allen anderen Grundrechten zugunsten

310

311

---

[714] BVerfGE 46, 268 (286). Siehe auch *Pieroth/Schlink*, Grundrechte, Rn. 1017. Die Junktimklausel **gilt nicht für vorkonstitutionelle Gesetze**, siehe BVerfGE 4, 219 (236 f.); 46, 268 (288).
[715] BVerfGE 58, 300 (323).
[716] *Sodan/Ziekow*, Grundkurs Öffentliches Recht, § 42 Rn. 41. **Art. 14 Abs. 3 Satz 4 GG** sieht eine abdrängende Sonderzuweisung zu den ordentlichen Gerichten einzig „wegen der Höhe der Entschädigung" vor. Hintergrund dieser Vorschrift war das urspgl. Misstrauen gegenüber der Verwaltungsgerichtsbarkeit, ausreichend hohe Entschädigungen zuzusprechen, siehe *Lege*, Jura 2011, S. 507 (508 f.). Zu § 40 VwGO siehe *Wienbracke, Mike*, Verwaltungsprozessrecht, Heidelberg 2009, Rn. 72 ff.
[717] *Pieroth/Schlink*, Grundrechte, Rn. 1018.
[718] BVerfGE 58, 300 (324).
[719] BVerfGE 58, 300 (346). Diese Frage **verneinend**: BVerwGE 84, 361 (365).
[720] BVerfGE 24, 367 (421). Vgl. auch BVerfGE 46, 219 (285).
[721] BVerfG, NVwZ 2010, S. 512 (151).
[722] *Pieroth/Schlink*, Grundrechte, Rn. 1022.

des Allgemeinwohls vor.[723] „Bei der Erfüllung des ihm in Art. 14 Abs. 1 Satz 2 GG erteilten Auftrags, Inhalt und Schranken des Eigentums zu bestimmen, muß der Gesetzgeber beiden Elementen des im Grundgesetz angelegten Verhältnisses von verfassungsrechtlich garantierter Rechtsstellung [Art. 14 Abs. 1 Satz 1 GG] und dem Gebot einer sozialgerechten Eigentumsordnung [**Art. 14 Abs. 2 GG**] in gleicher Weise Rechnung tragen; er muß die schutzwürdigen Interessen der Beteiligten in einen gerechten Ausgleich und ein ausgewogenes Verhältnis bringen. Eine einseitige Bevorzugung oder Benachteiligung steht mit den verfassungsrechtlichen Vorstellungen eines sozialgebundenen Privateigentums nicht in Einklang [...]. Das Wohl der Allgemeinheit ist nicht nur Grund, sondern auch Grenze für die dem Eigentümer aufzuerlegenden Beschränkungen [...]. Einschränkungen der Eigentümerbefugnisse dürfen nicht weiter gehen, als der Schutzzweck reicht, dem die Regelung dient."[724]

Die dem Gesetzgeber insoweit zukommende Gestaltungsbefugnis ist nicht für alle Sachbereiche gleich. Sie ist „umso größer, je stärker der soziale Bezug des Eigentumsobjekts ist."[725] Nach ihrer jeweiligen „Eigenart und Funktion" ist dies v. a. bei dem „unvermehrbar[en]" und unentbehrlich[en]" **Grund und Boden**,[726] bei der Nutzung fremden Eigentums als **Wohnraum** und bei **Produktionsmitteln**, die als solche Macht über Dritte verleihen, der Fall (Gegenbeispiel: private Briefmarkensammlung).[727] Soweit hingegen „das Eigentum die persönliche Freiheit des Einzelnen im vermögensrechtlichen Bereich sichert, genießt es einen besonders ausgeprägten Schutz."[728] Insbesondere an **Veräußerungsverbote** sind daher strenge Maßstäbe anzulegen, ebenso wie die **eigene Leistung** als besonderer Schutzgrund für eine hierdurch erworbene Eigentümerposition anerkannt ist.[729]

312   Erweist sich die im konkreten Fall zu beurteilende Begrenzung der Eigentümerbefugnisse hiernach als verhältnismäßig, so ist sie als Ausfluss der Sozialgebundenheit des

---

[723] *Epping*, Grundrechte, Rn. 485 unter Hinweis auf BVerfGE 25, 112 (117); *Sachs*, Verfassungsrecht II, B 14 Rn. 33, 36.

[724] BVerfGE 72, 66 (77 f.). „Hieraus ergibt sich, dass es sich bei **Art. 14 Abs. 1 Satz 2 und Art. 14 Abs. 2 GG** nicht etwa um verschiedene Beschränkungsmöglichkeiten handelt, sondern um einen **einheitlichen Gesetzesvorbehalt**", *Papier/Krönke*, Grundkurs Öffentliches Recht 2, Rn. 418 (Hervorhebungen z. T. im Original). Darüber hinaus fordert BVerfGE 126, 331 (360) m. w. N. eine am „**Gleichheitssatz des Art. 3 Abs. 1 GG** als allgemeine[m] rechtsstaatliche[n] Prinzip" orientierte Ausgestaltung der Inhalts- und Schrankenbestimmungen (Hervorhebungen d. d. Verf.).

[725] BVerfGE 100, 226 (241).

[726] BVerfGE 21, 73 (82 f.); 52, 1 (32 f.). Zudem ist bei Grundstücken zu beachten, dass diese durch ihre jeweilige „Lage und Beschaffenheit" sowie ihre Einbettung in die Umwelt geprägt werden, sog. „**Situationsgebundenheit**", siehe BVerwGE 94, 1 (4) und vgl. BVerfGE 74, 264 (280); BGHZ 90, 4 (15) sowie Beispiel 64.

[727] BVerfGE 79, 292; 82, 6 (16 f.); 91, 294 (310); *Detterbeck*, Öffentliches Recht, Rn. 526; *Jarass*, in: ders./Pieroth, GG, Art. 14 Rn. 42. Vgl. auch BVerfGE 50, 290 (348 ff.).

[728] BVerfGE 100, 226 (241).

[729] BVerfGE 50, 290 (340) m. w. N.

Eigentums (Art. 14 Abs. 2 GG) entschädigungslos hinzunehmen.[730] Ist die jeweilige (Inhalts- und) Schrankenbestimmung demgegenüber für sich genommen unangemessen (z. B. Belastung des Grundstückseigentümers als Zustandsverantwortlicher mit den Verkehrswert übersteigenden Sanierungskosten), so kann sie ausnahmsweise dennoch mit Art. 14 Abs. 1 GG in Einklang stehen, wenn nämlich der Gesetzgeber sie zugleich mit Ausgleichsmaßnahmen verbindet. „Die Bestandsgarantie des Art. 14 Abs. 1 Satz 1 GG verlangt [insofern], daß in erster Linie Vorkehrungen getroffen werden, die eine unverhältnismäßige Belastung des Eigentümers real vermeiden und die Privatnützigkeit des Eigentums so weit wie möglich erhalten. Als Instrumente stehen dem Gesetzgeber hierfür **Übergangsregelungen**,[731] **Ausnahme- und Befreiungsvorschriften** sowie der Einsatz sonstiger administrativer und technischer Vorkehrungen zur Verfügung. Ist ein solcher Ausgleich im Einzelfall nicht oder nur mit unverhältnismäßigem Aufwand möglich, kann für diesen Fall ein finanzieller Ausgleich in Betracht kommen [sog. **ausgleichspflichtige Inhalts- und Schrankenbestimmung**[732]], oder es kann geboten sein, dem Eigentümer einen Anspruch auf Übernahme durch die öffentliche Hand zum Verkehrswert einzuräumen.“[733]

Werden diese Grenzen bei der Bestimmung von Inhalt und Schranken des Eigentums gleichwohl vom Gesetzgeber überschritten (z. B. vollständige, übergangs- und ersatzlose Beseitigung einer Rechtsposition), so ist die gesetzliche Regelung wegen Verstoßes

313

---

[730] BVerfGE 100, 226 (241).

[731] V. a. bei der **Neuordnung eines Rechtsgebiets**, siehe BVerfGE 70, 191 (201); 83, 201 (212 f.).

[732] *Detterbeck*, Öffentliches Recht, Rn. 528. Insoweit **schlägt die Bestands-** abermals (Rn. 309) **in eine Wertgarantie um**, siehe *Pieroth/Schlink*, Grundrechte, Rn. 1012. **Wann** eine **Inhalts- und Schrankenbestimmung ausgleichspflichtig ist**, bemisst sich nach denselben materiellen Kriterien (Sonderopfer-/Schweretheorie), die in der älteren Rechtsprechung zur Abgrenzung von Inhalts- und Schrankenbestimmung zu Enteignungen herangezogen wurden (Rn. 303), siehe *Zippelius/Würtenberger*, Deutsches Staatsrecht, § 31 Rn. 72 ff. m. w. N. Der Ausgleich muss „auf einer ‚gesetzlichen Grundlage‘“ beruhen und „die **Verwaltung bei** der **Anwendung** der konkreten Inhalts- und Schrankenbestimmung ‚**zugleich über** den gegebenenfalls erforderlichen **Ausgleichsanspruch** zumindest **dem Grunde nach entscheiden**‘“, *Papier/Krönke*, Grundkurs Öffentliches Recht 2, Rn. 419 unter Hinweis auf BVerfGE 100, 226 (245 f.) (Hervorhebungen z. T. im Original), wobei sich die Ausgleichsleistung der **Höhe** nach „grundsätzlich am Wert des abverlangten Guts“ orientiert. „Während jedoch bei ausgleichspflichtigen Inhalts- und Schrankenbestimmungen zu Gunsten Privater die grundrechtlich relevante Einbuße vollständig zu kompensieren ist, muss der Ausgleichsanspruch bei Inhaltsbeschränkungen und Entziehungen des Eigentums zum Wohl der Allgemeinheit nicht notwendig den Verkehrswert abdecken. Da der Ausgleichsanspruch nur der Kompensation eines gleichheitswidrigen Sonderopfers dient, muss er grundsätzlich auch nur diejenige Belastung ausgleichen, die die von der Sozialgebundenheit gerechtfertigte Belastung des Eigentums übersteigt“, BVerfG, NVwZ 2010, S. 512 (514 f.). **Salvatorische Entschädigungsklauseln** (Rn. 309) können nur dann als Grundlage einer finanziellen Entschädigung für eine ausgleichspflichtige Inhalts- und Schrankenbestimmung herangezogen werden, „wenn eine verfassungswidrige Inanspruchnahme des Eigentums in erster Linie durch Ausnahme- und Befreiungsregelungen [...] vermieden“ wird und in ihnen das Verwaltungsverfahren geregelt ist, siehe BVerfGE 100, 226 (244 ff.). **A. A.**: BGHZ 133, 271 (273 ff.); BVerwGE 94, 1 (10 ff.).

[733] BVerfGE 100, 226 (244 ff.) (Hervorhebungen d. d. Verf.).

gegen Art. 14 Abs. 1 GG **verfassungswidrig** und damit „unwirksam, hierauf gestützte Beschränkungen oder Belastungen sind rechtswidrig und können im Wege des Primärrechtsschutzes abgewehrt werden. Zu einem Entschädigungsanspruch führen sie von Verfassungs wegen [dagegen] nicht."[734] Insbesondere stellt „eine verfassungswidrige Inhaltsbestimmung […] nicht zugleich einen ‚enteignenden Eingriff' im verfassungsrechtlichen Sinn dar und kann wegen des unterschiedlichen Charakters von Inhaltsbestimmung und Enteignung auch nicht in einen solchen umgedeutet werden. Das gilt auch, wenn die Anwendung einer inhaltsbestimmenden Norm das Eigentum völlig entwertet."[735]

Beispiel 64[736]

314   E ist Eigentümer einer denkmalgeschützten Villa aus dem späten 19. Jahrhundert. Da er für das Gebäude keine eigene Verwendung mehr hat, jahrelange Bemühungen um eine sonstige sinnvolle Nutzung oder Verpachtung des Gebäudes ohne Erfolg geblieben sind und die gesetzlich vorgeschriebene Erhaltung der Bausubstanz einen unverhältnismäßigen Energie- und Instandsetzungsaufwand erfordert, stellt E bei der zuständigen Denkmalbehörde einen Abbruchantrag gem. § 13 Abs. 1 Satz 1 Nr. 1 L-DSchPflG. Unter Hinweis auf § 13 Abs. 1 Satz 2 L-DSchPflG a. F., wonach die Abbruchgenehmigung nur erteilt werden darf, wenn andere Erfordernisse des Gemeinwohls die Belange des Denkmalschutzes und der Denkmalpflege überwiegen, lehnt die Behörde den Antrag des E jedoch ab. E meint, § 13 Abs. 1 Satz 2 L-DSchPflG a. F. verstoße gegen sein Grundrecht auf Eigentumsfreiheit, weil diese Vorschrift eine Berücksichtigung von Eigentümerbelangen überhaupt nicht vorsieht. Hat E Recht?

Ja. Zwar verfolgt die Inhalts- und Schrankenbestimmung des § 13 Abs. 1 Satz 2 L-DSchPflG a. F. mit dem Schutz von Kulturdenkmälern ein verfassungsrechtlich legitimes Ziel, zu dessen Erreichung sie auch geeignet und erforderlich ist. Ebenfalls führt die Anwendung dieser Norm im Regelfall nicht zu einer unangemessenen Belastung des Eigentümers. Denn dem öffentlichen Interesse an der Erhaltung eines geschützten Denkmals kann nur durch Inpflichtnahme des Eigentümers der betreffenden Immobilie Rechnung getragen werden, dessen Eigentum deshalb einer gesteigerten Sozialbindung nach Art. 14 Abs. 2 GG unterliegt. Diese folgt aus der Situationsgebundenheit, d. h. der Beschaffenheit des Grundstücks. Anders verhält es sich aber, wenn – wie hier – für ein geschütztes Baudenkmal keinerlei sinnvolle Nutzungsmöglichkeit mehr besteht. Kann nämlich selbst ein dem Denkmalschutz aufgeschlossener Eigentümer von einem Baudenkmal keinen vernünftigen Gebrauch machen und es praktisch auch nicht veräußern, so wird dessen Privatnützigkeit nahezu vollständig beseitigt. Zieht man zusätzlich noch die gesetzliche Denkmalerhaltungspflicht mit in die Betrachtung ein, so wird aus

---

[734] BVerfGE 100, 226 (241).

[735] BVerfGE 102, 1 (16).

[736] Nach BVerfGE 100, 226. Siehe aber auch BVerfG, NVwZ 2010, S. 957 betreffend eine bereits im Zeitpunkt des Eigentumserwerbs denkmalschutzrechtlich vorbelastete Immobilie, welche insgesamt wirtschaftlich sinnvoll nutzbar ist.

dem Recht letztlich eine Last, welche der Eigentümer allein im öffentlichen Interesse zu tragen hat, ohne dafür die Vorteile einer privaten Nutzung genießen zu können. Die Rechtslage des derart Betroffenen nähert sich somit einer Lage an, in der sie den Namen „Eigentum" nicht mehr verdient. In einem solchen Fall ist die Versagung einer Beseitigungsgenehmigung nicht mehr zumutbar. Wo die Grenze der Zumutbarkeit genau verläuft, kann vorliegend offen bleiben. Denn die Verfassungswidrigkeit von § 13 Abs. 1 Satz 2 L-DSchPflG a. F. folgt allein schon daraus, dass diese Norm unverhältnismäßige Belastungen des Eigentümers nicht ausschließt und überhaupt keine Vorkehrungen zur Vermeidung derartiger Eigentumsbeschränkungen trifft.

III. Vereinigungs- und Koalitionsfreiheit, Art. 9 GG

„Das Menschenbild des Grundgesetzes ist nicht das eines isolierten souveränen Individuums",[737] „sondern das der gemeinschaftsbezogenen und gemeinschaftsgebundenen Person" – allerdings weder i. S. v. „ständisch-korporativen Ordnungen […] älterer Sozialordnungen" (z. B. Zünfte) noch i. S. „der planmäßigen Formung und Organisation durch den Staat nach den Maßstäben eines von der herrschenden Gruppe diktierten Wertsystems" (wie z. B. in totalitären Staaten der Fall). Vielmehr gewährleistet **Art. 9 Abs. 1 GG** die **allgemeine Vereinigungsfreiheit** als „Prinzip *freier* sozialer Gruppenbildung" und gehört damit zu den „konstituierende[en] Prinzip[ien] der demokratischen und rechtsstaatlichen Ordnung des Grundgesetzes."[738] Als Spezialfall hierzu schützt **Art. 9 Abs. 3 GG** die sog. **Koalitionsfreiheit**.[739]

315

1. Schutzbereich

a) Persönlicher Schutzbereich

Seinem ausdrücklichen Wortlaut nach werden vom persönlichen Schutzbereich des **Art. 9 Abs. 1 GG** nur „**Deutsche**", d. h. natürliche Personen mit deutscher Staatsangehörigkeit i. S. v. Art. 116 Abs. 1 GG, erfasst.[740] Aufgrund der insoweit einschlägigen europarechtli-

316

---

[737] BVerfGE 4, 7 (15).

[738] BVerfGE 50, 290 (353). Siehe auch *Hufen*, Staatsrecht II, § 31 Rn. 1; *Michael/Morlok*, Grundrechte, Rn. 288: „Die grundrechtliche **Vereinigungsfreiheit** konstituiert Vereinigungen **nicht ‚von oben'**, **sondern ‚von unten'**". Neben der Versammlungsfreiheit des **Art. 8 Abs. 1 GG** ist die allgemeine Vereinigungsfreiheit des **Art. 9 Abs. 1 GG** damit „das wohl **wichtigste kollektiv wahrzunehmende Grundrecht**", *Hufen*, Staatsrecht II, § 31 Rn. 3. „Systematisch lässt sich Art. 9 GG demnach nicht nur als **Wirtschaftsgrundrecht**, sondern auch als **Kommunikationsgrundrecht** einordnen", *Epping*, Grundrechte, Rn. 872 (sämtliche Hervorhebungen d. d. Verf.).

[739] *Pieroth/Schlink*, Grundrechte, Rn. 779. Zur umstr. Rechtsnatur von **Art. 9 Abs. 2 GG** als Schutzbereichsbegrenzung bzw. als Grundrechtsschranke siehe Rn. 324, 354.

[740] *Papier/Krönke*, Grundkurs Öffentliches Recht 2, Rn. 344. Weitergehend hingegen das einfache Recht, siehe **§ 1 VereinsG** („Die Bildung von Vereinen ist frei (Vereinsfreiheit)"), allerdings auch

chen Vorgaben (Rn. 32 f.) steht im Bereich der Vereinigungsfreiheit freilich ebenfalls **EU-Ausländern** derselbe Grundrechtsschutz zu wie Deutschen.[741] Auf das Grundrecht der Koalitionsfreiheit vermag sich nach **Art. 9 Abs. 3 Satz 1 GG** dagegen „**jedermann**" zu berufen, d. h. auch (Nicht-EU-)Ausländer.[742]

317   Über diese Eigenschaft von **Art. 9 Abs. 1 GG** als **Individualfreiheitsrecht** hinaus sieht das BVerfG „wegen des engen Zusammenhangs von individueller und kollektiver Vereinigungsfreiheit" in st. Rspr. allerdings auch „die Vereinigung selbst" unmittelbar, d. h. ohne Rückgriff auf Art. 19 Abs. 3 GG (Rn. 35 ff.), als „durch Art. 9 Abs. 1 GG geschützt" an, sog. **kollektive Vereinigungsfreiheit**.[743] Im Ergebnis führt diese Konstruktion von Art. 9 Abs. 1 GG als „individuelles und kollektives ‚**Doppelgrundrecht**'"[744] freilich kaum zu anderen Ergebnissen als der nach der allgemeinen Grundrechtsdogmatik zu beschreitende „Umweg" über Art. 19 Abs. 3 GG:[745] Zum einen nämlich können auch dem BVerfG zufolge weder juristische Personen des öffentlichen Rechts[746] noch sog. „Ausländervereine den Schutz des Art. 9 Abs. 1 GG [...] in Anspruch nehmen."[747] Für Letztere folgt dies daraus, dass wegen der in Art. 9 Abs. 1 GG enthaltenen Begrenzung auf Deutsche die Vereinigung – ebenso wie bei Art. 19 Abs. 3 GG der Fall – ihren Sitz in Deutschland haben und sie zudem noch von Deutschen beherrscht werden muss.[748] Zum anderen ist der sachliche Schutzbereich der kollektiven Vereinigungsfreiheit begrenzt auf vereinsspezifische Betätigungen, sodass im Übrigen selbst unter Zugrundelegung des vom BVerfG propagierten Ansatzes auf Art. 19 Abs. 3 GG zurückgegriffen werden muss (z. B. unterfällt eine Supermarkt-AG mit der Durchführung ihrer Hauptversammlung hiernach zwar noch unmittelbar dem

---

§ 14 VereinsG, der weitere Verbotsgründe speziell für Ausländervereine benennt. Auch **Minderjährige** sind Träger des Grundrechts aus Art. 9 Abs. 1 GG, siehe Rn. 23 und *Hufen*, Staatsrecht II, § 31 Rn. 9.

[741] *Wilms*, Staatsrecht II, Rn. 799.

[742] *Manssen*, Staatsrecht II, Rn. 542.

[743] BVerfGE 50, 290 (354) unter Hinweis auf BVerfGE 13, 174 (175); 30, 227 (241); jüngst wieder BVerfGE 124, 25 (34). Ebenso *Hufen*, Staatsrecht II, § 31 Rn. 8; *Sodan/Ziekow*, Grundkurs Öffentliches Recht, § 37 Rn. 3. **A. A.** *Ipsen*, Staatsrecht II, Rn. 582, 588 m. w. N.; *Pieroth/Schlink*, Grundrechte, Rn. 793.

[744] *Wilms*, Staatsrecht II, Rn. 800. „**Freiheit ‚zu' und ‚in', aber auch ‚der' Vereinigung**", *Katz*, Staatsrecht, Rn. 767. Zur diesbzgl. Diskussion bei **Art. 4 Abs. 1, 2 GG** siehe Rn. 442.

[745] *Epping*, Grundrechte, Rn. 875. Vgl. auch *Pieroth/Schlink*, Grundrechte, Rn. 794 a. E.; *Zippelius/Würtenberger*, Deutsches Staatsrecht, § 27 Rn. 30.

[746] Vgl. BVerfGE 39, 302 (316); BVerfG, NJW 1995, S. 514 (515). Ebenso *Ipsen*, Staatsrecht II, Rn. 583 m. w. N.

[747] BVerfG, NVwZ 2000, S. 1281: „Vereine mit gemischter Mitgliedschaft (**Mischvereine**) [können] unter bestimmten Voraussetzungen Ausländervereine sein" (Hervorhebung d. d. Verf.). Insoweit erfolgt ein grundrechtlicher Schutz allein nach **Art. 2 Abs. 1 i. V. m. Art. 19 Abs. 3 GG**, siehe *Epping*, Grundrechte, Rn. 877. **Ausländervereine** sind „Vereine, deren Mitglieder oder Leiter sämtlich oder überwiegend Ausländer sind", § 14 Abs. 1 Satz 1 VereinsG. Vgl. auch Rn. 40.

[748] *Jarass*, in: ders./Pieroth, GG, Art. 9 Rn. 11 m. w. N.; *Manssen*, Staatsrecht II, Rn. 528. Zu den freilich auch insoweit zu beachtenden Vorgaben des **EU-Rechts** siehe *Cornils, Matthias*, in: Epping/Hillgruber, GG, München 2009, Art. 9 Rn. 3 f.

Schutzbereich des Art. 9 Abs. 1 GG; bzgl. der von ihr in den einzelnen Supermärkten ausgeübten Geschäftätigkeit greift dagegen Art. 12 Abs. 1 i. V. m. Art. 19 Abs. 3 GG).[749]

Nichts anderes (Doppelgrundrecht) gilt für die Koalitionsfreiheit des **Art. 9 Abs. 3 GG**,   318
der von der h. M. ebenfalls eine individuelle und eine kollektive Dimension beigemessen
wird.[750]

b) Sachlicher Schutzbereich

Art. 9 GG verbürgt zwei Grundrechte: Zum einen in Abs. 1 GG die **allgemeine Vereini-**   319
gungsfreiheit und zum anderen in Abs. 3 die Koalitionsfreiheit als **spezielle Vereinigungs-**
freiheit.[751]

aa) Schutzgut

(1) Art. 9 Abs. 1 GG

Sachlich schützt Art. 9 Abs. 1 GG das Recht, „**Vereine und Gesellschaften**" – Oberbe-   320
griff: „Vereinigungen" (vgl. Art. 9 Abs. 2 GG)[752] – zu bilden. Wenngleich dieser verfassungsrechtliche Begriff aus Gründen der Normenhierarchie nicht ohne Weiteres mit dem
einfachgesetzlich in § 2 Abs. 1 VereinsG definierten Vereinsbegriff gleichgesetzt werden
darf und Ersterer über Letzteren hinausgeht (z. B. werden auch Bürgerinitiativen von Art. 9
Abs. 1 GG erfasst), so wird in dieser Vorschrift der Schutzgegenstand von Art. 9 Abs. 1 GG
doch im Ergebnis weitgehend zutreffend umschrieben, weshalb auf sie letztlich auch im
vorliegenden Zusammenhang als eine Art „Merkhilfe" zurückgegriffen werden darf.[753] Danach gilt:

---

[749] BVerfG NJW 2000, S. 1251 m. w. N.; *Sachs*, Verfassungsrecht II, B 9 Rn. 15. Siehe auch Rn. 335.
Zur i. S. v. Art. 19 Abs. 3 GG **wesensgemäßen Anwendbarkeit** speziell von **Art. 9 Abs. 1 GG** auf
juristische Personen siehe *Sachs*, Verfassungsrecht II, B 9 Rn. 14.
[750] St. Rspr. seit BVerfGE 4, 96 (101 f.); vgl. auch **Art. 9 Abs. 3 Satz 3 GG**. Ebenso *Wilms*, Staatsrecht II,
Rn. 837 m. w. N. auch zur **a. A.**, die bzgl. der kollektiven Koalitionsfreiheit auf **Art. 19 Abs. 3 GG**
zurückgreift, sowie zur **Streitrelevanz**: Diese sei vorliegend – im Gegensatz zu Art. 9 Abs. 1 GG –
deshalb zu bejahen, weil über Art. 19 Abs. 3 GG nur inländische juristische Personen von Art. 9
Abs. 3 GG geschützt werden, Letzterer bei unmittelbarer Anwendung aufgrund seiner Natur als Menschenrecht dagegen auch juristische Personen aus dem Ausland erfasse. Art. 9 Abs. 3 GG „ist auf
juristische Personen des Privatrechts gemäß Art. 19 Abs. 3 GG anwendbar", *Manssen*, Staatsrecht II,
Rn. 542. **Juristische Personen des öffentlichen Rechts** können sich hingegen **nicht** mit Erfolg auf
die Koalitionsfreiheit berufen, selbst wenn sie als Arbeitgeber zum Abschluss von Tarifverträgen berechtigt sind, siehe BVerfGE 59, 231 (254 f.). Kritisch hierzu *Ipsen*, Staatsrecht II, Rn. 697.
[751] *Sodan/Ziekow*, Grundkurs Öffentliches Recht, § 37 Rn. 1.
[752] *Detterbeck*, Öffentliches Recht, Rn. 441.
[753] *Detterbeck*, Öffentliches Recht, Rn. 441; *Epping*, Grundrechte, Rn. 879; *Papier/Krönke*, Grundkurs
Öffentliches Recht 2, Rn. 342. Art. 9 Abs. 1 GG „meint **nicht nur** die **Personenzusammenschlüs-**
se i. S. d. Vereins- und Gesellschaftsrechts", *Wilms*, Staatsrecht II, Rn. 802 (Hervorhebungen d.
d. Verf.). Vgl. auch Rn. 36, 280, 419 und BVerwGE 106, 177 (180 f.); *Pieroth/Schlink*, Grundrechte, Rn. 783 und *Michael/Morlok*, Grundrechte, Rn. 294 a. E.: „verfassungskonforme Auslegung der
Legaldefinition der Vereine i. S. d. § 2 Abs. 1 VereinsG".

321   ▸   **Vereinigung** („Verein und Gesellschaft")[754] i. S. v. Art. 9 Abs. 1 GG „ist ohne Rück-
            sicht auf die Rechtsform jede Vereinigung, zu der sich eine Mehrheit natürlicher
            oder juristischer Personen für längere Zeit zu einem gemeinsamen Zweck frei-
            willig zusammengeschlossen und einer organisierten Willensbildung unterwor-
            fen hat."

322   Im Einzelnen sind somit folgende Merkmale für das Vorliegen einer „Vereinigung"
       i. S. v. Art. 9 Abs. 1 GG konstitutiv:

   •   Es muss sich um einen Zusammenschluss von **mindestens zwei** (natürlichen oder ju-
       ristischen) **Personen** oder Personenvereinigungen handeln.[755] Nicht unter den Begriff
       der Vereinigung des Art. 9 Abs. 1 GG subsumiert werden können mithin insbesondere
       die Stiftung (kein personeller Zusammenschluss) und die Ein-Mann-GmbH (nur „eine
       […] Person", § 1 GmbHG);[756]

323 • der Zusammenschluss muss (rechtlich) **freiwillig**, i. E. also privatrechtlich, erfolgt sein,
       weshalb namentlich öffentlich-rechtliche Zwangsvereinigungen (z. B. Rechtsanwalts-
       kammern, §§ 60 ff. BRAO) nicht durch die Vereinigungsfreiheit des Art. 9 Abs. 1 GG
       geschützt werden, entstehen diese doch durch staatlichen Hoheitsakt (z. B. Gesetz);[757]

324 • der Zusammenschluss muss der Verfolgung eines **gemeinsamen Zwecks** dienen.[758]
       Während des BVerfG[759] insoweit grundsätzlich jeden beliebigen (z. B. wirtschaftlichen
       oder ideellen) Zweck ausreichen lässt und unter Hinweis auf Art. 9 Abs. 2 GG ledig-

---

[754] „Eine **Differenzierung** ist **nicht erforderlich**, da Vereine und Gesellschaften rechtlich gleichbe-
handelt werden", *Manssen*, Staatsrecht II, Rn. 519 (Hervorhebungen d. d. Verf.).

[755] So die h. M., siehe *Sodan/Ziekow*, Grundkurs Öffentliches Recht, § 37 Rn. 2 m. w. N. **A. A.**: Mindestens **drei Personen**, siehe *Stein/Frank*, Staatsrecht, § 40 II 1 unter – nach hiesiger Auffassung freilich nicht zutreffendem (Rn. 413) – Hinweis auf den verfassungsrechtlichen **Versammlung**sbegriff
des **Art. 8 Abs. 1 GG**. Auch eine darüber noch hinausgehende Mindestmitgliederzahl von **sieben
Personen** „wird dem Wesen der Vereinigungsfreiheit und ihrem umfassenden Schutz ebenso wenig gerecht wie bei Art. 8 Abs. 1 GG" (Rn. 411), *Michael/Morlok*, Grundrechte, Rn. 290. Siehe auch
Manssen, Staatsrecht II, Rn. 520.

[756] BVerwGE 106, 177 (181): Die **Stiftung** „weist keinen personellen Zusammenschluß auf, sondern
ist eine auf Ausstattung mit einem Vermögen angelegte, **nicht** in einem **Personenverband** bestehende selbständige juristische Person zur Erreichung eines dauernden Zwecks, der nur durch den
Willen des Errichters bestimmt wird" (Hervorhebungen d. d. Verf.); *Zippelius/Würtenberger*, Deutsches Staatsrecht, § 27 Rn. 23 Fn. 33.

[757] BVerfGE 85, 360 (370); *Ipsen*, Staatsrecht II, Rn. 586; *Michael/Morlok*, Grundrechte, Rn. 291; *Pie-
roth/Schlink*, Grundrechte, Rn. 784; *Zippelius/Würtenberger*, Deutsches Staatsrecht, § 27 Rn. 23 f.
Entsprechendes gilt für **privatrechtliche Zwangsverbände**, siehe *Epping*, Grundrechte, Rn. 881.
A. A. *Sachs*, Verfassungsrecht II, B 9 Rn. 2: „Die **Freiwilligkeit** […] ist […] **nicht Begriffselement
der Vereinigung**" (Hervorhebungen d. d. Verf.).

[758] *Pieroth/Schlink*, Grundrechte, Rn. 785.

[759] Vgl. BVerfGE 80, 244 (253): „Art. 9 GG ist dahin auszulegen, daß Abs. 1 die Vereinigungsfreiheit
lediglich mit der sich aus Abs. 2 ergebenden Einschränkung gewährleistet." Ebenso *Epping*, Grundrechte, Rn. 882 m. w. N. Vgl. auch *Ipsen*, Staatsrecht II, Rn. 585. Bzgl. **religiöser** und **parteipolitischer
Zwecke** siehe freilich noch Rn. 349.

lich solche Vereinigungen vom Schutzbereich des Art. 9 Abs. 1 GG ausnimmt, „deren Zwecke […] den Strafgesetzen zuwiderlaufen oder die sich gegen die verfassungsmäßige Ordnung oder gegen den Gedanken der Völkerverständigung richten", geht die h. L. noch darüber hinaus und betrachtet Art. 9 Abs. 2 GG ungeachtet des Wortlauts dieser Vorschrift („Vereinigungen […] sind verboten") erst als „Schranke der Vereinigungsfreiheit und nicht [schon] als Schutzbereichsbegrenzung"[760]. Dies überzeugt, stünde das Grundrecht des Art. 9 Abs. 1 GG andernfalls doch „unter dem Vorbehalt der einfachgesetzlichen Erlaubtheit der Zwecke"[761]. In Anbetracht dieser inhaltlichen Offenheit der Vereinigungsfreiheit (Zweckneutralität bzw. -offenheit) verbietet sich auf Ebene des Schutzbereichs von Art. 9 Abs. 1 GG jegliche Differenzierung nach dem mit der jeweiligen Vereinigung verfolgten Zweck („sportliche Vereinigungen sind nicht weniger geschützt als politische"[762]), weshalb diejenige Auffassung, wonach „juristische Personen, die nur zum Zweck der Kapitalverwertung gegründet werden, insbesondere Kapitalgesellschaften (Aktiengesellschaft, Gesellschaft mit beschränkter Haftung) […] nicht Vereinigungen im Sinne von Art. 9 Abs. 1 GG" seien,[763] nicht zu überzeugen vermag;[764]

- der Zusammenschluss muss eine gewisse **zeitliche und organisatorische Stabilität** auf- 325
  weisen.[765] V. a. durch Letztere unterscheidet sich die Vereinigung von der Versammlung i. S. v. Art. 8 Abs. 1 GG, die ebenfalls einen (freiwilligen) Zusammenschluss (Zusammenkunft) mehrerer Personen zur Verfolgung eines gemeinsamen Zwecks voraussetzt (Rn. 409):[766] Der „wesentliche Unterschied [liegt] darin, dass bei Versammlungen die

---

[760] *Michael/Morlok*, Grundrechte, Rn. 303. Vgl. auch *Detterbeck*, Öffentliches Recht, Rn. 445; *Katz*, Staatsrecht, Rn. 769 sowie nunmehr BVerfGE 124, 25 (36).

[761] *Michael/Morlok*, Grundrechte, Rn. 303 (im Original mit Hervorhebungen). Siehe ferner *Jarass*, in: ders./Pieroth, GG, Art. 9 Rn. 17 (**„Optimierung der Wirksamkeit der Vereinigungsfreiheit"**); *Manssen*, Staatsrecht II, Rn. 534 (die **Rechts**-„**Sicherheit**" erfordere eine behördliche Verbotsverfügung mit konstitutiver Wirkung) und *Sodan/Ziekow*, Grundkurs Öffentliches Recht, § 37 Rn. 10 („**Vergleich mit Art. 21 Abs. 2 GG**"). Nach *Ipsen*, Staatsrecht II, Rn. 597 sei „die Frage, ob ein Schutzgut ‚von vornherein' beschränkt oder […] ‚zunächst' unbeschränkt gewährleistet ist, dafür aber eingeschränkt werden kann, theoretisch-dogmatischer Natur".

[762] *Hufen*, Staatsrecht II, § 31 Rn. 4.

[763] So aber *Stein/Frank*, Staatsrecht, § 40 II 1 unter Hinweis auf BVerfGE 50, 290 (355 f.), wo diese Frage ausdrücklich offengelassen wurde. Abermals zweifelnd in Bezug auf „Wirtschaftsgesellschaften" BVerfGE 124, 25 (34): „Denn im Unterschied zu dem Typus der Vereinigungen, die das Grundrecht der Vereinigungsfreiheit seiner Geschichte und seiner heutigen Geltung nach primär schützen will, tritt bei diesen Gesellschaften das personale Element bis hin zur Bedeutungslosigkeit zurück".

[764] Vgl. *Ipsen*, Staatsrecht II, Rn. 585; *Michael/Morlok*, Grundrechte, Rn. 302; *Sachs*, Verfassungsrecht II, B 9 Rn. 2; *Sodan/Ziekow*, Grundkurs Öffentliches Recht, § 37 Rn. 2; *Wilms*, Staatsrecht II, Rn. 805 m. w. N.

[765] *Pieroth/Schlink*, Grundrechte, Rn. 786. Siehe auch *Ipsen*, Staatsrecht II, Rn. 585 („**bestimmte Dauer**") und *Katz*, Staatsrecht, Rn. 768 („**Mindeststandard organisatorischer Festigkeit**").

[766] **A. A.** *Ipsen*, Staatsrecht II, Rn. 585, der insoweit allein auf das **Zeitmoment** abstellt. Ebenso *Jarass*, in: ders./Pieroth, GG, Art. 9 Rn. 2 m. w. N.: „Für die Abgrenzung zu Art. 8 [Abs. 1 GG] ist bedeutsam, dass Art. 9 [Abs. 1 GG] auf Dauer oder auf eine gewisse Zeit angelegte Verbände schützt, während

Kommunikation wesentlich unorganisiert bleibt, während sich Vereinigungen einer organisierten Willensbildung unterwerfen", die (un-)geschriebenen Regeln folgt, sog. institutionelle Struktur der Willensbildung.[767] Eine bestimmte Organisations- bzw. Rechtsform wird hierdurch nicht gefordert (Art. 9 Abs. 1 GG schützt z. B. sowohl Personen- [§§ 705 ff. BGB, §§ 105 ff. HGB] als auch Kapitalgesellschaften [u. a. AG, GmbH], sofern sie mehrere Gesellschafter haben, Rn. 322); auch auf die Rechtsfähigkeit kommt es nicht an (z. B. unterfallen Art. 9 Abs. 1 GG ebenfalls nichtrechtsfähige Vereine).[768] Das Spektrum der von Art. 9 Abs. 1 GG erfassten Vereinigungen reicht damit „von der Bürgerinitiative über den eingetragenen Verein bis zum Konzern."[769]

326   Wie sich aus dem Vorstehenden ergibt, handelt es sich bei Art. 9 Abs. 1 GG um ein sog. **normgeprägtes Grundrecht**,[770] was Bedeutung hat für die von diesem ausgehenden Schutzwirkungen (Rn. 346) sowie für die Frage des Vorliegens eines Eingriffs in dieses (Rn. 351 f.). Zwar ist „ein Zusammenschluss von Menschen in einer Vereinigung auch ohne Zutun des Staates auf Grund freier Willensübereinkunft möglich. Eine *rechtliche* Vereinigung ist hingegen nur dann möglich, wenn die Rechtsordnung dazu entsprechende Möglichkeiten bereitstellt."[771] „Vereinigungsfreiheit ist [...] auf Regelungen angewiesen, welche die freien Zusammenschlüsse und ihr Leben in die allgemeine Rechtsordnung einfügen, die Sicherheit des Rechtsverkehrs gewährleisten, Rechte der Mitglieder sichern und den schutzbedürftigen Belangen Dritter oder auch öffentlichen Interessen Rechnung tragen."[772]

327   Sind im konkreten Fall die Voraussetzungen für die Bejahung einer Vereinigung erfüllt, so gewährleistet Art. 9 Abs. 1 GG in seiner Eigenschaft als **Individualgrundrecht** (Rn. 317)

Art. 8 [Abs. 1 GG] einen ‚Augenblicksverband' erfasst". Hiergegen *Michael/Morlok*, Grundrechte, Rn. 294 mit dem Hinweis, dass Art. 9 Abs. 1 GG auch „nur vorübergehenden Zwecken" dienende Zusammenschlüsse erfasse (z. B. **Gründergesellschaften**; siehe *Jarass*, a. a. O. Rn. 3) und *Günther/Franz*, JuS 2006, S. 788 (789): Ggf. könne auch „eine Versammlung über einen längeren Zeitraum als eine nur kurzzeitige Vereinigung bestehen." *Berg*, Staatsrecht, Rn. 547 benennt die **namentliche Aufführbarkeit der einzelnen Mitglieder** als weiteres Unterscheidungsmerkmal zur Versammlung.

[767] *Michael/Morlok*, Grundrechte, Rn. 293. Siehe auch *Pieroth/Schlink*, Grundrechte, Rn. 786.

[768] Vgl. *Hufen*, Staatsrecht II, § 31 Rn. 4; *Katz*, Staatsrecht, Rn. 768; *Sodan/Ziekow*, Grundkurs Öffentliches Recht, § 37 Rn. 2; *Wilms*, Staatsrecht II, Rn. 804.

[769] *Michael/Morlok*, Grundrechte, Rn. 293.

[770] Vgl. BVerfGE 50, 290 (354 ff.); *Sachs*, Verfassungsrecht II, B 9 Rn. 3 und siehe *Papier/Krönke*, Grundkurs Öffentliches Recht 2, Rn. 341. Vgl. auch Rn. 76 ff., 122 f.

[771] *Epping*, Grundrechte, Rn. 880 (Hervorhebung im Original).

[772] BVerfGE 50, 290 (354).

- „positiv" die Freiheit des einzelnen Staatsbürgers,
  - „sich mit anderen zu jedem [...] Zweck [privatrechtlich[773]] zusammenzuschließen",[774]   328
    vgl. Art. 9 Abs. 1 GG („Vereine [...] zu bilden"). Diese sog. **Gründungsfreiheit**
    „schließt die Entscheidung über den Zeitpunkt der Gründung, den Zweck, die
    Rechtsform, den Namen, die Satzung und den Sitz der Vereinigung ein (sog. Ver-
    einsautonomie)",[775]
  - einer bestehenden Vereinigung beizutreten, sog. **Beitrittsfreiheit**[776] und   329
  - in seiner Eigenschaft als Mitglied der betreffenden Vereinigung auf „Teilnahme [...]   330
    an der Selbstbestimmung über die eigene Organisation, das Verfahren ihrer Willens-
    bildung [z. B. Durchführung von Vereinssitzungen, Vorstandswahlen] und die Füh-
    rung der Geschäfte", sog. **interne Betätigungsfreiheit**;[777]
- „negativ" die Freiheit, „aus einer Vereinigung **auszutreten** oder ihr **fernzubleiben**"[778].   331
  Da diese sog. negative Vereinigungsfreiheit aber nicht weiter gehen kann als die „andere Seite der Medaille", d. h. die positive Vereinigungsfreiheit, diese sich jedoch nur auf
  privatrechtliche Vereinigungen erstreckt (Rn. 323, 328), geht die Rechtsprechung – entgegen zahlreicher Stimmen im Schrifttum – davon aus, dass die gesetzlich mitunter angeordnete Zwangsmitgliedschaft in öffentlich-rechtlichen Körperschaften (z. B. in Ärzte-,
  Handwerks-, Rechtsanwaltskammern) nicht am Maßstab des Art. 9 Abs. 1 GG, sondern
  „nur" anhand von Art. 2 Abs. 1 GG mit seinen vergleichsweise niedrigen Grundrechtsschranken zu messen sei (siehe Beispiel 15).[779]

---

[773] Vgl. BVerfGE 80, 244 (252) („Art. 9 Abs. 1 GG gewährleistet die Freiheit, sich zu Vereinigungen des privaten Rechts zusammenzuschließen") und Rn. 323 sowie *Pieroth/Schlink*, Grundrechte, Rn. 784: „**Private können sich nicht freiwillig zu öffentlich-rechtlichen Vereinigungen zusammenschließen**".

[774] BVerfGE 50, 290 (354). Vgl. auch BVerfGE 123, 186 (237).

[775] *Pieroth/Schlink*, Grundrechte, Rn. 788. Siehe auch *Papier/Krönke*, Grundkurs Öffentliches Recht 2, Rn. 345.

[776] Vgl. BVerfGE 10, 89 (102); 50, 290 (354); 123, 186 (237) und siehe *Pieroth/Schlink*, Grundrechte, Rn. 789: Denn „würde in Art. 9 Abs. 1 GG nicht mehr als die Möglichkeit freier Vereins*bildung* garantiert, bestünde die Gefahr, dass der Schutz der Vereinigungsfreiheit leerliefe" (Hervorhebung d. d. Verf.). Entsprechend wird von Art. 9 Abs. 1 GG ferner auch das Recht auf „**Verbleib** in einer bereits bestehenden Vereinigung" erfasst, siehe *Wilms*, Staatsrecht II, Rn. 807 (Hervorhebung d. d. Verf.).

[777] BVerfGE 123, 186 (230) m. w. N. Siehe auch *Epping*, Grundrechte, Rn. 885; *Papier/Krönke*, Grundkurs Öffentliches Recht 2, Rn. 345.

[778] BVerfGE 50, 290 (354) (Hervorhebungen d. d. Verf.). Vgl. auch BVerfGE 123, 186 (237) und Rn. 64 ff.

[779] BVerfGE 10, 354 (361 f.); BVerfG, NVwZ 2002, S. 335 (336). Ebenso *Sodan/Ziekow*, Grundkurs Öffentliches Recht, § 37 Rn. 6. Danach **schützt Art. 9 Abs. 1 GG „nur vor einer Zwangsmitgliedschaft in privatrechtlichen Vereinigungen**", nicht aber auch „in öffentlich-rechtlichen Verbänden", *Detterbeck*, Öffentliches Recht, Rn. 443 m. w. N. auch zur Gegenmeinung (u. a. *Pieroth/Schlink*, Grundrechte, Rn. 792; *Sachs*, Verfassungsrecht II, B 9 Rn. 9), die insoweit ebenfalls Art. 9 Abs. 1 GG bemüht. Wiederum a. A. *Jarass*, in: ders./Pieroth, GG, Art. 9 Rn. 7, demzufolge „konsequenterweise" – entgegen BGHZ 130, 243 (256) – auch gegen die Pflichtmitgliedschaft in einem „privatrechtlichen Zwangszusammenschluss" allein **Art. 2 Abs. 1 GG** schütze. *Ipsen*, Staatsrecht II, Rn. 594 zufolge

332

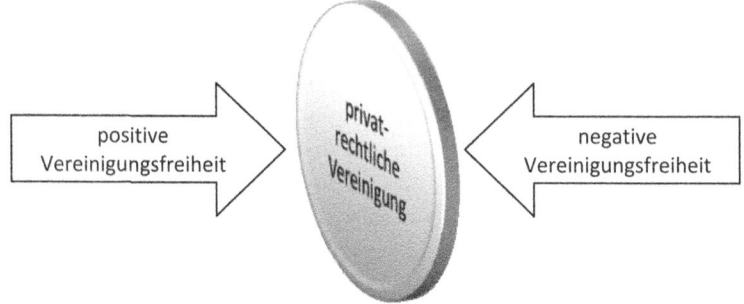

Positive und negative – privatrechtliche – Vereinigungsfreiheit

333   Als **Kollektivgrundrecht** (Rn. 317) garantiert Art. 9 Abs. 1 GG für die Vereinigung

- „das **Recht auf Entstehen und Bestehen**",[780] d. h. auf „Existenz und Funktionsfähigkeit des Vereins".[781] Ist damit grundsätzlich auch das Recht des Vereins erfasst, „über die Aufnahme und den Ausschluss von Mitgliedern selbst zu bestimmen",[782] so setzt diese sog. Aufnahmeautonomie wiederum die „Möglichkeit zu einer wirkungsvollen Mitgliederwerbung" voraus, welche daher ebenfalls vom Schutzbereich des Art. 9 Abs. 1 GG umfasst wird;[783]

334   - „die Selbstbestimmung über die eigene Organisation, das Verfahren ihrer Willensbildung und die Führung ihrer Geschäfte", sog. **interne Organisationsautonomie**;[784]

335   - einen „Kernbereich [...] der Vereinstätigkeit"[785] wie etwa „in gewissem Umfang die Namensführung", sog. **externe Betätigungsfreiheit**.[786] Dass Art. 9 Abs. 1 GG über die-

---

dürfte „eine gesetzlich angeordnete Mitgliedschaft in privatrechtlichen Vereinigungen [allerdings] vorwiegend im Bereich der Phantasie anzusiedeln sein". Siehe aber freilich BVerfG, NJW 2001, S. 2617 zu § 54 GenG betreffend die Pflichtmitgliedschaft in einem genossenschaftlichen Prüfungsverband.

[780] BVerfGE 13, 174 (175); 80, 244 (253); 123, 186 (237) (Hervorhebungen d. d. Verf.). „Denn die Gründung einer Vereinigung macht nur Sinn, wenn sie auch als Organisation existieren [...] kann", *Günther/Franz*, JuS 2006, S. 788 (790).

[781] BVerfGE 30, 227 (241).

[782] BVerfGE 124, 25 (34).

[783] BVerfGE 84, 372 (378).

[784] BVerfGE 50, 290 (354): „Denn ohne solche Selbstbestimmung könnte von einem freien Vereinigungswesen keine Rede sein; Fremdbestimmung würde dem Schutzzweck des Art. 9 Abs. 1 GG zuwiderlaufen." Siehe auch BVerfGE 123, 186 (237); *Papier/Krönke*, Grundkurs Öffentliches Recht 2, Rn. 346.

[785] BVerfGE 30, 227 (241): Denn sonst bestünde kein effektiver Grundrechtsschutz.

[786] BVerfGE 30, 227 (241). Siehe auch *Papier/Krönke*, Grundkurs Öffentliches Recht 2, Rn. 346 und *Günther/Franz*, JuS 2006, S. 788 (790: „Denn die Gründung einer Vereinigung macht nur Sinn, wenn sie auch als Organisation [...] ihre Zwecke verfolgen kann") sowie *Stein/Frank*, Staatsrecht, § 40 II 2 b): „Das eine [*scil.* die Gründungsfreiheit] wäre ohne das andere [*scil.* die Betätigungsfreiheit] sinnlos".

ses „vereinsspezifische Handeln"[787] hinaus richtigerweise nicht „jede Vereinstätigkeit als Freiheit gemeinsamen, vereinsmäßigen Handelns an sich umfaßt",[788] d. h. nicht jede, vereinsmäßig ausgeübte menschliche Handlung in den sachlichen Schutzbereich von Art. 9 Abs. 1 GG fällt, ergibt sich zum einen daraus, dass andernfalls jegliche im Verein wahrgenommene Betätigung in den Genuß eines doppelten Grundrechtsschutzes kommen würde.[789] Soll „dem gemeinsam verfolgten Vereinszweck […] aber durch die Vereinsautonomie kein weitergehender Schutz vermittelt [werden] als einem individuell verfolgten"[790] – „die speziellen Schranken der je einschlägigen Grundrechte [dürfen] nicht überspielt werden"[791] –, so werden derartige Vereinstätigkeiten außerhalb des von Art. 9 Abs. 1 GG erfassten Kernbereichs, d. h. soweit die Vereinigung „wie jedermann" im Rechtsverkehr tätig wird, durch das jeweils einschlägige bereichsspezifische Grundrecht i. V. m. Art. 19 Abs. 3 GG gedeckt.[792] So ist beispielsweise „der Pilzsammelverein […] beim Pilzesammeln nicht durch Art. 9 [Abs. 1] GG, sondern […] durch Art. 2 Abs. 1 GG […] geschützt".[793] Zum anderen ist diese Sichtweise aber auch deshalb zwingend, weil Vereine sich ansonsten durch die Festlegung eines bestimmten Vereinszwecks – wie etwa den Schutz der Menschenwürde (Art. 1 Abs. 1 GG) – zu Trägern von Grundrechten machen könnten, die auf sie nicht i. S. v. Art. 19 Abs. 3 GG wesensgemäß anwendbar sind (Rn. 44, Gefahr der Umgehung von Art. 19 Abs. 3 GG).[794]

(2) Art. 9 Abs. 3 GG

Besteht der Zweck der Vereinigung i. S. v. Art. 9 Abs. 1 GG in der „Wahrung und Förderung der Arbeits- und Wirtschaftsbedingungen"[795] (Art. 9 Abs. 3 Satz 1 GG) und ist sie darüber

336

---

[787] *Sachs*, Verfassungsrecht II, B 9 Rn. 7.

[788] BVerfGE 30, 227 (241).

[789] *Hufen*, Staatsrecht II, § 31 Rn. 6. Nachweise zur **a. A.**, wonach Art. 9 Abs. 1 GG beispielsweise auch „den Erwerb eines Grundstückes oder eine Meinungsäußerung des Vereins" erfasse, bei *Zippelius/Würtenberger*, Deutsches Staatsrecht, § 27 Rn. 28 f.

[790] BVerfG, NJW 1996, S. 1203. Vgl. auch BVerfGE 54, 237 (251) und *Manssen*, Staatsrecht II, Rn. 526: „**Die Vereinigung ist damit den gleichen Einschränkungen unterworfen wie eine in gleicher Weise tätige natürliche Person**".

[791] *Michael/Morlok*, Grundrechte, Rn. 300.

[792] Vgl. BVerfGE 70, 1 (25); 123, 186 (236 ff.) und siehe *Pieroth/Schlink*, Grundrechte, Rn. 794; *Zippelius/Würtenberger*, Deutsches Staatsrecht, § 27 Rn. 30.

[793] *Hufen*, Staatsrecht II, § 31 Rn. 6.

[794] *Papier/Krönke*, Grundkurs Öffentliches Recht 2, Rn. 346; *Sodan/Ziekow*, Grundkurs Öffentliches Recht, § 37 Rn. 5, die im vorliegenden Zusammenhang unter Hinweis auf *Höfling, Wolfgang*, in: Sachs, GG, 6. Auflage, München 2011, Art. 9 Rn. 8 ff. zwischen von Art. 9 Abs. 1 GG geschützten „**vereinszweck**sichernden" und den von Art. 9 Abs. 1 GG nicht geschützten „**vereinszweck**realisierenden" Tätigkeiten unterscheiden (Hervorhebungen im Original). „Im Einzelfall kann zweifelhaft sein, wo die Grenze […] zu ziehen ist", *Sachs*, Verfassungsrecht II, B 9 Rn. 7.

[795] Ob dies der Fall ist, ist anhand **sämtlicher Betätigungen der Vereinigung** zu untersuchen. „Nur soweit das in großem Umfang nicht der Fall ist, können daraus Schlüsse für eine koalitionsfremde Zielorientierung des Verbandes gezogen werden, die zugleich eine überwiegende sozial- oder berufspolitische Zielsetzung ausschließt", BVerfG, NJW 1995, S. 3377 (3378). **Nicht** um Koalitionen i. S. v.

hinaus „gegnerfrei, auf überbetrieblicher Grundlage organisiert und ihrer Struktur nach unabhängig genug [...], um die Interessen ihrer Mitglieder auf arbeits- und sozialrechtlichem Gebiet nachhaltig vertreten zu können" und erkennt sie zudem noch „das geltende Tarifrecht als für sich verbindlich" an, so wird sie als **Koalition** (z. B. Arbeitgeberverband, Gewerkschaft) durch Art. 9 Abs. 3 GG geschützt.[796] Dass die Koalitionsfreiheit gegenüber Art. 9 Abs. 1 GG gleichwohl eigenständige Bedeutung besitzt, zeigt sich in deren Rechtsnatur als Menschenrecht, das nur verfassungsimmanenten Schranken unterliegt und im Privatrecht unmittelbare Drittwirkung entfaltet.[797]

337 ▸ **„Arbeitsbedingungen"** i. S. v. Art. 9 Abs. 3 Satz 1 GG „sind Bedingungen, die sich auf das Arbeitsverhältnis selbst beziehen" (z. B. Lohnhöhe, Arbeitszeiten, Urlaubsregelung).[798]

338 **„Wirtschaftsbedingungen"** i. S. v. Art. 9 Abs. 3 Satz 1 GG „sind die für Arbeitgeber und Arbeitnehmer bedeutsamen allgemeinen wirtschafts- und sozialpolitischen Verhältnisse" (z. B. Maßnahmen zur Reduzierung der Arbeitslosenquote, Konjunkturmaßnahmen, Einführung neuer Technologien).[799]

339 **„Gegnerfreiheit"** i. S. d. BVerfG-Rspr. bedeutet, dass in der Vereinigung prinzipiell keine Vertreter der jeweiligen Gegeninteressen vertreten sind, d. h. in einem Arbeitgeberverband dürfen grundsätzlich nur Arbeitgeber und in einem Arbeitnehmerverband dürfen grundsätzlich nur Arbeitnehmer Mitglieder sein.[800]

340 Die vom BVerfG postulierte **„Unabhängigkeit"** einer Vereinigung ist insbesondere dann zu bejahen, wenn sie gegenüber der Gegenseite wirtschaftlich selbständig ist.[801]

Art. 9 Abs. 3 Satz 1 GG handelt es sich dagegen von vorneherein z. B. bei **Wirtschafts- und Verbraucherverbänden**, die sich jeweils nur den Wirtschaftsbedingungen, nicht aber kumulativ hierzu auch den Arbeitsbedingungen widmen, was Art. 9 Abs. 3 Satz 1 GG jedoch ausdrücklich verlangt („und"), siehe *Michael/Morlok*, Grundrechte, Rn. 310.

[796] BVerfGE 58, 233 (247). Siehe auch BVerfGE 84, 212 (224); *Pieroth/Schlink*, Grundrechte, Rn. 797; *Sachs*, Verfassungsrecht II, B 9 Rn. 30. Kritisch zum Kriterium der **Überbetrieblichkeit** (keine „Hausgewerkschaft' eines Konzerns", *Hufen*, Staatsrecht II, § 37 Rn. 8) *Sodan/Ziekow*, Grundkurs Öffentliches Recht, § 37 Rn. 17, das sich wie alle anderen vom BVerfG über den Wortlaut von Art. 9 Abs. 3 Satz 1 GG hinaus aufgestellten Anforderungen aus der Systematik und dem Zweck von Art. 9 Abs. 3 GG ergibt, siehe *Michael/Morlok*, Grundrechte, Rn. 309 ff. *Stein/Frank*, Staatsrecht, § 44 II 1 d) zufolge sei das „Begriffsmerkmal" der der Unabhängigkeit der jeweiligen Koalition dienenden Überbetrieblichkeit „dann irrelevant, wenn die Beschränkung [z. B.] einer Gewerkschaft auf nur ein Unternehmen nicht zur Gefährdung ihrer Unabhängigkeit führt".

[797] Siehe Rn. 316, 347, 363 sowie *Michael/Morlok*, Grundrechte, Rn. 305.

[798] *Pieroth/Schlink*, Grundrechte, Rn. 795.

[799] *Jarass*, in: ders./Pieroth, GG, Art. 9 Rn. 34; *Detterbeck*, Öffentliches Recht, Rn. 447.

[800] Vgl. BVerfGE 50, 290 (373 ff.) und siehe *Manssen*, Staatsrecht II, Rn. 541; *Sodan/Ziekow*, Grundkurs Öffentliches Recht, § 37 Rn. 16; *Zippelius/Würtenberger*, Deutsches Staatsrecht, § 27 Rn. 39. Vgl. auch *Katz*, Staatsrecht, Rn. 772: **„Koalitionsreinheit"**.

[801] *Pieroth/Schlink*, Grundrechte, Rn. 796. Siehe auch *Katz*, Staatsrecht, Rn. 772 m. w. N., demzufolge eine umfassende **„wirtschaftliche, politische und rechtliche Unabhängigkeit von der Gegenseite**

Darüber hinaus setzt die Eröffnung des sachlichen Schutzbereichs von Art. 9 Abs. 3 GG   341
weder die (Arbeits-)**Kampfbereitschaft** der jeweiligen Vereinigung voraus[802] – „Art. 9
Abs. 3 GG überläßt den Koalitionen grundsätzlich die Wahl der Mittel, die sie zur Erreichung ihres Zweckes für geeignet halten"[803] –, noch ist deren **Tariffähigkeit** erforderlich,
d. h. eine ausreichende Verbandsmacht bzw. Durchsetzungsfähigkeit, um Tarifverträge ab-
schließen zu können (Indizien: Finanzkraft, Mitgliederzahl).[804] Vielmehr ist die Tariffähigkeit Voraussetzung dafür, um etwa eine Koalition der Arbeitnehmer als Gewerkschaft
qualifizieren zu können.[805]

Die unter besonderer Berücksichtigung der historischen Entwicklung des Grundrechts   342
aus Art. 9 Abs. 3 GG zu erfolgende Bestimmung seiner Tragweite ergibt in Bezug auf die
individuelle Koalitionsfreiheit, dass diese den Einzelnen – und zwar „für jedermann und
für alle Berufe" (auch z. B. Beamte, § 116 BBG)[806] – in seiner Freiheit schützt, „eine Vereinigung zur Wahrung der Arbeits- und Wirtschaftsbedingungen zu gründen, ihr beizutreten
oder fernzubleiben oder sie zu verlassen" (siehe Beispiel 65) sowie sich in ihr spezifisch ko-
alitionsmäßig zu betätigen.[807] Die daneben von Art. 9 Abs. 3 GG ebenfalls gewährleistete
kollektive Koalitionsfreiheit (Rn. 318) schützt „die Koalition selbst in ihrem Bestand, ihrer organisatorischen Ausgestaltung und ihren Betätigungen, sofern diese der Förderung
der Arbeits- und Wirtschaftsbedingungen dienen" (Organisations- und Personalhoheit sowie Satzungsautonomie), wie etwa die Mitgliederwerbung, Arbeitskampfmaßnahmen (vgl.
Art. 9 Abs. 3 Satz 3 GG, z. B. Streik, suspendierende Abwehraussperrung) und der Ab-

---

und auch vom Staat, von den politischen Parteien und auch von den Kirchen" bestehen müsse.
Berg, Staatsrecht, Rn. 587 sieht in der Unabhängigkeit einen Unterfall der Gegnerfreiheit.

[802] BVerfGE 18, 18 (32 f.); *Stein/Frank*, Staatsrecht, § 44 II 1 e).

[803] BVerfGE 50, 290 (368).

[804] BVerfG, NJW 1995, S. 3377; *Jarass*, in: ders./Pieroth, GG, Art. 9 Rn. 35, 52. **A. A.** *Günther/Franz*,
JuS 2006, S. 873. Tariffähigkeit ist jedoch erforderlich zur Bejahung der **Tarifautonomie** (BVerfGE
58, 233 [249 f.], Rn. 344), steht diese von Verfassungs wegen doch „nur solchen Koalitionen zu, die in
der Lage sind, den von der staatlichen Rechtsordnung freigelassenen Raum des Arbeitslebens durch
Tarifverträge sinnvoll zu gestalten. Voraussetzungen dafür sind die Geschlossenheit der Organisation
und die Durchsetzungskraft gegenüber dem sozialen Gegenspieler", BVerfGE 100, 214 (223).

[805] BVerfGE 58, 233 (248); *Epping*, Grundrechte, Rn. 908: „Daher sind **alle Gewerkschaften Koalitionen, aber nicht alle Koalitionen Gewerkschaften oder Arbeitgeberverbände**" (Hervorhebungen d.
d. Verf.). Vgl. auch **§ 2 Abs. 1 TVG**.

[806] BVerfGE 19, 303 (322). Freilich verfügen **Beamte nicht** über ein **Streikrecht**, was „durch die hoheitliche Funktion und die hergebrachten Grundsätze des Berufsbeamtentums (Art. 33 Abs. 5 GG)
gerechtfertigt" ist, *Hufen*, Staatsrecht II, § 37 Rn. 15 auch mit Hinweis zur EMRK.

[807] BVerfGE 103, 293 (304). Siehe auch BVerfGE 19, 303 (312); 50, 290 (366 ff.); *Hufen*, Staatsrecht II,
§ 37 Rn. 9. Art. 9 Abs. 3 GG garantiert daher ebenfalls sowohl die **positive** als auch die **negative Koalitionsfreiheit**, siehe BVerfGE 55, 7 (22); *Epping*, Grundrechte, Rn. 910. Letztere schützt allerdings
nur „davor, dass ein Zwang oder Druck auf die Nicht-Organisierten ausgeübt wird, einer Organisation beizutreten. Ein von einer Regelung oder Maßnahme ausgehender bloßer Anreiz zum Beitritt
erfüllt diese Voraussetzung nicht" (z. B. **Tariftreueverpflichtung**; **Beispiel 94**), siehe BVerfGE 116,
202 (218). Zu den sich hieraus speziell für den **Gewerkschaftsaustritt** ergebenden Anforderungen
siehe *Wilms*, Staatsrecht II, Rn. 845 m. w. N. und **Beispiel 65**. Zur **geschichtlichen Entwicklung** der
Koalitionsfreiheit siehe *Stein/Frank*, Staatsrecht, § 44 I.

schluss von Tarifverträgen (z. B. betreffend das Arbeitsentgelt und andere materielle Arbeitsbedingungen wie etwa die Dauer von Arbeit und Urlaub).[808] Insoweit bildet Art. 9 Abs. 3 GG einen Eckpfeiler des Kollektivarbeitsrechts, sind doch immerhin ca. 15 % der Arbeitnehmer in Deutschland „organisiert".[809]

343   **Nicht** mehr von dieser grundsätzlich nur gegenüber ihren Verbandsmitgliedern bestehenden Rechtsetzungsmacht der Tarifvertragsparteien gedeckt ist dagegen die Erstreckung von tarifvertraglichen Regelungen auf Nichtmitglieder (sog. Außenseiter), wozu es vielmehr eines normierenden Aktes einer staatlichen Stelle bedarf; dieser „steht in Gestalt des Rechtsinstituts der Allgemeinverbindlicherklärung zur Verfügung",[810] siehe § 5 TVG und vgl. Art. 153 Abs. 3 AEUV (Beispiel 38). Desgleichen nicht mehr zu den von Art. 9 Abs. 3 GG allein umfassten „koalitionsspezifischen Verhaltensweisen"[811] gehören etwa **wilde**, d. h. gewerkschaftlich nicht organisierte, **und politische**, d. h. nicht i. S. v. Art. 9 Abs. 3 Satz 1 GG der Wahrung oder Förderung der Arbeits- und Wirtschaftsbedingungen dienende, **Streiks** sowie **Solidaritäts- und Sympathiestreiks** und die **allgemeine politische**

---

[808] BVerfGE 103, 293 (304) m. w. N. Siehe auch BVerfGE 84, 212 (225); 88, 103 (114); 93, 352 (357 f.); 94, 268 (283); 103, 293 (304); 116, 202 (219); *Hufen*, Staatsrecht II, § 37 Rn. 10. Des Weiteren z. B. die „**außergerichtliche Beratung von Mitgliedern** ebenso wie die **Vertretung im gerichtlichen Verfahren**", BVerfGE 88, 5 (15) (Hervorhebungen d. d. Verf.) und „**Maßnahmen zur Aufrechterhaltung [der] Geschlossenheit nach innen und außen**" (z. B. Gewerkschaftsausschluss), BVerfGE 100, 214 (221). Zur Terminologie: „**Suspensive Abwehraussperrung**" bedeutet, dass das Arbeitsverhältnis lediglich vorübergehend ruht, nicht aber dauerhaft gelöst wird, siehe *Detterbeck*, Öffentliches Recht, Rn. 446 Fn. 216 und **Beispiel 4**. „Der **Umfang des Streikrechts ist auf** die **Verweigerung der Arbeitsleistung beschränkt**. Nicht vom Streikrecht gedeckt sind mit dessen Ausübung […] verbundene Rechtsbrüche", *Sachs*, Verfassungsrecht II, B 9 Rn. 34 (Hervorhebungen d. d. Verf.).

[809] Vgl. *Katz*, Staatsrecht, Rn. 771 m. w. N.; *Sachs*, Verfassungsrecht II, B 9 Rn. 29.

[810] BVerfGE 64, 208 (215). **A. A.** *Hufen*, Staatsrecht II, § 37 Rn. 11, 18. Demgegenüber **enthält sich der Staat im Umfang der** bestehenden **Tarifautonomie** zugunsten der Tarifpartner **grundsätzlich einer Einflussnahme**, siehe BVerfGE 103, 293 (304) unter Hinweis auf BVerfGE 38, 281 (305 f.). „An die Stelle der **demokratischen Normsetzung** tritt hier **autonome Normsetzung**", welche wiederum „an die Stelle der **Vertragsautonomie** der Einzelnen tritt", *Michael/Morlok*, Grundrechte, Rn. 307 f. (Hervorhebungen im Original). Freilich verleiht Art. 9 Abs. 3 GG den Tarifvertragsparteien **kein Normsetzungsmonopol** (siehe BVerfGE 94, 268 [284] unter Hinweis auf Art. 74 Abs. 1 Nr. 12 GG), insbesondere „**keine Verbindlichkeit der Tarifergebnisse gegenüber dem Gesetzgeber**", *Hufen*, Staatsrecht II, § 37 Rn. 12. Zur Qualifikation der Allgemeinverbindlicherklärung als „Verwaltungsakt, als Rechtsverordnung, als unselbständige[r] staatliche[r] Mitwirkungsakt in einem autonomen Normsetzungsverfahren oder als Rechtsetzungsakt eigener Art" (*sui generis*) siehe BVerfGE 44, 322 (340).

[811] BVerfGE 100, 271 (282) unter Hinweis auf BVerfGE 93, 352 (358): **Keine Beschränkung** „**auf** einen **Kernbereich** koalitionsmäßiger Betätigung" (Hervorhebungen d. d. Verfasser). „Ob eine koalitionsspezifische Betätigung für die Wahrnehmung der Koalitionsfreiheit unerlässlich ist, kann […] erst bei Einschränkungen dieser Freiheit Bedeutung erlangen", BVerfGE 93, 352 (358).

Betätigung.[812] Derartiges Verhalten kann nur durch sonstige Grundrechte (i. V. m. Art. 19 Abs. 3 GG) geschützt werden.[813]

Wie insbesondere die von Art. 9 Abs. 3 GG geschützte **Tarifautonomie**, d. h. „die rechtliche Befugnis, [...], Tarifverträge auszuhandeln und abzuschließen", zeigt, handelt es sich bei dieser Verfassungsbestimmung – ebenso wie bei Art. 9 Abs. 1 GG – um ein **normgeprägtes Grundrecht** (Rn. 76 ff., 122 f.). Denn diese Freiheit „besteht nicht im Schutz eines natürlichen Zustands [...] oder in der Freiheit zur Vornahme einer natürlichen Handlung [...], sondern in der ‚Freiheit zur Ausübung eines rechtlichen Könnens'". Erst durch dessen Verleihung „erlangen die Träger der Tarifvertragsfreiheit die spezifisch [...] grundrechtlich gewährleistete Handlungsfreiheit."[814] Die Koalitionen sind folglich darauf angewiesen, dass der Staat Rechtsinstitute und Normenkomplexe bereitstellt, „die erforderlich sind, um die grundrechtlich garantierten Freiheiten ausüben zu können" (z. B. TVG).[815]

bb) Schutzwirkungen

Als Freiheitsgrundrecht handelt es sich bei **Art. 9 Abs. 1 GG** um ein klassisch subjektiv-rechtliches **Abwehrrecht** i. S. d. vorgenannten individuellen und kollektiven Vereinigungsfreiheit (Rn. 317).[816] Ein **originäres Leistungsrecht** folgt aus Art. 9 Abs. 1 GG demgegenüber **nicht**; allenfalls können sich hieraus i. V. m. Art. 3 Abs. 1 GG **derivative Teilhabeansprüche** ergeben (z. B. bzgl. staatlicher Fördermaßnahmen).[817]

Objektiv-rechtlich resultiert aus Art. 9 Abs. 1 GG die Pflicht des Gesetzgebers, „eine hinreichende Vielfalt von Rechtsformen zur Verfügung zu stellen, die den verschiedenen Typen von Vereinigungen angemessen und deren Wahl deshalb zumutbar ist. Er hat die Grundlagen für das Leben in diesen Rechtsformen so zu gestalten, daß seine Regelung die Funktionsfähigkeit der Vereinigungen, im besonderen ihrer Organe, gewährleistet", was

344

345

346

---

[812] *Detterbeck*, Öffentliches Recht, Rn. 446; *Pieroth/Schlink*, Grundrechte, Rn. 800. Demgegenüber seien *Katz*, Staatsrecht, Rn. 775 m. w. N. zufolge **Unterstützungs-** und **Warnstreiks** „in engen Grenzen zulässig".

[813] *Sodan/Ziekow*, Grundkurs Öffentliches Recht, § 37 Rn. 23.

[814] *Papier/Krönke*, Grundkurs Öffentliches Recht II, Rn. 350. Vgl. auch *Katz*, Staatsrecht, Rn. 771 m. w. N.

[815] BVerfGE 50, 290 (368). Vgl. auch BVerfGE 84, 212 (228) und *Epping*, Grundrechte, Rn. 914. Speziell zur **Ausgestaltung des Arbeitskampfrechts** („weite[r] Handlungsspielraum" des Gesetzgebers, „keine Optimierung der Kampfbedingungen") siehe BVerfG, NJW 1996, S. 185 (186) m. w. N., welche nach BVerfGE 88, 103 (115 f.) unter Hinweis auf BVerfGE 84, 212 (226 f.) allerdings nicht zwingend durch die Legislative erfolgen müsse, sondern auch durch die **Arbeitsgerichte** erfolgen könne. Zur auch insoweit str. Frage, **ob** die Ausgestaltung **verhältnismäßig sein muss**, siehe *Epping*, Grundrechte, Rn. 914; *Papier/Krönke*, Grundkurs Verfassungsrecht II, Rn. 351, jeweils m. w. N. Stets muss sich die Ausgestaltung „jedoch am Normziel von Art. 9 Abs. 3 GG orientieren und darf die Parität der Tarifpartner nicht verfälschen", BVerfGE 92, 26 (41). Näher BVerfG, NJW 1996, S. 185 (186), das insoweit auf den „objektiven Gehalt des Art. 9 Abs. 3 GG" und die „**Funktionsfähigkeit**" der **Tarifvertragsparteien** hinweist.

[816] Vgl. BVerfGE 50, 290 (354) und siehe Rn. 68 f. sowie *Ipsen*, Staatsrecht II, Rn. 592.

[817] *Hufen*, Staatsrecht II, § 31 Rn. 19. Siehe auch Rn. 70 ff.

durch die Vorschriften des VereinsG sowie des Gesellschaftsrechts erfolgt ist.[818] *Insoweit* lässt sich Art. 9 Abs. 1 GG durchaus als **Einrichtungsgarantie** (Institutsgarantie) begreifen.[819] „Die überkommenen Rechtsformen und Normenkomplexe des Vereinsrechts und Gesellschaftsrechts" (z. B. VereinsG, AktG, §§ 21 ff., 705 ff. BGB, §§ 105 ff. HGB, GmbHG) werden hierdurch freilich nicht geschützt, kann doch „aus der Notwendigkeit einer Ausgestaltung […] nicht folgen, daß eine bestimmte bestehende Ausgestaltung Verfassungsrang erhielte."[820] Ebensowenig ist der Staat kraft Art. 9 Abs. 1 GG zur Gewährleistung eines funktionierenden Vereinswesens verpflichtet; das ist vielmehr Sache der Einzelnen bzw. der Gesellschaft.[821] Sehr wohl begründet Art. 9 Abs. 1 GG demgegenüber eine objektive **Schutzpflicht** des Staates „für die Realisierbarkeit der Vereinigungsfreiheit."[822] Dieser ist namentlich durch die Ausgestaltung des (Vereinsverbots-)**Verfahrens** sowie im Rahmen der bestehenden Rechtsordnung durch die Ausstrahlungswirkung der Grundrechte auf das Privatrecht Rechnung zu tragen, entfaltet Art. 9 Abs. 1 GG doch keine un**mittelbare Drittwirkung** im Privatrecht.[823]

347   In Bezug auf **Art. 9 Abs. 3 GG** gilt das Vorstehende weitgehend entsprechend.[824] Allerdings ist insoweit die Besonderheit zu beachten, dass die Koalitionsfreiheit – abweichend von Art. 9 Abs. 1 GG sowie den übrigen Grundrechten (Rn. 86 ff., 100) – sehr wohl **unmittelbare Drittwirkung im Privatrecht** i. S. e. „umfassenden Schutz[es] im Arbeitsrechts- und Privatrechtsverkehr" entfaltet, vgl. Art. 9 Abs. 3 Satz 2 GG („Abreden […] sind nichtig"); sie richtet sich mithin nicht nur gegen Träger staatlicher Gewalt, sondern auch an Private (z. B. Arbeitgeber).[825] Dies hat u. a. zur Folge, dass „eine Prüfung der Koalitionsfreiheit nach Schutzbereich, Eingriff und Rechtfertigung [ausnahmsweise] auch in zivilrechtlicher Einkleidung vorkommen" kann (z. B. in Bezug auf eine arbeitsrechtliche Vereinbarung, wonach nur Mitglieder einer bestimmten Gewerkschaft beschäftigt werden,

[818] BVerfGE 50, 290 (355). Siehe auch *Wilms*, Staatsrecht II, Rn. 816.

[819] *Epping*, Grundrechte, Rn. 880. *Sachs*, Verfassungsrecht II, B 9 Rn. 25 zufolge würde ein Verstoß hiergegen „zugleich grundrechtliche **Individualrechte** der jeweils Betroffenen beeinträchtigen" (Hervorhebung d. d. Verf.). Siehe auch Rn. 76 ff.

[820] BVerfGE 50, 290 (355). Vgl. auch *Katz*, Staatsrecht, Rn. 768.

[821] *Hufen*, Staatsrecht II, § 31 Rn. 18.

[822] *Hufen*, Staatsrecht II, § 31 Rn. 18. Siehe auch Rn. 79 ff.

[823] *Epping*, Grundrechte, Rn. 886; *Hufen*, Staatsrecht II, § 31 Rn. 20 unter Hinweis auf BVerwGE 80, 300 betreffend das Anhörungsrecht nach **§ 28 Abs. 1 VwVfG**; *Sachs*, Verfassungsrecht II, B 9 Rn. 26. Siehe auch Rn. 86 ff. Zu 28 VwVfG siehe *Wienbracke, Mike*, Allgemeines Verwaltungsrecht, 3. Auflage, Heidelberg 2012, Rn. 182 ff.

[824] Vgl. BVerfG, NJW 1996, S. 185 (186); *Hufen*, Staatsrecht II, § 37 Rn. 22; *Sachs*, Verfassungsrecht II, B 9 Rn. 30, 48; *Wilms*, Staatsrecht II, Rn. 832. Speziell zu Art. 9 Abs. 3 GG als **Institutsgarantie des Tarifvertragssystems** siehe *Pieroth/Schlink*, Grundrechte, Rn. 780 unter Hinweis auf BVerfGE 4, 96 (104); 44, 322 (340). **A. A.** *Hufen*, Staatsrecht II, § 37 Rn. 22. Vgl. ferner *Ipsen*, Staatsrecht II, Rn. 708: „zivilrechtliche Spezialvorschrift mit Verfassungsrang".

[825] *Sodan/Ziekow*, Grundkurs Öffentliches Recht, § 37 Rn. 24. Siehe auch *Detterbeck*, Öffentliches Recht, Rn. 449; *Pieroth/Schlink*, Grundrechte, Rn. 781, 804. **Ob dies auch** für die **kollektive Koalitionsfreiheit** gilt, **ist** allerdings **str.**, siehe *Jarass*, in: ders./Pieroth, GG, Art. 9 Rn. 47a m. w. N.

sog. *closed shop*).[826] In Konsequenz dessen sind „bei der Beurteilung der Frage, ob die Koalitionsfreiheit verletzt wird [...], auch andere Grundrechte und Verfassungsgüter zu berücksichtigen."[827]

Beispiel 65[828]

Arbeitnehmer A ist Mitglied der Gewerkschaft G. Da er seine Interessen durch diese   348
nicht mehr angemessen vertreten sieht, erklärt A gegenüber G seinen Austritt. Zu seiner Überraschung fordert G von A gleichwohl noch die Zahlung des Gewerkschaftsbeitrags für das Folgejahr. Zur Begründung beruft sich G auf ihre Satzung, worin es heißt: „Die Mitgliedschaft erlischt durch Austritt. Die Kündigung muss mindestens 3 Monate vor Schluss eines Kalenderjahres erfolgen. Sie wird dann am Schluss des folgenden Kalenderjahres wirksam. Die Beitragspflicht bleibt für die Zeit bis zur Beendigung der Mitgliedschaft bestehen." A meint, diese Satzungsbestimmung verstoße gegen sein Grundrecht aus Art. 9 Abs. 3 Satz 1 GG und sei daher nichtig. G hingegen ist der Meinung, dass nach Art. 1 Abs. 3 GG nur der Staat, nicht aber auch sie als privatrechtlicher Verein, an die Grundrechte gebunden sei und daher bereits gar kein Eingriff in den Schutzbereich von Art. 9 Abs. 3 Satz 1 GG vorliege. Hat G mit ihrer Auffassung Recht?

Nein. Nach der ausdrücklichen Regelung in Art. 9 Abs. 3 Satz 2 GG sind (privatrechtliche) „Abreden", welche die Koalitionsfreiheit des Art. 9 Abs. 3 Satz 1 GG einschränken, „nichtig". Insoweit entfaltet die Koalitionsfreiheit als einziges Grundrecht unmittelbare Drittwirkung im Privatrecht. Dieses Verbot, die Betätigungsfreiheit durch privatrechtliche Vereinbarungen einzuschränken oder zu behindern, gilt uneingeschränkt für alle privatrechtlichen Abreden wie z. B. schuldrechtliche Vereinbarungen, Betriebsvereinbarungen und Tarifverträge. Dafür, die vorliegend infrage stehende privatrechtliche Vereinssatzung von G vom Anwendungsbereich des Art. 9 Abs. 3 Satz 2 GG auszunehmen, gibt es keinen sachlichen Grund. Insbesondere betrifft Art. 9 Abs. 3 Satz 2 GG ebenfalls solche Abreden, die freiwillig, d. h. ohne Druck, zustande gekommen sind. Auch greift die in der Satzung von G enthaltene Kündigungsfrist in die durch Art. 9 Abs. 3 Satz 1 GG geschützte individuelle Koalitionsfreiheit des A ein, welche u. a. das Recht gewährleistet, einer Koalition fernzubleiben oder aus ihr auszutreten, sog. negative Koalitionsfreiheit. Denn durch die in der Vereinssatzung vorgesehene Kündigungsfrist wird die Möglichkeit der jederzeitigen Beendigung der Verbandszugehörigkeit begrenzt.

---

c) Grundrechtskonkurrenzen

Als *lex generalis* wird die allgemeine Vereinigungsfreiheit des **Art. 9 Abs. 1 GG** von den   349
drei im Grundgesetz spezialgesetzlich geschützten Sonderformen der Vereinigungsfreiheit verdrängt, nämlich der religiösen Vereinigungsfreiheit der **Art. 4 Abs. 1, 2 GG, Art. 140 GG i. V. m. Art. 137 Abs. 2 WRV** (Rn. 458), der Koalitionsfreiheit des **Art. 9 Abs. 3 GG**

---

[826] *Wilms*, Staatsrecht II, Rn. 835. Siehe auch *Hufen*, Staatsrecht II, § 37 Rn. 23.
[827] *Jarass*, in: ders./Pieroth, GG, Art. 9 Rn. 47a.
[828] Nach BAGE 119, 275.

(Rn. 315) sowie weitgehend auch von **Art. 21 GG** betreffend politische Parteien (Ausnahme: sog. Rathausparteien).[829] Letzteres hat zur Konsequenz, dass politische Parteien nicht etwa aufgrund von Art. 9 Abs. 2 GG nach § 3 Abs. 2 Satz 1 Nr. 2 VereinsG durch den Bundesminister des Innern, sondern gem. Art. 21 Abs. 2 Satz 2 GG, §§ 13 Nr. 2, 43 ff. BVerfGG allein durch das BVerfG verboten werden können, sog. Parteienprivileg.[830] Gegenüber **Art. 2 Abs. 1 GG** ist Art. 9 Abs. 1 GG hingegen grundsätzlich *lex specialis*.[831]

350   Betreffend die Betätigungen von Koalitionen und ihrer Mitglieder ist **Art. 9 Abs. 3 GG** *lex specialis* sowohl gegenüber Art. 2 Abs. 1 als auch Art. 5 Abs. 1 Satz 1 (Rn. 383) und Art. 8 Abs. 1 GG. Zu Art. 12 Abs. 1 und Art. 14 Abs. 1 GG steht Art. 9 Abs. 3 GG in Idealkonkurrenz.[832]

2. Eingriff

351   Ein Eingriff in **Art. 9 Abs. 1 GG** liegt vor, wenn die Vereinigungsfreiheit durch eine belastende Maßnahme eines Grundrechtsverpflichteten behindert oder erschwert wird.[833] Dies können zum einen gezielte, unmittelbar wirkende Regelungen imperativer Art i. S. d. **klassischen Eingriffsbegriffs** (Rn. 125 ff.) sein.[834] Als Beispiele hierfür lassen sich in Bezug auf die individuelle Vereinigungsfreiheit das Verbot des Beitritts zu einem Verein sowie auf Ebene der kollektiven Vereinigungsfreiheit die gesetzlich angeordnete Pflicht zur Aufnahme von Mitgliedern (Kontrahierungszwang; vgl. Beispiel 66) sowie – als insofern schwerste Form des Eingriffs in Art. 9 Abs. 1 GG – das Vereinsverbot nach § 3 VereinsG

---

[829] Vgl. BVerfGE 2, 1 (13); 25, 69 (78); 83, 341 (354) und siehe *Katz*, Staatsrecht, Rn. 767; *Manssen*, Staatsrecht II, Rn. 522; *Sachs*, Verfassungsrecht II, B 9 Rn. 23; *Sodan/Ziekow*, Grundkurs Öffentliches Recht, § 37 Rn. 8. Umgekehrt würden politische Parteien aber unter den weiten Vereinigungsbegriff des Art. 9 Abs. 1 GG fallen, siehe BVerfGE 2, 1 (13). Bei **Rathausparteien** handelt es sich **nicht um Parteien i. S. v. Art. 21 GG**, siehe *Michael/Morlok*, Grundrechte, Rn. 302 unter Hinweis auf BVerfGE 47, 253 (272). Vgl. auch BVerfGE 78, 350 (358). Einfach-gesetzlich ist das **PartG** *lex specialis* gegenüber dem **VereinsG**, siehe *Pieroth/Schlink*, Grundrechte, Rn. 779 unter Hinweis auf § 2 Abs. 2 VereinsG. Zur (Nicht-)Anwendbarkeit von **Art. 9 Abs. 2 GG** auf religiöse und weltanschauliche Vereinigungen siehe Rn. 468.

[830] Vgl. BVerfGE 2, 1 (13); BVerwG, NVwZ 1997, S. 66 (66 f.) und siehe *Hufen*, Staatsrecht II, § 31 Rn. 12 mit dem Hinweis, dass vor diesem Hintergrund die **Abgrenzung zwischen** einer **Partei** (vgl. § 2 PartG) **und** einem **Verein** (vgl. § 2 VereinsG) notwendig ist.

[831] *Hufen*, Staatsrecht II, § 31 Rn. 12; Zum str. Verhältnis zu **Art. 12 Abs. 1 GG** vgl. *Sachs*, Verfassungsrecht II, B 9 Rn. 23 und siehe Rn. 243.

[832] BVerfGE 19, 303 (314); 28, 295 (310); 58, 233 (256); *Hufen*, Staatsrecht II, § 37 Rn. 17. **A. A.** *Sachs*, Verfassungsrecht II, B 9 Rn. 47, der **Art. 5 Abs. 1 Satz 1 und Art. 8 Abs. 1 neben Art. 9 Abs. 3 GG** für anwendbar hält.

[833] *Jarass*, in: ders./Pieroth, GG, Art. 9 Rn. 12; *Wilms*, Staatsrecht II, Rn. 812. **Im Verhältnis zu seinen Mitgliedern ist ein Verein nicht** unmittelbar an Art. 9 Abs. 1 GG **gebunden**, siehe *Hufen*, Staatsrecht II, § 31 Rn. 11. Siehe aber auch Beispiel 66.

[834] *Epping*, Grundrechte, Rn. 894; *Günther/Franz*, JuS 2006, S. 788 (791); *Hufen*, Staatsrecht II, § 31 Rn. 13; *Manssen*, Staatsrecht II, Rn. 531.

(Rn. 364 ff.) benennen.[835] Darüber hinaus vermögen aber auch „faktische Maßnahmen von erheblichem Gewicht" (**moderner Eingriffsbegriff**; Rn. 131 ff.) das Grundrecht aus Art. 9 Abs. 1 GG zu beeinträchtigen (z. B. nachrichtendienstliche Beobachtung eines Vereins, Warnung vor einem Verein).[836]

Abzugrenzen vom Eingriff in die Vereinigungsfreiheit des Art. 9 Abs. 1 GG ist deren **Ausgestaltung** durch den Gesetzgeber, wodurch die Voraussetzungen für das Gebrauchmachen von diesem normgeprägten Grundrecht überhaupt erst geschaffen werden.[837] „Mit der verfassungsrechtlichen Garantie der Vereinigungsfreiheit [ist] seit jeher die Notwendigkeit einer gesetzlichen Ausgestaltung dieser Freiheit verbunden, ohne die sie praktische Wirksamkeit nicht gewinnen könnte."[838] Bei derartigen legislativen Grundrechtskonkretisierungen (vgl. Art. 74 Abs. 1 Nr. 3, 11 GG) handelt es sich folglich nicht um Eingriffe in die Vereinigungsfreiheit;[839] vielmehr geht die rechtliche Ordnung des Vereinswesens (inkl. der Gesellschaften; z. B. Festlegung der Typen von Vereinigungen wie die AG, GmbH, oHG, KG) dem Grundrecht des Art. 9 Abs. 1 GG voraus.[840] Diese „Notwendigkeit und Möglichkeit der gesetzgeberischen Ausgestaltung im Rahmen der von der Verfassung gebotenen Grenzen bleibt dabei nicht auf den Bereich der positiven Vereinigungsfreiheit beschränkt [z. B. paritätische Mitbestimmung der Arbeitnehmer im Aufsichtsrat von großen Kapitalgesellschaften, § 7 Abs. 1 MitbestG], sondern schließt im Rahmen der Ausgestaltung einer Rechtsform notwendigerweise die Möglichkeit der Schaffung von Re-

---

[835] BVerfGE 124, 25 (35); *Detterbeck*, Öffentliches Recht, Rn. 444; *Epping*, Grundrechte, Rn. 894. Korrespondierend zu dem auf vereinsspezifische Tätigkeiten begrenzten Schutzbereich von Art. 9 Abs. 1 GG (Rn. 335) liegt dagegen namentlich dann **kein Eingriff in *dieses* Grundrecht** vor, wenn sich die Beschränkung nicht auf die „Freiheit zur Koordination" bezieht (so aber gerade z. B. §§ 129, 129a StGB, vgl. *Pieroth/Schlink*, Grundrechte, Rn. 810 m. w. N.), sondern – ebenso wie für das individuelle Verhalten – erst aus einer Beschränkung der Freiheit des koordinierten Wirkens ergibt (siehe *Stein/Frank*, Staatsrecht, § 40 III), so z. B. **§§ 260, 260a StGB**, siehe *Michael/Morlok*, Grundrechte, Rn. 300.

[836] *Jarass*, in: ders./Pieroth, GG, Art. 9 Rn. 12. Siehe auch *Günther/Franz*, JuS 2006, S. 788 (791); *Sodan/Ziekow*, Grundkurs Öffentliches Recht, § 37 Rn. 9 m. w. N. Dagegen handele es sich *Hufen*, Staatsrecht II, § 31 Rn. 13 zufolge bei der „*allgemeine[n]* Information über Vereine" **nicht** um einen **Eingriff** in Art. 9 Abs. 1 GG, „auch wenn sie für einen konkreten Verein nicht positiv ausfällt" (Hervorhebungen z. T. im Original).

[837] *Epping*, Grundrechte, Rn. 886; *Pieroth/Schlink*, Grundrechte, Rn. 802. Vgl. auch Rn. 76 ff., 122 f.

[838] BVerfGE 50, 290 (354). Siehe auch Rn. 326.

[839] *Hufen*, Staatsrecht II, § 31 Rn. 13. Gleichwohl nimmt BVerfG, NJW 2001, S. 2617 (2618 f.) auch insoweit eine vollständige Verhältnismäßigkeitsprüfung vor; diese befürwortend: *Jarass*, in: ders./Pieroth, GG, Art. 9 Rn. 14 m. w. N.; a. A. *Wilms*, Staatsrecht II, Rn. 818, der mangels Vorliegens eines Eingriffs eine **verfassungsrechtliche Rechtfertigung** von gesetzlichen Ausgestaltungen der Vereinigungsfreiheit nicht für notwendig erachtet. Vermittelnd *Papier/Krönke*, Grundkurs Öffentliches Recht 2, Rn. 351: keine strikte Kontrolle anhand des Verhältnismäßigkeitsgrundsatzes, sondern weiter Prognose- und Einschätzungsspielraum des Gesetzgebers.

[840] *Ipsen*, Staatsrecht II, Rn. 591; *Pieroth/Schlink*, Grundrechte, Rn. 802.

gelungen ein, die die negative Vereinigungsfreiheit berühren" (z. B. Pflichtmitgliedschaft von Genossenschaften in einem genossenschaftlichen Prüfungsverband, § 54 GenG).[841]

352 **Allerdings** „darf der Gesetzgeber die Ausgestaltung **nicht nach seinem Belieben** vornehmen. Diese hat sich vielmehr an dem Schutzgut des Art. 9 Abs. 1 GG zu orientieren; sie muß auf einen Ausgleich gerichtet sein, der geeignet ist, freie Assoziation und Selbstbestimmung der Vereinigung unter Berücksichtigung der Notwendigkeiten eines geordneten Vereinslebens und der schutzbedürftigen sonstigen Belange zu ermöglichen und zu erhalten [...]; in jedem Fall muß [...] das Prinzip freier Assoziation und Selbstbestimmung grundsätzlich gewahrt bleiben."[842] Wo genau die Grenze zwischen (noch) Ausgestaltung und (schon) Eingriff verläuft, lässt sich mitunter allerdings nur schwer feststellen.[843]

353 Das Vorstehende gilt in Bezug auf die Koalitionsfreiheit des **Art. 9 Abs. 3 GG** entsprechend, wobei namentlich auch insofern wieder Abgrenzungsprobleme zwischen Grundrechtsausgestaltung und -eingriff bestehen.[844] Als Beispiele für Letztere lassen sich im Hinblick auf die kollektive Koalitionsfreiheit die Festlegung eines tarifvorrangigen gesetzlichen Mindestlohns sowie tarifvertragliche Differenzierungsklauseln benennen, wonach bei der vertragschließenden Gewerkschaft organisierte Arbeitnehmer höhere Bezüge erhalten sollen als dort nicht organisierte Arbeitnehmer.[845] Zu einem Eingriff in die individuelle Koalitionsfreiheit siehe Beispiel 65.

3. Verfassungsrechtliche Rechtfertigung

354 Eingriffe in **Art. 9 Abs. 1 GG** vermögen zum einen auf den richtigerweise als (qualifizierter) Gesetzesvorbehalt – und nicht als Schutzbereichsbegrenzung (Rn. 324) – einzustufenden Art. 9 Abs. 2 GG gestützt werden (Rn. 356 ff.).[846] Zum anderen sind aber auch außerhalb der dort genannten Verbotstatbestände Eingriffe in die Vereinigungsfreiheit zulässig, allerdings nur insofern, als „andere Grundrechte oder Rechtsgüter mit Verfassungsrang einen solchen Eingriff in den Schutzbereich der Vereinigungsfreiheit rechtfertigen"[847] (Rn. 362).

---

[841] BVerfG, NJW 2001, S. 2617 (2618). Vgl. auch BVerfGE 50, 290 (353 ff.).

[842] BVerfGE 50, 290 (355).

[843] Vgl. *Jarass*, in: ders./Pieroth, GG, Art. 9 Rn. 14.

[844] Vgl. *Hufen*, Staatsrecht II, § 37 Rn. 18 f.; *Ipsen*, Staatsrecht II, Rn. 709; *Papier/Krönke*, Grundkurs Verfassungsrecht II, Rn. 350 f.; *Sachs*, Verfassungsrecht II, B 9 Rn. 39 f., 42; *Sodan/Ziekow*, Grundkurs Öffentliches Recht, § 37 Rn. 27; *Wilms*, Staatsrecht II, Rn. 849 ff. **A. A.** *Manssen*, Staatsrecht II, Rn. 548: Ausgestaltung als **Eingriff**, der zu seiner Rechtfertigung einer Stütze im kollidierenden Verfassungsrecht bedürfe.

[845] BAGE 20, 175 (218 ff.); *Sodan/Ziekow*, Grundkurs Öffentliches Recht, § 37 Rn. 21, 27; *Wilms*, Staatsrecht II, Rn. 852. Demgegenüber berühren **gesetzliche Tariftreueverpflichtung nicht** den Schutzbereich des Art. 9 Abs. 3 Satz 1 GG, siehe BVerfGE 116, 202 (218) und vgl. **Beispiel 94**.

[846] *Pieroth/Schlink*, Grundrechte, Rn. 807. **A. A.** *Hufen*, Staatsrecht II, § 31 Rn. 15: „**besondere verfassungsimmanente Schranke**".

[847] BVerfGE 124, 25 (36). Vgl. auch Rn. 157 und *Papier/Krönke*, Grundkurs Öffentliches Recht 2, Rn. 352.

Allein auf diese sog. verfassungsimmanenten Schranken (Rn. 153 f.), nicht aber auch 355
auf Art. 9 Abs. 2 GG, vermögen dagegen nach zutreffender Auffassung Eingriffe in das
Grundrecht aus **Art. 9 Abs. 3 Satz 1 GG** gestützt zu werden (Rn. 363, siehe Beispiel 37).[848]
Dies ergibt sich – ebenso wie bei Art. 5 Abs. 3 Satz 1 GG, auf den die insofern vorstehenden
Schranken des Art. 5 Abs. 2 GG gleichfalls keine Anwendung finden (Rn. 491) – zwingend
aus der systematischen Stellung von Art. 9 Abs. 3 Satz 1 GG nach Art. 9 Abs. 2 GG. Die Gegenansicht, der zufolge die Koalitionsfreiheit als spezielle Vereinigungsfreiheit nicht unter
einem stärkeren Schutz als die Parteienfreiheit nach Art. 21 GG stehen dürfe, zumal mit
Blick auf ihre Entstehungsgeschichte, vermag daher nicht zu überzeugen.[849]

a) Schranken

Nach **Art. 9 Abs. 2 GG**, der als „Ausdruck des Bekenntnisses des Grundgesetzes zu einer 356
‚streitbaren Demokratie'" (vgl. ebenfalls Art. 18 und Art. 21 Abs. 2 GG) einen Katalog von
Verbotsgründen enthält,[850] sind solche „Vereinigungen", d. h. „Vereine und Gesellschaften"
i. S. v. Art. 9 Abs. 1 GG,[851] „verboten",

- „deren Zwecke oder deren Tätigkeit den **Strafgesetzen** zuwiderlaufen", siehe Art. 9 Abs. 2 357
  1. Var. GG. Um zu verhindern, dass Art. 9 Abs. 1 GG in Umkehrung der Normenhierarchie zur Disposition des nach Art. 1 Abs. 3 GG grundrechtsgebundenen Gesetzgebers
  gestellt wird, sind mit „Strafgesetzen" i. S. v. Art. 9 Abs. 2 GG allerdings „nur die allgemeinen Strafgesetze gemeint, d. h. Strafvorschriften, die kein gegen die Vereinigungsfreiheit
  gerichtetes Sonderstrafrecht darstellen," sondern vielmehr „auf die besondere Gefährlichkeit der gemeinsamen Ausübung unabhängig davon [abzielen], ob hinter dieser eine
  Vereinigung steht" (z. B. §§ 129, 129a StGB).[852] M. a. W.: „Strafgesetze dürfen […] nicht
  primär das ‚Sich-Vereinigen', sondern […] nur die entfaltete Tätigkeit verbieten."[853]

---

[848] Vgl. BVerfGE 84, 212 (228); 94, 268 (284) und siehe *Detterbeck*, Öffentliches Recht, Rn. 450; *Hufen*, Staatsrecht II, § 37 Rn. 20; *Jarass*, in: ders./Pieroth, GG, Art. 9 Rn. 49 m. w. N.: „Das BVerfG hat
dementsprechend in keiner Entscheidung auf Art. 9 Abs. 2 GG zurückgegriffen".
[849] Zum gesamten Vorstehenden siehe *Sodan/Ziekow*, Grundkurs Öffentliches Recht, § 37
Rn. 29 m. w. N., das entsprechend gilt, soweit **Art. 9 Abs. 2 GG als Schutzbereichsbegrenzung** eingestuft wird (Rn. 324), siehe *Epping*, Grundrechte, Rn. 916. Abweichend von *Zippelius/Würtenberger*,
Deutsches Staatsrecht, § 27 Rn. 49 sei *Pieroth/Schlink*, Grundrechte, Rn. 816 f. zufolge die im Haupttext als solche bezeichnete „**Gegenansicht**" die **herrschende**, der **Streit** letztlich aber **bedeutungslos**.
Denn eine „Koalition, die sich die Zwecke des Art. 9 Abs. 2 GG setzen würde, wäre nicht mehr
Koalition i. S. v. Art. 9 Abs. 3 Satz 1 GG." *Zippelius/Würtenberger*, a. a. O., zufolge deckten sich die
verfassungsimmanenten Schranken weitgehend mit denen des Art. 9 Abs. 2 GG.
[850] BVerfGE 80, 244 (253).
[851] *Katz*, Staatsrecht, Rn. 769: „**Politische Parteien**, für die als *lex specialis* Art. 21 Abs. 2 GG gilt
[Rn. 349], fallen **nicht** darunter" (Hervorhebungen d. d. Verf.).
[852] *Pieroth/Schlink*, Grundrechte, Rn. 809 f. „Vereinsspezifisches Sonderstrafrecht kann daher keine
Berücksichtigung finden", *Sodan/Ziekow*, Grundkurs Öffentliches Recht, § 37 Rn. 11 m. w. N. Siehe
auch den Vergleich bei *Sachs*, Verfassungsrecht II, B 9 Rn. 20 und *Wilms*, Staatsrecht II, Rn. 824 zu
der in Bezug auf **Art. 5 Abs. 2 GG** („allgemeine Gesetze") vertretenen Sonderrechtslehre (Rn. 386 f.).
[853] *Katz*, Staatsrecht, Rn. 769 (im Original mit Hervorhebung).

Unter Berufung auf Art. 9 Abs. 2 1. Var. GG nicht zulässig wäre daher etwa eine Pönalisierung der Gründung von Sterbehilfevereinen, solange sich Einzelne in strafloser
Weise für Sterbehilfe einsetzen bzw. solche leisten dürfen;[854]

358   • „die sich gegen die **verfassungsmäßige Ordnung**" richten (Art. 9 Abs. 2 2. Var. GG),
worunter mit Blick auf Art. 21 Abs. 2 GG die „freiheitliche demokratische Grundordnung" i. S. v. bestimmten elementaren Verfassungsgrundsätzen zu verstehen ist, vgl. auch
Art. 18 GG.[855] Hierzu gehören „vor allem die Achtung vor den im Grundgesetz konkretisierten Menschenrechten sowie das demokratische Prinzip mit der Verantwortlichkeit
der Regierung, das Mehrparteienprinzip und das Recht auf verfassungsmäßige Bildung
und Ausübung einer Opposition."[856] „Dieses Ergebnis kann nicht mit dem Hinweis darauf entkräftet werden, daß ‚verfassungsmäßige Ordnung' in anderen Bestimmungen des
Grundgesetzes [z. B. in Art. 2 Abs. 1 GG] unzweifelhaft etwas anderes" bedeutet (z. B.
in Art. 2 Abs. 1 GG „jede Rechtsnorm, die formell und materiell mit der Verfassung in
Einklang steht"[857]). Denn ein und derselbe Begriff muss nicht überall denselben Inhalt
haben. Vielmehr hängt die Auslegung „von der Funktion ab, die der Begriff innerhalb
der jeweiligen Norm zu erfüllen hat";[858]

359   • die sich „gegen den **Gedanken der Völkerverständigung** richten", siehe Art. 9 Abs. 2
3. Var. GG. „Das ist nicht nur dann der Fall, wenn ihr Zweck oder ihre Tätigkeit darauf
gerichtet ist, das friedliche Zusammenleben der Völker i. S. von Art. 26 Abs. 1 Satz 1 GG
zu stören […]. Der ‚Gedanke der Völkerverständigung' reicht weiter als das ‚friedliche
Zusammenleben der Völker', wie schon durch die unterschiedlichen Formulierungen
deutlich wird. Deshalb richtet sich ein Verein (auch) dann gegen den Gedanken der
Völkerverständigung, wenn sein Zweck oder seine Tätigkeit der friedlichen Überwindung der Interessengegensätze von Völkern zuwiderläuft. Dies ist vor allem dann der
Fall, wenn Gewalt in das Verhältnis von Völkern hineingetragen wird. In einem solchen
Fall ist es für die Erfüllung des objektiven Verbotstatbestands nicht erforderlich, dass der
Verein selbst Gewalt ausübt. Der objektive Tatbestand kann auch dann erfüllt sein, wenn
ein Verein eine Gruppierung unterstützt, die ihrerseits durch Ausübung von Gewalt
das friedliche Miteinander der Völker beeinträchtigt. Von dem Verbotsgrund sind nicht

---

[854] *Sachs*, Verfassungsrecht II, B 9 Rn. 20.

[855] BVerfGE 6, 32 (38); *Sachs*, Verfassungsrecht II, B 9 Rn. 19.

[856] BVerwG, NVwZ-RR 2011, 14 m. w. N. Enger *Hufen*, Staatsrecht II, § 31 Rn. 15 m. w. N., weiter *Ja-rass*, in: ders./Pieroth, GG, Art. 9 Rn. 19 m. w. N. Vgl. auch den Hinweis auf **Art. 79 Abs. 3 GG** in BVerfG NJW 2004, S. 47 (48). Zudem muss die Vereinigung diese „verfassungsfeindlichen Ziele auch **kämpferisch-aggressiv** verwirklichen wollen. Dazu genügt, daß sie die verfassungsmäßige Ordnung fortlaufend untergraben will, sie muß ihre Ziele nicht durch Gewaltanwendung oder sonstige Rechtsverletzungen zu verwirklichen suchen", BVerwG, NJW 1995, S. 2505 m. w. N. (Hervorhebungen d. d. Verf.). Ebenso *Detterbeck*, Öffentliches Recht, Rn. 445. Dies **gilt für sämtliche Verbotsgründe des Art. 9 Abs. 2 GG**, siehe *Pieroth/Schlink*, Grundrechte, Rn. 813 m. w. N.

[857] BVerfGE 63, 88 (108 f.) m. w. N. Siehe auch Rn. 522 f.

[858] BVerfGE 6, 32 (38). Der Begriff **„verfassungsmäßige Ordnung" i. S. v. Art. 9 Abs. 2 GG** ist folglich **enger als** derjenige des **Art. 2 Abs. 1 GG**, vgl. *Sodan/Ziekow*, Grundkurs Öffentliches Recht, § 37 Rn. 11.

nur die friedlichen Beziehungen der Bundesrepublik Deutschland zu fremden Völkern, sondern auch der Frieden zwischen fremden Völkern erfasst. Der Verbotstatbestand ist nur erfüllt, wenn der Zweck oder die Tätigkeit des Vereins geeignet ist, den Gedanken der Völkerverständigung schwerwiegend, ernst und nachhaltig zu beeinträchtigen. Lässt der Zweck oder die Tätigkeit des Vereins solche gravierenden Beeinträchtigungen nicht erwarten, fehlt es schon an der objektiven Eignung, den Gedanken der Völkerverständigung zu beeinträchtigen."[859]

Darüber hinaus gilt für jeden einzelnen der drei vorstehenden Verbotsgründe – *mutatis mutandis* also auch für diejenigen des Art. 9 Abs. 2 2. und 3. Var. GG[860] –, was das BVerwG im Hinblick auf denjenigen des Art. 9 Abs. 2 1. Var. GG für Recht erkannt hat: Da eine Vereinigung als solche nicht straffähig ist – dies können „nur natürliche Personen sein, da Strafbarkeit Schuldzurechnungsfähigkeit voraussetzt" (§§ 19 f. StGB) –, ergeben sich „der strafgesetzwidrige Zweck und die strafgesetzwidrige Tätigkeit einer Vereinigung […] aus den Absichten und **Verhaltensweisen** ihrer **Mitglieder.**" Diese müssen, um die Voraussetzungen des Art. 9 Abs. 2 1. Var. GG bejahen zu können, der Vereinigung zugerechnet werden können, d. h. die „durch die Mitglieder verwirklichte Strafgesetzwidrigkeit muß den Charakter der Vereinigung prägen." Dies ist zum einen dann der Fall, wenn „die Straftaten sich nach außen als Vereinsaktivitäten darstellen, und die Vereinigung diesen Umstand kennt und billigt oder jedenfalls widerspruchslos hinnimmt." Zum anderen sind der Vereinigung aber auch solche strafbaren Verhaltensweisen ihrer Mitglieder zurechenbar, „die die Vereinigung deckt, indem sie ihren Mitgliedern durch eigene Hilfestellung oder Hilfestellung anderer Mitglieder Rückhalt bietet" (z. B. fehlende Distanzierung des Vereins zu den betreffenden Handlungen, Verzicht auf [Ausschluss-]Maßnahmen gegenüber den derart handelnden Mitgliedern).[861] Vereinzelte Verstöße gegen Strafgesetze genügen hierfür dagegen nicht.[862]

Mildere Beeinträchtigungen der Vereinigungsfreiheit (z. B. staatliche Vorgaben zur Organisation der Vereinigung) **als** das im Vergleich zu dem auf der Rechtsfolgenseite von Art. 9 Abs. 2 GG als *ultima ratio* ausdrücklich vorgesehene **Vereinsverbot** werden von dieser Vorschrift erst recht gedeckt (*argumentum a maiore ad minus*), sofern die dort genannten tatbestandlichen Voraussetzungen vorliegen.[863]

360

361

---

[859] BVerwG, NVwZ 2005, S. 1435 (1436) m. w. N. „**Nicht ausreichend** ist jedoch die **bloße Kritik** an fremden Staaten oder die **Ablehnung politischer Kontakte** zu bestimmten anderen Ländern", *Wilms,* Staatsrecht II, Rn. 826 (Hervorhebungen d. d. Verf.).

[860] Vgl. *Pieroth/Schlink,* Grundrechte, Rn. 813.

[861] BVerwGE 80, 299 (306 f.) (Hervorhebungen d. d. Verf.). Siehe auch *Wilms,* Staatsrecht II, Rn. 823.

[862] *Manssen,* Staatsrecht II, Rn. 536.

[863] *Jarass,* in: ders./Pieroth, GG, Art. 9 Rn. 22; *Katz,* Staatsrecht, Rn. 769; *Papier/Krönke,* Grundkurs Öffentliches Recht 2, Rn. 352; *Sodan/Ziekow,* Grundkurs Öffentliches Recht, § 37 Rn. 14.

362   Ist im konkreten Fall keiner der in Art. 9 Abs. 2 GG – (nur) insofern „abschließend"[864] –
          festgelegten Verbotsgründe einschlägig, so bleibt zu prüfen, ob der betreffende Eingriff in
          Art. 9 Abs. 1 GG nicht auf Grundlage einer **verfassungsimmanenten Schranke**, d. h. zum
          Schutz anderer Grundrechte oder Rechtsgüter mit Verfassungsrang (Rn. 153), gerecht-
          fertigt ist.[865] Andernfalls nämlich „wäre Vereinen erlaubt, was natürlichen Personen nur
          innerhalb der Grenzen des Art. 2 Abs. 1 GG gestattet ist. Schon diese Überlegung führt da-
          zu, daß es dem Gesetzgeber nicht verwehrt sein darf, der Betätigung des Vereins Schranken
          zu ziehen, die zum Schutz anderer Rechtsgüter von der Sache her geboten sind."[866]

363   In Bezug auf die Koalitionsfreiheit des **Art. 9 Abs. 3 Satz 1 GG** bilden – wie gezeigt
          (Rn. 355) – die verfassungsimmanenten Schranken die einzige Möglichkeit, einen Ein-
          griff in dieses Grundrecht verfassungsrechtlich zu rechtfertigen (z. B. steht Art. 2 Abs. 2
          Satz 1 GG einem die Funktionsfähigkeit von Feuerwehren, Krankenhäusern etc. gefähr-
          denden Arbeitskampf entgegen und wird das generelle Streikverbot für Beamte auf die
          hergebrachten Grundsätze des Berufsbeamtentums i. S. v. Art. 33 Abs. 5 GG gestützt; siehe
          auch Beispiel 37), wobei als solche ebenfalls Art. 9 Abs. 3 Satz 1 GG selbst in Betracht
          kommt (Beschränkung der eigenen Koalitionsfreiheit durch diejenige Dritter; vgl. Bei-
          spiel 66).[867]

b) Schranken-Schranken

364   Wenngleich der Wortlaut von Art. 9 Abs. 2 GG („Vereinigungen [...] sind verboten") den
          Eindruck erweckt, dass die hiervon erfassten Vereine und Gesellschaften schon kraft Ver-
          fassung verboten sind, so ergibt sich doch „aus der Gewährleistung des Grundrechts der
          Vereinigungsfreiheit" zwingend, dass nicht „jeder Behörde ohne weiteres das Recht zusteht,
          das Vorliegen der Voraussetzungen des Art. 9 Abs. 2 GG festzustellen und entsprechende
          Maßnahmen zu treffen, vielmehr bedarf es in jedem Einzelfall der Konkretisierung des in
          Art. 9 Abs. 2 GG enthaltenen Verbots durch die hierfür zuständige Stelle." Denn „von einer
          Gewährleistung dieses Grundrechts könnte dann nicht gesprochen werden, wenn jede be-
          liebige Behörde zu beurteilen hätte, ob der Zweck und die Tätigkeit einer Vereinigung gegen
          die verfassungsmäßige Ordnung gerichtet ist. Der Gedanke der Rechtssicherheit, der mit
          der Gewährleistung eines Grundrechts verbunden ist, verlangt, daß es einer besonderen

---

[864] BVerfGE 80, 244 (253). D. h.: Im Rahmen von Art. 9 Abs. 2 GG (!) ist ein **Verbot aus anderen** als
den dort genannten **Gründen nicht möglich**, siehe *Pieroth/Schlink*, Grundrechte, Rn. 808.
[865] BVerfGE 124, 25 (36).
[866] BVerfGE 30, 227 (243).
[867] Vgl. BVerfGE 84, 212 (228); 100, 214 (223 f.) und siehe *Manssen*, Staatsrecht II, Rn. 549;
Pieroth/Schlink, Grundrechte, Rn. 821; *Sodan/Ziekow*, Grundkurs Öffentliches Recht, § 27
Rn. 30 m. w. N. aus der BVerfG-Rspr. Siehe auch BVerfGE 94, 268 (285: **Art. 5 Abs. 3 Satz 1 GG**
als Rechtfertigung für die gesetzliche Befristung der Beschäftigungsverhältnisse von wissenschaftlichen Mitarbeitern an Hochschulen) und a. a. O. (S. 284) sowie *Sachs*, Verfassungsrecht II, B 9 Rn. 43,
der auf **Art. 74 Abs. 1 Nr. 11 und 12 GG** hinweist. Nicht überzeugend daher *Hufen*, Staatsrecht II,
§ 37 Rn. 21, dem zufolge Rechte Dritter wie „(Kunden, Fahrgäste, Lieferanten usw.) nicht einfach als
verfassungsimmanente Schranken des Streikrechts in Stellung gebracht werden" dürften, da deren
streikbedingte Schädigung „zu den unausweichlichen Folgen des Arbeitskampfes" gehöre.

Feststellung bedarf, ob die Voraussetzungen des Art. 9 Abs. 2 GG vorliegen. Nur dann auch kann der Rechtsschutz voll wirksam werden, der nach Art. 19 Abs. 4 GG jedem, auch der betroffenen Vereinigung, gegenüber obrigkeitlichen Eingriffen zusteht."[868] „Zudem wirkt das **Verbot der Exekutive** ebenfalls **konstitutiv** wie das des Bundesverfassungsgerichts im Falle des Parteiverbots [nach Art. 21 Abs. 2 GG]. Vorher darf die Vereinigung daher nicht als verboten behandelt werden."[869]

„Diesem Konzept entspricht [...] die Regelung des Vereinsverbots in § 3 VereinsG",[870] nach dessen Abs. 1 Satz 1 ein Verein „erst dann als verboten (Artikel 9 Abs. 2 des Grundgesetzes) behandelt werden [darf], wenn durch Verfügung der Verbotsbehörde festgestellt ist, daß seine Zwecke oder seine Tätigkeit den Strafgesetzen zuwiderlaufen oder daß er sich gegen die verfassungsmäßige Ordnung oder den Gedanken der Völkerverständigung richtet; in der Verfügung ist die Auflösung des Vereins anzuordnen (Verbot)." Gem. § 3 Abs. 4 Satz 3 VereinsG wird das Verbot „mit der Zustellung, spätestens mit der Bekanntmachung im Bundesanzeiger, wirksam und vollziehbar; § 80 der Verwaltungsgerichtsordnung bleibt unberührt."[871] Wer im konkreten Fall die zuständige Verbotsbehörde ist, richtet sich nach § 3 Abs. 2 VereinsG. Gegenüber den Polizeigesetzen ist das VereinsG *lex specialis*.[872]

Die verfassungsrechtliche Notwendigkeit der Existenz einer gesetzlichen Regelung wie der des § 3 VereinsG resultiert daraus, dass ebenso wie bzgl. der verfassungsrechtlichen Rechtfertigung von exekutivischen Eingriffen in andere Freiheitsgrundrechte der Fall (Rn. 161 f.) auch solche in die Vereinigungsfreiheit des Art. 9 Abs. 1 GG einer **formell-gesetzlichen Grundlage** bedürfen, welche ihrerseits formell und materiell verfassungsmäßig, d. h. insbesondere verhältnismäßig, sein muss.[873] Dies gilt unabhängig davon, ob der jeweilige behördliche Eingriff auf eine verfassungsimmanente Schranke oder auf einen der in Art. 9 Abs. 2 GG genannten Verbotsgründe gestützt wird.[874] Letztere dürfen vom Gesetzgeber lediglich näher ausgefüllt, nicht aber ausgedehnt werden; „§ 3

365

366

---

[868] BVerwGE 4, 188 (189) (Hervorhebungen d. d. Verf.). Vgl. auch *Hufen*, Staatsrecht II, § 31 Rn. 15; *Pieroth/Schlink*, Grundrechte, Rn. 806.

[869] BVerwGE 47, 330 (351) (Hervorhebungen d. d. Verf.).

[870] *Sachs*, Verfassungsrecht II, B 9 Rn. 18 (Hervorhebung d. d. Verf.).

[871] Hierzu siehe BVerfGE 80, 244 (254): „Unbeschadet der Möglichkeit, den Rechtsweg zu beschreiten", ist es „von Verfassungs wegen nicht geboten, die Auflösung einer Vereinigung, der vom Grundgesetz selbst untersagte Aktivitäten angelastet werden, erst dann zu verfügen und durchzusetzen, wenn die die Auflösung begründenden Feststellungen unanfechtbar geworden sind". Zu § 80 VwGO siehe *Wienbracke, Mike*, Verwaltungsprozessrecht, Heidelberg 2009, Rn. 263 ff.

[872] *Katz*, Staatsrecht, Rn. 769 m. w. N. „Das **allgemeine Polizeirecht** ist allerdings dann **anwendbar**, wenn es sich um eine Vereinstätigkeit handelt, die nicht von Art. 9 Abs. 1 GG geschützt ist, sondern den jeweils allgemein zur Anwendung gelangenden Grundrechten [...] unterfällt" (Rn. 335), *Zippelius/Würtenberger*, Deutsches Staatsrecht, § 27 Rn. 33 (Hervorhebungen z. T. im Original).

[873] Vgl. BVerfGE 84, 372 (379) m. w. N.; *Manssen*, Staatsrecht II, Rn. 535; *Sodan/Ziekow*, Grundkurs Öffentliches Recht, § 37 Rn. 15. Auch insoweit ist daher die Herstellung **„praktischer Konkordanz"** geboten, siehe *Stein/Frank*, Staatsrecht, § 40 III. Siehe auch Rn. 164.

[874] *Wilms*, Staatsrecht II, Rn. 819, 829.

Abs. 1 VereinsG [...] hält sich im Rahmen dieser Regelungsbefugnis."[875] Schließlich muss auch die einzelne Verbotsverfügung verhältnismäßig sein, ebenso wie sonstige Eingriffe in Art. 9 Abs. 1 GG.[876]

Beispiel 66[877]

367   M möchte gerne Mitglied des V-e. V. werden. Obwohl er die in dessen Satzung genannten Voraussetzungen erfüllt, wird sein Aufnahmeantrag abgelehnt. M wendet sich daher
an den befreundeten Rechtsanwalt R mit der Frage, ob und bejahendenfalls unter welchen Voraussetzungen ein eingetragener Verein (e. V.) zur Aufnahme eines Mitglieds
rechtlich verpflichtet ist. Was wird R dem M antworten?

Art. 9 Abs. 1 GG, der im Zivilrecht eine mittelbare Drittwirkung entfaltet, gewährleistet für Vereinigungen das Recht auf Selbstbestimmung über die eigene Organisation,
das Verfahren ihrer Willensbildung und die Führung der Geschäfte sowie das Recht
auf Entstehen und Bestehen. Dieser Schutz steht einer allgemeinen Pflicht des Vereins,
beitrittswillige Nichtmitglieder aufzunehmen, grundsätzlich entgegen. Vielmehr ist die
Vereinigung aufgrund der auch ihr zustehenden Privatautonomie i. d. R. nicht nur hinsichtlich der Festlegung der Voraussetzungen für den Erwerb der Mitgliedschaft frei,
sondern kann darüber hinaus selbst dann, wenn die satzungsmäßigen Voraussetzungen für eine Aufnahme erfüllt sind, im Ausgangspunkt frei darüber entscheiden, ob
sie einen Mitgliedschaftsbewerber aufnehmen will oder nicht. Vor diesem Hintergrund
besteht eine Aufnahmepflicht (Kontrahierungszwang) nur ganz ausnahmsweise einmal
dann, wenn die Rechtsordnung mit Rücksicht auf schwerwiegende Interessen der betroffenen Kreise die Selbstbestimmung des Vereins über die Aufnahme von Mitgliedern
nicht hinnehmen kann. Dies wiederum ist nach Abwägung der sich gegenüberstehenden Grundrechtspositionen – nicht nur V, sondern auch M kann sich auf das Grundrecht des Art. 9 Abs. 1 GG berufen; ein Fall des Art. 9 Abs. 2 GG liegt hier nicht vor –
dann zu bejahen, wenn der betreffende Verein im wirtschaftlichen oder sozialen Bereich eine überragende Machtstellung (Monopol) innehat und ein wesentliches oder
grundlegendes Interesse an dem Erwerb der Mitgliedschaft besteht, vgl. auch § 826 BGB
und § 27 GWB a. F. Im Interesse des Vereins an seinem Bestand und an seiner Funktionsfähigkeit ist dieser Aufnahmezwang jedoch dahingehend eingeschränkt, dass die
Ablehnung der Aufnahme im Vergleich zu den bereits aufgenommenen Mitgliedern
nicht zu einer sachlich nicht gerechtfertigten ungleichen Behandlung und unbilligen
Benachteiligung eines die Aufnahme beantragenden Bewerbers führen darf. Demnach
spielen nicht nur die berechtigten Interessen des Bewerbers an der Mitgliedschaft und
die Bedeutung der damit verbundenen Rechte und Vorteile eine Rolle, welche ihm ansonsten vorenthalten würden. Vielmehr kommt es ebenfalls auf eine Bewertung und

---

[875] BVerfGE 80, 244 (254). Mithin steht die Vereinigungsfreiheit „auch auf der Schrankenebene [...]
nicht unter dem Vorbehalt der einfachgesetzlichen Erlaubtheit der Zwecke", *Michael/Morlok*, Grundrechte, Rn. 303 (im Original mit Hervorhebungen).
[876] *Jarass*, in: ders./Pieroth, GG, Art. 9 Rn. 23; *Manssen*, Staatsrecht II, Rn. 539. Vgl. auch Rn. 221 ff.
[877] Nach BVerfG, NJW-RR 1989, S. 636; BVerfGE 124, 25; BGHZ 140, 74.

Berücksichtigung der Interessen des Vereins selbst an. Diese kann im Einzelfall durchaus auch dahin gehen, dem Bewerber die Mitgliedschaft vorzuenthalten. Allein dann, wenn die Zurückweisung des Bewerbers nach einer Abwägung der beiderseitigen Interessen als unbillig erscheint, besteht regelmäßig ein Anspruch auf Aufnahme.

Hinsichtlich der Koalitionsfreiheit gilt das Vorstehende entsprechend, soweit es sich auf die verfassungsimmanenten Schranken bezieht (z. B. ist ein Aussperrungsbeschluss, der 130.000 Arbeitnehmer erfasst, als Reaktion auf einen Streik von lediglich 4.300 Arbeitnehmern unverhältnismäßig);[878] insbesondere bedürfen auch Eingriffe in Art. 9 Abs. 3 Satz 1 GG – im Gegensatz zu bloßen Ausgestaltungen (Rn. 344) – einer gesetzlichen Grundlage.[879] Zusätzlich zu beachten ist insofern noch die spezielle Schranken-Schranke des **Art. 9 Abs. 3 Satz 3 GG**, nach welcher das Arbeitskampfrecht selbst im Notstandsfall (vgl. die dort aufgeführten Art. 12a, Art. 35 Abs. 2, 3, Art. 87a Abs. 4 und Art. 91 GG) nicht weiter eingeschränkt werden darf als im „Normalfall".[880]

368

---

[878] Vgl. BVerfGE 84, 212 (231 f.); 88, 103 (116); *Epping*, Grundrechte, Rn. 918; *Sachs*, Verfassungsrecht II, B 9 Rn. 45; *Wilms*, Staatsrecht II, Rn. 855 f.

[879] BVerfGE 84, 212 (226 f.); 88, 103 (115 f.).

[880] *Sodan/Ziekow*, Grundkurs Öffentliches Recht, § 37 Rn. 32.

B. Kommunikationsgrundrechte

In engem Zusammenhang mit dem Staatsstrukturprinzip der Demokratie (Art. 20   369
Abs. 1 GG) stehen die primär in Art. 5 Abs. 1 GG verankerten sog. **Kommunikationsgrundrechte**.[881] Diese sind deshalb für die (parlamentarische) Demokratie von
grundlegender Bedeutung, weil Letztere sich nicht im geheimen Akt der Wahl erschöpft
(vgl. Art. 38 Abs. 1 Satz 1 GG), sondern vielmehr auf eine offene gesellschaftliche Kommunikation angelegt ist, die eine politische Meinungsbildung überhaupt erst möglich
macht.[882] Neben Art. 5 Abs. 1 GG (Rn. 370 ff.) und Art. 8 Abs. 1 GG (Rn. 406 ff.) zählen im
weiteren Sinn u. a. auch Art. 4 Abs. 1, 2 GG (Rn. 441 ff.) und Art. 5 Abs. 3 GG (Rn. 471 ff.)
zum Kreis dieser nachfolgend näher behandelten Kommunikationsgrundrechte.[883]

I. Meinungsfreiheit, Art. 5 Abs. 1 Satz 1 GG

Die insgesamt fünf in Art. 5 Abs. 1 GG enthaltenen Grundrechte bilden ein sich ergän-   370
zendes „System von Kommunikationsgrundrechten".[884] So ist die in Art. 5 Abs. 1 Satz 1
2. Hs. GG garantierte **Informationsfreiheit** „Voraussetzung der der Meinungsäußerung
[Art. 5 Abs. 1 Satz 1 1. Hs. GG] vorausgehenden Meinungsbildung. Denn nur umfassende Informationen, für die durch ausreichende Informationsquellen Sorge getragen wird,
ermöglichen eine freie **Meinungsbildung und -äußerung** für den Einzelnen wie für die

---

[881] Vgl. *Sachs*, Verfassungsrecht II, B 5 Rn. 1.
[882] *Michael/Morlok*, Grundrechte, Rn. 201. Anschaulich der von *Stein/Frank*, Staatsrecht, vor § 38
gebildete Beispielsfall. Der **Gewährleistungsgehalt** namentlich von Art. 5 Abs. 1 und Art. 8 Abs. 1 GG
geht freilich **über diese demokratisch-funktionale Dimension hinaus**, schützt das Grundgesetz die
Kommunikation doch unabhängig von ihrem Inhalt, siehe Rn. 373 und *Hufen*, Staatsrecht II, vor § 25
Rn. 1.
[883] *Hufen*, Staatsrecht II, Vor § 25 Rn. 1.
[884] *Katz*, Verfassungsrecht, Rn. 726. Zu **landesverfassungsrechtlichen Verbürgungen** der Meinungsfreiheit siehe *Nolte/Tams*, JuS 2004, S. 294 (295 ff.).

M. Wienbracke, *Einführung in die Grundrechte*, FOM-Edition,   193
DOI 10.1007/978-3-658-00764-5_4, © Springer Fachmedien Wiesbaden 2013

Gemeinschaft. Schließlich trägt eine **freie Presse** [Art. 5 Abs. 1 Satz 2 1. Var. GG] dazu bei, durch umfassende Informationen den Bürgern die Aufgabe zu erleichtern, sich Meinungen zu bilden und politische Entscheidungen zu treffen",[885] wobei **Hörfunk und Fernsehen** (Rundfunk i. S. v. Art. 5 Abs. 1 Satz 2 2. Var. GG) in gleicher Weise wie die Presse zu den unentbehrlichen Massenkommunikationsmitteln zählen.[886] Als „eines der vornehmsten Menschenrechte überhaupt" wird nachfolgend allein das Grundrecht auf freie Meinungsäußerung näher thematisiert, welches „für eine freiheitlich-demokratische Staatsordnung [...] schlechthin konstituierend" ist, ermöglicht es doch erst „die ständige geistige Auseinandersetzung, den Kampf der Meinungen, der ihr Lebenselement ist."[887]

1. Schutzbereich

a) Persönlicher Schutzbereich

371   Persönlich geschützt von Art. 5 Abs. 1 Satz 1 GG wird „jeder", d. h. jede natürliche Person unabhängig von ihrer Staatsangehörigkeit (**Jedermanns-Grundrecht**).[888] Zudem ist das Grundrecht der Meinungsfreiheit seinem „Wesen nach" (Art. 19 Abs. 3 GG; Rn. 44 ff.) auch auf **juristische Personen des Privatrechts** anwendbar, die damit ebenfalls zum Kreis der Träger des Grundrechts aus Art. 5 Abs. 1 Satz 1 GG zählen.[889] Zwar können diese nicht wie Menschen eine „Meinung" als physisches Phänomen haben, doch sind sie nach den auf sie jeweils anwendbaren Regeln (z. B. des AktG, GmbHG) durchaus zur Bildung und Äußerung ihres eigenen Willens – und damit auch von Meinungen – fähig.[890]

b) Sachlicher Schutzbereich

aa) Schutzgut

372   ▸   „Konstitutiv für die Bestimmung dessen, was als Äußerung einer ‚**Meinung**' vom Schutz des Grundrechts umfaßt wird, ist [...] das Element der Stellungnahme, des Dafürhaltens, des Meinens im Rahmen einer geistigen Auseinandersetzung."[891]

---

[885] BVerfGE 27, 71 (81) (Hervorhebungen d. d. Verf.).

[886] BVerfGE 35, 202 (222). Die praktische **Bedeutung der Filmfreiheit** (Art. 5 Abs. 1 Satz 2 3. Var. GG) ist demgegenüber **begrenzt**, siehe *Sodan/Ziekow*, Grundkurs Öffentliches Recht, § 32 Rn. 23.

[887] BVerfGE 7, 198 (208).

[888] **Amtsträger** können sich allerdings nur insoweit auf die Meinungsfreiheit berufen, als sie als Privatpersonen auftreten, nicht dagegen in Ausübung ihres Amtes, siehe *Epping/Lenz*, Jura 2007, S. 881 (882) und vgl. Rn. 47.

[889] Vgl. BVerfGE 85, 1 (11) und siehe *Manssen*, Staatsrecht II, Rn. 351.

[890] *Sachs*, Verfassungsrecht II, B 5 Rn. 14.

[891] BVerfGE 61, 1 (8) (Hervorhebung d. d. Verf.).

Wesentliches Kennzeichen einer „Meinung" i. S. v. Art. 5 Abs. 1 Satz 1 GG ist mithin „die   373
subjektive Einstellung des sich Äußernden zum Gegenstand der Äußerung."[892] Sie enthält
sein Urteil über Sachverhalte, Ideen oder Personen (z. B. Rechtsanwalts-Ranking) und kann
daher weder wahr noch falsch sein.[893] „Auf diese persönliche Stellungnahme bezieht sich
der Grundrechtsschutz. Er besteht deswegen unabhängig davon, ob die Äußerung rational oder emotional, begründet oder grundlos ist und ob sie von anderen für nützlich oder
schädlich, wertvoll oder wertlos gehalten wird."[894] M. a. W.: **„Auf den Wert [...] der Äußerung** [z. B. Belanglosigkeiten, radikales Gedankengut] **kommt es nicht an."**[895] Ebenso ist
im Hinblick auf die Eröffnung des sachlichen Schutzbereichs von Art. 5 Abs. 1 Satz 1 GG irrelevant, ob sich die Äußerung thematisch auf eine öffentliche (z. B. politische) oder private
Angelegenheit bezieht.[896]

Beispiel 67[897]

Das von seiner politischen Ausrichtung her als konservativ einzustufende Verlagshaus   374
V verfügt als Herausgeber mehrerer Zeitungen und Zeitschriften über eine marktbe-
herrschende Stellung. Mit Sorge beobachtet V, dass sich das vom regierungskritischen
Konkurrenten K herausgegebene Wochenblatt W einer immer größeren Leserschaft er-
freut. Kurz vor der nächsten Bundestagswahl versendet V daher ein Schreiben an alle
Zeitschriftenhändler im Bundesgebiet, in dem V ankündigte, solche Händler in Zukunft
nicht mehr mit seinen Presseerzeugnissen zu beliefern, die weiterhin das Wochenblatt
W führen. Aus Angst vor einer solchen Liefersperre, die aufgrund der marktbeherrschenden Stellung von V den von ihr betroffenen Zeitungshändlern existenzbedrohen-
de Nachteile zufügen könnte, stellen diese den Verkauf des Wochenblatts W zum ganz
überwiegenden Teil tatsächlich ein, was wiederum bei K zu erheblichen Umsatzeinbu-
ßen führt. Gestützt auf §§ 823 Abs. 1, 826 BGB verlangt dieser daher von V die Zahlung
von Schadensersatz. V beruft sich demgegenüber auf sein Grundrecht auf Meinungsfreiheit. Mit Erfolg?

Nein. Zwar wirkt die vom Grundgesetz in seinem Grundrechtsabschnitt aufgerichte-
te objektive Wertordnung im Wege der mittelbaren Drittwirkung auch auf bürgerlich-
rechtliche Rechtsstreitigkeiten ein; so ist etwa im Rahmen des § 823 Abs. 1 BGB das
Verfassungsrecht (konkret: die Meinungsfreiheit) für die Feststellung der Widerrecht-
lichkeit der Verletzung von Bedeutung. Doch erfüllt der im hiesigen Fall von V ausgesprochene Boykottaufruf nicht die Anforderungen des verfassungsrechtlichen Mei-
nungsbegriffs. So ist zwar ein Boykottaufruf, der auf einer bestimmten Meinungskundgabe basiert, durch Art. 5 Abs. 1 Satz 1 GG namentlich dann geschützt, wenn er als
Mittel des geistigen Meinungskampfes in einer die Öffentlichkeit wesentlich berühren-

---

[892] BVerfGE 93, 266 (289).
[893] BVerfGE 90, 241 (247); 93, 266 (289).
[894] BVerfGE 93, 266 (289).
[895] BVerfGE 61, 1 (8) (Hervorhebungen d. d. Verf.).
[896] Vgl. BVerfGE 57, 295 (319) und siehe *Detterbeck*, Öffentliches Recht, Rn. 389.
[897] Nach BVerfGE 7, 198; 25, 256; 62, 230.

den Frage eingesetzt wird, d. h. ihm die Sorge um politische, wirtschaftliche, soziale oder kulturelle Belange der Allgemeinheit zugrunde liegt. Dies gilt selbst dann, wenn der zum Boykott Aufrufende zu dem Boykottierten in einem geschäftlichen Konkurrenzverhältnis steht, schließt diese Situation eine geistige Auseinandersetzung an sich doch noch nicht aus. Denn nach der Verfassung ist es auch dem wirtschaftlich Stärkeren nicht verwehrt, einen geistigen Meinungskampf zu führen. Jedoch müssen die Mittel, deren sich der zum Boykott Aufrufende zur Durchsetzung der Boykottaufforderung bedient, verfassungsrechtlich zu billigen sein. Gerade dies ist jedoch zu verneinen, wenn die Boykottaufforderung nicht nur auf geistige Argumente gestützt wird, sich also auf die Überzeugungskraft von Darlegungen und Erklärungen beschränkt, sondern darüber hinaus sich solcher Mittel bedient, die den Angesprochenen die Möglichkeit nehmen, ihre Entscheidung in voller innerer Freiheit und ohne wirtschaftlichen Druck zu treffen. Zu Letzterem gehören v. a. die Androhung schwerer Nachteile und die Ausnutzung sozialer oder wirtschaftlicher Abhängigkeit, die dem Boykottaufruf besonderen Nachdruck verleihen sollen.[898] Die Freiheit der geistigen Auseinandersetzung ist nämlich eine unabdingbare Voraussetzung für das Funktionieren der freiheitlichen Demokratie, weil nur sie die öffentliche Diskussion über Gegenstände von allgemeinem Interesse und staatspolitischer Bedeutung gewährleistet. Die Ausübung von wirtschaftlichem Druck hingegen, der für den Betroffenen schwere Nachteile bewirkt und das Ziel verfolgt, die verfassungsrechtlich gewährleistete freie Verbreitung von Meinungen und Nachrichten zu verhindern, verletzt die Gleichheit der Chancen beim Prozess der Meinungsbildung. Sie widerspricht geradezu dem Sinn und dem Wesen des Grundrechts aus Art. 5 Abs. 1 Satz 1 GG, das eben den geistigen Kampf der Meinungen gewährleisten soll.

Hiermit steht der Boykottaufruf des V nicht in Einklang. Hätte er seine Meinung über W beispielsweise in den von ihm selbst herausgegebenen Zeitungen und Zeitschriften geäußert und sich darauf beschränkt, die Leser zum Boykott von W aufzufordern, so wäre gegen dieses Vorgehen verfassungsrechtlich nichts einzuwenden gewesen. Denn in einem solchen Fall hätte sich V nicht nur an die gewandt, die es angeht; vielmehr hätte V die Verbreitung von W unmittelbar und wirksam überhaupt nicht beschränken können, da ihm gegenüber den Lesern keinerlei Zwangsmittel zu Gebote stehen, um seiner Auffassung Nachdruck zu verleihen. Er hätte nur an die politische Haltung der Leser appellieren und es ihrer freien Willensentschließung überlassen können, ob sie ihm folgen oder nicht. Demgegenüber war das von V an die Zeitungshändler gerichtete Rundschreiben nicht geeignet, eine geistige Auseinandersetzung über W in der Öffentlichkeit herbeizuführen, sind jene aufgrund der marktbeherrschenden Stellung des V doch wirtschaftlich von diesem abhängig. Diese Machtposition gegenüber den Händlern als Adressaten des Rundschreibens hat V dazu benutzt, seinem Boykottaufruf größere Wirksamkeit zu verleihen, indem er ihn mit dem Hinweis auf eine mögliche Liefersperre gegenüber Boykottbrechern verband. Unter diesen Umständen

---

[898] „Analog zu Art. 8 Abs. 1 GG [...] ist **Gewaltfreiheit** auch **begriffliche Grenze der Meinungsfreiheit**", *Michael/Morlok*, Grundrechte, Rn. 210 (Hervorhebungen d. d. Verf.).

waren die in dem Rundschreiben angesprochenen Händler in Anbetracht des massiven
Drucks der in Aussicht gestellten Liefersperre notwendigerweise darauf beschränkt, die
Vorteile und Nachteile einer Nichtbefolgung des Boykottaufrufs gegeneinander abzu-
wägen und auf Grund dieser ausschließlich wirtschaftlichen Erwägungen zu handeln.

An sich nicht um die Äußerung einer „Meinung" i. S. v. Art. 5 Abs. 1 Satz 1 GG han-   375
delt es sich hiernach bei der Mitteilung einer **Tatsache**.[899] Denn als „objektive Beziehung
zwischen der Äußerung und der Wirklichkeit" ist die Behauptung einer Tatsache, d. h. eines dem Beweis zugänglichen („wahr oder falsch") inneren oder äußeren Vorgangs, gerade
durch das Fehlen einer wertenden Stellungnahme charakterisiert.[900] Gleichwohl ist **auch**
sie durch das Grundrecht der Meinungsäußerungsfreiheit **geschützt**, „weil und soweit sie
Voraussetzung der Bildung von Meinungen ist [z. B. Fundierung einer Wertung in einer
tatsächlichen Erhebungen wie z. B. einem Interview], welche Art. 5 Abs. 1 GG in seiner
Gesamtheit gewährleistet. Was dagegen nicht zur verfassungsmäßig vorausgesetzten Meinungsbildung beitragen kann [reine Tatsachenmitteilungen wie z. B. Angaben im Rahmen
statistischer Erhebungen wie einer Volkszählung], ist **nicht geschützt**, insbesondere die
erwiesen oder bewußt unwahre Tatsachenbehauptung [z. B. Auschwitzlüge].[901] Im Gegensatz zur eigentlichen Äußerung einer Meinung kann es also für den verfassungsrechtlichen Schutz einer Tatsachenmitteilung auf die Richtigkeit der Mitteilung ankommen."[902]
„Allerdings dürfen die Anforderungen an die Wahrheitspflicht nicht so bemessen werden,
daß darunter die Funktion der Meinungsfreiheit leidet und auch zulässige Äußerungen aus
Furcht vor Sanktionen unterlassen werden."[903]

„Die **Abgrenzung** von **Meinung**säußerungen und **Tatsachen**behauptungen", der auf   376
Ebene der verfassungsrechtlichen Rechtfertigung „weichenstellende Bedeutung" zukommt
(Rn. 401 ff.),[904] „kann freilich schwierig sein, weil beide häufig miteinander verbunden
werden und erst gemeinsam den Sinn einer Äußerung ausmachen. In diesem Fall ist eine
Trennung der tatsächlichen und der wertenden Bestandteile nur zulässig, wenn dadurch
der Sinn der Äußerung nicht verfälscht wird. Wo das nicht möglich ist, muß die Äußerung im Interesse eines wirksamen Grundrechtsschutzes insgesamt als Meinungsäußerung
angesehen und in den Schutzbereich der Meinungsfreiheit einbezogen werden, weil an-

---

[899] *Bethge, Herbert*, in: Sachs, GG, 6. Auflage, München 2011, Art. 5 Rn. 27.
[900] BVerfGE 94, 1 (8). Siehe auch *Ipsen*, Staatsrecht II, Rn. 418; *Jarass*, in: ders./Pieroth, GG, Art. 5
Rn. 5.
[901] Entsprechendes gilt für **unrichtige Zitate**, siehe BVerfGE 54, 208 (219). „**Alle übrigen Tatsachenbehauptungen** mit Meinungsbezug **genießen** den **Grundrechtsschutz**, **auch wenn** sie sich später
als **unwahr** herausstellen", BVerfGE 99, 185 (197) m. w. N. (Hervorhebungen d. d. Verf.). Der bloß
leichtfertig Irrende wird daher sehr wohl von Art. 5 Abs. 1 Satz 1 1. Hs. GG geschützt, siehe *Ep-
ping/Lenz*, Jura 2007, S. 881 (882). Jedoch fällt der Wahrheitsgehalt bei der **Abwägung** ins Gewicht,
siehe BVerfG, NJW-RR 2010, S. 470 (471) und Rn. 401.
[902] BVerfGE 61, 1 (8 f.) (Hervorhebungen d. d. Verf.).
[903] BVerfGE 90, 241 (247) m. w. N. Siehe auch Rn. 401.
[904] BVerfG, NJW 2003, S. 277 (278).

dernfalls eine wesentliche Verkürzung des Grundrechtsschutzes drohte."[905] Insbesondere kann in einer Tatsachenbehauptung (z. B. Mitteilung der ggf. hohen Arbeitslosenquote) bzw. dem bloßen Umstand ihrer Auswahl (z. B. Erwähnen des Politikertreffens nur mit Arbeitgeber-, nicht aber auch mit Gewerkschaftsvertretern) eine Wertung (z. B. schlechte Arbeitsmarktpolitik der Bundesregierung) konkludent enthalten („versteckt") sein.[906]

Beispiel 68[907]

377   Kommunalpolitiker P richtet an den Gemeinderat der Stadt S eine Anfrage bzgl. eines von einer GmbH betriebenen Alten- und Pflegeheims, deren Anteile mehrheitlich von S gehalten werden. Gleichzeitig mit der Stellung dieses Antrags veröffentlicht P unter der Überschrift „Akute Missstände im Alten- und Pflegeheim" diese Fragen mit folgendem Wortlaut: „Jahrelang hatte das Alten- und Pflegeheim einen guten Ruf, der durch Entwicklungen im letzten Jahr nun gefährdet ist. P will nun mit einer Anfrage geklärt haben, ‚was Sache' ist und wie vorhandene Missstände umgehend behoben werden können. Es wurde deshalb u. a. folgende Anfrage gestellt: ‚Kommt es regelmäßig vor, dass Pflegekräfte bis zu 18 Tage ohne Unterbrechung (ohne einen einzigen freien Tag) eingesetzt werden?'" Daraufhin stellt der Geschäftsführer der GmbH Strafanzeige gegen P wegen übler Nachrede (§ 186 StGB). Dieser hingegen beruft sich vor dem Amtsgericht auf sein Grundrecht auf Meinungsfreiheit. Handelt es sich bei der vorgenannten „Frage" überhaupt um eine Meinung i. S. v. Art. 5 Abs. 1 Satz 1 GG?

Ja. Zwar unterscheiden sich Fragen von Werturteilen und Tatsachenbehauptungen dadurch, dass sie selbst keine Aussage machen, sondern eine solche vielmehr erst herbeiführen wollen. Gleichwohl gebietet es der Schutzzweck von Art. 5 Abs. 1 Satz 1 GG, ebenfalls Fragen als „Meinungen" i. S. d. Verfassungsrechts zu klassifizieren. Denn das Grundrecht der Meinungsfreiheit will die freie individuelle und öffentliche Meinungsbildung sichern. Für den Meinungsbildungsprozess aber spielen Fragen eine wichtige Rolle, weil sie die Aufmerksamkeit auf Probleme lenken und Antworten hervorrufen. Da Fragen im Unterschied zu Tatsachenbehauptungen allerdings nicht „unrichtig" sein können, stehen sie unter dem Gesichtspunkt der Meinungsfreiheit Werturteilen – und nicht Tatsachenbehauptungen – gleich. Dies gilt freilich nur für „echte Fragen", d. h. für solche, die unabhängig von ihrer Formulierung nach dem Kontext und den Umständen des Einzelfalls auch tatsächlich auf eine Antwort durch einen Dritten gerichtet sind. Demgegenüber stellen sich in Fragesätze gekleidete Aussagen (sog. „rhetorische Fragen") entweder als Werturteil oder als Tatsachenbehauptung dar und sind rechtlich entsprechend zu behandeln.

Gemessen hieran handelt es sich bei der o. g. „Frage" nicht etwa um unwahre Tatsachenbehauptungen. So ergibt sich aus der Einleitung, dass das Klärungsbedürfnis für die „Entwicklungen im letzten Jahr" deutlich herausgestellt ist. Ferner leitet die

---

[905] BVerfGE 90, 241 (248) (Hervorhebungen d. d. Verf.).
[906] *Hufen*, Staatsrecht II, § 25 Rn. 7; *Pieroth/Schlink*, Grundrechte, Rn. 597.
[907] Nach BVerfGE 85, 23.

Klärungsabsicht auch den Satz ein, in dem Aufschluss verlangt wird, wie „vorhandene Missstände" behoben werden könnten. In diesem Kontext ist es zumindest nicht ausgeschlossen, dass unter „vorhandenen Missständen" die aufgrund der Klärung erst noch zutage tretenden, also die etwa vorhandenen Missstände zu verstehen sind. Die definitiv klingende Passage („bis zu 18 Tage ohne Unterbrechung [...] eingesetzt") lässt daher nicht den Schluss zu, dass es P nicht um eine Antwort gegangen, sondern der Zweck bereits mit der Stellung der Frage erreicht gewesen wäre. Selbst wenn dadurch nicht jeder Zweifel am Fragecharakter ausgeräumt ist, so spricht doch jedenfalls der von Verfassungs wegen gebotene weite Meinungsbegriff gegen die Einordnung der Äußerungen des P als Tatsachenbehauptungen. Abweichendes ergibt sich schließlich auch nicht etwa aus dem hohen Detaillierungsgrad der Frage, kommt es bei dieser für den Grundrechtsschutz doch nur darauf an, ob sie auf eine Antwort angelegt und für verschiedene Antworten offen ist. Dies aber ist hier gerade der Fall. Wenngleich nämlich die Überschrift beim unbefangenen Leser den Eindruck erweckt, dass Missstände vorhanden und nicht bloß zu befürchten seien und es mit Hilfe eines Fragezeichens unschwer möglich gewesen wäre, den Fragecharakter in der Überschrift deutlich zum Ausdruck zu bringen, so darf von dieser doch nicht die unverkürzte Wiedergabe des Inhalts verlangt werden. Denn die Überschrift prägt den Gehalt einer Aussage weit weniger als deren Text selbst.

Der verfassungsrechtliche Meinungsbegriff ist somit „grundsätzlich weit zu verstehen"[908] und schützt nicht nur „den Inhalt der Äußerung, sondern auch [...] ihre Form. Daß eine Aussage polemisch oder verletzend formuliert ist [z. B. Bezeichnung eines Kreditvermittlers als ‚Kredithai'], entzieht sie nicht schon dem Schutzbereich des Grundrechts," *argumentum e contrario* Art. 5 Abs. 2 GG („Recht der persönlichen Ehre" erst als Grundrechtsschranke; Rn. 386 ff.).[909] Auch **Schmähkritik**, d. h. die jenseits polemischer und überspitzter Kritik herabsetzende Äußerung, bei der nicht mehr die Auseinandersetzung in der Sache, sondern die Diffamierung der Person im Vordergrund steht (z. B. Verwendung besonders schwerwiegender Schimpfwörter etwa aus der Fäkalsprache; nicht dagegen z. B. die Bezeichnung eines Staatsanwalts als „durchgeknallt"), fällt daher nicht von vornherein aus dem Schutzbereich des Art. 5 Abs. 1 Satz 1 GG (str.).[910] Von Art. 5 Abs. 1 Satz 1 GG geschützt „ist ferner die **Wahl des Ortes und der Zeit** einer Äußerung. Der sich Äußernde hat nicht nur das Recht, überhaupt seine Meinung kundzutun. Er darf

378

---

[908] BVerfGE 61, 1 (9).

[909] BVerfGE 93, 266 (289) (Hervorhebungen d. d. Verf.). Vgl. auch *Sodan/Ziekow*, Grundkurs Öffentliches Recht, § 32 Rn. 5.

[910] BVerfGE 82, 43 (51); 272 (284); BVerfG, NJW 2009, S. 3016 (3019). Siehe auch *Papier/Krönke*, Grundkurs Öffentliches Recht 2, Rn. 251 unter Hinweis auf BVerfGE 93, 266 (293 f.), wonach die „Abwägung zwischen dem Recht auf Meinungsäußerung und dem Persönlichkeitsrecht des durch die Meinungsäußerung Diffamierten [...] auf der **Rechtfertigungsebene** vorzunehmen" ist „und in Fällen von Schmähkritik stets zu Lasten der Meinungsfreiheit ausfällt" (Rn. 402) (Hervorhebung im Original). **A. A.** *Detterbeck*, Öffentliches Recht, Rn. 390, dem zufolge **Schmähkritik** schon **nicht** in den **Schutzbereich** der Meinungsfreiheit falle.

dafür auch diejenigen Umstände wählen, von denen er sich die größte Verbreitung oder die stärkste Wirkung seiner Meinungskundgabe verspricht."[911]

379   Die in Art. 5 Abs. 1 Satz 1 GG enthaltene Aufzählung der Modalitäten der Meinungs-kundgabe „in Wort, Schrift und Bild" ist rein beispielhaft und keinesfalls abschließend zu verstehen.[912] Geschützt werden vielmehr alle vergleichbaren Ausdrucksformen der geisti-gen **Meinungsäußerung** und -**verbreitung** („freie Wahl der ‚Form', z. B. neue Medien).[913] Zudem gewährleistet Art. 5 Abs. 1 Satz 1 GG neben dieser positiven Meinungsfreiheit auch noch **negativ** das Recht, seine Meinung nicht zu äußern und zu verbreiten sowie fremde Meinungen nicht als eigene verbreiten zu müssen.[914]

> **Beispiel 69**[915]

380   Einer gesetzlichen Regelung zufolge dürfen Zigaretten nur dann gewerbsmäßig in den Verkehr gebracht werden, wenn auf der Vorderseite ihrer Verpackung der Warnhinweis „Rauchen gefährdet die Gesundheit" angebracht ist.

   a) Ferner sieht das Gesetz vor, dass diesem Warnhinweis der Zusatz „Der Gesundheits-   minister:" vorangestellt sein muss.

   b) Dem Gesetz zufolge dürfen Zusätze dem Warnhinweis weder vor- noch nachgestellt   werden.

Zigarettenhersteller Z rügt, dass die gesetzliche Pflicht zum Aufdruck des Warnhin-weises in sein Grundrecht aus Art. 5 Abs. 1 Satz 1 GG eingreife. Ist diese Auffassung zutreffend? EU-Recht ist nicht zu prüfen.

Im Fall b) ist dies zu bejahen, da der dortige Warnhinweis nicht deutlich erkennbar die Äußerung einer fremden Meinung ist, sondern dem Zigarettenhersteller zugerech-net werden kann. Die „Zumutung", eine fremde Meinung als eigene zu verbreiten, be-rührt aber gerade die negative Meinungsäußerungsfreiheit des Art. 5 Abs. 1 Satz 1 GG. Demgegenüber liegt in Fall a) kein Eingriff in dieses Grundrecht vor. Denn dort ist auf-grund des Zusatzes „Der Gesundheitsminister:" deutlich erkennbar, dass die auf den Zi-garettenverpackungen verbreitete Meinung einem anderen zuzurechnen ist, vgl. Art. 5 Abs. 1 Satz 1 GG: „seine" Meinung. Vielmehr stellt sich ein solcher Warnhinweise als allgemeine Bedingung eines gewerbsmäßigen In-Verkehr-Bringens von Tabakerzeug-nissen und damit als Berufsausübungsregelung i. S. v. Art. 12 Abs. 1 GG dar.

---

[911] BVerfGE 93, 266 (289) (Hervorhebungen d. d. Verf.).

[912] *Pieroth/Schlink*, Grundrechte, Rn. 600. Die Meinungsfreiheit schützt „die eigentliche **Bildung einer Meinung** und die **Verbreitung der Meinung**, also (wie bei der Kunstfreiheit [Rn. 481]) ‚**Werkbereich**' und ‚**Wirkbereich**' der Kommunikation", *Hufen*, Staatsrecht II, § 25 Rn. 10 (Hervor-hebungen im Original).

[913] *Papier/Krönke*, Grundkurs Öffentliches Recht 2, Rn. 254. Siehe auch BVerfG, NJW 2005, S. 1341 (1342); *Jarass*, in: ders./Pieroth, GG, Art. 5 Rn. 7 m. w. N.; *Zippelius/Würtenberger*, Deutsches Staats-recht, § 26 Rn. 42.

[914] Vgl. BVerfGE 65, 1 (40) und siehe *Pieroth/Schlink*, Grundrechte, Rn. 603. Siehe auch Rn. 64 ff.

[915] Nach BVerfGE 95, 173 (182); *Pieroth/Schlink*, Grundrechte, Rn. 604.

Zugunsten des Äußernden garantiert Art. 5 Abs. 1 Satz 1 GG schließlich noch, dass die   381
Meinung beim Adressaten auch ankommt, d. h. von diesem **empfangen** werden kann.[916]
Demgegenüber wird das Recht auf Empfang der Meinung für deren Adressaten durch die
Informationsfreiheit des Art. 5 Abs. 1 Satz 1 2. Hs. GG geschützt.[917]

bb) Schutzwirkungen

Bereits aus dem Wortlaut von Art. 5 Abs. 1 Satz 1 GG („Meinung […] frei zu äußern")   382
folgt, dass es sich bei dem Grundrecht der Meinungsfreiheit um ein klassisches **Abwehrrecht** – und **nicht** um ein **Leistungsrecht** (z. B. auf Zur-Verfügung-Stellung eines Mediums
zur Meinungsverbreitung) – handelt.[918] Ebenso wie bei den übrigen Freiheitsgrundrechten
der Fall, hat es mit dieser subjektiv-rechtlichen Schutzwirkung von Art. 5 Abs. 1 Satz 1 GG
allerdings nicht sein Bewenden, sondern beinhaltet auch dieses Grundrecht eine objektiv-
rechtliche Dimension, namentlich eine staatliche **Schutzpflicht**.[919] Besondere Bedeutung
kommt insofern der **mittelbaren Drittwirkung** der Meinungsfreiheit im Privatrecht zu,
wo diese nicht selten mit Grundrechten anderer in Konflikt gerät.[920] In solchen Konstellationen (z. B. Boykottaufruf) „fordert Art. 5 Abs. 1 Satz 1 GG, dass die [Zivil-]Gerichte der
Bedeutung dieses Grundrechts bei der Auslegung und Anwendung des Privatrechts [z. B.
§ 823 Abs. 1 BGB und § 823 Abs. 2 BGB i. V. m. § 185 StGB sowie § 1004 BGB] Rechnung tragen" (siehe Beispiel 72).[921] Darüber hinaus kann diese Ausstrahlungswirkung des
Art. 5 Abs. 1 Satz 1 GG auf das einfache Recht im öffentlich-rechtlichen Bereich zu einer
Erweiterung des Widmungszwecks einer Sache führen, sog. kommunikativer Gemeingebrauch.[922]

c) Grundrechtskonkurrenzen

Die gegenüber **Art. 2 Abs. 1 GG** speziellere Meinungsfreiheit wird ihrerseits sowohl von   383
Art. 4 Abs. 1, 2 GG als auch **Art. 5 Abs. 3 Satz 1 GG** verdrängt.[923] Entsprechendes gilt
bzgl. **Art. 9 Abs. 3 GG** hinsichtlich der „Betätigungen von Koalitionen und die ihrer Mitglieder."[924] Im Verhältnis zur Versammlungsfreiheit gilt: „Staatliche Beschränkungen des
Inhalts und der Form einer Meinungsäußerung betreffen den Schutzbereich des Art. 5
Abs. 1 GG", wohingegen der Schutzbereich von **Art. 8 Abs. 1 GG** dann betroffen ist, „wenn
eine Versammlung verboten oder aufgelöst oder die Art und Weise ihrer Durchführung
durch staatliche Maßnahmen beschränkt wird" (Rn. 427; siehe Beispiel 75).[925] In Bezug

---

[916] BVerfGE 27, 71 (81).

[917] *Pieroth/Schlink*, Grundrechte, Rn. 602.

[918] *Ipsen*, Staatsrecht II, Rn. 423. Siehe auch Rn. 68 ff.

[919] BVerfGE 57, 295 (309 f.); *Sachs*, Verfassungsrecht II, B 5 Rn. 17. Siehe auch Rn. 79 ff.

[920] Vgl. BVerfGE 7, 198 (203 ff.) und siehe *Hufen*, Staatsrecht II, § 25 Rn. 48.

[921] BVerfGE 107, 275 (280) m. w. N. Siehe auch Rn. 86 ff.

[922] *Ipsen*, Staatsrecht II, Rn. 423. Siehe auch Rn. 84 f.

[923] *Jarass*, in: ders./Pieroth, GG, Art. 4 Rn. 6a, Art. 5 Rn. 2, 105. Siehe auch Rn. 458, 489.

[924] BVerfGE 28, 295 (310). Siehe auch Rn. 350.

[925] BVerfGE 111, 147 (154 f.) (Hervorhebungen d. d. Verf.).

auf die **Pressefreiheit** hat das BVerfG entschieden, dass dieses Grundrecht „die Freiheit der Herstellung und Verbreitung von Druckerzeugnissen und damit das Kommunikationsmedium Presse" sichert. „Demgegenüber schützt die Meinungsfreiheit des Art. 5 Abs. 1 Satz 1 GG Form und Inhalt von Meinungsäußerungen, auch wenn sie in einem Presseerzeugnis verbreitet werden."[926] Zum Verhältnis zu **Art. 12 Abs. 1 GG** siehe das nachfolgende Beispiel.

Beispiel 70[927]

384   Das Textilunternehmen T veröffentlichte bundesweit Anzeigen, die jeweils eine auf einem Ölteppich schwimmende ölverschmutzte Ente zeigen. Bis auf einen am Bildrand befindlichen Firmenschriftzug enthält die Anzeige keinen Text. Auf Klage eines rechtsfähigen Verbands zur Förderung gewerblicher Interessen i. S. v. § 8 Abs. 3 Nr. 2 UWG wurde T vom Landgericht zur Unterlassung der Veröffentlichung dieser Anzeigen verurteilt. Zur Begründung führte das Gericht aus, dass die Anzeige eine i. S. v. § 3 UWG unlautere Wettbewerbshandlung darstelle. Denn mit der auf sie selbst hinweisenden Darstellung von Elend wecke T bei einem nicht unerheblichen Teil der Verbraucher Gefühle des Mitleids und der Ohnmacht, stelle sich dabei als gleichermaßen betroffen dar und führe damit eine Solidarisierung der Einstellung solchermaßen berührter Verbraucher mit dem Namen und zugleich mit der Geschäftstätigkeit des Unternehmens herbei. Wer aber im geschäftlichen Verkehr mit der Darstellung schweren Leids auch von Tieren Gefühle des Mitleids ohne sachliche Veranlassung zu Wettbewerbszwecken ausnutze, verlasse die guten Sitten im Wettbewerb. T sieht sich hierdurch in ihren Grundrechten verletzt, weiß aber nicht genau, in welchem.

Die Veröffentlichung der hier infrage stehenden Anzeige durch T unterfällt dem sachlichen Schutzbereich von Art. 5 Abs. 1 Satz 1 GG (und nicht etwa demjenigen von Art. 12 Abs. 1 GG). Insbesondere erstreckt sich dieser nämlich auch auf kommerzielle Meinungsäußerungen sowie auf solche Wirtschaftswerbung, die einen wertenden, meinungsbildenden Inhalt hat. Dies ist vorliegend zu bejahen, da die Anzeige einen allgemeinen Missstand (Umweltverschmutzung) veranschaulicht und damit zugleich ein (Un-)Werturteil zu gesellschaftlich und politisch relevanten Fragen enthält. Es ist ein „sprechendes Bild" mit meinungsbildendem Inhalt. Meinungsäußerungen, die dies bezwecken und damit die Aufmerksamkeit des Bürgers auf allgemeine Missstände lenken, genießen in besonderem Maße den Schutz des Art. 5 Abs. 1 Satz 1 GG. Daran

---

[926] BVerfGE 113, 63 (75) m. w. N. „Wäre es nur darum gegangen sicherzustellen, daß auch die gedruckte Meinung grundrechtlich geschützt ist, so hätte es einer eigenen Garantie der Pressefreiheit nicht bedurft. Vielmehr wäre die Beibehaltung des Mediums ‚Druck‘, das bereits in Art. 143 Abs. 1 Satz 1 der Paulskirchen-Verfassung und Art. 118 Abs. 1 der Weimarer Verfassung neben Wort, Schrift und Bild stand, ausreichend gewesen [...]. Das Wort ‚Druck‘ wurde vielmehr nur deswegen aus dem Entwurf gestrichen, weil es nach Auffassung des Parlamentarischen Rats bereits im Tatbestandsmerkmal ‚Schrift‘ enthalten war", BVerfGE 85, 1 (11 f.).

[927] Nach BVerfGE 102, 347 entgegen BVerfGE 40, 371 (382: Verbot der „Wirtschaftswerbung [als] Regelung der Berufsausübung im Sinne des Art. 12 Abs. 1 GG").

ändert sich auch nichts dadurch, dass T das genannte Thema im Rahmen einer reinen Imagewerbung aufgreift, auf jeglichen Kommentar verzichtet und sich nur durch das Firmenlogo zu erkennen gibt. Hierdurch kann zwar der Eindruck entstehen, dass es T nicht um einen Beitrag zur Meinungsbildung, sondern nur darum geht, sich ins Gespräch zu bringen. Eine derartige Deutung, durch die eine subjektive Beziehung des sich Äußernden zum Inhalt der Aussage infrage gestellt wird, ist allerdings nicht die einzig mögliche. In der öffentlichen Wahrnehmung wird nämlich die von der Anzeige ausgehende Botschaft durchaus T als eigene zugerechnet (Vehikel zur Verbreitung einer kosmopolitischen und tabulosen Geisteshaltung).

2. Eingriff

Eingriffe in den Schutzbereich von Art. 5 Abs. 1 Satz 1 GG sind in vielerlei Hinsicht denkbar.[928] Neben den **klassischen Eingriffsformen** wie etwa dem Verbot einer Meinungsäußerung oder deren zivil-/strafrechtlicher Sanktion (z. B. Verurteilung zum Schadensersatz bzw. Bestrafung) vermögen die durch das Grundrecht der Meinungsfreiheit Verpflichteten diese etwa auch rein faktisch (z. B. durch Übertönen mit Lärm) zu beeinträchtigen (**moderner Eingriffsbegriff**).[929]   385

3. Verfassungsrechtliche Rechtfertigung

a) Schranken

Aus dem Kreis der „Schrankentrias" des **Art. 5 Abs. 2 GG** bildet die 1. Var. die wohl bedeutsamste Schranke der Meinungsfreiheit (siehe ferner noch Art. 17a Abs. 1 GG).[930] Nach diesem qualifizierten Gesetzesvorbehalt werden die Rechte u. a. des Art. 5 Abs. 1 Satz 1 GG durch die „allgemeinen Gesetze" beschränkt.[931] Anders als es der allgemeine Sprachgebrauch vermuten ließe, ist ein Gesetz allerdings nicht schon dann i. d. S. als „allgemein" zu qualifizieren, wenn es abstrakt-generell gefasst ist. Denn bei einer solchen Sichtweise würde sich das Allgemeinheits-Erfordernis mit dem Verbot des Einzelfallgesetzes decken (siehe Art. 19 Abs. 1 Satz 1 GG: „muß das Gesetz allgemein […] gelten") und wäre neben diesem überflüssig.[932] Vielmehr hat das BVerfG bereits im *Lüth*-Urteil[933] aus dem Jahr 1953 unter Rückgriff auf die zur Vorgängervorschrift des Art. 5 Abs. 2 GG in der WRV (deren Art. 118   386

---

[928] *Epping*, Grundrechte, Rn. 238.

[929] *Hufen*, Staatsrecht II, § 25 Rn. 15 f. Siehe auch Rn. 120 ff.

[930] *Sodan/Ziekow*, Grundkurs Öffentliches Recht, § 32 Rn. 24.

[931] *Epping*, Grundrechte, Rn. 240; *Ipsen*, Staatsrecht II, Rn. 468; *Papier/Krönke*, Grundkurs Öffentliches Recht 2, Rn. 282.

[932] *Pieroth/Schlink*, Grundrechte, Rn. 632. Siehe auch Rn. 218.

[933] BVerfGE 7, 198 (209 f.). Zur Sonderrechts- und Abwägungslehre siehe die Nachweise bei *Papier/Krönke*, Grundkurs Öffentliches Recht 2, Rn. 283.

Abs. 1 Satz 1) vertretenen Auffassungen (Sonderrechtslehre, Abwägungslehre) miteinander kombiniert und judiziert seitdem in ständiger Rechtsprechung:

387   ▸   **„Allgemein"** i. S. v. Art. 5 Abs. 2 GG sind Gesetze dann, „wenn sie sich weder gegen die Meinungsfreiheit an sich noch gegen bestimmte Meinungen richten, sondern dem Schutz eines schlechthin, ohne Rücksicht auf eine bestimmte Meinung, zu schützenden Rechtsguts dienen."[934]

388   „Ausgangspunkt für die Prüfung, ob ein Gesetz ein [i. S. v. Art. 5 Abs. 2 GG] allgemeines ist, ist zunächst die Frage, **ob eine Norm an Meinungsinhalte anknüpft**. Erfasst sie das fragliche Verhalten [rein reflexartig] völlig unabhängig von dem Inhalt einer Meinungsäußerung [so z. B. §§ 823 Abs. 1, 1004 BGB], bestehen hinsichtlich der Allgemeinheit keine Zweifel. Knüpft sie demgegenüber an den Inhalt einer Meinungsäußerung an, kommt es darauf an, **ob die Norm dem Schutz eines auch sonst in der Rechtsordnung geschützten Rechtsguts dient**. Ist dies der Fall, ist in der Regel zu vermuten, dass das Gesetz nicht gegen eine bestimmte Meinung gerichtet ist, sondern meinungsneutral-allgemein auf die Abwehr von Rechtsgutverletzungen zielt. Insoweit nimmt nicht schon jede Anknüpfung an den Inhalt von Meinungen als solche einem Gesetz den Charakter als allgemeines Gesetz. Vielmehr sind auch inhaltsanknüpfende Normen dann als allgemeine Gesetze zu beurteilen, wenn sie erkennbar auf den Schutz bestimmter Rechtsgüter und nicht gegen eine bestimmte Meinung gerichtet sind" (so z. B. § 90a StGB betreffend die Strafbarkeit der Verunglimpfung des Staates und seiner Symbole).[935]

---

[934] So etwa BVerfGE 97, 125 (146). Auf das zusätzlich zur Meinungsneutralität in BVerfGE 7, 198 (209 f.) noch aufgestellte Kriterium, dass nämlich **das zu schützende Rechtsgut „gegenüber der Betätigung der Meinungsfreiheit den Vorrang hat"**, verzichtet das BVerfG in jüngeren Entscheidungen dagegen. Vielmehr ist dieses Erfordernis erst im Rahmen der Verhältnismäßigkeit zu prüfen (Rn. 395), siehe *Papier/Krönke*, Grundkurs Öffentliches Recht 2, Rn. 284.

[935] BVerfGE 124, 300 (322) (Hervorhebungen d. d. Verf.). Da „anders als dem einzelnen Staatsbürger [...] dem Staat [allerdings] kein grundrechtlich geschützter Ehrenschutz" zukommt, hat der Staat „grundsätzlich auch scharfe und polemische Kritik auszuhalten. Die Zulässigkeit von **Kritik am System** ist Teil des Grundrechtestaats. Zielrichtung des [...] § 90a StGB [...] ist es, den Bestand der Bundesrepublik Deutschland, ihrer Länder und ihrer verfassungsgemäßen Ordnung zu gewährleisten und zu erhalten. Die **Schwelle zur Rechtsgutverletzung ist im Falle des § 90a Abs. 1 Nr. 1 StGB** mithin **erst dann überschritten, wenn** aufgrund der konkreten Art und Weise der Meinungsäußerung der Staat dermaßen verunglimpft wird, dass dies zumindest mittelbar geeignet erscheint, den **Bestand der Bundesrepublik Deutschland, die Funktionsfähigkeit seiner staatlichen Einrichtungen oder die Friedlichkeit in der Bundesrepublik Deutschland** zu gefährden. Dies wäre bei entsprechender Form der Meinungsäußerung etwa denkbar, wenn der Bundesrepublik Deutschland jegliche Legitimation abgesprochen würde und dazu aufgerufen würde, sie zu ersetzen", BVerfG, NJW 2012, S. 1273 (1274) (Hervorhebungen d. d. Verf.). Siehe auch BVerfG, NJW 2010, S. 2193 (2194): „Die **Bürger** sind rechtlich **nicht gehalten, die Wertsetzungen der Verfassung persönlich zu teilen**. Das **Grundgesetz** baut zwar auf der Erwartung auf, dass die Bürger die allgemeinen Werte der Verfassung akzeptieren und verwirklichen, **erzwingt** die **Werteloyalität** aber **nicht**. Die **Bürger sind** grundsätzlich auch **frei, grundlegende Wertungen der Verfassung in Frage zu stellen** oder die Änderung tragender Prinzipien zu fordern. Die plurale Demokratie des Grundgesetzes

Kein allgemeines Gesetz i. S. v. Art. 5 Abs. 2 GG ist dagegen etwa § **130 Abs. 4 StGB**,   389
der als Sonderrecht zur Abwehr von solchen Rechtsgutverletzungen dient, die sich aus
der Äußerung gerade einer ganz bestimmten Meinung ergeben, nämlich der Billigung der
nationalsozialistischen Gewalt- und Willkürherrschaft. Gleichwohl erachtete das BVerfG
diese Vorschrift in seinem *Wunsiedel*-Beschluss aus dem Jahr 2009 als mit Art. 5 Abs. 1,
2 GG vereinbar. Denn „angesichts des sich allgemeinen Kategorien entziehenden Unrechts
und des Schreckens, die die nationalsozialistische Herrschaft über Europa und weite Teile der Welt gebracht hat, und der als Gegenentwurf hierzu verstandenen Entstehung der
Bundesrepublik Deutschland [Rn. 1] ist Art. 5 Abs. 1 und 2 GG für Bestimmungen, die der
propagandistischen Gutheißung des nationalsozialistischen Regimes in den Jahren zwischen 1933 und 1945 Grenzen setzen, eine Ausnahme vom Verbot des Sonderrechts für
meinungsbezogene Gesetze immanent."[936]

Beispiel 71[937]

In seinem Bericht über einen aktuellen Bestechungsskandal aus der deutschen Wirt-   390
schaft veröffentlicht der gut vernetzte Journalist J Auszüge aus den Protokollen der
ermittelnden Staatsanwaltschaft über die Vernehmung eines Beschuldigten und zweier
Zeugen im Wortlaut, noch bevor diese Schriftstücke in öffentlicher Verhandlung erörtert worden sind. Daraufhin wird gegen J gem. § 353d Nr. 3 StGB Anklage erhoben.
Nach dieser Vorschrift wird mit Freiheitsstrafe bis zu einem Jahr oder mit Geldstrafe
bestraft, „wer die Anklageschrift [...] eines Strafverfahrens [...] im Wortlaut öffentlich
mitteilt, bevor sie in öffentlicher Verhandlung erörtert worden [...] oder das Verfahren
abgeschlossen ist." Nach Durchführung der Hauptverhandlung hat das mit dieser Angelegenheit befasste Amtsgericht beschlossen, das Verfahren nach Art. 100 Abs. 1 GG auszusetzen und eine Entscheidung des BVerfG darüber einzuholen, ob § 353d Nr. 3 StGB
mit dem Grundgesetz vereinbar ist. Namentlich bezweifelt das Gericht, dass es sich bei
dieser Vorschrift um ein „allgemeines Gesetz" i. S. v. Art. 5 Abs. 2 GG handelt. Sind diese
Zweifel berechtigt?

Nein. Die für jedermann geltende Vorschrift des § 353d Nr. 3 StGB ist ein „all-
gemeines Gesetz" i. S. v. Art. 5 Abs. 2 GG. Zwar verbietet diese Strafnorm in sachli-
cher Hinsicht bestimmte Berichte über den Inhalt amtlicher Schriftstücke unmittelbar.
Doch richtet sich dieses Verbot weder gegen eine bestimmte Meinung noch gegen den
Prozess freier Meinungsbildung als solchen. Vielmehr dient es dem Schutz anderer,
ohne Rücksicht auf bestimmte Meinungen zu schützender Rechtsgüter, nämlich der
Unbefangenheit der Verfahrensbeteiligten. Diese gehört zu den Voraussetzungen der
Unvoreingenommenheit der Gerichte und damit auch des Vertrauens von Rechtsu-

---

vertraut auf die Fähigkeit der Gesamtheit der Bürger, sich mit Kritik an der Verfassung auseinander-
zusetzen und sie dadurch abzuwehren" (Hervorhebungen d. d. Verf.).

[936] BVerfGE 124, 300 (326 f.). Vgl. auch *Frenz*, Jura 2012, S. 198: teleologische Reduktion des Begriffs
„allgemeine Gesetze" i. S. v. Art. 5 Abs. 2 GG. Zur im Schrifttum i.Ü. geübten Kritik an der Begründung des vom BVerfG erzielten Ergebnisses siehe *Detterbeck*, Öffentliches Recht, Rn. 402 f.

[937] Nach BVerfGE 71, 206.

chenden und Öffentlichkeit in deren Rechtsprechung. Dieses wichtige Rechtsgut wird vom Grundgesetz selbst in Art. 97 und Art. 101 als Grundvoraussetzungen unparteilicher und sachlicher Rechtsprechung gewährleistet.

391   Bei den neben den „allgemeinen Gesetzen" in Art. 5 Abs. 2 GG ferner noch genannten Grundrechtsschranken der **„gesetzlichen Bestimmungen zum Schutze der Jugend"** (konkretisiert im JuSchG) und des **„Rechts der persönlichen Ehre"** (konkretisiert v. a. in §§ 185 ff. StGB) handelt es sich jeweils um Sonderrecht gegen bestimmte (jugendgefährdende bzw. ehrverletzende) Meinungen, das aufgrund der sehr weiten Auslegung der Schranke der „allgemeinen Gesetze" nach h. M. allerdings kaum noch eigenständige Bedeutung hat.[938]

392   Vermag der im konkreten Fall zu prüfende Grundrechtseingriff nicht auf eine dieser in Art. 5 Abs. 2 GG ausdrücklich genannten Schranken gestützt zu werden (z. B. Verbot einer bestimmten Meinung zum Schutz eines anderes Guts als dem der Jugend bzw. persönlichen Ehre), so bleibt – da für die Rechte des Art. 5 Abs. 1 GG nichts anderes gelten kann als für vorbehaltlose Grundrechte – schließlich noch zu untersuchen, ob dieser nicht von einer **verfassungsimmanenten Schranke** getragen wird.[939]

b) Schranken-Schranken

393   Liegt ein Eingriff in das Grundrecht des Art. 5 Abs. 1 Satz 1 GG vor, so ist neben den von sämtlichen Grundrechtseingriffen zu wahrenden allgemeinen Schranken-Schranken zusätzlich noch die spezielle Schranken-Schranke des **Art. 5 Abs. 1 Satz 3 GG** zu achten, wonach eine Zensur nicht stattfindet.[940]

394   ▸   Unter „**Zensur**" i. S. v. Art. 5 Abs. 1 Satz 3 GG ist „nur die Vorzensur zu verstehen. Als Vor- oder Präventivzensur werden einschränkende Maßnahmen vor der Herstellung oder Verbreitung eines Geisteswerkes, insbesondere das Abhängigmachen von behördlicher Vorprüfung und Genehmigung seines Inhalts (Verbot mit Erlaubnisvorbehalt) bezeichnet."[941]

---

[938] *Epping*, Grundrechte, Rn. 248; *Stein/Frank*, Staatsrecht, § 38 IX 2. Vgl. auch *Manssen*, Staatsrecht II, Rn. 385, der insoweit jeweils von einem „**Unterfall allgemeiner Gesetze**" spricht und *Papier/Krönke*, Grundkurs Öffentliches Recht 2, Rn. 286 unter Hinweis auf BVerfGE 93, 266 (291); 124, 300 (326 f.): Das BVerfG begreife auch die §§ 185 ff. StGB als „allgemeine Gesetze" und postuliere ebenfalls bzgl. der **Gesetze zum Schutze der Jugend** „Allgemeinheit". A. A. *Zippelius/Würtenberger*, Deutsches Staatsrecht, § 26 Rn. 69 f., die die „selbständige" Natur dieser beiden Schranken betonen.

[939] Vgl. BVerfGE 66, 116 (136); 111, 147 (157 f.) und siehe *Detterbeck*, Öffentliches Recht, Rn. 401; *Jarass*, in: ders./Pieroth, GG, Art. 5 Rn. 65; *Sodan/Ziekow*, Grundkurs Öffentliches Recht, § 32 Rn. 28. Siehe auch Rn. 157.

[940] Vgl. BVerfGE 33, 52 (53) und siehe *Pieroth/Schlink*, Grundrechte, Rn. 651.

[941] BVerfGE 33, 52 (71 f.). Vgl. auch BVerfGE 47, 198 (236 f.); 87, 209 (230) und siehe **Beispiel 43**.

Für die Nachzensur, d. h. staatliche Kontroll- und Repressionsmaßnahmen nach erfolgter Meinungsäußerung, gilt Art. 5 Abs. 1 Satz 3 GG dagegen nicht.[942]

Die allgemeine Schranken-Schranke des **Verhältnismäßigkeitsgrundsatzes** (Rn.   395
186 ff.) hat im Rahmen von Art. 5 Abs. 1, 2 GG mit der durch das BVerfG im *Lüth*-Urteil entwickelten sog. **Wechselwirkungslehre** eine spezielle Ausprägung erfahren.[943] Diese verlangt hinsichtlich der Auslegung von Vorschriften, welche die Schranke des „allgemeinen Gesetzes" i. S. v. Art. 5 Abs. 2 GG konkretisieren, dass diese in ihrer grundrechtsbeschränkenden Wirkung ihrerseits im Lichte der Bedeutung des Grundrechts der Meinungsfreiheit gesehen und verfassungskonform so interpretiert werden, „daß der besondere Wertgehalt dieses Rechts [...] auf jeden Fall gewahrt bleibt. Die gegenseitige Beziehung zwischen Grundrecht und ‚allgemeinem Gesetz' ist also nicht als einseitige Beschränkung der Geltungskraft des Grundrechts durch die ‚allgemeinen Gesetze' aufzufassen; es findet vielmehr eine Wechselwirkung in dem Sinne statt, daß die ‚allgemeinen Gesetze' zwar dem Wortlaut nach dem Grundrecht Schranken setzen, ihrerseits aber aus der Erkenntnis der wertsetzenden Bedeutung dieses Grundrechts im freiheitlichen demokratischen Staat ausgelegt und so in ihrer das Grundrecht begrenzenden Wirkung selbst wieder eingeschränkt werden müssen."[944] Diese „Frühform des Übermaßverbots" – das *Lüth*-Urteil datiert vom 15. Januar 1958 – gebietet mithin eine namentlich im Rahmen der auslegungsfähigen Tatbestandsmerkmale (z. B. „unlautere geschäftliche Handlungen") der einfachrechtlichen Vorschriften (z. B. § 3 Abs. 1 UWG) durchzuführende Abwägung zwischen der Bedeutung der Meinungsfreiheit einerseits und dem Rang des durch die Meinungsäußerung beeinträchtigten Rechtsguts, das das einfache Recht schützen will, andererseits.[945] I. E. führt dies dazu, dass nur solche Regelungen verhältnismäßig sind, die ein angemessenes Verhältnis zwischen diesen beiden Rechtsgütern herstellen.[946]

Doch nicht nur auf dieser **Normauslegungs**-, sondern ebenfalls auf der **Normanwen-**   396
dungsebene ist Art. 5 Abs. 1 Satz 1 GG von Bedeutung, wo vom Rechtsanwender eine einzelfallbezogene Abwägung vorzunehmen ist, bei welcher die Wertigkeit der sich jeweils gegenüberstehenden Rechtsgüter unter Berücksichtigung des Maßes ihrer konkreten Betroffenheit ins Verhältnis zu setzen ist.[947]

Um diesem Postulat Genüge zu tun, muss zunächst der Sinn derjenigen Meinungs-   397
äußerung zutreffend erfasst werden, deren Beschränkung infrage steht (**Sinn-/Deutungs-**

---

[942] *Detterbeck*, Öffentliches Recht, Rn. 399 f.

[943] *Sodan/Ziekow*, Grundkurs Öffentliches Recht, § 32 Rn. 29. „Diese spezifische Begrifflichkeit [ist] mittlerweile wohl entbehrlich", *Papier/Krönke*, Grundkurs Öffentliches Recht 2, Rn. 289 a. E.

[944] BVerfGE 7, 198 (208 f.). Entsprechendes gilt für **andere schrankensetzende Gesetze**, siehe *Ipsen*, Staatsrecht II, Rn. 488. Die Wechselwirkungslehre wird mitunter auch **abfällig** als „**Schaukeltheorie**" bezeichnet, siehe *Manssen*, Staatsrecht II, Rn. 393.

[945] *Ipsen*, Staatsrecht II, Rn. 488. Siehe auch BVerfGE 85, 1 (16).

[946] *Ipsen*, Staatsrecht II, Rn. 488.

[947] Vgl. BVerfGE 85, 1 (16) und siehe *Epping*, Grundrechte, Rn. 256. Terminologie bei *Epping*, a. a. O., Rn. 251 ff. Vgl. auch BVerfGE 93, 266 (292 f., 295).

ebene).[948] „Maßgeblich für die[se] Deutung ist weder die subjektive Absicht des sich Äußernden noch das subjektive Verständnis der von der Äußerung Betroffenen, sondern der Sinn, den sie nach dem Verständnis eines unvoreingenommenen und verständigen Durchschnittspublikums hat" (objektiver Sinn).[949] „Dabei ist stets vom Wortlaut der Äußerung auszugehen. Dieser legt ihren Sinn aber nicht abschließend fest. Er wird vielmehr auch von dem sprachlichen Kontext, in dem die umstrittene Äußerung steht, und den Begleitumständen, unter denen sie fällt, bestimmt, soweit diese für die Rezipienten erkennbar waren. Die isolierte Betrachtung eines umstrittenen Äußerungsteils wird daher den Anforderungen an eine zuverlässige Sinnermittlung regelmäßig nicht gerecht."[950] „Ist der Sinn unter Zugrundelegung dieses Maßstabs **eindeutig**, [so] ist er der weiteren Prüfung zu Grunde zu legen. Zeigt sich aber, dass ein unvoreingenommenes und verständiges Publikum die Äußerung als mehrdeutig wahrnimmt oder verstehen erhebliche Teile des Publikums den Inhalt jeweils unterschiedlich, ist bei der weiteren Prüfung von einem **mehrdeutigen** Inhalt auszugehen," wobei fern liegende Deutungen freilich auszuscheiden sind.[951] Dem Betroffenen darf schließlich keine Äußerung zur Last gelegt werden, die er nicht getätigt hat.[952] Sodann ist nach der nicht unumstrittenen[953] Rechtsprechung des BVerfG wie folgt zu differenzieren:

398   • Geht es um die Überprüfung von straf- oder zivilrechtlichen Sanktionen wegen einer in der **Vergangenheit** erfolgten Meinungsäußerung, so ist von dem Grundsatz auszugehen, „dass die Meinungsfreiheit verletzt wird, wenn ein Gericht bei mehrdeutigen Äußerungen [z. B. ,Soldaten sind Mörder'] die zu einer Verurteilung führende Bedeutung zu Grunde legt [z. B. Beleidigung von einzelnen Soldaten der Bundeswehr], ohne vorher mit schlüssigen Gründen Deutungen ausgeschlossen zu haben, welche die Sanktion nicht zu rechtfertigen vermögen [z. B. Verurteilung des Soldatentums und Kriegshandwerks

---

[948] BVerfGE 94, 1 (9). Vgl. auch Rn. 497 und **Beispiel 91 zu Art. 5 Abs. 3 Satz 1 GG**.

[949] BVerfGE 114, 339 (348) m. w. N. Vgl. auch **§§ 133, 157 BGB**.

[950] BVerfGE 93, 266 (295).

[951] BVerfGE 114, 339 (348 f.) (Hervorhebungen d. d. Verf.).

[952] BVerfGE 82, 43 (51 f.) m. w. N. Zur insoweit **erhöhten Kontrolldichte des BVerfG** bei Urteilsverfassungsbeschwerden siehe Rn. 663 und BVerfG, NJW 2010, S. 2193 (2195) m. w. N. (Hervorhebungen d. d. Verf.): „Zwar überprüft das *BVerfG* die fachrichterliche Rechtsanwendung grundsätzlich nur darauf hin, ob die Gerichte Bedeutung und Tragweite des Grundrechts der Meinungsfreiheit verkannt haben. Im Zusammenhang mit den **Kommunikationsgrundrechten** hat die Anwendung des einfachen Rechts durch die Fachgerichte [aber] nicht unerhebliche Rückwirkungen auf die verfassungsrechtlich geschützten Positionen. Schon einzelne Fehler der Deutung der Äußerung und bei der Auslegung des einfachen Rechts können zu einer Fehlgewichtung des Grundrechts führen. Wegen der schwerwiegenden Folgen, die solche Fehler [v. a.] **im Strafverfahren** nach sich ziehen können, ist zumindest dort eine **intensivere Kontrolle durch das *BVerfG*** unausweichlich. Angesichts der einschüchternden Wirkung, die staatliche Eingriffe hier haben können, muss eine besonders wirksame verfassungsrechtliche Kontrolle Platz greifen, soll die Freiheit dieser Lebensäußerungen nicht in ihrer Substanz getroffen werden".

[953] Siehe etwa *Epping*, Grundrechte, Rn. 254 m. w. N.

schlechthin]", sog. **Grundsatz der wohlwollenden Deutung**.[954] Denn „müsste der sich Äußernde befürchten, wegen einer Deutung, die den gemeinten Sinn verfehlt, mit staatlichen Sanktionen belegt zu werden, würden über die Beeinträchtigung der individuellen Meinungsfreiheit hinaus negative Auswirkungen auf die generelle Ausübung des Grundrechts der Meinungsfreiheit eintreten. Eine staatliche Sanktion könnte in einem solchen Fall wegen ihrer einschüchternden Wirkung die freie Rede, freie Information und freie Meinungsbildung empfindlich berühren und damit die Meinungsfreiheit in ihrer Substanz treffen."[955]

- Steht hingegen eine gerichtliche Entscheidung über die Unterlassung **zukünftiger**   399
  Meinungsäußerungen aus Gründen des Persönlichkeitsschutzes infrage, so ist zu berücksichtigen, „dass der Äußernde die Möglichkeit hat, sich in der Zukunft eindeutig auszudrücken und damit zugleich klarzustellen, welcher Äußerungsinhalt der rechtlichen Prüfung einer Verletzung des Persönlichkeitsrechts zu Grunde zu legen ist [...]. Ist der Äußernde nicht bereit, der Aussage einen eindeutigen Inhalt zu geben, besteht kein verfassungsrechtlich tragfähiger Grund, von einer Verurteilung zum Unterlassen nur deshalb abzusehen, weil die Äußerung mehrere Deutungsvarianten zulässt, darunter auch solche, die zu keiner oder nur einer geringeren Persönlichkeitsverletzung führen. Der Abwägung mit dem Persönlichkeitsrecht sind vielmehr alle nicht entfernt liegenden Deutungsvarianten zu Grunde zu legen, die dieses Recht beeinträchtigen. Dem Äußernden steht es frei, sich in Zukunft eindeutig zu äußern und – wenn eine persönlichkeitsverletzende Deutungsvariante nicht dem von ihm beabsichtigten Sinn entspricht – klarzustellen, wie er seine Aussage versteht. Eine auf Unterlassung zielende Verurteilung des Zivilgerichts kann der Äußernde nach der Rechtsprechung vermeiden, wenn er eine ernsthafte und inhaltlich ausreichende Erklärung abgibt, die mehrdeutige Äußerung, der eine Aussage mit dem persönlichkeitsverletzenden Inhalt entnommen werden kann, nicht oder nur mit geeigneten Klarstellungen zu wiederholen."[956]
  Einschränkend ist insoweit allerdings zu beachten, dass die vorstehend skizzierte Vorge-   400
  hensweise nach der jüngeren Rechtsprechung das BVerfG „nur bei solchen Äußerungen verfassungsrechtlich geboten [ist], die von dem maßgeblichen Durchschnittspublikum überhaupt als eine geschlossene, aus sich heraus aussagekräftige Tatsachenbehauptung wahrgenommen werden (und insoweit dann aber mehrdeutig sind). Anders liegt es hingegen bei Äußerungen, die in einem Maße vieldeutig erscheinen, dass sie gar nicht als eigenständige Behauptung eines bestimmten Sachverhalts verstanden, sondern ohne Weiteres als in tatsächlicher Hinsicht unvollständig und ergänzungsbedürftig erkannt werden, wie dies häufig bei **Slogan**s **und schlagwortartigen Äußerungen** der Fall sein wird, die lediglich die Aufmerksamkeit des Publikums erregen und Anreiz zu Nachfragen oder zu der Rezeption weiterer Informationsquellen bieten sollen [z. B. Verwendung der Be-

---

[954] *Pieroth/Schlink*, Grundrechte, Rn. 641. Vgl. auch Rn. 497 und **Beispiel 91** zu **Art. 5 Abs. 3 Satz 1 GG**.
[955] BVerfGE 114, 339 (349 f.).
[956] BVerfGE 114, 339 (350 f.).

zeichnung ‚Gen-Milch' in Bezug auf ein bestimmtes Produkt]. In einem solchen Fall fehlt es an einer konkreten Tatsachenbehauptung, die geeignet wäre, zu auf falsche Sachaussagen gestützten Fehlvorstellungen der Rezipienten beizutragen. Die Meinungsfreiheit, die auch das Recht aufmerksamkeitserregender Zuspitzungen und polemisierender Pointierungen umfasst, steht hier einer Untersagung der Äußerung wegen ihrer Mehrdeutigkeit vielmehr entgegen."[957]

401   Wenngleich sich das Ergebnis der auf dieser Grundlage durchzuführenden **Güterabwägung im Einzelfall** nicht generell und abstrakt vorwegnehmen lässt, so ist in der Rechtsprechung des BVerfG dennoch eine Reihe von Gesichtspunkten entwickelt worden, welche Kriterien für die konkrete Abwägung vorgeben:[958]

- So hängt die Abwägung bei **Tatsachenbehauptungen** von deren Wahrheitsgehalt ab. „Wahre Aussagen müssen in der Regel hingenommen werden, auch wenn sie nachteilig für den Betroffenen sind, unwahre dagegen nicht."[959] Hierbei ist allerdings zu beachten, „daß an die Wahrheitspflicht im Interesse der Meinungsfreiheit keine Anforderungen gestellt werden dürfen, die die Bereitschaft zum Gebrauch des Grundrechts herabsetzen und so auf die Meinungsfreiheit insgesamt einschnürend wirken können."[960] I. d. S. überspannt werden die Anforderungen an die Darlegungspflicht beispielsweise dann, „wenn jemand, der eine herabsetzende Behauptung über Dritte aufstellt, die nicht seinem eigenen Erfahrungsbereich entstammt und seine eigenen Überprüfungsmög-

---

[957] BVerfG, NJW 2010, S. 3501 (3502) (Hervorhebungen d. d. Verf.).

[958] BVerfGE 93, 266 (293). Zusammenfassend BVerfGE 90, 241 (248 f.); *Zippelius/Würtenberger,* Deutsches Staatsrecht, § 26 Rn. 77 ff. Speziell zur Abwägung mit dem **allgemeinen Persönlichkeitsrecht aus Art. 2 Abs. 1 i. V. m. Art. 1 Abs. 1 GG**, das „seinem Träger keinen Anspruch darauf vermittelt, öffentlich nur so dargestellt zu werden, wie es ihm selbst genehm ist" (BVerfG, NJW 2010, S. 1587 [1589] m. w. N.), siehe allgemein *Hufen,* Staatsrecht II, § 25 Rn. 26 ff. sowie BVerfG, NJW 2011, S. 740; 2012, S. 756; *Frenz,* Jura 2012, S. 198 (200 ff.) betreffend **Prominente.** Insofern siehe auch §§ **22 f. KUG** und EGMR, NJW 2004, S. 2647 zu **Art. 8 EMRK.** Eine „Regelvermutung des grundsätzlichen Vorrangs des allgemeinen Persönlichkeitsrechts gegenüber der Meinungsfreiheit, sobald schutzbedürftige Interessen von **jungen Erwachsenen** bzw. **Jugendlichen** in Rede stehen, ist aus verfassungsrechtlicher Sicht zu eng und undifferenziert. Sie übergeht das Erfordernis einer einzelfallbezogenen Auslegung", BVerfG, NJW 2012, S. 1500 (1502) (Hervorhebungen d. d. Verf.). Zur Abwägung der Grundrechtsposition des Arbeitgebers mit der des Arbeitnehmers aus Art. 5 Abs. 1 Satz 1 GG im Fall des sog. *Whistleblowing* siehe *Wienbracke, Mike,* in: Bontrup/Korenke/Wienbracke, Festschrift zum 65. Geburtstag von Peter Pulte, Hamburg 2012, S. 21 (35 ff.) m. w. N.

[959] BVerfGE 99, 185 (196) m. w. N. „Die Rechtsprechung der Zivilgerichte stellt einen Ausgleich [der] widerstreitenden Belange regelmäßig dadurch her, dass sie demjenigen, der nachteilige Tatsachenbehauptungen über andere aufstellt, **Pflichten zur sorgfältigen Recherche** über den Wahrheitsgehalt auferlegt, die sich im Einzelnen nach den Aufklärungsmöglichkeiten richten und etwa **für Medien strenger** sind **als für Privatleute.**" Insbesondere „ist **die Presse** in weiterem Umfang als Private gehalten, Nachrichten und Behauptungen vor ihrer Weitergabe auf ihren Wahrheitsgehalt hin zu überprüfen", BVerfG, NJW-RR 2010, S. 470 (471 f.) m. w. N. (Hervorhebungen d. d. Verf.).

[960] BVerfGE 85, 1 (17). Siehe auch Rn. 375.

lichkeiten übersteigt, sich zur Begründung seiner Behauptung nicht auf unwiderspro-
chene Pressemitteilungen beziehen darf."[961] „Auch bei wahren Aussagen können [aller-
dings] ausnahmsweise Persönlichkeitsbelange überwiegen und die Meinungsfreiheit in
den Hintergrund drängen. Das ist insbesondere dann der Fall, wenn die Aussagen die
Intim-, Privat- oder Vertraulichkeitssphäre betreffen und sich nicht durch ein berechtigtes Informationsinteresse der Öffentlichkeit rechtfertigen lassen oder wenn sie einen
Persönlichkeitsschaden anzurichten drohen, der außer Verhältnis zu dem Interesse an
der Verbreitung der Wahrheit steht."[962]

- „**Werturteile** sind demgegenüber keinem Wahrheitsbeweis zugänglich. Sie sind grund-   402
  sätzlich frei und können nur unter besonderen Umständen beschränkt werden."[963] Insbesondere spielt es bei ihnen „grundsätzlich keine Rolle, ob die Kritik berechtigt oder
  das Werturteil ‚richtig' ist."[964]

  - Die Meinungsfreiheit muss allerdings „stets", d. h. ohne jede Abwägung, „zurücktre-
    ten, wenn die Äußerung die Menschenwürde [Art. 1 Abs. 1 GG] eines anderen antastet
    [...]. Denn die Menschenwürde als Wurzel aller Grundrechte ist mit keinem Einzel-
    grundrecht abwägungsfähig."[965] Keinen verfassungsrechtlichen Bedenken begegnet
    es daher, bei der Abwägung zwischen Meinungsfreiheit und Ehrenschutz Letzterem
    ohne Weiteres dann den Vorzug zu geben, wenn in der umstrittenen Äußerung kein
    Beitrag zur Auseinandersetzung in der Sache liegt, sondern die bloße Diffamierung
    der Person im Vordergrund steht, sog. **Schmähkritik**.[966]

  - Unterhalb dieser Schwelle machen hingegen selbst „scharfe und überspitzte Formu-   403
    lierungen für sich genommen eine schädigende Äußerung noch nicht unzulässig [...].
    Vielmehr spricht gerade, wenn es um Beiträge zum geistigen Meinungskampf in ei-
    ner die **Öffentlichkeit wesentlich berührenden Frage** geht, die **Vermutung für die
    Zulässigkeit der freien Rede**. Das ist eine Folge der fundamentalen Bedeutung, die
    die Meinungsfreiheit für die menschliche Person und die demokratische Ordnung
    hat."[967] Umgekehrt tritt der Schutz der Meinungsfreiheit zugunsten des mit ihr kol-
    lidierenden Rechtsguts umso mehr zurück, „je mehr es sich [...] um eine unmittelbar

---

[961] BVerfGE 85, 1 (21 f.).

[962] BVerfGE 99, 185 (196 f.) m. w. N.

[963] BVerfG, NJW 2003, S. 277 (278). „Die **Einordnung** einer Äußerung **als Werturteil ist für** den
Äußernden [daher] im Regelfall **günstiger** als die Einordnung als Tatsachenbehauptung", *Manssen*,
Staatsrecht II, Rn. 395.

[964] BVerfGE 93, 266 (294) m. w. N.

[965] BVerfGE 93, 266 (293). Siehe auch Rn. 150 und *Zippelius/Würtenberger*, Deutsches Staatsrecht,
§ 26 Rn. 77.

[966] BVerfGE 93, 266 (303). Siehe auch Rn. 378. Entsprechendes gilt für **Formalbeleidigungen** (vgl.
§ 192 StGB), siehe BVerfG, NJW 2009, S. 749 m. w. N.

[967] BVerfGE 85, 1 (16) m. w. N. Siehe auch Rn. 370. „Insbesondere muß in der öffentlichen Auseinandersetzung, zumal im **politischen Meinungskampf**, auch Kritik hingenommen werden, die in
überspitzter und polemischer Form geäußert wird", BVerfGE 82, 272 (282) (Hervorhebungen d. d.
Verf.).

gegen dieses Rechtsgut gerichtete Äußerung im privaten, namentlich im wirtschaftlichen Verkehr und in Verfolgung eigennütziger Ziele [...] handelt."[968]

Beispiel 72[969]

404   Im Vorfeld der Hauptversammlung der A-AG verteilt der kritische Aktionär K ein von ihm verfasstes Flugblatt, auf dem es unter der Überschrift „Gefahren für die Demokratie" u. a. heißt: „In ihrer grenzenlosen Sucht nach Gewinnen und Profiten verletzt die A-AG demokratische Prinzipien, Menschenrechte und politische Fairness. Missliebige Kritiker werden bespitzelt und unter Druck gesetzt." Auf die Klage der A-AG wurde K sodann vom OLG gem. §§ 1004, 823 Abs. 1 und Abs. 2 BGB i. V. m. §§ 185 ff. StGB sowie gem. § 824 BGB zur Unterlassung dieser Äußerung verurteilt, weil es sich bei dieser um eine bewusst unwahre Tatsachenbehauptung handele, sodass sie insbesondere auch nicht dem Schutz des Art. 5 Abs. 1 GG unterfiele. Das Wort „bespitzeln" sei laut Duden-Bedeutungswörterbuch als Synonym für „heimliches Beobachten" zu verstehen und der Begriff „unter Druck setzen" i. S. einer Nötigung nach § 240 StGB aufzufassen, d. h. beide Male werde ein bestimmter Vorgang in der Wirklichkeit bezeichnet, der darauf überprüft werden kann, ob die A-AG ihn tatsächlich erfüllt hat. Mit seiner hiergegen erhobenen Verfassungsbeschwerde rügt K nunmehr die Verletzung seines Grundrechts aus Art. 5 Abs. 1 Satz 1 GG. Hat K in der Sache Recht?

Ja. Das Urteil des OLG verletzt K in seinem Grundrecht auf Meinungsfreiheit, weil das Gericht bei seiner Entscheidung den Einfluss dieses Grundrechts auf die Vorschriften des Zivilrechts nicht in hinreichendem Ausmaß Rechnung getragen hat. Vielmehr lässt die Entscheidung Auslegungsfehler erkennen, welche auf einer grundsätzlich unrichtigen Auffassung von Bedeutung und Tragweite des Grundrechts aus Art. 5 Abs. 1 Satz 1 GG, namentlich vom Umfang seines Schutzbereichs, beruhen. So sind Bedeutung und Tragweite der Meinungsfreiheit insbesondere dann verkannt, wenn die Gerichte eine Äußerung unzutreffend als Tatsachenbehauptung einstufen mit der Folge, dass sie nicht im selben Maß am Schutz des Grundrechts teilnimmt wie Äußerungen, die als Werturteil anzusehen sind. Genau dies ist hier aber geschehen. Das vom OLG zugrunde gelegte Textverständnis wird der Äußerung des K nicht gerecht. Zwar enthalten dessen Aussagen faktische Elemente. So liegt im „Bespitzeln" die Tatsachenbehauptung, dass Beobachtungen stattgefunden haben, und im „Unter-Druck-Setzen" die Behauptung, dass Einfluss ausgeübt worden ist. Hierbei hat das Gericht jedoch nicht berücksichtigt, dass K durch die von ihm verwendeten Formulierungen zu diesen Vorgängen Stellung bezieht und sie bewertet. Denn wird der tatsächliche Vorgang der auf Informationsbeschaffung gerichteten Beobachtung des Verhaltens Dritter unter anderen möglichen Ausdrücken speziell mit dem Wort „bespitzeln" bezeichnet, so kommt darin v. a. ein Unwerturteil des Äußernden über die Art und Weise der Beobachtung zum Ausdruck. Dieser Begriff bringt gerade die Missbilligung des Geschehens zum

---

[968] BVerfGE 7, 198 (212). Vgl. auch BVerfGE 93, 266 (294).
[969] Nach BVerfGE 85, 1. Siehe auch BGH, NJW 2009, S. 3580.

Ausdruck (vgl. Grimm'sches Wörterbuch, Band 16, 1984, „Spitzel": Schmähwort, ver-
ächtlich). Entsprechendes gilt für das „Unter-Druck-Setzen", das alltagssprachlich nicht
erst dann vorliegt, wenn i. S. v. § 240 StGB rechtswidrig gedroht wird. Vielmehr genügt
es insoweit schon, dass jemand Mittel einsetzt, um einen anderen zu einem Verhalten
zu bewegen, das dieser unterließe, wenn es nur nach ihm ginge oder er den angedrohten
Nachteil nicht zu fürchten hätte. Die Formulierung „unter Druck setzen" drückt dabei –
ebenso wie „bespitzeln" – die Missbilligung dieses Vorgangs aus. Einflussnahmen, die
der Betrachter als berechtigt oder akzeptabel ansieht, wird er nämlich nicht als „Unter-
Druck-Setzen" bezeichnen. Handelt es sich bei der umstrittenen Textpassage folglich
sehr wohl um eine von Art. 5 Abs. 1 Satz 1 GG geschützte Meinungsäußerung, so durfte
das OLG den K nicht zur Unterlassung und zum Widerruf verurteilen, ohne im Rahmen
der Auslegung und Anwendung der §§ 823, 1004 BGB i. V. m. §§ 185 ff. StGB, § 824 BGB
eine Abwägung zwischen den von diesen Vorschriften geschützten Rechtsgütern der
A-AG einerseits und dem Grundrecht des K auf Meinungsfreiheit andererseits vorgenommen zu haben. Erst bei dieser zivilgerichtlich mithin nachzuholenden Abwägung
spielt die Richtigkeit oder Haltlosigkeit der in der Meinungsäußerung des K enthaltenen tatsächlichen Elemente – nämlich ob die A-AG Unternehmenskritiker wirklich
beobachten ließ und auf ihr Verhalten Einfluss zu nehmen versuchte – eine Rolle.

405

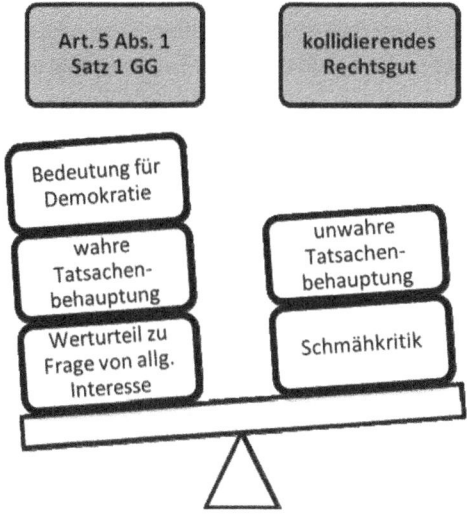

Verhältnismäßigkeitsprüfung bei Art. 5 Abs. 1 Satz 1 GG

II. Versammlungsfreiheit, Art. 8 Abs. 1 GG

Das in **Art. 8 Abs. 1 GG** verortete Kommunikationsgrundrecht des friedlichen und waf-   406
fenlosen Sich-Versammelns von Deutschen „erhält seine besondere verfassungsrechtliche

Bedeutung in der freiheitlichen demokratischen Ordnung des Grundgesetzes wegen des Bezugs auf den Prozess der öffentlichen Meinungsbildung. Namentlich in Demokratien mit parlamentarischem Repräsentativsystem und geringen plebiszitären Mitwirkungsrechten hat die Freiheit kollektiver Meinungskundgabe die Bedeutung eines grundlegenden Funktionselements. Das Grundrecht gewährleistet insbesondere Minderheitenschutz und verschafft auch denen Möglichkeiten zur Äußerung in einer größeren Öffentlichkeit, denen der direkte Zugang zu den Medien versperrt ist."[970] Entsprechend dieser konstitutiven Bedeutung für die Demokratie enthält **Art. 8 Abs. 2 GG** einen geschriebenen Gesetzesvorbehalt allein in Bezug auf die besonders störanfälligen Versammlungen „unter freiem Himmel".[971]

1. Schutzbereich

a) Persönlicher Schutzbereich

407 Der persönliche Schutzbereich des Grundrechts aus Art. 8 Abs. 1 GG ist beschränkt auf „alle **Deutschen**" i. S. v. Art. 116 Abs. 1 GG.[972] Ein in Bezug auf Versammlungen im Ergebnis identisches Schutzniveau wie diese genießen wegen des Anwendungsvorrangs des EU-Rechts ebenfalls **EU-Ausländer** (Rn. 32 f.).[973] Auf **juristische Personen des Privatrechts** ist die Versammlungsfreiheit ihrem „Wesen nach" insoweit i. S. v. Art. 19 Abs. 3 GG anwendbar, als sie nicht die „körperlich-reale" Handlungsträgereigenschaft einer natürlichen Person voraussetzt (Rn. 44 f.). Während daher nur Letztere physisch an einer Versammlung teilnehmen und diese leiten können, kommen juristische Personen durchaus als Veranstalter einer Versammlung in Betracht, die ihrerseits allerdings kein Träger des Grundrechts aus Art. 8 Abs. 1 GG ist.[974]

b) Sachlicher Schutzbereich

aa) Schutzgut

408 In sachlicher Hinsicht schützt Art. 8 Abs. 1 GG das – öffentliche wie nicht-öffentliche – Sich-Versammeln, wobei unfriedliche oder mit Waffen durchgeführte Versammlungen nach dem ausdrücklichen Wortlaut dieser Norm nicht in den Schutzbereich dieses Grundrechts fallen, sog. **verfassungsunmittelbare Schranke**.[975]

---

[970] BVerfG, NJW 2001, S. 2459 (2460).

[971] Vgl. *Pieroth/Schlink*, Grundrechte, Rn. 764. Siehe auch Rn. 430.

[972] Weiter dagegen § 1 Abs. 1 VersammlG: „**Jedermann** hat das Recht, öffentliche Versammlungen und Aufzüge zu veranstalten und an solchen Veranstaltungen teilzunehmen" (Hervorhebung d. d. Verf.).

[973] *Hufen*, Staatsrecht II, § 30 Rn. 14.

[974] *Enders*, Jura 2003, S. 34 (36); *Manssen*, Staatsrecht II, Rn. 492.

[975] *Detterbeck*, Öffentliches Recht, Rn. 437. Ob derartige Versammlungen **Art. 2 Abs. 1 GG** unterfallen (so *Sachs*, Verfassungsrecht II, B 8 Rn. 6) oder **grundrechtlich überhaupt nicht geschützt**

▶ **„Versammlung"** i. S. v. Art. 8 Abs. 1 GG ist die örtliche Zusammenkunft mehrerer   409
Personen zur Verfolgung eines gemeinsamen Zwecks.[976]

Welche Voraussetzungen dabei genau an die jeweilige Zusammenkunft zu stellen sind,   410
damit diese im verfassungsrechtlichen Sinn als Versammlung eingestuft werden kann, ist
allerdings sowohl in quantitativer („mehrere Personen") als auch in qualitativer („gemeinsamer Zweck") Hinsicht streitig. So wird im Hinblick auf das Merkmal der **Personenmehrheit**

- von einer M. M.[977] in Anlehnung an das Vereinsrecht des BGB eine Mindestteilnehmer-   411
zahl von **sieben Personen** verlangt, vgl. § 56 BGB: „Die Eintragung [eines Vereins in das
Vereinsregister] soll nur erfolgen, wenn die Zahl der Mitglieder mindestens sieben beträgt." Ein Sachgrund dafür, weshalb der Vereinsbegriff des niederrangigeren BGB für
die Auslegung des verfassungsrechtlichen Versammlungsbegriffs maßgeblich sein soll,
ist allerdings nicht ersichtlich;[978]
- nach teilweise vertretener Auffassung[979] davon ausgegangen, dass eine Versammlung   412
aus wenigstens **drei Teilnehmern** besteht. Sofern zur Stützung dieser Ansicht abermals
die vereinsrechtlichen Vorschriften des BGB bemüht werden (§ 73 BGB: „Sinkt die Zahl
der Vereinsmitglieder unter drei herab, so hat das Amtsgericht [...] dem Verein die
Rechtsfähigkeit zu entziehen"), ist ihr – sofern es im konkreten Fall überhaupt darauf
ankommen sollte – aus denselben Gründen nicht zu folgen wie der zuvor dargestellten
Meinung, die im vorliegenden Zusammenhang auf § 56 BGB abstellt;[980]
- von der h. M.[981] in der Literatur eine Anzahl von **zwei Personen** als ausreichend an-   413
gesehen, sodass hiernach lediglich die „Ein-Mann-Demonstration" nicht unter Art. 8
Abs. 1 GG – sondern Art. 5 Abs. 1 Satz 1 GG – fällt.[982] Für diese Sichtweise spricht
zum einen bereits der Wortlaut von Art. 8 Abs. 1 GG, verlangt der allgemeine Sprachgebrauch für ein „Sich-Versammeln" doch lediglich das Vorhandensein von mehr als

---

werden (Nachweise bei *Wilms*, Staatsrecht II, Rn. 774), ist str. Siehe auch Rn. 63 und *Pieroth/Schlink*,
Grundrechte, Rn. 748.
[976] Vgl. *Wilms*, Staatsrecht II, Rn. 762. Eine **einfachgesetzliche** Begriffsdefinition findet sich etwa in
Art. 2 Abs. 1 BayVersG, welche aus Gründen der Normenhierarchie freilich nicht unmittelbar zur
Auslegung des in Art. 8 Abs. 1 GG verwendeten Versammlungsbegriffs herangezogen werden kann,
vgl. Rn. 36, 280, 320, 419 und siehe *Papier/Krönke*, Grundkurs Öffentliches Recht 2. Rn. 328.
[977] Nachweis bei *Höfling, Wolfram*, in: Sachs, GG, 6. Auflage, München 2011, Art. 8 Rn. 9.
[978] Vgl. *Epping*, Grundrechte, Rn. 32; *Michael/Morlok*, Grundrechte, Rn. 268.
[979] *Detterbeck*, Öffentliches Recht, Rn. 436; *Stein/Frank*, Staatsrecht, § 39 II 1.
[980] Vgl. *Epping*, Grundrechte, Rn. 32.
[981] Statt vieler: *Hufen*, Staatsrecht II, § 30 Rn. 6; *Manssen*, Staatsrecht II, Rn. 486; *Papier/Krönke*,
Grundkurs Öffentliches Recht 2, Rn. 329 a. E.; *Zippelius/Würtenberger*, Deutsches Staatsrecht, § 27
Rn. 6. So nunmehr auch **Art. 2 Abs. 1 BayVersG**.
[982] *Sachs*, Verfassungsrecht II, B 8 Rn. 2. Zu einer solchen siehe BVerfG, NJW 1987, S. 3245.

einer Person.[983] Zum anderen wird aber auch allein diese Sichtweise der Funktion von Art. 8 Abs. 1 GG gerecht, die kollektive Meinungsäußerung zu gewährleisten.[984] Denn dieser gegenüber den anderen Kommunikationsgrundrechten v. a. der Art. 4 Abs. 1, 2 und Art. 5 Abs. 1 GG bestehende Mehrwert kann bereits zu zweit erreicht werden – und ist auch schutzbedürftig:[985] „Die systematische Isolierung missliebiger Personen [...] macht vor der Isolierung vom letzten Freund nicht halt."[986]

414   Zudem ist umstritten, welche Anforderungen an die innere Verbundenheit der Personenmehrheit (den **„gemeinsamen Zweck"**) zu stellen sind, durch welche sich die Versammlung von der nicht in den sachlichen Schutzbereich des Art. 8 Abs. 1 GG fallenden bloßen **Ansammlung** (nur „gleichzeitige", aber nicht „gemeinsame" Zweckverfolgung; z. B. Zuschauer einer Musik-/Sportveranstaltung) unterscheidet:[987]

415   • Die insoweit strengste Ansicht vertritt in seiner jüngeren Rechtsprechung das BVerfG, das für die Bejahung einer Versammlung i. S. v. Art. 8 Abs. 1 GG eine auf die Teilhabe an der **„öffentlichen Meinungsbildung"** (z. B. politische Angelegenheit) gerichtete Zusammenkunft fordert.[988] Diesen sog. **engen Versammlungsbegriff**[989] begründet das Gericht mit dem Telos von Art. 8 Abs. 1 GG, die Freiheit der Versammlung als Ausdruck gemeinschaftlicher, auf Kommunikation angelegter Entfaltung zu schützen. Dieser „besondere Schutz der Versammlungsfreiheit beruht auf ihrer Bedeutung für den Prozess öffentlicher Meinungsbildung in der freiheitlichen demokratischen Ordnung des Grundgesetzes. Für die Eröffnung des Schutzbereichs reicht es [des]wegen [...] nicht aus, dass die Teilnehmer bei ihrer gemeinschaftlichen kommunikativen Entfaltung durch einen beliebigen Zweck verbunden sind. Vorausgesetzt ist vielmehr zusätzlich, dass die Zusammenkunft auf die Teilhabe an der öffentlichen Meinungsbildung gerichtet ist" (z. B. Demonstration gegen die Laufzeitverlängerung der deutschen Kernkraftwerke).[990]

416   • Die h. L. steht dieser tatbestandlichen Einengung des Versammlungsbegriffs freilich kritisch gegenüber, werde diese doch schon durch den Verfassungswortlaut nicht hinreichend legitimiert.[991] Ferner setzte sich das BVerfG hierdurch auch zu seiner eigenen

---

[983] Vgl. *Pieroth/Schlink*, Grundrechte, Rn. 755. Vgl. aber auch die insoweit in BVerfGE 104, 92 (104) verwendete Formulierung („**mehrere Personen**"). Hierzu siehe *Jarass*, in: ders./Pieroth, GG, Art. 8 Rn. 4.

[984] BVerfGE 104, 92 (104); *Katz*, Staatsrecht, Rn. 763.

[985] *Berg*, Staatsrecht, Rn. 543; *Michael/Morlok*, Grundrechte, Rn. 268; *Sodan/Ziekow*, Grundkurs Öffentliches Recht, § 36 Rn. 2.

[986] *Herzog, Roman*, in: Maunz/Dürig, GG, 26. EGL, München 1987, Art. 8 Rn. 48.

[987] Vgl. BVerfG, NVwZ 2011, S. 422 (423) und siehe *Sodan/Ziekow*, Grundkurs Öffentliches Recht, § 36 Rn. 2.

[988] BVerfGE 104, 92 (104). Vgl. demgegenüber BVerfGE 69, 315 (343).

[989] Zur Terminologie siehe *Enders*, Jura 2003, S. 34 (35).

[990] BVerfGE 104, 92 (104).

[991] *Sachs*, Verfassungsrecht II, B 8 Rn. 4.

Rechtsprechung (Art. 8 Abs. 1 GG als auf „kollektive Meinungsäußerung gerichtete[s] Grundrecht"[992]) in Widerspruch, ist Art. 5 Abs. 1 Satz 1 GG doch gerade nicht auf Meinungsäußerungen zu öffentlichen Angelegenheiten beschränkt.[993] Vielmehr diene das Grundrecht der Versammlungsfreiheit auch der Persönlichkeitsentfaltung in der Gruppe sowie dazu, die Isolierung des Einzelnen zu verhindern. Folglich komme bzgl. der inneren Verbundenheit der Personenmehrheit **jeder beliebige Zweck** (z. B. Betriebsfeier) in Betracht, sog. **weiter Versammlungsbegriff**.[994]

- Einer vermittelnden Auffassung[995] zufolge bestehe die für Art. 8 Abs. 1 GG notwendige innere Verbundenheit schließlich in dem Zweck der **gemeinsamen** (öffentlichen oder privaten) **Meinungsbildung oder -äußerung** (z. B. Gesellschafterversammlung), „müsste ansonsten streng genommen [doch] bereits jede Ausübung eines Mannschaftssports, etwa eines Fußballspiels, dem Schutz des Art. 8 [Abs. 1] GG unterliegen" (*argumentum ad absurdum*), sog. **erweiterter Versammlungsbegriff**.[996]   417

Nicht erforderlich für die Annahme einer Versammlung i. S. v. Art. 8 Abs. 1 GG ist hingegen zum einen, dass auf der Veranstaltung „**argumentiert und gestritten** wird"; vielmehr umfasst das Grundrecht der Versammlungsfreiheit „vielfältige Formen gemeinsamen Verhaltens bis hin zu nicht verbalen Ausdrucksformen" (z. B. kann ein „Stellungnehmen" auch durch die bloße Anwesenheit an einem bestimmten Ort erfolgen).[997] Zum anderen bedarf es auch keiner **inhaltlichen Einigkeit** bzgl. der Zweckverfolgung.[998] Denn das Grundrecht der Versammlungsfreiheit schützt „nicht nur solche Teilnehmer vor staatlichen Eingriffen, die die Ziele der Versammlung oder die dort vertretenen Meinungen billigen, sondern kommt ebenso denjenigen zugute, die ihnen kritisch oder ablehnend gegenüberstehen und dies in der Versammlung zum Ausdruck bringen wollen. Der Schutz des Art. 8 [Abs. 1] GG endet jedoch dort, wo es nicht um die – wenn auch kritische – Teilnahme an der Versammlung, sondern um deren Verhinderung geht."[999]   418

Die Bedeutung der auf Seiten des Tatbestands von Art. 8 Abs. 1 GG neben dem Begriff der „Versammlung" einschränkend noch erwähnten Merkmale „**friedlich**" **und** „**ohne Waffen**" ist aus Gründen der Normenhierarchie ebenfalls aus der Verfassung selbst heraus zu ermitteln – und nicht etwa aus einfachgesetzlichen Bestimmungen (vgl. Rn. 36, 280, 320, 357, 409). Insbesondere verbietet es sich daher, aus jedem Verstoß gegen eine strafrechtliche Norm automatisch die Unfriedlichkeit der betreffenden Versammlung herzuleiten.[1000] Vielmehr gilt: 419

---

[992] BVerfGE 104, 92 (104). Siehe Rn. 406.

[993] *Ipsen*, Staatsrecht II, Rn. 563; *Stein/Frank*, Staatsrecht, § 39 II 1. Siehe auch Rn. 373.

[994] *Michael/Morlok*, Grundrechte, Rn. 272; *Pieroth/Schlink*, Grundrechte, Rn. 753.

[995] Vgl. *Detterbeck*, Öffentliches Recht, Rn. 436; *Katz*, Staatsrecht, Rn. 765.

[996] *Sodan/Ziekow*, Grundkurs Öffentliches Recht, § 36 Rn. 2.

[997] BVerfG, NVwZ 2011, S. 422 (423) m. w. N. (Hervorhebungen d. d. Verf.).

[998] *Papier/Krönke*, Grundkurs Öffentliches Recht 2, Rn. 330.

[999] BVerfGE 84, 203 (209).

[1000] Vgl. *Michael/Morlok*, Grundrechte, Rn. 275 f.

420 ▸ Eine Versammlung ist dann **„unfriedlich"** i. S. v. Art. 8 Abs. 1 GG, wenn sie einen gewalttätigen oder aufrührerischen Verlauf nimmt, d. h. wenn es zu aggressiven aktiven körperlichen Einwirkungen auf Personen oder Sachen von einiger Erheblichkeit kommt bzw. wenn die Versammlung auf Umsturz abzielt oder sich aktiver gewaltsamer Widerstand gegen rechtmäßig handelnde Vollstreckungsbeamte richtet. Das bloße Drohen, d. h. das unmittelbare Bevorstehen, eines gewalttätigen oder aufrührerischen Verlaufs, wird dabei schon als ausreichend dafür angesehen, um eine Versammlung als „unfriedlich" zu qualifizieren.[1001]

Beispiel 73[1002]

421 Um auf die Gefahren der Atomenergie aufmerksam zu machen, blockierten die Demonstranten D1 bis D10 die Zufahrt zu dem Gelände des von der A-AG betriebenen Atomkraftwerks, indem sie sich jeweils eine Metallkette um die Hüfte schlangen, die wiederum mittels einer weiteren Metallkette mit der Kette des jeweiligen Nachbarn verbunden war; die am Ende der so gebildeten Gesamtkette stehenden Personen D1 und D10 ketteten sich jeweils mit Sicherheitsschnappschlössern unmittelbar an die Torpfosten des Haupttores der Zufahrt zur A-AG an. Da bis zur Auflösung dieser Blockade durch die Polizei die Beschäftigten der A-AG für mehrere Stunden an der Einfahrt auf das Betriebsgelände gehindert waren, wurden D1 bis D10 später vom Amtsgericht wegen Nötigung nach § 240 Abs. 1 StGB verurteilt. Mit ihrer hiergegen erhobenen Revision machen D1 bis D10 geltend, dass ihre jeweilige Verurteilung gegen Art. 8 Abs. 1 GG verstoße. Ist dieses Grundrecht vorliegend überhaupt einschlägig? § 240 Abs. 1 StGB lautet: „Wer einen Menschen rechtswidrig mit Gewalt oder durch Drohung mit einem empfindlichen Übel zu einer Handlung, Duldung oder Unterlassung nötigt, wird mit Freiheitsstrafe bis zu drei Jahren oder mit Geldstrafe bestraft."

Ja. Insbesondere entfällt für D1 bis D10 der Schutz des Art. 8 Abs. 1 GG nicht wegen einer etwaigen „Unfriedlichkeit" der von ihnen durchgeführten Versammlung. Zwar erfüllt diese das Tatbestandsmerkmal der „Gewalt" in § 240 Abs. 1 StGB. Denn anders als bei solchen Sitzblockaden der Fall, in denen sich das Verhalten der Teilnehmer lediglich in der körperlichen Anwesenheit erschöpft und die Zwangswirkung auf den Genötigten rein psychischer Natur ist (dann: keine „Gewalt" i. S. v. § 240 Abs. 1 StGB), erfolgte vorliegend durch die Anbringung der in Hüfthöhe mit den Personen verbundenen Metallketten an den beiden Pfosten des Einfahrtstors eine körperliche Kraftentfaltung und damit die Anwendung von „Gewalt" i. S. v. § 240 Abs. 1 StGB. Doch hat diese strafrechtliche Wertung keinesfalls etwa zur Konsequenz, dass die Blockade deshalb zugleich als „unfriedlich" i. S. v. Art. 8 Abs. 1 GG einzustufen wäre. Für die Begrenzung des Schutzbereichs des Art. 8 Abs. 1 GG ist nämlich allein der verfassungsrechtliche Begriff der „Unfriedlichkeit" maßgebend, nicht dagegen der umfassendere einfachgesetzliche Ge-

---

[1001] *Pieroth/Schlink*, Grundrechte, Rn. 758 f., 762. Siehe auch **§§ 5 Nr. 3, 13 Abs. 1 Nr. 2 VersammlG**. Ob die **Vermummung** von Versammlungsteilnehmern (vgl. § 17a Abs. 2 VersammlG) als Indiz für die Unfriedlichkeit gewertet werden kann, ist str.
[1002] Nach BVerfGE 92, 1; 104, 92.

waltbegriff des § 240 Abs. 1 StGB. Im Hinblick auf die damit notwendige Ermittlung des Begriffs der „Friedlichkeit" i. S. d. Verfassung ist von ausschlaggebender Bedeutung, dass die „Unfriedlichkeit" in Art. 8 Abs. 1 GG auf der gleichen Stufe wie das Mitführen von Waffen behandelt wird. „Unfriedlich" ist eine Versammlung daher erst, wenn Handlungen von einiger Gefährlichkeit wie etwa aggressive Ausschreitungen gegen Personen oder Sachen oder sonstige Gewalttätigkeiten stattfinden – nicht jedoch bereits dann, wenn es bloß zu Behinderungen Dritter kommt, seien diese auch gewollt und nicht nur in Kauf genommen. Die bloße Ankettung von D1 bis D10 führte aber gerade noch nicht zu einer derartigen Gefährlichkeit für Personen oder Sachen, d. h. ihre Versammlung war nicht „unfriedlich" i. S. v. Art. 8 Abs. 1 GG.

Steht im konkreten Fall eine kollektive Unfriedlichkeit nicht zu befürchten, d. h. ist nicht   422
damit zu rechnen, dass die jeweilige Versammlung im Ganzen einen gewalttätigen oder aufrührerischen Verlauf nimmt oder dass der Veranstalter oder sein Anhang einen solchen Verlauf anstreben oder zumindest billigen, „dann muß für die friedlichen Teilnehmer der von der Verfassung jedem Staatsbürger garantierte Schutz der Versammlungsfreiheit auch dann erhalten bleiben, wenn einzelne andere Demonstranten oder eine Minderheit Ausschreitungen begehen." Denn „würde **unfriedliches Verhalten Einzelner** für die gesamte Veranstaltung und nicht nur für die Täter zum Fortfall des Grundrechtsschutzes führen, hätten diese es in der Hand, Demonstrationen ‚umzufunktionieren' und entgegen dem Willen der anderen Teilnehmer rechtswidrig werden zu lassen; praktisch könnte dann jede Großdemonstration verboten werden, da sich nahezu immer ‚Erkenntnisse' über unfriedliche Absichten eines Teiles der Teilnehmer beibringen lassen." Dies hat das BVerfG in seiner auch darüber hinaus für das Verständnis von Art. 8 GG grundlegenden *Brokdorf*-Entscheidung[1003] aus dem Jahr 1985 klargestellt.

▶   „**Waffen**" i. S. v. Art. 8 Abs. 1 GG sind alle Waffen im technischen Sinn (z. B. Schuss-,   423
     Hieb- und Stoßwaffen, vgl. § 1 Abs. 2 WaffG) sowie sämtliche sonstigen Gegenstände, die objektiv gefährlich sind (z. B. Baseballschläger, Bierflasche, Steine)
     und subjektiv zum Zweck der Gewaltanwendung mitgeführt werden.[1004]

Liegt eine friedliche Versammlung ohne Waffen vor, so gewährleistet Art. 8 Abs. 1 GG   424
den Grundrechtsträgern positiv das Recht zur **Organisation und Vorbereitung** der Versammlung (z. B. Werbung), „das **Selbstbestimmungsrecht über Ort, Zeitpunkt, Art und Inhalt** der Veranstaltung",[1005] die **An- und Abreise** sowie die **Leitung und Teilnahme** an

---

[1003] BVerfGE 69, 315 (361) (Hervorhebungen d. d. Verf.).
[1004] *Epping*, Grundrechte, Rn. 37. Keine Waffen i. S. v. Art. 8 Abs. 1 GG sind bloße Schutzgegenstände (z. B. Schutzbrillen, Helme, Gasmasken, Schutzschilder), sog. **passive Bewaffnung**, siehe *Pieroth/Schlink*, Grundrechte, Rn. 756.
[1005] BVerfGE 69, 315 (343) (Hervorhebungen d. d. Verf.). Hiervon umfasst ist auch das „**Recht zur Mitbenutzung der im Allgemeingebrauch stehenden Straße**", BVerfGE 73, 206 (249) (Hervorhebungen d. d. Verf.).

(nicht dagegen: Verhinderung) der Versammlung.[1006] Auch schützt Art. 8 Abs. 1 GG vor staatlichem Zwang, an einer öffentlichen Versammlung teilnehmen zu müssen, sog. **negative Versammlungsfreiheit.**[1007] Alle sonstigen (versammlungsunspezifischen) Verhaltensweisen der versammelten Personen (z. B. Meinungsäußerung) werden demgegenüber nicht von Art. 8 Abs. 1 GG, sondern vielmehr vom insofern ggf. eröffneten Schutzbereich anderer Grundrechte erfasst (z. B. Art. 5 Abs. 1 Satz 1 GG).[1008]

Beispiel 74[1009]

425   A betrat gemeinsam mit weiteren Aktivisten der „Initiative gegen Abschiebungen" den Terminal 1 des von der G-GmbH betriebenen Flughafens und verteilte dort Flugblätter zu einer bevorstehenden Abschiebung. Kurze Zeit später beendeten Mitarbeiter der G-GmbH die Aktion und erteilten A ein „Flughafenverbot". Die hiergegen von A vor den Zivilgerichten erhobene Klage wurde unter Hinweis auf das Hausrecht der G-GmbH abgewiesen. Mit ihrer Verfassungsbeschwerde rügt A nunmehr eine Verletzung ihres Grundrechts aus Art. 8 Abs. 1 GG. Die G-GmbH, deren Anteile sich zu 52 % in öffentlicher Hand und im Übrigen im privaten Streubesitz befinden, macht demgegenüber geltend, dass die Ausübung des Grundrechts der Versammlungsfreiheit eine Verfügungsbefugnis über den betreffenden Versammlungsort voraussetze, woran es der A im konkreten Fall jedoch fehle. Abweichendes ergebe sich auch nicht etwa daraus, dass sich im Flughafen vor den Sicherheitskontrollen eine Vielzahl von Läden und Serviceeinrichtungen sowie eine Reihe von Restaurants, Bars und Cafés befinden. Hat die G-GmbH mit ihrer Meinung Recht?

Nein. Art. 8 Abs. 1 GG gewährleistet nicht nur die Freiheit, an einer öffentlichen Versammlung teilzunehmen oder ihr fernzubleiben, sondern zugleich ein Selbstbestimmungsrecht u. a. über den Ort der Veranstaltung. Die Bürger sollen hierdurch selbst entscheiden können, wo sie ihr Anliegen am wirksamsten zur Geltung bringen können. Zwar verschafft die Versammlungsfreiheit damit kein Zutrittsrecht zu beliebigen Orten, die der Öffentlichkeit nicht allgemein zugänglich sind oder zu denen schon den äußeren Umständen nach nur zu bestimmten Zwecken Zugang gewährt wird (z. B. Schwimmbad, Krankenhaus). Doch verbürgt die Versammlungsfreiheit die Durchführung von Versammlungen dort, wo ein allgemeiner öffentlicher Verkehr eröffnet ist (z. B. auf innerörtlichen Straßen und Plätzen wie Fußgängerzonen). Nichts anderes gilt für Stätten außerhalb des öffentlichen Straßenraums, an denen in ähnlicher Weise ein öffentlicher Verkehr eröffnet ist und Orte der allgemeinen Kommunikation entstehen (z. B. Einkaufszentren). Auch die Verkehrsflächen solcher Einrichtungen können nicht von der Versammlungsfreiheit ausgenommen werden, soweit – wie hier wegen der mehr als hälftigen Beteiligung von öffentlichen Anteilseignern an der G-GmbH der Fall – gem. Art. 1 Abs. 3 GG eine unmittelbare Grundrechtsbindung besteht oder Private im

---

[1006] *Pieroth/Schlink*, Grundrechte, Rn. 766.
[1007] BVerfGE 69, 315 (343). Siehe auch Rn. 64 ff.
[1008] *Wilms*, Staatsrecht II, Rn. 772.
[1009] Nach BVerfG NJW 2011, S. 1201.

Wege der mittelbaren Drittwirkung in Anspruch genommen werden können. Die Kommunikationsfunktion der öffentlichen Straßen, Wege und Plätze wird heute nämlich zunehmend durch weitere Foren wie eben Ladenpassagen oder sonstige Begegnungsstätten ergänzt. Diese Voraussetzungen liegen in Bezug auf den hiesigen Terminal 1 vor, der als Ort des Flanierens und des Gesprächs, als Weg zum Einkaufen und zu Gastronomiebetrieben ausgestaltet ist. Die vor dem Sicherheitsbereich liegenden Verkehrsflächen sind ersichtlich als allgemein zugängliche öffentliche Foren ausgestaltet und stehen damit für Versammlungen grundsätzlich offen.

bb) Schutzwirkungen

In subjektiv-rechtlicher Hinsicht ist Art. 8 Abs. 1 GG als **Abwehrrecht** konzipiert, aus   426
dem sich **keinerlei originäre Leistungsrechte** ableiten lassen (etwa auf kostenlose Bereitstellung einer Stadthalle als Versammlungsort).[1010] Allerdings kann sich aus dem Grundrecht der Versammlungsfreiheit i. V. m. Art. 3 Abs. 1 GG ein **derivatives Teilhaberecht** ergeben (z. B. auf Zulassung zur entgeltlichen Benutzung der Stadthalle, welche die betreffende Gemeinde anderen Organisationen in der Vergangenheit bereits zur Verfügung gestellt hat).[1011] Objektiv-rechtlich legt Art. 8 Abs. 1 GG dem Staat die Pflicht auf, die Ausübung dieses Grundrechts vor Störungen durch Dritte zu **schützen** (z. B. vor gewalttätigen Gegendemonstranten) – und zwar unabhängig von ihrem (ggf. radikalen) Inhalt und erforderlichenfalls auch unter Heranziehungen von auswärtigen Polizeikräften im Wege der Vollzugs- und Amtshilfe.[1012] Ein Verbot der zuerst angemeldeten (Ausgangs-) Versammlung kommt demgegenüber nur unter den besonderen Voraussetzungen des polizeilichen Notstands als *ultima ratio* in Betracht.[1013] Besondere Bedeutung entfaltet Art. 8 Abs. 1 GG im Hinblick auf die **Verfahren**sgestaltung sowohl durch die Behörden – „je mehr die Veranstalter [...] zu einseitigen vertrauensbildenden Maßnahmen oder sogar zu einer demonstrationsfreundlichen Kooperation bereit sind, desto höher rückt die Schwelle für behördliches Eingreifen wegen Gefährdung der öffentlichen Sicherheit und Ordnung"[1014] – als auch die Gerichte. Letztere müssen, zumal unter Beachtung von Art. 19 Abs. 4 Satz 1 GG, nicht nur für einen angemessenen vorläufigen Rechtsschutz sorgen (vgl. § 80 Abs. 5 VwGO, § 32 BVerfGG), sondern auch die nachträgliche Kontrolle der Rechtmäßigkeit einer versammlungsrechtlichen Maßnahme ermöglichen, vgl. § 113 Abs. 1 Satz 4 VwGO.[1015] Schließlich verpflichtet Art. 8 Abs. 1 GG alle Behörden dazu, bei der Rechtsanwendung die wertsetzende Bedeutung des Grundrechts der Versammlungsfrei-

---

[1010] *Ipsen*, Staatsrecht II, Rn. 569. Siehe auch Rn. 68 ff.

[1011] *Hufen*, Staatsrecht II, § 30 Rn. 31. Siehe auch Rn. 72 f.

[1012] Es gilt der „**Prioritätsgrundsatz**, d. h. die früher angemeldete Versammlung genießt mit Blick auf das ,Ob' und das ,Wie' der Versammlung grundsätzlich Vorrang – es sei denn, dass etwa ein bestimmter Veranstaltungsort über Jahre hinweg ,blockiert' würde", *Papier/Krönke*, Grundkurs Öffentliches Recht 2, Rn. 340 m. w. N. (Hervorhebung im Original). Siehe auch Rn. 79 ff.

[1013] Vgl. BVerfGE 69, 315 (360 ff.); *Zippelius/Würtenberger*, Deutsches Staatsrecht, § 27 Rn. 12.

[1014] BVerfGE 69, 315 (357). Siehe auch Rn. 89 f.

[1015] *Hufen*, Staatsrecht II, § 30 Rn. 32; *Manssen*, Staatsrecht II, Rn. 514 ff. Zur **Fortsetzungsfeststellungsklage** nach § 113 Abs. 1 Satz 4 VwGO siehe *Wienbracke, Mike*, Verwaltungsprozessrecht,

heit zu berücksichtigen (**Ausstrahlungswirkung**; z. B. verfassungskonforme Auslegung von § 14 Abs. 1 VersammlG dahingehend, dass bei Eil- bzw. Spontanversammlungen nur eine kürzere Anmeldefrist als 48 Stunden einzuhalten ist bzw. es überhaupt keiner Anmeldung der Versammlung bedarf; so jetzt auch Art. 13 Abs. 3, 4 BayVersG).[1016]

c) Grundrechtskonkurrenzen

427　Während Art. 8 Abs. 1 GG der allgemeinen Handlungsfreiheit des **Art. 2 Abs. 1 GG** als *lex specialis* vorgeht, besteht im Verhältnis der Versammlungsfreiheit zu den **übrigen Freiheitsgrundrechten** regelmäßig Idealkonkurrenz.[1017] Insbesondere das Grundrecht auf Meinungsfreiheit (**Art. 5 Abs. 1 Satz 1 GG**) ist neben Art. 8 Abs. 1 GG anwendbar.[1018] Im Einzelnen gilt insoweit: „Staatliche **Beschränkungen des Inhalts** und der Form **einer Meinungsäußerung** betreffen den Schutzbereich des **Art. 5 Abs. 1 GG** [...]. Demgegenüber schützt **Art. 8 Abs. 1 GG** die Freiheit, mit anderen Personen zum Zwecke einer gemeinschaftlichen, auf die Teilhabe an der öffentlichen Meinungsbildung gerichteten Erörterung oder Kundgebung örtlich zusammenzukommen. Der Schutzbereich dieser Grundrechtsnorm ist betroffen, wenn eine Versammlung verboten oder aufgelöst oder die **Art und Weise ihrer Durchführung** durch staatliche Maßnahmen **beschränkt** wird."[1019]

Beispiel 75[1020]

428　Nachdem der Landesverband der P-Partei am 1. Februar die Durchführung eines Aufzugs mit Kundgebung unter dem Motto „Stoppt den Moscheebau" für den 1. April bei der zuständigen Versammlungsbehörde angemeldet hatte, verbot diese unter Anordnung der sofortigen Vollziehung mit Bescheid vom 1. März die Durchführung der Versammlung sowie jeder Ersatzveranstaltung an diesem oder an einem anderen Tag innerhalb ihres Zuständigkeitsbereichs. Zur Begründung verwies die Behörde darauf, dass die öffentliche Ordnung i. S. v. § 15 Abs. 1 VersammlG unmittelbar und erheblich gefährdet sei durch

---

Heidelberg 2009, Rn. 110 ff. Dort (Rn. 263 ff.) auch zum **vorläufigen Rechtsschutz** nach § 80 Abs. 5 VwGO.

[1016] *Sachs*, Verfassungsrecht II, B 8 Rn. 29. Zur **mittelbaren Drittwirkung** von Art. 8 Abs. 1 GG **im Privatrecht** vgl. Rn. 84 f. und BVerfG, NJW 2011, S. 1201 (1204).

[1017] *Hufen*, Staatsrecht II, Rn. 16 f.; *Sachs*, Verfassungsrecht II, B 8 Rn. 27. Speziell zum Verhältnis zu **Art. 4 Abs. 1, 2 GG** siehe Rn. 458, zu **Art. 5 Abs. 3 GG** siehe Rn. 489 und zu **Art. 9 Abs. 3 GG** siehe Rn. 350.

[1018] BVerfGE 82, 236 (258). Siehe auch Rn. 383.

[1019] BVerfGE 111, 147 (154 f.) (Hervorhebungen d. d. Verf.). Siehe auch BVerfGE 111, 147 (155), wonach „der Inhalt einer Meinungsäußerung, der im Rahmen des Art. 5 GG nicht unterbunden werden darf, [...] auch nicht zur Rechtfertigung von Maßnahmen herangezogen werden [darf], die das Grundrecht des Art. 8 GG beschränken". In Konsequenz dessen prüft BVerfGE 124, 300 (317, 319, 341) „**Art. 8 Abs. 1 in Verbindung mit Art. 5 Abs. 1 GG**". Zu dieser „parallele[n]' **Anwendung** von Versammlungsfreiheit und Meinungsfreiheit" siehe *Papier/Krönke*, Grundkurs Öffentliches Recht 2, Rn. 335 (Hervorhebungen z. T. im Original).

[1020] Nach BVerfGE 111, 147; BVerfG, NJW 2001, S. 2069 und 2072.

a) den Inhalt der zu erwartenden Äußerungen;

b) das geplante Mitführen von sog. „Landsknechtstrommeln" und schwarzen Fahnen sowie das angekündigte Marschieren in Marschordnung im Gleichschritt des Trommelschlags der einheitlich uniformierten Versammlungsteilnehmer.

Die staatliche Beschränkungen des Inhalts einer Meinungsäußerung in Fall a) betrifft allein den Schutzbereich des Grundrechts aus Art. 5 Abs. 1 Satz 1 GG. Entsprechend beantwortet sich die Frage nach ihrer verfassungsrechtlichen Rechtfertigung nach den Schranken des Art. 5 Abs. 2 GG. Dies gilt auch dann, wenn die Äußerung – wie hier – in einer oder durch eine Versammlung erfolgt.

Demgegenüber erfolgt in Fall b) die Beurteilung der rechtlichen Grenzen im Hinblick auf die Art der Kundgabe in Form einer Versammlung (Erzeugung eines Einschüchterungseffekts sowie eines Klimas der Gewaltbereitschaft) nicht am Maßstab der Meinungsfreiheit, sondern vielmehr an dem der Versammlungsfreiheit des Art. 8 GG.

2. Eingriff

Ebenso wie bei allen anderen Grundrechten der Fall, können die Grundrechtsverpflichteten auch in den Schutzbereich der Versammlungsfreiheit nicht nur **regelnd**, sondern ebenfalls faktisch eingreifen.[1021] Beispiele für Eingriffe der erstgenannten Kategorie sind das Versammlungsverbot (§ 15 Abs. 1, 2 VersammlG), die Auflösung einer Versammlung (§ 15 Abs. 3, 4 VersammlG), Anmelde- (§ 14 VersammlG) und Erlaubnispflichten (vgl. Art. 8 Abs. 1 GG) sowie staatliche Beschränkungen der Art und Weise der Durchführung einer Versammlung (z. B. Auflagen gem. § 15 Abs. 1 VersammlG).[1022] Als **faktische** Behinderungen einer Versammlung zu nennen sind etwa sog. Gefährderanschreiben, die Behinderung von Anfahrten zur Versammlung (z. B. bewusst schleppend durchgeführte vorbeugende Kontrollen), die beiderseitige Begleitung eines Demonstrationszugs durch mit Einsatzanzug, Helm und Schlagstock ausgerüstete Polizeibeamte, die Einkesselung der Versammlung und exzessive Observationen und Registrierungen.[1023] Namentlich begründen polizeiliche Bildaufnahmen des Versammlungsgeschehens (§ 12a VersammlG) für die Teilnehmer das Bewusstsein, dass ihre Teilnahme festgehalten wird; dies wiederum kann Einschüchterungswirkungen haben: „Denn wer damit rechnet, dass die Teilnahme an einer Versammlung behördlich registriert wird und dass ihm dadurch persönliche

429

[1021] *Manssen*, Staatsrecht II, Rn. 493. Siehe auch Rn. 120 ff.

[1022] BVerfG, NVwZ RR 2010, S. 625 (626) m. w. N.; *Sachs*, Verfassungsrecht II, B 8 Rn. 15. Mangels Existenz eines Hauptverwaltungsakts handelt es sich bei der „**Auflage**" nach § 15 Abs. 1 VersammlG **nicht** um eine solche **i. S. v. § 36 Abs. 2 Nr. 4 VwVfG**, siehe *Stelkens, Ulrich*, in: ders./Bonk/Sachs, VwVfG, 7. Auflage, München 2008, § 36 Rn. 3 m. w. N. und vgl. *Wienbracke, Mike*, Allgemeines Verwaltungsrecht, 3. Auflage, Heidelberg 2012, Rn. 87.

[1023] BVerfGE 69, 315 (349); *Hufen*, Staatsrecht II, § 30 Rn. 18 f; *Pieroth/Schlink*, Grundrechte, Rn. 76.

Risiken entstehen können, wird möglicherweise auf die Ausübung seines Grundrechts verzichten."[1024]

3. Verfassungsrechtliche Rechtfertigung

a) Schranken

430   Gem. **Art. 8 Abs. 2 GG** kann das Grundrecht aus Art. 8 Abs. 1 GG für **Versammlungen „unter freiem Himmel"** durch Gesetz oder auf Grund eines Gesetzes beschränkt werden. „Damit trägt die Verfassung dem Umstand Rechnung, daß für die Ausübung der Versammlungsfreiheit unter freiem Himmel wegen der Berührung mit der Außenwelt [Konfliktpotenzial[1025]] ein besonderer, namentlich organisationsrechtlicher und verfahrensrechtlicher Regelungsbedarf besteht, um einerseits die realen Voraussetzungen für die Ausübung zu schaffen, andererseits kollidierende Interessen anderer hinreichend zu wahren."[1026] Entsprechend dieser Zielsetzung (*Telos*) ist Art. 8 Abs. 2 GG entgegen dem allgemeinen Sprachgebrauch daher nicht etwa i. d. S. auszulegen, dass es für das Merkmal „unter freiem Himmel" auf die fehlende Überdachung der Versammlung („nach oben"), d. h. die Möglichkeit des Nasswerdens der Teilnehmer durch Regen, ankäme.[1027] Vielmehr gilt:

431   ▸   Eine Versammlung findet dann i. S. v. Art. 8 Abs. 2 GG **„unter freiem Himmel"** statt, wenn sie zu den Seiten hin räumlich nicht begrenzt ist.[1028]

Beispiel 76[1029]

432   Das Aktionsbündnis „Soziale Gerechtigkeit Jetzt!" veranstaltete auf dem überdachten Wartesteig eines Busbahnhofs eine Kundgebung unter dem Motto „Bürgergeld für alle – weg mit Hartz IV".

Ungeachtet der vorhandenen Überdachung handelt es sich bei dieser Versammlung gleichwohl um eine solche „unter freiem Himmel" i. S. v. Art. 8 Abs. 2 GG, da keine seitlichen Zugangsbeschränkungen existieren.

[1024] BVerfGE 122, 342 (369).

[1025] I. S. v. „Emotionalisierungen der durch eine Versammlung herausgeforderten Auseinandersetzung" (Gegenreaktionen beim allgemeinen Publikum), siehe BVerfGE 128, 226 (255).

[1026] BVerfGE 69, 315 (348).

[1027] Vgl. BVerfGE 128, 226 (255); *Ipsen*, Staatsrecht II, Rn. 570; *Pieroth/Schlink*, Grundrechte, Rn. 764; *Sodan/Ziekow*, Grundkurs Öffentliches Recht, § 36 Rn. 7.

[1028] Statt vieler vgl. *Sodan/Ziekow*, Grundkurs Öffentliches Recht, § 36 Rn. 7. Siehe aber auch *Papier/Krönke*, Grundkurs Öffentliches Recht 2, Rn. 338 unter Hinweis BVerfGE 128, 226 (256), denen zufolge eine Versammlung dann „unter freien Himmel" stattfinde, wenn sie **nicht „von der Allgemeinheit abgeschirmt"** sei, sondern „in der unmittelbaren Auseinandersetzung mit einer unbeteiligten Öffentlichkeit" stattfinde.

[1029] Nach *Epping*, Grundrechte, Rn. 44; *Wilms*, Staatsrecht II, Rn. 786.

In Bezug auf öffentliche, d. h. jedermann zugängliche,[1030] Versammlungen unter frei-   433
em Himmel und Aufzüge hat v. a. der Bundesgesetzgeber[1031] mit den §§ 14 bis 20 VersammlG von dem einfachen Gesetzesvorbehalt des Art. 8 Abs. 2 GG Gebrauch gemacht,
die bzgl. versammlungsspezifischer Gefahren dem allgemeinen Polizei- und Ordnungsrecht (und dem Straßenverkehrsrecht) als *leges speciales* vorgehen, sog. **Polizeifestigkeit**
der Versammlung.[1032]

Verfassungsrechtlicher Gegenbegriff zur Versammlung „unter freiem Himmel" ist die-   434
jenige „**in geschlossenen Räumen**" (z. B. in Hinterzimmern von Gaststätten), welche sich
gerade dadurch auszeichnet, dass der Zugang zu ihr aufgrund seitlicher Begrenzungen
(z. B. Mauern) nur durch Eingänge möglich ist.[1033] Beschränkungen von solchen Versammlungen werden nicht mehr durch Art. 8 Abs. 2 GG gedeckt.[1034] Vielmehr unterliegen
diese allein **verfassungsimmanenten Schranken** (Ausnahme: Art. 17a GG), d. h. nur kollidierendes Verfassungsrecht (z. B. Leben und körperliche Unversehrtheit, Art. 2 Abs. 2
Satz 1 GG) vermag einen diesbezüglichen Grundrechtseingriff zu rechtfertigen, siehe auch
die entsprechenden einfachgesetzlichen Konkretisierungen in §§ 5 bis 13 VersammlG
betreffend öffentliche Versammlungen in geschlossenen Räumen.[1035]

Beispiel 77[1036]

Aufgrund eines anonymen Warnhinweises, dass in kurzer Zeit eine Bombe in dem nicht   435
überdachten Fußballstadion des 1. FC explodieren wird, löst die Polizei die dort gerade
stattfindende Parteiveranstaltung gem. § 13 Abs. 1 Nr. 2 2. Alt. VersammlG auf. Ist diese
Maßnahme verfassungsgemäß? § 13 Abs. 1 Nr. 2 2. Alt. VersammlG lautet: „Die Polizei
[…] kann die Versammlung nur dann […] auflösen, wenn […] unmittelbare Gefahr
für Leben und Gesundheit der Teilnehmer besteht."

Ja. Der Eingriff in das Grundrecht der Versammlungsteilnehmer aus Art. 8 Abs. 1 GG
ist verfassungsrechtlich gerechtfertigt. Zwar greift im Hinblick auf die von der hiesigen
Polizeimaßnahme betroffene Versammlung der Gesetzesvorbehalt des Art. 8 Abs. 2 GG
nicht Platz. Denn aufgrund deren seitlicher Begrenzung durch die Stadionmauern han-

---

[1030] *Pieroth/Schlink*, Grundrechte, Rn. 770.

[1031] Vgl. Art. 74 Abs. 1 Nr. 3 a. F. („das Vereins- und Versammlungsrecht") und **Art. 125a Abs. 1 GG**.
Seit der im Rahmen der Föderalismusreform 2006 erfolgten Neufassung von Art. 74 Abs. 1 Nr. 3 GG
gehört das Versammlungsrecht gem. Art. 70 Abs. 1 GG in den Bereich der **Landesgesetzgebungs-
kompetenz**, vgl. z. B. das BayVersG.

[1032] *Hufen*, Staatsrecht II, § 30 Rn. 22; *Wilms*, Staatsrecht II, Rn. 789 m. w. N.; *Zippelius/Würtenberger*,
Deutsches Staatsrecht, § 27 Rn. 13. **A. A.** *Pieroth/Schlink*, Grundrechte, Rn. 770: qualifizierter Gesetzesvorbehalt. „Allerdings kann bei Vorliegen der Voraussetzungen des § 15 VersammlG aus
Verhältnismäßigkeitsgründen ein Rückgriff auf polizeiliche Standardmaßnahmen als ‚**Minusmaß-
nahmen**' zulässig oder gar geboten sein", *Sodan/Ziekow*, Grundkurs Öffentliches Recht, § 36 Rn. 8.

[1033] *Jarass*, in: ders./Pieroth, GG, Art. 8 Rn. 17.

[1034] *Pieroth/Schlink*, Grundrechte, Rn. 772.

[1035] *Detterbeck*, Öffentliches Recht, Rn. 439; *Sodan/Ziekow*, Grundkurs Öffentliches Recht, § 36
Rn. 11. Siehe auch Rn. 153 ff.

[1036] Nach *Pieroth/Schlink*, Grundrechte, Rn. 773; *Wilms*, Staatsrecht II, Rn. 786.

delt es sich bei der vorliegenden Versammlung trotz der fehlenden Überdachung nicht um eine solche „unter freiem Himmel", sondern vielmehr um eine „in geschlossenen Räumen", welche allein verfassungsimmanenten Schranken unterliegt. Doch dient die von der Polizei gem. § 13 Abs. 1 Nr. 2 2. Alt. VersammlG verfügte Versammlungsauflösung gerade dem Schutz des Lebens und der Gesundheit der Versammlungsteilnehmer und damit einem von den verfassungsimmanenten Schranken umfassten Gut von Verfassungsrang, siehe Art. 2 Abs. 2 Satz 1 GG.

436   Einfachgesetzliche Beschränkungsmöglichkeiten der Versammlungsfreiheit[1037]

Versammlung	Öffentlich	Nicht-öffentlich
In geschlossenem Raum	§§ 5–13 VersammlG	I. d. R. allg. Polizei- und OrdnungsR[1038]
Unter freiem Himmel	§§ 14–20 VersammlG	I. d. R. allg. Polizei- und OrdnungsR

b) Schranken-Schranken

437   Macht der Gesetzgeber von den in Bezug auf Art. 8 Abs. 1 GG bestehenden Grundrechtsschranken Gebrauch, so unterliegt er auch insoweit dem **Verhältnismäßigkeitsgrundsatz** als allgemeiner Schranken-Schranke (Rn. 186 ff.). Aus diesem folgt speziell für die Auslegung und Anwendung von § 15 Abs. 1 VersammlG („Die zuständige Behörde kann die Versammlung […] verbieten […], wenn […] die öffentliche Sicherheit oder Ordnung […] unmittelbar gefährdet ist"), dass eine öffentliche Versammlung **unter freiem Himmel** allein zum Schutz wichtiger Gemeinschaftsgüter (z. B. körperliche Unversehrtheit, Art. 2 Abs. 2 Satz 1 GG) verboten werden darf („Wechselwirkung"[1039]) – und dies auch und nur bei deren unmittelbarer, „aus erkennbaren Umständen herleitbaren Gefährdung"; bloße Bedrohungen der öffentlichen Ordnung (z. B. Empfindlichkeiten ausländischer Politiker) genügen insofern grundsätzlich nicht.[1040] Zudem ist das Verbot bzw. die Auflösung einer Versammlung als *ultima ratio* nur dann erforderlich, wenn das insofern mildere Mittel der

---

[1037] Zum Schaubild vgl. auch *Manssen*, Staatsrecht II, Rn. 495, 510. Die **raumbezogene Abgrenzung** nach Art. 8 Abs. 2 GG („in geschlossenen Räumen" bzw. „unter freiem Himmel") darf dabei nicht verwechselt werden mit der **die Zugänglichkeit betreffenden Abgrenzung** zwischen „öffentlichen" und „nicht-öffentlichen" Versammlungen, welche für das VersammlG von Bedeutung ist, siehe *Pieroth/Schlink*, Grundrechte, Rn. 765. Ob es allerdings die Konstellation einer nicht-öffentlichen Versammlung unter freiem Himmel geben kann, ist fraglich.

[1038] Wegen des Fehlens eines geschriebenen Gesetzesvorbehalts für Versammlungen in geschlossenen Räumen ist das allgemeine Polizei- und Ordnungsrecht auf diese nur insoweit anwendbar, als es **verfassungsimmanente Schranken konkretisiert**, siehe *Lembke*, JuS 2005, S. 984 (987) unter Hinweis auf BVerwG, NVwZ 1999, S. 991 (992).

[1039] *Stein/Frank*, Staatsrecht, § 39 III 1.

[1040] BVerfGE 69, 315 (354). Siehe auch BVerfG, NJW 2001, S. 2072 (2074); 2007, S. 2172 (2173); *Zippelius/Würtenberger*, Deutsches Staatsrecht, § 27 Rn. 18. Demgegenüber scheidet die **öffentliche Ordnung** „jedenfalls nicht grundsätzlich als Schutzgut für eine Einschränkung des Versammlungsrechts unterhalb der Schwelle eines Versammlungsverbots aus" (z. B. **Auflage**, die grundsätzlich erlaubte Versammlung um einen Tag zu verlegen), siehe BVerfG, NJW 2001, S. 1409 (1410). Allerdings kann „eine Äußerung, die nach Art. 5 Abs. 2 GG nicht unterbunden werden darf […], auch

Auflagenerteilung ausgeschöpft ist und rückt die Schwelle für ein derartiges Eingreifen umso höher, je mehr der Veranstalter zu vertrauensbildenden Maßnahmen oder sogar zu einer
Kooperation bereit ist.[1041]

Veranstaltungen radikaler Parteien können nicht allein schon unter Hinweis auf deren   438
mögliche Verfassungswidrigkeit verboten werden. Vielmehr entfaltet das Parteienprivileg
des Art. 21 Abs. 2 Satz 2 GG insoweit eine Sperrwirkung auch gegenüber den Versamm-
lungsbehörden.[1042] „Extremismus allein ist kein Verbotsgrund, solange sich die Betätigung
im Rahmen der für alle geltenden Gesetze hält",[1043] u. a. § 86 StGB (Verbreiten von Propa-
gandamitteln verfassungswidriger Organisationen), § 86a StGB (Verwenden von Kennzeichen verfassungswidriger Organisationen) und § 130 StGB (Volksverhetzung). Vielmehr
ist „zu berücksichtigen, dass Art. 8 GG auch ein Minderheitenschutzrecht enthält, so dass
es besonders problematisch ist, die Versammlung und das Verhalten der Versammlungsteilnehmer vorrangig an den sozialen Anschauungen der Mehrheit zu messen."[1044]

Beispiel 78[1045]

In Beispiel 75 b) kommt zur Abwehr der von den Begleitumständen der Versamm-   439
lung ausgehenden Gefahr für die öffentliche Ordnung unter Berücksichtigung des
Grundsatzes der Verhältnismäßigkeit in erster Linie das gegenüber einem vollstän-
digen Versammlungsverbot mildere Mittel der versammlungsrechtlichen Auflage in
Betracht (z. B. Untersagung des Mitführens von Fahnen und Trommeln sowie des Tra-
gens von Uniformen). Nur wenn diese zur Gefahrenabwehr nicht ausreichen, kann die
Versammlung verboten werden.

Hinsichtlich Beschränkungen von Versammlungen **in geschlossenen Räumen** gebietet   440
es der Verhältnismäßigkeitsgrundsatz schließlich, einen möglichst schonenden Ausgleich
zwischen dem Grundrecht des Art. 8 Abs. 1 GG einerseits und den hiermit kollidierenden
Gütern von Verfassungsrang andererseits im Einzelfall herzustellen, sog. praktische Konkordanz.[1046]

III. Glaubens- und Gewissensfreiheit, Art. 4 Abs. 1, 2 GG

Seinem Wortlaut nach enthält Art. 4 GG fünf Grundrechte: das der Glaubens-, Gewissens-   441
und Bekenntnisfreiheit (jeweils **Art. 4 Abs. 1 GG**), der Religionsausübungsfreiheit (**Art. 4**

---

nicht Anlass für versammlungsbeschränkende Maßnahmen nach Art. 8 Abs. 2 GG sein", BVerfG,
NJW 2001, S. 2069 (2070).
[1041] BVerfGE 69, 315 (353, 357). Siehe auch Rn. 426.
[1042] Vgl. BVerfG, NJW 2001, S. 2076 (2077). **A. A.** OVG Münster, NJW 2001, S. 2111, 2113, 2114,
2986.
[1043] *Epping*, Grundrechte, Rn. 64.
[1044] BVerfG, NJW 2001, S. 2072 (2074). Siehe auch Rn. 388.
[1045] Nach BVerfG NJW 2001, S. 2069 und 2072.
[1046] *Epping*, Grundrechte, Rn. 91. Siehe auch Rn. 153.

Abs. 2 GG) und das auf Kriegsdienstverweigerung (**Art. 4 Abs. 3 GG**).[1047] Bei einem derartigen Textverständnis würden allerdings ungerechtfertigte Schutzlücken entstehen: So spricht beispielsweise Art. 4 Abs. 2 GG trotz der Gleichsetzung von Glauben und Gewissen u. a. in Art. 4 Abs. 1 GG nur von der freien Religionsausübung, nicht aber auch von der freien Gewissensbetätigung, welche nach Art. 4 Abs. 3 Satz 1 GG allein in Gestalt der Kriegsdienstverweigerung geschützt zu sein scheint.[1048] Nicht zuletzt deshalb fasst das BVerfG Art. 4 Abs. 1, 2 GG als einheitliches Grundrecht der **Glaubensfreiheit** auf.[1049] „Das Grundrecht der ungestörten Religionsausübung (Art. 4 Abs. 2 GG) ist […] im Begriff der Glaubens- und Bekenntnisfreiheit (Art. 4 Abs. 1 GG) enthalten. Dieser Begriff umfaßt […] – gleichgültig, ob es sich um ein religiöses Bekenntnis oder eine religionsfremde oder religionsfreie Weltanschauung handelt – nicht nur die innere Freiheit, zu glauben oder nicht zu glauben […], sondern ebenso die Freiheit des kultischen Handelns.“[1050] Von den neben der Glaubensfreiheit noch bestehenden weiteren Grundrechten der **Gewissensfreiheit** und der Kriegsdienstverweigerung[1051] wird nachfolgend allein Ersteres behandelt.

1. Schutzbereich

a) Persönlicher Schutzbereich

442 Art. 4 Abs. 1, 2 GG ist in persönlicher Hinsicht nicht näher eingeschränkt, sodass sich unabhängig von ihrer Staatsangehörigkeit jede **natürliche Person** auf die mithin als Menschenrecht zu qualifizierende (sog. individuelle) **Glaubensfreiheit** berufen kann.[1052] Darüber hinaus ist dieses Grundrecht gem. Art. 19 Abs. 3 GG ebenfalls auf **juristische Personen des Privatrechts** anwendbar (z. B. konfessionelles Krankenhaus in privatrechtlicher Organisationsform), „wenn ihr Zweck die Pflege oder Förderung eines religiösen oder weltanschaulichen Bekenntnisses ist"; eine daneben etwaig auch vorhandene ökonomische Betätigung ist solange unschädlich, als „die ideellen Zielsetzungen […] nicht nur als Vorwand für wirtschaftliche Aktivitäten" dienen.[1053] Diese sog. kollektive Glaubensfreiheit (Rn. 453) erstreckt sich ferner auf Religions- und Weltanschauungsgemeinschaften mit dem Status

---

[1047] *Detterbeck*, Öffentliches Recht, Rn. 374. Vgl. auch *Tillmanns*, Jura 2004, S. 619 (620).

[1048] *Pieroth/Schlink*, Grundrechte, Rn. 545.

[1049] BVerfGE 108, 282 (297) m. w. N.

[1050] BVerfGE 24, 236 (245).

[1051] *Detterbeck*, Öffentliches Recht, Rn. 374. **A. A.** *Katz*, Staatsrecht, Rn. 724: Art. 4 Abs. 3 GG sei „Teil" v. a. der Gewissensfreiheit. Die **Wehrpflicht** wurde durch das WehrRÄndG 2011 vom 28.4.2011 (BGBl. I 2011, S. 678) **ausgesetzt.**

[1052] *Epping*, Grundrechte, Rn. 299. Zu **Minderjährigen** vgl. § 5 Satz 1 RelKErzG und Rn. 586.

[1053] BVerfGE 105, 279 (293) m. w. N. Nach *Zippelius/Würtenberger*, Deutsches Staatsrecht, § 26 Rn. 9 folge die kollektive Glaubensfreiheit – ebenso wie die individuelle – dagegen bereits unmittelbar aus dem i. d. S. „**Doppelgrundrecht**" des Art. 4 Abs. 1, 2 GG, sodass es insoweit keines Rückgriffs mehr auf Art. 19 Abs. 3 GG (Rn. 35 ff.) bedürfe. Vgl. auch BVerfGE 125, 39 (74) m. w. N. Relevant wird dieser Meinungsstreit bei ausländischen juristischen Personen, vgl. BVerfG, NVwZ 2008, S. 670 und Rn. 317 f. zu **Art. 9 GG.**

einer **Körperschaft des öffentlichen Rechts** i. S. v. Art. 140 GG i. V. m. Art. 137 Abs. 5 WRV (siehe Beispiel 106). Denn „anders als andere juristische Personen des öffentlichen Rechts, die öffentliche Aufgaben wahrnehmen" sind namentlich die christlichen Kirchen „ungeachtet ihrer Anerkennung als Körperschaften des öffentlichen Rechts dem Staat in keiner Weise inkorporiert, also auch nicht im weitesten Sinn ‚staatsmittelbare' Organisationen oder Verwaltungseinrichtungen. Ihre wesentlichen Aufgaben, Befugnisse, Zuständigkeiten sind originäre und nicht vom Staat abgeleitete. Sie können also unbeschadet ihrer besonderen Qualität wie der Jedermann dem Staat ‚gegenüber' stehen, eigene Rechte gegen den Staat geltend machen."[1054] Sofern sie in bestimmten Teilbereichen dagegen selbst öffentliche Gewalt ausüben (z. B. Kirchensteuererhebung, vgl. Art. 140 GG i. V. m. Art. 137 Abs. 6 WRV), sind die öffentlich-rechtlich organisierten Religions- und Weltanschauungsgemeinschaften – ebenso wie beliehene Private – an die Grundrechte gebunden.[1055] Im Ergebnis können sie daher sowohl Grundrechtsträger als auch -adressaten sein.[1056]

Demgegenüber ist das Grundrecht der **Gewissenfreiheit** auf natürliche Personen beschränkt; wegen seines höchstpersönlichen Charakters ist es auf juristische Personen nicht i. S. v. Art. 19 Abs. 3 GG „seinem Wesen nach" anwendbar.[1057]   443

b) Sachlicher Schutzbereich

aa) Schutzgut

Schutzgut des einheitlichen Grundrechts aus Art. 4 Abs. 1, 2 GG (Rn. 441) ist der „Glaube",   444
der als Obergriff die dort zudem noch genannten Begriffe **„Religion"** und **„Weltanschauung"** mit umfasst;[1058] es ist eines der ältesten Menschenrechtsverbürgungen überhaupt.[1059]

▸   **„Glaube"** i. S. v. Art. 4 Abs. 1 GG ist die Überzeugung des Einzelnen „von der Stel-   445
      lung des Menschen in der Welt und seine Beziehungen zu höheren Mächten
      [sog. transzendentaler Bezug] und tieferen Seiensschichten."[1060]

Während das BVerfG ursprünglich davon ausging, dass das Grundgesetz nicht „ir-   446
gendeine, wie auch immer geartete freie Betätigung des Glaubens schützen [will], sondern nur diejenige, die sich bei den heutigen **Kulturvölkern** auf dem Boden gewisser übereinstimmender sittlicher Grundanschauungen im Laufe der geschichtlichen Entwicklung herausgebildet hat" (z. B. Christentum, Islam, Judentum),[1061] ist es von dieser Linie nachfolgend wieder **abgerückt**. „Der ‚ethische Standard' des Grundgesetzes ist vielmehr die

---

[1054] BVerfGE 42, 312 (321 f.); 70, 138 (161). Vgl. auch BVerfGE 102, 370 (387 f.) und siehe Rn. 53.

[1055] *Pieroth/Schlink*, Grundrechte, Rn. 563. Siehe auch Rn. 107.

[1056] *Hufen*, Staatsrecht II, § 22 Rn. 19.

[1057] *Wilms*, Staatsrecht II, Rn. 541. Offen gelassen von BVerfG, NJW 1990, S. 241. Siehe auch Rn. 44 ff.

[1058] *Sodan/Ziekow*, Grundkurs Öffentliches Recht, § 31 Rn. 2. Näher zu diesen BVerwGE 90, 112 (115 f.). Eine **Abgrenzung erübrigt sich** daher, siehe *Jarass*, in: ders./Pieroth, GG, Art. 4 Rn. 7.

[1059] *Ipsen*, Staatsrecht II, Rn. 376. Siehe auch Rn. 2.

[1060] *Manssen*, Staatsrecht II, Rn. 301; *Stein/Frank*, Staatsrecht, § 32 II 1 a).

[1061] BVerfGE 12, 1 (4) (Hervorhebung d. d. Verf.).

Offenheit gegenüber dem Pluralismus weltanschaulich-religiöser Anschauungen angesichts eines Menschenbildes, das von der Würde des Menschen und der freien Entfaltung
der Persönlichkeit in Selbstbestimmung und Eigenverantwortung bestimmt ist.“[1062] „Die
Glaubensfreiheit ist [daher] nicht nur den Mitgliedern anerkannter Kirchen und Religionsgemeinschaften, sondern auch den Angehörigen anderer religiöser Vereinigungen
gewährleistet [z. B. Sekten]. Auf die **zahlenmäßige Stärke** einer derartigen Gemeinschaft
oder ihre **soziale Relevanz** kommt es **nicht** an. Das folgt aus dem für den Staat verbindlichen Gebot weltanschaulich-religiöser Neutralität und dem Grundsatz der Parität der
Kirchen und Bekenntnisse.“[1063] Gleichfalls ist es dem Staat verwehrt, „Glaubensüberzeugungen seiner Bürger zu bewerten oder gar als ‚richtig‘ oder ‚falsch‘ zu bezeichnen“,[1064]
sodass **auch vereinzelt auftretende Glaubensüberzeugungen**, welche von den „offiziellen“
Lehren der Kirchen und Religionsgemeinschaften abweichen, dem sachlichen Schutzbereich des Art. 4 Abs. 1, 2 GG unterfallen können.[1065]

447 Der hieraus sich ergebenden Gefahr einer Konturlosigkeit des Grundrechts der Glaubensfreiheit sucht das BVerfG dadurch entgegenzutreten, dass „**nicht allein** die Behauptung und das **Selbstverständnis**, eine Gemeinschaft bekenne sich zu einer Religion und
sei eine Religionsgemeinschaft, für diese und ihre Mitglieder die Berufung auf die Freiheitsgewährleistung des Art. 4 Abs. 1 und 2 GG“ rechtfertigt; „vielmehr muß es sich auch
tatsächlich, nach **geistigem Gehalt und äußerem Erscheinungsbild**, um eine Religion
und Religionsgemeinschaft handeln“ (Kriterien: aktuelle Lebenswirklichkeit, Kulturtradi-
tion und allgemeines wie auch religionswissenschaftliches Verständnis).[1066]

448 Sind die Merkmale des Glaubensbegriffs im konkreten Fall erfüllt, so schützt Art. 4
Abs. 1, 2 GG „nicht nur die (innere) Freiheit zu glauben oder nicht zu glauben [sog. *forum
internum*], sondern auch die äußere Freiheit, den Glauben zu manifestieren, zu bekennen
und zu verbreiten [sog. *forum externum*].“[1067] Zu Letzterem gehören „nicht nur kulti-
sche Handlungen und Ausübung sowie Beachtung religiöser Gebräuche wie Gottesdienst,
Sammlung kirchlicher Kollekten, Gebete, Empfang der Sakramente, Prozession, Zeigen
von Kirchenfahnen, Glockengeläute, sondern auch religiöse Erziehung, freireligiöse und
atheistische Feiern sowie andere Äußerungen des religiösen und weltanschaulichen Lebens.“[1068]

[1062] BVerfGE 41, 29 (50).
[1063] BVerfGE 32, 98 (106) (Hervorhebungen d. d. Verf.).
[1064] BVerfGE 33, 23 (30).
[1065] *Pieroth/Schlink*, Grundrechte, Rn. 551.
[1066] BVerfGE 83, 341 (353) (Hervorhebungen d. d. Verf.). Siehe auch *Pieroth/Schlink*, Grundrechte,
Rn. 552.
[1067] BVerfGE 32, 98 (106); *Hufen*, Staatsrecht II, § 22 Rn. 10, der auf die insoweit bestehende Parallele zum „**Werk- und Wirkbereich**“ bei Art. 5 Abs. 3 GG (Rn. 481) hinweist. Der Umkehrschluss,
dass über die in Art. 4 Abs. 2 und 3 GG explizit genannten Verhaltensweisen hinaus nur das *forum
internum* geschützt würde, wäre daher unzutreffend, siehe *Michael/Morlok*, Grundrechte, Rn. 184.
[1068] BVerfGE 24, 236 (246).

Über diese spezifisch glaubensbezogenen Handlungen hinaus gehört nach der Recht-   449
sprechung des BVerfG allerdings auch „das Recht des Einzelnen, sein **gesamtes Verhalten**
an den Lehren seines Glaubens auszurichten und seiner inneren Glaubensüberzeugung gemäß zu handeln", zu der grundrechtlich geschützten Glaubensfreiheit. „Dies betrifft nicht
nur imperative Glaubenssätze, sondern auch solche religiösen Überzeugungen, die ein Verhalten als das zur Bewältigung einer Lebenslage richtige bestimmen."[1069] Hierdurch soll
verhindert werden, dass der Einzelne in Konflikt zwischen den Geboten des Staates und
denen seines Glaubens gerät und hieran womöglich zerbricht.[1070] Im Hinblick auf die damit abermals drohende Konturlosigkeit des sachlichen Schutzbereichs von Art. 4 Abs. 1,
2 GG („aus jedem beliebigen Handlungsakt wird ein Glaubensakt, aus jeder Meinungs-
frage eine Glaubensfrage"[1071]) wird zutreffend die Einschränkung gemacht, dass diesem
nicht sämtliche glaubensneutralen Verhaltensweisen unterfallen, sondern nur solche, die
in einem inneren Zusammenhang mit dem jeweiligen Glauben stehen (z. B. aus religiös-
karitativen Motiven veranstaltete Altkleidersammlung). Tätigkeiten, die dagegen nur „bei
Gelegenheit" der Religionsausübung vorgenommen werden (z. B. Verkauf von Speisen und
Getränken sowie Vermietung von Unterkünften), werden nicht von Art. 4 Abs. 1, 2 GG
geschützt.[1072] Im Übrigen muss derjenige, der sich auf die Glaubensfreiheit beruft, die
„Glaubensleitung" seines Handelns plausibel darlegen.[1073] „Insoweit besteht zwar keine
Pflicht [...], wohl aber eine rechtliche Obliegenheit."[1074]

Neben dieser positiven „Freiheit, religiöse und weltanschauliche Überzeugungen zu bil-   450
den und zu haben sowie sich zu diesen Überzeugungen zu bekennen und sie zu verbreiten",
gewährleistet Art. 4 Abs. 1, 2 GG schließlich „auch die **negative Glaubensfreiheit**, also die
Freiheit, keine religiöse oder weltanschauliche Überzeugung zu haben", sich nicht zu einem Glauben zu bekennen (d. h. diesen zu verschweigen) und nicht glaubensgeleitet zu
handeln (z. B. nicht zum Gottesdienst zu gehen); in Teilbereichen finden sich Spezialrege-
lungen hierzu in Art. 7 Abs. 2, 3 Satz 3, Art. 140 GG i. V. m. Art. 136 Abs. 3 Satz 1, Abs. 4,
Art. 141 WRV.[1075]

[1069] BVerfGE 108, 282 (297) (Hervorhebungen d. d. Verf.).

[1070] *Pieroth/Schlink*, Grundrechte, Rn. 556.

[1071] *Neureither*, JuS 2006, S. 1067 (1070). Vgl. ferner *Michael/Morlok*, Grundrechte, Rn. 192: „**Her-
ausforderung an die juristische Handhabbarkeit**" (Hervorhebungen z. T. im Original).

[1072] *Sodan/Ziekow*, Grundkurs Öffentliches Recht, § 31 Rn. 7.

[1073] Vgl. BVerfGE 47, 327 (385) und siehe *Pieroth/Schlink*, Grundrechte, Rn. 552, 554.

[1074] *Michael/Morlok*, Grundrechte, Rn. 189.

[1075] BVerfGE 122, 89 (119) m. w. N. (Hervorhebungen d. d. Verf.). Siehe auch Rn. 64 ff. und *Pie-
roth/Schlink*, Grundrechte, Rn. 558.

451

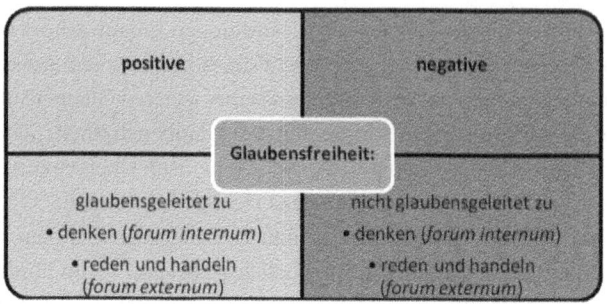

Sachlicher Schutzbereich der Glaubensfreiheit[1076]

Beispiel 79[1077]

452 E sind Anhänger der anthroposophischen Weltanschauung nach der Lehre Rudolf Stei-
ners und erziehen ihr schulpflichtiges Kind K (10 Jahre) in diesem Sinne. Unter Berufung auf ihr (Elterngrund-)Recht zur Kindererziehung in religiöser und weltanschaulicher Hinsicht aus Art. 4 Abs. 1 i. V. m. Art. 6 Abs. 2 Satz 1 GG beantragen sie vor dem
Verwaltungsgericht, dass aus sämtlichen von K im Rahmen seines Schulbesuchs aufge-
suchten und noch aufzusuchenden Räumen in öffentlichen Schulen die Kreuze entfernt
werden. Ist der Schutzbereich von Art. 4 Abs. 1, 2 GG vorliegend überhaupt betroffen?

Ja. Der in Art. 4 Abs. 1, 2 GG verankerten positiven Glaubensfreiheit entspricht
umgekehrt die Freiheit, kultischen Handlungen eines nicht geteilten Glaubens fernzubleiben. Diese negative Glaubensfreiheit bezieht sich ebenfalls auf die Symbole, in
denen ein Glaube oder eine Religion sich darstellt. Denn Art. 4 Abs. 1, 2 GG überlässt
es dem Einzelnen zu entscheiden, welche religiösen Symbole er anerkennt und verehrt
und welche er ablehnt.

453 Die durch den Zusammenschluss des Einzelnen mit anderen aus gemeinsamem Glauben gebildete Vereinigung selbst „genießt das Recht zu religiöser oder weltanschaulicher
Betätigung, zur Verkündigung des Glaubens, zur Verbreitung der Weltanschauung sowie
zur Pflege und Förderung des jeweiligen Bekenntnisses. Geschützt sind auch die Freiheit,
für den eigenen Glauben und die eigene Überzeugung zu werben, und das Recht, andere von deren Religion oder Weltanschauung abzuwerben."[1078] Diese **kollektive Glaubensfreiheit** (Rn. 442) wird in Bezug auf Religions- und Weltanschauungsgemeinschaften ergänzt durch die **staatskirchenrechtlichen** Bestimmungen der Art. 136 bis 139 und
141 WRV (v. a. Art. 137 Abs. 3 WRV: Selbstbestimmungsrecht), welche über die Inkorpo-
rationsnorm des Art. 140 GG „vollgültiges Verfassungsrecht der Bundesrepublik Deutsch-

---

[1076] Zum Schaubild vgl. auch *Katz*, Staatsrecht, Rn. 716 f.
[1077] Nach BVerfGE 93, 1.
[1078] BVerfGE 105, 279 (293 f.).

land geworden" sind und „gegenüber den anderen Artikeln des Grundgesetzes nicht etwa auf einer Stufe minderen Ranges" stehen.[1079]

▸ „Als eine **Gewissen**sentscheidung [i. S. v. Art. 4 Abs. 1 und 3 GG] ist […] jede erns-   454
te sittliche, d. h. an den Kategorien von ‚Gut' und ‚Böse' orientierte Entscheidung
anzusehen, die der Einzelne in einer bestimmten Lage als für sich bindend und
unbedingt verpflichtend innerlich erfährt, so daß er gegen sie nicht ohne ernste
Gewissensnot handeln könnte."[1080]

Die vorstehend in Bezug auf die Glaubensfreiheit gemachten Ausführungen gelten für   455
die **Gewissensfreiheit** weitgehend entsprechend.[1081]

bb) Schutzwirkungen

In seiner **abwehrrechtlichen** Dimension (Rn. 68 f.) verwehrt **Art. 4 Abs. 1, 2 GG** es dem   456
Staat, sich „in die Glaubensüberzeugungen, -handlungen und -darstellungen Einzelner
oder religiöser Gemeinschaften" einzumischen (siehe Beispiel 82, 83). Darüber hinaus er-
legt es ihm „auch die Pflicht auf, ihnen einen Betätigungsraum zu sichern, in dem sich die
Persönlichkeit auf weltanschaulich-religiösem Gebiet entfalten kann, und sie vor Angriffen
oder Behinderungen von Anhängern anderer Glaubensrichtungen oder konkurrierender
Religionsgruppen zu schützen" (z. B. § 167 Abs. 1 Nr. 1 StGB: „Wer den Gottesdienst oder
eine gottesdienstliche Handlung einer im Inland bestehenden Kirche oder anderen Reli-
gionsgesellschaft absichtlich und in grober Weise stört, wird mit Freiheitsstrafe bis zu drei
Jahren oder mit Geldstrafe bestraft").[1082] „Der Staat muss dieser **Schutzpflicht** durch hinreichende Vorkehrungen genügen" (z. B. grundsätzliche Schließung von Verkaufsstellen
an Sonn- und Feiertagen gem. § 4 Abs. 1 Satz 1 LÖG NRW wegen Art. 140 GG i. V. m.
Art. 139 WRV).[1083] Weitergehende (**originäre**) **Leistung**sansprüche gegenüber dem Staat

---

[1079] BVerfGE 19, 206 (219). Weil es sich bei **Art. 140 GG i. V. m. Art. 137 Abs. 3 WRV nicht** um
ein **Grundrecht** oder grundrechtsgleiches Recht handelt (vgl. Art. 93 Abs. 1 Nr. 4a GG), kann unter Berufung auf dessen Verletzung eine **Verfassungsbeschwerde** nicht gestützt werden. Da es für
deren Zulässigkeit allerdings nur auf die Möglichkeit einer Grundrechtsverletzung ankommt, greift
das BVerfG insoweit auf das Grundrecht des Art. 4 Abs. 1, 2 GG zurück (siehe **Beispiel 106**). In der
Begründetheit rekurriert es bzgl. des Selbstbestimmungsrechts dann auf Art. 140 GG i. V. m. Art. 137
Abs. 3 WRV, siehe die Nachweise bei *Neureither*, JuS 2007, S. 20 (22) und vgl. BVerfGE 125, 39 (73 ff.,
77) zu dem durch Art. 140 GG i. V. m. Art. 139 GG „konkretisierten" Grundrecht der Religions- und
Weltanschauungsgemeinschaft aus Art. 4 Abs. 1, 2 GG.
[1080] BVerfGE 12, 45 (55) (Hervorhebung d. d. Verf.). „Orientiert sich das Handeln hingegen an den
Kategorien ‚**richtig oder falsch**', ‚sinnvoll oder sinnlos' bzw. ‚zweckmäßig oder zwecklos', so handelt
es sich um rationaler Diskussion zugängliche Gegenstände, **nicht um Gewissensentscheidungen**",
Ipsen, Staatsrecht II, Rn. 391 (Hervorhebungen d. d. Verf.).
[1081] Vgl. *Pieroth/Schlink*, Grundrechte, Rn. 566; *Sodan/Ziekow*, Grundkurs Öffentliches Recht, § 31
Rn. 20.
[1082] BVerfGE 93, 1 (16).
[1083] BVerfGE 125, 39 (78) (Hervorhebungen d. d. Verf.). Siehe auch Rn. 79 ff. und **Beispiel 106**.

folgen aus Art. 4 Abs. 1, 2 GG hingegen **nicht**.[1084] Insbesondere verleihen diese Vorschriften weder dem Einzelnen noch den religiösen Gemeinschaften einen „Anspruch darauf, ihrer Glaubensüberzeugung mit staatlicher [finanzieller] Unterstützung Ausdruck zu verleihen. Aus der Glaubensfreiheit des Art. 4 Abs. 1 GG folgt im Gegenteil der **Grundsatz staatlicher Neutralität** gegenüber den unterschiedlichen Religionen und Bekenntnissen [...]. Dieses Gebot findet seine Grundlage nicht nur in Art. 4 Abs. 1 GG, sondern auch in Art. 3 Abs. 3, Art. 33 Abs. 1 sowie Art. 140 GG i. V. m. Art. 136 Abs. 1 und 4 und Art. 137 Abs. 1 WRV.“[1085] Von Bedeutung ist dies u. a. für die objektiv-rechtliche Grundrechtsanforderungen des Art. 4 Abs. 1, 2 GG an **Verfahren und Organisation** staatlicher Stellen (z. B. § 65 Abs. 1 Satz 1 StPO: „Gibt ein Zeuge an, dass er aus Glaubens- oder Gewissensgründen keinen Eid leisten wolle, so hat er die Wahrheit der Aussage zu bekräftigen“).[1086] Auch wo der Staat Religionsgesellschaften „fördert, darf dies nicht zu einer Identifikation mit bestimmten Religionsgesellschaften oder zu einer Privilegierung bestimmter Bekenntnisse führen.“ Insoweit beinhaltet Art. 4 Abs. 1, 2 GG durchaus eine „leistungsrechtliche Komponente“, indem er nämlich eine am Gleichheitssatz des Art. 3 Abs. 1 GG orientierte Behandlung der verschiedenen Religions- und Weltanschauungsgemeinschaften, d. h. deren **Teilhabe** an etwaigen Staatsleistungen, verbürgt.[1087] Im privatrechtlichen Bereich erlangt die Glaubensfreiheit schließlich über die Figur der **mittelbaren Drittwirkung** praktische Relevanz, v. a. im Arbeitsrecht.[1088] Dies gilt ebenfalls für die **Gewissensfreiheit**.[1089]

Beispiel 80[1090]

457   Pazifist P ist als Drucker bei der G-GmbH beschäftigt. Als diese vom V-Verlag den Auftrag erhielt, Prospekte zu drucken, mit denen für den Kauf von Büchern über den Zweiten Weltkrieg geworben werden soll, machte P gegenüber dem zuständigen Abteilungsleiter der G-GmbH deutlich, dass er an der Herstellung dieser Prospekte aus Gewissensnot nicht mitwirken werde. Mit der Begründung, dass die G-GmbH nichts mit dem Gewissen des P zu tun habe, erteilte der technische Leiter L des Gesamtbetriebs

---

[1084] *Hufen*, Staatsrecht II, § 22 Rn. 35. Siehe auch Rn. 70 f. Speziell zum **islamischen Gebet in der Schule** siehe BVerwG, NVwZ 2012, 162 (164): Zwar verschaffe die Ausübung der Glaubensfreiheit „dem Einzelnen keinen Anspruch auf Zutritt zu ihm sonst nicht zugänglichen Räumen. Die Glaubensfreiheit ist dem Bürger nur dort gewährleistet, wo er tatsächlich Zugang findet. Anders als die kollektiv ausgeübte Versammlungsfreiheit [Art. 8 Abs. 1 GG] schließt die Ausübung der Glaubensfreiheit als Recht des Einzelnen i. d. R. keinen besonderen Raumbedarf ein, der typischerweise mit Belästigungen verbunden ist. Als Individualgrundrecht steht sie dem Bürger vom Grundsatz her überall dort zu, wo er sich jeweils befindet“.
[1085] BVerfGE 93, 1 (16 f.) (Hervorhebungen d. d. Verf.).
[1086] Vgl. BVerfGE 33, 23 (28 ff.) und siehe *Sachs*, Verfassungsrecht II, B 4 Rn. 49. Siehe auch Rn. 89 f.
[1087] BVerfGE 123, 148 (178). Siehe auch Rn. 72 f.
[1088] *Wilms*, Staatsrecht II, Rn. 549. Siehe auch Rn. 86 ff.
[1089] Vgl. *Hufen*, Staatsrecht II, § 24 Rn. 8; *Sachs*, Verfassungsrecht II, B 4 Rn. 60.
[1090] Nach BAGE 47, 363 (noch zu § 315 Abs. 1 BGB). Siehe auch BAG, NJW 2011, S. 3319 (zu § 106 GewO).

dem P gleichwohl die Weisung nach § 106 Satz 1 GewO, die vom V-Verlag nachgefrag-
ten Druckerzeugnisse zu produzieren. Sind die Ausführungen des L rechtlich haltbar?
§ 106 Satz 1 GewO lautet: „Der Arbeitgeber kann Inhalt, Ort und Zeit der Arbeitsleistung nach billigem Ermessen näher bestimmen […]."

Nein. Zwar kann der Arbeitgeber (hier: G-GmbH) aufgrund seines Weisungsrechts
nach § 106 Satz 1 GewO einseitig die im Arbeitsvertrag bloß rahmenmäßig umschriebe-
ne Leistungspflicht des Arbeitnehmers (hier: P) nach Inhalt, Ort und Zeit bestimmen.
Dieses Direktionsrecht darf gem. § 106 Satz 1 GewO allerdings nur nach „billigem
Ermessen" ausgeübt werden. Aufgrund der mittelbaren Wirkung der Grundrechte im
Privatrecht wird diese „Billigkeit" inhaltlich u. a. durch die Gewissensfreiheit des Art. 4
Abs. 1 GG bestimmt. Was dabei noch dem „billigen Ermessen" i. S. v. § 106 Satz 1 GewO
entspricht, ist letztlich unter Abwägung der Interessenlage beider Vertragsparteien im
Einzelfall festzustellen. Für diese Interessenabwägung ist grundsätzlich von Bedeutung,
ob der Arbeitnehmer schon bei Vertragsabschluss damit rechnen musste, dass ihm eine
derartige Tätigkeit zugewiesen werden könnte. Weiterhin ist bei der Interessenabwägung zu berücksichtigen, ob der Arbeitgeber aus betrieblichen Erfordernissen darauf
bestehen muss, dass gerade der sich auf den Gewissenskonflikt berufende Arbeitnehmer
den konkreten Auftrag ausführt. Schließlich ist zu berücksichtigen, ob der Arbeitgeber
in Zukunft mit zahlreichen weiteren Gewissenskonflikten rechnen muss und ob er ggf.
in der Lage ist, dem Arbeitnehmer einen freien Arbeitsplatz anzubieten, an dem der
Gewissenskonflikt nicht auftritt. Ist der Gewissenskonflikt, in den der Arbeitgeber den
Arbeitnehmer durch die Zuweisung der konkreten Arbeit versetzt, hiernach vermeid-
bar, so darf der Arbeitgeber dem Arbeitnehmer die betreffende Arbeit nicht zuweisen,
d. h. dieser ist nicht verpflichtet, sie auszuüben. Mithin erfährt das Direktionsrecht des
Arbeitgebers nach § 106 Satz 1 GewO sehr wohl eine Einschränkung durch das Grundrecht der Gewissensfreiheit des Arbeitnehmers.

c) Grundrechtskonkurrenzen

Die ihrerseits von **Art. 7 Abs. 2 bis 5 GG** verdrängte **Glaubensfreiheit** ist *lex specialis* ge-   458
genüber den Grundrechten aus **Art. 5 Abs. 1 Satz 1 GG**, **Art. 8 Abs. 1** und **Art. 9 Abs. 1 GG**
sowie **Art. 2 Abs. 1 GG**; zu **Art. 6 Abs. 2 GG** besteht Idealkonkurrenz, ebenso wie zu **Art. 3
Abs. 3 Satz 1** und **Art. 33 Abs. 3 GG**.[1091] „Kirchliche Berufe sind durch Art. 4 GG, im
Hinblick auf die individuelle Stellung des Berufsinhabers aber ggf. auch durch **Art. 12 GG**
geschützt."[1092] Für die **Gewissensfreiheit** gilt grundsätzlich Entsprechendes.[1093]

[1091] *Jarass*, in: ders./Pieroth, GG, Art. 4 Rn. 6 f. m. w. N. Siehe auch Rn. 349, 383.
[1092] *Hufen*, Staatsrecht II, § 22 Rn. 20 (Hervorhebungen d. d. Verf.).
[1093] Vgl. *Jarass*, in: ders./Pieroth, GG, Art. 4 Rn. 44.

2. Eingriff

459   Ein Eingriff in die **Glaubensfreiheit** liegt vor, wenn ein von Art. 4 Abs. 1, 2 GG geschütztes
Verhalten durch den Staat **geregelt** (z. B. Gebührenerhebung im Verfahren zur Entgegennahme von Kirchenaustrittserklärung gem. § 6 NWKiAustrG) oder in sonstiger Weise, d. h.
faktisch, in erheblicher Weise behindert wird (zu staatlichen Warnungen vor bestimmten „Sekten" siehe Beispiel 30);[1094] dies gilt *mutatis mutandis* auch für die **Gewissensfreiheit**.[1095]

> **Beispiel 81**[1096]

460   I ist Inhaber eines Gewerbebetriebs. Mit der Begründung, dass „er es mit seinem Gewissen nicht länger vereinbaren kann, mit seinen persönlichen Steuern zur militärischen
Rüstung unseres Landes beizutragen", wehrt er sich dagegen, auch mit demjenigen Teil
seiner Steuerschuld zur Einkommensteuer herangezogen zu werden, der prozentual
dem Anteil des Verteidigungshaushalts am Bundeshaushalt entspricht. Das Finanzamt
zeigt sich hiervon unbeeindruckt und setzt die Einkommensteuer in voller Höhe gegenüber I fest. Dieser meint, hierdurch in seinem Grundrecht auf Gewissensfreiheit aus
Art. 4 Abs. 1 GG verletzt zu sein. Ist diese Auffassung zutreffend?

Nein. Eine Verletzung des I in seinem Grundrecht auf Gewissensfreiheit liegt nicht
vor, weil es bereits an einem Eingriff in den Schutzbereich des Art. 4 Abs. 1 GG mangelt. Zwar umfasst dieses Grundrecht nicht nur die Freiheit, ein Gewissen zu haben,
sondern grundsätzlich auch die Freiheit, von der öffentlichen Gewalt nicht verpflichtet
zu werden, gegen Gebote und Verbote des Gewissens zu handeln. Auch hat I vorliegend eine i. S. v. Art. 4 Abs. 1 GG ernste sittliche, d. h. an den Kategorien von „Gut"
und „Böse" orientierte (Gewissens-)Entscheidung getroffen, die er innerlich als für sich
bindend und unbedingt verpflichtend erfährt. Doch berührt eine solche Gewissens-
entscheidung, die Organisation und Finanzierung der Verteidigung ablehnt, grundsätzlich nicht die Pflicht zur Steuerzahlung. Denn die Steuer ist ein Finanzierungs-
instrument des Staates, aus dessen Aufkommen die Staatshaushalte allgemein – ohne
jede Zweckbindung – ausgestattet werden. Über die Verwendung dieser Haushaltsmit-
tel entscheidet vielmehr allein das Parlament (auf Bundesebene siehe Art. 110 Abs. 2
Satz 1 GG). Dabei sind die Abgeordneten des Deutschen Bundestages gem. Art. 38
Abs. 1 Satz 2 GG an Aufträge und Weisungen nicht gebunden und nur ihrem Gewissen

---

[1094] *Sodan/Ziekow*, Grundkurs Öffentliches Recht, § 31 Rn. 12 f. Siehe auch Rn. 120 ff. Nach BVerf-
GE 105, 279 (294) **„schützt"** Art. 4 Abs. 1, 2 GG **„nicht dagegen, dass** sich **staatliche Organe** mit
den Trägern des Grundrechts öffentlich – auch **kritisch** – **auseinander** setzen. Nur die Regelung
genuin religiöser oder weltanschaulicher Fragen, nur die parteiergreifende Einmischung in die Überzeugungen, die Handlungen und in die Darstellung Einzelner oder religiöser und weltanschaulicher
Gemeinschaften sind dem Staat untersagt" (str.; Hervorhebungen d. d. Verf.).
[1095] Vgl. *Jarass*, in: ders./Pieroth, GG, Art. 4 Rn. 48.
[1096] Nach BVerfG, NJW 1993, S. 455; 2003, S. 2600; NVwZ-RR 2007, S. 505; BFH, NJW 1992, S. 1407.
Siehe auch BFH/NV 2012, S. 735.

unterworfen. Durch diese strikte Trennung von Steuererhebung und haushaltsrechtlicher Verwendungsentscheidung gewinnt der Staat rechtsstaatliche Distanz und Unabhängigkeit gegenüber dem ihn finanzierenden Steuerpflichtigen und ist deshalb allen Bürgern in gleicher Weise verantwortlich – unabhängig davon, ob sie erhebliche Steuerleistungen erbringen oder gar nicht erst zu den Steuerzahlern gehören. Andererseits nimmt der Staat dem Steuerzahler dadurch Einflussmöglichkeit und Verantwortlichkeit gegenüber den staatlichen Ausgabeentscheidungen. Demgemäß ist die individuelle Steuerschuld aller Steuerpflichtigen unabhängig von der zukünftigen Verwendung des Steueraufkommens, mag der Staat Verteidigungsaufgaben finanzieren oder auf sie verzichten. Aufgrund dieser strikten Trennung zwischen steuerlicher Staatsfinanzierung und haushaltsrechtlicher Verwendungsentscheidung ist für den einzelnen Steuerpflichtigen weder rechtserheblich noch ersichtlich, ob seine Einkommensteuerzahlungen an die Landesfinanzbehörden (Art. 108 Abs. 2 GG), in den Bundes- oder in den Landeshaushalt fließen (vgl. Art. 106 Abs. 3 GG) und für welchen konkreten Verwendungszweck innerhalb eines dieser Haushalte seine Zahlungen dienen.

Eingriffe in das von Art. 4 Abs. 1, 2 GG geschützte *forum internum* (das Denken; Rn. 448) sind dabei allerdings eher selten.[1097]   461

Beispiel 82[1098]

In Beispiel 79 greift der Staat durch das Aufhängen von Kreuzen in den Räumen öffent-   462
licher Schulen in das Grundrecht auf (negative) Glaubensfreiheit aus Art. 4 Abs. 1, 2 GG
ein. Zwar hat der Einzelne in einer pluralistischen Gesellschaft, die unterschiedlichen
Glaubensüberzeugungen Raum gibt, kein Recht darauf, von fremden Glaubensbekundungen, kultischen Handlungen und religiösen Symbolen verschont zu bleiben. Von
einer solchen Situation scharf zu unterscheiden ist jedoch eine vom Staat geschaffene
Lage, in welcher der Einzelne ohne Ausweichmöglichkeiten den Symbolen eines bestimmten Glaubens zwangsweise ausgesetzt ist, vgl. auch Art. 140 GG i. V. m. Art. 136
Abs. 4 WRV. Ein solcher Fall liegt hier vor. Zusammen mit der allgemeinen Schulpflicht
führen Kreuze in Unterrichtsräumen nämlich dazu, dass die Schüler während des Unterrichts von Staats wegen und ohne Ausweichmöglichkeit mit diesem Symbol konfrontiert sind und gezwungen werden, „unter dem Kreuz" zu lernen. Auch ist das Kreuz
Symbol einer bestimmten religiösen Überzeugung – und nicht etwa nur Ausdruck der
vom Christentum mitgeprägten abendländischen Kultur – und hat seine Anbringung
im Klassenzimmer „appellativen Charakter" i. d. S., dass die von ihm symbolisierten
Glaubensinhalte gegenüber den altersbedingt besonders leicht beeinflussbaren Schulkindern als vorbildhaft und befolgungswürdig ausgewiesen werden.

[1097] *Wilms*, Staatsrecht II, Rn. 520.
[1098] Nach BVerfGE 93, 1.

463   Häufiger von den Eingriffen in die Glaubensfreiheit betroffen ist demgegenüber das von
         Art. 4 Abs. 1, 2 GG umfasste Reden und Handeln (*forum externum*; z. B. Eingriff in die
         kollektive Glaubensfreiheit durch Verbot des sakralen Glockengeläuts; Rn. 448), was die
         Rechtsordnung durch die Eröffnung von Handlungsalternativen freilich vermeiden kann
         (z. B. Eid mit oder ohne religiöse[r] Beteuerung, § 481 Abs. 1, 2 ZPO).[1099] Auch das be-
         hördliche Unterlassen, entgegen der aus Art. 4 Abs. 1, 2 GG folgenden Schutzpflicht eine
         von Privaten ausgehende Störung dieses Grundrechts zu beseitigen, kann einen Eingriff in
         die Glaubensfreiheit darstellen.[1100]

Beispiel 83[1101]

464   Die deutsche Staatsangehörige S ist muslimischen Glaubens. Nach Ablegung der Ersten
         Staatsprüfung und Ableistung des Vorbereitungsdienstes bestand sie auch die Zweite
         Staatsprüfung für das Lehramt an Grund- und Hauptschulen. Ihr Antrag auf Einstellung
         in den Schuldienst wurde vom zuständigen Oberschulamt wegen mangelnder persönli-
         cher Eignung der S gleichwohl abgelehnt. Zur Begründung wurde ausgeführt, S sei – was
         sachlich zutrifft – nicht bereit, während des Unterrichts auf das Tragen eines Kopftuchs
         zu verzichten. S meint, dass diese Qualifizierung ihres Verhaltens als Eignungsmangel
         für das Amt einer Lehrerin an Grund- und Hauptschulen in ihr Recht auf gleichen Zu-
         gang zu jedem öffentlichen Amt aus Art. 33 Abs. 2 GG i. V. m. dem ihr durch Art. 4
         Abs. 1, 2 GG gewährleisteten Grundrecht der Glaubensfreiheit eingreife. Hat S Recht?

         Ja. Denn eine dem Beamten auferlegte Pflicht, als Lehrer die eigene Zugehörigkeit zu
         einer Religionsgemeinschaft in Schule und Unterricht nicht durch das Befolgen von re-
         ligiös begründeten Bekleidungsregeln sichtbar werden zu lassen, greift in die von Art. 4
         Abs. 1, 2 GG verbürgte individuelle Glaubensfreiheit ein. Sie stellt den Betroffenen (hier:
         S) nämlich vor die Wahl, entweder das angestrebte öffentliche Amt auszuüben oder dem
         von ihm als verpflichtend angesehenen religiösen Bekleidungsgebot Folge zu leisten.
         Das Grundrecht aus Art. 4 Abs. 1, 2 GG erstreckt sich aber gerade nicht nur auf die inne-
         re Freiheit, zu glauben oder nicht zu glauben, sondern auch auf die äußere Freiheit, den
         Glauben zu bekunden und zu verbreiten. Dazu gehört insbesondere auch das Recht des
         Einzelnen, sein gesamtes Verhalten an den Lehren seines Glaubens auszurichten und
         seiner inneren Glaubensüberzeugung gemäß zu handeln. Dies betrifft nicht bloß impe-
         rative Glaubenssätze, sondern auch solche religiösen Überzeugungen, die ein Verhalten
         als das zur Bewältigung einer Lebenslage richtige bestimmen.

[1099] *Pieroth/Schlink*, Grundrechte, Rn. 571; *Wilms*, Staatsrecht II, Rn. 522.
[1100] *Hufen*, Staatsrecht II, § 22 Rn. 26. Siehe auch Rn. 456.
[1101] Nach BVerfGE 108, 282.

3. Verfassungsrechtliche Rechtfertigung

a) Schranken

„Die in Art. 4 Abs. 1 und 2 GG verbürgte **Glaubensfreiheit** ist vorbehaltlos gewährleis-   465
tet. Einschränkungen müssen sich daher aus der Verfassung selbst ergeben."[1102] Zu diesen
sog. **verfassungsimmanenten Schranken** „zählen die Grundrechte Dritter sowie Gemeinschaftswerte von Verfassungsrang";[1103] in Bezug auf die **Gewissensfreiheit** gilt nichts anderes.[1104]

Beispiel 84[1105]

In Beispiel 83 kommen als mit der Glaubensfreiheit der S aus Art. 4 Abs. 1, 2 GG in   466
Widerstreit tretende Verfassungsgüter neben dem staatlichen Erziehungsauftrag (Art. 7
Abs. 1 GG), der unter Wahrung der Pflicht zu weltanschaulich-religiöser Neutralität zu
erfüllen ist, das elterliche Erziehungsrecht (Art. 6 Abs. 2 GG) und die negative Glaubensfreiheit der Schulkinder (Art. 4 Abs. 1, 2 GG) in Betracht.

Abweichendes (einfacher Gesetzesvorbehalt) folgt nach umstr. Rechtsprechung des   467
BVerfG insbesondere auch **nicht** aus **Art. 140 GG i. V. m. Art. 136 Abs. 1 WRV**, wonach
„die bürgerlichen und staatsbürgerlichen Rechte und Pflichten [...] durch die Ausübung
der Religionsfreiheit weder bedingt noch beschränkt" werden, d. h. die durch Gesetz begründeten Pflichten der Religionsfreiheit vorgehen.[1106] Denn der „Grundgesetzgeber hat
die Glaubens- und Gewissensfreiheit aus dem Zusammenhang der Kirchenartikel der
Weimarer Reichsverfassung gelöst und ohne jeden Gesetzesvorbehalt in den an der Spitze
der Verfassung stehenden Katalog unmittelbar verbindlicher Grundrechte aufgenommen.
Art. 136 WRV ist deshalb im Lichte der gegenüber früher (vgl. Art. 135 WRV) erheblich
verstärkten Tragweite des Grundrechts der Glaubens- und Gewissensfreiheit auszulegen;
er wird nach Bedeutung und innerem Gewicht im Zusammenhang der grundgesetzlichen Ordnung von Art. 4 Abs. 1 GG überlagert. Welche staatsbürgerlichen Pflichten
im Sinne des Art. 136 Abs. 1 WRV gegenüber dem Freiheitsrecht des Art. 4 Abs. 1 GG
mit staatlichem Zwang durchgesetzt werden dürfen, läßt sich unter der Herrschaft des
Grundgesetzes nur nach Maßgabe der in Art. 4 Abs. 1 GG getroffenen Wertentscheidung
feststellen."[1107] Zudem „wäre es auch widersprüchlich, nur die Religionsfreiheit, nicht aber

---

[1102] BVerfGE 108, 282 (297) (Hervorhebung d. d. Verf.). **Ausnahme: Art. 140 GG i. V. m. Art. 136
Abs. 3 Satz 2 WRV** bzgl. Eingriffen in die **negative Religions- und Weltanschauungsfreiheit**, siehe
BVerfGE 46, 266 (267); 49, 375 (376); 65, 1 (39). Siehe ferner BVerfGE 53, 366 (399 f.); 72, 278 (289) zu
Art. 140 GG i. V. m. Art. 137 Abs. 3 Satz 1 WRV bzgl. des dort genannten Teilaspekts der **kollektiven
Glaubensfreiheit**.
[1103] BVerfGE 108, 282 (297) m. w. N. Siehe auch Rn. 153.
[1104] *Manssen*, Staatsrecht II, Rn. 333.
[1105] Nach BVerfGE 108, 282.
[1106] *Sachs*, Verfassungsrecht II, B 4 Rn. 18. Siehe auch *Pieroth/Schlink*, Grundrechte, Rn. 577.
[1107] BVerfGE 33, 23 (30 f.). **A. A.** BVerwGE 112, 227 (231 f.) und weite Teile des Schrifttums, siehe
die Nachweise bei *Epping*, Grundrechte, Rn. 319.

die in Art. 136 Abs. 1 WRV nicht genannte Gewissensfreiheit einem Gesetzesvorbehalt zu unterstellen."[1108]

468   Desgleichen unterliegt die Glaubensfreiheit auch „**weder** den Schranken des **Art. 2 Abs. 1 GG noch** denen des **Art. 5 Abs. 2 GG**. Art. 4 Abs. 1 GG erklärt die Glaubens-, Gewissens- und Bekenntnisfreiheit für unverletzlich. Er ist gegenüber Art. 2 Abs. 1 GG *lex specialis* [Rn. 458]. Die Auffassung, daß die Glaubensfreiheit durch die Rechte anderer, die verfassungsmäßige Ordnung und durch das Sittengesetz beschränkt sei, wäre unvereinbar mit dem vom BVerfG in ständiger Rechtsprechung anerkannten Verhältnis der Subsidiarität des Art. 2 Abs. 1 GG zur Spezialität der Einzelfreiheitsrechte. Die Glaubensfreiheit wird auch nicht durch Art. 5 Abs. 2 GG eingeschränkt. Dagegen sprechen schon Wortlaut und Stellung des Art. 4 GG. Eine Meinungsäußerung ist jede Kundgabe von beliebigen subjektiven Äußerungen und Werturteilen, also eine subjektiv wertende Betrachtung von Tatsachen, Verhaltensweisen oder Verhältnissen. Demgegenüber hat die Glaubensfreiheit eine mit der Person des Menschen verknüpfte Gewißheit über den Bestand und den Inhalt bestimmter Wahrheiten zum Gegenstand. Vor allem verbieten dies die fundamentale Verschiedenheit beider Freiheitsrechte und auch der zwischen ihnen zur Anwendung kommende Grundsatz der Spezialität [Rn. 458], soweit überhaupt Überschneidungen in Betracht kommen können."[1109]

b) Schranken-Schranken

469   Ist im Hinblick auf den jeweils zu beurteilenden Eingriff in den Schutzbereich der **Glaubensfreiheit** eine verfassungsimmanente Schranke vorhanden, so obliegt es dem demokratisch legitimierten Gesetzgeber, unter Abwägung aller maßgeblichen Gesichtspunkte einen schonenden Ausgleich zwischen diesen widerstreitenden Verfassungspositionen herzustellen, der beiden möglichst weitgehend zur Geltung verhilft, sog. **praktische Konkordanz**. Darüber hinaus sind bei dieser **Verhältnismäßigkeit**sprüfung (Rn. 186 ff.) im Rahmen von Art. 4 Abs. 1, 2 GG keine Besonderheiten zu beachten.[1110] Hinsichtlich der **Gewissensfreiheit** gilt abermals Entsprechendes.[1111]

Beispiel 85[1112]

470   Gem. § 4a Abs. 1 TierSchG darf ein warmblütiges Tier grundsätzlich nur geschlachtet werden, wenn es vor Beginn des Blutentzugs betäubt worden ist. Abweichend hiervon bedarf es nach § 4a Abs. 2 Nr. 2 TierSchG keiner Betäubung, „wenn die zuständige Behörde eine Ausnahmegenehmigung für ein Schlachten ohne Betäubung (Schächten)

[1108] *Zippelius/Würtenberger*, Deutsches Staatsrecht, § 26 Rn. 24.

[1109] BVerfGE 32, 98 (107) (Hervorhebungen d. d. Verf.). Zu **Art. 9 Abs. 2 GG** (Rn. 356 ff.) vgl. BVerfGE 102, 370 (391) und siehe BVerwG, NVwZ 2006, S. 694 (694 f.) m. w. N. Näher hierzu *Zippelius/Würtenberger*, Deutsches Staatsrecht, § 27 Rn. 36 m. w. N.

[1110] Siehe *Epping*, Grundrechte, Rn. 320; *Sodan/Ziekow*, Grundkurs Öffentliches Recht, § 31 Rn. 15 und vgl. BVerfGE 41, 29 (50).

[1111] *Katz*, Staatsrecht, Rn. 723; *Stein/Frank*, Staatsrecht, § 32 III 2.

[1112] Nach BVerwGE 127, 183.

erteilt hat; sie darf die Ausnahmegenehmigung nur insoweit erteilen, als es erforderlich ist, den Bedürfnissen von Angehörigen bestimmter Religionsgemeinschaften im Geltungsbereich dieses Gesetzes zu entsprechen, denen zwingende Vorschriften ihrer Religionsgemeinschaft das Schächten vorschreiben oder den Genuss von Fleisch nicht geschächteter Tiere untersagen." Eben eine solche Ausnahmegenehmigung hat auch der sunnitische Muslim M beantragt, der in der Bundesrepublik Deutschland eine Metzgerei betreibt. Zur Begründung seines Antrags hat M geltend gemacht, dass zwingende religiöse Vorschriften ihm und seinen muslimischen Kunden den Verzehr des Fleisches von Tieren untersagen, die vor der Schlachtung betäubt worden sind. Da sein Antrag unter Hinweis auf eine Entscheidung des BVerwG von der Behörde allerdings abgelehnt wurde, wendet sich M nunmehr an Rechtsanwalt R mit dem Auftrag zu prüfen, ob die gesetzliche Regelung des § 4a Abs. 1 i. V. m. Abs. 2 Nr. 2 TierSchG verfassungsgemäß ist. Welche Auskunft wird R dem M erteilen?

R wird dem M antworten, dass der durch § 4a Abs. 1 i. V. m. Abs. 2 Nr. 2 TierSchG bewirkte Grundrechtseingriff verfassungsrechtlich gerechtfertigt ist. Er ist nämlich auf die verfassungsimmanente Schranke der seit dem Jahr 1994 in Art. 20a GG verankerten Staatszielbestimmung des Schutzes der natürlichen Lebensgrundlagen (inkl. Tierschutz) rückführbar, welche durch § 4a Abs. 1 i. V. m. Abs. 2 Nr. 2 TierSchG in verhältnismäßiger Weise konkretisiert wird. Das darin enthaltene Verbot mit Erlaubnisvorbehalt ist zur Erreichung des Regelungszwecks, das Schlachten warmblütiger Tiere an die Grundsätze eines ethisch ausgerichteten Tierschutzes zu binden, geeignet und erforderlich. Darüber hinaus ist die in § 4a Abs. 1 i. V. m. Abs. 2 Nr. 2 TierSchG getroffene Regelung aber auch angemessen. Bei einer Gesamtabwägung zwischen der Schwere des mit § 4a Abs. 1 i. V. m. Abs. 2 Nr. 2 TierSchG verbundenen Grundrechtseingriffs einerseits und dem Gewicht sowie der Dringlichkeit der ihn rechtfertigenden Gründe andererseits ist es den Betroffenen nämlich zuzumuten, warmblütige Tiere unter den vom Gesetzgeber festgelegten Voraussetzungen nur auf der Grundlage einer Ausnahmegenehmigung ohne vorherige Betäubung zu schlachten. Zwar wiegt der Eingriff in das Grundrecht muslimischer Metzger schwer und trifft das Verbot darüber hinaus auch dessen Kunden. Doch steht diesen Auswirkungen das aus Art. 20a GG folgende Staatsziel des Tierschutzes gegenüber. Diese Anliegen werden durch § 4a Abs. 1 i. V. m. Abs. 2 Nr. 2 TierSchG in der Weise zu einem gerechten Ausgleich gebracht, dass beide Wirkung entfalten und ohne dass einem von ihnen einseitig ein verfassungsrechtlich nicht gerechtfertigter Vorrang zukäme. § 4a Abs. 2 Nr. 2 TierSchG will im Hinblick auf Speisenormen v. a. der islamischen und der jüdischen Glaubenswelt das Schächten aus religiösen Gründen auf der Grundlage von Ausnahmegenehmigungen ermöglichen. Über das Instrument der Ausnahmegenehmigung wird ein Weg eröffnet, der es erlaubt, öffentlicher Kritik am religiös motivierten Schlachten ohne Betäubung insbesondere in Form sogenannter Haus- und Privatschlachtungen zu begegnen. Auf diese Weise kann u. a. durch Nebenbestimmungen sichergestellt werden, dass den zu schlachtenden Tieren alle vermeidbaren Schmerzen und Leiden erspart werden. Ziel der Regelung ist es mithin, den Grundrechtsschutz gläubiger Muslime (und Juden) zu wahren, ohne damit die Grundsätze und Verpflichtungen eines ethisch begründeten Tierschutzes aufzugeben.

IV. Kunstfreiheit, Art. 5 Abs. 3 Satz 1 GG

471   Nach Art. 5 Abs. 3 Satz 1 GG ist die „Kunst [...] frei". Sinn und Aufgabe dieses Grundrechts „ist es vor allem, die auf der Eigengesetzlichkeit der Kunst beruhenden, von ästhetischen Rücksichten bestimmten Prozesse, Verhaltensweisen und Entscheidungen von jeglicher Ingerenz öffentlicher Gewalt freizuhalten. Die Art und Weise, in der der Künstler der Wirklichkeit begegnet und die Vorgänge gestaltet, die er in dieser Begegnung erfährt, darf ihm nicht vorgeschrieben werden, wenn der künstlerische Schaffensprozeß sich frei soll entwickeln können. Über die ‚Richtigkeit' seiner Haltung gegenüber der Wirklichkeit kann nur der Künstler selbst entscheiden. Insoweit bedeutet die Kunstfreiheitsgarantie das Verbot, auf Methoden, Inhalte und Tendenzen der künstlerischen Tätigkeit einzuwirken, insbesondere den künstlerischen Gestaltungsraum einzuengen, oder allgemein verbindliche Regeln für diesen Schaffensprozeß vorzuschreiben"[1113] (Gebot staatlicher „**Neutralität und Toleranz**"[1114]).

1. Schutzbereich

a) Persönlicher Schutzbereich

472   Wenngleich Art. 5 Abs. 3 Satz 1 GG die „Kunst" selbst zum Gegenstand der Freiheit erklärt, so sind Grundrechte als subjektive Rechte doch stets auf einen Grundrechtsträger bezogen.[1115] Dies ist bei der Kunstfreiheit zunächst – unabhängig von der Nationalität – jede **natürliche Person**, da der Wortlaut von Art. 5 Abs. 3 Satz 1 GG in persönlicher Hinsicht keine Beschränkungen enthält.[1116] Darüber hinaus können sich ebenfalls **juristische Personen des Privatrechts** (z. B. Museums e. V., Verlags GmbH) auf die Kunstfreiheit berufen, soweit dieses Grundrecht seinem Wesen nach auf diese anwendbar ist, Art. 19 Abs. 3 GG. Dies ist in dem Umfang zu bejahen, in dem sie selbst Anteil an der Gestaltung und Präsentation der Kunst haben.[1117]

473   In Anbetracht der umfassenden Freiheitsgarantie der Betätigung im Kunstbereich werden nicht nur die **Kunstschaffenden** selbst, sondern auch diejenigen **Mittelspersonen** durch Art. 5 Abs. 3 Satz 1 GG geschützt, derer es zur Herstellung der Beziehungen zwi-

---

[1113] BVerfGE 30, 173 (190).
[1114] *Katz*, Staatsrecht, Rn. 742.
[1115] *Michael/Morlok*, Grundrechte, Rn. 239. Siehe auch Rn. 22.
[1116] *Epping*, Grundrechte, Rn. 274.
[1117] *Hufen*, Staatsrecht II, § 33 Rn. 23. Siehe auch Rn. 44 ff.

schen (auch Hobby-)Künstler und Publikum bedarf (z. B. Verleger; siehe Beispiel 91).[1118]
Hingegen kann sich Letzteres als bloßer Rezipient von Kunst ebenso wenig auf die Kunstfreiheit berufen wie Kunstkritiker, die grds. nur durch Art. 5 Abs. 1 Satz 1 GG geschützt
werden.[1119]

b) Sachlicher Schutzbereich

aa) Schutzgut

Wie jede andere Rechtsnorm vermag auch die Vorschrift des Art. 5 Abs. 3 Satz 1 GG   474
nur dann auf einen konkreten Fall angewendet zu werden, wenn zunächst die Bedeutung
der auf Seiten ihres Tatbestands verwendeten Begrifflichkeit geklärt ist.[1120] Ungeachtet
der im außerrechtlichen Bereich zu beobachtenden Unmöglichkeit, „Kunst" generell zu
definieren, gebietet es die verfassungsrechtliche Verbürgung dieser Freiheit daher, ihren
sachlichen Schutzbereich zu bestimmen („**Definitionsgebot**"[1121]);[1122] insofern ist eben gerade „nicht alles Kunst, nicht jeder ein Künstler."[1123]

„Wie weit […] die[se] Kunstfreiheitsgarantie der Verfassung reicht und was sie im ein-   475
zelnen bedeutet, läßt sich [allerdings] nicht durch einen für alle Äußerungsformen künstlerischer Betätigung und für alle Kunstgattungen gleichermaßen gültigen allgemeinen Begriff umschreiben",[1124] zumal „die grundgesetzlich geschützte Kunstfreiheit […] keine sta-
tische Freiheitsverbürgung [ist], sondern eine dynamische Garantie, die das dem Wesen der
Kunst eigene Veränderungspotential anerkennt und in den Schutzbereich des Grundrechts
mit einbezieht."[1125] Daher verwendet das BVerfG seit seiner Entscheidung i. S. *Anachro-
nistischer Zug*[1126] aus dem Jahr 1984 **nebeneinander**[1127] folgende drei Kunstbegriffe:

▸ • Nach dem **formalen Kunstbegriff**[1128] besteht „das Wesentliche eines Kunst-   476
werkes darin, daß bei formaler, typologischer Betrachtung die Gattungsan-
forderungen eines bestimmten Werktyps erfüllt sind" (z. B. Tätigkeit und Ergebnisse etwa des Malens, Bildhauens, Dichtens);[1129]

[1118] Vgl. BVerfGE 119, 1 (22) m. w. N. und siehe *Detterbeck*, Öffentliches Recht, Rn. 420; *Katz*, Staatsrecht, Rn. 741.
[1119] BVerfG, NJW 1993, S. 1462; *Sachs*, Verfassungsrecht II, B 5 Rn. 79.
[1120] Vgl. *Epping*, Grundrechte, Rn. 275; *Sachs*, Verfassungsrecht II, B 5 Rn. 74.
[1121] *Ipsen*, Staatsrecht II, Rn. 502 m. w. N. **A. A.: Definitionsverbot**, vgl. *Stein/Frank*, Staatsrecht, § 46
II 1: „Nur die Kunst selbst hat zu entscheiden, was Kunst ist".
[1122] BVerfGE 67, 213 (225); 75, 369 (377); *Manssen*, Staatsrecht II, Rn. 414.
[1123] *Hufen*, Staatsrecht II, § 33 Rn. 5, 21.
[1124] BVerfGE 67, 213 (224).
[1125] *Papier/Krönke*, Grundkurs Öffentliches Recht 2, Rn. 292.
[1126] BVerfGE 67, 213.
[1127] *Pieroth/Schlink*, Grundrechte, Rn. 660.
[1128] Zur Terminologie siehe *Sodan/Ziekow*, Grundkurs Öffentliches Recht, § 33 Rn. 2.
[1129] BVerfGE 67, 213 (226 f.).

477   • für den **materialen Kunstbegriff** ist „das Wesentliche der künstlerischen Be-
        tätigung [...] die freie schöpferische Gestaltung, in der Eindrücke, Erfahrun-
        gen, Erlebnisse des Künstlers durch das Medium einer bestimmten Formen-
        sprache zu unmittelbarer Anschauung gebracht werden";[1130]

478   • der **offene Kunstbegriff** sieht „das kennzeichnende Merkmal einer künstle-
        rischen Äußerung darin [...], daß es wegen der Mannigfaltigkeit ihres Aussa-
        gegehalts möglich ist, der Darstellung im Wege einer fortgesetzten Interpre-
        tation immer weiterreichende Bedeutungen zu entnehmen, so daß sich eine
        praktisch unerschöpfliche, vielstufige Informationsvermittlung ergibt."[1131]

479   Da sich diese parallel verwendeten Kunstbegriffe nicht gegenseitig ausschließen, unter-
      fällt ein Lebenssachverhalt bereits dann dem sachlichen Schutzbereich von Art. 5 Abs. 3
      Satz 1 GG, wenn er nur unter eine der vorgenannten Definitionen subsumiert werden
      kann.[1132] **Indizien** hierfür sind das Selbstverständnis des Künstlers – dessen Behauptung,
      „Kunst" geschaffen zu haben – sowie die Anerkennung des betreffenden Werks als sol-
      ches durch Dritte (Publikum, Sachverständige).[1133] „Erlaubt und notwendig ist allerdings
      nur die Unterscheidung zwischen Kunst und Nichtkunst; eine Niveaukontrolle, also eine
      Differenzierung zwischen ‚höherer' und ‚niederer', ‚guter' und ‚schlechter' (und deshalb
      nicht oder weniger schutzwürdiger) Kunst, liefe demgegenüber auf eine verfassungsrecht-
      lich **unstatthafte Inhaltskontrolle** hinaus."[1134] Namentlich die etwaige Anstößigkeit einer
      Darstellung vermag ihr somit nicht die i.Ü. etwaig zu bejahende Eigenschaft als Kunst-
      werk wieder zu nehmen.[1135] „Solche Gesichtspunkte können allenfalls bei der Prüfung der
      Frage eine Rolle spielen, ob die Kunstfreiheit konkurrierenden Rechtsgütern von Verfas-
      sungsrang zu weichen hat."[1136]

Beispiel 86[1137]

480   Nach der sog. Haushaltslampen-Verordnung sind die Produktion und der Import von
      Glühlampen mit Stärken von 75 und 100 Watt verboten. Gleichwohl ließ A nach In-
      krafttreten des Verbots 40.000 dieser Leuchtkörper in China produzieren, um sie an-
      schließend auf dem deutschen Markt als „Kleinheizelemente" (sog. Heatballs) in den
      Verkehr zu bringen. Nachdem ihm dies von der zuständigen Behörde verboten worden
      war, wendet sich A nunmehr an das Verwaltungsgericht. Dort führt er aus, dass es sich
      bei dem Vertrieb der Heatballs um eine satirische, gegen die Abschaffung der alther-
      gebrachten Glühbirnen gerichtete Kunstaktion i. S. v. Art. 5 Abs. 3 Satz 1 GG handle.
      Dringt A mit diesem Einwand durch? EU-Recht ist nicht zu prüfen.

[1130] BVerfGE 30, 173 (188 f.).

[1131] BVerfGE 67, 213 (227).

[1132] *Michael/Morlok*, Grundrechte, Rn. 234; *Wilms*, Staatsrecht II, Rn. 666.

[1133] *Wilms*, Staatsrecht II, Rn. 670 m. w. N.

[1134] BVerfGE 75, 369 (377) (Hervorhebungen d. d. Verf.).

[1135] BVerfGE 81, 278 (291).

[1136] BVerfGE 83, 130 (139).

[1137] Nach OVG Münster, GewA 2012, S. 253.

Nein. Bei dem Vertrieb der Heatballs handelt es sich weder um Kunst im formalen Sinn – dieser lässt sich keinem bestimmten formalen Werktyp zuordnen – noch um solche im materiellen Sinn (es mangelt an einer freien schöpferischen Gestaltung und Eindrucksverarbeitung). Auch die Voraussetzungen des offenen Kunstbegriffs sind nicht erfüllt. Insbesondere ist nicht erkennbar, wie der Vertrieb der als Kleinheizelemente bzw. Heatballs bezeichneten Lampen, dem letztlich nur ein Bedeutungsgehalt zugeordnet ist, aus Sicht des Urhebers eine Rezeptionsvielfalt i. S. e. künstlerischen Eindrucks sollte vermitteln können.

Was den Schutzumfang des Grundrechts aus Art. 5 Abs. 3 Satz 1 GG anbelangt, so hat das BVerfG in seiner *Mephisto*-Entscheidung aus dem Jahr 1971 judiziert, dass „die Kunstfreiheitsgarantie in gleicher Weise den ,Werkbereich' und den ,Wirkbereich' des künstlerischen Schaffens [betrifft]. Beide Bereiche bilden eine unlösbare Einheit. Nicht nur die künstlerische Betätigung (**Werkbereich**), sondern darüber hinaus auch die Darbietung und Verbreitung des Kunstwerks sind sachnotwendig für die Begegnung mit dem Werk als eines ebenfalls kunstspezifischen Vorganges;" in diesem **Wirkbereich** wird der Öffentlichkeit Zugang zu dem Kunstwerk verschafft (z. B. im Rahmen einer Ausstellung),[1138] wozu auch die Werbung für ein Kunstwerk gehört.[1139]   481

Nicht mehr durch Art. 5 Abs. 3 Satz 1 GG geschützt ist dagegen die **wirtschaftliche Verwertung** eines Kunstwerks; vielmehr sind insoweit andere Grundrechte einschlägig (z. B. Art. 14 Abs. 1 Satz 1 GG bzgl. der Nutzungsrechte des Urhebers).[1140] Desgleichen erstreckt sich die Reichweite der Kunstfreiheit von vornherein auch „nicht auf die **eigenmächtige** Inanspruchnahme oder **Beeinträchtigung fremden Eigentums** zum Zwecke der künstlerischen Entfaltung" (z. B. Besprühen von öffentlichen oder privaten Bauwerken mit Graffiti), wobei bzgl. sonstiger fremder Rechtsgüter Dritter wie Leben und Freiheit nichts anderes gilt.[1141]   482

bb) Schutzwirkungen

„Wie alle Freiheitsrechte richtet sich die Kunstfreiheit in erster Linie gegen den Staat", d. h. sie statuiert ein individuelles Freiheitsrecht.[1142] In dieser **abwehrrechtlichen** Dimension garantiert Art. 5 Abs. 3 Satz 1 GG den im Kunstleben Tätigen einen „Freiheitsanspruch, der sie vor hemmenden Einflüssen der staatlichen Gewalt auf ihre Arbeit sichert."[1143] Ein **ori-**   483

[1138] BVerfGE 30, 173 (189) (Hervorhebungen d. d. Verf.). Auf die insoweit bestehende Parallele zum *forum internum* und *forum externum* bei Art. 4 Abs. 1, 2 GG (Rn. 448) weisen *Michael/Morlok*, Grundrechte, Rn. 243 hin.

[1139] BVerfGE 77, 240 (251 f.).

[1140] BVerfGE 31, 229 (239); 49, 382 (392). Ferner kommen insofern **Art. 12 Abs. 1** bzw. **Art. 2 Abs. 1 GG** in Betracht, siehe *Detterbeck*, Öffentliches Recht, Rn. 419.

[1141] BVerfG, NJW 1984, S. 1293 (1294) (Hervorhebungen d. d. Verf.). Siehe auch *Pieroth/Schlink*, Grundrechte, Rn. 665. Zur Verortung dieses Gesichtspunkts erst auf **Ebene der verfassungsrechtlichen Rechtfertigung** siehe *Kobor*, JuS 2006, S. 593 (595) m. w. N. und vgl. Rn. 63.

[1142] BVerfGE 119, 1 (21). Siehe auch BVerfGE 30, 173 (188).

[1143] BVerfGE 36, 321 (332). Siehe auch Rn. 68 f.

ginäres Leistungsrecht (z. B. auf Subventionierung, siehe Beispiel 17) lässt sich aus dieser Verfassungsbestimmung demgegenüber nicht entnehmen.[1144] Sofern allerdings der Staat „von sich aus" Leistungen für die Kunst bereitstellt, folgt aus Art. 5 Abs. 3 Satz 1 i. V. m. Art. 3 Abs. 1 GG ein **derivatives Teilhaberecht** des einzelnen Künstlers an diesen (siehe Beispiel 18).[1145] Er darf „nicht von vornherein und schlechthin" von positiven staatlichen Förderungsmaßnahmen ausgeschlossen werden;[1146] vielmehr besteht ein Anspruch auf diskriminierungsfreie Teilnahme am Wettbewerb um die jeweilige Leistung.[1147] Der Natur dieses Rechts auf (bloße) Chancengleichheit entspricht es freilich, dass nicht „jede einzelne positive Förderungsmaßnahme gleichmäßig allen Bereichen künstlerischen Schaffens [tatsächlich] zugute kommen" muss.[1148]

484   In seiner Eigenschaft „als objektive Wertentscheidung für die Freiheit der Kunst stellt [Art. 5 Abs. 3 Satz 1 GG] dem modernen Staat, der sich im Sinne einer **Staatszielbestimmung** auch als Kulturstaat versteht, zugleich die Aufgabe, ein freiheitliches Kunstleben zu erhalten und zu fördern," wobei das BVerfG dem Staat bei der Ausgestaltung entsprechender Förderungsmaßnahmen im Rahmen seiner Kulturpolitik allerdings eine weitgehende Freiheit zugesteht,[1149] sodass sich letztlich auch hieraus „kein Anspruch des Einzelnen auf eine bestimmte [...] Förderung" ergibt.[1150] Allerdings müssen „die Differenzierungskriterien, die zur Ausgrenzung bestimmter Kunstwerke aus der Förderung führen, [...] sachgerecht, d. h. [...] mit Art. 5 Abs. 3 Satz 1 GG vereinbar sein. Bei der Kunstförderung darf der Staat zwar bestimmte Qualitätsanforderungen stellen, aber seine Auswahlentscheidung muß der Autonomie und der Pluralität der Kunst sowie dem Prinzip der staatlichen Neutralität Rechnung tragen; ein staatliches Kunstrichtertum zu Lasten bestimmter Kunstrichtungen darf auch mit den Mitteln der Kunstförderung nicht verfolgt werden, vielmehr stellt die objektive Wertentscheidung der Verfassung für die Freiheit der Kunst dem Staat die Aufgabe, ein freiheitliches Kunstleben zu fördern."[1151]

Beispiel 87[1152]

485   Um die Bereitschaft zur Leistung von Mehrarbeit auf dem Gebiet der künstlerischen Tätigkeit zu steigern, führte der Gesetzgeber in § 34 EStG einen Absatz 4 ein, wonach nebenberufliche Einkünfte aus dieser Tätigkeit nicht dem allgemeinen Einkommensteuertarif, sondern nur einem ermäßigten Steuersatz unterlagen. Als diese Regelung

---

[1144] Vgl. *Zippelius/Würtenberger*, Deutsches Staatsrecht, § 26 Rn. 100. Siehe auch Rn. 70 f.

[1145] *Hufen*, Staatsrecht II, § 33 Rn. 42. Siehe auch Rn. 72 f.

[1146] BVerfGE 36, 321 (332).

[1147] *Hufen*, Staatsrecht II, § 33 Rn. 42.

[1148] BVerfGE 36, 321 (332).

[1149] BVerfGE 36, 321 (331) (Hervorhebungen d. d. Verf.). Siehe auch a. a. O., S. 332. Demgegenüber lässt sich Art. 5 Abs. 3 Satz 1 GG „wohl **keine** [...] **Einrichtungsgarantie** ‚der Kunst'" entnehmen, siehe Rn. 76 ff. und *Sachs*, Verfassungsrecht II, B 5 Rn. 99 (Hervorhebungen d. d. Verf.).

[1150] BVerfG, NJW 2005, S. 2843.

[1151] OVG Münster, NVwZ 1993, S. 76 (78).

[1152] Nach BVerfGE 81, 108. Siehe auch **Beispiel 17**.

später wieder zwecks Haushaltssanierung durch ein „Gesetz zum Abbau von Subventionen" ersatzlos aufgehoben wurde, gibt Künstler K ein Rechtsgutachten zu der Frage in Auftrag, ob die ersatzlose Aufhebung des § 34 Abs. 4 EStG gegen das Grundrecht der Kunstfreiheit aus Art. 5 Abs. 3 Satz 1 GG verstößt.

Nein. Art. 5 Abs. 3 Satz 1 GG enthält zunächst ein Freiheitsrecht für alle in den Bereichen der Kunst schöpferisch tätigen Personen, das sie vor Eingriffen der öffentlichen Gewalt schützt. Als objektive Grundsatzentscheidung für die Freiheit von Kunst stellt Art. 5 Abs. 3 Satz 1 GG dem Staat, der sich – im Sinne einer Staatszielbestimmung – auch als Kulturstaat versteht, zwar zugleich i. S. e. objektiven Wertentscheidung die Aufgabe, ein freiheitliches Kunstleben zu erhalten und zu fördern. Diese verfassungsrechtliche Grundsatzentscheidung schreibt dem Gesetzgeber jedoch nicht vor, in welchem Umfang und in welcher Form er seine Förderungspflicht zu erfüllen hat. Insoweit belässt ihm das Grundgesetz vielmehr einen breiten Gestaltungsraum, sodass der Einzelne keinen Anspruch auf eine bestimmte Form der Förderung hat. Namentlich können bei wirtschaftlichen Förderungsmaßnahmen, zu denen auch steuerliche Begünstigungen gehören, wirtschafts- und finanzpolitische Gesichtspunkte wie die Haushaltssanierung beachtet werden. Folge dessen ist, dass aus Art. 5 Abs. 3 Satz 1 GG kein Anspruch auf Steuerfreiheit oder -ermäßigung jeder künstlerischen Betätigung hergeleitet werden kann.

Weiterer Ausfluss des objektiv-rechtlichen Gehalts von Art. 5 Abs. 3 Satz 1 GG ist neben der staatlichen **Pflicht zum Schutz** der Kunst die **Ausstrahlungswirkung** dieses Grundrechts auf das einfache Recht, sodass u. a. auch im Verhältnis von Privaten zueinander die Kunstfreiheit im Wege der mittelbaren Drittwirkung zu berücksichtigen ist.[1153]   486

Beispiel 88[1154]

Nach § 16 Abs. 1 Satz 1 StrG BW bedarf die Benutzung einer Straße über den Gemeingebrauch hinaus (Sondernutzung) der Erlaubnis. „Über die Erteilung der Erlaubnis […] entscheidet die Straßenbaubehörde nach pflichtgemäßem Ermessen", § 16 Abs. 2 Satz 1 StrG BW. Künstler K möchte in der Fußgängerzone der baden-württembergischen Stadt S Scherenschnitte (Silhouetten) anfertigen und an Passanten verkaufen, weshalb er einen Antrag nach § 16 Abs. 1 Satz 1 StrG BW stellt. Hat K einen Anspruch auf Erlaubniserteilung?   487

Gem. § 16 Abs. 2 Satz 1 StrG BW steht die Erteilung der Sondernutzungserlaubnis im Ermessen der Behörde, d. h. K hat nur dann einen (gebundenen) Anspruch auf diese, wenn das Ermessen der Behörde i. S. d. von K gestellten Antrags auf null reduziert ist. Als Grundlage für eine derartige Ermessensreduzierung kommt hier der hohe verfassungsrechtliche Rang der in Art. 5 Abs. 3 Satz 1 GG vorbehaltlos gewährleisteten Kunstfreiheit in Betracht. Die Erlaubnispflicht für Sondernutzungen ist eine rein

---

[1153] BVerfGE 119, 1 (21); *Hufen*, Staatsrecht II, § 33 Rn. 40; *Sachs*, Verfassungsrecht II, B 5 Rn. 100. Siehe auch Rn. 79 ff.
[1154] Nach BVerwGE 84, 71.

formale Schranke, die noch nichts über die Zulässigkeit der beabsichtigten Straßennut-
zung aussagt. Sollte die Prüfung des Einzelfalls ergeben, dass die straßenkünstlerische
Darbietung weder die durch Art. 2 Abs. 1, Art. 3 Abs. 1 GG im Kern geschützten Rechte
der Verkehrsteilnehmer noch das Recht auf Anliegergebrauch (Art. 14 Abs. 1 GG) noch
andere Grundrechte (z. B. Art. 2 Abs. 2 Satz 1 GG) ernstlich beeinträchtigt, so wird in aller Regel das Ermessen auf null reduziert sein und ein Anspruch auf Erlaubniserteilung
bestehen.

488   Schließlich resultieren aus Art. 5 Abs. 3 Satz 1 GG noch Anforderungen an die **Organisation und** das **Verfahren** von Behörden (z. B. Bundesprüfstelle für jugendgefährdende Medien), die mit der Materie „Kunst" befasst sind.[1155] Dieses „Gebot, Grundrechte
durch entsprechende Verfahrensvorschriften zu verwirklichen, richtet sich dabei zunächst
an den Gesetzgeber. Wirkt sich das Verwaltungsverfahren unmittelbar auf grundrechtlich
geschützte Positionen aus, müssen die Verfahrensvorschriften in deren Interesse rechts-
satzförmig festgelegt sein."[1156]

c) Grundrechtskonkurrenzen

489   Art. 5 Abs. 3 Satz 1 GG ist nicht nur gegenüber **Art. 2 Abs. 1 GG**, sondern auch gegenüber
dem Grundrecht auf Meinungsfreiheit (**Art. 5 Abs. 1 Satz 1 GG**) die speziellere Norm.
Zu **Art. 8 Abs. 1 GG** steht die Kunstfreiheit dagegen im Verhältnis der Idealkonkurrenz,
ebenso wie in Bezug auf **Art. 12 Abs. 1 GG** der Fall (str.).[1157]

2. Eingriff

490   Ein Eingriff in das Grundrecht aus Art. 5 Abs. 3 Satz 1 GG kann durch **Verbote** (z. B. nach
§ 823 Abs. 1 BGB bzgl. des Vertriebs eines Romans; siehe Beispiel 90), sonstige Sanktionen
(z. B. Verurteilung des Künstlers wegen Beleidigung gem. § 185 StGB; siehe Beispiel 91)
und schutzbereichsbereichsverkürzende **tatsächliche Maßnahmen** (z. B. Lärm) erfolgen,
wobei jeweils sowohl der Werk- (z. B. Malverbot) als auch der Wirkbereich (z. B. Veröf-
fentlichungsverbot) betroffen sein können.[1158]

[1155] Vgl. BVerfGE 83, 130 (152 ff.). Siehe auch Rn. 89 f.
[1156] BVerfGE 83, 130 (152).
[1157] BVerfGE 30, 173 (200); 75, 369 (377); 81, 278 (291); 82, 236 (258); *Jarass*, in: ders./Pieroth, GG,
Art. 5 Rn. 105. Siehe auch Rn. 243, 383. **A. A.** *Hufen*, Staatsrecht II, § 33 Rn. 24, der im Verhältnis zu
Art. 12 Abs. 1 GG von einem „**Vorrang von Art. 5 Abs. 3 GG**" ausgeht.
[1158] *Pieroth/Schlink*, Grundrechte, Rn. 677. Siehe auch Rn. 120 ff.

3. Verfassungsrechtliche Rechtfertigung

a) Schranken

„Die Kunst ist [...] durch **Art. 5 Abs. 3 Satz 1 GG vorbehaltlos** gewährleistet. Versu-   491
che, die Kunstfreiheitsgarantie [...] durch erweiternde Auslegung oder Analogie aufgrund
der Schrankenregelung anderer Verfassungsbestimmungen einzuschränken, müssen angesichts der klaren Vorschrift des Art. 5 Abs. 3 Satz 1 GG erfolglos bleiben. **Unanwendbar**
ist insbesondere [...] **Art. 5 Abs. 2 GG**, der die Grundrechte aus Art. 5 Abs. 1 GG beschränkt. Die systematische Trennung der Gewährleistungsbereiche in Art. 5 GG weist den
Abs. 3 dieser Bestimmung gegenüber Abs. 1 als *lex specialis* aus und verbietet es deshalb,
die Schranken des Abs. 2 auch auf die in Abs. 3 genannten Bereiche anzuwenden [...].[1159]
Abzulehnen ist auch die Meinung, daß die Freiheit der Kunst gemäß **Art. 2 Abs. 1 Halbsatz 2 GG** durch die Rechte anderer, durch die verfassungsmäßige Ordnung und durch
das Sittengesetz beschränkt sei. Diese Ansicht ist unvereinbar mit dem vom Bundesverfassungsgericht in ständiger Rechtsprechung anerkannten Verhältnis der Subsidiarität des
Art. 2 Abs. 1 GG zur Spezialität der Einzelfreiheitsrechte [Rn. 489, 516], das eine Erstreckung des Gemeinschaftsvorbehalts des Art. 2 Abs. 1 Halbsatz 2 auf die durch besondere
Grundrechte geschützten Lebensbereiche nicht zuläßt."[1160]

„Andererseits ist das Freiheitsrecht [des Art. 5 Abs. 3 Satz 1 GG aber auch] nicht schran-   492
kenlos gewährt [...]. Jedoch kommt der Vorbehaltlosigkeit des Grundrechts die Bedeutung
zu, daß die Grenzen der Kunstfreiheitsgarantie nur von der Verfassung selbst zu bestimmen
sind."[1161] „Diese finden sich [...] in den [kollidierenden] Grundrechten anderer Rechtsträger, aber auch in sonstigen Rechtsgütern, sofern diese gleichfalls mit Verfassungsrang
ausgestattet sind", sog. **verfassungsimmanente Schranken**.[1162] Dabei müssen diejenigen
verfassungsrechtlich geschützten Güter (z. B. Jugendschutz), die bei realistischer Einschätzung der Umstände mit der Wahrnehmung des Rechts aus Art. 5 Abs. 3 Satz 1 GG kol-
lidieren, freilich anhand einzelner Grundgesetzbestimmungen (z. B. Art. 5 Abs. 2, Art. 6
Abs. 2 Satz 1, Art. 1 Abs. 1 i. V. m. Art. 2 Abs. 1 GG) konkret herausgearbeitet werden;
bloße Floskeln wie „Schutz der Verfassung" etc. genügen diesem Postulat nicht.[1163]

Beispiel 89[1164]

E ist Eigentümer eines mit einem Wochenendhaus bebauten Grundstücks im Außenbe-   493
reich (§ 35 BauGB). Er beabsichtigt, dort zwei jeweils 6 Meter hohe und 7 Meter lange

---

[1159] „Dabei spielt [...] auch eine Rolle, dass **Art. 5 Abs. 2 GG** mit den **Worten** ‚diese Rechte' vom
Wortlaut her [...] an die vorhergehenden Garantien anschließt", *Sachs*, Verfassungsrecht II, B 5 Rn. 89
(Hervorhebungen d. d. Verf.). **Entsprechendes** gilt richtigerweise im **Verhältnis von Art. 9 Abs. 2
zu Abs. 3 GG**, siehe Rn. 355.
[1160] BVerfGE 30, 173 (191 f.) (Hervorhebungen d. d. Verf.).
[1161] BVerfGE 30, 173 (193).
[1162] BVerfGE 83, 130 (139). Siehe auch Rn. 153.
[1163] BVerfGE 81, 278 (293).
[1164] Nach BVerwG, NJW 1995, S. 2648.

Monumentalfiguren auf einem jeweils 8 Meter hohen Sockel aus Beton und Quader-
steinen aufzustellen. Die zuständige Baubehörde lehnte den von E gestellten Bauantrag
wegen bauplanungsrechtlicher Unzulässigkeit ab. Zur Begründung führt die Behörde
u. a. aus, dass das Vorhaben das Landschaftsbild verunstaltete. E meint, diese Entscheidung verstoße gegen das Grundrecht aus Art. 5 Abs. 3 Satz 1 GG, weil die von der
Behörde angeführte Begründung verfassungsrechtlich unbeachtlich sei. Stimmt das?
§ 35 Abs. 3 Satz 1 Nr. 5 BauGB lautet: „Eine Beeinträchtigung öffentlicher Belange liegt
insbesondere vor, wenn das Vorhaben [...] das Orts- und Landschaftsbild verunstaltet."

Nein. Die von der Behörde angeführte Begründung der „Verunstaltung des Landschaftsbilds" ist auch in Anbetracht des Charakters des von E geplanten Vorhabens als
Kunstwerk i. S. v. Art. 5 Abs. 3 Satz 1 GG (verfassungs-)rechtlich relevant. So bedeutet die vorbehaltlose Gewährleistung der Kunst in Art. 5 Abs. 3 Satz 1 GG nicht etwa,
dass von der diesbzgl. Freiheit schrankenlos Gebrauch gemacht werden könnte. Vielmehr kommen als Schranken der Kunstfreiheit sowohl Grundrechte Dritter (z. B. Art. 2
Abs. 2 Satz 1 GG) als auch etwa die in Art. 20a GG als Staatsziel ausgestaltete Verpflichtung zum Schutz der natürlichen Lebensgrundlagen in Betracht. Gerade zur Erreichung
des letztgenannten Ziels dient die hier infrage stehende Vorschrift des § 35 Abs. 3 Satz 1
Nr. 5 BauGB, welche im Interesse der Erhaltung von Natur und Landschaft Vorsorge
dafür trifft, dass der Außenbereich über die Abwehr von Verunstaltungen durch Bau-
werke hinaus vor einem Eindringen ihm wesensfremder Bebauung bewahrt bleibt. Ist
der Gesetzgeber mit dieser einfachgesetzlichen Vorschrift des Baugesetzbuchs folglich
dem ihm durch Art. 20a GG erteilten verfassungsrechtlichen Gestaltungsauftrag nach-
gekommen und wird die konkrete Verwaltungsentscheidung von dieser einfachgesetzlichen Vorschrift getragen, so ist der sich unmittelbar hieraus ergebende Gesichtspunkt
der „Verunstaltung des Landschaftsbilds" verfassungsrechtlich durchaus erheblich.

b) Schranken-Schranken

494   „Gerät die Kunstfreiheit mit einem anderen Recht von Verfassungsrang in Widerstreit,
müssen [...] beide mit dem Ziel der Optimierung zu einem angemessenen Ausgleich gebracht werden. Dabei kommt dem **Grundsatz der Verhältnismäßigkeit** [Rn. 186 ff.] besondere Bedeutung zu [...]. Bei Herstellung der geforderten [praktischen] Konkordanz
ist [...] zu beachten, daß die Kunstfreiheit Ausübung und Geltungsbereich des konkur-
rierenden Verfassungsrechtsgutes ihrerseits Schranken zieht [Wechselwirkung]. All dies
erfordert eine Abwägung der widerstreitenden Belange und verbietet es, einem davon generell [...] Vorrang einzuräumen."[1165]

495   Hierbei ist zu berücksichtigen, dass „die Kunstfreiheit um des künstlerischen Schaffens
willen gewährleistet wird, demgegenüber die Vermittlung des Kunstwerks dienende Funktion hat", d. h. es „den Wertvorstellungen des Verfassungsgebers [entspricht], den **Werkbereich**, die eigentliche Kunstschöpfung, grundsätzlich für **weniger einschränkbar** zu halten

---

[1165] BVerfGE 83, 130 (143) (Hervorhebungen d. d. Verf.). **Ausnahme: Menschenwürde** (Art. 1
Abs. 1 GG) als absolute Schranke der Kunstfreiheit, siehe BVerfGE 75, 369 (379 f.) und vgl. Rn. 150.

als die ebenfalls notwendige Kommunikation zwischen dem Künstler und der Außenwelt [**Wirkbereich**]. Die eigentliche Kunstschöpfung ist zudem von der Natur der Sache her regelmäßig weniger geeignet, die Rechte Dritter oder andere bedeutende Rechtsgüter zu beeinträchtigen als die Vermittlung des Kunstwerks, die zwangsläufig Außenwirkung beansprucht [...]. Deshalb sind staatliche Eingriffe um so weniger zuzulassen, je näher die umstrittene Handlung dem Kern der Kunstfreiheit zuzuordnen ist und je mehr sie sich im Bereich des Schaffens abspielt."[1166]

Beispiel 90[1167]

In seinem jüngsten Roman schildert Autor A unter detaillierter Einbeziehung des Intimlebens die Liebesgeschichte von Schriftsteller „Adam" und der Schauspielerin „Esra", die er als eine von dem Willen ihrer Mutter abhängige, unselbstständige Frau charakterisiert. Aufgrund einer hohen Kumulation von Identifizierungsmerkmalen ist erkennbar, dass als Vorbild der Romanfigur „Esra" die K gedient hat, zu der A vor Erscheinen des Romans ein über eineinhalb Jahre andauerndes Verhältnis hatte. Kurz nach Erscheinen des Romans beantragt K daher vor dem zuständigen Landgericht, dem A dessen weitere Verbreitung zu untersagen. Das Gericht hielt diesen Unterlassungsanspruch nach §§ 1004, 823 Abs. 1 BGB i. V. m. Art. 1 Abs. 1, Art. 2 Abs. 1 GG für begründet, weil das angegriffene Buch die K in ihrem allgemeinen Persönlichkeitsrecht verletze. Mit seiner hiergegen nach Erschöpfung des Rechtswegs erhobenen Verfassungsbeschwerde rügt A die Verletzung seines Rechts aus Art. 5 Abs. 3 Satz 1 GG. Hat diese in der Sache Erfolg?

Nein. Der durch das Romanverbot bewirkte Eingriff in das Grundrecht der Kunstfreiheit des A ist verfassungsrechtlich gerechtfertigt. Aufgrund der sich aufdrängenden Identifizierung der K als Vorbild für die „Esra" und weil dieser Romanfigur Handlungen und Eigenschaften zugeschrieben werden, die, wenn der Leser sie auf die K beziehen kann, geeignet sind, ihr Persönlichkeitsrecht erheblich zu beeinträchtigen, ist K durch das Buch in ihrem Recht aus Art. 2 Abs. 1 i. V. m. Art. 1 Abs. 1 GG betroffen, welches als Rechtsgut von Verfassungsrang die Kunstfreiheit zu beschränken vermag. Zwar zieht die Kunstfreiheit ihrerseits dem Persönlichkeitsrecht Grenzen. Doch beeinträchtigt die schriftstellerische Tätigkeit des A das Persönlichkeitsrecht der K im vorliegenden Fall so schwer, dass diese Grenzen überschritten sind. So hängt die Schwere der Beeinträchtigung des Persönlichkeitsrechts nicht nur davon ab, in welchem Maß der Künstler es dem Leser nahelegt, den Inhalt seines Werks auf wirkliche Personen zu beziehen, sondern auch von der Intensität der Persönlichkeitsrechtsbeeinträchtigung, wenn der Leser diesen Bezug herstellt. Hinsichtlich des ersten Gesichtspunkts gilt, dass, je stärker der Autor eine Romanfigur von ihrem Urbild löst und zu einer Kunstfigur verselbstständigt, d. h. sie verfremdet, ihm umso mehr eine kunstspezifische Betrachtung zugutekommt. Notwen-

496

[1166] BVerfGE 77, 240 (253 f.) (Hervorhebungen d. d. Verf.). **A. A.** *Papier/Krönke*, Grundkurs Öffentliches Recht 2, Rn. 308 unter – dem m. E. nicht treffenden – Hinweis eben auf BVerfGE 77, 240 (254), denen zufolge die **Unterscheidung** zwischen **Werk- und Wirkbereich auf** der **Rechtfertigungsebene keine Bedeutung** habe.

[1167] Nach BVerfGE 119, 1.

dig ist insofern nicht zwingend die völlige Beseitigung der Erkennbarkeit; ausreichend ist vielmehr, dass dem Leser deutlich gemacht wird, dass er nicht von der Faktizität des Erzählten ausgehen soll (Fiktionalisierung). Für die sodann anzustellende Abwägung ist entscheidend, mit welcher Intensität das Persönlichkeitsrecht betroffen ist. Insofern ist zu beachten, dass wegen der besonderen Nähe zur Menschenwürde (Art. 1 Abs. 1 GG) ein Kernbereich privater Lebensgestaltung als absolut unantastbar geschützt ist, zu dem auch Ausdrucksformen der Sexualität gehören. Gerade aber derart intimste Details sind es, die in dem Roman genau geschildert werden, wobei die K deutlich als tatsächliche Partnerin des Autors erkennbar ist. Diese muss es aufgrund des überragend bedeutenden Schutzes der Intimsphäre aber nicht hinnehmen, dass sich der Leser die durch den Roman nahegelegte Frage stellt, ob sich die dort berichteten Geschehnisse auch in der Realität zugetragen haben. Die Abwägung zwischen der Kunstfreiheit des A und dem Persönlichkeitsrecht der K fällt somit zu deren Gunsten aus.

497   Notwendige Voraussetzung für eine den o. g. Anforderungen genügende Güterabwägung im Einzelfall ist, dass die hiermit befasste Behörde bzw. das entscheidende Gericht das jeweilige Werk anhand der der Kunst eigenen Strukturmerkmale beurteilt, d. h. **werkgerecht interpretiert**.[1168] Abzustellen ist insofern auf die Sicht eines „bemühten Durchschnittsbetrachters",[1169] kann doch ein „in künstlerischen Erscheinungsformen völlig Unbewanderter […] sicher keine Maßstäbe setzen, wenn es um Verständnis von Kunst geht; andererseits kann aber auch nicht auf den umfassend künstlerisch Gebildeten abgehoben werden, jedenfalls dann nicht, wenn sich […] die Äußerung auf offener Straße an ein beliebig zusammengesetztes Publikum richtet."[1170] Darüber hinaus ist zu beachten, dass künstlerische Äußerungen interpretationsfähig und -bedürftig sind. Unverzichtbares Element dieser Interpretation ist die **Gesamtschau** des Werks.[1171] Es verbietet sich daher, einzelne Teile eines Kunstwerks aus dessen Zusammenhang zu lösen und isoliert zu beurteilen. Bestehen hiernach **mehrere Interpretationsmöglichkeiten**, so ist diejenige zugrunde zu legen, die andere Rechtsgüter am wenigsten beeinträchtigt.[1172]

Beispiel 91[1173]

498   G ist Geschäftsführer einer Buchvertriebsgesellschaft, die das Taschenbuch „Laßt mich bloß in Frieden", eine durch Karikaturen und Collagen aufgelockerte Zusammenstellung antimilitaristischer Prosa und Poesie, verkauft. Auf der Umschlagrückseite ist eine aus Fotografien zusammengesetzte Collage abgebildet, die Anlass eines Strafverfahrens war. Die untere Hälfte der Darstellung besteht aus einer Schwarz-Weiß-Aufnahme eines

---

[1168] BVerfGE 75, 369 (376, 378 f.).
[1169] OVG Münster, NVwZ 1993, S. 76 (79).
[1170] BVerfGE 67, 213 (229 f.).
[1171] BVerfGE 67, 213 (228 f.).
[1172] Vgl. BVerfGE 67, 213 (230); 81, 298 (307) und siehe *Jarass*, in: ders./Pieroth, GG, Art. 5 Rn. 114. Vgl. auch Rn. 397 zu **Art. 5 Abs. 1 Satz 1 GG.**
[1173] Nach BVerfGE 81, 278 und 298.

Gelöbniszeremoniells der Bundeswehr, bei dem Soldaten die Bundesflagge ausgebreitet halten. Die obere Hälfte der Collage zeigt einen männlichen Torso, aus dem ein gelber Urinstrahl hervortritt, der im Wege der Fotomontage in das untere Bild auf die dort ausgebreitete Fahne gelenkt wird. Das Amtsgericht verhängte gegen G eine Geldstrafe wegen Verunglimpfung des Staates und seiner Symbole (§ 90a StGB). Denn die Collage stelle die bildnerische Gestaltung der Empfindung der Missachtung der Bundesflagge dar, der durch die Darstellung des Urinierens auf die Flagge Ausdruck verliehen werde. Dieser Angriff richte sich nicht gegen diejenigen, welche die Flagge nach der der Thematik der Druckschrift innewohnenden Vorstellung missbrauchen könnten, sondern gegen die Flagge und die von ihr symbolisierte Staatlichkeit selbst. Das gelte insbesondere deshalb, weil die Flagge bei einem Fahneneidzeremoniell der Bundeswehr gezeigt werde. G meint, durch die strafrechtliche Verurteilung in seinem Grundrecht aus Art. 5 Abs. 3 Satz 1 GG verletzt zu sein. Hat G Recht?

Ja. Bei der inkriminierten Abbildungen handelt es sich um „Kunst" i. S. v. Art. 5 Abs. 3 Satz 1 GG. Obwohl nicht selbst Schöpfer der Collage, erstreckt sich der personelle Geltungsbereich der Kunstfreiheit im vorliegenden Fall auch auf G, der das Kunstwerk geschäftsmäßig vertreibt und damit eine unentbehrliche Mittlerfunktion zwischen Künstler und Publikum ausübt. Die Bestrafung des G durch das Amtsgericht greift in dieses Grundrecht ein. Dieser Eingriff ist verfassungsrechtlich nicht gerechtfertigt. Zwar unterliegt die Kunstfreiheit verfassungsimmanenten Schranken. Hierzu zählt u. a. die freiheitliche demokratische Grundordnung (vgl. auch Art. 9 Abs. 2, Art. 18, Art. 21 Abs. 2 Satz 1 GG), welche in den in Art. 22 Abs. 2 GG vorgeschriebenen Staatsfarben wiedergegeben und von § 90a Abs. 1 Nr. 2 StGB einfachgesetzlich geschützt wird.

Die damit notwendige Abwägung der widerstreitenden Verfassungsrechtsgüter hat das Amtsgericht jedoch bereits deshalb in fehlerhafter Weise vorgenommen, weil es die Collage in entscheidungsrelevanter Weise nicht werkgerecht beurteilt, d. h. den Aussagekern des Werkes nicht zutreffend ermittelt und diesen von der gewählten Einkleidung nicht getrennt hat. So deuten die Ausführungen des Gerichts dahin, Aussagekern der Darstellung sei die Missachtung der Bundesflagge und des durch sie symbolisierten Staates, Einkleidung dagegen das Fahneneidzeremoniell. Schon wegen der Thematik des Buches, aber auch unabhängig davon, drängt sich jedoch eine genau entgegengesetzte Interpretation auf. Die Karikatur hat vorrangig antimilitaristische und nur insoweit antistaatliche Tendenz. Sie richtet sich gegen das staatliche Zeremoniell der Vereidigung oder des Gelöbnisses von Soldaten und bringt damit die Ablehnung des Soldatentums zum Ausdruck. Die Collage zeigt zwar ein staatliches Symbol, dem eine unwürdige Behandlung zuteilwird; damit soll aber nicht die Staatlichkeit überhaupt angegriffen werden. Vielmehr ist der Staat nur insoweit Angriffsziel, als er für die Einrichtung des Militärdienstes verantwortlich ist und ihm durch die Verwendung seiner Symbole bei der Inpflichtnahme der Soldaten zu einer besonderen Legitimation verhilft. Dieser Aussagekern wird eingekleidet und verfremdet durch den Torso, von dem aus auf das bei der Zeremonie verwendete staatliche Symbol uriniert wird. Solange das Amtsgericht die Collage nicht in dieser gebotenen Weise interpretiert hat (Verächtlichmachung der

Flagge als Mittel, den Militärdienst anzugreifen), steht nicht einmal fest, ob es überhaupt notwendig ist, widerstreitende Verfassungsgüter in Konkordanz zu bringen, könnte ein werkgerechtes Verständnis der Abbildung doch bereits zur Verneinung einer Verunglimpfung des Staates und seiner Symbole führen.

C. Auffanggrundrechte

Ist im konkreten Fall weder eines der vorstehend behandelten (Rn. 227–498) noch eines der sonstigen (speziellen) Grundrechte oder grundrechtsgleichen Rechte des Grundgesetzes einschlägig (vgl. Rn. 3), so bedeutet dies nicht etwa, dass der betreffende Lebenssachverhalt grundrechtlich schutzlos gestellt würde. Vielmehr sind in einer solchen Situation nunmehr die allgemeinen (Auffang-)Grundrechte zu prüfen, d. h. in freiheitsrechtlicher Hinsicht Art. 2 Abs. 1 GG (Rn. 500 ff.) und unter gleichheitsrechtlichen Gesichtspunkten Art. 3 Abs. 1 GG (Rn. 531 ff.).

499

I. Allgemeine Handlungsfreiheit, Art. 2 Abs. 1 GG

Nach **Art. 2 Abs. 1 GG** hat jeder „das Recht auf die freie Entfaltung seiner Persönlichkeit, soweit er nicht die Rechte anderer verletzt und nicht gegen die verfassungsmäßige Ordnung oder das Sittengesetz verstößt." Dieser Schutz umfasst neben dem hier nicht weiter dargestellten **allgemeinen Persönlichkeitsrecht** (Art. 2 Abs. 1 i. V. m. Art. 1 Abs. 1 GG) auch und gerade die **allgemeine Handlungsfreiheit**.[1174] Von dieser gewährleistet wird – sofern spezielle Grundrechte wie Art. 12 Abs. 1, Art. 14 Abs. 1 oder Art. 9 Abs. 1 bzw. 3 GG im konkreten Fall nicht einschlägig sind – insbesondere die „Handlungsfreiheit auf wirtschaftlichem Gebiet."[1175]

500

[1174] BVerfGE 95, 267 (303) m. w. N.
[1175] BVerfGE 50, 290 (366) m. w. N.

M. Wienbracke, *Einführung in die Grundrechte*, FOM-Edition,
DOI 10.1007/978-3-658-00764-5_5, © Springer Fachmedien Wiesbaden 2013

1. Schutzbereich

a) Persönlicher Schutzbereich

501 Dem ausdrücklichen Wortlaut von Art. 2 Abs. 1 GG zufolge kann sich „jeder", d. h. **alle natürlichen Personen** unabhängig von ihrer etwaigen Eigenschaft als Deutscher i. S. v. Art. 116 Abs. 1 GG, auf dieses (folglich „Jedermanns-")Grundrecht berufen.[1176] Da Art. 2 Abs. 1 GG entgegen dem ersten Anschein (Entfaltung der „Persönlichkeit") schlicht die allgemeine Handlungsfreiheit – und zwar auch auf wirtschaftlichem Gebiet – gewährleistet (Rn. 509), ist dieses Grundrecht ebenfalls insoweit auf **juristische Personen des Privatrechts** i. S. v. Art. 19 Abs. 3 GG wesensgemäß anwendbar, „als sie in ihrem Recht auf freie Entfaltung i. S. der wirtschaftlichen Betätigungsfreiheit betroffen" sind.[1177]

Beispiel 92[1178]

502 Nach § 4a Abs. 1 TierSchG darf ein warmblütiges Tier grundsätzlich nur dann geschlachtet werden, wenn es vor Beginn des Blutentzugs betäubt worden ist. Abweichend hiervon sieht § 4a Abs. 2 Nr. 2 TierSchG allerdings die Möglichkeit vor, dass die zuständige Behörde aus religiösen Gründen eine Ausnahmegenehmigung für ein Schlachten ohne Betäubung (Schächten) erteilt. Der türkische Staatsangehörige S betreibt in Hessen eine Metzgerei. Für die Versorgung seiner muslimischen Kunden erhielt er zunächst eine Ausnahmegenehmigung nach § 4a Abs. 2 Nr. 2 TierSchG. Sein für die Folgezeit gestellter Antrag auf Erteilung einer weiteren Ausnahmegenehmigung blieb dagegen erfolglos. S ist der Meinung, hierdurch in seinem Grundrecht auf Berufsfreiheit aus Art. 12 Abs. 1 GG verletzt zu sein. Trifft diese Rechtsansicht zu?

Nein. Die berufliche Tätigkeit des S als Metzger wird nicht durch Art. 12 Abs. 1 GG geschützt, weil S entgegen dem ausdrücklichen Wortlaut dieser Vorschrift nicht deutscher, sondern türkischer Staatsangehöriger ist. Schutznorm ist insofern vielmehr Art. 2 Abs. 1 GG – allerdings in der Ausprägung, die sich aus dem Spezialitätsverhältnis zwischen dem auf Deutsche beschränkten (schutzintensiveren) Art. 12 Abs. 1 GG und dem für Ausländer geltenden (schwächeren) Art. 2 Abs. 1 GG ergibt. Das bedeutet, dass die dem S im Hinblick auf seine berufliche Tätigkeit als Metzger zukommende Rechtsstellung gem. Art. 2 Abs. 1 GG nur im Rahmen der „verfassungsmäßigen Ordnung" gewährleistet ist.

b) Sachlicher Schutzbereich

503 Wie sich aus den bisherigen Ausführungen zu den Grundrechten ergibt, segmentiert das Grundgesetz das menschliche Verhalten (z. B. Religionsausübung, Meinungsäußerung, Be-

---

[1176] Vgl. *Hufen*, Staatsrecht II, § 14 Rn. 13, 15. Siehe auch Rn. 22.

[1177] BVerfGE 10, 89 (99); 66, 116 (130). Siehe auch Rn. 44.

[1178] Nach BVerfGE 104, 337. Siehe auch **Beispiele 6, 85** und vgl. BVerfGE 128, 1 (68): „Art. 2 Abs. 1 GG kommt als Prüfungsmaßstab für die Einschränkung der wirtschaftlichen Betätigungsfreiheit von ausländischen Personen [...] in Betracht, die nicht unter den Schutz der Berufsfreiheit fallen (Art. 12 Abs. 1 GG)".

rufsausübung) und unterstellt es in unterschiedlicher Intensität dem verfassungsrechtlichen Schutz (z. B. Art. 4 Abs. 1, 2, Art. 5 Abs. 1, 2, Art. 12 Abs. 1 GG). „Fügt man diese Freiheitssegmente zusammen, so würde sich [vorbehaltlich Art. 2 Abs. 1 GG] wegen der Partikularität der einzelnen Grundrechtstatbestände doch keine umfassende Freiheitsgewährleistung ergeben. Folgerichtig blieben diejenigen Handlungsmöglichkeiten, die im Grundrechtskatalog nicht eigens thematisiert worden sind, ohne grundrechtlichen Schutz." An dieser Stelle greift nun Art. 2 Abs. 1 GG Platz, dem „die überaus wichtige Funktion" zukommt, diese **Lücke zu schließen**, indem er generalklauselartig „auch diejenigen Betätigungen [...], die nicht in den Tatbestand eines (speziellen) Grundrechts aufgenommen worden sind" – „mit anderen Worten die ‚*allgemeine* Handlungsfreiheit'" – grundrechtlich absichert („keine grundrechtsfreien Räume"[1179]).[1180] Lässt sich Art. 2 Abs. 1 GG bei einem derart weit verstandenen sachlichen Schutzbereich in der Tat als „Mutter" aller Grundrechte bezeichnen,[1181] so erschließt sich in Zusammenschau mit dem Konkurrenzverhältnis zu diesen (Rn. 516) seine Bedeutung im Grundrechtssystem als generelles Auffanggrundrecht, das außerhalb des Schutzbereichs der speziellen Freiheitsgrundrechte mit ihrem z. T. sehr hohen Schutzniveau (z. B. Art. 5 Abs. 3 Satz 1 GG) für einen grundrechtlichen Basisschutz sorgt.[1182]

504

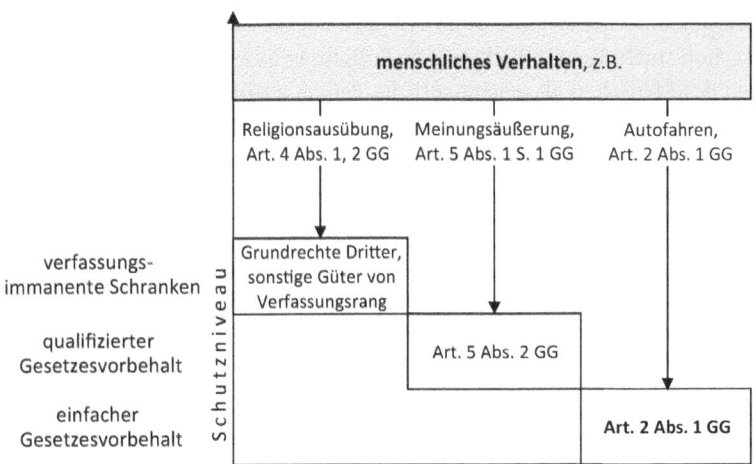

Stellung von Art. 2 Abs. 1 GG im System der Grundrechte

[1179] *Michael/Morlok*, Grundrechte, Rn. 435. Zum Fehlen grundrechtsfreier Räume unter dem GG siehe auch Rn. 99, freilich in anderem Zusammenhang.
[1180] *Ipsen*, Staatsrecht II, Rn. 765, 767 (Hervorhebungen abweichend vom Original). Vgl. auch BVerfGE 8, 274 (328). Hierzu gehört ebenfalls die Abwehr „**auch neuartige**[r], 1949 noch unvorhersehbare[r] **Gefährdungen** des Einzelnen", *Berg*, Staatsrecht, Rn. 623 (Hervorhebungen d. d. Verf.).
[1181] Vgl. *Katz*, Staatsrecht, Rn. 684. I. d. S. auch *Berg*, Staatsrecht, Rn. 623: „**Hauptfreiheitsrecht**".
[1182] *Katz*, Staatsrecht, Rn. 684; *Michael/Morlok*, Grundrechte, Rn. 440; *Pieroth/Schlink*, Grundrechte, Rn. 387.

aa) Schutzgut

505   Sachlich gewährleistet Art. 2 Abs. 1 GG jedem „das Recht auf die freie Entfaltung seiner Persönlichkeit". In Anbetracht dieser feierlich anmutenden Formulierung wurde im
Schrifttum[1183] zunächst die Auffassung vertreten, Art. 2 Abs. 1 GG schütze in sachlicher
Hinsicht lediglich einen Kernbereich der Persönlichkeit i. d. S., dass „das individuelle Verhalten, das […] den Schutz von Art. 2 Abs. 1 GG beanspruchen will, eine gesteigerte,
dem Schutzgut der übrigen Grundrechte vergleichbare Relevanz für die Persönlichkeitsentfaltung besitzen" muss.[1184] Das BVerfG hat diese sog. **Persönlichkeitskerntheorie**[1185]
allerdings bereits in seinem *Elfes*-Urteil[1186] aus dem Jahr 1957 **verworfen** und judiziert seitdem in ständiger Rechtsprechung, dass Art. 2 Abs. 1 GG die allgemeine Handlungsfreiheit
in einem umfassenden Sinn garantiert:

506 ▸   Von Art. 2 Abs. 1 GG „geschützt ist […] nicht nur ein begrenzter Bereich der
Persönlichkeitsentfaltung, sondern **jede Form menschlichen Handelns** ohne
Rücksicht darauf, welches Gewicht der Betätigung für die Persönlichkeitsentfal-
tung zukommt" (z. B. auch so banale Tätigkeiten wie das Autofahren).[1187]

507   Zur Begründung beruft sich das BVerfG sowohl auf die **Systematik** als auch die **Historie** von Art. 2 Abs. 1 GG: So wäre es im Hinblick auf die Schrankentrias des Art. 2 Abs. 1
2. Hs. GG schon „nicht verständlich, wie die Entfaltung innerhalb dieses Kernbereichs", der
„das Wesen des Menschen als geistig-sittliche Person ausmacht", „gegen das Sittengesetz,
die Rechte anderer oder sogar gegen die verfassungsmäßige Ordnung einer freiheitlichen
Demokratie sollte verstoßen können." Zudem waren es „nicht rechtliche Erwägungen, sondern [allein] sprachliche [stilistische] Gründe, die den Gesetzgeber bewogen haben, die
ursprüngliche Fassung *Jeder kann tun und lassen was er will'* durch die jetzige Fassung
zu ersetzen (vgl. *v. Mangoldt*, Parlamentarischer Rat, 42. Sitzung des Hauptausschusses,
S. 533)".[1188] Hinzu kommt schließlich auch, dass „jeder Versuch einer wertenden Einschränkung des Schutzbereichs […] zu einem Verlust des Freiheitsraums für den Bürger
führen [würde], der nicht schon deshalb geboten sein kann, weil andere Grundrechte einen
engeren und qualitativ abgehobenen Schutzbereich haben, und für den auch sonst keine zwingenden Gründe ersichtlich sind. Eine Einschränkung etwa auf die Gewährleistung
einer engeren, persönlichen, wenn auch nicht auf rein geistige und sittliche Entfaltung beschränkten, Lebenssphäre oder nach ähnlichen Kriterien würde überdies schwierige, in der
Praxis kaum befriedigend lösbare Abgrenzungsprobleme mit sich bringen."[1189]

[1183] Nachweise bei *Stein/Frank*, Staatsrecht, § 31 II 2 b).

[1184] Abw. Meinung in BVerfGE 80, 137 (165).

[1185] *Sachs*, Verfassungsrecht II, B 2 Rn. 3.

[1186] BVerfGE 6, 32. Dieses Urteil „ist die wohl **wichtigste Entscheidung des Gerichts zu den Grundrechten" überhaupt**, *Lege*, Jura 2002, S. 753 (754) (Hervorhebungen d. d. Verf.).

[1187] So etwa BVerfGE 80, 137 (152) (Hervorhebungen d. d. Verf.).

[1188] BVerfGE 6, 32 (36 f.). Siehe auch **Beispiel 13**.

[1189] BVerfGE 80, 137 (154).

Folge dieser Eigenschaft von Art. 2 Abs. 1 GG als grundrechtliche „**Generalklausel**"[1190]   508
ist, dass „ganz disparate Betätigungen" – etwa vom Taubenfüttern über das Motorrad-
fahren bis hin zum Abschluss privatrechtlicher Verträge – vom sachlichen Schutzbereich
der mitunter auch sog. „allgemeinen Verhaltensfreiheit"[1191] des Art. 2 Abs. 1 GG erfasst
werden (siehe Beispiel 13), ohne dass dies freilich i. d. S. missverstanden werden dürfte,
dass diese Verfassungsnorm eine „Quelle stets neu entstehender, verselbständigter Freiheitsrechte" bildete.[1192] Folgerichtig sind selbst Akte der **Eigengefährdung** (z. B. Alko-
holkonsum) und sogar **sozialschädliche Verhaltensweisen** (z. B. Zigarettenrauchen) unter
Art. 2 Abs. 1 GG zu subsumieren, engt der in dessen 2. Hs. enthaltene Vorbehalt (v. a. die
„Rechte anderer") doch nicht schon den „Tatbestand" des Grundrechts ein, sondern ist
als einfacher Gesetzesvorbehalt erst auf der Schrankenebene von Bedeutung.[1193] Schließlich umfasst Art. 2 Abs. 1 GG nicht nur positiv das „Recht, tun und lassen zu dürfen, was
man möchte" (z. B. Abschluss eines privatrechtlichen Vertrags), sondern ebenfalls **negativ**
die Freiheit, etwas nicht tun zu müssen (z. B. einen privatrechtlichen Vertrag nicht abzuschließen).[1194]

Zu dem bunten Strauß von (heterogenen) **Fallgruppen**, der im Hinblick auf Art. 2   509
Abs. 1 GG damit besteht, gehört u. a. die **Vertragsfreiheit** als Teil der wirtschaftlichen
Betätigungsfreiheit („Freiheit im wirtschaftlichen Verkehr", siehe Beispiel 24).[1195] Sie „ge-
währleistet dem Einzelnen nicht nur das Recht, Verträge grundsätzlich so abzuschließen,
wie er es wünscht",[1196] d. h. „die **Privatautonomie** als ‚Selbstbestimmung des Einzelnen im
Rechtsleben'."[1197] „Vielmehr schützt [Art. 2 Abs. 1 GG] ihn auch davor, daß die öffentliche
Gewalt [z. B. die Gerichte] bereits abgeschlossene Verträge nachträglich einer Änderung

---

[1190] *Pieroth/Schlink*, Grundrechte, Rn. 390.

[1191] *Sachs*, Verfassungsrecht, B 2 Rn. 5.

[1192] *Ipsen*, Staatsrecht II, Rn. 773.

[1193] Vgl. BVerfGE 59, 275 (277 f.); 121, 317 (359); BVerfG, NJW 2012, S. 1062 (1063) m. w. N.; *Ipsen*,
Staatsrecht, Rn. 774 und siehe *Michael/Morlok*, Grundrechte, Rn. 439; *Sachs*, Verfassungsrecht II, B
2 Rn. 14; *Zippelius/Würtenberger*, Deutsches Staatsrecht, § 22 Rn. 3. Siehe auch Rn. 520 ff.

[1194] Vgl. BVerfGE 103, 197 (215) und siehe Rn. 64 ff. *Detterbeck*, Öffentliches Recht, Rn. 325.

[1195] BVerfGE 8, 274 (328). Siehe auch *Michael/Morlok*, Grundrechte, Rn. 441; *Wilms*, Staatsrecht II,
Rn. 393. Insoweit handelt es sich auch bei Art. 2 Abs. 1 GG um ein **normgeprägtes Grundrecht**
(Rn. 76 ff., 122 f.): „Denn Vertragsfreiheit kann nur dann bestehen, wenn der Staat mit der Schaffung
eines Vertragsrechts die rechtlichen Möglichkeiten zum Abschluss von Verträgen bereitstellt. Ohne ein Vertragsrecht bestünde als natürliche Freiheit nur die Möglichkeit, bloße Verabredungen zu
treffen, denen aber keinerlei rechtliche Bindungskraft zukäme. Zum Vertrag werden solche Verabredungen erst dann, wenn ihnen der Staat rechtliche Verbindlichkeit zuerkennt", *Epping*, Grundrechte,
Rn. 568. Zum Schutz vor der **Auferlegung von Abgaben** wie z. B. Steuern siehe **Beispiel 60** und
zum Schutz vor der **Pflichtmitgliedschaft in öffentlich-rechtlichen Zwangsverbänden** wie z. B. der
IHK siehe **Beispiel 15**. Deren Pflichtmitglieder haben einen aus Art. 2 Abs. 1 GG resultierenden **Anspruch** darauf, **dass** der betreffende Zwangsverband bei seiner Tätigkeit die ihm **gesetzlich gesetzten
Grenzen** (v. a. § 1 Abs. 1 IHKG) **einhält**, siehe BVerwG, NVwZ-RR 2010, S. 882 (882 f.).

[1196] BVerfGE 95, 267 (303 f.) m. w. N.

[1197] BVerfGE 89, 214 (231) (Hervorhebung d. d. Verf.).

unterzieht."[1198] Von dieser Vertragsfreiheit umfasst ist allerdings nur die Freiheit des Abschlusses sowie der Gestaltung privatrechtlicher, **nicht** aber auch **öffentlich-rechtlicher Verträge.**[1199]

bb) Schutzwirkungen

510 Bei Art. 2 Abs. 1 GG handelt es sich um „das **Abwehrrecht** schlechthin."[1200] Ein **originärer Leistungsanspruch** (z. B. auf den Bau von Straßen) lässt sich Art. 2 Abs. 1 GG demgegenüber **nicht** entnehmen und auch bzgl. der Bejahung eines **derivativen Teilhaberechts** (z. B. auf Gemeingebrauch an bestehenden Straßen) ist **Zurückhaltung geboten.**[1201] Im Hinblick auf die neben dieser subjektiv-rechtlichen ebenfalls noch bestehende originär objektiv-rechtliche Funktion von Art. 2 Abs. 1 GG ist nicht nur ein Grundrechtsschutz durch **Organisation und Verfahren** denkbar,[1202] sondern statuiert diese Verfassungsbestimmung auch eine **Schutzpflicht** des Staates,[1203] die dieser etwa mit § 240 StGB für die dort tatbestandlich vorausgesetzten Lebenssachverhalte erfüllt: „Wer einen Menschen [...] zu einer Handlung, Duldung oder Unterlassung nötigt, wird [...] bestraft."

511 Darüber hinaus hat der Gesetzgeber insbesondere im Bereich des **Vertragsrechts**, in dem die Grundrechte im Wege der **mittelbaren Drittwirkung** gelten, durch eine entsprechende Ausgestaltung der Privatrechtsordnung dafür zu sorgen, dass „die Bedingungen der Selbstbestimmung des Einzelnen" als Voraussetzung der Privatautonomie „auch tatsächlich gegeben sind."[1204] Hierbei stellt sich dem Gesetzgeber freilich ein Problem **praktischer Konkordanz**, da am Zivilrechtsverkehr gleichrangige Grundrechtsträger teilnehmen, „die unterschiedliche Interessen und vielfach gegenläufige Ziele verfolgen. Da alle Beteiligten des Zivilrechtsverkehrs den Schutz des Art. 2 Abs. 1 GG genießen und sich gleichermaßen auf die grundrechtliche Gewährleistung ihrer Privatautonomie berufen können, darf nicht nur das Recht des Stärkeren gelten. Die kollidierenden Grundrechtspositionen sind in ihrer Wechselwirkung zu sehen und so zu begrenzen, daß sie für alle Beteiligten möglichst weitgehend wirksam werden."[1205]

512 Wenngleich insofern der **Vertrag** typischerweise das „maßgebliche Instrument zur Verwirklichung freien und eigenverantwortlichen Handelns in Beziehung zu anderen ist" und der in ihm „zum Ausdruck gebrachte übereinstimmende Wille der Vertragsparteien [...] **in der Regel auf** einen durch den Vertrag hergestellten **sachgerechten Interessenausgleich** schließen [lässt], den der Staat grundsätzlich zu respektieren hat", so erkennt das BVerfG

[1198] BVerfGE 95, 267 (303 f.) m. w. N.

[1199] BVerfG, NVwZ 2007, S. 802 (803). Zum öffentlich-rechtlichen Vertrag (§§ 54 ff. VwVfG) siehe *Wienbracke, Mike,* Allgemeines Verwaltungsrecht, 3. Auflage, Heidelberg 2012, Rn. 94 ff.

[1200] *Hufen,* Staatsrecht II, § 14 Rn. 27 (Hervorhebung im Original). Siehe auch Rn. 68 f.

[1201] Vgl. *Hufen,* Staatsrecht II, § 14 Rn. 27. Siehe auch Rn. 70 ff.

[1202] *Hufen,* Staatsrecht II, § 14 Rn. 27. Siehe auch Rn. 89 f.

[1203] *Sachs,* Verfassungsrecht II, B 2 Rn. 46. Siehe auch Rn. 79 ff.

[1204] BVerfGE 114, 73 (89). Siehe auch Rn. 86 ff. Zur Vertragsfreiheit als **Institutsgarantie** vgl. Art. 152 WRV und siehe *Epping,* Grundrechte, Rn. 586 m. w. N.

[1205] BVerfGE 89, 214 (232) (Hervorhebungen d. d. Verf.). Siehe auch Rn. 153.

dennoch **Ausnahmen** von diesem Grundsatz an: So ist es zum einen dann die „Aufgabe des Rechts, auf die Wahrung der Grundrechtspositionen der beteiligten Parteien hinzuwirken, um zu verhindern, dass sich für einen oder mehrere Vertragsteile die Selbstbestimmung in eine Fremdbestimmung verkehrt", „wenn auf Grund **erheblich ungleicher Verhandlungspositionen** der Vertragspartner einer von ihnen ein solches Gewicht hat, dass er den Vertragsinhalt faktisch einseitig bestimmen kann." „Gleiches gilt, wenn die **Schwäche eines Vertragspartners durch gesetzliche Regelungen bedingt** ist. Der verfassungsrechtliche Schutz der Privatautonomie durch Art. 2 Abs. 1 GG kann dann zu einer Pflicht des Gesetzgebers führen, für eine rechtliche Ausgestaltung des Rechtsverhältnisses der davon betroffenen Vertragsparteien zu sorgen, die ihren Belangen hinreichend Rechnung trägt."[1206]

Das geltende **Vertragsrecht des** Bürgerlichen Gesetzbuchs (**BGB**) genügt diesen Anforderungen – auch wenn dessen Schöpfer von einem Modell formal gleicher Teilnehmer am Privatrechtsverkehr ausgegangen sind. Denn die verschiedenen, für den im Rechtsverkehr Schwächeren geschaffen Schutznormen des BGB lassen sich durchaus i. S. d. heute weitgehend einhelligen Erkenntnis deuten, dass „die Vertragsfreiheit nur im Falle eines annähernd ausgewogenen Kräfteverhältnisses der Partner als Mittel eines angemessenen Interessenausgleichs taugt und daß der Ausgleich gestörter Vertragsparität zu den Hauptaufgaben des geltenden Zivilrechts gehört." Um auf i. d. S. „strukturelle Störungen" angemessen reagieren zu können, hält das BGB durchaus entsprechende Instrumente bereit: „In diesem Zusammenhang haben die Generalklauseln des Bürgerlichen Gesetzbuchs zentrale Bedeutung. Der Wortlaut des § 138 Abs. 2 BGB bringt das besonders deutlich zum Ausdruck. Darin werden typische Umstände bezeichnet, die zwangsläufig zur Verhandlungsunterlegenheit des einen Vertragsteils führen [nämlich ‚Ausbeutung der Zwangslage, der Unerfahrenheit, des Mangels an Urteilsvermögen oder der erheblichen Willensschwäche']. Nutzt der überlegene Vertragsteil diese Schwäche aus, um seine Interessen in auffälliger Weise einseitig durchzusetzen, so führt das zur Nichtigkeit des Vertrages. § 138 Abs. 1 BGB knüpft ganz allgemein die Nichtigkeitsfolge an einen Verstoß gegen die **guten Sitten**. Differenziertere Rechtsfolgen ergeben sich aus § 242 BGB. Die Zivilrechtswissenschaft ist im Ergebnis darüber einig, daß der Grundsatz von **Treu und Glauben** eine immanente Grenze vertraglicher Gestaltungsmacht bezeichnet und die Befugnis zu einer richterlichen Inhaltskontrolle des Vertrages begründet."[1207]

Für die **Zivilgerichte** ergibt sich aus dem Vorstehenden „die Pflicht, bei der **Auslegung und Anwendung der Generalklauseln** darauf zu achten, daß Verträge nicht als Mittel der Fremdbestimmung dienen."[1208] „Indem § 138 und § 242 BGB ganz allgemein auf die guten Sitten, die Verkehrssitte sowie Treu und Glauben verweisen, verlangen sie von den Gerichten eine Konkretisierung am Maßstab von Wertvorstellungen, die in erster Linie von den Grundsatzentscheidungen der Verfassung bestimmt werden. Deshalb sind die Zivilgerichte

513

514

[1206] BVerfGE 114, 73 (90) m. w. N. (Hervorhebungen d. d. Verf.).
[1207] BVerfGE 89, 214 (232 f.) (Hervorhebungen d. d. Verf.).
[1208] BVerfGE 89, 214 (234).

von Verfassungs wegen verpflichtet, bei der Auslegung und Anwendung der Generalklauseln die **Grundrechte als ‚Richtlinien' zu beachten.**"[1209] Konkret bedeutet dies: „Haben die Vertragspartner eine an sich zulässige Regelung vereinbart, so wird sich regelmäßig eine weitergehende Inhaltskontrolle erübrigen. Ist aber der Inhalt des Vertrages für eine Seite ungewöhnlich belastend und als Interessenausgleich offensichtlich unangemessen, so dürfen sich die Gerichte nicht mit der Feststellung begnügen: ‚Vertrag ist Vertrag'. Sie müssen vielmehr **klären, ob die Regelung eine Folge strukturell ungleicher Verhandlungsstärke ist, und gegebenenfalls im Rahmen der Generalklauseln des geltenden Zivilrechts korrigierend eingreifen.** Wie sie dabei zu verfahren haben und zu welchem Ergebnis sie gelangen müssen, ist in erster Linie eine Frage des einfachen Rechts, dem die Verfassung einen weiten Spielraum läßt."[1210] Insbesondere hat das BVerfG „die Auslegung und Anwendung des einfachen Rechts grundsätzlich nicht nachzuprüfen. Ihm obliegt es lediglich, die Beachtung der grundrechtlichen Normen und Maßstäbe durch die ordentlichen Gerichte sicherzustellen. Daher kann es einer rechtskräftigen zivilgerichtlichen Entscheidung nicht schon dann entgegentreten, wenn es selbst bei der Beurteilung widerstreitender Grundrechtspositionen die Akzente anders gesetzt und daher anders entschieden hätte. Die Schwelle eines Verfassungsverstoßes, den das BVerfG zu korrigieren hat, ist erst erreicht, wenn die angegriffene Entscheidung Auslegungsfehler erkennen läßt, die auf einer grundsätzlich unrichtigen Auffassung von der Bedeutung eines Grundrechts, insbesondere vom Umfang seines Schutzbereichs, beruhen und auch in ihrer materiellen Bedeutung für den konkreten Rechtsfall von einigem Gewicht sind" (spezifische Verfassungsverletzung).[1211] „Ein Verstoß gegen die grundrechtliche Gewährleistung der Privatautonomie kommt [daher] dann in Betracht, wenn das Problem gestörter Vertragsparität gar nicht gesehen oder seine Lösung mit untauglichen Mitteln versucht wird."[1212]

Beispiel 93[1213]

515   Immobilienmakler I beantragte bei der Bank B einen Kredit i. H. v. 1,2 Millionen Euro. Da B hierfür eine Sicherheit verlangte, unterzeichnete die 21-jährige vermögenslose Tochter T des I mit einem Monatseinkommen als Fabrikarbeiterin i. H. v. 590,- Euro netto eine entsprechende selbstschuldnerische Bürgschaftsurkunde (§ 765 Abs. 1 BGB), wobei ein Mitarbeiter von B gegenüber T noch erklärte: „Sie gehen keine große Verpflichtung ein." Als B die T hieraus später in Anspruch nimmt, verweigert diese die Zahlung. Sie meint, die Bürgschaft sei gem. § 138 BGB unwirksam, weil sie gegen die „grundrechtliche Gewährleistung der Privatautonomie" verstoße. Ist diese Ansicht zutreffend?

[1209] BVerfGE 89, 214 (229). Siehe auch Rn. 86 ff.
[1210] BVerfGE 89, 214 (234) (Hervorhebungen d. d. Verf.).
[1211] BVerfGE 89, 214 (230). Siehe auch Rn. 654 ff.
[1212] BVerfGE 89, 214 (234).
[1213] Nach BVerfGE 89, 214.

Ja. Die Gestaltung der Rechtsverhältnisse durch den Einzelnen nach seinem Willen ist ein Teil der allgemeinen Handlungsfreiheit des Art. 2 Abs. 1 GG, welche u. a. die Privatautonomie gewährleistet. Diese bedarf der legislativen Ausgestaltung, doch steht sie keinesfalls zur beliebigen Disposition des Gesetzgebers. Vielmehr ist dieser an die objektiv-rechtlichen Vorgaben der Grundrechte gebunden. Insoweit stellt sich ihm freilich das Problem, dass alle Beteiligten des Zivilrechtsverkehrs den Schutz des Art. 2 Abs. 1 GG genießen und sich gleichermaßen auf die grundrechtliche Gewährleistung ihrer Privatautonomie berufen können. Ihre unterschiedlichen Interessen und vielfach gegenläufige Ziele muss die Legislative folglich zu einem möglichst schonenden Ausgleich bringen, sog. praktische Konkordanz. Darf daher insbesondere nicht nur das Recht des Stärkeren gelten, so ergibt sich der sachgerechte Interessenausgleich im Vertragsrecht regelmäßig aus dem übereinstimmenden Willen der Vertragspartner. Hat aber einer der Vertragsteile aufgrund der strukturellen Unterlegenheit des anderen ein so starkes Übergewicht, dass er den Vertragsinhalt faktisch einseitig bestimmen kann, bewirkt dies für den anderen Vertragsteil eine Fremdbestimmung. Sind die Folgen des Vertrags für den derart unterlegenen Vertragsteil (hier: T) ungewöhnlich belastend (hier: Bürgschaftsumfang übersteigt die wirtschaftlichen Verhältnisse der T bei Weitem; im Haftungsfall lebenslange Schuldenlast), so muss die Zivilrechtsordnung aufgrund der grundrechtlichen Gewährleistung der Privatautonomie (Art. 2 Abs. 1 GG) und des Sozialstaatsprinzips (Art. 20 Abs. 1 GG) darauf reagieren und Korrekturen ermöglichen. In diesem Zusammenhang sind die Generalklauseln des BGB von zentraler Bedeutung. Indem namentlich § 138 und § 242 BGB ganz allgemein auf die „guten Sitten", die „Verkehrssitte" sowie „Treu und Glauben" verweisen, verlangen sie eine Konkretisierung am Maßstab von Wertvorstellungen, die primär von den für alle Bereiche des Rechts geltenden Grundsatzentscheidungen der Verfassung bestimmt werden. Bei einer dementsprechenden Auslegung von § 138 BGB führt diese Vorschrift im vorliegenden Fall zu dem Ergebnis, dass die von T unter Verzicht auf die abdingbaren Schutzvorschriften des BGB eingegangene selbstschuldnerische Bürgschaftsverpflichtung bzgl. des Kredits, an dem sie kein eigenes wirtschaftliches Interesse hatte, nichtig ist – zumal in Anbetracht der Umstände des Vertragsschlusses (Erklärung des Mitarbeiters von B).

c) Grundrechtskonkurrenzen

Das in Art. 2 Abs. 1 GG verankerte Grundrecht der „allgemeinen Handlungsfreiheit" ist als   516
lex generalis gegenüber den **speziellen Freiheitsgrundrechten** (*leges speciales*; z. B. Art. 12 Abs. 1 GG bzgl. der Handlungsfreiheit im Bereich des Berufsrechts) subsidiär, d. h. wird von diesen verdrängt.[1214] Dies macht Sinn: Denn ist der betreffende Eingriff gemessen

---

[1214] BVerfGE 116, 202 (221) m. w. N.; *Katz*, Staatsrecht, Rn. 688. Siehe auch Rn. 93. Nach BVerfGE 19, 206 (225) gilt dies „aber nur, soweit eine Verletzung des Art. 2 Abs. 1 GG und einer besonderen Grundrechtsnorm unter demselben sachlichen Gesichtspunkt in Betracht kommt, nicht aber, wenn Art. 2 Abs. 1 GG unter einem Gesichtspunkt verletzt ist, der nicht in den Bereich der besonderen Grundrechtsnorm fällt". „Aufbautechnisch hat dies zur Konsequenz, dass die allgemeine Handlungs-

selbst an den vergleichsweise höheren Grundrechtsschranken des im jeweiligen Fall einschlägigen speziellen Freiheitsgrundrechts verfassungsrechtlich gerechtfertigt, so kann im
Hinblick auf Art. 2 Abs. 1 GG mit seinen schwächsten aller Grundrechtsschranken nichts
anderes gelten.[1215] Im Ergebnis hat dies zur Folge, dass Art. 2 Abs. 1 GG nur dann zur Anwendung gelangt, wenn das jeweilige Verhalten nicht in den persönlichen und sachlichen
Schutzbereich eines speziellen Freiheitsgrundrechts fällt (Art. 2 Abs. 1 GG als **Auffanggrundrecht**).[1216] Zu **Art. 3 Abs. 1 GG** steht Art. 2 Abs. 1 GG dagegen im Verhältnis der
Idealkonkurrenz.[1217]

Beispiel 94[1218]

517   Nach der in § 1 Abs. 1 Satz 2 VgG Bln. a. F. enthaltenen sog. Tariftreueregelung soll die
         Vergabe von Bauleistungen sowie von Dienstleistungen bei Gebäuden und Immobilien
         durch Berliner Vergabestellen i. S. v. § 98 GWB mit der Auflage erfolgen, dass die Unter-
         nehmen ihre Arbeitnehmer bei der Ausführung dieser Leistungen nach den jeweils in
         Berlin geltenden Entgelttarifen entlohnen und dies auch von ihren Nach- bzw. Subun-
         ternehmern verlangen. Bauunternehmer B meint, diese Regelung verstoße gegen sein
         „Grundrecht auf Vertragsfreiheit aus Art. 2 Abs. 1 GG". Hat B Recht?

         Nein. Zwar wird die Vertragsfreiheit auch durch das Grundrecht der allgemeinen
         Handlungsfreiheit gem. Art. 2 Abs. 1 GG gewährleistet. Doch sofern eine gesetzliche
         Regelung die Vertragsfreiheit gerade im Bereich beruflicher Betätigung betrifft, welche
         ihre spezielle Gewährleistung in Art. 12 Abs. 1 GG gefunden hat, scheidet die gegenüber
         anderen Freiheitsrechten subsidiäre allgemeine Handlungsfreiheit als Prüfungsmaßstab
         aus. Die vorliegend infrage stehende Tariftreueregelung des § 1 Abs. 1 Satz 2 VgG Bln.
         a. F. berührt aber gerade die durch Art. 12 Abs. 1 GG gewährleistete Vertragsfreiheit im
         unternehmerischen Bereich, die den Arbeitgebern u. a. das Recht gewährleistet, die Ar-
         beitsbedingungen mit ihren Arbeitnehmern im Rahmen der Gesetze frei auszuhandeln.
         Denn dadurch, dass § 1 Abs. 1 Satz 2 VgG Bln. a. F. als Voraussetzung für die erfolgreiche
         Teilnahme am Vergabeverfahren die Tariftreue fordert, reguliert es nicht allgemein das
         Wettbewerbsverhalten der Unternehmen, sondern bewirkt eine bestimmte Ausgestal-
         tung der Verträge, die der Auftragnehmer mit seinen Arbeitnehmern zur Durchführung
         des Auftrags abschließt. Die Unternehmen – wie hier der B – sollen bzgl. dieser Ver-
         tragsbedingungen nicht frei darüber entscheiden dürfen, wie sie sich am Wettbewerb
         um den öffentlichen Auftrag beteiligen. Vielmehr werden sie bei Ablehnung der von ih-
         nen geforderten Tariftreue von der Möglichkeit, ihre Erwerbschancen zu verwirklichen,
         ausgeschlossen, auch wenn sie sich im Übrigen an die Vergabebedingungen halten.

---

freiheit stets **am Ende der Prüfung von Freiheitsrechten anzusprechen** ist", *Manssen*, Staatsrecht II,
Rn. 224 (Hervorhebungen d. d. Verf.). Siehe auch Rn. 17.

[1215] Vgl. BVerfGE 128, 1 (68).

[1216] Vgl. BVerfGE 104, 337 (346) und siehe *Epping*, Grundrechte, Rn. 587; *Pieroth/Schlink*, Grundrechte, Rn. 387.

[1217] Vgl. Rn. 95, 550 und BVerfGE 90, 145 (171, 195); *Jarass*, in: ders./Pieroth, GG, Art. 3 Rn. 3.

[1218] Nach BVerfGE 116, 202. Siehe auch **Beispiel 24**.

Durch § 1 Abs. 1 Satz 2 VgG Bln. a. F. werden sie zu einer bestimmten Gestaltung ihrer Verträge mit Dritten angehalten und somit in ihrer unternehmerischen Vertragsfreiheit berührt.

2. Eingriff

Ebenso wie hinsichtlich aller sonstigen Freiheitsgrundrechte der Fall ist auch in Bezug auf Art. 2 Abs. 1 GG ein Eingriff in den Schutzbereich ohne Weiteres dann zu bejahen, wenn die Voraussetzungen des **klassischen Eingriffsbegriffs** vorliegen (z. B. staatliches Ge-/Verbot).[1219] Ob darüber hinaus allerdings ebenfalls der **moderne Eingriffsbegriff** (Rn. 131 ff.) auf das Grundrecht der allgemeinen Handlungsfreiheit Anwendung findet, ist **streitig**. Mit der Begründung, dass dessen Zugrundlegung in Anbetracht des weiten Schutzbereichs von Art. 2 Abs. 1 GG zu einer Ausuferung des Grundrechtsschutzes führen würde („jegliche Beeinträchtigung ein Eingriff"), wird diese Frage im Schrifttum mitunter verneint; danach sei ein Eingriff in die allgemeine Handlungsfreiheit nur dann anzunehmen, wenn es sich um eine rechtliche – und nicht: faktische – Maßnahme gegenüber dem betroffenen Einzelnen – und nicht: einem Dritten – handelt.[1220] Richtigerweise ist dieser Auffassung nicht zu folgen, ist doch auch nach dem modernen Eingriffsbegriff nicht jedwede mittelbare bzw. rein faktisch wirkende Maßnahme zwangsläufig als Grundrechtseingriff zu qualifizieren, sondern bedarf es auch hier einer gewissen Eingriffsintention bzw. eines gewissen Maßes an Eingriffsintensität.[1221] Wird damit aber dem berechtigten Anliegen der vorgenannten Literaturmeinung, namentlich bloße Bagatellen (z. B. Stau auf Autobahn wegen hoher Verkehrsdichte infolge einer Vielzahl behördlich zugelassener Pkw) von rechtfertigungsbedürftigen Eingriffen in das Grundrecht der allgemeinen Handlungsfreiheit zu unterscheiden (z. B. Blockade einer Straße durch städtische Fahrzeuge), Rechnung getragen, so besteht kein Grund dafür, von der allgemeinen Dogmatik abzuweichen und bei Art. 2 Abs. 1 GG eine Ausnahme von der Geltung des modernen Eingriffsbegriffs zu machen.[1222]

518

Beispiel 95[1223]

L betreibt nahe der Haupteinkaufsstraße der Landeshauptstadt des Bundeslands B ein Geschäft der Bekleidungsbranche, dessen Sortiment sich mit demjenigen des nur wenige hundert Meter entfernt vom Konkurrenten K betriebenen weitgehend überschneidet.

519

[1219] *Sodan/Ziekow*, Grundkurs Öffentliches Recht, § 27 Rn. 12. Siehe auch Rn. 125 ff. Zu Eingriffen in Art. 2 Abs. 1 GG im Fall der sog. **Drittbetroffenheit** siehe **Beispiel 33**.
[1220] *Pieroth/Schlink*, Grundrechte, Rn. 402 f. Vgl. auch *Manssen*, Staatsrecht II, Rn. 230.
[1221] *Epping*, Grundrechte, Rn. 572. Ebenso *Papier/Krönke*, Grundkurs Öffentliches Recht 2, Rn. 174 unter Hinweis auf das „einschränkende Kriterium der Zurechenbarkeit". Siehe auch Rn. 134, 136.
[1222] *Sodan/Ziekow*, Grundkurs Öffentliches Recht, § 27 Rn. 12. Vgl. auch *Hufen*, Staatsrecht II, § 14 Rn. 18 f.; *Sachs*, Verfassungsrecht II, B 2 Rn. 23.
[1223] Nach BVerwGE 65, 167.

Auf Antrag des K wird diesem unter Verletzung nicht drittschützender Vorschriften des einschlägigen LSchlG von der zuständigen Behörde eine – objektiv mithin rechtswidrige – Ausnahmebewilligung (Verwaltungsakt) erteilt, wonach die Verkaufsstelle des K in einem näher bestimmten Umfang auch außerhalb der allgemeinen Ladenöffnungszeit geöffnet sein darf. Ist die von L hiergegen erhobene Anfechtungsklage begründet?

Nein. Gem. § 113 Abs. 1 Satz 1 VwGO hebt das Gericht den Verwaltungsakt nur auf, soweit dieser rechtswidrig und der Kläger dadurch in seinen (subjektiven) Rechten verletzt ist. Letzteres ist hier jedoch gerade nicht der Fall. L ist weder unmittelbar Adressat des von ihm angefochtenen – objektiv rechtswidrigen – Verwaltungsakts, noch verstößt dieser gegen eine den L als Dritten schützende Norm des LSchlG. Doch auch in seinem Grundrecht aus Art. 2 Abs. 1 GG – Art. 12 Abs. 1 GG schützt nur vor berufsspezifischen staatlichen Eingriffen – ist L nicht verletzt. Zwar schützt dieses Grundrecht die Handlungsfreiheit auch auf wirtschaftlichem Gebiet, d. h. die Freiheit der Teilnahme am Wettbewerb. In diese Freiheit wurde indes durch die dem K erteilte Ausnahmebewilligung nicht eingegriffen. Denn auch nach deren Erlass kann L am Wettbewerb um den Kunden weiterhin teilnehmen. Lediglich die Bedingungen, unter denen dieser Wettbewerb stattfand, haben sich durch die Ausnahmebewilligungen zum Nachteil des L ggf. verändert. Die hiermit für L verbundene Beeinträchtigung würde allerdings erst dann einen Eingriff in die Wettbewerbsfreiheit darstellen, wenn durch die hoheitliche Maßnahme die Fähigkeit des L zur Teilnahme am Wettbewerb in einem solchen Ausmaß eingeschränkt wäre, dass seine Möglichkeit, sich als verantwortlicher Unternehmer wirtschaftlich zu betätigen, beeinträchtigt würde. Anhaltspunkte hierfür können dem vorliegend zu beurteilenden Sachverhalt jedoch nicht entnommen werden.

3. Verfassungsrechtliche Rechtfertigung

520   Die allgemeine Handlungsfreiheit ist nur in den Schranken des Art. 2 Abs. 1 2. Hs. GG gewährleistet. Danach steht sie unter dem Vorbehalt der „Rechte anderer", der „verfassungsmäßige[n] Ordnung" und des „Sittengesetzes", sog. **Schrankentrias**.[1224] M. a. W.: In der Bundesrepublik Deutschland ist grundsätzlich **„alles erlaubt, was nicht gesetzlich verboten ist"** – und nicht etwa umgekehrt alles das verboten, was nicht eigens vom Staat erlaubt wird.[1225]

[1224] *Zippelius/Würtenberger*, Deutsches Staatsrecht, § 22 Rn. 12.
[1225] *Michael/Morlok*, Grundrechte, Rn. 441 (Hervorhebungen d. d. Verf.). Vgl. auch Rn. 159; BVerfGE 84, 372 (380); *Hufen*, Staatsrecht II, § 14 Rn. 5.

a) Schranken

Korrespondierend zum weiten Verständnis des sachlichen Schutzbereichs von Art. 2   521
Abs. 1 GG (Rn. 506) ist auch die Grundrechtsschranke der „verfassungsmäßigen Ordnung" extensiv auszulegen:[1226]

▸   Zur **„verfassungsmäßige**[n] **Ordnung"** i. S. v. Art. 2 Abs. 1 GG „gehört jede   522
    Rechtsnorm, die formell und materiell mit der Verfassung in Einklang steht"
    („verfassungsmäßige Ordnung = verfassungsmäßige Rechtsordnung"[1227]).[1228]

Abweichendes ergibt sich insbesondere auch nicht daraus, dass derselbe Begriff der   523
„verfassungsmäßige[n] Ordnung" auch **in anderen Bestimmungen des Grundgesetzes**
verwendet wird (z. B. in Art. 9 Abs. 2 GG) und dort unzweifelhaft etwas **anderes bedeutet** (nämlich die „freiheitlich demokratische Grundordnung" i. S. v. Art. 21 Abs. 2 GG).[1229]
Denn derselbe Begriff muss nicht überall denselben Inhalt haben. „Die Auslegung hängt
vielmehr von der Funktion ab, die der Begriff innerhalb der jeweiligen Norm zu erfüllen hat. Die Analyse der gesetzlichen Tatbestände, in denen der Begriff vorkommt, ergibt,
daß er stets einen Kreis von Normen umschreibt, an die der jeweilige Normadressat gebunden sein soll. Daraus erhellt ohne weiteres, daß der Umfang des jeweils die ‚verfassungsmäßige Ordnung' darstellenden Normenkomplexes [...] nicht für jeden der – unter
sich ganz ungleichartigen – Normadressaten der gleiche sein kann. Während also z. B. si-
cherlich der Gesetzgeber an die Verfassung schlechthin gebunden ist (Art. 20 Abs. 3 GG),
kann es in anderem Zusammenhang – z. B. in Art. 9 [Abs. 2] GG [...] – geboten sein,
den Begriff ‚verfassungsmäßige Ordnung' auf gewisse elementare Grundsätze der Verfassung zu beschränken; der Bürger aber wird in seiner allgemeinen Handlungsfreiheit [des
Art. 2 Abs. 1 GG] legitim eingeschränkt nicht nur durch die Verfassung oder gar nur durch
‚elementare Verfassungsgrundsätze', sondern durch jede formell und materiell verfassungsmäßige Rechtsnorm."[1230]

Dieses ebenfalls durch die **Entstehungsgeschichte**[1231] des Art. 2 Abs. 1 GG bestätigte   524
Ergebnis wird schließlich **auch nicht** durch den Einwand entkräftet, dass **Art. 2 Abs. 1 GG**
dann **„leerlaufen"** würde, weil es unter einen allgemeinen Gesetzesvorbehalt gestellt werde. Denn Gesetze sind nicht schon dann i. S. v. Art. 2 Abs. 1 GG „verfassungsmäßig", wenn
sie nur formell ordnungsmäßig ergangen sind. Vielmehr müssen sie „auch materiell in
Einklang mit den obersten Grundwerten der freiheitlichen demokratischen Grundordnung als der verfassungsrechtlichen Wertordnung stehen, aber auch den ungeschriebenen

---

[1226] *Berg*, Staatsrecht, Rn. 624.
[1227] BVerfGE 6, 32 (41 f.).
[1228] BVerfGE 63, 88 (108 f.) m. w. N.
[1229] Vgl. *Jarass*, in: ders./Pieroth, GG, Art. 9 Rn. 19 m. w. N., der selbst eine **a. A.** vertritt. Siehe auch
Rn. 358.
[1230] BVerfGE 6, 32 (38).
[1231] Art. 2 Abs. 2 des Herrenchiemsee-Entwurfs lautete: „Jedermann hat die Freiheit, innerhalb der
Schranken der Rechtsordnung und der guten Sitten alles zu tun, was anderen nicht schadet" (Hervorhebungen d. d. Verf.).

elementaren Verfassungsgrundsätzen und den Grundentscheidungen des Grundgesetzes entsprechen, vornehmlich dem Grundsatz der Rechtsstaatlichkeit [Art. 20 Abs. 3 GG] und dem Sozialstaatsprinzip [Art. 20 Abs. 1 GG]. Vor allem dürfen die Gesetze daher die Würde des Menschen nicht verletzen, die im Grundgesetz der oberste Wert ist [Art. 1 Abs. 1 GG], aber auch die geistige, politische und wirtschaftliche Freiheit des Menschen nicht so einschränken, daß sie in ihrem Wesensgehalt angetastet würde (Art. 19 Abs. 2, Art. 1 Abs. 3, Art. 2 Abs. 1 GG). Hieraus ergibt sich, daß dem einzelnen Bürger eine Sphäre privater Lebensgestaltung verfassungskräftig vorbehalten ist, also ein letzter unantastbarer Bereich menschlicher Freiheit besteht, der der Einwirkung der gesamten öffentlichen Gewalt entzogen ist. Ein Gesetz, das in ihn eingreifen würde, könnte nie Bestandteil der ‚verfassungsmäßigen Ordnung‘ sein; es müßte durch das BVerfG für nichtig erklärt werden.“[1232]

525 Den in Art. 2 Abs. 1 2. Hs. GG zusätzlich zur mithin als allgemeiner (einfacher) Gesetzesvorbehalt zu bezeichnenden „verfassungsmäßige[n] Ordnung" ferner noch genannten Grundrechtsschranken der „**Rechte anderer**"[1233] und des „**Sittengesetzes**"[1234] kommt neben dieser hingegen praktisch keine eigenständige Bedeutung zu.[1235] Denn es „sind kaum Fälle denkbar, in denen die ‚Rechte Anderer‘ nicht auch gesetzlich fixiert und damit durch den Gesetzesvorbehalt [der ‚verfassungsmäßigen Ordnung‘] erfasst sind. Auch das ‚Sittengesetz‘ muss [nach dem für Grundrechtseingriffe geltenden Parlamentsvorbehalt; Rn. 180] gesetzlich konkretisiert sein.“[1236]

b) Schranken-Schranken

526 Da der Gesetzesvorbehalt der „verfassungsmäßige[n] Ordnung" i. S. v. Art. 2 Abs. 1 2. Hs. GG keine besonderen Anforderungen an das die allgemeine Handlungsfreiheit einschränkende Gesetz stellt, muss dieses lediglich den allgemein für die verfassungsrechtliche Rechtfertigung von Grundrechtseingriffen geltenden Regeln genügen, d. h. **formell und materiell mit dem Grundgesetz in Einklang** stehen.[1237] Bei Art. 2 Abs. 1 GG handelt es sich mithin um ein „Grundrecht des Bürgers, nur auf Grund solcher Vorschriften

---

[1232] BVerfGE 6, 32 (38, 40 f.). Siehe auch Rn. 164.

[1233] Hierunter werden **alle durch die Rechtsordnung geschützten privaten und subjektivöffentlichen Rechte** verstanden, vgl. *Ipsen*, Staatsrecht II, Rn. 779; *Katz*, Staatsrecht, Rn. 690. Hierzu siehe auch *Sachs*, Verfassungsrecht II, B 2 Rn. 33, der insofern auf den Zusammenhang mit dem **kategorischen Imperativ** nach *Immanuel Kant* hinweist.

[1234] D. h. die von der Rechtsgemeinschaft **allgemein anerkannten Wertvorstellungen** (vgl. auch §§ 138, 242, 826 BGB), siehe *Katz*, Staatsrecht, Rn. 691 m. w. N. Hierzu vgl. BVerfGE 6, 389; BVerfG, NJW 1993, S. 3058.

[1235] *Hufen*, Staatsrecht II, § 14 Rn. 21 f.; *Pieroth/Schlink*, Grundrechte, Rn. 408; *Stein/Frank*, Staatsrecht, § 31 III; *Zippelius/Würtenberger*, Deutsches Staatsrecht, § 22 Rn. 18 f.

[1236] *Hufen*, Staatsrecht II, § 14 Rn. 22 (im Original mit Hervorhebungen). Ebenso *Papier/Krönke*, Grundkurs Öffentliches Recht 2, Rn. 176.

[1237] *Epping*, Grundrechte, Rn. 580.

mit einem Nachteil belastet zu werden, die formell und materiell der Verfassung gemäß sind.“[1238]

Folge dieser Konzeption ist, dass der Einzelne in seinem Grundrecht aus Art. 2 Abs. 1 GG nicht nur dann verletzt ist, wenn dieses etwa in **unverhältnismäßiger** Weise (Rn. 186 ff.) in seine allgemeine Handlungsfreiheit eingreift,[1239] wobei namentlich für die Angemessenheitsprüfung gilt: „Je mehr […] der gesetzliche Eingriff elementare Äußerungsformen der menschlichen Handlungsfreiheit berührt, um so sorgfältiger müssen die zu seiner Rechtfertigung vorgebrachten Gründe gegen den grundsätzlichen Freiheitsanspruch des Bürgers abgewogen werden.“[1240]

527

Beispiel 96[1241]

Nach dem im Bundesland B geltenden Sammlungsgesetz bedarf derjenige, der auf Straßen oder Plätzen eine Sammlung von Geldspenden veranstalten will, der Erlaubnis durch die hierfür zuständige Behörde. V beabsichtigt, eine solche Sammlung durchzuführen. Da er jedoch befürchtet, die gesetzlich näher bestimmten Voraussetzungen für die Erteilung der Sammlungserlaubnis nicht zu erfüllen, beauftragt er Rechtsanwalt R mit der Prüfung, ob nicht bereits das vom Gesetzgeber angewandte Instrument der Erlaubnisbedürftigkeit als solches gegen sein Grundrecht auf allgemeine Handlungsfreiheit verstößt, erfordere es doch immerhin eine in den Augen des V aufwendige und damit unverhältnismäßige Antragstellung. Was wird R dem V antworten?

R wird dem V antworten, dass aus der im Rahmen des Art. 2 Abs. 1 GG gewährleisteten allgemeinen Handlungsfreiheit zwar unmittelbar das Recht folgt, die hieraus sich ergebenden Einzelbefugnisse zu verwirklichen. Dies bedeutet allerdings nicht, dass der Gesetzgeber schlechthin gehindert wäre, die Ausübung solcher Befugnisse zu überwachen; vielmehr kann er durchaus ein präventives Prüfungsverfahren anordnen und darf die Rechtsausübung von einer behördlichen Erlaubnis abhängig machen. Voraussetzung hierfür ist jedoch, dass ein solches Erfordernis dem Gebot der Verhältnismäßigkeit entspricht. Namentlich muss das Prüfungsverfahren der Gefahr angepasst sein, der es begegnen soll, d. h. Art und Umfang der staatlichen Kontrolle müssen der tatsächlichen Situation, für die sie geschaffen wird, entsprechen. Allgemein kommt einem rechtsstaatlich ausgestalteten Erlaubnisvorbehalt legitimerweise die Aufgabe zu, die Behörden rechtzeitig zur vorbeugenden Prüfung bei solchen Umständen und Vorgängen einzuschalten, die erfahrungsgemäß häufig Ordnungswidrigkeiten mit sich bringen. Dabei besagt die gesetzliche Verpflichtung, eine Erlaubnis einzuholen, freilich noch nicht,

528

[1238] BVerfGE 29, 402 (408). „Richtigerweise wird dieser Aspekt heute allgemein beim **jeweils einschlägigen Grundrecht** als Anforderung an Einschränkungen berücksichtigt“, *Sachs*, Verfassungsrecht II, B 2 Rn. 36 (Hervorhebungen d. d. Verf.). Siehe auch Rn. 165 ff.

[1239] *Detterbeck*, Öffentliches Recht, Rn. 326.

[1240] BVerfGE 17, 306 (314).

[1241] Nach BVerfGE 20, 150 (155). Zum **präventiven Verbot mit Erlaubnisvorbehalt** und zum **repressiven Verbot mit Befreiungsvorbehalt** siehe *Hufen*, Staatsrecht II, § 14 Rn. 7; *Wienbracke, Mike*, Allgemeines Verwaltungsrecht, 3. Auflage, Heidelberg 2012, Rn. 56.

dass die erlaubnispflichtige Tätigkeit als solche verboten sei, sondern nur, dass mit der Rechtsausübung erst begonnen werden darf, wenn die Gesetzmäßigkeit des Vorhabens in einem geordneten Verfahren geprüft und von der jeweils zuständigen Behörde festgestellt ist. Die rechtliche Bedeutung der Erlaubnis besteht folglich darin, dass eine vorläufige Sperre, die der Rechtsausübung zunächst gesetzt ist, aufgehoben wird. Da Art. 2 Abs. 1 GG aber nicht nur die allgemeine Handlungsfreiheit als solche, sondern auch die Ausübung der in ihr enthaltenen Befugnisse gewährleistet, muss der Grundrechtsträger zwingend einen Rechtsanspruch auf die Erlaubnis haben, wenn die gesetzlichen Voraussetzungen des objektiven Rechts vorliegen. Dem Wesen von Art. 2 Abs. 1 GG entspricht ein Erlaubnisvorbehalt demnach nur dann, wenn er das materielle, aus dem Grundrecht fließende Recht als solches unberührt lässt, und dem Grundrechtsträger in dem einfachen Gesetz, das den Erlaubnisvorbehalt enthält, das Recht eingeräumt ist, die Aufhebung der formellen Ausübungsschranke zu verlangen. Genau dies ist hier der Fall.

529   Vielmehr können auch Verstöße gegen formelle Verfassungsbestimmungen (z. B. bzgl. der **Gesetzgebungszuständigkeit** und des **Gesetzgebungsverfahrens**), „die auf den ersten Blick nichts mit der subjektiven Grundrechtsposition des Betroffenen zu tun haben", zu einer Verletzung von Art. 2 Abs. 1 GG führen (siehe Beispiel 39). Aufgrund dieser „**Versubjektivierung objektiven Verfassungsrechts**"[1242] kann der Einzelne „verlangen, dass in sein Grundrecht nur unter Beachtung der verfassungsmäßigen Ordnung, also auch der formellen Verfassungsmäßigkeit des Gesetzes, eingegriffen wird", sog. „**Freiheit von verfassungswidrigem Zwang**"[1243] – was im Verwaltungsprozessrecht (§ 42 Abs. 2 VwGO) zur Entwicklung der sog. „Adressatentheorie" geführt hat.[1244]

530   Verfahrensrechtlich hat dies wiederum zur Konsequenz: „Jedermann kann im Wege der **Verfassungsbeschwerde** geltend machen, ein seine Handlungsfreiheit beschränkendes Gesetz gehöre nicht zur verfassungsmäßigen Ordnung, weil es (formell oder inhaltlich) gegen einzelne Verfassungsbestimmungen oder allgemeine Verfassungsgrundsätze verstoße; deshalb werde sein Grundrecht aus Art. 2 Abs. 1 GG verletzt" (siehe Beispiel 39).[1245] Als grundrechtliche Generalklausel eröffnet Art. 2 Abs. 1 GG damit in weitem Umfang die Verfassungsbeschwerde[1246] – und erweist sich folglich als „Arbeitsbeschaffungsprogramm für das BVerfG."[1247]

[1242] *Kahl*, JuS 2008, S. 595 (598 f.).

[1243] *Hufen*, Staatsrecht II, § 14 Rn. 21 (Hervorhebungen d. d. Verf.): Das „führt auch dazu, dass die meisten Grundrechtsklausuren ohne **Kenntnisse des Staatsorganisationsrechts** (Kompetenzen, Verfahren) nicht zu lösen sind" (Hervorhebungen d. d. Verf.).

[1244] Vgl. *Kahl*, JuS 2008, S. 595 (600); *Wienbracke, Mike*, Verwaltungsprozessrecht, Heidelberg 2009, Rn. 146.

[1245] BVerfGE 6, 32 (41) (Hervorhebung d. d. Verf.). Siehe auch Rn. 604.

[1246] *Pieroth/Schlink*, Grundrechte, Rn. 390.

[1247] *Hufen*, Staatsrecht II, § 14 Rn. 21.

II. Allgemeiner Gleichheitssatz, Art. 3 Abs. 1 GG

Neben den hier nicht näher thematisierten **speziellen Gleichheitssätzen**[1248] der Art. 3   531
Abs. 2, Art. 6 Abs. 5, Art. 33 Abs. 1, 2, Art. 38 Abs. 1 Satz 1 GG (Gleichbehandlungsgebote)
und Art. 3 Abs. 3, Art. 33 Abs. 3 GG (Differenzierungsverbote[1249]) statuiert das Grundgesetz in seinem **Art. 3 Abs. 1** einen **allgemeinen Gleichheitssatz**, wonach „alle Menschen
[…] vor dem Gesetz gleich" sind. Ein Abgleich dieser Textfassung mit den Freiheitsgrundrechten zeigt, dass anders als diese Art. 3 Abs. 1 GG nicht einen bestimmten Lebensbereich
(eine „materielle Substanz", z. B. berufliche Tätigkeit, Art. 12 Abs. 1 GG) schlechthin gegen ungerechtfertigte Eingriffe durch die Grundrechtsverpflichteten schützt, sondern mit
dem Gebot der Gleichbehandlung – m. a. W.: dem Verbot der grundlosen Differenzierung –
sachbereichsunabhängig eine bestimmte Relation in der rechtlichen Behandlung zweier
Gruppen fordert.[1250] Dementsprechend vollzieht sich die Prüfung von Gleichheitsgrundrechten nicht drei-, sondern vielmehr zweistufig: (1) Liegt eine verfassungsrechtlich relevante Ungleichbehandlung vor? (2) Ist diese Ungleichbehandlung verfassungsrechtlich
gerechtfertigt?[1251]

1. Ungleichbehandlung

In persönlicher Hinsicht erfasst Art. 3 Abs. 1 GG „alle Menschen", d. h. **jede natürliche**   532
Person ungeachtet ihrer Nationalität (Jedermannsgrundrecht).[1252] Darüber hinaus kön-

---

[1248] Diese „**verstärken den allgemeinen Gleichheitssatz**', indem sie die Rechtfertigungsmöglich-
keiten für bestimmte Ungleichbehandlungen modifizieren", d. h. „bestimmte Unterscheidungsmerk-
male für grundsätzlich unzulässig erklärt werden", *Papier/Krönke*, Grundkurs Öffentliches Recht 2,
Rn. 212, 224 unter Hinweis auf BVerfGE 85, 191 (206) (Hervorhebungen abweichend vom Original).
Siehe auch Rn. 551.
[1249] Terminologie nach *Detterbeck*, Öffentliches Recht, Rn. 363.
[1250] Vgl. BVerfGE 6, 84 (91) m. w. N.; BVerfG, NVwZ-RR 2012, S. 257 (258); *Berg*, Staatsrecht, Rn. 626;
Bryde/Kleindiek, Jura 1999, S. 36 (37, 44); *Papier/Krönke*, Grundkurs Öffentliches Recht 2, Rn. 210.
[1251] *Sodan/Ziekow*, Grundkurs Öffentliches Recht, § 30 Rn. 2.
[1252] Siehe Rn. 22 und vgl. *Hufen*, Staatsrecht II, § 39 Rn. 7. Allerdings verwehrt Art. 3 Abs. 1 GG
„dem Gesetzgeber indessen nicht jede **Ungleichbehandlung von Deutschen und Ausländern**. Es
ist dem Gesetzgeber nicht generell untersagt, nach der Staatsangehörigkeit zu differenzieren. Nach
dem allgemeinen Gleichheitssatz bedarf es für die Anknüpfung an die Staatsangehörigkeit als Unterscheidungsmerkmal jedoch eines hinreichenden Sachgrundes. Dass die Staatsangehörigkeit kein
generell unzulässiges Differenzierungsmerkmal ist, bedeutet nicht umgekehrt, dass eine grundlose
Ungleichbehandlung von Ausländern und Deutschen vor Art. 3 Abs. 1 GG Bestand haben könnte.
Die Entscheidung des Verfassungsgebers, den allgemeinen Gleichheitssatz als Menschenrecht auszugestalten, das nicht auf Deutsche beschränkt ist, liefe ansonsten ins Leere und verlöre damit ihren
Sinn", BVerfG, NJW 2012, S. 1711 (1712) (Hervorhebungen d. d. Verf.). Vgl. auch *Stein/Frank*, Staatsrecht, § 49 II: „Für Deutsche im Sinne von Art. 116 Abs. 1 GG [sind] nur solche Begünstigungen
zulässig, zu denen das Grundgesetz selbst (vor allem durch die auf Deutsche beschränkten Grundrechte) ermächtigt." Zu sog. „**Landeskinder**"-Klauseln siehe *BVerfG*, NVwZ 2005, S. 923 (924 ff.);
NJW-RR 2005, S. 998 (999 ff.).

nen sich nach Art. 19 Abs. 3 GG i. d. R. auch **juristische Personen des Privatrechts** auf den allgemeinen Gleichheitssatz berufen, ist dieser seinem Wesen nach doch grundsätzlich auf sie anwendbar.[1253]

533   In sachlicher Hinsicht verlangt Art. 3 Abs. 1 GG die Gleichbehandlung aller Menschen vor dem Gesetz.[1254] Das BVerfG konkretisiert dieses gleichermaßen „für ungleiche Belastungen wie [...] für ungleiche Begünstigungen"[1255] geltende Postulat in st. Rspr. wie folgt:

▶   „Der allgemeine Gleichheitssatz (Art. 3 Abs. 1 GG) gebietet [...], **wesentlich Gleiches gleich** und **wesentlich Ungleiches ungleich** zu behandeln."[1256]

     M. a. W.: „Es ist verboten,

- wesensmäßig gleiche Tatbestände ungleich zu behandeln,
- wesensmäßig ungleiche Tatbestände gleich zu behandeln."[1257]

534   Ist der Anwendungsbereich von Art. 3 Abs. 1 GG mithin durch „ein tripolares Verhältnis" zwischen einem Dritten (z. B. Subventionsempfänger), der in einer vom Träger dieses Grundrechts (z. B. Konkurrent des Subventionsempfängers) begehrten Weise durch dessen Adressat (z. B. Bund) behandelt wird, gekennzeichnet, so ist die genaue Identifizierung dieses Dritten als **Vergleichsmaßstab** Ausgangspunkt der Prüfung eines jeden Gleichheitsverstoßes („gleich oder ungleich in Bezug worauf?").[1258] „Vergleichsgruppe [/-maßstab] ist immer eine Gruppe, die so behandelt wird, wie es der Betroffene für sich anstrebt", wobei diese real nicht zu existieren braucht und sich die Ungleichbehandlung, d. h. die Belegung mit einer unterschiedlichen Rechtsfolge, sowohl aus dem Gesetz als auch dessen (ungleichmäßiger) Anwendung ergeben kann (z. B. strukturelles Vollzugsdefizit in der Besteuerung von Spekulationsgewinnen aus privaten Wertpapiergeschäften, falls aufgrund des Bankgeheimnisses und einer etwaig fehlenden Quellensteuer faktisch nur die „ehrlichen" Steuerpflichtigen insoweit belastet werden).[1259]

[1253] BVerfGE 19, 206 (215); 35, 348 m. w. N. Siehe auch Rn. 44 ff.

[1254] Die **indikative Fassung** von Art. 3 Abs. 1 GG darf nicht zu der Fehlannahme verleiten, dass diese Vorschrift lediglich einen Zustand der Gleichheit beschreibe, siehe *Ipsen*, Staatsrecht, Rn. 794.

[1255] BVerfGE 122, 210 (230) m. w. N.

[1256] BVerfGE 1, 14 (52); 116, 164 (180) m. w. N.

[1257] *Hufen*, Staatsrecht II, § 39 Rn. 5. Die **nachfolgenden Ausführungen** beziehen sich **nur** auf das i. d. R. im Vordergrund stehende **Ungleichbehandlungsverbot**. Nach *Pieroth/Schlink*, Grundrechte, Rn. 468 lassen sich „Probleme der Gleichbehandlung [...] stets auch als Probleme der Ungleichbehandlung fassen. Es muss nur die richtige Vergleichsgruppe gewählt werden". Ebenso *Papier/Krönke*, Grundkurs Öffentliches Recht 2, Rn. 210.

[1258] *Ipsen*, Staatsrecht, Rn. 800 (im Original mit Hervorhebungen). „Man muss den **Schutzbereich** gleichsam **selbst konstruieren**", *Hufen*, Staatsrecht II, § 39 Rn. 4 (Hervorhebungen d. d. Verf.).

[1259] *Epping*, Grundrechte, Rn. 785. Vgl. auch BVerfGE 84, 239 (275 ff.) und *Ipsen*, Staatsrecht, Rn. 800; *Sodan/Ziekow*, Grundkurs Öffentliches Recht, § 30 Rn. 9. Bezogen auf die **Rechtsfolgenseite** von Art. 3 Abs. 1 GG gilt mithin, dass „**Gleichheit** [...] **im Sinne strikter Identität** der Rechts-

Beispiel 97[1260]

In Abhängigkeit vom Wert des ererbten Vermögens beträgt nach § 19 Abs. 1 ErbStG   535
der Steuersatz in Steuerklasse I zwischen 7 und 30 %; demgegenüber variiert er in Steuerklasse III zwischen 30 und 50 %. Nach § 15 Abs. 1 ErbStG a. F. wurden Ehegatten in
Steuerklasse I eingeordnet, eingetragene Lebenspartner hingegen in Steuerklasse III.

Durch diese Regelung wurden eingetragene Lebenspartner gegenüber der Vergleichsgruppe „Ehegatten" i. S. v. Art. 3 Abs. 1 GG ungleich behandelt. Mittlerweile
hat der Gesetzgeber diese Schlechterstellung durch die Neufassung von § 15 Abs. 1
ErbStG beseitigt, der nunmehr sowohl den Ehegatten als auch den Lebenspartner in
Steuerklasse I erfasst.

Trotz Belegung mit unterschiedlichen Rechtsfolgen nicht um eine Ungleichbehand-   536
lung i. S. v. Art. 3 Abs. 1 GG handelt es sich allerdings dann, wenn die Behandlung des
sich auf diese Vorschrift berufenden Grundrechtsträgers einerseits und diejenige der Vergleichsgruppe andererseits nicht durch die **gleiche staatliche Stelle** erfolgt.[1261] „Denn ein
Anspruch auf Gleichbehandlung steht dem Einzelnen nur gegenüber dem nach der Kompetenzverteilung [Art. 70 ff., Art. 83 ff., Art. 92 ff. GG] konkret zuständigen Träger öffentlicher Gewalt zu."[1262] „Ein Land[1263] bzw. eine Gemeinde[1264] verletzt daher den Gleichheitssatz nicht deshalb, weil ein anderes Land bzw. eine andere Gemeinde den gleichen
Sachverhalt anders behandelt [z. B. beträgt der Grunderwerbsteuersatz im Bundesland A
gem. § 11 Abs. 1 GrEStG nur 3,5 %, in Bundesland B dagegen 5 %, vgl. Art. 105 Abs. 2a
Satz 2 GG]. Gleiches gilt für eine unterschiedliche Praxis verschiedener Gerichte[1265] oder

---

folgen zu verstehen" ist, *Epping*, Grundrechte, Rn. 794 (Hervorhebungen d. d. Verf.). Muss die
Ungleichbehandlung dem Staat folglich **zurechenbar** sein („Rechtslage"), so kann eine „für den
Grundrechtsträger ungünstige tatsächliche Situation" nach *Michael/Morlok*, Grundrechte, Rn. 788
von vorneherein nicht Gegenstand der Prüfung am Maßstab des Art. 3 Abs. 1 GG sein. Zu **unmittelbaren** und **mittelbaren** Ungleichbehandlungen siehe *Hufen*, Staatsrecht II, § 39 Rn. 12.

[1260] Nach BVerfGE 126, 400. Siehe auch BVerfGE 124, 199; BVerfG, DStR 2012, S. 1649.

[1261] *Hufen*, Staatsrecht II, § 39 Rn. 6.

[1262] BVerfGE 76, 1 (73) m. w. N.

[1263] „Der Landesgesetzgeber ist mit Rücksicht auf die föderalistische Struktur der Bundesrepublik
Deutschland nur gehalten, den Gleichheitssatz innerhalb des Geltungsbereichs der Landesverfassung
zu wahren", BVerfGE 17, 319 (331) (Hervorhebungen d. d. Verf.).

[1264] Insoweit ist die **Garantie kommunaler Selbstverwaltung** (Art. 28 Abs. 2 GG) von Bedeutung,
siehe *Zippelius/Würtenberger*, Deutsches Staatsrecht, § 23 Rn. 28.

[1265] „Abweichende Auslegungen derselben Norm durch verschiedene Gerichte verletzen das Gleichbehandlungsgebot nicht. **Richter sind unabhängig und nur dem Gesetz unterworfen (Art. 97
Abs. 1 GG).** Ein Gericht braucht deswegen bei der Auslegung und Anwendung von Normen einer
vorherrschenden Meinung nicht zu folgen. Es ist selbst dann nicht gehindert, eine eigene Rechtsauffassung zu vertreten und seinen Entscheidungen zugrunde zu legen, wenn alle anderen Gerichte –
auch die im Rechtszug übergeordneten – den gegenteiligen Standpunkt einnehmen. Die Rechtspfle-
ge ist wegen der Unabhängigkeit der Richter konstitutionell uneinheitlich", BVerfGE 87, 273 (278)
(Hervorhebungen d. d. Verf.). Vgl. auch *Manssen*, Staatsrecht II, Rn. 112.

verschiedener Behörden" aufgrund verschiedenartiger Rechtsauslegung.[1266] Entsprechendes gilt ferner für das Verhältnis von nationalem und EU-Recht: Werden in der Bundesrepublik Deutschland freiheitsbeschränkende Vorschriften (z. B. §§ 1 Abs. 1, 7 Abs. 1a HwO, wonach der selbstständige Betrieb eines zulassungspflichtigen Handwerks nur bei Bestehen der Meisterprüfung gestattet ist) auf EU-Ausländer nicht angewandt (z. B. aufgrund von § 9 HwO), weil dies unionsrechtlich geboten ist (z. B. Art. 56 AEUV: Dienstleistungsfreiheit),[1267] d. h. Inländer gegenüber EU-Ausländern benachteiligt, so liegt in dieser sog. Inländerdiskriminierung bzw. umgekehrten Diskriminierung keine Ungleichbehandlung i. S. v. Art. 3 Abs. 1 GG, weil sie von verschiedenen Hoheitsträgern ausgeht.[1268]

Beispiel 98[1269]

537   U betreibt in der Gemeinde G sein Unternehmen. Diese hat einen Gewerbesteuer-Hebesatz von 490 % bestimmt, wohingegen derjenige in der Nachbargemeinde N lediglich 200 % beträgt (§ 16 Abs. 4 Satz 2 GewStG). Da K, ein in N betriebenes Konkurrenzunternehmen des U, hierdurch bei gleichem Gewinn weniger Gewerbesteuer zahlen muss als U, sieht dieser sich in seinem Grundrecht aus Art. 3 Abs. 1 GG verletzt. Zu Recht?

Nein. Art. 3 Abs. 1 GG ist nicht dadurch verletzt, dass die Gewerbesteuer-Hebesätze in G und N nicht gleich hoch sind und dadurch gleich strukturierte Betriebe wie die des U und des K mit einer unterschiedlich hohen Gewerbesteuer belastet werden. Die Gewerbesteuer ist nämlich eine Gemeindesteuer, Art. 106 Abs. 6 GG. Mit der den Gemeinden in Art. 28 Abs. 2 GG garantierten Selbstverwaltung wäre es nicht vereinbar, wenn eine Gemeinde sich bei Wahrnehmung der ihr zustehenden Rechtsetzungsbefugnisse den Regelungen anderer Gemeinden anzupassen hätte. Vielmehr besteht der Gleichheitsanspruch nur gegenüber dem nach der Kompetenzverteilung konkret zuständigen Träger öffentlicher Gewalt. Als Gesetzgeber sind die Gemeinden daher nur verpflichtet, in ihrem jeweiligen Bereich den Gleichheitssatz zu wahren.

538   Ebenfalls keine Ungleichbehandlung i. S. v. Art. 3 Abs. 1 GG liegt vor, wenn die dem Dritten gegenüber erfolgte und nunmehr vom Träger dieses Grundrechts auch für sich be-

---

[1266] *Jarass*, in: ders./Pieroth, GG, Art. 3 Rn. 9 m. w. N.: „Demgegenüber **gilt** der Gleichheitssatz **für das Handeln verschiedener Organwalter innerhalb einer Behörde**; für die Grenzziehung ist entscheidend, wem das Handeln zugerechnet wird" (Hervorhebungen abweichend vom Original). Vgl. auch BVerfGE 21, 87 (91); 75, 329 (347). Zur Zurechnung des Handelns von Organwaltern, zum Behördenbegriff sowie zu den Trägern der öffentlichen Verwaltung siehe *Wienbracke, Mike*, Allgemeines Verwaltungsrecht, 3. Auflage, Heidelberg 2012, Rn. 49.

[1267] EuGH, EuZW 2000, S. 794. Hierzu siehe auch BVerfG, GewA 2006, S. 71; BVerwGE 140, 276; OVG Münster, GewA 2010, S. 39 und 249 und **Beispiel 53**.

[1268] *Epping*, Grundrechte, Rn. 794; *Zippelius/Würtenberger*, Deutsches Staatsrecht, § 23 Rn. 30 ff. Demgegenüber sei die **Frage, ob es verfassungsgemäß ist, dass „der nationale Gesetzgeber Inländern eine Gleichstellung mit EU/EWR-Angehörigen vorenthalten hat**", BVerwGE 140, 276 (286 f.) zufolge sehr wohl anhand von Art. 3 Abs. 1 GG zu überprüfen.

[1269] Nach BVerfGE 21, 54.

gehrte Begünstigung rechtswidrig gewesen ist. Denn aufgrund des in Art. 20 Abs. 3 GG verankerten Vorrangs des Gesetzes begründet Art. 3 Abs. 1 GG „kein subjektives Recht auf rechtswidrige Begünstigung",[1270] d. h. „kein[en] Anspruch auf Fehlerwiederholung"[1271] („**keine ‚Gleichheit im Unrecht'**"[1272]).

Doch auch wenn keiner der beiden vorgenannten Fälle vorliegt (Rn. 536, 538), ist nach der o. g. Formulierung des BVerfG nicht jedwede Ungleichbehandlung verfassungsrechtlich relevant, sondern nur eine solche von „**wesentlich**" Gleichem.[1273] Hintergrund dessen ist die Erkenntnis, „dass kein Mensch genau wie der andere und keine Situation genau wie die andere ist",[1274] sodass auf der Tatbestandsseite von Art. 3 Abs. 1 GG – anders als auf dessen Rechtsfolgenseite (Rn. 534) – „Gleichheit" keinesfalls als Identität missverstanden werden darf; der Gesetzgeber kann nicht allen faktischen Unterschieden Rechnung tragen.[1275] Vielmehr kann „es für die Beurteilung als ‚gleich' immer nur auf die Übereinstimmung in bestimmten, für den jeweiligen Vergleich entscheidenden Hinsichten ankommen […]. Diese gedankliche Klärung löst allerdings noch nicht das sachliche Problem, welches die jeweils entscheidende Hinsicht ist." Art. 3 Abs. 1 GG enthält hierzu keine näheren Angaben und ist „daher auf Ausfüllung durch Wertungen angewiesen",[1276] was unter Berücksichtigung der „Eigenart des zu regelnden Sachbereichs"[1277] („Kontextrelativität"[1278]) im Allgemeinen zweckmäßigerweise wie folgt geschieht: 539

Zur Beantwortung der Frage, ob zwei Personen(-gruppen) oder Situationen „wesentlich" gleich, d. h. bei wertender Betrachtungsweise miteinander vergleichbar sind, bedarf es eines **gemeinsamen Bezugspunkts**, sog. *tertium comparationis*.[1279] Von vorneherein nicht miteinander vergleichbar sind daher solche Sachverhalte, die „anderen rechtlichen Ordnungsbereichen angehören und in anderen systematischen und sozial-geschichtlichen Zusammenhängen stehen."[1280]   540

[1270] *Wilms*, Staatsrecht II, Rn. 1035. Siehe auch *Jarass*, in: ders./Pieroth, GG, Art. 3 Rn. 36.

[1271] *Detterbeck*, Öffentliches Recht, Rn. 362.

[1272] BVerfGE 50, 142 (166). Hierzu siehe das Beispiel bei *Wienbracke, Mike*, Allgemeines Verwaltungsrecht, 3. Auflage, Heidelberg 2012, Rn. 233 m. w. N.

[1273] *Detterbeck*, Öffentliches Recht, Rn. 345.

[1274] *Pieroth/Schlink*, Grundrechte, Rn. 463. Plastisch das Hühnereier-Beispiel bei *Sachs*, Verfassungsrecht II, B 3 Rn. 11.

[1275] *Hufen*, Staatsrecht II, § 39 Rn. 5; *Sachs*, Verfassungsrecht II, B 3 Rn. 11.

[1276] *Sachs*, Verfassungsrecht II, B 3 Rn. 12 f. (im Original z. T. mit Hervorhebungen).

[1277] BVerfGE 103, 310 (318).

[1278] *Schwarz*, JuS 2009, S. 315 (316).

[1279] *Epping*, Grundrechte, Rn. 783; *Pieroth/Schlink*, Grundrechte, Rn. 463.

[1280] BVerfGE 40, 121 (139). Demgegenüber darf eine **Differenzierung nach den Merkmalen etwa des Art. 3 Abs. 2 oder 3 GG** nicht zur Verneinung des gemeinsamen Oberbegriffs führen, sondern ist erst auf der Rechtfertigungsebene zu erörtern, siehe Rn. 551 und *Pieroth/Schlink*, Grundrechte, Rn. 466a.

541   H ist Einwohner der Gemeinde G und wird von dieser in seiner Eigenschaft als Halter
        eines sog. „Kampfhunds" zu einer im Vergleich zu „normalen" Hunden deutlich erhöh-
        ten Hundesteuer herangezogen. Dass er in Anbetracht der gesteigerten Gefährlichkeit
        seines Tiers eine höhere Steuer als die Halter von Rauhaardackeln, Yorkshire Terriern
        etc. entrichten muss, sieht H noch ein. Aber weil die Inhaber anderer Luxusgüter – bei
        dem Kampfhund des H handelt es sich nicht um ein Nutztier i. S. v. § 833 Satz 2 BGB –
        wie etwa die vielen Zweitwohnungsinhaber nicht ebenfalls von G mit einer örtlichen
        Aufwandsteuer belastet werden, verweigert H unter Hinweis auf Art. 3 Abs. 1 GG jeg-
        liche Kampfhundesteuerzahlung. Kann H sich insofern mit Erfolg auf den allgemeinen
        Gleichheitssatz berufen?

        Nein. Zwischen den Haltern von Kampfhunden und den Inhabern einer Zweitwoh-
        nung besteht eine solche Vielzahl von Unterschieden, dass eine Vergleichbarkeit beider
        Gruppen im Hinblick auf die von H geltend gemachte Ungleichbehandlung von vorne-
        herein ausscheidet. Diese ist daher nicht vor Art. 3 Abs. 1 GG rechtfertigungsbedürftig.

542   Im Übrigen ist gemeinsamer Bezugspunkt der „**Oberbegriff** (*genus proximum*), unter
        den die rechtlich verschieden behandelten Personen, Personengruppen oder Situationen
        fallen" und der andere als diese beiden Personen(-gruppen) oder Situationen ausschließt.
        „Unter ihm müssen die gemäß einem Unterscheidungsmerkmal (*differentia specifica*) ver-
        schiedenen Personen, Personengruppen oder Situationen vollständig und abschließend
        sichtbar werden."[1282] Abzustellen ist insofern allein auf dasjenige Kriterium, „das für den
        Anlass der ungleich wirkenden Behandlung maßgeblich ist, hierzu also in engem inne-
        ren Zusammenhang steht."[1283] Insoweit kommt der gesetzlichen Regelung und ihrem Ziel
        ausschlaggebende Bedeutung zu.[1284]

543   Durch ein Gesetz wird alleinerziehenden Müttern bei Krankheit ihres Kindes ein zu-
        sätzlicher Urlaubsanspruch eingeräumt. Der alleinerziehende Vater V hält diese Rege-
        lung für i. S. v. Art. 3 Abs. 1 GG „ungerecht", weil hierdurch innerhalb der Gruppe der
        Eltern ohne ersichtlichen Grund eine Diskriminierung stattfinde. Trifft die von V an-
        geführte Begründung zu? Spezielle Gleichheitsgrundrechte sind nicht zu prüfen.

[1281] Nach *Epping*, Grundrechte, Rn. 787 ff.; *Manssen*, Staatsrecht II, Rn. 813; *Sachs*, Verfassungsrecht II, B 3 Rn. 15.

[1282] *Pieroth/Schlink*, Grundrechte, Rn. 465 (Hervorhebungen abweichend vom Original).

[1283] *Sodan/Ziekow*, Grundkurs Öffentliches Recht, § 30 Rn. 9.

[1284] *Epping*, Grundrechte, Rn. 785. Diese Prüfung ist „nicht leicht - die **Ungleichbehandlung** von we-
sentlich Ungleichem lässt sich nämlich ohne weiteres auch als offensichtlich sachlich gerechtfertigte
Differenzierung im Rahmen der **Rechtfertigung** darstellen", *Michael/Morlok*, Grundrechte, Rn. 791
(Hervorhebungen d. d. Verf.).

[1285] Nach *Pieroth/Schlink*, Grundrechte, Rn. 466.

Nein. Nächster gemeinsamer Oberbegriff ist vorliegend nicht die Gruppe der „Eltern", sondern die der „Alleinerziehenden" – mit der Folge, dass die hier infrage stehende gesetzliche Regelung nur dann vor Art. 3 Abs. 1 GG zu rechtfertigen wäre, wenn sich für die Schlechterstellung von alleinerziehenden Vätern gegenüber alleinerziehenden Müttern ein hinreichend gewichtiger Grund finden ließe. Die Begründung des V wäre demgegenüber dann zutreffend, wenn – was aber gerade nicht zutrifft – das Gesetz die Gruppe der Alleinerziehenden (Mütter bzw. Väter) anders behandeln würde als die der gemeinsam erziehenden Paare.

Adressaten des im vorstehenden Sinn auszulegenden allgemeinen Gleichheitssatzes   544
scheinen nach dem Wortlaut von Art. 3 Abs. 1 GG („*vor* dem Gesetz") allein die Exekutive und die Judikative zu sein.[1286] Dass dieses Grundrecht über eine bloße Rechtsanwendungsgleichheit hinaus allerdings sehr wohl auch die Legislative bindet (Rechtssetzungsgleichheit), ergibt sich unstreitig aus Art. 1 Abs. 3 GG (Bindung auch des Gesetzgebers an die „nachfolgenden Grundrechte"), sog. „Gleichheit des Gesetzes"[1287].[1288] „Zudem ist eine bloße Rechtsanwendungsgleichheit von nur geringer Schutzintensität, wenn der Gesetzgeber nach Belieben zur Ungleichbehandlung ermächtigt wäre und Verwaltung und Rechtsprechung die ungleichen Gesetze dann gem. Art. 20 Abs. 3 GG umsetzen müssten."[1289] Im Einzelnen gelten für jede einzelne der drei Staatsgewalten folgende Besonderheiten:

- Wie sich aus einer Gesamtschau mit den freiheitsrechtlichen Verbürgungen des Grund-   545
  gesetzes ergibt (z. B. Art. 14 Abs. 1, Art. 12 Abs. 1, Art. 2 Abs. 1 GG), deren Gebrauch zu faktischen Ungleichheiten zwischen den Einzelnen überhaupt erst führt („Freiheit führt zur Ungleichheit"),[1290] resultiert aus Art. 3 Abs. 1 GG nicht etwa ein an den Gesetzgeber gerichteter Verfassungsauftrag zur Herstellung tatsächlicher Gleichheit („keine Pflicht zum Abbau tatsächlicher Ungleichheiten"[1291]), d. h. zur „Nivellierung aller in den Individuen begründeten Unterschiede"[1292] („keine Gleichmacherei"[1293]),[1294] wobei unter **Rechtssetzung** hier sowohl die Parlamentsgesetzgebung als auch der Erlass von Rechtsverordnungen und Satzungen zu verstehen ist.[1295] Ein derartiger Förderauftrag ist in Art. 3 Abs. 2 Satz 2 GG allein betreffend die tatsächliche Durchsetzung der Gleichberechtigung von Mann und Frau enthalten (siehe ferner Art. 6 Abs. 5 GG) und im Übrigen

---

[1286] *Sodan/Ziekow*, Grundkurs Öffentliches Recht, § 30 Rn. 5.
[1287] *Pieroth/Schlink*, Grundrechte, Rn. 460.
[1288] BVerfGE 1, 14 (52); *Manssen*, Staatsrecht II, Rn. 809.
[1289] *Epping*, Grundrechte, Rn. 772.
[1290] *Michael/Morlok*, Grundrechte, Rn. 749.
[1291] *Jarass*, in: ders./Pieroth, GG, Art. 3 Rn. 12 (im Original mit Hervorhebungen).
[1292] *Sodan/Ziekow*, Grundkurs Öffentliches Recht, § 30 Rn. 3.
[1293] *Michael/Morlok*, Grundrechte, Rn. 749.
[1294] *Ipsen*, Staatsrecht II, Rn. 795.
[1295] *Michael/Morlok*, Grundrechte, Rn. 756. **Abweichende Kategorisierung** bei *Detterbeck*, Öffentliches Recht, Rn. 358.

primär dem Sozialstaatsprinzip des Art. 20 Abs. 1 GG ein staatsgerichteter Auftrag zur Herstellung eines sozialen Ausgleichs zu entnehmen.[1296] Vielmehr stehen die grundrechtlichen Verbürgungen von Freiheit und Gleichheit i. d. S. konfliktfrei nebeneinander („gleiche Freiheit bzw. Gleichheit in Freiheit"[1297]), als dass Art. 3 Abs. 1 GG lediglich ein Gebot zur Verwirklichung normativer – und eben nicht auch materieller (faktischer) – Gerechtigkeit enthält, d. h. sich (immerhin aber auch nur) gegen rechtliche Ungleichheiten im staatlichen Handeln richtet, wäre eine tatsächliche Gleichheit der Menschen doch auch nur als Utopie vorstellbar („Realität kennt keine absolute Gleichheit"[1298]).[1299]

546   • Im Bereich der **Rechtsanwendung** durch die vollziehende Gewalt und die Rechtsprechung geht das Gleichheitsgebot des Art. 3 Abs. 1 GG in deren jeweiliger Bindung an „Gesetz und Recht" (Art. 20 Abs. 3 GG) insoweit vollständig auf, als die Gesetze zwingende Rechtsfolgen anordnen (Art. 3 Abs. 1 GG als „subjektiv-grundrechtliches Pendant" zur objektiv-rechtlichen Bindung nach Art. 20 Abs. 3 GG).[1300]

547   – Eigenständige Bedeutung erlangt Art. 3 Abs. 1 GG in Bezug auf die **Exekutive** daher nur in dem Umfang, in dem ihr das Gesetz Handlungsspielräume eröffnet.[1301] Dies ist namentlich dann der Fall, wenn die Behörde beim Erlass einer einzelfallbezogenen Entscheidung (z. B. Verwaltungsakt, § 35 VwVfG) über einen Beurteilungs- und/oder Ermessensspielraum (§ 40 VwVfG) verfügt.[1302] Bei Letzterem kann sich ein Gleichheitsverstoß daraus ergeben, dass die Verwaltung in der Vergangenheit „auf eine bestimmte Art von Sachverhalt stets eine ganz bestimmte Rechtsfolge aus dem Kreis der ihr nach dem Gesetz abstrakt zur Verfügung stehenden Vielzahl unterschiedlicher Handlungsmöglichkeiten angewendet hat" – ggf. weil eine entsprechende Verwaltungsvorschrift dies so vorsieht – und die Verwaltung von dieser bisher geübten Praxis der Ermessensausübung, die beim Einzelnen einen gewissen Vertrauenstatbestand geschaffen hat, nunmehr in einem vergleichbaren Fall ohne sachlichen Grund abweicht

---

[1296] *Katz*, Staatsrecht, Rn. 704, 706; *Michael/Morlok*, Grundrechte, Rn. 756; *Stein/Frank*, Staatsrecht, § 49 III 3. Auch i. V. m. dem **Sozialstaatsprinzip** des Art. 20 Abs. 1 GG ergibt sich aus **Art. 3 Abs. 1 GG** aber allenfalls „eine Staatszielbestimmung auf angemessene und ausgewogene Verteilung der tatsächlichen Lebenschancen und Entfaltungsbedingungen" (*Zippelius/Würtenberger*, Deutsches Staatsrecht, § 23 Rn. 34), d. h. eine „prinzipielle Zielvorgabe auf die Verwirklichung von **Chancengleichheit** [...], die [...] **nicht** mit einer Garantie nivellierender **Ergebnisgleichheit** verwechselt werden darf", *Sachs*, Verfassungsrecht II, B 3 Rn. 70 (Hervorhebungen z. T. im Original); zudem lässt sich zwischen **absoluter** und **relativer** Gleichheit differenzieren, siehe *Epping*, Grundrechte, Rn. 769.
[1297] *Michael/Morlok*, Grundrechte, Rn. 762.
[1298] *Katz*, Staatsrecht, Rn. 709.
[1299] *Ipsen*, Staatsrecht II, Rn. 799; *Katz*, Staatsrecht, Rn. 704; *Michael/Morlok*, Grundrechte, Rn. 756; *Pieroth/Schlink*, Grundrechte, Rn. 462; *Sodan/Ziekow*, Grundkurs Öffentliches Recht, § 30 Rn. 3. „Der natürlichen Freiheit, die durch die Grundrechte [...] in Grenzen gewährleistet wird, steht eine **natürliche Ungleichheit** gegenüber, die zu beseitigen keine Aufgabe eines freiheitlich-demokratischen Staates sein kann", *Ipsen*, Staatsrecht II, Rn. 795 m. w. N. (im Original mit weiteren Hervorhebungen).
[1300] *Michael/Morlok*, Grundrechte, Rn. 753. Siehe auch Rn. 224.
[1301] Vgl. *Sachs*, Verfassungsrecht II, Rn. B 3 Rn. 7, 50 ff.
[1302] *Hufen*, Staatsrecht II, § 39 Rn. 8.

(Verstoß gegen die **Selbstbindung der Verwaltung**).[1303] Entsprechendes gilt bei der nicht-gesetzesakzessorischen (Leistungs-)Verwaltung (z. B. Subventionsvergabe).[1304]

– Der **Judikative** zieht Art. 3 Abs. 1 GG bei der Auslegung und Anwendung des einfa-   548
chen Rechts demgegenüber nur „gewisse äußerste Grenzen".[1305] Diese sind jedenfalls dann überschritten, wenn ein Gericht „bestehendes Recht zugunsten oder zu Lasten einzelner Personen oder Personengruppen" schlichtweg nicht anwendet.[1306] Darüber hinaus stellt hingegen nicht bereits jede fehlerhafte Anwendung des einfachen Rechts einen Verstoß gegen den allgemeinen Gleichheitssatz dar. Vielmehr wird gegen das hieraus folgende Willkürverbot erst dann verstoßen, wenn die Rechtsanwendung „unter keinem denkbaren Aspekt mehr rechtlich vertretbar [ist] und sich daher der Schluß aufdrängt, daß die Entscheidung auf sachfremden und damit willkürlichen Erwägungen beruht"[1307] („krasse Fehlentscheidung"[1308]; siehe Beispiel 115). „Das ist anhand objektiver Kriterien festzustellen. Schuldhaftes Handeln des Richters ist nicht erforderlich."[1309] Hat sich das Gericht demgegenüber mit der Rechtslage eingehend auseinandergesetzt und entbehrt seine Auffassung nicht jedes sachlichen Grundes, so kann nicht von Willkür, d. h. einer Verletzung spezifischen Verfassungsrechts, gesprochen werden.[1310] Differenzierungen jedoch, „die dem Gesetzgeber verboten sind, dürfen auch von den Gerichten im Wege der Auslegung oder Fortbildung gesetzlicher Vorschriften nicht für Recht erkannt werden."[1311] Im Übrigen verlangt der Gleichheitssatz selbst in Bezug auf eine höchstrichterlich einmal entschiedene Rechtsfrage nicht, dass diese vom betreffenden Gericht niemals mehr anders entschieden werden darf („**keine Selbstbindung der Rechtsprechung**"[1312]), würde dies doch jede Rechtsentwicklung und -fortbildung behindern.[1313]

In seiner Eigenschaft als Grundrecht wirkt der allgemeine Gleichheitssatz subjektiv-   549
rechtlich primär als **Abwehrrecht** des Einzelnen gegen Ungleichbehandlungen i. S. v. Art. 3 Abs. 1 GG.[1314] Ein auf die erstmalige Schaffung einer bestimmten staatlichen Leistung gerichtetes **originäres Leistungsrecht** lässt sich dieser Verfassungsbestimmung dagegen

---

[1303] *Wienbracke, Mike*, Allgemeines Verwaltungsrecht, 3. Auflage, Heidelberg 2012, Rn. 233 f.

[1304] *Katz*, Staatsrecht, Rn. 713; *Sodan/Ziekow*, Grundkurs Öffentliches Recht, § 30 Rn. 6.

[1305] BVerfG, NVwZ 2009, S. 1035 (1036).

[1306] BVerfGE 71, 354 (362). Zur Bedeutung von Art. 3 Abs. 1 GG für die **juristische Methodik** (**Analogie**schluss, **teleologische Reduktion**) siehe Rn. 658 ff. und *Zippelius/Würtenberger*, Deutsches Staatsrecht, § 24 Rn. 82 ff. sowie **Beispiele 115 f.**

[1307] BVerfGE 86, 59 (63 f.) m. w. N. Hierauf ist die Prüfung durch das **BVerfG** beschränkt, da dieses **keine Superrevisionsinstanz** ist, siehe Rn. 653 und *Epping*, Grundrechte, Rn. 793.

[1308] *Manssen*, Staatsrecht II, Rn. 837 unter Hinweis auf BVerfGE 89, 1 (14).

[1309] BVerfGE 87, 237 (279).

[1310] BVerfG, NVwZ 2009, S. 1035 (1036) m. w. N.

[1311] BVerfGE 112, 164 (174) m. w. N. Siehe auch Rn. 654.

[1312] *Wilms*, Staatsrecht II, Rn. 1048. **A. A.** *Zippelius/Würtenberger*, Deutsches Staatsrecht, § 23 Rn. 65.

[1313] BVerfGE 19, 38 (47). Vgl. auch Rn. 536 und BVerfGE 98, 17 (48); BGHZ 132, 119 (129 ff.) m. w. N.

[1314] *Epping*, Grundrechte, Rn. 773 m. w. N. Siehe auch Rn. 68 f.

nicht entnehmen.[1315] Bietet der Staat jedoch einmal Leistungen an (z. B. Zur-Verfügung-Stellung einer öffentlichen Einrichtung), so resultiert aus Art. 3 Abs. 1 GG das Recht des Einzelnen auf gleichberechtigte Teilhabe an diesen, sog. **derivatives Teilhaberecht**.[1316] Darüber hinaus gilt der allgemeine Gleichheitssatz objektiv-rechtlich „als allgemeines rechtsstaatliches Prinzip in allen Rechtsbereichen.“[1317] Bedeutsam ist dies v. a. für die **Organisation** von **und** das **Verfahren** vor staatlichen Stellen.[1318] Ob Art. 3 Abs. 1 GG – und nicht nur Art. 3 Abs. 2 Satz 2 GG – zudem auch noch eine auf Verwirklichung eines bestimmten Maßes an Gleichheit innerhalb der Gesellschaft gerichtete **Schutzpflicht** des Staates (Rn. 79 ff.) zu entnehmen ist, ist str.[1319] Jedenfalls ist aber insoweit – ebenso wie bzgl. der im Grundsatz anzuerkennenden **mittelbaren Drittwirkung** von Art. 3 Abs. 1 GG auch zwischen Privaten (Rn. 86 ff., z. B. Arbeitgeber und Arbeitnehmer)[1320] – die gegenläufige, ihrerseits verfassungskräftig verankerte Privatautonomie zu berücksichtigen, welche es dem Einzelnen grundsätzlich frei stellt, „ob“ und „wie“ (willkürlich) er seine Rechtsbeziehungen zu anderen gestaltet.[1321]

550   Was schließlich das Verhältnis von Art. 3 Abs. 1 GG zu den übrigen Grundrechten anbelangt, so ist dieser grundsätzlich neben den **Freiheitsgrundrecht**en anwendbar (Idealkonkurrenz).[1322] Demgegenüber kann „im Anwendungsbereich der **speziellen** [...] **Gleichheitssätze** [...] nicht auf den allgemeinen Gleichheitssatz [...] zurückgegriffen werden“,[1323] d. h. bezogen auf die dort geregelten Differenzierungskriterien tritt Art. 3 Abs. 1 GG subsidiär zurück.[1324] „Nur dort, wo keine besonderen Gleichheitsrechte eingreifen, kommt das [gleichheitsrechtliche] ‚Auffanggrundrecht‘ des Art. 3 Abs. 1 GG zur Anwendung (Hauptgleichheitsgrundrecht).“[1325]

[1315] *Sodan/Ziekow*, Grundkurs Öffentliches Recht, § 30 Rn. 4. Siehe auch Rn. 70 f.

[1316] Vgl. BVerfGE 33, 303 (333) und siehe Rn. 72 f. sowie *Hufen*, Staatsrecht II, § 39 Rn. 19.

[1317] BVerfGE 38, 225 (228); 41, 1 (13). Siehe auch Rn. 311.

[1318] *Sachs*, Verfassungsrecht II, B 3 Rn. 70. Siehe auch Rn. 89 f.

[1319] Nachweise bei *Jarass*, in: ders./Pieroth, GG, Art. 3 Rn. 12.

[1320] *Michael/Morlok*, Grundrechte, Rn. 775. Einfachgesetzlich gelangt insoweit v. a. das **Allgemeine Gleichbehandlungsgesetz (AGG)** zur Anwendung, siehe *Hufen*, Staatsrecht II, § 39 Rn. 20. Speziell zum **allgemeinen arbeitsrechtlichen Gleichheitsgrundsatz** und Art. 3 Abs. 1 GG siehe *Zippelius/Würtenberger*, Deutsches Staatsrecht, § 24 Rn. 73 m. w. N.

[1321] *Epping*, Grundrechte, Rn. 776; *Jarass*, in: ders./Pieroth, GG, Art. 3 Rn. 13. Siehe auch Rn. 509.

[1322] *Hufen*, Staatsrecht II, § 39 Rn. 11. Siehe auch Rn. 95, 516.

[1323] BVerfGE 99, 1 (8) in Bezug auf Art. 28 Abs. 1 Satz 2 und 38 Abs. 1 Satz 1 GG. Allgemein BVerfGE 59, 128 (156) m. w. N.

[1324] *Jarass*, in: ders./Pieroth, GG, Art. 3 Rn. 2. Für den **Fallaufbau** ergibt sich damit, dass „der Rückgriff auf den allgemeinen Gleichheitssatz erst dann möglich [ist], wenn der jeweilige besondere Gleichheitssatz zuvor behandelt und ausgeschlossen worden ist“, *Hufen*, Staatsrecht II, § 39 Rn. 10. **A. A.** *Detterbeck*, Öffentliches Recht, Rn. 342, der auch insoweit von Idealkonkurrenz ausgeht.

[1325] *Katz*, Staatsrecht, Rn. 705. Insoweit **ähnelt Art. 3 Abs. 1 GG** „der Funktion des **Art. 2 Abs. 1 GG** als Auffanggrundrecht gegenüber den besonderen Freiheitsrechten“, *Michael/Morlok*, Grundrechte, Rn. 751 (Hervorhebungen d. d. Verf.). Siehe auch Rn. 503.

2. Verfassungsrechtliche Rechtfertigung

Liegt im konkreten Fall eine Ungleichbehandlung i. S. v. Art. 3 Abs. 1 GG vor, „so heißt   551
das noch nicht, dass [auch] ein Verstoß gegen den allgemeinen Gleichheitssatz gegeben
ist. Die Frage ist – wie bei jedem anderen Grundrecht – vielmehr, ob die Ungleichbehandlung verfassungsrechtlich gerechtfertigt ist."[1326] Denn wenngleich **Art. 3 Abs. 1 GG zwar**
selbst **keinen Gesetzesvorbehalt** enthält, so folgt **doch** aus systematischen Gründen im
Umkehrschluss (*argumentum e contrario*) **aus Art. 3 Abs. 3 GG**, der ein „kategorisches
Differenzierungsverbot" gerade nur bzgl. der dort explizit genannten Gründe aufstellt,[1327]
dass im Übrigen – also im Anwendungsbereich von Art. 3 Abs. 1 GG – kein absolutes
Gleichbehandlungsgebot besteht, d. h. nicht jede Differenzierung verwehrt ist, sondern nur
eine ungerechtfertigte Verschiedenbehandlung von Personen verhindert werden soll; andernfalls wären Art. 3 Abs. 2 Satz 1 und Abs. 3 GG überflüssig.[1328]

Welche Anforderungen genau an die grundsätzlich mithin mögliche verfassungsrecht-   552
liche Rechtfertigung einer Ungleichbehandlung i. S. v. Art. 3 Abs. 1 GG jeweils zu stellen
sind – diese reichen i. S. e. „abgestufte[n] Kontrolldichte"[1329] „vom bloßen Willkürverbot
[Rn. 557 f.] bis zu einer strengen Bindung an Verhältnismäßigkeitserfordernisse" (sog. neue
Formel; Rn. 559 ff.) –, hängt von ihrer **Intensität** ab.[1330] Diese „wächst,

- **je mehr** das **Kriterium** der Ungleichbehandlung **personen**- und personengruppen-   553
  [z. B. unterschiedlich lange Kündigungsfristen für Arbeiter und Angestellte] und je weniger es [sach- bzw.] situations**bezogen ist** [z. B. Gesetzgeber verlangt für Urteile über
  zivilrechtliche Klagen bisher keine Rechtsmittelbelehrung, während er sie für Entscheidungen über Klagen in anderen Gerichtsbarkeiten vorgeschrieben hat, etwa in § 58
  VwGO],
- **je mehr** das **Kriterium** der Ungleichbehandlung einem der nach **Art. 3 Abs. 3 [GG]**   554
  verbotenen Kriterien **ähnelt** [z. B. Ungleichbehandlung im Bereich der betrieblichen
  Hinterbliebenenversorgung zwischen Versicherten, die verheiratet sind, und solchen, die
  in einer eingetragenen Lebenspartnerschaft leben],

[1326] *Hufen*, Staatsrecht II, § 39 Rn. 14 (im Original mit Hervorhebungen).

[1327] *Katz*, Staatsrecht, Rn. 706.

[1328] BVerfGE 102, 68 (87); *Epping*, Grundrechte, Rn. 795; *Pieroth/Schlink*, Grundrechte, Rn. 460;
Sodan/Ziekow, Grundkurs Öffentliches Recht, § 30 Rn. 3. Zur **Möglichkeit der Rechtfertigung**
von Ungleichbehandlungen selbst **im Anwendungsbereich von Art. 3 Abs. 3 GG** siehe *Jarass*, in:
ders./Pieroth, GG, Art. 3 Rn. 134.

[1329] BVerfGE 99, 367 (389).

[1330] BVerfGE 122, 39 (52) m. w. N. Zum **Verhältnis** des Willkürverbots zur neuen Formel siehe einerseits *Sodan/Ziekow*, Grundkurs Öffentliches Recht, § 30 Rn. 15 („oder") und andererseits *Wilms*,
Staatsrecht II, Rn. 1042 („nebeneinander"). BVerfG, NJW 2012, S. 1711 (1712) stellt insoweit auf
„**Regelungsgegenstand und Differenzierungsmerkmale**" ab und gesteht dem Gesetzgeber speziell
für den Bereich der „gewährenden Staatstätigkeit" grundsätzlich einen weiten Gestaltungsspielraum
zu.

555   • **je weniger** der Betroffene das Kriterium der Ungleichbehandlung **beeinflussen kann**
       [z. B. vollständige Steuerfreiheit von durch Tarifvertrag festgelegten Zuschlägen, nicht
       dagegen auch von solchen auf Grund arbeitsvertraglicher Regelung] und

556   • **je mehr** die Ungleichbehandlung den **Gebrauch grundrechtlich geschützter Freihei-**
       ten erschwert [z. B. schränkt eine gesetzliche Regelung, wonach nur verheiratete oder
       verlobte schreibunfähige Stumme im Rahmen eines Ehe- und Erbvertrags letztwillige
       Verfügungen treffen können, alleinstehende schreibunfähige Stumme hingegen nicht,
       zugleich das Grundrecht der Letztgenannten aus Art. 14 Abs. 1 Satz 1 2. Alt. GG ein]",[1331]

wobei die engere Bindung der neuen Formel „nicht auf [unmittelbare] personenbezogene
Differenzierungen beschränkt [ist]. Sie gilt vielmehr auch, wenn eine Ungleichbehandlung
von Sachverhalten mittelbar eine Ungleichbehandlung von Personengruppen bewirkt"
(z. B. betrifft die in § 9 Abs. 7 Nr. 1 1. Var. PAngV enthaltene Befreiung von der nach
§ 4 Abs. 1 PAngV grundsätzlich bestehenden Preisauszeichnungspflicht unmittelbar nur
[sachlich] Kunstgegenstände, doch bewirkt sie mittelbar auch eine Ungleichbehandlung
von Personengruppen, nämlich der Kunsthändler im Vergleich etwa zu Schmuckhänd-
lern).[1332]

557   ▸   Nach der sog. **Willkürformel** ist Art. 3 Abs. 1 GG erst dann verletzt, „wenn sich ein
            vernünftiger, sich aus der Natur der Sache ergebender oder sonstwie sachlich
            einleuchtender Grund für die gesetzliche Differenzierung oder Gleichbehand-
            lung nicht finden läßt, kurzum, wenn die Bestimmung als willkürlich bezeichnet
            werden muß."[1333]

Beispiel 101[1334]

558   § 97 Abs. 7 GWB gewährt nur im Anwendungsbereich des GWB-Vergaberechts, d. h.
       oberhalb der sog. Schwellenwerte des § 2 VgV, den Unternehmen ein subjektives
       Recht auf Einhaltung der Bestimmungen über das Vergabeverfahren. Unterhalb der
       Schwellenwerte besteht dagegen kein einfachrechtliches subjektives Recht (Zweitei-
       lung des Vergaberechts). Zum anderen stellen die §§ 102 ff. GWB dem Bewerber um
       eine Auftragsvergabe ein besonderes Rechtsschutzverfahren zur Durchsetzung seines
       subjektiven Rechts hinsichtlich der einzelnen Vergabeentscheidung nur oberhalb der

---

[1331] *Pieroth/Schlink*, Grundrechte, Rn. 470 m. w. N. (Hervorhebungen d. d. Verf.). Vgl. auch die
Rspr.-Nachweise bei *Epping*, Grundrechte, Rn. 825; *Papier/Krönke*, Grundkurs Öffentliches Recht
2, Rn. 219. Schulmäßige Prüfung dieser Kriterien bei BVerfG, NJW 2012, S. 1711 (1712 f.).
[1332] BVerfGE 88, 87 (96). Diese Rspr. wird auch als „**neueste Formel**" bezeichnet, siehe *Paehlke-*
Gärtner, Cornelia, in: Umbach/Clemens, GG Mitarbeiterkommentar, Heidelberg 2002, Art. 3 I Rn. 65.
Siehe auch BVerfG, NJW 2010, S. 2501 (2502).
[1333] BVerfGE 1, 14 (52). Hierauf ist die Überprüfung von **Judikativakten** im Wesentlichen beschränkt, siehe Rn. 654 ff. und *Pieroth/Schlink*, Grundrechte, Rn. 478. „Im systematischen Vergleich
enthält auch die Willkürkontrolle eine Verhältnismäßigkeitsprüfung, die jedoch auf die **Geeignetheit**
beschränkt ist", *Michael/Morlok*, Grundrechte, Rn. 785 (Hervorhebung d. d. Verf.).
[1334] Nach BVerfGE 116, 135.

Schwellenwerte des § 2 VgV zur Verfügung. Dagegen bleibt ein Unternehmen, das gegen eine Vergabeentscheidung unterhalb der Schwellenwerte vorgehen will, auf die allgemeinen Rechtsschutzmöglichkeiten verwiesen, welche hinter dem Verfahren nach §§ 102 ff. GWB bzgl. des Primärrechtsschutzes i. d. R. zurückbleiben. Ist diese Regelung mit Art. 3 Abs. 1 GG vereinbar?

Ja. Da die Unterscheidung im Rechtsschutz gegen Vergabeentscheidungen nicht an die Zugehörigkeit zu einer bestimmten Personengruppe anknüpft, sondern an die Höhe des finanziellen Betrags des zu vergebenden Auftrags, handelt es sich bei den insofern maßgeblichen Schwellenwerten um ein rein sachverhaltsbezogenes Kriterium. Auch ist weder eine mittelbare Ungleichbehandlung von Personengruppen ersichtlich, noch wirkt sich die Ungleichbehandlung von öffentlichen Aufträgen oberhalb und unterhalb der Schwellenwerte auf die Ausübung grundrechtlich geschützter Freiheiten aus, sodass es hier nicht angezeigt ist, der Prüfung anhand von Art. 3 Abs. 1 GG einen strengeren Maßstab als das Willkürverbot zugrunde zu legen. Der danach für die verfassungsrechtliche Rechtfertigung der Ungleichbehandlung ausreichende sachliche Grund besteht vorliegend in der wirtschaftlichen Verwendung öffentlicher Mittel. Diese Zielsetzung hat zur Folge, dass sich die Regeln betreffend die Beschaffung v. a. an wirtschaftlichen Gesichtspunkten orientieren. Führen bestimmte rechtliche Maßgaben – wie hier die Einräumung subjektiver Rechte mit entsprechenden Rechtsschutzmöglichkeiten – für das Vergabeverfahren zu einer Verteuerung der Auftragsvergabe (z. B. Verfahrenskosten und -verzögerung), so ist es sachgerecht, über ihre Einführung mit Blick auf solche wirtschaftlichen Gesichtspunkte zu entscheiden. Geht der Gesetzgeber insofern davon aus, dass der mögliche Ertrag an Wirtschaftlichkeit, den ein solches Rechtsschutzverfahren mit sich bringen kann, mit dem Auftragsvolumen steigt, und dass der Vorteil bei Vergabeentscheidungen oberhalb der Schwellenwerte typischerweise nicht wegen der Kosten entfällt, die mit der Kontrolle nach §§ 102 ff. GWB verbunden sind, so ist dies verfassungsrechtlich nicht zu beanstanden.

▶   Demgegenüber liegt der sog. **„neuen Formel"** zufolge ein Verstoß gegen Art. 3 Abs. 1 GG bereits dann vor, „wenn eine Gruppe von Normadressaten oder Normbetroffenen im Vergleich zu einer anderen anders behandelt wird, obwohl zwischen beiden Gruppen keine Unterschiede von solcher Art und solchem Gewicht bestehen, dass sie die unterschiedliche Behandlung rechtfertigen können."[1335]   559

Divergiert entsprechend dieser Abstufung auch die Kontrolldichte des BVerfG – im Rahmen der Willkürformel findet eine bloße Evidenzkontrolle statt, wohingegen bei Anwendbarkeit der neuen Formel eine ins Einzelne gehende Nachprüfung erfolgt –,[1336] so verlangt Letztere nichts anderes als eine **Verhältnismäßigkeitsprüfung** nach herkömmli-   560

[1335] BVerfGE 105, 73 (110) unter Hinweis auf BVerfGE 55, 72 (88); 93, 386 (397). Terminologie nach *Huster, Stefan*, JZ 1994, S. 541 (542).
[1336] BVerfGE 88, 87 (96 f.) m. w. N.

chem Muster, „hier freilich nicht bezogen auf einen Eingriff in eine Grundrechtsposition als Abwehrrecht, sondern bezogen auf eine zuvor festgestellte tatbestandsmäßige Ungleichbehandlung" („Verhältnismäßigkeit der Ungleichheit"[1337]).[1338] Deren Gewicht steht dann in verhältnismäßiger Weise zu demjenigen der für sie sprechenden Gründe, wenn mit der Ungleichbehandlung (als **Mittel**) ein verfassungsrechtlich **legitimes Ziel** verfolgt wird und die Ungleichbehandlung zur Erreichung dieses Ziels **geeignet** sowie **erforderlich** und im Verhältnis zu dem sie rechtfertigenden Grund (dem o. g. Ziel) **angemessen** ist.[1339] Für den **Gesetzgeber** ergeben sich dabei folgende Maßgaben:

561   • Was die verfassungsrechtlich legitime **Ziel**setzung („objektive Rechtfertigungsgründe") anbelangt, so verfügt die Legislative im Rahmen der verfassungsmäßigen Ordnung (Art. 20 Abs. 3 GG) über eine weitreichende Gestaltungsfreiheit.[1340] Insbesondere ist sie keinesfalls etwa nur dort zu Ungleichbehandlungen (z. B. unterschiedlich hohe Einkommensteuerschuld) befugt, wo entsprechende Unterschiede bereits vorhanden sind (z. B. unterschiedlich hohe individuelle Leistungsfähigkeit; Verfolgung sog. interner Zwecke). Vielmehr ist der die Lebenswirklichkeit regelnde und gestaltende Gesetzgeber auch dazu befugt, Unterschiede überhaupt erst zu schaffen, d. h. sog. externe Zwecke zu verfolgen (z. B. gesetzliche Differenzierung im öffentlichen Dienst zwischen Beamten und Angestellten/Arbeiter).[1341]

562   Namentlich „im Bereich des **Steuerrechts** hat der Gesetzgeber einen weitreichenden Entscheidungsspielraum sowohl bei der Auswahl des Steuergegenstandes als auch bei der Bestimmung des Steuersatzes. Diese grundsätzliche Freiheit des Gesetzgebers, diejenigen Sachverhalte tatbestandlich zu bestimmen, an die das Gesetz dieselben Rechtsfolgen knüpft und die es so als rechtlich gleich qualifiziert, wird für den Bereich des Steuerrechts vor allem durch zwei eng miteinander verbundene Leitlinien begrenzt: durch die Ausrichtung der Steuerlast an den Prinzipien der finanziellen Leistungsfähigkeit und der Folgerichtigkeit. Der Gleichheitssatz hat im Steuerrecht seine besondere Ausprägung in Form des Grundsatzes der Steuergerechtigkeit gefunden, wobei die Besteuerung grundsätzlich an der wirtschaftlichen Leistungsfähigkeit auszurichten ist. Die Steuer-

---

[1337] *Michael/Morlok*, Grundrechte, Rn. 799.

[1338] *Hufen*, Staatsrecht II, § 39 Rn. 16.

[1339] Vgl. BVerfGE 113, 167 (231 ff.) und siehe *Detterbeck*, Öffentliches Recht, Rn. 350; *Pieroth/Schlink*, Grundrechte, Rn. 472; *Zippelius/Würtenberger*, Deutsches Staatsrecht, § 23 Rn. 19 ff. Siehe auch Rn. 186 ff.

[1340] *Michael/Morlok*, Grundrechte, Rn. 800.

[1341] Vgl. BVerfGE 99, 165 (177 f.) und siehe *Epping*, Grundrechte, Rn. 800 f.; *Pieroth/Schlink*, Grundrechte, Rn. 473, 478. Siehe aber auch BVerfGE 124, 199 (220): „Zur Begründung einer **Ungleichbehandlung von Personengruppen** reicht es nicht aus, dass der Normgeber ein seiner Art nach geeignetes Unterscheidungsmerkmal berücksichtigt hat. Vielmehr muss auch für das Maß der Differenzierung ein **innerer Zusammenhang zwischen** den *vorgefundenen* Verschiedenheiten **und** der **differenzierenden Regelung** bestehen, der sich als sachlich vertretbarer Unterscheidungsgesichtspunkt von hinreichendem Gewicht anführen lässt" (Hervorhebungen d. d. Verf.). Terminologie nach *Huster, Stefan*, Rechte und Ziele, Berlin 1993, S. 164 ff.

pflichtigen müssen dem Grundsatz nach durch ein Steuergesetz rechtlich und tatsächlich gleichmäßig belastet werden. Das danach – unbeschadet verfassungsrechtlich zulässiger Differenzierungen – gebotene Gleichmaß verwirklicht sich in dem Belastungserfolg, den die Anwendung der Steuergesetze beim einzelnen Steuerpflichtigen bewirkt. Die Gleichheit aller Menschen vor dem Gesetz (Art. 3 Abs. 1 GG) fordert allerdings nicht einen gleichen Beitrag von jedem Inländer zur Finanzierung der Gemeinlasten [sog. Kopfsteuer], sondern verlangt, dass jeder Inländer je nach seiner finanziellen Leistungsfähigkeit gleichmäßig zur Finanzierung der allgemeinen Staatsaufgaben herangezogen wird."[1342] „Als besondere sachliche Gründe für Ausnahmen von einer folgerichtigen Umsetzung und Konkretisierung steuergesetzlicher Belastungsentscheidungen hat das BVerfG in seiner bisherigen Rechtsprechung vor allem außerfiskalische Förderungs- und Lenkungszwecke sowie Typisierungs- und Vereinfachungserfordernisse anerkannt, nicht jedoch den rein fiskalischen Zweck staatlicher Einnahmenerhöhung."[1343]

Auch auf dem Gebiet des **Subventionsrechts** können fiskalische Interessen eine Schlechterstellung nicht rechtfertigen. „Soweit der Gesetzgeber eine Leistung freiwillig gewährt, darf er zwar durchaus berücksichtigen, welche finanziellen Mittel er angesichts der sonstigen Staatsaufgaben einsetzen kann. Finanzpolitische Belange dürfen aber nur dergestalt zur Geltung kommen, dass Berechtigte, die die Voraussetzungen eines Leistungsbezugs gleichermaßen erfüllen wie andere, nicht auf Grund sachfremder Differenzierung von der Leistung ausgeschlossen werden. Die bloße Absicht, das Leistungsvolumen zum Zwecke der Reduzierung staatlicher Ausgaben zu verringern, genügt für sich genommen nicht, um eine differenzierende Behandlung verschiedener Personengruppen zu rechtfertigen. Ansonsten liefe das allgemeine Gleichbehandlungsgebot im Bereich staatlicher Geldleistungen leer, da sich der Gesetzgeber zur Begründung von Ungleichheiten stets auf die Absicht berufen könnte, staatliche Ausgaben durch Teileinsparungen verringern zu wollen. Staatliche Ausgaben zu vermeiden, ist ein legitimer Zweck, der jedoch eine Ungleichbehandlung von Personengruppen nicht zu rechtfertigen vermag. Ist ein darüber hinausgehender sachlicher Differenzierungsgrund nicht vorhanden, muss der Gesetzgeber finanzpolitischen Belangen durch eine Beschränkung der Leistungshöhe oder der Bezugsdauer für alle Berechtigten Rechnung tragen."[1344]   563

• An der Überprüfung der verfassungsrechtlichen Legitimität des zur Ungleichbehandlung eingesetzten **Mittels**, d. h. des im jeweiligen Gesetz genannten Differenzierungskriteriums, scheitert der betreffende Rechtssetzungsakt grundsätzlich dann, wenn dieses in einem solchen besteht, das nach einem speziellen Gleichheitssatz (z. B. Art. 3 Abs. 2 Satz 1, Abs. 3 GG) als Anknüpfungspunkt für eine Ungleichbehandlung ausdrücklich verboten ist.[1345] Demgegenüber ist es „dem Gesetzgeber [...] durch Art. 3 Abs. 1 GG   564

[1342] BVerfGE 117, 1 (30 f.) m. w. N. (Hervorhebung d. d. Verf.). Vgl. auch schon Art. 134 WRV.
[1343] BVerfGE 122, 210 (231) m. w. N.
[1344] BVerfG, NJW 2012, S. 1711 (1713).
[1345] *Stein/Frank*, Staatsrecht, § 49 III 1 a) m. w. N. In einem solchen Fall ist Art. 3 Abs. 1 GG allerdings aus Gründen der **Grundrechtskonkurrenz** schon nicht anwendbar, vgl. *Englisch, Joachim*, in: Stern/Becker, Grundrechts-Kommentar, Köln 2010, Art. 3 Rn. 158.

[…] nicht verwehrt, zur Regelung bestimmter Lebenssachverhalte Stichtagsregelungen einzuführen, obwohl jeder Stichtag unvermeidbar gewisse Härten mit sich bringt. Voraussetzung ist allerdings, dass die Einführung eines Stichtags notwendig ist und dass sich die Wahl des Zeitpunktes am gegebenen Sachverhalt orientiert und damit sachlich vertretbar ist."[1346]

565   • Die Prüfungsstufen der **Geeignetheit** und der **Erforderlichkeit** spielen im Rahmen von Art. 3 Abs. 1 GG nur eine geringe Rolle.[1347] Hat das BVerfG insbesondere „nicht zu entscheiden, ob der Gesetzgeber die jeweils gerechteste und zweckmäßigste Regelung getroffen […] hat",[1348] so ist es v. a. dann, wenn der Staat zu Förderungszwecken eine Differenzierung vornimmt (z. B. umsatzsteuerliche Vergünstigung von Taxen gegenüber Mietwagen; sog. positive Diskriminierung), im Hinblick auf deren Erforderlichkeit ausreichend, wenn „keine Alternative ersichtlich ist, die den Staat gleich oder weniger belastet, den Förderungszweck besser verfolgt und zugleich die Personengruppe, die nicht gefördert und durch die Förderung der anderen Personengruppe zurückgesetzt wird, milder und schonender behandelt."[1349]

Beispiel 102[1350]

566   Gem. § 4 Abs. 5 Nr. 6b EStG sind Aufwendungen für ein häusliches Arbeitszimmer sowie die Kosten der Ausstattung steuerlich nicht abzugsfähig. Dies gilt nur dann nicht, „wenn für die betriebliche oder berufliche Tätigkeit kein anderer Arbeitsplatz zur Verfügung steht. In diesem Fall wird die Höhe der abziehbaren Aufwendungen auf 1250,- Euro begrenzt; die Beschränkung der Höhe nach gilt nicht, wenn das Arbeitszimmer den Mittelpunkt der gesamten betrieblichen und beruflichen Betätigung bildet". In seiner Einkommensteuererklärung für den vergangenen Veranlagungszeitraum machte Gymnasiallehrer G wegen der Nutzung eines häuslichen Arbeitszimmers Werbungskosten i. H. v. 1750,- Euro geltend. Da das zuständige Finanzamt unter Hinweis auf die o. g. Vorschrift allerdings nur Werbungskosten i. H. v. 1250,- Euro anerkannte, erhob G Einspruch und Klage, die jedoch ebenso wie die nachfolgende Revision ohne Erfolg blieben. Vor dem BVerfG rügt G nunmehr eine Verletzung in seinem Grundrecht aus Art. 3 Abs. 1 GG. Denn anders als sonst im Einkommensteuerrecht, wo grundsätzlich alle beruflich veranlassten Aufwendungen als Werbungskosten voll abziehbar seien, führe die pauschale Kappungsgrenze von 1250,- Euro zu einer Nichtberücksichtigung der dem G tatsächlich entstandenen Erwerbsaufwendungen. Hat G in der Sache Erfolg?

Nein. Zwar sind steuerrechtliche Regelungen so auszugestalten, dass Gleichheit im Belastungserfolg für alle Steuerpflichtigen hergestellt werden kann. Art. 3 Abs. 1 GG

[1346] BVerfG, BeckRs 2011, 50152.
[1347] *Albers*, JuS 2008, S. 945 (947). Noch weitergehend *Michael*, JuS 2001, S. 866 (868: „Beim allgemeinen Gleichheitssatz findet eine Erforderlichkeitsprüfung nicht statt") und *Detterbeck*, Öffentliches Recht, Rn. 351, der empfiehlt, „nur die Angemessenheit der Ungleichbehandlung zu prüfen".
[1348] BVerfGE 66, 84 (95) m. w. N.
[1349] *Pieroth/Schlink*, Grundrechte, Rn. 475. Vgl. auch BVerfG, NVwZ 2002, S. 197 (198).
[1350] Nach BVerfGE 101, 297; 117, 1. Siehe auch BVerfGE 126, 268.

fordert allerdings nicht eine immer mehr individualisierende und spezialisierende Gesetzgebung, die letztlich die Gleichmäßigkeit des Gesetzesvollzugs gefährdet, sondern
die Regelung eines allgemein verständlichen und möglichst unausweichlichen Belas-
tungsgrunds. Deshalb ist der Gesetzgeber um der materiellen Gleichheit willen durchaus dazu befugt, einen steuererheblichen Vorgang nur im typischen Lebensvorgang zu
erfassen und individuell gestaltbare Besonderheiten unberücksichtigt zu lassen. Zudem betreffen Steuergesetze in der Regel Massenvorgänge des Wirtschaftslebens. Um
praktikabel zu sein, müssen sie daher die Sachverhalte, an die sie die steuerrechtlichen
Folgen knüpfen, typisieren und damit in weitem Umfang die Besonderheiten des einzelnen Falls vernachlässigen. Freilich darf die legislative Typisierung keinen atypischen
Fall als Leitbild wählen, sondern muss sich realitätsgerecht am typischen Fall orientieren. In Bezug auf den hier betroffenen Bereich des Einkommensteuerrechts, dem das
sog. Nettoprinzip zugrunde liegt, wonach nur das Nettoeinkommen (Erwerbseinnah-
men abzüglich der Erwerbsaufwendungen und der existenzsichernden Aufwendungen)
besteuert wird, bedeutet dies, dass der Gesetzgeber nicht stets den gewillkürten tatsächlichen Aufwand berücksichtigen muss. Vielmehr kann es auch ausreichen, dass er für
bestimmte Arten von Aufwendungen nur den Abzug eines in realitätsgerechter Höhe
typisierten Betrags gestattet.

Gemessen hieran ist § 4 Abs. 5 Nr. 6b EStG in seinen den G betreffenden Aussagen
mit Art. 3 Abs. 1 GG vereinbar. Das Finanzamt hat – in verfassungsrechtlich unbe-
denklicher Weise – auf die Tätigkeit des G als Gymnasiallehrer die Kappungsgrenze
des § 4 Abs. 5 Nr. 6b EStG angewandt. Diese ist sowohl dem Grunde als auch der Höhe
nach verfassungsrechtlich gerechtfertigt: Eine Nachprüfung durch das Finanzamt, ob
das vom Steuerpflichtigen geltend gemachte Arbeitszimmer tatsächlich beruflich oder
betrieblich genutzt wird, ist wegen des engen Zusammenhangs zur Sphäre der privaten
Lebensführung und des Schutzes durch das Grundrecht des Art. 13 Abs. 1 GG wesentlich eingeschränkt; allein der regelmäßige Augenschein in den Wohnräumen (§§ 98 f.
AO) ohne vorherige Benachrichtigung (vgl. § 197 Abs. 1 Satz 1 AO) könnte im Einzelfall
Aufklärung schaffen. Auch die Festlegung der Höchstgrenze auf 1250,- Euro begegnet
keinen verfassungsrechtlichen Bedenken. Sie hält sich im Rahmen des Gestaltungs-
raums des Gesetzgebers und ist realitätsgerecht.

- Schwerpunkt der Überprüfung einer Ungleichbehandlung i. S. v. Art. 3 Abs. 1 GG auf   567
  ihre Verhältnismäßigkeit hin ist regelmäßig deren **Angemessenheit**.[1351] „Hier ist abzu-
  wägen, ob das Gewicht der Gründe, die für die Ungleichbehandlung sprechen, schwerer
  wiegt als das Gewicht (das Ausmaß) der Ungleichbehandlung.“[1352] Insofern gelangt die
  sog. „je-desto-Formel" zur Anwendung:[1353] „Je gravierender die Ungleichbehandlung
  ist [vgl. die vier in Rn. 553 ff. genannten Kriterien], umso wichtiger muss das staatli-

---

[1351] Vgl. BVerfGE 102, 68 (87); *Jarass*, in: ders./Pieroth, GG, Art. 3 Rn. 27a.
[1352] *Detterbeck*, Öffentliches Recht, Rn. 351. Vgl. auch BVerfGE 113, 167 (260); 124, 199 (220).
[1353] *Zippelius/Würtenberger*, Deutsches Staatsrecht, § 23 Rn. 23.

cherseits verfolgte Ziel, also der Grund der Ungleichbehandlung, sein."[1354] Insofern ist die o. g. Differenzierung zwischen internen und externen Zwecken (Rn. 561) von Bedeutung: „Verfolgt der Staat interne Zwecke, d. h. will er vorhandenen Unterschieden Rechnung tragen, ist darauf abzustellen, ob die Unterschiede tatsächlich vorhanden und hinreichend gewichtig sind, um die Ungleichbehandlung zu rechtfertigen. Verfolgt der Gesetzgeber externe, von den vorhandenen Unterschieden unabhängige Zwecke, kommt es maßgeblich auf den Stellenwert dieser Zwecke an."[1355]

Beispiel 103[1356]

568   Die Stadt S hat eine Satzung erlassen, wonach für die ganztätige Betreuung eines Kindes in einem städtischen Kindergarten ein Regelbeitrag i. H. v. 300,- Euro pro Monat erhoben wird. Dieser reduziert sich jedoch in Abhängigkeit vom jährlichen Familienbruttoeinkommen stufenweise bis auf 0,- Euro für Familien mit einem Bruttoeinkommen von weniger als 20.000,- Euro p. a. Die gut verdienenden Eheleute E, deren Sohn einen Kindergarten in S besucht, müssen hierfür monatlich den vollen Beitrag (300,- Euro) zahlen, wohingegen die arbeitslose Alleinerziehende A für die gleiche Betreuung ihrer Tochter keine Zahlungen an S leisten muss. Die E meinen, dies verstoße gegen ihr Grundrecht aus Art. 3 Abs. 1 GG. Insbesondere sei die Entlastung sozial Schwacher gem. Art. 20 Abs. 1 GG eine sozialstaatliche, d. h. von der Allgemeinheit durch Steuermittel zu tragende, Aufgabe und obliege nicht dem unter dem Aspekt der finanziellen Leistungsfähigkeit eher zufällig zusammengesetzten Kreis der Nutzer des städtischen Kindergartens. Haben die E Recht, wenn die tatsächlichen Betreuungskosten pro Kind und Monat 900,- Euro betragen?

Nein. Zwar werden die E zum einen im Vergleich zu allen übrigen (steuerpflichtigen) Bürgern, die ihre Kinder nicht in einem Kindergarten von S betreuen lassen und daher keinen Kindergartenbeitrag an die Stadt zahlen müssen, ungleich behandelt. Bei typisierender Betrachtungsweise ist nämlich davon auszugehen, dass jeder Schuldner einer nichtsteuerlichen Abgabe zugleich Steuerpflichtiger ist und bereits als solcher nach Maßgabe seiner individuellen, d. h. relativ gleichen, wirtschaftlichen Leistungsfähigkeit zur Finanzierung von Gemeinlasten herangezogen wird. Die zusätzliche Belastung eines Einzelnen (hier: der E) mit einer nichtsteuerlichen Abgabe (hier: dem Kindergartenbeitrag) neben der Steuer bedarf daher zur Wahrung der horizontalen Belastungsgleichheit einer besonderen sachlichen Rechtfertigung vor dem allgemeinen Gleichheitssatz. Doch kommt vorliegend hierfür gerade der den E eingeräumte besondere Individualvorteil der Möglichkeit der Inanspruchnahme der städtischen Kinderbetreuung in Betracht. Zum anderen werden die E (Zahlungspflicht i. H. v. 300,- Euro) aber auch im Vergleich zu anderen beitragspflichtigen Eltern ungleich behandelt, die einen geringeren als den vollen Regelbeitrag für die Betreuung ihres Kindes im Kindergarten von S zahlen müssen (z. B. A mit 0,- Euro). Auch dieses „Wie" (die Höhe) der

---

[1354] *Epping*, Grundrechte, Rn. 798. Siehe auch a. a. O., Rn. 814.
[1355] *Epping*, Grundrechte, Rn. 820.
[1356] Nach BVerfGE 97, 332; *Wienbracke, Mike*, NVwZ 2007, S. 749.

nichtsteuerlichen Abgabe ist zwecks Wahrung der vertikalen Belastungsgleichheit im Verhältnis ihrer Schuldner zueinander vor Art. 3 Abs. 1 GG rechtfertigungsbedürftig. Insofern ist hier zu berücksichtigen, dass selbst der von E zu zahlende Höchstbeitrag von 300,- Euro die tatsächlichen Kosten (900,- Euro) der ihnen zuteil werdenden Leistung nicht vollständig deckt und daher nicht in einem unangemessenen Verhältnis zu der damit abgegoltenen Verwaltungsleistung steht. Unter dieser Voraussetzung wird letztlich allen Nutzern – und zwar auch den E – ein vermögenswerter Vorteil zugewendet. Insbesondere werden sie trotz voller Beitragszahlung nicht zusätzlich und voraussetzungslos zur Finanzierung allgemeiner Lasten und v. a. nicht zur Entlastung sozial schwächerer Nutzer herangezogen, deren hiesige Gebührenbefreiung im Sozialstaatsprinzip des Art. 20 Abs. 1 GG ihre verfassungsrechtliche Legitimierung findet.

Entspricht das im Einzelfall angewandte Gesetz den vorgenannten Anforderungen, d. h. ist es mit Art. 3 Abs. 1 GG vereinbar, so ist im Fall der Überprüfung einer behördlichen bzw. gerichtlichen Maßnahme in einem zweiten Schritt zu untersuchen, ob auch die **Gesetzesanwendung durch die Exekutive bzw. Judikative** in Einklang mit dem allgemeinen Gleichheitssatz steht.[1357]   569

570

Ungleichbehandlung
- Wird der **Träger des Grundrechts aus Art. 3 Abs. 1 GG** durch denselben Hoheitsträger anders behandelt als eine **Vergleichsgruppe**?
- Unterfallen der Träger des Grundrechts aus Art. 3 Abs. 1 GG und die Vergleichsgruppe demselben **Oberbegriff**?

verfassungsrechtl. Rechtfertigung
- Ist die **Intensität** der Ungleichbehandlung **gering**? In diesem Fall ist sie bereits dann gerechtfertigt, wenn sich (irgend-)ein sachlicher Grund hierfür finden lässt (**Willkürverbot**).
- Ist die **Intensität** der Ungleichbehandlung **groß**? In diesem Fall ist sie erst dann gerechtfertigt, wenn zwischen beiden Gruppen Unterschiede von solcher Art und solchem Gewicht bestehen, dass sie die unterschiedliche Behandlung unter Wahrung des Verhältnismäßigkeitsgrundsatzes rechtfertigen (**neue Formel**).

Prüfungsschema „Verletzung von Art. 3 Abs. 1 GG"[1358]

[1357] *Stein/Frank*, Staatsrecht, § 49 III. Zu den Besonderheiten der **Rechtsfolgen**, die sich aus dem **Verstoß** eines Gesetzes **gegen Art. 3 Abs. 1 GG** ergeben, siehe Rn. 674.
[1358] Zum Schaubild vgl. auch *Papier/Krönke*, Grundkurs Öffentliches Recht 2, Rn. 228 a. E.; *Wilms*, Staatsrecht II, Rn. 1187.

Teil III

Verfassungsbeschwerde

Liegt materiell-rechtlich ein Grundrechtsverstoß vor, so ist dieser prozessual in erster Linie   571
vor den Fachgerichten der Länder und des Bundes (Art. 92 GG) geltend zu machen, sind
nach Art. 1 Abs. 3 GG doch auch diese jeweils unmittelbar an die Grundrechte gebunden;
der Zugang zu ihnen wird insbesondere durch Art. 19 Abs. 4 Satz 1 GG gewährleistet.[1359]
„Es gehört zu den Aufgaben eines jeden Gerichts, im Rahmen seiner Zuständigkeit bei
Verfassungsverletzungen Rechtsschutz zu gewähren."[1360] Um aber sicherzustellen, dass der
Vorrang der Grundrechte sich in der Rechtsanwendungspraxis auch tatsächlich durchsetzt,
steht deren Trägern mit der (Individual-[1361])Verfassungsbeschwerde nach Art. 93 Abs. 1
Nr. 4a GG, §§ 13 Nr. 8a, 90 ff. BVerfGG (Aktenzeichen: „BvR") zusätzlich noch ein „**außer-
ordentlicher Rechtsbehelf**" zur Verfügung, mittels dessen sie Eingriffe der öffentlichen
Gewalt (nur) in ihre Grundrechte abwehren können.[1362] „Die Verfassungsbeschwerde ist

---

[1359] *Berg*, Staatsrecht, Rn. 396; *Epping*, Grundrechte, Rn. 145; *Michael/Morlok*, Grundrechte, Rn. 918.

[1360] BVerfG, NVwZ 2010, S. 1212 (1214). Siehe auch Rn. 110 ff.

[1361] Allein diese ist gemeint, wenn im Folgenden aus Gründen der sprachlichen Vereinfachung
schlicht die Bezeichnung „Verfassungsbeschwerde" verwendet wird. Hiervon abzugrenzen ist die
Kommunalverfassungsbeschwerde nach Art. 93 Abs. 1 Nr. 4b GG. **Historisches Vorbild** war § 126
lit. g) der Paulskirchenverfassung, siehe *Sachs*, Verfassungsprozessrecht, Rn. 471. Demgegenüber
wurde die Verfassungsbeschwerde von den in Art. 19 WRV normierten Verfassungsstreitigkeiten
nicht mit umfasst, siehe *Epping*, Grundrechte, Rn. 146.

[1362] Siehe BVerfGE 18, 315 (325); *Detterbeck*, Öffentliches Recht, Rn. 588; *Katz*, Staatsrecht, Rn. 535;
Pieroth/Schlink, Grundrechte, Rn. 1223 und vgl. BVerfGE 12, 6 (8). „Die Bedeutung der Verfassungsbeschwerde erschöpft sich jedoch nicht im **individuellen Grundrechtsschutz des Bürgers**. Neben
dem ‚kasuistischen Kassationseffekt' hat sie einen ‚generellen Edukationseffekt'. Darüber hinaus hat
sie die Funktion, **das objektive Verfassungsrecht zu wahren** und seiner Auslegung und Fortbildung
zu dienen; dies kommt namentlich in den Verfahrensregelungen des § 31 Abs. 1 und Abs. 2 Satz 2, § 90
Abs. 2 Satz 2, § 93a Abs. [2 lit. a)], § 95 Abs. 3 BVerfGG zum Ausdruck. Insoweit kann die Verfassungsbeschwerde zugleich als spezifisches Rechtsschutzmittel des objektiven Verfassungsrechts bezeichnet
werden", BVerfGE 33, 247 (258 f.) (Hervorhebungen d. d. Verf.).

[daher] *nicht* ein zusätzlicher Rechtsbehelf zum fachgerichtlichen Verfahren, der sich diesem in gleicher Funktion ohne weiteres anschließt."[1363]

572 Wenngleich es sich bei dieser nicht um die alleinige Verfahrensart vor dem BVerfG handelt, bei der Grundrechtsverstöße eine Rolle spielen können (vgl. z. B. ferner noch die abstrakte Normenkontrolle gem. Art. 93 Abs. 1 Nr. 2 GG und die konkrete Normenkontrolle gem. Art. 100 Abs. 1 GG), so ist die Verfassungsbeschwerde doch immerhin der einzige Weg, auf dem der Einzelne in seiner Eigenschaft als Bürger ein Verfahren vor dem BVerfG einleiten kann.[1364] Um zu verhindern, dass im Zeitraum zwischen der Erhebung der Verfassungsbeschwerde und der Entscheidung des BVerfG über sie vollendete Tatsachen geschaffen werden – die Verfassungsbeschwerde hat keine aufschiebende Wirkung (**kein Suspensiveffekt**), d. h. ihre Einlegung „hindert weder den Eintritt der formellen Rechtskraft der angefochtenen Entscheidung noch ihren Vollzug" –, kann dieses gem. **§ 32 BVerfGG** eine **einstweilige Anordnung** erlassen.[1365]

573 ▸ Die Verfassungsbeschwerde hat Aussicht auf **Erfolg**, wenn sie zulässig (Rn. 577 ff.) und begründet (Rn. 650 ff.) ist.[1366]

574 Dass eine zulässige und begründete Verfassungsbeschwerde nur eine bloße „Aussicht" auf Erfolg hat – und nicht wie beispielsweise eine verwaltungsgerichtliche Klage unter diesen beiden Voraussetzungen zwingend Erfolg „hat"[1367] –, ist auf die gem. Art. 94 Abs. 2 Satz 2 GG zwecks Entlastung des BVerfG in das BVerfGG eingefügten §§ 93a bis 93d zurückzuführen.[1368] Dem dort geregelten sog. **Annahmeverfahren** zufolge bedarf jede Ver-

---

[1363] BVerfGE 94, 166 (213 f.) (Hervorhebung d. d. Verf.).

[1364] *Manssen*, Staatsrecht II, Rn. 887; *Pieroth/Schlink*, Grundrechte, Rn. 1223.

[1365] *Fleury*, Verfassungsprozessrecht, Rn. 247. Siehe auch BVerfGE 94, 166 (213); *Schlaich/Korioth*, Das Bundesverfassungsgericht, Rn. 194. Verfassungsbeschwerden der Eingangjahre 2003 bis 2011 wurden zu **68 % binnen eines Jahres entschieden**, siehe Ziffer IV.3. (Grafische Darstellung der Verfahrensdauer) der Jahresstatistik 2011 des BVerfG, abrufbar unter http://www. bundesverfassungsgericht.de/organisation/statistik_2011.html. Zur m. W. v. 3.12.2011 neu eingeführten **Verzögerungsbeschwerde** siehe §§ 97a ff. BVerfGG.

[1366] Vgl. *Gersdorf*, Verfassungsprozessrecht und Verfassungsmäßigkeitsprüfung, Rn. 1. Von den 5744 im Jahr **2011** entschiedenen Verfassungsbeschwerden waren allerdings **nur 93 (1,62 %) erfolgreich**, siehe Ziffer IV.2. (Anteil der stattgegebenen an den entschiedenen Verfassungsbeschwerden pro Jahr seit 1987) der Jahresstatistik 2011 des BVerfG, abrufbar unter http://www.bundesverfassungsgericht. de/organisation/statistik_2011.html.

[1367] Hierzu siehe *Wienbracke, Mike*, Verwaltungsprozessrecht, Heidelberg 2009, Rn. 36. **A. A.** *Papier/Krönke*, Grundkurs Öffentliches Recht 2, Rn. 59.

[1368] Vgl. *Sachs*, Verfassungsprozessrecht, Rn. 548; *Sodan/Ziekow*, Grundkurs Öffentliches Recht, § 51 Rn. 70. So sind etwa **im Jahr 2011** allein **6036 Verfassungsbeschwerden** beim BVerfG **eingegangen**, siehe Ziffer I.4. (Eingänge nach Verfahrensarten) der Jahresstatistik 2011 des BVerfG, abrufbar unter http://www.bundesverfassungsgericht.de/organisation/statistik_2011.html. Dem Ziel der Entlastung des BVerfG dient auch das i. d. R. gem. § 61 Abs. 1 Satz 2 GOBVerfG auf die Präsidialräte (§ 12 Abs. 1 GOBVerfG: „Beamte"!) delegierte **Vorprüfungsverfahren (§§ 60 ff. GOBVerfG)**, wonach Verfassungsbeschwerden u. a. dann im Allgemeinen Register (AR) registriert werden können (Folge: Sie

fassungsbeschwerde nämlich zunächst, d. h. noch bevor ihre Zulässigkeit geprüft wird,[1369] der „Annahme zur Entscheidung", § 93a Abs. 1 BVerfGG. Die Verfassungsbeschwerde „ist zur Entscheidung anzunehmen soweit ihr grundsätzliche verfassungsrechtliche Bedeutung zukommt"[1370] (§ 93a Abs. 2 lit. a) BVerfGG) oder „wenn es zur Durchsetzung der in § 90 Abs. 1 [BVerfGG] genannten [Grund- oder grundrechtsgleichen] Rechte angezeigt ist; dies kann auch der Fall sein, wenn dem Beschwerdeführer durch die Versagung der Entscheidung zur Sache ein besonders schwerer Nachteil entsteht",[1371] § 93a Abs. 2 lit. b) BVerfGG.

Ist im letztgenannten Fall die für die Beurteilung der Verfassungsbeschwerde maßgebliche verfassungsrechtliche Frage durch das BVerfG bereits entschieden, so „kann" die **Kammer** (§ 15a BVerfGG) die Verfassungsbeschwerde zur Entscheidung annehmen und ihr stattgeben, wenn sie offensichtlich begründet ist, siehe § 93b Satz 1 2. Alt., § 93c Abs. 1 Satz 1 BVerfGG.[1372] Andernfalls „kann" die Kammer die Annahme der Verfassungsbeschwerde gem. § 93b Satz 1 1. Alt. BVerfGG ablehnen. Hat die Kammer die Verfassungsbeschwerde mangels Einstimmigkeit (§ 93d Abs. 3 Satz 1 BVerfGG) weder angenommen noch abge-

575

werden aus dem weiteren Gerichtsverfahren ausgesondert, siehe *Stein/Frank*, Staatsrecht, § 28 II), wenn sie „unter Berücksichtigung der Rechtsprechung des BVerfG offensichtlich keinen Erfolg haben", § 60 Abs. 2 lit. a) GOBVerfG. Eine Übertragung in das Verfahrensregister – mit anschließendem Annahmeverfahren (*Schlaich/Korioth*, Das Bundesverfassungsgericht, Rn. 261) – erfolgt gem. § 61 Abs. 2 GOBVerfG nur dann, „wenn der Einsender nach Unterrichtung [Belehrung] über die Rechtslage eine richterliche Entscheidung begehrt", was in der Praxis regelmäßig der Fall ist, siehe *Ipsen*, Staatsrecht I, 23. Auflage, München 2011, Rn. 962. Zudem wird auf § 34 Abs. 2 BVerfGG (**Missbrauchsgebühr**) hingewiesen, vgl. *Hillgruber/Goos*, Verfassungsprozessrecht, Rn. 84. Zum weiteren Ablauf (Zuteilung an den zuständigen Richter, Votum etc.) siehe *Benda/Klein*, Verfassungsprozessrecht, Rn. 462. Für andere Gerichte wäre ein Annahmeverfahren dagegen mit dem in **Art. 19 Abs. 4 Satz 1 GG** u. a. enthaltenen Verbot der Rechtsverweigerung unvereinbar, siehe *Gusy*, Die Verfassungsbeschwerde, Rn. 8.

[1369] *Schlaich/Korioth*, Das Bundesverfassungsgericht, Rn. 258.

[1370] „Diese ist nur gegeben, wenn die Verfassungsbeschwerde eine verfassungsrechtliche Frage aufwirft, die sich nicht ohne weiteres aus dem Grundgesetz beantworten läßt und noch nicht durch die verfassungsgerichtliche Rechtsprechung geklärt oder die durch veränderte Verhältnisse erneut klärungsbedürftig geworden ist. Über die Beantwortung der verfassungsrechtlichen Frage müssen also ernsthafte Zweifel bestehen", BVerfGE 90, 22 (24 f.).

[1371] „Das ist der Fall, wenn die geltend gemachte Verletzung von Grundrechten oder grundrechtsgleichen Gewährleistungen besonderes Gewicht hat oder dem Beschwerdeführer durch die Versagung der Entscheidung zur Sache ein besonders schwerer Nachteil entsteht. Eine solche existentielle Betroffenheit eines Beschwerdeführers kann sich vor allem aus dem Gegenstand der angegriffenen Entscheidung oder seiner aus ihr folgenden Belastung ergeben", BVerfGE 96, 245 (248). Namentlich die **bloße Zulässigkeit** einer Verfassungsbeschwerde **reicht** für die Annahme zur Entscheidung daher **nicht** aus, siehe *Sodan/Ziekow*, Grundkurs Öffentliches Recht, § 51 Rn. 66. Umgekehrt kann die fehlende Zulässigkeit einer Verfassungsbeschwerde zu deren Nichtannahme führen, siehe etwa BVerfG, NVwZ-RR 2009, S. 785 (786).

[1372] „Der Beschluß steht einer Entscheidung des Senats gleich. Eine Entscheidung, die mit der Wirkung des § 31 Abs. 2 [BVerfGG] ausspricht, daß ein Gesetz mit dem Grundgesetz oder sonstigem Bundesrecht unvereinbar oder nichtig ist, bleibt dem Senat vorbehalten", § 93c Abs. 1 Satz 2, 3 BVerfGG, wobei BVerfG, NVwZ 2007, S. 1172 m. w. N. auch Gesetze im nur materiellen Sinn (Rechtsverordnungen, Satzungen) hiervon als erfasst sieht.

lehnt, so entscheidet nach § 93b Satz 2 BVerfGG der aus acht Richtern bestehende **Senat** (§ 2 BVerfGG) über die Annahme, wobei gem. § 93d Abs. 3 Satz 2 BVerfGG für eine positive Entscheidung allerdings bereits die Zustimmung von mindestens drei Richtern ausreicht. Sämtliche vorgenannte Kammer- und Senatsentscheidungen ergehen ohne mündliche Verhandlung (§ 93d Abs. 1 Satz 1 BVerfGG) und sind gem. § 93d Abs. 1 Satz 2 BVerfGG unanfechtbar – auch nicht mittels einer weiteren Verfassungsbeschwerde;[1373] zudem bedarf die Ablehnung der Annahme der Verfassungsbeschwerde keiner Begründung, siehe § 93d Abs. 1 Satz 3 BVerfGG.

576   Wenngleich dem Annahmeverfahren mithin eine zentrale Bedeutung für den Erfolg oder Misserfolg einer Verfassungsbeschwerde zukommt und aus Sicht des Beschwerdeführers ggf. sogar die Hauptschwierigkeit ist – selbst zulässige und begründete Verfassungsbeschwerden können gem. §§ 93a ff. BVerfGG nicht zur Entscheidung angenommen werden (z. B. Bagatellbeschwerden) –, so handelt es sich bei diesem dennoch **weder** um eine Frage ihrer **Zulässigkeit noch** ihrer **Begründetheit**.[1374] Deshalb, und weil das BVerfG im Hinblick auf die §§ 93a ff. BVerfGG einen großen Spielraum für sich beansprucht, sollte im Rahmen der Prüfung der Erfolgsaussicht einer Verfassungsbeschwerde auf das Erfordernis des Annahmeverfahrens als solches allenfalls kurz hingewiesen, über dessen Ausgang aber nicht „spekuliert" werden.[1375]

[1373] Vgl. BVerfGE 19, 88 (90) und siehe *Zippelius/Würtenberger*, Deutsches Staatsrecht, § 49 Rn. 114. Allerdings: „Die **Nichtannahmeentscheidung** entfaltet [...] **weder** materielle **Rechtskraft noch** genießt sie **Bindungswirkung**", *Benda/Klein*, Verfassungsprozessrecht, Rn. 448 (Hervorhebungen d. d. Verf.). Zur **Gegenvorstellung** gegen einen Nichtannahmebeschluss siehe BVerfG, NJW 2012, S. 1065.

[1374] *Detterbeck*, Öffentliches Recht, Rn. 637; *Epping*, Grundrechte, Rn. 205; *Ipsen, Jörn*, Staatsrecht I, 23. Auflage, München 2011, Rn. 950; *Pieroth/Schlink*, Grundrechte, Rn. 1226. Selbst nach erfolgter Annahme einer Verfassungsbeschwerde zur Entscheidung kann diese noch im Wege der sog. *a-limine-*Abweisung gem. § 24 BVerfGG als unzulässig oder offensichtlich unbegründet verworfen werden, siehe *Fleury*, Verfassungsprozessrecht, Rn. 362.

[1375] *Detterbeck*, Öffentliches Recht, Rn. 637. Siehe auch *Gersdorf*, Verfassungsprozessrecht und Verfassungsmäßigkeitsprüfung, Rn. 70; *Sodan/Ziekow*, Grundkurs Öffentliches Recht, § 51 Rn. 69. **A. A.** *Schwerdtfeger, Gunther*, Öffentliches Recht in der Fallbearbeitung, 13. Auflage, München 2008, Rn. 508.

A. Zulässigkeit

▸ Die Verfassungsbeschwerde ist **zulässig**, wenn sowohl die allgemeinen Sachentscheidungsvoraussetzungen als auch die besonderen Sachentscheidungsvoraussetzungen der §§ 90 ff. BVerfGG erfüllt sind.[1376]   577

Maßgeblicher Zeitpunkt, in dem die Zulässigkeitsvoraussetzungen erfüllt sein müssen, ist grundsätzlich derjenige **der Erhebung** der jeweiligen Verfassungsbeschwerde.[1377]   578

I. Zuständigkeit des BVerfG

Die **Zuständigkeit** des BVerfG zur Entscheidung über Verfassungsbeschwerden ergibt sich aus Art. 93 Abs. 1 Nr. 4a GG, §§ 13 Nr. 8a, 90 Abs. 1 BVerfGG.[1378] Ob das Begehren des jeweiligen Rechtsschutzsuchenden tatsächlich auf die Erhebung einer Verfassungsbe-   579

[1376] *Sodan/Ziekow*, Grundkurs Öffentliches Recht, § 51 Rn. 3. Die allgemeinen Sachentscheidungsvoraussetzungen der **§§ 17 ff. BVerfGG** kommen auf die Verfassungsbeschwerde insoweit zur Anwendung, als die §§ 90 ff. BVerfGG keine Sonderregelungen enthalten. Das interne Verfahren des BVerfG wird in seiner Geschäftsordnung (**GOBVerfG**, vgl. § 1 Abs. 3 BVerfGG) und seinen **Beschlüssen** (vgl. § 14 Abs. 4 BVerfGG) geregelt, siehe *Gusy*, Die Verfassungsbeschwerde, Rn. 10, 12.

[1377] Siehe *Hillgruber/Goss*, Verfassungsprozessrecht, Rn. 86, 246 (**Ausnahme: Rechtsschutzbedürfnis** [Rn. 648], das auch noch bei Entscheidung des BVerfG vorliegen muss) und vgl. BVerfG, NJW 2009, S. 3778. Siehe aber auch *Wilms*, Staatsrecht II, Rn. 1142, der bzgl. der gegenwärtigen Betroffenheit (Rn. 611 ff.) auf den **Zeitpunkt der Entscheidung des BVerfG** abstellt. Vgl. auch BVerfG, NVwZ-RR 2009, S. 785 (786).

[1378] *Papier/Krönke*, Grundkurs Öffentliches Recht 2, Rn. 60. Aufgrund des Anwendungsvorrangs des (verfassungskonformen) einfachen Rechts gegenüber dem Verfassungsrecht wird im Folgenden **allein** auf die **Vorschriften des BVerfGG** – und nicht auf Art. 93 Abs. 1 Nr. 4a GG – zurückgegriffen, zumal diese Verfassungsnorm in § 90 Abs. 1 BVerfG nahezu wortgleich wiederholt wird, vgl. auch *Epping*, Grundrechte, Rn. 152.

M. Wienbracke, *Einführung in die Grundrechte*, FOM-Edition,   295
DOI 10.1007/978-3-658-00764-5_6, © Springer Fachmedien Wiesbaden 2013

schwerde gerichtet ist, ist ggf. im Wege der Auslegung seines Antrags zu ermitteln.[1379] Regelmäßig werden insoweit allerdings keine Probleme bestehen.[1380]

II. Beschwerdefähigkeit

580   Gem. § 90 Abs. 1 BVerfGG kann „jedermann" Verfassungsbeschwerde zum BVerfG erheben. Die mit diesem Merkmal geforderte **„prozessuale Rechtsfähigkeit"** des Beschwerdeführers ist bereits dann zu bejahen, wenn dieser bei abstrakter Sichtweise grundrechtsfähig ist,[1381] d. h.

▸   **„jedermann"** i. S. v. § 90 Abs. 1 BVerfGG ist, wer überhaupt Träger von irgendeinem Grundrecht oder grundrechtsgleichen Recht sein kann.[1382]

581   Die Frage, **ob** der Beschwerdeführer darüber hinaus auch **Träger** (Berechtigter) gerade **des** mit der jeweiligen Verfassungsbeschwerde **als verletzt gerügten** (konkreten) **Rechts** i. S. v. § 90 Abs. 1 BVerfGG ist, ist entgegen verbreiteter Auffassung[1383] daher noch **nicht** im vorliegenden Zusammenhang der Beschwerdefähigkeit (synonym: Antragsberechtigung,

---

[1379] Vgl. *Sodan/Ziekow*, Grundkurs Öffentliches Recht, § 51 Rn. 5. So ist grundsätzlich nicht die Verfassungsbeschwerde, sondern vielmehr das insoweit vorrangige **Organstreitverfahren** nach Art. 93 Abs. 1 Nr. 1 GG, §§ 13 Nr. 5, 63 ff. BVerfGG die statthafte Verfahrensart, wenn ein einzelner **Abgeordneter** die Verletzung seines Statusrechts aus Art. 38 Abs. 1 Satz 2 GG vor dem BVerfG geltend macht (Ausnahme: Im konkreten Fall fehlt es an einem im Organstreitverfahren parteifähigen Verfassungsorgan), siehe BVerfGE 108, 251 (266 f.) m. w. N. Entsprechendes gilt bzgl. **politischer Parteien**, die eine Verletzung ihres (Status-)Rechts (v. a. auf Gleichbehandlung mit anderen Parteien) nach dem GG geltend machen, siehe BVerfGE 65, 257 (265 f.) m. w. N.
[1380] *Sodan/Ziekow*, Grundkurs Öffentliches Recht, § 51 Rn. 5.
[1381] Siehe *Stein/Frank*, Staatsrecht, § 28 I 3 und vgl. *Sachs*, Verfassungsprozessrecht, Rn. 481. Einen **Beschwerdegegner gibt es** in dem eben gerade **nicht** kontradiktorisch ausgestalteten Verfassungsbeschwerdeverfahren nicht, siehe BVerfGE 7, 99 (106). Vielmehr ist der Beschwerdeführer alleiniger förmlich Beteiligter des Verfahrens, siehe *Geis/Thirmeyer*, JuS 2012, S. 316 (317).
[1382] Vgl. *Pestalozza*, Verfassungsprozessrecht, § 12 Rn. 18, 33; *Pieroth/Schlink*, Grundrechte, Rn. 1228.
[1383] BVerfGE 21, 362 (367), das darauf abstellt, ob der Beschwerdeführer „Träger der angeblich verletzten Grundrechte oder grundrechtsähnlichen Rechte sein und daher die Verletzung dieser Rechte durch die öffentliche Gewalt rügen kann". Ebenso *Papier/Krönke*, Grundkurs Öffentliches Recht 2, Rn. 61 und *Hillgruber/Goos*, Verfassungsprozessrecht, Rn. 104, Letztere mit dem **Einwand**, dass zumindest die Verfahrensgrundrechte der Art. 101 Abs. 1 Satz 2, Art. 103 Abs. 1 GG „jedem" zustehen, weshalb es regelmäßig keinen Sinn mache zu prüfen, ob der Beschwerdeführer „überhaupt" fähig ist, Träger von Grundrechten oder grundrechtsgleichen Rechten zu sein. Folgte man dieser Auffassung, so wäre bereits im vorliegenden Zusammenhang die materiell-rechtliche Frage inzident zu klären, ob dem Beschwerdeführer das als verletzt gerügte Grundrecht zusteht, siehe *Benda/Klein*, Verfassungsprozessrecht, Rn. 507. Gegen diese Ansicht siehe *Hummel*, JA 2010, S. 346 (348), wonach das weitere in § 90 Abs. 1 BVerfGG enthaltene Erfordernis der „Behauptung" der Rechtsverletzung gegen eine „Aufblähung" des Begriffs „jedermann" spreche.

Beschwerdeberechtigung, Beteiligtenfähigkeit, Parteifähigkeit[1384]), sondern erst im Rahmen der Beschwerdebefugnis **von Relevanz.**[1385]

Der Sache nach handelt es sich bei der Beschwerdefähigkeit um die „prozessrechtliche Kehrseite" der (allgemeinen) **materiell-rechtlichen Grundrechtsfähigkeit** des Beschwerdeführers (Rn. 22 ff.).[1386] Während diese in Bezug auf lebende natürliche Personen sowohl mit als auch ohne deutsche(r) Staatsangehörigkeit stets ohne Weiteres zu bejahen ist (Ausländer und Staatenlose können sich zumindest auf das Auffanggrundrecht des Art. 2 Abs. 1 GG berufen, siehe Beispiele 6, 92), ist die Grundrechts- und damit auch die Beschwerdefähigkeit von juristischen Personen nur unter den Voraussetzungen des Art. 19 Abs. 3 GG, d. h. allein bzgl. solcher aus dem Inland und dem EU-Ausland (Rn. 41), gegeben – wobei dessen in Bezug auf jedes einzelne Grundrecht gesondert zu prüfende „Wesensklausel" allerdings erst in der Beschwerdebefugnis zu thematisieren ist (Rn. 600) – und hinsichtlich solcher des öffentlichen Rechts grundsätzlich zu verneinen (Konfusionsargument, siehe Beispiel 10).[1387] Nicht grundrechtsberechtigt und damit im Verfahren der Verfassungsbeschwerde in keinem Fall beschwerdefähig sind Organe des Staates, verfügen diese doch lediglich über Kompetenzen und nicht über (Grund-)Rechte.[1388]

582

III. Prozessfähigkeit

Ungeschriebene, sich aus der Notwendigkeit einer geordneten Prozessführung jedoch zwingend ergebende weitere **Zulässigkeitsvoraussetzung** der Verfassungsbeschwerde ist die Verfahrensfähigkeit des Beschwerdeführers, dessen sog. Prozessfähigkeit.[1389]

583

[1384] *Gersdorf*, Verfassungsprozessrecht und Verfassungsmäßigkeitsprüfung, Rn. 3.

[1385] *Fleury*, Verfassungsprozessrecht, Rn. 250 Fn. 337. Siehe auch Rn. 600. „Da dieser dogmatische ‚Streit' sich lediglich auf den Aufbau der Zulässigkeitsprüfung, nicht aber auf deren Ergebnis auswirkt, kann [...] ohne nähere Begründung jeder der beiden Sichtweisen gefolgt werden", *Sodan/Ziekow*, Grundkurs Öffentliches Recht, § 51 Rn. 8 (Hervorhebungen d. d. Verf.).

[1386] *Sachs*, Verfassungsprozessrecht, Rn. 478, der a. a. O. (Rn. 477) zutreffend darauf hinweist, dass „im Rahmen der Sachentscheidungsvoraussetzungen der Verfassungsbeschwerde [...] mittelbar zahlreiche Fragen der **allgemeinen Grundrechtsdogmatik** relevant" werden (Hervorhebungen im Original).

[1387] *Michael/Morlok*, Grundrechte, Rn. 920; *Robbers*, Verfassungsprozessuale Probleme in der öffentlich-rechtlichen Arbeit, S. 12 f. „Im Verfahren über eine gegen die Auflösung gerichtete Verfassungsbeschwerde" muss die **aufgelöste Vereinigung** „als fortbestehend angesehen werden, weil sie sonst keine Möglichkeit hätte, diesen Verwaltungsakt beim Bundesverfassungsgericht anzufechten", BVerfGE 13, 174 (175) zu Art. 9 Abs. 1 GG. Insoweit ist sie also grundrechtsfähig, siehe *Epping*, Grundrechte, Rn. 899. Näher zur Frage des „richtigen" Prüfungsorts von Art. 19 Abs. 3 GG innerhalb der Zulässigkeitsprüfung einer Verfassungsbeschwerde siehe *Hummel*, JA 2010, S. 346.

[1388] Vgl. BVerfGE 21, 362 (370 ff.) und siehe *Schlaich/Korioth*, Das Bundesverfassungsgericht, Rn. 209.

[1389] *Lechner/Zuck*, BVerfGG, § 90 Rn. 59; *Pieroth/Schlink*, Grundrechte, Rn. 144. *Stein/Frank*, Staatsrecht, § 28 I 3 sprechen insoweit von der „**prozessuale[n] Geschäftsfähigkeit**".

584 ▶ **„Prozessfähigkeit"** bedeutet die „Fähigkeit, die erforderlichen Verfahrenshandlungen [vor Gericht] rechtswirksam vorzunehmen" – sei es in eigener Person
oder durch einen selbst bestimmten Bevollmächtigten.[1390]

585 Wenngleich dieser nur bei konkretem Anlass (z. B. Erhebung einer Verfassungsbeschwerde durch einen i. S. v. § 2 BGB Minderjährigen) anzusprechende Aspekt **im
BVerfGG keine Regelung** erfahren hat, so steht doch die besondere Eigenart des Verfas-
sungsbeschwerdeverfahrens vor dem BVerfG der analogen Anwendung der korrespon-
dierenden Bestimmungen anderer Verfahrensgesetze entgegen, wonach regelmäßig nur
die nach bürgerlichem Recht Geschäftsfähigen (§§ 2, 104 ff. BGB) als fähig zur Vornahme
von Verfahrenshandlungen angesehen werden, so z. B. in § 62 Abs. 1 Nr. 1 VwGO.[1391]
Vielmehr richtet sich „im Rahmen der Verfassungsbeschwerde [...] die Fähigkeit, die
erforderlichen Verfahrenshandlungen vorzunehmen, nach der Ausgestaltung der in Anspruch genommenen Grundrechte und deren Beziehung auf das im Ausgangsverfahren
streitige Rechtsverhältnis."[1392] Speziell in Bezug auf einen Minderjähren hat dies zur Konsequenz, dass dieser dann selbst verfassungsprozessfähig ist, wenn nicht zu befürchten
steht, „dass es ihm an der nötigen Einsicht in die Voraussetzungen und den Zweck einer Verfassungsbeschwerde gegen [den betreffenden Beschwerdegegenstand] und an der
Fähigkeit zur ordnungsgemäßen und selbständigen Führung des Verfassungsbeschwerde-
verfahrens fehlen wird."[1393]

586 Anhand welchen Maßstabs genau zu bestimmen ist, „ob der Betreffende hinsichtlich
des in Streit stehenden Grundrechts reif und einsichtsfähig (‚**grundrechtsmündig**') ist"
(Rn. 23), ist str.[1394] Während insoweit z. T. auf die individuelle Einsichts- und Entschei-
dungsfähigkeit der konkreten Person abgestellt wird (gleitende Altersgrenze), rekurrieren
andere auf die mitunter einfach-gesetzlich gezogenen (starren) Altersgrenzen. Letzteres hat
zur Konsequenz, dass die Verletzung etwa des Grundrechts auf Eigentumsfreiheit (Art. 14
Abs. 1 GG) regelmäßig erst mit Vollendung des 18. Lebensjahres (vgl. §§ 2, 104 ff. BGB) geltend gemacht werden kann, wohingegen dem Kind gem. § 5 Satz 1 RelKErzG bereits nach

---

[1390] BVerfGE 1, 87 (88). Siehe auch *Manssen*, Staatsrecht II, Rn. 861.

[1391] BVerfGE 1, 87 (88); *Hillgruber/Goos*, Verfassungsprozessrecht, Rn. 128. **A. A.** *Sachs*, Verfassungsprozessrecht, Rn. 483. **Grundsätzlich besitzt „jeder Grundrechtsträger die Fähigkeit [...], seine
Grundrechte (vor dem BVerfG) wirksam geltend zu machen",** *Gersdorf*, Verfassungsprozessrecht
und Verfassungsmäßigkeitsprüfung, Rn. 64 (Hervorhebungen d. d. Verf.). Insbesondere dann, wenn
„eine natürliche, voll geschäftsfähige Person Verfassungsbeschwerde [erhebt], so kann die Prozessfähigkeit [daher] ohne jede Problematisierung bejaht werden", *Papier/Krönke*, Grundkurs Öffentliches
Recht 2, Rn. 63 (im Original mit Hervorhebungen). Zu § 62 VwGO siehe *Wienbracke, Mike*, Verwaltungsprozessrecht, Heidelberg 2009, Rn. 161.

[1392] BVerfGE 51, 405 (407) m. w. N.

[1393] BVerfGE 28, 243 (255).

[1394] *Epping*, Grundrechte, Rn. 173 (Hervorhebung abweichend vom Original). Die Grundrechtsmündigkeit ist folglich **für jedes Grundrecht gesondert zu bestimmen**, siehe *Bethge, Herbert*, in:
Maunz/Schmidt-Bleibtreu/Klein/Bethge, BVerfGG, 32. EGL, München 2010, § 90 Rn. 171. Ein Über-
blick zum nachfolgend wiedergegebenen Meinungsstreit findet sich bei *Pieroth/Schlink*, Grundrechte,
Rn. 138, 1229.

der Vollendung des 14. Lebensjahrs die Entscheidung darüber zusteht, zu welchem religiösen Bekenntnis (Art. 4 Abs. 1, 2 GG) es sich halten will.[1395] Gleichfalls ist im Rahmen der Ermächtigungen der §§ 112, 113 BGB namentlich in Bezug auf die Berufsfreiheit (Art. 12 Abs. 1 GG) die Grundrechtsmündigkeit auch eines Minderjährigen zu bejahen.[1396]

Fehlt dem jeweiligen Beschwerdeführer hiernach die Prozessfähigkeit, so muss er sich   587
von seinem **gesetzlichen Vertreter**, d. h. bei Kindern den Eltern (§ 1629 Abs. 1 Satz 1 BGB),
vertreten lassen.[1397] Sofern ein Interessenkonflikt zwischen diesen und dem Kind nicht
auszuschließen ist, ist ein Ergänzungspfleger (§ 1909 Abs. 1 Satz 1 BGB) zu bestellen.[1398]
Die als solche handlungsunfähigen juristischen Personen (z. B. GmbH, AG) werden durch
ihre jeweiligen Organe (Geschäftsführer, § 35 Abs. 1 Satz 1 GmbHG bzw. Vorstand, § 78
Abs. 1 AktG) vertreten.[1399]

Von der Prozessfähigkeit streng zu unterscheiden ist die **Postulationsfähigkeit**, „d. h.   588
die Fähigkeit des Beteiligten, seinem prozessualen Handeln die rechtserhebliche Erscheinungsform zu geben."[1400] Das BVerfGG bestimmt hierzu in seinem § 22 Abs. 1 Satz 1 2. Hs.
nur, dass sich die Beteiligten in der mündlichen Verhandlung vor dem BVerfG durch einen
Rechtsanwalt oder Rechtslehrer an einer deutschen Hochschule vertreten lassen müssen.
Eingereicht werden kann die Verfassungsbeschwerde demgegenüber vom Beschwerdeführer selbst, d. h. insoweit besteht kein Zwang zur professionellen Prozessvertretung (kein
Anwaltszwang).[1401] M. a. W.: Soweit es um das Verfahren außerhalb der mündlichen Verhandlung vor dem BVerfG geht, ist jeder Beschwerde- und Prozessfähige auch postulationsfähig.[1402]

IV. Beschwerdegegenstand

Gegenstand einer Verfassungsbeschwerde kann nach § 90 Abs. 1 BVerfGG jeder Akt der   589
„öffentlichen Gewalt" sein. Gemäß der Funktion der Verfassungsbeschwerde als außerordentlicher Rechtsbehelf des Staatsbürgers zur Verteidigung seiner Grundrechte gegenüber
der Staatsgewalt (Art. 20 Abs. 2 GG) entspricht der Umfang hiernach tauglicher Beschwer-

---

[1395] Vgl. *Manssen*, Staatsrecht II, Rn. 67, 861.

[1396] *Sodan/Ziekow*, Grundkurs Öffentliches Recht, § 51 Rn. 10.

[1397] Vgl. BVerfGE 72, 122 (133) und siehe *Fleury*, Verfassungsprozessrecht, Rn. 267.

[1398] BVerfGE 72, 122 (135). Zur Bestellung eines Verfahrenspflegers nach § 50 FGG a. F. siehe BVerfGE 99, 145 (157).

[1399] *Gersdorf*, Verfassungsprozessrecht und Verfassungsmäßigkeitsprüfung, Rn. 65.

[1400] *Pestalozza*, Verfassungsprozessrecht, § 12 Rn. 22. Siehe auch *Sodan/Ziekow*, Grundkurs Öffentliches Recht, Rn. 11.

[1401] *Epping*, Grundrechte, Rn. 173; *Michael/Morlok*, Grundrechte, Rn. 921. Gleichwohl ist in der **Praxis** zur Einschaltung eines Prozessvertreters dringend zu raten, da von rechtsunkundigen Personen eingereichte Verfassungsbeschwerden regelmäßig bereits am Annahmeverfahren scheitern, siehe *Gusy*, Die Verfassungsbeschwerde, Rn. 190.

[1402] *Benda/Klein*, Verfassungsprozessrecht, Rn. 534.

degegenstände demjenigen der **materiell-rechtlichen Grundrechtsbindung nach Art. 1 Abs. 3 GG** (Rn. 98 ff.).[1403] M. a. W.:

590 ▸ Akt der **„öffentliche Gewalt"** i. S. v. § 90 Abs. 1 BVerfGG ist jedes Tun oder Unterlassen eines Organs des Bundes- oder Landes-[1404] auf dem Gebiet der Gesetzgebung (Legislative)[1405], der vollziehenden Gewalt (Exekutive)[1406] und der Rechtsprechung (Judikative)[1407].[1408]

Beispiel 104[1409]

591 Arbeitnehmer A ist mit dem Verhandlungsergebnis „seiner" Gewerkschaft unzufrieden und erhebt daher Verfassungsbeschwerde gegen den von dieser mit dem Arbeitgeberverband ausgehandelten Tarifvertrag. Handelt es sich hierbei um einen tauglichen Beschwerdegegenstand i. S. v. § 90 Abs. 1 BVerfGG?

Nein. Gem. § 90 Abs. 1 BVerfGG kann nur gegen einen Akt der öffentlichen Gewalt Verfassungsbeschwerde erhoben werden. Tarifverträge gehören jedoch nicht hierzu.[1410] Denn der Geltungsanspruch einer Tarifnorm folgt nicht etwa aus einer staatlich delegierten Rechtsetzungsbefugnis, sondern vielmehr aus der kollektiv ausgeübten Privatautonomie, d. h. der Ausübung des Grundrechts aus Art. 9 Abs. 3 GG durch die Tarifvertragsparteien. Sollte der betreffende Tarifvertrag nachfolgend allerdings durch das Bundesministerium für Arbeit und Soziales gem. § 5 TVG für allgemeinverbindlich erklärt werden, so handelt es sich hierbei um einen mit der Verfassungsbeschwerde angreifbaren Hoheitsakt.

592 Die sich bei entsprechend gelagerten Fällen im Rahmen von Art. 1 Abs. 3 GG stellenden Fragen betreffend die Grundrechtsbindung der **in Privatrechtsform handelnden** – sowohl unmittelbaren als auch mittelbaren – **Verwaltung** des Bundes und der Länder

---

[1403] *Hillgruber/Goos*, Verfassungsprozessrecht, Rn. 141 ff.

[1404] Vgl. § 94 Abs. 1, 2 BVerfGG.

[1405] Vgl. § 93 Abs. 3, § 94 Abs. 4, § 95 Abs. 3 Satz 1 BVerfGG. Eine hiergegen gerichtete Verfassungsbeschwerde wird auch als **Rechtssatzverfassungsbeschwerde** bezeichnet.

[1406] Vgl. § 94 Abs. 2 BVerfGG. Wegen des weiteren Zulässigkeitserfordernisses der Rechtswegerschöpfung (§ 90 Abs. 2 Satz 1 BVerfGG) wird sich eine Verfassungsbeschwerde allerdings nur ganz ausnahmsweise unmittelbar gegen einen Akt der Exekutive richten, siehe Rn. 596 und *Benda/Klein*, Verfassungsprozessrecht, Rn. 551.

[1407] Vgl. §§ 94 Abs. 3, § 95 Abs. 2 BVerfGG. Eine hiergegen gerichtete Verfassungsbeschwerde wird auch als **Urteilsverfassungsbeschwerde** bezeichnet.

[1408] Vgl. BVerfGE 7, 198 (207); *Hillgruber/Goos*, Verfassungsprozessrecht, Rn. 142 f.; *Papier/Krönke*, Grundkurs Öffentliches Recht 2, Rn. 64. Demgegenüber wird dem Begriff „öffentliche Gewalt" in **Art. 19 Abs. 4 Satz 1 GG** mit der Reduzierung auf die Exekutive eine **engere** Bedeutung beigemessen, siehe *Sachs*, Verfassungsprozessrecht, Rn. 492; *Sodan, Helge*, in: ders., GG, 2. Auflage, München 2011, Art. 19 Rn. 28.

[1409] Nach BAG, NZA 1998, S. 715 (716) m. w. N.; *Robbers*, Verfassungsprozessuale Probleme in der öffentlich-rechtlichen Arbeit, S. 17. Siehe auch **Beispiel 38**.

[1410] Offengelassen von BVerfGE 90, 46 (58).

(siehe Beispiel 10) sowie der Grundrechtsgeltung für **europäisches Sekundärrecht** (siehe Beispiel 28) können demnach auch im prozessualen Zusammenhang des § 90 Abs. 1 BVerfGG auftreten.[1411] „**Innerstaatliche Rechtsakte, die auf Rechtsakten der EU** (mit oder ohne Gestaltungsspielraum) **beruhen**, sind Akte der deutschen Staatsgewalt und damit tauglicher Beschwerdegegenstand. Die Unzulässigkeit einer Verfassungsbeschwerde kann sich insoweit aus einem anderen Gesichtspunkt, [nämlich] der Unanwendbarkeit der Grundrechte des GG, ergeben, was im Rahmen der Beschwerdebefugnis zu prüfen ist"[1412] (Rn. 606).

Ob es sich bei dem **Erlass von Gesetzen im nur materiellen Sinn** (Rechtsverordnung, Satzung) letztlich – bei funktioneller Betrachtungsweise – um einen Akt der Legislative oder – entsprechend der organisatorischen Zugehörigkeit der erlassenden Stelle – der Exekutive handelt, ist str., bedarf im Rahmen von § 90 Abs. 1 BVerfGG allerdings keiner Entscheidung, da es sich beide Male jeweils um eine Maßnahme der „öffentlichen Gewalt" handelt.[1413] Im Übrigen muss jede **Rechtsnorm** grundsätzlich „schon und noch" **in Kraft** sein, um Gegenstand einer Verfassungsbeschwerde sein zu können (Ausnahme u. a.: Um die Schaffung von vollendeten Tatsachen zu verhindern, reicht bei Zustimmungsgesetzen nach Art. 59 Abs. 2 Satz 1 GG der Abschluss des Gesetzgebungsverfahrens bis auf die Ausfertigung und Verkündung nach Art. 82 Abs. 1 GG aus).[1414]   593

Auch „die **Versagung vorläufigen Rechtsschutzes** [z. B. nach § 80 Abs. 5 bzw. § 123 VwGO] durch die Fachgerichte kann grundsätzlich Gegenstand einer Verfassungsbeschwerde sein, da sie eine selbständige Beschwer enthält, die sich nicht mit jener der späteren Hauptsacheentscheidung deckt."[1415]   594

Wie sich bereits aus dem Wortlaut von § 92, § 94 Abs. 1, 2 und § 95 Abs. 1 Satz 1 BVerfGG ergibt, kann die mit einer Verfassungsbeschwerde angreifbare staatliche Maßnahme nicht nur in einer **Handlung** (Grundrechte als Abwehrrechte; Rn. 68 f.), sondern auch in einer **Unterlassung** (Grundrechte als Leistungsrechte; Rn. 70 ff.) bestehen.[1416] Zudem ist im vorliegenden Zusammenhang ebenfalls unbeachtlich, ob der jeweilige außenwirksame Akt der öffentlichen Gewalt auf die **Setzung einer Rechtsfolge** gerichtet ist (so z. B. Gesetz, Verwaltungsakt, Gerichtsurteil) oder es sich um einen **Realakt** handelt.[1417]   595

[1411] *Detterbeck*, Öffentliches Recht, Rn. 597; *Gusy*, Die Verfassungsbeschwerde, Rn. 19; *Hillgruber/Goos*, Verfassungsprozessrecht, Rn. 161 ff. Zu Akten **internationaler Organisationen**, denen Hoheitsrechte i. S. v. **Art. 24 Abs. 1 GG** übertragen worden sind, siehe BVerfG, NJW 2006, S. 2908 (2909) m. w. N.; *Zippelius/Würtenberger*, Deutsches Staatsrecht, § 49 Rn. 86.

[1412] *Gersdorf*, Verfassungsprozessrecht und Verfassungsmäßigkeitsprüfung, Rn. 18 (Hervorhebungen d. d. Verf.).

[1413] *Gersdorf*, Verfassungsprozessrecht und Verfassungsmäßigkeitsprüfung, Rn. 22. Siehe auch Rn. 103.

[1414] *Fleury*, Verfassungsprozessrecht, Rn. 97, 286. Siehe auch Rn. 611.

[1415] BVerfGE 79, 69 (73) m. w. N. (Hervorhebungen d. d. Verf.). Siehe auch Rn. 619. Zu § 80 Abs. 5, § 123 VwGO siehe *Wienbracke, Mike*, Verwaltungsprozessrecht, Heidelberg 2009, Rn. 263 ff.

[1416] *Sachs*, Verfassungsprozessrecht, Rn. 499.

[1417] *Scherzberg/Mayer*, Jura 2004, S. 373 (378) = *Scherzberg*, in: Ehlers/Schoch, Rechtsschutz im Öffentlichen Recht, § 13 Rn. 55. An der Außenwirksamkeit **fehlt** es z. B. bei **Verwaltungsvorschriften**

596   Sind in der gleichen Sache **mehrere Akte der öffentlichen Gewalt** ergangen (z. B. Ver-
          waltungsakt, Widerspruchsbescheid, Urteil des VG, des OVG/VGH und des BVerwG),
          so hat der Beschwerdeführer ein Wahlrecht, ob er nur die letztinstanzliche Gerichtsent-
          scheidung oder zusätzlich hierzu noch sämtliche vorausgegangenen Gerichts- bzw. Verwal-
          tungsentscheidungen mit der Verfassungsbeschwerde angreift.[1418] Liegt auch in letzterem
          Fall nur eine Verfassungsbeschwerde vor (mit „doppeltem Streitgegenstand" – nämlich
          dem ursprünglichen Verwaltungsakt in der Gestalt der letztinstanzlichen Gerichtsentschei-
          dung),[1419] so kommt eine solche isoliert gegen das Verwaltungshandeln aufgrund des wei-
          teren Zulässigkeitserfordernisses der Rechtswegerschöpfung (§ 90 Abs. 2 Satz 1 BVerfGG;
          Rn. 617 ff.) dagegen i. d. R. nicht in Betracht.[1420] Im Übrigen würde dem Beschwerdefüh-
          rer eine Beschränkung auf die „Ausgangsbeschwer" auch nichts nützen, d. h. würde es für
          einen derart reduzierten Antrag am allgemeinen Rechtsschutzbedürfnis (Rn. 648) fehlen,
          da selbst im Fall ihrer Beseitigung durch das BVerfG die nachfolgenden Bestätigungen be-
          stehen bleiben würden.[1421]

V. Beschwerdebefugnis

597   Für die Zulässigkeit einer Verfassungsbeschwerde verlangt § 90 Abs. 1 BVerfGG ferner die
          „Behauptung" des Beschwerdeführers, durch den Beschwerdegegenstand „in einem sei-
          ner Grundrechte oder in einem seiner in Art. 20 Abs. 4, Art. 33, 38, 101, 103 und 104 des
          Grundgesetzes enthaltenen [sog. grundrechtsgleichen] Rechte **verletzt zu sein"**, sog. Be-
          schwerdebefugnis. Entgegen dieser Formulierung besteht freilich Einigkeit darüber, dass
          die bloße verbale „Behauptung", d. h. das rein subjektive Empfinden, einer Rechtsverlet-
          zung i. S. v. § 90 Abs. 1 BVerfGG gerade nicht ausreicht, würde der von dieser Norm ver-

---

(hierzu siehe **Beispiel 51** und *Wienbracke, Mike*, Allgemeines Verwaltungsrecht, 3. Auflage, Heidelberg 2012, Rn. 238 ff.), „denn diese richten sich ausschließlich an die nachgeordneten [...]Behörden
und greifen nicht unmittelbar in die Rechtsverhältnisse der [Bürger] zum Staat ein. Rechtliche Auswirkungen gegen[über dem Bürger] erlangen sie erst, wenn die Behörde im Einzelfall nach ihnen
verfährt. Gegen derartige Verwaltungsvorschriften kann sich der Einzelne [...] nicht unmittelbar
mit der Verfassungsbeschwerde wenden", BVerfGE 41, 88 (105) m. w. N.
[1418] Vgl. BVerfGE 54, 53 (64 f.) und siehe *Pieroth/Schlink*, Grundrechte, Rn. 1233. *Epping*, Grundrechte, Rn. 175 empfiehlt insoweit, dass stets „auch der Exekutivakt angegriffen werden [sollte], um
dem BVerfG gegebenenfalls auch seine Aufhebung zu ermöglichen." Beschäftigt sich das Rechtsmit-
telgericht allein mit der Zulassungsfähigkeit des Rechtsmittels, so ist es erforderlich, neben dessen
Entscheidung zugleich auch noch die Entscheidung des Vordergerichts mittels der Verfassungsbeschwerde anzugreifen, siehe *Benda/Klein*, Verfassungsprozessrecht, Rn. 552.
[1419] Vgl. *Papier/Krönke*, Grundkurs Öffentliches Recht 2, Rn. 64. **A. A.:** *Hillgruber/Goos*, Verfassungsprozessrecht, Rn. 92: „mehrere Verfassungsbeschwerden mit je eigenem Streitgegenstand". Näher
zum Streitgegenstand im Verfassungsbeschwerdeverfahren siehe *Benda/Klein*, Verfassungsprozessrecht, Rn. 491 ff. m. w. N.
[1420] *Michael/Morlok*, Grundrechte, Rn. 923, die auch auf die **Ausnahmen** des **Art. 10 Abs. 2
Satz 2 GG** und **§ 90 Abs. 2 Satz 2 BVerfGG** (Rn. 628 ff.) hinweisen.
[1421] *Pestalozza*, Verfassungsprozessrecht, § 12 Rn. 26.

folgte Zweck des **Ausschlusses** sog. **Popularklagen** (*„quivis ex populo"*[1422]) bei einer solchen Lesart doch nicht erreicht.[1423] Andererseits ist die Frage, ob tatsächlich eine Grundrechtsverletzung vorliegt, der Begründetheitsprüfung vorbehalten.[1424] Aufgelöst wird dieser Konflikt dadurch, dass vorliegend – ebenso wie im Rahmen von § 42 Abs. 2 VwGO der Fall – die sog. Möglichkeitsformel zur Anwendung gelangt:[1425]

▶   Der Beschwerdeführer ist dann i. S. v. § 90 Abs. 1 BVerfGG **beschwerdebefugt,**   598
    wenn er in seinem Tatsachenvortrag die Möglichkeit einer Verletzung seiner
    Grundrechte oder grundrechtsgleichen Rechte hinreichend substantiiert dar-
    legt.[1426]

Zu verneinen ist das Vorliegen dieser Voraussetzung allerdings erst dann, **wenn** eine   599
Verletzung des Beschwerdeführers durch den Beschwerdegegenstand in sämtlichen seiner
im konkreten Fall in Betracht kommenden Grundrechte oder grundrechtsgleichen Rechte **„offensichtlich und eindeutig"** nach jeder Betrachtungsweise **ausgeschlossen** ist.[1427]
Gründe hierfür können sein, dass

• der Beschwerdeführer nicht die Verletzung **eigener,** sondern ausschließlich die Ver-   600
   letzung fremder Grundrechte oder grundrechtsgleicher **Rechte** geltend macht („Frage
   der Prozessführungsbefugnis"; z. B. steht bei Geschäftsräumen der Schutz des Art. 13
   Abs. 1 GG grundsätzlich nur dem Unternehmer und nicht auch dessen Angestellten
   zu).[1428] Denn nach § 90 Abs. 1 BVerfGG („*seiner* […] Rechte") ist eine durch Vereinbarung begründete (sog. gewillkürte) Prozessstandschaft, d. h. die Geltendmachung
   eines fremden Rechts im eigenen Namen, im Verfassungsbeschwerdeverfahren nicht
   zulässig.[1429] Daher können insbesondere Organisationen (z. B. juristische Personen)

[1422] Lat.: „Jeder beliebige aus dem Volk".

[1423] *Gusy*, Die Verfassungsbeschwerde, Rn. 62; *Sachs*, Verfassungsprozessrecht, Rn. 516.

[1424] *Hillgruber/Goss*, Verfassungsprozessrecht, Rn. 168. Siehe auch Rn. 651.

[1425] *Detterbeck*, Öffentliches Recht, Rn. 599. Zu § 42 Abs. 2 VwGO siehe *Wienbracke, Mike*, Verwaltungsprozessrecht, Heidelberg 2009, Rn. 144.

[1426] BVerfGE 28, 17 (19); 89, 155 (171); 92, 158 (175); *Schlaich/Korioth*, Das Bundesverfassungsgericht, Rn. 216. **Vgl.** auch **§ 23 Abs. 1 Satz 2** und **§ 92 BVerfGG.**

[1427] *Epping*, Grundrechte, Rn. 180 m. w. N. aus der BVerfG-Rspr.; *Papier/Krönke*, Grundkurs Öffentliches Recht 2, Rn. 66.

[1428] *Pestalozza*, Verfassungsprozessrecht, § 12 Rn. 27. Siehe auch BVerfG, NZM 2009, S. 698; *Berg*, Staatsrecht, Rn. 396; *Stein/Katz*, Staatsrecht, § 28 I 6. Das Erfordernis der Geltendmachung einer Verletzung in **eigenen Rechten** deckt sich mit der weiteren Zulässigkeitsvoraussetzung der **Selbst**betroffenheit (Rn. 609), sodass bei Verfassungsbeschwerden gegen Gesetze auf eine gesonderte Prüfung des erstgenannten Kriteriums verzichtet werden könne, siehe *Gersdorf*, Verfassungsprozessrecht und Verfassungsmäßigkeitsprüfung, Rn. 38.

[1429] BVerfGE 31, 275 (280); *Sodan/Ziekow*, Grundkurs Öffentliches Recht, § 51 Rn. 28. „Eine **Rechtsnachfolge** im Verfassungsbeschwerdeverfahren kommt **grundsätzlich nicht** in Betracht, weil diese Verfahrensart regelmäßig der Durchsetzung höchstpersönlicher Rechte dient. Ausnahmen sind im Hinblick auf solche Rügen zugelassen worden, die der Rechtsnachfolger im eigenen Interesse geltend

nur ihre eigenen Grundrechte geltend machen (vgl. Art. 19 Abs. 3 GG), nicht aber
für ihre Mitglieder Verfassungsbeschwerde erheben – und umgekehrt (z. B. können
Rechte der GmbH nicht durch ihre Gesellschafter geltend gemacht werden).[1430] Ob
der Beschwerdeführer Träger des von ihm mit der Verfassungsbeschwerde geltend gemachten Grundrechts ist, ist folglich (erst; Rn. 581) im vorliegenden Zusammenhang
zu prüfen;[1431]

Beispiel 105[1432]

601   Um die Stabilität des Euro-Währungsgebiets zu wahren, beschloss der ECOFIN-Rat
(Art. 16 EUV) die Schaffung eines europäischen Stabilisierungsmechanismus. Dieser besteht u. a. aus der europäischen Finanzstabilisierungsfazilität (sog. EFSF), einer
auf zwischenstaatlicher Vereinbarung der Mitgliedstaaten der Euro-Gruppe beruhenden Zweckgesellschaft zur Gewährung von Darlehen und Kreditlinien. Um die
Voraussetzungen für die Leistung finanziellen Beistands über die EFSF auf nationaler Ebene zu schaffen, verabschiedete der Deutsche Bundestag am 21. Mai 2010
das Gesetz zur Übernahme von Gewährleistungen im Rahmen eines europäischen
Stabilisierungsmechanismus (EFSF-Gesetz). Nach dessen § 1 Abs. 1 Satz 1 wird das
Bundesministerium der Finanzen ermächtigt, für Kredite, die eine von den Mitgliedstaaten des Euro-Währungsgebietes gegründete oder beauftragte Zweckgesellschaft
zur Finanzierung von Notmaßnahmen zum Erhalt der Zahlungsfähigkeit eines Mit-
gliedstaates des Euro-Währungsgebietes aufnimmt, Gewährleistungen bis zur Höhe
von insgesamt 123 Milliarden Euro zu übernehmen. Der deutsche Staatsangehörige S
ist der Meinung, dass durch das EFSF-Gesetz die dauerhafte Haushaltsautonomie des
Deutschen Bundestages unter dem Aspekt der Aushöhlung von dessen Kompetenzen
verletzt sei und erhebt daher Verfassungsbeschwerde gegen das Gesetz zum BVerfG. Ist
S beschwerdebefugt?

Ja, S ist beschwerdebefugt. Es besteht nämlich die Möglichkeit, dass er durch das
EFSF-Gesetz in Art. 38 Abs. 1 Satz 1 GG – und damit einem seiner grundrechts-
gleichen Rechte i. S. v. § 90 Abs. 1 BVerfGG – verletzt wird. So gewährleistet Art. 38
Abs. 1 und Abs. 2 GG das subjektive Recht, unter Einhaltung der verfassungsrecht-

---

machen kann", BVerfGE 109, 279 (304) m. w. N. (Hervorhebungen d. d. Verf.), wie v. a. vermögenswerte Rechte, siehe *Benda/Klein*, Verfassungsprozessrecht, Rn. 559. Siehe auch Beispiel 5. **Anders**
dagegen z. B. Insolvenzverwalter und Testamentsvollstrecker; diese handeln als „Parteien kraft Amtes" jeweils aus eigenem Recht (sog. **gesetzliche Prozessstandschaft**), siehe BVerfGE 21, 139 (143);
65, 182 (190); *Zuck*, Das Recht der Verfassungsbeschwerde, Rn. 667. Hintergrund: Andernfalls könnte niemand Verfassungsbeschwerde gegen den grundrechtsverletzenden Eingriffsakt erheben, siehe
Papier/Krönke, Grundkurs Öffentliches Recht 2, Rn. 68.

[1430] Vgl. BVerfGE 13, 54 (89 f.); 123, 186 (230 f.) und siehe *Gusy*, Die Verfassungsbeschwerde, Rn. 107;
Scherzberg/Mayer, Jura 2004, S. 373 (375) = *Scherzberg*, in: Ehlers/Schoch, Rechtsschutz im Öffentlichen Recht, § 13 Rn. 25.

[1431] *Sachs*, Verfassungsprozessrecht, Rn. 505, der auf den insofern abermals (Rn. 582) bestehenden
Zusammenhang mit der **allgemeinen** (materiellen) **Grundrechtsdogmatik** hinweist.

[1432] Nach BVerfG, NJW 2011, S. 2946.

lichen Wahlgrundsätze an der Wahl der Abgeordneten des Deutschen Bundestages teilzunehmen. Der jeweilige Wahlakt erschöpft sich dabei allerdings nicht in einer bloß formalen Legitimation der Staatsgewalt auf Bundesebene nach Art. 20 Abs. 1 und Abs. 2 GG. Vielmehr wird vom Wahlrecht auch der grundlegende demokratische Gehalt des Wahlrechts, d. h. die Gewährleistung wirksamer Volksherrschaft, mit umfasst. Insoweit schützt Art. 38 GG die wahlberechtigten Bürger auch vor einem Substanzverlust infolge weitreichender Übertragungen von Befugnissen des Bundestages. Denn der letztlich in Art. 1 Abs. 1 GG wurzelnde Anspruch des Bürgers auf Demokratie wäre hinfällig, wenn das von ihm gewählte Parlament Kernbestandteile seiner politischen Selbstbestimmung aufgäbe und damit dem Bürger dauerhaft seine demokratischen Einflussmöglichkeiten entzöge, vgl. auch Art. 79 Abs. 3 i. V. m. Art. 20 Abs. 1 und 2 GG. Zu diesem Kern der parlamentarischen Rechte in einer Demokratie gehören die Grundentscheidungen über Einnahmen und Ausgaben der öffentlichen Hand (Budgetrecht, vgl. Art. 110 GG). Denn um langfristig die demokratische Gestaltungsfähigkeit für das Gemeinwesen zu erhalten, muss der Bundestag über diejenigen Gestaltungs-, d. h. Finanzmittel, verfügen, die zur Erfüllung ausgabenwirksamer Staatsaufgaben notwendig sind. Gilt dies alles auch im europäischen Kontext (Art. 23 Abs. 1 Satz 3 GG), so birgt die im EFSF-Gesetz vorgesehene Gewährleistungsermächtigung (Art. 115 Abs. 1 GG) – anders als die herkömmlichen – durchaus die Gefahr, die Möglichkeiten politischer Gestaltung des Bundestages in verfassungsrechtlich unzulässigem Umfang einzuschränken. Ein solcher Fall wäre insbesondere dann zu besorgen, wenn die Bundesregierung – ohne konstitutive Zustimmung des Bundestages – in erheblichem Umfang Gewährleistungen, die zur direkten oder indirekten Vergemeinschaftung von Staatsschulden beitragen, übernehmen dürfte, bei denen also der Eintritt des Gewährleistungsfalls allein vom Verhalten anderer Staaten abhängig wäre. Eine derartige Begründung von Verbindlichkeiten käme in ihren Auswirkungen einer Übertragung von Hoheitsrechten gleich.

- zwar die Verletzung eigener Rechte geltend macht wird, es sich bei diesen aber um andere als **die in § 90 Abs. 1 BVerfGG** abschließend (enumerativ) **aufgezählten Grundrechte** des I. Abschnitts des GG (Art. 1 bis 19 GG) oder grundrechtsgleichen Rechte der Art. 20 Abs. 4, Art. 33, 38, 101, 103 und 104 GG handelt („Frage des Prüfungsmaßstabs").[1433]

602

Beispiel 106[1434]

Nach § 3 Abs. 1 2. Alt. L-LadÖffG dürfen Verkaufsstellen nicht nur an Werktagen von 0.00 bis 24.00 Uhr, sondern auch an allen Adventssonntagen von 13.00 bis 20.00 Uhr geöffnet sein. Die Evangelische Landeskirche K, eine öffentlich-rechtlich verfasste Religionsgemeinschaft i. S. v. Art. 140 GG i. V. m. Art. 137 Abs. 5 WRV, sieht in dieser

603

[1433] *Pestalozza*, Verfassungsprozessrecht, § 12 Rn. 27. Vgl. auch BVerfGE 1, 7 (8) und siehe *Lechner/Zuck*, BVerfGG, § 90 Rn. 75; *Sachs*, Verfassungsprozessrecht, Rn. 501.
[1434] Nach BVerfGE 19, 129; 125, 39.

Regelung einen Verstoß gegen den durch Art. 140 GG i. V. m. 139 WRV gewährleisteten Schutz der Sonn- und Feiertagsruhe und erhebt daher unmittelbar gegen § 3 Abs. 1
2. Alt. L-LadÖffG Verfassungsbeschwerde zum BVerfG. Ist K gem. § 90 Abs. 1 BVerfGG
beschwerdebefugt?

Ja, K ist beschwerdebefugt. Denn es besteht die Möglichkeit, dass sie durch § 3
Abs. 1 2. Alt. L-LadÖffG in einem ihrer verfassungsbeschwerdefähigen Rechte i. S. v.
§ 90 Abs. 1 BVerfGG verletzt wird. Zwar kann eine Verfassungsbeschwerde nicht
unmittelbar auf Art. 140 GG gestützt werden, weil diese Vorschrift keine mit der Verfassungsbeschwerde verfolgbaren Grundrechte oder grundrechtsgleichen Recht enthält.
Gleiches gilt für Art. 139 WRV, da auch diese Norm nicht in § 90 Abs. 1 BVerfGG genannt wird. Doch erscheint es als möglich, dass K durch § 3 Abs. 1 2. Alt. L-LadÖffG in
ihrem durch Art. 140 GG i. V. m. Art. 139 WRV konkretisierten Grundrecht aus Art. 4
Abs. 1, 2 GG verletzt wird, das auch den Religions- und Weltanschauungsgemeinschaften zusteht.

604   An der demnach notwendigen Rüge einer „spezifischen Verletzung von Grundrechten" fehlt es zum einen dann, wenn die jeweilige Verfassungsbeschwerde einen (angeb-
lichen) Verstoß lediglich gegen das **einfache Recht** zum Gegenstand hat. Das BVerfG
ist nämlich „keine Superrevisionsinstanz" (Rn. 653), sodass mittels der Verfassungsbeschwerde nicht jedweder Rechtsanwendungsfehler (Rechtswidrigkeit), sondern nur eine
Verletzung von „spezifischem Verfassungsrecht" (Verfassungswidrigkeit) gerügt werden
kann (Kriterien: grundlegende Verkennung des einschlägigen Grundrechts, willkürli-
che fachgerichtliche Entscheidung oder Überschreitung der Grenzen der richterlichen
Rechtsfortbildung; Rn. 655 ff.).[1435] Dies ist speziell bei Urteilsverfassungsbeschwerden
zu beachten.[1436] Unabhängig hiervon wird die im konkreten Fall entscheidungserheb-
liche belastende Rechtsnorm nach der *Elfes*-Rechtsprechung des BVerfG aus dem Jahr
1957 von diesem freilich (un-)mittelbar in vollem Umfang auch auf ihre Vereinbarkeit
mit dem sonstigen, d. h. in § 90 Abs. 1 BVerfGG nicht genannten, (objektiven, formellen
wie materiellen) Verfassungsrecht hin überprüft, liegt andernfalls doch ein Verstoß zumindest gegen das (Auffang-)Grundrecht des Beschwerdeführers aus Art. 2 Abs. 1 GG
vor (siehe Beispiel 39).[1437] Dies bedeutet: „Jeder Verfassungsverstoß eines den Bürger
belastenden Gesetzes beinhaltet im Ergebnis auch einen Grundrechtsverstoß."[1438]

605   Ebenfalls nicht zum Prüfungsmaßstab des BVerfG gehören zum anderen **landesver-
fassungsrechtlich** verbürgte Grundrechte sowie das **EU-Recht** (z. B. die Grundfreihei-

---

[1435] *Gersdorf*, Verfassungsprozessrecht und Verfassungsmäßigkeitsprüfung, Rn. 32.
[1436] Ist das Fehlen einer spezifischen Verfassungsverletzung nicht offensichtlich, so ist dieser Gesichtspunkt erst zu Beginn der **Begründetheit**sprüfung näher zu thematisieren, siehe *Pieroth/Schlink*,
Grundrechte, Rn. 1293.
[1437] Vgl. BVerfGE 6, 32 (41) und siehe *Fleury*, Verfassungsprozessrecht, Rn. 303 ff.
[1438] *Schlaich/Korioth*, Das Bundesverfassungsgericht, Rn. 221.

ten der Art. 28 ff. AEUV).[1439] „Das Bundesverfassungsgericht ist zur Entscheidung der
Frage, ob eine innerstaatliche Norm des einfachen Rechts mit einer vorrangigen Bestimmung des europäischen [Unions-]rechts unvereinbar und daher nicht anwendbar
ist, nicht zuständig; eine Entscheidung über diese Normenkollision ist der umfassenden Prüfungs- und Verwerfungskompetenz der zuständigen Gerichte überlassen."[1440]
Auch auf die behauptete Verletzung der EMRK oder der **EU-GRC** kann eine Verfassungsbeschwerde nicht unmittelbar gestützt werden.[1441] Allerdings ist der EuGH „gesetzlicher Richter" i. S. v. Art. 101 Abs. 1 Satz 2 GG.[1442] Kommt ein deutsches Gericht
seiner Pflicht zur Anrufung des EuGH im Wege des Vorabentscheidungsverfahrens nach
Art. 267 Abs. 3 AEUV in „nicht mehr verständlich erscheinen[der] und offensichtlich
unhaltbar[er]" Weise nicht nach (Willkürmaßstab; z. B. weil das letztinstanzliche Haupt-
sachegericht die Vorlagepflicht grundsätzlich verkennt oder es ohne Vorlagebereitschaft
bewusst von der EuGH-Rechtsprechung abweicht), so kann dieser Verstoß gegen das
grundrechtsgleiche Recht des Art. 101 Abs. 1 Satz 2 GG im Wege der Verfassungsbeschwerde vor dem BVerfG gerügt werden, welches das EU-Recht dann als Vorfrage zu
prüfen hat.[1443] Auch besteht bzgl. der **EMRK** (inkl. der EGMR-Rspr.) eine Berücksichti-
gungspflicht, deren Missachtung durch die deutsche Staatsgewalt zu einer Verletzung des
betreffenden Grundrechts des deutschen GG (i. V. m. Art. 20 Abs. 3 GG) führen kann.
Ob dies der Fall ist, ist vom BVerfG ebenfalls im Wege der Verfassungsbeschwerde nach-
prüfbar.[1444]

- im konkreten Fall die **Grundrechte** als Prüfungsmaßstab schon gar nicht anwendbar   606
  sind (so z. B. grds. bzgl. EU-rechtlich determinierten innerstaatlichen Rechtsakten;
  Rn. 116) oder aber – bei jeweiliger Offensichtlichkeit – der persönliche (z. B. Nicht-EU-
  Ausländer beruft sich auf ein Deutschen-Grundrecht; siehe Beispiele 6, 8) oder sachliche
  (z. B. Freizeitkoch beruft sich auf das Grundrecht der Berufsfreiheit) **Schutzbereich**[1445]
  des als verletzt gerügten Grundrechts oder grundrechtsgleichen Rechts bereits **nicht
  eröffnet** ist, **kein Eingriff** in diesen vorliegt (so i. d. R. bei der Geltendmachung eines
  originären Leistungsanspruchs aus den Grundrechten; siehe Beispiel 17) **oder** aber Letz-

---

[1439] Vgl. BVerfGE 110, 141 (155); 115, 276 (299 f.) und siehe Rn. 13 sowie *Detterbeck*, Öffentliches
Recht, Rn. 600; *Sachs*, Verfassungsprozessrecht, Rn. 500.
[1440] BVerfG, BeckRS 2009, 36275 m. w. N.
[1441] BVerfGE 111, 307 (317) m. w. N.; *Lechner/Zuck*, BVerfGG, § 90 Rn. 81a. Siehe auch Rn. 7.
[1442] BVerfG, NJW 2010, S. 1268.
[1443] BVerfGE 126, 286 (315) m. w. N.; *Benda/Klein*, Verfassungsprozessrecht, Rn. 471.
[1444] Vgl. *Zippelius/Würtenberger*, Deutsches Staatsrecht, § 49 Rn. 82. Siehe auch Rn. 8.
[1445] Der Prüfungspunkt der Beschwerdebefugnis führt damit zu einer „**Vorauswahl der Maßstäbe der Begründetheitsprüfung**. Wenn bestimmte Schutzbereiche offensichtlich nicht einschlägig
sind, sind diese bereits auf der Ebene der Zulässigkeit auszuscheiden", *Michael/Morlok*, Grundrechte,
Rn. 928 (Hervorhebungen d. d. Verf.). Anschaulich insofern etwa BVerfGE 80, 137 (150).

terer **verfassungsrechtlich gerechtfertigt** ist (was sich z. B. aus einer entsprechenden aktuellen Entscheidung des BVerfG in einem ähnlichen Fall ergeben kann).[1446]

607   Demgegenüber scheitert die Beschwerdebefugnis namentlich für eine gegen eine zivilgerichtliche Entscheidung gerichtete (Urteils-)Verfassungsbeschwerde nicht etwa daran, dass die Grundrechte in dem zugrunde liegenden Rechtsverhältnis zwischen zwei Privaten nicht gelten würden; vielmehr entfalten sie dort eine **mittelbare Drittwirkung** (siehe Beispiele 22, 65, 66, 67, 72, 80, 93 und 114).[1447] Dass es sich hierbei im Ausgangspunkt um eine objektiv-rechtliche Dimension der Grundrechte handelt, es für die Beschwerdebefugnis hingegen auf die Möglichkeit der Verletzung des Beschwerdeführers in einem „seiner", d. h. subjektiven, Rechte i. S. v. § 90 Abs. 1 BVerfGG ankommt, ist unschädlich, da ein Verstoß gegen diesen von den Zivilgerichten zu wahrenden objektiv-rechtlichen Grundrechtsgehalt zugleich die **subjektiv-rechtlich**e Seite des hiervon nachteilig betroffenen Einzelnen beeinträchtigt.[1448]

608   Zusätzlich zum Vorstehenden (Rn. 598) verlangt das BVerfG in st. Rspr., dass der Beschwerdeführer durch den Beschwerdegegenstand „**selbst, gegenwärtig und unmittelbar**" in einem seiner in § 90 Abs. 1 BVerfGG genannten Rechte betroffen ist.[1449] „Diese Einschränkungen der Zulässigkeit beruhen darauf, daß die Verfassungsbeschwerde nicht als Popularklage ausgestaltet ist, und ferner auf den Gesichtspunkten des Rechtsschutzbedürfnisses und der Subsidiarität."[1450] Wenngleich diese speziell zu Rechtssatzverfassungsbeschwerden entwickelten Anforderungen gleichermaßen für alle Akte der öffentlichen Gewalt gelten, so werden sie in Bezug auf Individualakte wie einen Verwaltungsakt (vgl. § 35 Satz 1 VwVfG) oder ein Gerichtsurteil (vgl. § 121 VwGO) doch regelmäßig unproblematisch erfüllt und daher nur bei einer Verfassungsbeschwerde gegen ein Gesetz (im formellen

---

[1446] *Gersdorf*, Verfassungsprozessrecht und Verfassungsmäßigkeitsprüfung, Rn. 18, 43 ff.; *Pieroth/Schlink*, Grundrechte, Rn. 1236 ff. „**Nur** eine **offensichtliche und** daher **leicht** und rasch **zu begründende Ablehnung** [der Eröffnung] des Schutzbereichs eines Grundrechts oder des Eingriffs in den Schutzbereich eines Grundrechts **führt** [insoweit] **zur Unzulässigkeit** der Verfassungsbeschwerde. **Wenn** die Ablehnung [der Eröffnung] des Schutzbereichs oder Eingriffs **eingehender Begründung bedarf**, sollte diese Erörterung im Rahmen der **Begründetheit** erfolgen [...]. Dass die verfassungsrechtliche Rechtfertigung offensichtlich ist, kommt [...] kaum vor", *dies.*, a. a. o. Rn. 1237 (Hervorhebungen d. d. Verf.).

[1447] *Manssen*, Staatsrecht II, Rn. 865. Siehe auch Rn. 86 ff.

[1448] *Pieroth/Schlink*, Grundrechte, Rn. 1247. Siehe auch Rn. 87.

[1449] So erstmals BVerfGE 1, 97 (101 f.). Weitere Rspr.-Nachweise bei *Schlaich/Korioth*, Das Bundesverfassungsgericht, Rn. 231. Teilweise wird die **gegenwärtige** Betroffenheit auch erst im Rahmen des **allgemeinen Rechtsschutzbedürfnisses** (Rn. 648) thematisiert, vgl. BVerfGE 72, 1 (5) und siehe *Gersdorf*, Verfassungsprozessrecht und Verfassungsmäßigkeitsprüfung, Rn. 69. Zu den „fließenden Grenzen" zwischen dem Zulässigkeitskriterium der **unmittelbaren** Betroffenheit und dem der **Subsidiarität** der Verfassungsbeschwerde siehe Rn. 615 und *Michael/Morlok*, Grundrechte, Rn. 929.

[1450] BVerfGE 43, 291 (286).

oder materiellen Sinn) näher zu prüfen sein.[1451] Der Beschwerdeführer ist durch ein solches dann

- **selbst** betroffen, wenn er entweder Adressat der angegriffenen Norm ist (Adressatentheorie) oder aber – falls der betreffende Hoheitsakt an einen Dritten gerichtet ist (z. B. Subventionierung) – eine hinreichend enge (Nähe-)Beziehung zwischen der Grundrechtsposition des Beschwerdeführers und der Maßnahme besteht; letzterenfalls muss allerdings eine rechtliche Betroffenheit – und nicht lediglich eine faktische Beeinträchtigung i. S. e. Reflexwirkung – vorliegen.[1452] Insbesondere muss daher ein Beschwerdeführer, der rügt, dass eine Norm ihn in verfassungswidriger Weise ungleich behandle, vortragen können, dass er durch die Nichtigerklärung der betreffenden Vorschrift eine Besserstellung erfahren würde, die über die Beseitigung der Begünstigung Dritter hinausgeht.[1453]

609

Beispiel 107[1454]

Nach § 10b EStG können Spenden und Mitgliedsbeiträge an politische Parteien bis zu einer bestimmten Höhe als Sonderausgaben von der Einkommensteuer abgezogen werden. Die hierzu ergangene Rechtsverordnung (§ 49 Ziff. 1 EStDV a. F.) bestimmt einschränkend, dass nur Zuwendungen an solche politischen Parteien nach § 10b EStG begünstigt sind, „auf deren Wahlvorschlag bei der letzten Wahl zum Bundestag oder zur Volksvertretung eines Landes mindestens ein Abgeordneter gewählt worden ist." Die P-Partei, die bislang mit keinem Abgeordneten im Bundestag oder in einem Landesparlament vertreten ist, sieht sich durch § 49 Ziff. 1 EStDV a. F. in ihrem Recht auf Gleichbehandlung mit anderen Parteien verletzt und erhebt daher gegen diese Vorschrift Verfassungsbeschwerde zum BVerfG. Wird die P-Partei durch § 49 Ziff. 1 EStDV a. F. selbst betroffen?

Ja. Zwar betrifft § 49 Ziff. 1 EStDV a. F. zunächst nur die nach dem EStG Steuerpflichtigen, denen die Anerkennung der steuerlichen Abzugsfähigkeit von Spenden an politische Parteien gem. § 10b EStG Vorteile hinsichtlich ihrer jeweiligen Einkommensteuerschuld bringt. Gleichwohl berührt § 49 Ziff. 1 EStDV a. F. die Interessen der politischen Parteien nur bei formeller Betrachtung bloß reflexartig, nicht aber auch der

610

[1451] *Pieroth/Schlink*, Grundrechte, Rn. 1241. Vgl. auch *Detterbeck*, Öffentliches Recht, Rn. 605. Siehe aber auch **Beispiel 108**.

[1452] BVerfGE 102, 197 (206 f.); 108, 370 (384); *Gusy*, Die Verfassungsbeschwerde, Rn. 102; *Hillgruber/Goos*, Verfassungsprozessrecht, Rn 193. Das Erfordernis der Geltendmachung einer Verletzung in **eigenen Rechten** (Rn. 600) deckt sich mit der Voraussetzung der **Selbst**betroffenheit, sodass bei Verfassungsbeschwerden gegen Gesetze auf eine gesonderte Prüfung des erstgenannten Kriteriums verzichtet werden könne, siehe *Gersdorf*, Verfassungsprozessrecht und Verfassungsmäßigkeitsprüfung, Rn. 38.

[1453] *Scherzberg/Mayer*, Jura 2004, S. 513 (514 f.) = *Scherzberg*, in: Ehlers/Schoch, Rechtsschutz im Öffentlichen Recht, § 13 Rn. 76 unter Hinweis auf BVerfGE 18, 1 (12); 49, 1 (8 f.).

[1454] Nach BVerfGE 6, 273. Siehe auch BVerfG, NJW 2012, S. 1062 (1063, 1064 a. E.) und **Beispiel 33**.

Sache nach. Denn Zweck und Hauptwirkung von § 10b EStG liegen in dem Anreiz, den politischen Parteien Beträge zu spenden, welche zum Teil durch Steuerermäßigung vom Fiskus getragen werden (vgl. auch BT-Drucks. II/1953, S. 961). Diese steuerliche Regelung greift somit zugleich und essenziell in das Parteienrecht über, wo sie zur Finanzierung der politischen Parteien beiträgt. Werden durch § 10b EStG mithin sowohl faktisch als auch nach der Absicht des Gesetzgebers die politischen Parteien begünstigt, so wird die hiervon aufgrund § 49 Ziff. 1 EStDV a. F. ausgeschlossene P-Partei durch diese Vorschrift selbst betroffen.

611   • **gegenwärtig** betroffen, wenn der angegriffene Rechtsakt ihn „schon oder noch", d. h. aktuell, beschwert.[1455] Die hierfür grundsätzlich notwendige Rechtsverbindlichkeit (Gültigkeit) des Beschwerdegegenstands liegt namentlich in Bezug auf ein formelles Bundesgesetz dann vor, wenn es gem. Art. 82 Abs. 2 GG in Kraft getreten ist.[1456] Denn erst hiermit – und nicht schon mit der Verkündung nach Art. 82 Abs. 1 Satz 1 GG – beginnt seine Wirksamkeit (Rechtsverbindlichkeit).[1457] Allerdings ist das Kriterium der gegenwärtigen Betroffen nicht nur in diesem streng zeitlichen Sinn zu verstehen, „sondern geht auf die Differenzierung zwischen [...] bereits realisierten [...] und [...] nur möglicherweise eintretenden Rechtswirkungen zurück."[1458] Daher genügt es „für die Zulässigkeit einer unmittelbar gegen Gesetze gerichteten Verfassungsbeschwerde [...] nicht, daß die Beschwerdeführer irgendwann einmal **in der Zukunft** (‚virtuell') von der beanstandeten Gesetzesvorschrift betroffen sein könnten."[1459] M. a. W.: Selbst dann, wenn ein Gesetz zwar bereits in Kraft getreten ist, der Beschwerdeführer ihm jedoch noch nicht unterfällt, fehlt es an der gegenwärtigen Betroffenheit.[1460] Abweichendes gilt allerdings ausnahmsweise für Zustimmungsgesetze zu völkerrechtlichen Verträgen nach Art. 59 Abs. 2 Satz 1 GG[1461] sowie dann, „wenn das Gesetz die Normadressaten mit Blick auf seine künftig eintretende Wirkung zu später nicht mehr korrigierbaren Entscheidungen

---

[1455] *Hillgruber/Goos*, Verfassungsprozessrecht, Rn. 198.

[1456] Vgl. BVerfGE 108, 370 (385); *Sodan/Ziekow*, Grundkurs Öffentliches Recht, § 51 Rn. 33 (die in diesem Zusammenhang allerdings auf die Verkündung des Gesetzes abstellen) und siehe *Michael/Morlok*, Grundrechte, Rn. 929. **A. A.** Detterbeck, Öffentliches Recht, Rn. 607 f., der auf die **Verkündung des Gesetzes** abstellt. Siehe aber freilich auch die weiter unten im Haupttext genannte **Ausnahme** für bereits verkündete, aber noch nicht in Kraft getretene Gesetze.

[1457] *Jarass*, in: ders./Pieroth, GG, Art. 82 Rn. 9. Vgl. auch BVerfG, NJW 2009, S. 3778 (3779).

[1458] *Sachs*, Verfassungsprozessrecht, Rn. 520.

[1459] BVerfGE 60, 360 (371) (Hervorhebungen d. d. Verf.). Siehe auch *Detterbeck*, Öffentliches Recht, Rn. 607: keine „**vorbeugende Verfassungsbeschwerde".**

[1460] *Gersdorf*, Verfassungsprozessrecht und Verfassungsmäßigkeitsprüfung, Rn. 39.

[1461] BVerfGE 123, 267 (329) m. w. N. Siehe auch Rn. 593. „**Damit soll verhindert werden, dass** sich die **Bundesrepublik** Deutschland in verfassungswidriger Weise völkerrechtlich bindet und in die Situation gerät, **aus Treue zur Verfassung einen Völkerrechtsbruch begehen zu müssen** [...]. **I. d. R. fehlt es aber** bei diesen Vertragsgesetzen an der **unmittelbaren Betroffenheit",** Epping, Grundrechte, Rn. 185 (Hervorhebungen d. d. Verf.). Siehe auch Rn. 614.

zwingt" (z. B. hinsichtlich der Altersvorsorge),[1462] diese „schon jetzt zu Dispositionen veranlaßt, die sie nach dem späteren Gesetzesvollzug nicht mehr nachholen können"[1463] oder „wenn klar abzusehen ist, dass und wie der Beschwerdeführer in der Zukunft von der Regelung betroffen sein wird",[1464] d. h. „die (gerügte) mögliche Verletzung unmittelbar bevorsteht und nach Lage der Dinge mit Sicherheit zu erwarten ist" (z. B. durch ein zwar schon verkündetes, aber noch nicht in Kraft getretenes Gesetz).[1465] Nur in einer solchen Konstellation sind Grundrechts*gefährdungen*, die sich i. d. R. lediglich im Vorfeld verfassungsrechtlich relevanter Grundrechtsbeeinträchtigungen bewegen, ausnahmsweise einer Grundrechts*verletzung* gleichzusetzen.[1466]

Beispiel 108[1467]

Beschwerdeführer B beantragt im Alter von 50 Jahren bei der damaligen Bundesversicherungsanstalt für Angestellte (BfA; heute: Deutsche Rentenversicherung Bund), ihm nach Vollendung seines 60. Lebensjahres das vorgezogene Altersruhegeld zu gewähren, welches in § 25 Abs. 3 AVG a. F. nur für weibliche Versicherte vorgesehen ist. Der Antrag wurde zurückgewiesen, weil B derzeit noch nicht das 60. Lebensjahr vollendet hat. Nach Erschöpfung des Rechtswegs erhebt B Verfassungsbeschwerde zum BVerfG, mit der er geltend macht, § 25 Abs. 3 AVG a. F. verstoße auch derzeit schon gegen Art. 3 Abs. 2 GG. Ist die Verfassungsbeschwerde zulässig?

Nein. § 25 Abs. 3 AVG a. F. beschwert den B nicht gegenwärtig. Zwar wurde diese Voraussetzung vom BVerfG vornehmlich bei der Prüfung der Zulässigkeit von Verfassungsbeschwerden entwickelt, die sich unmittelbar gegen Gesetze richten. Doch gilt dieses Zulässigkeitserfordernis auch für Verfassungsbeschwerden gegen ein gerichtliches Urteil. Zwar wird sich in derartigen Fällen die gegenwärtige Beschwer i. d. R. schon daraus ergeben, dass das angegriffene Urteil den Beschwerdeführer aktuell betrifft; denn die Anwendung des abstrakten Rechtssatzes auf den konkreten Sachverhalt führt typischerweise zu einem aktuellen Eingriff in die Rechtssphäre des Betroffenen. Allerdings kann das bei der gerichtlichen Überprüfung eines Verwaltungsakts – wie dem vorliegenden Ablehnungsbescheid – anders sein, dessen Erlass ein Beschwerdeführer (hier: B) provoziert hat, um anschließend im Gerichtszug im Wege der Inzidentkontrolle eine Norm auf ihre Verfassungsmäßigkeit hin überprüfen zu lassen. Dabei handelt es sich letztlich nämlich um nichts anderes als um den Versuch, die Möglichkeiten zu erweitern, durch welche eine verfassungsgerichtliche Normprüfung im Wege der Ver-

612

[1462] BVerfGE 114, 258 (277). Diese Ausnahme ist ebenfalls im Rahmen des weiteren Prüfungspunkts der **Subsidiarität der Verfassungsbeschwerde** anerkannt, siehe Rn. 638 und BVerfGE 74, 69 (76 f.); *Schlaich/Korioth*, Das Bundesverfassungsgericht, Rn. 239.

[1463] BVerfGE 65, 1 (37).

[1464] BVerfGE 102, 197 (207).

[1465] *Fleury*, Verfassungsprozessrecht, Rn. 315.

[1466] Vgl. BVerfGE 51, 324 (346 f.); *Scherzberg/Mayer*, Jura 2004, S. 513 (515) = *Scherzberg*, in: Ehlers/Schoch, Rechtsschutz im Öffentlichen Recht, § 13 Rn. 77.

[1467] Nach BVerfGE 72, 1.

fassungsbeschwerde erreicht werden kann. Dies ist jedoch – ebenso wie bei einer unmittelbar gegen eine gesetzliche Vorschrift gerichteten Verfassungsbeschwerde – nur zulässig, wenn der Beschwerdeführer durch die Norm u. a. gegenwärtig betroffen ist. Letzteres ist hier aber gerade nicht der Fall. So lässt sich zum aktuellen Zeitpunkt weder übersehen, ob bei B der Versicherungsfall des Altersruhegeldes überhaupt eintreten wird – oder ob er zuvor verstirbt – noch ob bejahendenfalls § 25 Abs. 3 AVG a. F. in 10 Jahren in seiner derzeitigen Form weitergilt. Ferner ist ungewiss, ob die tatsächlichen Voraussetzungen, unter denen die Verfassungsmäßigkeit der Vorschrift speziell im Hinblick auf Art. 3 Abs. 2 GG zu beurteilen sein wird, sich bis zur Vollendung des 60. Lebensjahres des B verändert haben werden.

613   Im Hinblick auf **in der Vergangenheit** liegende Beeinträchtigungen – z. B. erledigt sich die behördliche Beschlagnahme eines Gegenstands mit dessen Rückgabe – fehlt es an einem aktuellen Betroffensein ausnahmsweise dann nicht, wenn trotz Aufhebung der grundrechtsverletzenden Maßnahme die Beeinträchtigung sich auf eine Zeitspanne beschränkt, in der nach dem regelmäßigen Geschäftsgang eine Entscheidung des BVerfG kaum erlangt werden kann (d. h. verfassungsgerichtlicher Rechtsschutz anders nicht erreichbar ist), die beeinträchtigenden Wirkungen (rechtlich oder faktisch) noch andauern, Wiederholungsgefahr besteht oder andernfalls die Klärung einer verfassungsrechtlichen Frage von grundsätzlicher Bedeutung unterbliebe und der gerügte Grundrechtseingriff besonders schwer wiegt.[1468]

614   • **unmittelbar** betroffen, wenn „die angegriffene Bestimmung, ohne eines weiteren Vollzugsakts zu bedürfen, die Rechtsstellung des Beschwerdeführers verändert."[1469] Zu bejahen ist dies bei sog. *self-executing* Normen, welche entweder selbst ein Ge-/Verbot aussprechen (z. B. solche des Straf- und Ordnungswidrigkeitenrechts) oder aber eine rechtsgestaltende Regelung treffen (z. B. § 8 Satz 1 GastG: „Die Erlaubnis erlischt, wenn […]").[1470] Voraussetzung einer unmittelbaren Rechtsbeeinträchtigung ist daher grundsätzlich, dass kein Akt behördlicher (z. B. Verwaltungsakt) oder gerichtlicher (z. B.

[1468] Siehe die Nachweise aus der BVerfG-Rspr. bei *Pieroth*, in: ders./Pieroth, GG, Art. 93 Rn. 55, 66a; *Gusy*, Verfassungsprozessrecht, Rn. 117. Vgl. auch die Fallgruppen des Fortsetzungsfeststellungsinteresses i. S. v. **§ 113 Abs. 1 Satz 4 VwGO** bei *Wienbracke, Mike*, Verwaltungsprozessrecht, Heidelberg 2009, Rn. 224. Auf diese verweisen auch *Benda/Klein*, Verfassungsprozessrecht, Rn. 566. Vgl. ferner BVerfG, NVwZ-RR 2009, S. 785 (786) m. w. N. zum allgemeinen Rechtsschutzbedürfnis: „**besonders tiefgreifende** […] **und folgenschwere** […] **Grundrechtsverstöße.**" „Hierunter fallen vornehmlich solche, die schon das Grundgesetz – wie im Falle von Art. 13 Abs. 2 GG – unter Richtervorbehalt gestellt hat".

[1469] BVerfGE 119, 181 (212). Siehe auch BVerfGE 68, 319 (325).

[1470] *Sachs*, Verfassungsprozessrecht, Rn. 521; *Epping*, Grundrechte, Rn. 187. Im **Gegensatz zum** Erfordernis der **gegenwärtigen Betroffenheit** (Rn. 611 f.) geht es im vorliegenden Zusammenhang der unmittelbaren Betroffenheit nicht um die Frage, ob die betreffende Norm in zeitlicher Hinsicht bereits in Kraft getreten ist, sondern einzig darum, ob diese nach der vom Gesetzgeber gewählten Regelungstechnik selbstausführend ist, vgl. *Gersdorf*, Verfassungsprozessrecht und Verfassungsmäßigkeitsprüfung, Rn. 40.

Urteil) Rechtsanwendung mehr zwischen die abstrakte gesetzliche Regelung und die Rechtssphäre des Beschwerdeführers tritt[1471] – namentlich kein solcher, bzgl. dessen ein Beurteilungs- und/oder Ermessenspielraum besteht.[1472] „Ein Beschwerdeführer, der das Gesetz selbst angreift, muss deshalb geltend machen können, gerade durch die angegriffene Rechtsnorm und nicht erst durch ihren Vollzug in seinen Rechten verletzt zu sein. Setzt das Gesetz zu seiner Durchführung [hingegen] rechtsnotwendig oder auch nur nach der tatsächlichen staatlichen Praxis einen besonderen, vom Willen der vollziehenden Stelle beeinflussten Vollziehungsakt voraus [z. B. die Ermächtigungsgrundlage des § 15 Abs. 2 Satz 1 GewO betreffend die behördliche Gewerbeuntersagung], muss der Beschwerdeführer grundsätzlich zunächst diesen Akt angreifen und den gegen ihn eröffneten Rechtsweg erschöpfen, bevor er die Verfassungsbeschwerde erhebt", was insbesondere in Bezug auf Steuergesetze regelmäßig der Fall ist.[1473] Auch formell-gesetzliche Ermächtigungsgrundlagen zum Erlass von Rechtsverordnungen bzw. Satzungen, Zustimmungsgesetze zu völkerrechtlichen Verträgen nach Art. 59 Abs. 2 Satz 1 GG sowie die Mitwirkung deutscher Staatorgane an der Entstehung von EU-Sekundärrecht (vgl. Art. 288 AEUV) betreffen den Einzelnen i. d. R. jeweils nicht unmittelbar.[1474]

„Diese besondere Zulässigkeitsvoraussetzung beruht auf dem in § 90 Abs. 2 Satz 1   615
BVerfGG zum Ausdruck kommenden und dieser Vorschrift zugrunde liegenden Gedan-

---

[1471] *Gersdorf*, Verfassungsprozessrecht und Verfassungsmäßigkeitsprüfung, Rn. 41; *Zippelius/Würtenberger*, Deutsches Staatsrecht, § 49 Rn. 94. Wird einem **Privaten** durch die öffentliche Gewalt eine bestimmte Verhaltensweise erlaubt, so wirkt schon die staatliche Genehmigung unmittelbar, vgl. BVerfGE 53, 30 (50 ff.); 79, 174 (187 ff.); *Pestalozza*, Verfassungsprozessrecht, § 12 Rn. 37 f. Siehe auch Rn. 136.

[1472] Siehe die Nachweise aus der BVerfG-Rspr. bei *Sodan/Ziekow*, Grundkurs Öffentliches Recht, § 51 Rn. 38 und ferner *Papier/Krönke*, Grundkurs Öffentliches Recht 2, Rn. 71, die unter Hinweis auf BVerfGE 43, 108 (117) ausnahmsweise auch dann eine unmittelbare Betroffenheit bejahen, „wenn die Norm der vollziehenden Behörde eindeutig **keinerlei Entscheidungsspielräume beim Vollzug** lässt" (Hervorhebungen im Original). Vgl. allerdings auch BVerfGE 72, 39 (43 f.) entgegen BVerfGE 43, 108 (117); 45, 104 (117 f.).

[1473] BVerfGE 109, 279 (306). Siehe auch *Maurer, Hartmut*, Staatsrecht I, 6. Auflage, München 2010, § 20 Rn. 128; *Scherzberg/Mayer*, Jura 2004, S. 513 (516) = *Scherzberg*, in: Ehlers/Schoch, Rechtsschutz im Öffentlichen Recht, § 13 Rn. 86. Nach verbreiteter Auffassung (z. B. *Papier/Krönke*, Grundkurs Öffentliches Recht 2, Rn. 70; *Pieroth/Schlink*, Grundrechte, Rn. 1252) nicht um einen Vollziehungsakt i. d. S. soll es sich bei solchen des Ordnungswidrigkeiten- und des Strafrechts handeln (z. B. **Bußgeldbescheide, Strafurteile**), da ihr Abwarten für den Betroffenen nicht zumutbar sei. Richtigerweise betreffen die Normen des Straf- (z. B. § 263 StGB) und Ordnungswidrigkeitenrechts (z. B. § 378 AO) den Bürger jedoch unmittelbar, weil sie ohne Zwischenschaltung eines Vollzugsakts Verhaltensregeln für ihn aufstellen, vgl. *Gusy*, Verfassungsprozessrecht, Rn. 121, 123. Bußgeldbescheide und Strafurteile setzen diese Ge-/Verbote nicht etwa im Einzelfall um, sondern sanktionieren die Missachtung der entsprechenden gesetzlichen Regelung, siehe *Detterbeck*, Öffentliches Recht, Rn. 613. Siehe aber auch BVerfGE 46, 246 (256) m. w. N.

[1474] BVerfG, NJW 2011, S. 2946 (2949 f.) m. w. N.; *Pieroth/Schlink*, Grundrechte, Rn. 1253. Siehe auch Rn. 611.

ken der Subsidiarität der Verfassungsbeschwerde.[1475] Die damit bezweckte vorrangige Anrufung der Fachgerichte soll eine umfassende Vorprüfung des Beschwerdevorbringens gewährleisten. Dem BVerfG soll vor seiner Entscheidung ein regelmäßig in mehreren Instanzen geprüftes Tatsachenmaterial unterbreitet und die Fallanschauung der Gerichte, insbesondere der obersten Bundesgerichte, vermittelt werden. Zugleich entspricht es der grundgesetzlichen Zuständigkeitsverteilung und Aufgabenzuweisung, daß vorrangig die Fachgerichte Rechtsschutz gegen Verfassungsverletzungen selbst gewähren."[1476] **Ausnahmsweise** kann sich die Verfassungsbeschwerde jedoch dann „unmittelbar gegen ein vollziehungsbedürftiges Gesetz richten, wenn der Beschwerdeführer den Rechtsweg nicht beschreiten kann, weil es ihn nicht gibt oder weil er keine Kenntnis von der Maßnahme erlangt [z. B. Datenerhebung gem. § 100 g StPO]. In solchen Fällen steht ihm die Verfassungsbeschwerde unmittelbar gegen das Gesetz ebenso zu wie in jenen Fällen, in denen die grundrechtliche Beschwer ohne vermittelnden Vollzugsakt durch das Gesetz selbst eintritt."[1477]

Beispiel 109[1478]

616   Zum Ausgleich von Schäden, die durch landbauliche Klärschlammverwertung entstehen können, hat der Bundesgesetzgeber im Düngemittelgesetz (DMG) eine Vorschrift (§ 9) eingeführt, nach deren Abs. 1 Satz 1 ein Entschädigungsfonds eingerichtet wird, der sich aus Beiträgen von allen Herstellern von Klärschlämmen speist, soweit diese den Klärschlamm zur landbaulichen Verwertung abgeben (§ 9 Abs. 2 DMG). Zur Regelung der näheren Einzelheiten ermächtigt § 9 Abs. 3 DMG die Bundesregierung zum Erlass einer Rechtsverordnung. Gestützt hierauf erlässt diese eine Klärschlamm-Entschädigungsfondsverordnung (KlärEV), deren § 5 auszugsweise wie folgt lautet: „(2) Der Beitragspflichtige hat der Bundesanstalt die für die jährliche Beitragsschuld maßgeblichen Mengen an Klärschlamm [...] mitzuteilen [...]. (3) Die Beitragsmitteilung nach Absatz 2 gilt als Beitragsbescheid [...]." Die E-e.G., eine eingetragene Genossenschaft, die eine eigene Abwasserbehandlungsanlage betreibt, sieht sich hierdurch in ihren Grundrechten verletzt und möchte sich daher mit einer Verfassungsbeschwerde „gegen § 9 DMG i. V. m. § 5 KlärEV" an das BVerfG wenden. Bei der Prüfung von deren Zulässigkeit kommen dem „Hausjuristen" der E-e.G. allerdings Bedenken bzgl. deren unmittelbarer Betroffenheit durch die gerügten Normen. Sind diese Bedenken berechtigt?

[1475] „Über das Kriterium der Unmittelbarkeit [bestehen danach] weite Überschneidungen zwischen den Zulässigkeitsstationen von Beschwerdebefugnis und Subsidiarität", *Benda/Klein*, Verfassungsprozessrecht, Rn. 551 (im Original mit Hervorhebung).
[1476] BVerfGE 72, 39 (43) m. w. N. Die für das jeweilige Rechtsgebiet zuständigen Fachgerichte haben eine Klärung darüber herbeizuführen, „inwieweit die beanstandete Regelung Rechte der Bürger beeinträchtigt und ob sie mit der Verfassung vereinbar ist; dabei ist nach Maßgabe der Voraussetzungen des **Art. 100 Abs. 1 GG** zur Frage der Verfassungsmäßigkeit der gesetzlichen Vorschriften gegebenenfalls eine Entscheidung des BVerfG einzuholen", a. a. O., S. 44 (Hervorhebungen d. d. Verf.).
[1477] BVerfGE 109, 279 (306 f.). Vgl. auch BVerfGE 125, 260 (304 f.).
[1478] Nach BVerfGE 110, 370. Das DMG wurde zwischenzeitlich durch das DüngeG ersetzt.

Nein. Die E-e.G. ist durch die beanstandeten Rechtsnormen unmittelbar in ihren Grundrechten betroffen. Denn die Durchführung der vorliegend angegriffenen Vorschriften setzt keinen besonderen Vollzugsakt mehr voraus. Vielmehr ergibt sich die Pflicht zur Beitragszahlung sowohl dem Grunde als auch der Höhe nach bereits unmittelbar aus dem Gesetz und der dieses konkretisierenden KlärEV. Eines besonderen Verwaltungsverfahrens bedarf es dieser Regelungstechnik zufolge für die Begründung der Beitragspflicht dagegen nicht mehr, wird diese doch im Wege der sog. Selbstveranlagung festgestellt und in ihrer Höhe festgesetzt, vgl. § 5 Abs. 2 Satz 1 KlärEV. Die Beitragsmitteilung des den Klärschlamm Abgebenden gilt gem. § 5 Abs. 3 Satz 1 KlärEV als Beitragsbescheid.

VI. Rechtswegerschöpfung/Subsidiarität der Verfassungsbeschwerde

1. Grundsatz

Sofern ein Rechtsweg gegen die gerügte Grundrechtsverletzung überhaupt zulässig ist („Ist gegen die Verletzung der Rechtsweg zulässig [...]“),[1479] kann die Verfassungsbeschwerde gem. **§ 90 Abs. 2 Satz 1 BVerfGG** (vgl. Art. 94 Abs. 2 Satz 2 GG) grundsätzlich erst nach dessen Erschöpfung erhoben werden.

617

▸ **„Rechtsweg"** i. S. v. § 90 Abs. 2 Satz 1 BVerfGG „ist jede gesetzlich normierte Möglichkeit der Anrufung eines [Fach-]Gerichts" im Geltungsbereich des Grundgesetzes[1480] (z. B. nach der VwGO), wobei Gerichte wiederum „die von der gesetzgebenden und vollziehenden Gewalt verschiedenen unabhängigen und nur dem Gesetz unterworfenen staatlichen Organe der rechtsprechenden Gewalt" sind.[1481] Der Rechtsweg ist **„erschöpft"**, wenn der Beschwerdeführer in gehöriger Weise (v. a. form- und fristgerecht) alle prozessualen Möglichkeiten zur Beseitigung der behaupteten Grundrechtsverletzung in Anspruch genommen hat.[1482]

618

1479 Vgl. auch *Papier/Krönke*, Grundkurs Öffentliches Recht 2, Rn. 72.

1480 Vgl. BVerfGE 58, 1 (24 f.) und siehe *Benda/Klein*, Verfassungsprozessrecht, Rn. 569.

1481 BVerfGE 67, 157 (170). Vgl. auch Rn. 110 und *Stein/Frank*, Staatsrecht, § 28 I 8: „Der Ausdruck ‚Rechtsweg' bezieht sich auf die deutsche staatliche Gerichtsbarkeit mit Ausnahme des BVerfG selbst." Bei der etwaig bestehenden Möglichkeit der Anrufung eines **Landesverfassungsgericht**s handelt es sich dagegen **nicht** um einen Rechtsweg i. S. v. § 90 Abs. 2 Satz 1 BVerfGG, vgl. § 90 Abs. 3 BVerfGG; eine Landesverfassungsbeschwerde kann dort daher „vor, gleichzeitig oder nach der Bundesverfassungsbeschwerde eingelegt werden", *Manssen*, Staatsrecht II, Rn. 877. Entsprechendes gilt bzgl. des **EGMR**, vgl. *Pieroth/Schlink*, Grundrechte, Rn. 1256. Auch **Dienstaufsichtsbeschwerden**, das **Gnadenrecht** sowie **Petitionen** gehören nicht zum Rechtsweg i. S. v. § 90 Abs. 2 Satz 1 BVerfGG, siehe *Geis/Thirmeyer*, JuS 2012, S. 316 (320).

1482 *Benda/Klein*, Verfassungsprozessrecht, Rn. 571; *Pieroth/Schlink*, Grundrechte, Rn. 1258. Voraussetzung für die korrekte Prüfung dieser Zulässigkeitsvoraussetzung sind mithin **Kenntnisse des Verfahrensgangs vor den Instanzgerichten**, siehe *Robbers*, Verfassungsprozessuale Probleme in

619   Bedeutung erlangt das Erfordernis der Rechtswegerschöpfung im Ergebnis allerdings
          nur für Verfassungsbeschwerden gegen Akte der Exekutive und der Judikative, da gegen
          formelle (Bundes-/Landes-)**Gesetze** kein (unmittelbarer) fachgerichtlicher Rechtsschutz
          i. S. v. § 90 Abs. 2 Satz 1 BVerfGG besteht, vgl. auch § 93 Abs. 3 BVerfGG (keine sog. prin-
          zipale Normenkontrolle).[1483] Der hiernach zu erschöpfende Rechtsweg beginnt gegenüber
          Verwaltungsakten (§ 35 VwVfG) ggf. schon bei der Exekutive selbst, sofern im konkreten
          Fall der Widerspruch nach § 68 Abs. 1 VwGO statthaft ist, und erstreckt sich über den vor-
          läufigen Rechtsschutz (z. B. gem. § 80 Abs. 5 VwGO) v. a. auf die Anfechtungsklage nach
          § 42 Abs. 1 1. Alt. VwGO.[1484] Insofern ist freilich zu beachten, dass „die Ablehnung vor-
          läufigen Rechtsschutzes durch die Verwaltungsgerichte [...] eine selbständige Beschwer
          [enthält], die sich mit derjenigen des Hauptsacheverfahrens nicht deckt. Sie kann des-
          halb selbständig mit der Verfassungsbeschwerde angegriffen werden [...]. In diesen Fällen
          verlangt § 90 Abs. 2 Satz 1 BVerfGG nur, daß der Rechtsweg des Eilverfahrens erschöpft
          wird."[1485]

620   Zur (erfolglosen) Inanspruchnahme aller fachgerichtlichen Rechtsschutzmöglichkei-
          ten, d. h. des vollständigen Instanzenzugs, gegen **Gerichtsurteile** gehört insbesondere
          die Einlegung von Berufung (z. B. gem. §§ 124 ff. VwGO) und Revision (z. B. gem.
          §§ 132 ff. VwGO), wobei Rechtsmittel und -behelfe weder infolge Fristablaufs versäumt
          noch zurückgenommen werden dürfen.[1486] Nicht nur im Hinblick auf Judikativ-, sondern
          auch bzgl. Exekutivakten ist eine Verfassungsbeschwerde im Ergebnis daher grundsätzlich
          nur gegen die diese jeweils bestätigende letztinstanzliche Gerichtsentscheidung zuläs-
          sig.[1487] Doch auch insofern ist im Fall einer Rüge speziell der Verletzung des Anspruchs
          auf rechtliches Gehör (Art. 103 Abs. 1 GG) durch den unterlegenen Beteiligten noch zu

---

der öffentlich-rechtlichen Arbeit, S. 29. Speziell zum verwaltungsgerichtlichen Instanzenzug siehe
Wienbracke, Mike, Verwaltungsprozessrecht, Heidelberg 2009, Rn. 140. „Zwar ist eine Verfassungsbeschwerde mangels ordnungsgemäßer Rechtswegerschöpfung in der Regel unzulässig, wenn ein
an sich gegebenes Rechtsmittel mangels Nutzung der verfahrensrechtlichen Möglichkeiten erfolglos bleibt [...]. Da jedoch ein Beschwerdeführer wegen der Subsidiarität der Verfassungsbeschwerde
[Rn. 621 ff.] auch dann verpflichtet ist, von einem Rechtsbehelf Gebrauch zu machen, wenn dessen
Zulässigkeit im konkreten Fall unterschiedlich beurteilt werden kann, können ihm **keine Nachteile**
daraus erwachsen, **wenn** sich ein solcher **Rechtsbehelf später als unzulässig erweist. Anders** liegen
die Dinge **nur** bei einem **offensichtlich unzulässig**en oder nicht ordnungsgemäß genutzten Rechtsbehelf", BVerfGE 128, 90 (99 f.) (Hervorhebungen d. d. Verf.).

[1483] *Gersdorf*, Verfassungsprozessrecht und Verfassungsmäßigkeitsprüfung, Rn. 48; *Sachs*, Verfassungsprozessrecht, Rn. 525. § 47 Abs. 1 VwGO betrifft ausschließlich Satzungen und Rechtsverordnungen nach dem BauGB sowie bei entsprechender landesrechtlicher Anordnung sonstige im Rang
unter dem Landgesetzgesetz stehende Rechtsvorschriften.

[1484] *Pieroth/Schlink*, Grundrechte, Rn. 1256, 1258 ff. Zu § 68 VwGO siehe *Wienbracke, Mike*, Verwaltungsprozessrecht, Heidelberg 2009, Rn. 181 ff. Dort auch zu § 42 Abs. 1 1. Alt. VwGO (Rn. 97 ff.)
und zu § 80 Abs. 5 VwGO (Rn. 263 ff.).

[1485] BVerfGE 80, 40 (45). Siehe auch Rn. 594, aber auch Rn. 632 und **Beispiel 110**.

[1486] *Fleury*, Verfassungsprozessrecht, Rn. 322; *Schlaich/Korioth*, Das Bundesverfassungsgericht,
Rn. 244; *Sodan/Ziekow*, Grundkurs Öffentliches Recht, § 51 Rn. 43.

[1487] *Epping*, Grundrechte, Rn. 189. Siehe auch Rn. 596.

beachten, dass dessen Unterlassen der Einlegung des Rechtsbehelfs der Anhörungsrüge
(z. B. gem. § 152a VwGO) nach der *Queen Mary II*-Rechtsprechung des BVerfG[1488] aus
dem Jahr 2005 zur Folge hat, „dass die Verfassungsbeschwerde nicht nur in Bezug auf
die behauptete Verletzung des grundrechtsgleichen Rechts aus Art. 103 Abs. 1 GG, deren
Heilung [§ 152a VwGO[1489]] bezweckt, sondern insgesamt [...], unzulässig ist", weil bei Erfolg der Anhörungsrüge im Rahmen der dann stattfindenden Verfahrensfortführung alle
behaupteten Rechtsverletzungen i. S. v. § 90 Abs. 1 GG hätten geheilt werden können.[1490]
Wird mit der jeweiligen Verfassungsbeschwerde hingegen ausschließlich die Verletzung
anderer Grundrechte geltend gemacht, so ist die vorherige Einlegung der Anhörungsrüge
nicht geboten.[1491]

Über den Wortlaut von § 90 Abs. 2 Satz 1 BVerfGG hinaus leitet das BVerfG aus die-   621
ser Vorschrift als **weitere Zulässigkeitsvoraussetzung** für sämtliche Verfassungsbeschwerden – v. a. solcher gegen förmliche Gesetze, aber auch gegen alle übrigen Arten von Be-
schwerdegegenständen – den sog. Grundsatz der Subsidiarität der Verfassungsbeschwerde
ab.[1492]

▶   Der **Grundsatz der Subsidiarität der Verfassungsbeschwerde** verlangt, dass   622
    der „Beschwerdeführer über das Gebot der Rechtswegerschöpfung im enge-
    ren Sinne hinaus alle ihm zur Verfügung stehenden prozessualen Möglichkeiten
    ergreift, um eine Korrektur der geltend gemachten Verfassungsverletzung zu er-
    wirken oder eine Grundrechtsverletzung zu verhindern."[1493]

Zur Begründung dieser st. Rspr. weist das BVerfG darauf hin, dass die Verfassungsbe-   623
schwerde „kein zusätzlicher Rechtsbehelf zum fachgerichtlichen Verfahren",[1494] sondern
vielmehr „als außerordentlicher Rechtsbehelf konzipiert [ist], der rechtskräftige Gerichtsentscheidungen nur ausnahmsweise in Frage stellen soll. Sie ist [daher] nicht zulässig,
wenn dem Beschwerdeführer ein Weg zur Verfügung steht, auf dem er die Beseitigung
der Grundrechtsverletzung ohne Anrufung des BVerfG erreichen kann" (z. B. formlose

---

[1488] BVerfG, NJW 2005, S. 3059.
[1489] Vgl. ferner **§ 78a ArbGG**, § 44 FamFG, § 133a FGO, § 178a SGG, §§ 33a, 356a StPO, § 321a
ZPO, welche wie § 152a VwGO auf Druck von BVerfGE 107, 395 geschaffen wurden.
[1490] *Epping*, Grundrechte, Rn. 190. Siehe aber auch BVerfGE 126, 1 (17 f.) zur Möglichkeit der **Rücknahme** der Rüge der Gehörverletzung und BVerfG, NJW 2010, S. 1587 (1588): Ist die Anhörungsrüge
offensichtlich aussichtslos, so kann der Beschwerdeführer **nicht** auf sie verwiesen werden.
[1491] *Benda/Klein*, Verfassungsprozessrecht, Rn. 577. Vgl. auch BVerfG, NJW 2009, S. 3710 (3710 f.)
m. w. N.: Der Anwendungsbereich der Anhörungsrüge **beschränkt** sich „auf die Geltendmachung
von Verstößen gegen **Art. 103 Abs. 1 GG**" (Hervorhebungen d. d. Verf.).
[1492] BVerfGE 72, 39 (43); 108, 341 (348). Siehe auch *Gersdorf*, Verfassungsprozessrecht und Verfassungsmäßigkeitsprüfung, Rn. 52.
[1493] BVerfGE 115, 81 (90 f.) m. w. N. Siehe auch *Sachs*, Verfassungsprozessrecht, Rn. 535: Der Grundsatz der Subsidiarität der Verfassungsbeschwerde verlangt vom Beschwerdeführer, „die **Gerichte**
auch dann **irgendwie** mit seiner Angelegenheit **zu befassen**, wenn ihm ein Rechtsweg im technischen Sinne des § 90 Abs. 2 Satz 1 BVerfGG nicht offen steht" (Hervorhebungen im Original).
[1494] BVerfGE 115, 81 (91).

Rechtsbehelfe wie die Gegenvorstellung, sofern die fachgerichtliche Rechtsprechung diese zulässt).[1495] Neben dieser „grundsätzliche[n] Aussage über das **Verhältnis der Fachgerichte** [Art. 92 GG] **zum BVerfG**" – nach „der verfassungsrechtlichen Kompetenzverteilung obliegt zunächst den Fachgerichten die Aufgabe, die Grundrechte zu wahren und durchzusetzen" (vgl. Art. 1 Abs. 3 GG)[1496] – soll der ebenfalls der **Entlastung des BVerfG** dienende Grundsatz der Subsidiarität der Verfassungsbeschwerde zudem eine umfassende Vorklärung des Beschwerdevorbringens gewährleisten, damit dem BVerfG möglichst nur „ein regelmäßig in mehreren Instanzen geprüftes Tatsachenmaterial unterbreitet und die Fallanschauung der Gerichte, insbesondere der obersten Bundesgerichte, vermittelt" wird.[1497] Hierdurch soll der Gefahr begegnet werden, dass „das BVerfG [...] auf **ungesicherter Tatsachen- und Rechtsgrundlage** weitreichende Entscheidungen trifft."[1498]

624   In Bezug auf eine unmittelbar gegen ein **formelles Gesetz** gerichtete Verfassungsbeschwerde ist dem Subsidiaritätsgrundsatz regelmäßig nur dann Genüge getan, wenn der Beschwerdeführer zunächst einen auf der von ihm beanstandeten Norm basierenden behördlichen Vollzugsakt (z. B. Verwaltungsakt, § 35 VwVfG) abwartet bzw. provoziert, um im Rahmen der sich sodann – ggf. nach vorheriger erfolgloser Durchführung eines Widerspruchverfahrens (§ 68 Abs. 1 Satz 1 VwGO) – anschließenden Anfechtungsklage (§ 42 Abs. 1 1. Alt. VwGO) die behauptete Grundrechtsverletzung geltend zu machen.[1499] Das

---

[1495] BVerfGE 78, 58 (69) m. w. N. Dort weiter: Der Subsidiaritätsgrundsatz „greift nicht nur dann ein, wenn eine anderweitige Möglichkeit besteht, die Verfassungswidrigkeit des beschwerenden Akts der öffentlichen Gewalt geltend zu machen. Es genügt, wenn dessen **Beseitigung aus anderen Gründen** erreicht werden kann. Beruht ein Eingriffsakt auf einer grundrechtsverletzenden Regelung, die Ausnahmen vorsieht, so muss der Beschwerdeführer vor der Erhebung der Verfassungsbeschwerde versuchen, die Beseitigung des Eingriffsaktes unter **Berufung auf** die **Ausnahmeregelung** zu erwirken, wenn dies nicht offensichtlich aussichtslos ist" (Hervorhebungen d. d. Verf.). Siehe auch BVerfGE 68, 376 (379 f.); 73, 322 (326 f.).

[1496] BVerfGE 107, 395 (414) (Hervorhebungen d. d. Verf.). Siehe auch Rn. 571.

[1497] BVerfGE 74, 102 (113 f.). Siehe auch BVerfGE 86, 382 (386); 102, 197 (207). Dementsprechend kommt eine Verweisung auf die Inanspruchnahme fachgerichtlichen Rechtsschutzes dann **nicht** in Betracht, „**wenn von** der vorherigen Durchführung eines **Gerichtsverfahrens** weder die **Klärung von Tatsachen** noch die Klärung **von einfach-rechtlichen Fragen zu erwarten ist** [z. B. wegen des eindeutigen Wortlauts der betreffenden Norm], auf die das BVerfG bei der Entscheidung der verfassungsrechtlichen Fragen angewiesen wäre, **sondern** deren Beantwortung **allein von** der Auslegung und Anwendung der **verfassungsrechtlichen Maßstäbe abhängt**", BVerfGE 114, 258 (280) m. w. N.(Hervorhebungen d. d. Verf.).

[1498] BVerfGE 79, 1 (20). „Diese Gesichtspunkte fallen **vor allem dann** ins Gewicht, **wenn** das angegriffene **Gesetz** der Verwaltung oder den Gerichten einen **Auslegungs- oder Entscheidungsspielraum lässt**; sie gelten aber grundsätzlich auch dann, wenn ein solcher Spielraum fehlt" (BVerfGE 74, 69 [75] m. w. N. (Hervorhebungen d. d. Verf.)), d. h. „das Durchlaufen des Rechtswegs ist [...] in der Regel auch dann zu verlangen, wenn das Gesetz keinen Auslegungs-, Ermessens- oder Beurteilungsspielraum offen lässt, der es den Fachgerichten erlauben würde, die geltend gemachte Grundrechtsverletzung kraft eigener Entscheidungskompetenz zu vermeiden", BVerfGE 123, 148 (173).

[1499] Vgl. BVerfGE 97, 157 (166); *Sodan/Ziekow*, Grundkurs Öffentliches Recht, § 51 Rn. 47 m. w. N. aus der BVerfG-Rspr. Dort (Rn. 61) auch der zutreffende Hinweis, dass sich das Problem der Sub-

insoweit zuständige (Verwaltungs-)Gericht hat dabei „nach Maßgabe der Voraussetzungen des Art. 100 Abs. 1 GG zur Frage der Verfassungsmäßigkeit der gesetzlichen Vorschriften gegebenenfalls eine Entscheidung des BVerfG einzuholen", sog. inzidente Normenkontrolle.[1500]

Im Übrigen bietet die **allgemeine** (negative) **Feststellungsklage nach § 43 Abs. 1 Vw-**   625
GO „fast immer" eine Möglichkeit, das mit der Verfassungsbeschwerde verfolgte Interesse verwaltungsgerichtlich durchzusetzen (z. B. Klage auf Feststellung des Nichtbestehens der Mitgliedschaft in einer öffentlich-rechtlichen Körperschaft mit der Begründung, dass das diese Zwangsmitgliedschaft begründende Gesetz verfassungswidrig sei).[1501] Da Streitgegenstand einer solchen – in der fachgerichtlichen Rechtsprechung anerkannten[1502] – Feststellungsklage die Anwendung der infrage stehenden Rechtsnorm auf einen bestimmten Sachverhalt ist, scheitert die Eröffnung des Verwaltungsrechtswegs für sie nicht nur nicht am Erfordernis einer „Streitigkeit nichtverfassungsrechtlicher Art" (§ 40 Abs. 1 Satz 1 Vw-GO),[1503] sondern stellt sie zudem auch keinen Bruch mit dem System des Rechtsschutzes der VwGO dar; insbesondere führt sie nicht zur Einführung einer der VwGO außerhalb ihres § 47 (prinzipale Normenkontrolle) bisher unbekannten Klageart. Denn wenngleich ihr Erfolg ausschließlich von der von den Beteiligten unterschiedlich beurteilten Verfassungsmäßigkeit einer Norm abhängt, so wird diese Frage doch lediglich als – wenn auch streitentscheidende – Vorfrage aufgeworfen, weshalb auch Art. 100 Abs. 1 GG einem solchem Vorgehen nicht entgegensteht.[1504] Voraussetzung ist insoweit freilich stets, dass nicht „lediglich die Klärung einer abstrakten Rechtsfrage auf Grund eines nur erdachten oder eines solchen Sachverhalts erreicht werden soll, dessen Eintritt noch ungewiss ist; in einem solchen Fall würde der Rechtsstreit nicht der Durchsetzung von konkreten Rechten der

---

sidiarität der Rechtssatz-Verfassungsbeschwerde nur unter der Voraussetzung stellt, dass diese nicht schon mangels **unmittelbarer Betroffenheit** (Rn. 614 ff.) des Beschwerdeführers durch die beanstandete Rechtsnorm unzulässig ist.

[1500] BVerfGE 72, 39 (44) m. w. N.

[1501] Vgl. BVerfGE 71, 305 (347) und siehe *Detterbeck*, Öffentliches Recht, Rn. 624. Siehe auch Beispiel 15. Zur **Verpflichtungsklage** siehe BVerfGE 115, 81 (91), zur **Unterlassungsklage** siehe BVerfGE 74, 69 (76). Zu § 43 Abs. 1 VwGO siehe *Wienbracke, Mike*, Verwaltungsprozessrecht, Heidelberg 2009, Rn. 127 ff.

[1502] Vgl. BVerwGE 111, 276 (278 f.) m. w. N.; BSGE 72, 15 (17 ff.). Aus dem **Schrifttum** siehe *Löwer, Wolfgang*, in: Isensee/Kirchhof, HdbStR Bd. III, 3. Auflage, Heidelberg 2005, § 70 Rn. 198.

[1503] Vgl. BVerfGE 74, 69 (75) und siehe *Detterbeck*, Öffentliches Recht, Rn. 626. Zu § 40 Abs. 1 VwGO siehe *Wienbracke, Mike*, Verwaltungsprozessrecht, Heidelberg 2009, Rn. 72 ff.

[1504] Vgl. BVerfGE 115, 81 (95); BVerfG, NVwZ 2004, S. 977 (979); BVerwG, NJW 1983, S. 2208; *Epping*, Grundrechte, Rn. 193; *Gersdorf*, Verwaltungsprozessrecht, Rn. 118. Eine **unmittelbar** auf verwaltungsgerichtliche **Feststellung der** Verfassungswidrigkeit bzw. **Nichtigkeit eines Parlamentsgesetzes gerichtete Feststellungsklage wäre** demgegenüber **unzulässig**, siehe BVerwG, NJW 1983, S. 2208; *Detterbeck*, Öffentliches Recht, Rn. 625. Da Art. 100 Abs. 1 GG ein Verwerfungsmonopol des BVerfG allerdings nur im Hinblick auf formelle nachkonstitutionelle Gesetze statuiert (*Pieroth*, in: Jarass/Pieroth, GG, Art. 100 Rn. 6), kann die Verfassungswidrigkeit von **Gesetzen im nur-materiellen Sinn** (Rechtsverordnungen, Satzungen) sehr wohl auch von den Verwaltungsgerichten festgestellt werden, siehe BVerfG, NVwZ 1998, S. 169 (170) unter Hinweis auf BVerwGE 80, 355 (358 f.).

Beteiligten, sondern dazu dienen, Rechtsfragen gleichsam um ihrer selbst willen rechts-
theoretisch zu lösen."[1505]

Beispiel 110[1506]

626   Die G-GmbH betreibt im Internet einen sog. Schuldnerspiegel. Hierbei handelt es sich
        um eine Art ständige Internet-Wandzeitung mit Berichten über die Abwicklung von
        Zahlungsverhältnissen, geordnet nach den Namen der Schuldner. Da die A-AG ihre
        Verbindlichkeiten im Gesamtumfang von ca. 200.000,- Euro bislang nicht beglichen hat,
        fürchtete sie, im Schuldnerspiegel der G-GmbH erwähnt zu werden und hierdurch ge-
        schäftliche Nachteile zu erleiden. Deshalb beantragte sie beim zuständigen Landgericht
        erfolgreich eine einstweilige Verfügung gegen die G-GmbH, mit welcher dieser aufge-
        geben wurde, es zu unterlassen, die Firma der A-AG im Schuldnerspiegel zu erwähnen.
        Nach Zurückweisung des Widerspruchs durch das Landgericht wurde auch die von der
        G-GmbH eingelegte Berufung vom Oberlandesgericht unter Hinweis auf den sich aus
        §§ 823 Abs. 1, 1004 BGB (Recht am eingerichteten und ausgeübten Gewerbebetrieb) er-
        gebenden vorbeugenden Unterlassungsanspruch der A-AG zurückgewiesen. Noch vor
        Entscheidung über die von der A-AG im Anschluss an einen auf § 926 Abs. 1 ZPO ge-
        stützten Antrag der G-GmbH erhobene Hauptsacheklage erhebt nunmehr die G-GmbH
        Verfassungsbeschwerde zum BVerfG gegen die Entscheidungen des Landgerichts und
        des Oberlandesgerichts und rügt eine Verletzung ihrer Grundrechte auf Meinungs- und
        Pressefreiheit aus Art. 5 Abs. 1 Satz 1 und 2 i. V. m. Art. 19 Abs. 3 GG. Unter Hinweis
        auf den Grundsatz der Subsidiarität der Verfassungsbeschwerde bezweifelt die A-AG
        bereits die Zulässigkeit der Verfassungsbeschwerde. Zu Recht?

        Ja. Die Verfassungsbeschwerde der G-GmbH ist wegen Verstoßes gegen den Sub-
        sidiaritätsgrundsatz unzulässig. Die von ihr angegriffenen Entscheidungen des Land-
        gerichts und des Oberlandesgerichts sind im Verfahren des vorläufigen Rechtsschutzes
        ergangen. Zwar ist der in diesem Verfahren zulässige Rechtsweg erschöpft, da die Revisi-
        on gegen das Urteil des Oberlandesgerichts gemäß § 542 Abs. 2 Satz 1 ZPO nicht zulässig
        ist. Nach der Rechtsprechung des BVerfG fordert der Grundsatz der Subsidiarität jedoch
        zusätzlich, dass der Beschwerdeführer über das Gebot der Rechtswegerschöpfung hin-
        aus sämtliche ihm zur Verfügung stehenden Möglichkeiten ergreift, um eine Korrektur
        der geltend gemachten Verfassungsverletzung zu erreichen oder diese gar zu verhin-
        dern. Deshalb ist zusätzlich noch die Erschöpfung des Rechtswegs in der Hauptsache
        geboten, wenn dort nach der Art des gerügten Grundrechtsverstoßes die Gelegenheit
        besteht, der verfassungsrechtlichen Beschwer abzuhelfen. Das ist i. d. R. dann anzu-

---

[1505] BVerwGE 111, 276 (278) m. w. N.
[1506] Nach BVerfGE 104, 65.

nehmen, wenn mit der Verfassungsbeschwerde solche Grundrechtsverletzungen gerügt werden, die sich auch auf die Hauptsache beziehen.[1507] Genau dies ist hier der Fall, da die G-GmbH mit dem Vorbringen, sie sei in ihrem Grundrecht aus Art. 5 Abs. 1 Satz 1 und 2 GG verletzt, Rügen erhebt, die gerade das Hauptsacheverfahren betreffen. Über die insoweit erhobene Klage der A-AG ist aber bislang noch nicht entschieden worden.

Über diese verfahrensbezogene Subsidiarität der Verfassungsbeschwerde hinaus besteht   627
nach dem Grundsatz *„iura novit curia"*[1508] dagegen nicht auch eine (materielle) Subsidiarität der Verfassungsbeschwerde i. d. S., dass der Beschwerdeführer bereits im Ausgangsverfahren zu verfassungsrechtlichem Vortrag verpflichtet wäre.[1509] Insbesondere hat dieser **nicht** etwa „bei Erhebung einer Verfassungsbeschwerde [...] **darzulegen, dass** er von **Beginn des fachgerichtlichen Verfahrens an verfassungsrechtliche Erwägungen und Bedenken vorgetragen und geltend gemacht** hat, er sei durch die öffentliche Gewalt und insbesondere eine gerichtliche Entscheidung in seinen Grundrechten verletzt [...]. Es ist Aufgabe der rechtsprechenden Organe, die durch Art. 1 Abs. 3 GG an die Grundrechte als unmittelbar geltendes Recht gebunden sind, das Klagebegehren auch unter verfassungsrechtlichen Gesichtspunkten zu prüfen, wenn der konkrete Rechtsstreit dazu Anlass gibt [...]. Der Beschwerdeführer ist im Ausgangsverfahren einer Verfassungsbeschwerde lediglich gehalten, den Sachverhalt so darzulegen, dass eine verfassungsrechtliche Prüfung möglich ist."[1510]

[1507] Oder „wenn die tatsächliche und einfachrechtliche Lage durch die Fachgerichte noch nicht ausreichend geklärt ist und dem Beschwerdeführer durch die Verweisung auf den Rechtsweg in der Hauptsache kein schwerer Nachteil entsteht", BVerfGE 80, 40 (45). Siehe aber auch BVerfGE 75, 318 (325) m. w. N.: „Der Gesichtspunkt der **Subsidiarität** der Verfassungsbeschwerde führt dann zu **keiner anderen Beurteilung, wenn** es einer weiteren **Klärung des Sachverhalts nicht bedarf, wenn die im vorläufigen und im Hauptsacheverfahren zu entscheidenden Rechtsfragen identisch sind** und wenn deshalb nicht damit gerechnet werden kann, daß ein Hauptsacheverfahren die Anrufung des Bundesverfassungsgerichts entbehrlich machen könnte" (Hervorhebungen d. d. Verf.). **Ferner** kann es dem Beschwerdeführer „im Hinblick auf die voraussichtliche **Dauer des Verfahrens** über [seine] Klage nicht zuzumuten [sein], vor einer Entscheidung des BVerfG den Hauptsacherechtsweg zu erschöpfen", BVerfGE 96, 288 (300) (Hervorhebungen d. d. Verf.). Vgl. auch Rn. 633.
[1508] Lat.: „Das Gericht kennt das Recht".
[1509] *Papier/Krönke*, Grundkurs Öffentliches Recht 2, Rn. 74; *Schlaich/Korioth*, Das Bundesverfassungsgericht, Rn. 247 ff. m. w. N. **A. A.** *Gersdorf*, Verfassungsprozessrecht und Verfassungsmäßigkeitsprüfung, Rn. 52. Allerdings muss der Beschwerdeführer im fachgerichtlichen Verfahren sämtliche **Tatsachen** vollständig **vortragen**, **Verfahrens-/Aufklärungsmängel rügen** sowie den an ihn gerichteten **Darlegungsanforderungen genügen**, siehe *Benda/Klein*, Verfassungsprozessrecht, Rn. 584.
[1510] BVerfGE 112, 50 (60) (Hervorhebungen d. d. Verf.). Vgl. auch BVerfGE 125, 104 (120).

2. Ausnahme

628   Ausnahmsweise „kann" das BVerfG nach § **90 Abs. 2 Satz 2 BVerfGG** jedoch auch „über
eine vor Erschöpfung des Rechtswegs[1511] eingelegte Verfassungsbeschwerde sofort entscheiden, wenn sie von allgemeiner Bedeutung ist oder wenn dem Beschwerdeführer ein
schwerer und unabwendbarer Nachteil entstünde, falls er zunächst auf den Rechtsweg verwiesen würde."[1512] Auf den **Grundsatz der Subsidiarität der Verfassungsbeschwerde** findet diese Vorschrift **analoge** Anwendung, sodass auch insofern eine sog. Vorabentscheidung möglich ist.[1513]

629   ▸   Die Verfassungsbeschwerde ist dann i. S. v. § 90 Abs. 2 Satz 2 1. Alt. BVerfGG „**von
           allgemeiner Bedeutung**", wenn sie die Klärung grundsätzlicher verfassungs-
           rechtlicher Fragen erwarten lässt und über den Fall des jeweiligen Beschwerde-
           führers hinaus zahlreiche gleich gelagerte Fälle praktisch mitentschieden wer-
           den.[1514]

Beispiel 111[1515]

630   V, eine ehemalige Arbeiterwohnungsbaugenossenschaft, ist Vermieterin von Wohnraum in Sachsen. Mit ihrer Verfassungsbeschwerde wendet sie sich unmittelbar gegen
ein Gesetz, das die Miethöhe im Gebiet der früheren DDR regelt. Steht der Grundsatz
der Subsidiarität der von V erhobenen Verfassungsbeschwerde entgegen?

Nein. Der Grundsatz der Subsidiarität steht der Zulässigkeit der von V erhobenen
Verfassungsbeschwerde nicht entgegen. Denn nach dem insoweit sinngemäß anwendbaren § 90 Abs. 2 Satz 2 BVerfGG ist eine Entscheidung des BVerfG vor Erschöpfung
des Rechtswegs möglich, wenn die Verfassungsbeschwerde von allgemeiner Bedeutung
ist. Dies ist hier der Fall. Die Frage, ob die von V angegriffenen Vorschriften verfassungsrechtlich zulässig sind, hat nämlich weitreichende Auswirkungen für sämtliche
(Ver-)Mieter von in der ehemaligen DDR belegenen Wohnungen.

[1511] Dieser muss also noch offenstehen; „**versäumte Rechtsbehelfe können nicht durch Vorabentscheidung umgangen werden**", *Fleury*, Verfassungsprozessrecht, Rn. 334.

[1512] „Das Kriterium der ‚allgemeinen Bedeutung' zielt auf den objektiv-rechtlichen Charakter der
Verfassungsbeschwerde, der ‚schwere und unabwendbare Nachteil' auf den individuellen Rechtsschutz", *Schlaich/Korioth*, Das Bundesverfassungsgericht, Rn. 251. Vgl. auch Rn. 571.

[1513] BVerfGE 97, 298 (309); 102, 197 (210). **Nicht „direkt"**, weil der Grundsatz der Subsidiarität ja
gerade über das Gebot der Rechtswegerschöpfung im engeren Sinne hinaus Anforderungen an die
Zulässigkeit der Verfassungsbeschwerde aufstellt, d. h. an eine Situation anknüpft, in welcher ein
Rechtsweg (gegen das betreffende Gesetz) gar nicht eröffnet ist, vgl. *Detterbeck*, Öffentliches Recht,
Rn. 627; *Michael/Morlok*, Grundrechte, Rn. 934.

[1514] BVerfGE 108, 370 (386) m. w. N.

[1515] Nach BVerfGE 91, 294, das a. a. O. (S. 306) zusätzlich noch darauf hinweist, dass auch „eine
Vorklärung durch die Fachgerichte [...] nicht zwingend geboten [ist], weil von der vorherigen Durchführung eines zivilgerichtlichen Verfahrens hier weder tatsächliche Aufklärung noch die Klärung
einfachrechtlicher Fragen zu erwarten ist, auf die das BVerfG bei der Beurteilung der verfassungsrechtlichen Fragen angewiesen wäre".

Wann dem Beschwerdeführer durch die vorherige Verweisung auf den Rechtsweg ein   631
„schwerer und unabwendbarer Nachteil" i. S. v. § 90 Abs. 2 Satz 2 2. Alt. BVerfGG entsteht, kann demgegenüber nicht allgemein definiert werden, sondern richtet sich nach den
Umständen des Einzelfalls.[1516] „Der Nachteil darf jedenfalls nicht allein in der Beschwer
durch den angegriffenen Hoheitsakt bestehen, er muss sich vielmehr gerade aus der gebotenen Rechtswegerschöpfung und damit aus der zeitlichen Verzögerung einer Entscheidung
des BVerfG ergeben."[1517]

„Droht einem Beschwerdeführer, der sich unmittelbar gegen ein Gesetz wendet, bei der   632
Verweisung auf den Rechtsweg in der Hauptsache ein schwerer Nachteil, kann er nach dem
Grundsatz der Subsidiarität der Verfassungsbeschwerde allerdings gehalten sein, vor der
Anrufung des BVerfG **wenigstens den Rechtsweg im Verfahren des vorläufigen Rechts-
schutzes** zu erschöpfen" (z. B. gem. §§ 80 Abs. 5, 123 VwGO).[1518] Insbesondere sind die
Fachgerichte nicht etwa durch Art. 100 Abs. 1 GG daran gehindert, „schon vor der im
Hauptsacheverfahren einzuholenden Entscheidung des BVerfG auf der Grundlage ihrer
Rechtsauffassung vorläufigen Rechtsschutz zu gewähren, wenn dies nach den Umständen
des Falles im Interesse eines effektiven Rechtsschutzes geboten erscheint und die Hauptsacheentscheidung dadurch nicht vorweggenommen wird."[1519]

Über die beiden in § 90 Abs. 2 Satz 2 BVerfGG ausdrücklich genannten Fälle hin-   633
aus verzichtet das BVerfG fernerhin ebenfalls dann auf eine Rechtswegerschöpfung sowie
auf das Erfordernis der Subsidiarität der Verfassungsbeschwerde, wenn dem Beschwerdeführer die Herbeiführung einer vorherigen fachgerichtlichen Klärung der aufgeworfenen
Zweifelsfragen ausnahmsweise **unzumutbar** ist.[1520] „Das erfordert eine Abwägung, die
die Vorteile des Beschwerdeführers aus einem sogleich eröffneten verfassungsgerichtlichen
Rechtsschutz den dabei für die Allgemeinheit oder für Dritte entstehenden Nachteilen ge-
genüberstellt und die widerstreitenden Gesichtspunkte sodann gegeneinander abwägt."[1521]
Keine Pflicht zur Anrufung der Fachgerichte besteht hiernach beispielsweise dann, wenn

- dies **offensichtlich sinn- und aussichtslos** wäre (z. B. weil dem Beschwerdeführer die   634
  Gewährung von Prozesskostenhilfe gem. §§ 114 ff. ZPO wegen Aussichtslosigkeit der
  Rechtsverfolgung abschließend verweigert worden ist oder wegen einer seinem Begeh-
  ren entgegenstehenden gefestigten jüngeren höchstrichterlichen Rechtsprechung);

[1516] BVerfGE 9, 120 (121).
[1517] *Sperlich, Peter*, in: Umbach/Clemens/Dollinger, BVerfGG, 2. Auflage, Heidelberg 2005, § 90
Rn. 158.
[1518] BVerfG, NVwZ 2004, S. 977 (979) (Hervorhebungen d. d. Verf.). Zu §§ 80 Abs. 5, 123 VwGO
siehe *Wienbracke, Mike*, Verwaltungsprozessrecht, Heidelberg 2009, Rn. 263 ff.
[1519] BVerfGE 86, 382 (389).
[1520] BVerfGE 22, 349 (355); 123, 148 (172); *Pieroth/Schlink*, Grundrechte, Rn. 1264. Siehe auch *Gersdorf*, Verfassungsprozessrecht und Verfassungsmäßigkeitsprüfung, Rn. 59 und vgl. BVerfGE 9, 3
(7 f.): Absehen vom Erfordernis der Rechtswegerschöpfung nach dem Sinn des § 90 Abs. 2 Satz 1
BVerfGG, wenn diese „**objektiv nicht geboten** und einem Beschwerdeführer **subjektiv nicht zuzumuten**" ist (Hervorhebungen d. d. Verf.).
[1521] BVerfGE 71, 305 (336).

635 • der Beschwerdeführer vom Fachgericht **fehlerhaft über Rechtsmittel belehrt** wurde;

636 • der konkret zu entscheidende Fall **allein spezifisch verfassungsrechtliche Fragen** aufwirft, die vom BVerfG beantwortet werden können, ohne dass eine vorausgegangene
fachgerichtliche Prüfung die Entscheidungsgrundlagen verbessern würde;

637 • der Betroffene vor Erhebung der Verfassungsbeschwerde **gegen eine straf- oder bußgeldbewehrte Norm verstoßen müsste**, um sodann im Straf- oder Bußgeldverfahren –
also quasi „auf der Anklagebank"[1522] – die Verfassungswidrigkeit dieser Vorschrift geltend zu machen oder

638 • die angegriffene Regelung den Beschwerdeführer zu **später nicht mehr korrigierbaren
Dispositionen** zwingt.[1523]

Beispiel 112[1524]

639 Die gewerbsmäßige Arbeitnehmerüberlassung ist eine sowohl arbeits- und sozialrecht-
lich als auch arbeitsmarkt-, wirtschafts- und sozialpolitisch äußerst umstrittene Tätigkeit. Insbesondere unter den im Bereich der Bauwirtschaft herrschenden besonderen
Bedingungen – Tätigkeit von häufig wechselnden Arbeitnehmern auf wechselnden Bau-
stellen – ist die soziale Sicherheit eines Teils der dort Tätigen gefährdet. Daher hat
der Gesetzgeber § 12a Arbeitsförderungsgesetz (AFG) erlassen, der bestimmt: „Gewerbsmäßige Arbeitnehmerüberlassung in Betriebe des Baugewerbes für Arbeiten, die
üblicherweise von Arbeitern verrichtet werden, ist unzulässig." Die G-GmbH war bislang als gewerbsmäßige Arbeitnehmerverleiherin auf dem Gebiet des Baugewerbes tätig
und sieht sich durch § 12a AFG in ihrem durch Art. 12 Abs. 1 i. V. m. 19 Abs. 3 GG
geschützten Grundrecht auf freie Berufswahl verletzt. Ist die von der G-GmbH unmittelbar gegen § 12a AFG erhobene Verfassungsbeschwerde unter dem Gesichtspunkt der
Subsidiarität zulässig?

Ja. Die Zulässigkeit der Verfassungsbeschwerde der G-GmbH begegnet unter dem
Aspekt der Subsidiarität keinen durchgreifenden Bedenken, da hier in zumutbarer Weise kein wirkungsvoller Rechtsschutz durch Anrufung der Fachgerichte zu erlangen ist.
Hiergegen spricht insbesondere, dass § 12a AFG die Normadressaten bereits mit seinem
Inkrafttreten zu später nicht mehr korrigierbaren Entscheidungen und Dispositionen
veranlasst, welche gewichtige unternehmerische Entscheidungen einschließen, die nach
dem späteren Gesetzesvollzug nicht mehr korrigiert werden können. Namentlich sind
die durch das von § 12a AFG statuierte Ver- bzw. Entleihverbot beschränkten Verdienstmöglichkeiten und Erwerbschancen der G-GmbH unwiderruflich für die Dauer der
Geltung und Beachtung des Verbotes entgangen.

[1522] *Zippelius/Würtenberger*, Deutsches Staatsrecht, § 49 Rn. 108.
[1523] BVerfGE 19, 253 (256 f.); 22, 349 (355); 79, 1 (20); 84, 59 (72); 97, 157 (165); 123, 148 (172 f.).
Die letztgenannte Ausnahme ist ebenfalls im Rahmen des o. g. Prüfungspunkts der **gegenwärtigen
Betroffenheit** des Beschwerdeführers anerkannt, siehe Rn. 611.
[1524] Nach BVerfGE 77, 84. Das AFG wurde zwischenzeitlich in das SGB III integriert.

VII. Form

Nach der allgemeinen, für jede verfassungsprozessuale Verfahrensart – und mithin auch   640
für Verfassungsbeschwerden – geltenden Zulässigkeitsvoraussetzung des § 23 Abs. 1 Satz 1
BVerfGG entscheidet das BVerfG nur auf Antrag hin (Dispositionsmaxime[1525]), der bei
diesem „**schriftlich**" in deutscher Sprache (§ 17 BVerfGG i. V. m. § 184 Satz 1 GVG) ein-
zureichen ist.[1526] Während Telegramm und Telefax insofern ausreichen, können Verfah-
rensanträge und Schriftsätze mittels E-Mail nach derzeitigem Stand nicht rechtswirksam
eingereicht werden.[1527] Sofern aus dem jeweiligen Schriftstück der Inhalt der Erklärung,
die abgegeben werden soll, und die Person, von der sie ausgeht, hinreichend zuverlässig
entnommen werden können, ist die handschriftliche Unterzeichnung zwar nicht unbedingt
notwendig, gleichwohl aber zu empfehlen.[1528]

In der gem. § 23 Abs. 1 Satz 2 BVerfGG zudem notwendigen **Begründung** sind – unter   641
Angabe der erforderlichen Beweismittel und innerhalb der Beschwerdefrist (§ 93 Abs. 1
Satz 1 BVerfGG a. E.; Rn. 646) – „das [Grund-]Recht, das verletzt sein soll, und die Handlung oder Unterlassung des Organs oder der Behörde, durch die der Beschwerdeführer sich
verletzt fühlt, zu bezeichnen", § 92 BVerfGG. „Es ist zwar nicht erforderlich, dass der Beschwerdeführer alle in Betracht kommenden Grundrechte ausdrücklich benennt; seinem
Vortrag muss sich aber entnehmen lassen, inwiefern er sich durch den angegriffenen Hoheitsakt in seinen Rechten verletzt sieht. Es darf nicht dem BVerfG überlassen bleiben, den

---

[1525] Vgl. BVerfGE 126, 1 (17 f.) m. W. N.

[1526] Siehe *Fleury*, Verfassungsprozessrecht, Rn. 356; *Hillgruber/Goos*, Verfassungsprozessrecht, Rn. 91
und vgl. *Sodan/Ziekow*, Grundkurs Öffentliches Recht, § 50 Rn. 26, 28. Eine nur **bedingt** erhobene
Verfassungsbeschwerde ist **unzulässig**, siehe BVerfG, NJW 1985, S. 846. **Haupt- und Hilfsanträ-
ge** sind dagegen **zulässig**, siehe *Gusy*, Die Verfassungsbeschwerde, Rn. 276. „Bis zur Entscheidung
des BVerfG ist grundsätzlich die **Rücknahme** einer Verfassungsbeschwerde insgesamt oder einzelner Rügen sowie die Rücknahme eines Antrags auf Erlass einer einstweiligen Anordnung jederzeit möglich", BVerfG, Merkblatt zur Verfassungsbeschwerde (unter „VII."), abrufbar unter http://
www.bundesverfassungsgericht.de/organisation/vb_merkblatt.html (Hervorhebung d. d. Verf.). **Allerdings** ist in Anbetracht der auch objektiven Funktion der Verfassungsbeschwerde (Rn. 571) ihre
Rücknahme jedenfalls dann **unwirksam**, „wenn das BVerfG die Verfassungsbeschwerde vor Ab-
schluß des fachgerichtlichen Hauptsacheverfahrens nach § 93a BVerfGG im Hinblick darauf zur
Entscheidung angenommen hat, daß die Beschwerde im Sinne des § 90 Abs. 2 Satz 2 BVerfGG von
allgemeiner Bedeutung ist, wenn deswegen über sie mündlich verhandelt worden ist und wenn die
allgemeine Bedeutung auch in der Zeit bis zur Urteilsverkündung nicht entfallen ist", BVerfGE 98,
218 (242 f.).

[1527] BVerfGE 32, 365 (368); 74, 228 (235); BVerfG, BeckRS 2010, 51299; *Schlaich/Korioth*, Das Bundesverfassungsgericht, Rn. 58 m. w. N. Ausdrücklich auch der entsprechende Hinweis auf http://
www.bundesverfassungsgericht.de/impressum.html. **A. A.** *Pieroth/Schlink*, Grundrechte, Rn. 1268
(E-Mail sei ausreichend). „**Störungen** im Übermittlungsvorgang oder beim Eingangsgerät des Gerichts (z. B. Defekt/fehlendes Papier) liegen in der Sphäre des Gerichts und dürfen deshalb dem
Übermittler nicht angelastet werden. Für seine eigene Sphäre bleibt dagegen der Übermittler verantwortlich", *Zuck*, Das Recht der Verfassungsbeschwerde, Rn. 799 m. w. N. (Hervorhebung d. d. Verf.).

[1528] BVerfGE 15, 288 (291); *Gusy*, Verfassungsprozessrecht, Rn. 219.

Sachverhalt von Amts wegen nach allen Richtungen gewissermaßen ‚ins Blaue hinein' zu untersuchen."[1529] Rechtsausführungen sind im Übrigen allerdings nicht nötig, wenngleich ratsam.[1530] In der Praxis scheitern nicht wenige Verfassungsbeschwerden am Erfordernis der ordnungsgemäßen Begründung.[1531]

VIII. Frist

642 „Richtet sich die Verfassungsbeschwerde gegen ein **Gesetz** [im formellen Sinn[1532], sog. Rechtssatzverfassungsbeschwerde] oder gegen einen sonstigen Hoheitsakt, gegen den ein Rechtsweg nicht offensteht,[1533] so kann die Verfassungsbeschwerde nur binnen **eines Jahres** seit dem Inkrafttreten[1534] des Gesetzes oder dem Erlass des Hoheitsaktes erhoben werden", § 93 Abs. 3 BVerfGG. Die Beschwerdefrist für Verfassungsbeschwerden gegen alle

---

[1529] BVerfGE 115, 166 (180). *Robbers*, Verfassungsprozessuale Probleme in der öffentlich-rechtlichen Arbeit, S. 38 zufolge sei das BVerfG mithin nicht gehindert, die Verfassungsmäßigkeit des Beschwerdegegenstands anhand **anderer als der vom Beschwerdeführer genannten Verfassungsnormen** zu überprüfen. Siehe auch Rn. 652. Nachweise zum diesbzgl. Streit zwischen den beiden Senaten des BVerfG bei *Papier/Krönke*, Grundkurs Öffentliches Recht 2, Rn. 83. Nach BVerfG, NJW 2012, S. 1563 (1564) führe „eine **fehlende oder unrichtige Artikelzuordnung** des Grundrechtsverstoßes, der erkennbar gerügt werden soll, [...] nicht zur Unzulässigkeit der Verfassungsbeschwerde" (Hervorhebungen d. d. Verf.). Eine Auflistung der Mindestangaben, die in der Begründung enthalten sein müssen, finden sich in dem vom BVerfG herausgegebenen „Merkblatt zur Verfassungsbeschwerde" (dort unter „II."), abrufbar unter http://www.bundesverfassungsgericht.de/organisation/vb_merkblatt.html.

[1530] *Detterbeck*, Öffentliches Recht, Rn. 633.

[1531] *Epping*, Grundrechte, Rn. 198.

[1532] *Sodan/Ziekow*, Grundkurs Öffentliches Recht, § 51 Rn. 56. **A. A.** *Benda/Klein*, Verfassungsprozessrecht, Rn. 610, die hierunter auch **Rechtsverordnungen und Satzungen** subsumieren – soweit diese nicht von § 47 VwGO erfasst werden – mit der Folge, dass die in § 93 Abs. 3 BVerfGG neben den Gesetzen ferner noch genannten „sonstigen Hoheitsakte, gegen die ein Rechtsweg nicht offensteht", praktisch nicht denkbar seien. „Der Grund hierfür liegt in der umfassenden Rechtswegzuweisung nach Art. 19 Abs. 4 GG", *Gusy*, Die Verfassungsbeschwerde, Rn. 209.

[1533] Hiermit sind richtigerweise solche nur-**materiellen Rechtsnormen** gemeint, **die von § 47 VwGO nicht erfasst werden**, siehe *Pestalozza*, Verfassungsprozessrecht, § 12 Rn. 53 (Fn. 202). Vgl. auch BVerfGE 53, 1 (15) m. w. N.

[1534] Bei **Gesetzesänderungen** läuft die Jahresfrist grds. nur bzgl. des geänderten Teils (BVerfGE 79, 1 [13 f.]; Ausnahme: Die nicht geänderte Vorschrift ist „in ein anderes gesetzliches Umfeld eingebettet worden, so daß auch von der Anwendung der älteren Vorschriften neue belastende Wirkungen ausgehen können", BVerfGE 100, 313 [356]). Bei **rückwirkenden Gesetzen** ist deren Verkündung im jeweiligen GBl. maßgeblich, vgl. BVerfGE 64, 367 (376). Richtet sich die Verfassungsbeschwerde gegen ein **legislatives Unterlassen** (Rn. 143), so ist die Verfassungsbeschwerde mangels Anwendbarkeit von § 93 BVerfGG unbefristet zulässig, solange das Unterlassen andauert, vgl. BVerfGE 77, 170 (214). Zur Geltung der Jahresfrist des § 93 Abs. 3 BVerfGG bei „**unechtem Unterlassen**" (Gesetzgeber unterlässt i. S. e. „negativen" Entscheidung die Regelung bloß von bestimmten Fällen) siehe BVerfGE 56, 54 (71) sowie zum gesamten Vorstehenden siehe *Robbers*, Verfassungsprozessuale Probleme in der öffentlich-rechtlichen Arbeit, S. 35 f. m. w. N. aus der BVerfG-Rspr.

sonstigen Beschwerdegegenstände, also Urteilsverfassungsbeschwerden und solche gegen Verwaltungshandeln,[1535] beträgt demgegenüber nach § 93 Abs. 1 Satz 1 BVerfGG **einen Monat**. Innerhalb der jeweiligen Frist „erhoben" ist die Verfassungsbeschwerde dann, wenn sie während dieser Zeit beim BVerfG eingegangen, d. h. in dessen Machtbereich gelangt, ist.[1536] Diese zeitliche Begrenzung der Möglichkeit, eine Verfassungsbeschwerde erheben zu können, dient dem Rechtsfrieden sowie der Rechtssicherheit und steht im Spannungsverhältnis zur Forderung nach materieller Gerechtigkeit.[1537]

Die **Frist beginnt** mit der Zustellung bzw. Bekanntgabe der abschließenden (Behörden-/Gerichts-)Entscheidung (§ 93 Abs. 1 Satz 2 bis 4 BVerfGG) und **berechnet** sich im Übrigen nach §§ 187 ff. BGB.[1538] War der Beschwerdeführer „ohne Verschulden" an der Wahrung der Monatsfrist des § 93 Abs. 1 Satz 1 BVerfGG gehindert, so ist ihm gem. § 93 Abs. 2 Satz 1 BVerfGG „auf Antrag **Wiedereinsetzung in den vorherigen Stand** zu gewähren" (z. B. trotz am Tag des Fristablaufs ab 20.40 Uhr wiederholt unternommener Versuche, die Beschwerdeschrift nebst Anlagen per Telefax an das BVerfG zu übermitteln, gelingt dies aufgrund einer Überlastung des dortigen Anschlusses erst nach 24.00 Uhr).[1539]   643

Beispiel 113[1540]

Bürger B erhebt am 1. Dezember 05 Verfassungsbeschwerde gegen ein am 30. September 04 verkündetes Gesetz, welches nach seinem Art. 13 Satz 3 „am ersten Tage des auf die Verkündung folgenden dritten Kalendermonats in Kraft tritt." Ist die Frist des § 93 Abs. 3 BVerfGG gewahrt, wenn § 193 BGB nicht zu prüfen ist?   644

Nein. Die Verfassungsbeschwerde des B ist nicht gem. § 93 Abs. 3 BVerfGG binnen eines Jahres seit dem In-Kraft-Treten des mit ihr angegriffenen Gesetzes erhoben wor-

---

[1535] *Gersdorf*, Verfassungsprozessrecht und Verfassungsmäßigkeitsprüfung, Rn. 62. Werden mit der Verfassungsbeschwerde **mehrere Akte der öffentlichen Gewalt** angegriffen (Rn. 596), so beginnt die Monatsfrist für sämtliche Rechtsakte erst mit der Zustellung bzw. Mitteilung (§ 93 Abs. 1 Satz 2 BVerfGG) der letzten Entscheidung, siehe *Detterbeck*, Öffentliches Recht, Rn. 634. Die Monatsfrist gilt auch dann, wenn im konkreten Fall eine **Ausnahme vom Erfordernis der Rechtswegerschöpfung** (Rn. 628 ff.) besteht, siehe *Sodan/Ziekow*, Grundkurs Öffentliches Recht, § 51 Rn. 55.
[1536] *Gusy*, Die Verfassungsbeschwerde, Rn. 207. Zu **Störungen im Übermittlungsvorgang** siehe Rn. 643.
[1537] *Benda/Klein*, Verfassungsprozessrecht, Rn. 601.
[1538] BVerfGE 102, 254 (295) m. w. N.; *Hillgruber/Goos*, Verfassungsprozessrecht, Rn. 234, 243. Werden mit einer Verfassungsbeschwerde mehrere Hoheitsakte angegriffen (Rn. 596), so ist für die Fristberechnung [grundsätzlich] die **letztinstanzliche** (Gerichts-)**Entscheidung** maßgeblich (Ausnahme: letzter fachgerichtlicher Rechtsbehelf ist offensichtlich unzulässig), siehe *Benda/Klein*, Verfassungsprozessrecht, Rn. 603, 605 m. w. N.
[1539] BVerfG, BeckRS 2010, 48243. Aufgrund der systematischen Stellung von § 93 Abs. 2 BVerfGG kommt die darin geregelte Wiedereinsetzung in den vorherigen Stand bzgl. **Rechtssatzverfassungsbeschwerden** nach § 93 Abs. 3 BVerfGG **nicht** in Betracht, siehe BVerfG, NVwZ 2004, S. 96; *Robbers*, Verfassungsprozessuale Probleme in der öffentlich-rechtlichen Arbeit, S. 37. Parallelvorschrift im Verwaltungsprozess: § 60 VwGO. Hierzu siehe *Wienbracke, Mike*, Verwaltungsprozessrecht, Heidelberg 2009, Rn. 217.
[1540] Nach BVerfGE 102, 254.

den. Das von B angegriffene Gesetz ist am 1. Dezember 04 (0.00 Uhr) in Kraft getreten. Dies ist der erste Tag des auf die Verkündung am 30. September 04 folgenden dritten Kalendermonats. Ist mithin der Beginn des 1. Dezember 04 der für den Anfang der Frist maßgebende Zeitpunkt, so wird dieser Tag bei der Berechnung der Jahresfrist nach dem auch im vorliegenden Zusammenhang anwendbaren § 187 Abs. 2 Satz 1 BGB mitgerechnet. Die Frist endet daher nach § 188 Abs. 2 2. Alt. BGB mit dem Ablauf desjenigen Tages des einen Jahres, welcher dem Tag vorhergeht, der durch seine Benennung oder seine Zahl dem Anfangstag der Frist entspricht. Da Anfangstag der Frist der 1. Dezember 04 ist, endet die Jahresfrist des § 93 Abs. 3 BVerfGG vorliegend mit dem Ablauf des dem 1. Dezember 05 vorhergehenden Tages, also am 30. November 05 um 24.00 Uhr.

645   In **Konsequenz** der vorstehenden Regelungen gilt Folgendes: Ist eine Rechtssatzverfassungsbeschwerde etwa mangels gegenwärtiger Betroffenheit derzeit unzulässig (Rn. 611), so beginnt die Jahresfrist des § 93 Abs. 3 BVerfGG trotzdem. Unterfällt der Beschwerdeführer erst nach ihrem Ablauf dem Anwendungsbereich der beanstandeten Norm, so läuft dann gleichwohl keine neue Jahresfrist. Allerdings besteht in diesem Fall die Möglichkeit, gegen etwaige Vollzugsakte innerhalb der Monatsfrist des § 93 Abs. 1 Satz 1 BVerfGG vorzugehen – auch mit der Begründung, diese beruhten auf einer verfassungswidrigen Vorschrift.[1541] Entsprechendes gilt ebenfalls dann, wenn die Jahresfrist des § 93 Abs. 3 BVerfGG versäumt wurde.[1542]

646   Sämtliche **Zulässigkeitsvoraussetzungen** der Verfassungsbeschwerde, also u. a. auch diejenigen des § 92 BVerfGG (Rn. 641), müssen innerhalb der (Monats- bzw. Jahres-)Frist des § 93 BVerfGG erfüllt sein.[1543] Nach Ablauf der Beschwerdefrist sind mithin nur noch Ergänzungen des Vortrags – sowohl in rechtlicher als auch in tatsächlicher Hinsicht – zulässig, nicht hingegen auch eine Erweiterung des Verfahrensgegenstands.[1544]

IX. Keine entgegenstehende Rechtskraft

647   Da ebenso wie die Entscheidungen anderer Gerichte auch diejenigen des BVerfG (genauer: der Tenor) in formelle (Unanfechtbarkeit[1545]) und materielle (inhaltliche Bindung der

---

[1541] *Fleury*, Verfassungsprozessrecht, Rn. 354; *Michael/Morlok*, Grundrechte, Rn. 935.

[1542] *Sachs*, Verfassungsprozessrecht, Rn. 541.

[1543] *Ipsen, Jörn*, Staatsrecht I, 23. Auflage, München 2011, Rn. 957.

[1544] BVerfGE 109, 279 (305); *Hillgruber/Goos*, Verfassungsprozessrecht, Rn. 102. Im „Gegensatz zu mancher Rechtsmittelfrist der fachgerichtlichen Verfahrensordnungen [...], die durch ein vorab versendetes fristwahrendes Fax eingehalten werden kann, während die eigentliche Begründung sowie die notwendigen Anlagen per Post hinterher gesendet werden" (Einlegungsfrist), ist die Frist des § 93 BVerfGG eine **Ausschlussfrist**. „Der gesamte für eine ordnungsgemäß substantiierte Begründung erforderliche Beschwerdevortrag muss folglich inklusive der notwendigen Dokumente und Anlagen innerhalb der Frist beim BVerfG eingehen", *Benda/Klein*, Verfassungsprozessrecht, Rn. 603.

[1545] Hintergrund: Innerstaatlich steht kein Gericht mehr über dem BVerfG, siehe *Benda/Klein*, Verfassungsprozessrecht, Rn. 1419.

Verfahrensbeteiligten und ihrer Rechtsnachfolger) **Rechtskraft** erwachsen– freilich ohne entsprechende ausdrücklich gesetzliche Regelung –, ist eine Verfassungsbeschwerde unzulässig, wenn das BVerfG über dasselbe Begehren desselben Beschwerdeführers bei unveränderter Sach- und Rechtslage bereits entschieden hat (*res iudicata*[1546]).[1547] Auch kann die unter den Voraussetzungen des **§ 31 Abs. 2 BVerfGG** bestehende Gesetzeskraft der Entscheidungen des BVerfG der Zulässigkeit der Verfassungsbeschwerde entgegenstehen.[1548]

X. Allgemeines Rechtsschutzbedürfnis

Das aus dem allgemeinen Prozessrecht stammende, ungeschriebene Institut des Rechtsschutzbedürfnisses (Rechtsschutzinteresse) ist dort bei Vorliegen der übrigen jeweiligen Sachentscheidungsvoraussetzungen regelmäßig zu bejahen und fehlt nur ausnahmsweise dann etwa, wenn durch die beantragte gerichtliche Entscheidung die rechtliche Stellung des diese Begehrenden entweder nicht verbessert werden kann (z. B. weil die von diesem gerügte Maßnahme sich zwischenzeitlich erledigt hat) oder aber ein im Vergleich zu dieser einfacherer und schnellerer Weg zur Rechtsdurchsetzung gegeben ist.[1549] Im Rahmen der Verfassungsbeschwerde ist eine gesonderte Prüfung des allgemeinen Rechtsschutzbedürfnisses demgegenüber i. d. R. **entbehrlich**, da es namentlich durch die Zulässigkeitsvoraussetzungen der „Beschwerdebefugnis" (Rn. 597 ff.) und der „Rechtswegerschöpfung/Subsidiarität der Verfassungsbeschwerde" (Rn. 617 ff.) konkretisiert wird.[1550]

648

[1546] Lat.: „entschiedene Sache".

[1547] Vgl. BVerfG, NJW 2011, S. 1931 (1934) m. w. N. und siehe *Pieroth/Schlink*, Grundrechte, Rn. 1266 sowie *Schlaich/Korioth*, Das Bundesverfassungsgericht, Rn. 476 m. w. N. aus der BVerfG-Rspr., die zudem auf die **Unwiderruflichkeit** der Entscheidungen des BVerfG hinweisen. Die **Entscheidungsgründe** können zur Ermittlung des Sinns des Urteilsausspruchs herangezogen werden (v. a. im Fall der Zurückweisung), siehe *Benda/Klein*, Verfassungsprozessrecht, Rn. 1425. Zur Rechtskraft im Verwaltungsprozess siehe *Wienbracke, Mike*, Verwaltungsprozessrecht, Heidelberg 2009, Rn. 177 f.

[1548] *Gusy*, Die Verfassungsbeschwerde, Rn. 170, der zudem darauf hinweist, dass § 31 Abs. 1 BVerfGG den Beschwerdeführer nicht betrifft und diesem daher auch nicht entgegengehalten werden könne. Siehe auch Rn. 683.

[1549] *Epping*, Grundrechte, Rn. 197; *Stein/Frank*, Staatsrecht, § 28 I 7; *Wienbracke, Mike*, Verwaltungsprozessrecht, Heidelberg 2009, Rn. 223.

[1550] *Pieroth/Schlink*, Grundrechte, Rn. 1254. Vgl. auch *Papier/Krönke*, Grundkurs Öffentliches Recht 2, Rn. 69 a. E., 75; *Sachs*, Verfassungsprozessrecht, Rn. 546; *Sodan/Ziekow*, Grundkurs Öffentliches Recht, § 51 Rn. 53. Was speziell die **Erledigung** der Beschwer anbelangt, so betrifft diese die Gegenwärtigkeit der Betroffenheit des Beschwerdeführers und ist daher richtigerweise **bereits** im Rahmen der **Beschwerdebefugnis** zu thematisieren, siehe Rn. 613 und *Robbers*, Verfassungsprozessuale Probleme in der öffentlich-rechtlichen Arbeit, S. 32 f.

649

A. Zulässigkeit

I. Zuständigkeit des BVerfG
→ Art. 93 Abs. 1 Nr. 4a GG, §§ 13 Nr. 8a, 90 Abs. 1 BVerfGG: *„Verfassungsbeschwerde"*

II. Beschwerdefähigkeit
→ § 90 Abs. 1 BVerfGG: *„jedermann"*

III. Prozessfähigkeit
→ Grundrechtsmündigkeit

IV. Beschwerdegegenstand
→ § 90 Abs. 1 BVerfGG: Akt der *„öffentliche[n] Gewalt"*

V. Beschwerdebefugnis
→ § 90 Abs. 1 BVerfGG: *„Behauptung [...], verletzt zu sein"*
→ BVerfG-Rspr.: Beschwerdeführer muss zudem *„selbst, gegenwärtig und unmittelbar"* betroffen sein

VI. Rechtswegerschöpfung/Subsidarität der Verfassungsbeschwerde
→ § 90 Abs. 2 BVerfGG: *„nach Erschöpfung des Rechtswegs"*
→ BVerfG-Rspr.: Beschwerdeführer muss zudem alle sonstigen prozessualen Möglichkeiten ergreifen, um eine Korrektur der geltend gemachten Grundrechtsverletzung zu erwirken bzw. zu verhindern

VII. Form
→ §§ 23 Abs. 1, 92 BVerfGG: *„schriftlich"*, *„Begründung"*

VIII. Frist
→ § 93 BVerfGG: *„ein Monat"* (Abs. 1) bzw. *„ein Jahr"* (Abs. 3)

IX. Keine entgegenstehende Rechtskraft

X. Allgemeines Rechtsschutzbedürfnis

B. Begründetheit
→ siehe Rn. 220 (Freiheitsgrundrechte) bzw. Rn. 570 (Gleichheitsgrundrechte)

Prüfungsschema „Erfolgsaussicht einer Verfassungsbeschwerde"[1551]

[1551] Zur Abbildung vgl. auch *Epping*, Grundrechte, Rn. 208; *Fleury*, Verfassungsprozessrecht, Rn. 374; *Hillgruber/Goos*, Verfassungsprozessrecht, Rn. 263. Ob und inwieweit auf sämtliche Prüfungspunkte des nachfolgenden Schemas in der konkreten Fallbearbeitung tatsächlich einzugehen ist, richtet sich nach den dort jeweils aufgeworfenen Problemen (**keine „schematischen Anwendung des Schemas"**). Zu den **fett** gedruckten Prüfungspunkten sind allerdings stets, wenn auch ggf. nur kurze, Ausführungen angezeigt.

B. Begründetheit

Ist die Verfassungsbeschwerde nach dem Vorstehenden zulässig, so entscheidet das BVerfG   650
über ihre Begründetheit, d. h. in der Sache.[1552] Andernfalls ist es dem Gericht dagegen
verwehrt, das (Nicht-)Vorliegen einer Grundrechtsverletzung festzustellen.[1553]

▸   Die Verfassungsbeschwerde ist **begründet**, wenn der Beschwerdeführer durch   651
     den Beschwerdegegenstand in einem seiner Grundrechte oder grundrechts-
     gleichen Rechte verletzt ist, vgl. §§ 90 Abs. 1, 95 Abs. 1 Satz 1 BVerfGG.[1554]

Diese Voraussetzungen liegen in Bezug auf Freiheitsgrundrechte dann vor, wenn im   652
konkreten Fall der **Schutzbereich** eines Grundrechts oder grundrechtsgleichen Rechts des
Beschwerdeführers eröffnet ist, ein **Eingriff** hierin vorliegt und dieser Eingriff verfassungsrechtlich **nicht gerechtfertigt** ist[1555] – und zwar unabhängig davon, ob das tatsächlich
einschlägige Recht i. S. v. § 90 Abs. 1 BVerfGG vom Beschwerdeführer zuvor gem. § 92
BVerfGG als verletzt gerügt wurde oder nicht (*„iura novit curia"*[1556]): „Bei der materiell-
rechtlichen Prüfung einer zulässigen Verfassungsbeschwerde ist das BVerfG [nämlich]
nicht darauf beschränkt zu untersuchen, ob die gerügte Grundrechtsverletzung vorliegt.
Es kann die angegriffenen Entscheidungen vielmehr unter jedem in Betracht kommenden
Gesichtspunkt auf ihre verfassungsrechtliche Unbedenklichkeit hin prüfen", also auch in

---

[1552] Vgl. *Scherzberg/Mayer*, Jura 2004, S. 373 (374) = *Scherzberg*, in: Ehlers/Schoch, Rechtsschutz im
Öffentlichen Recht, § 13 Rn. 5.
[1553] *Papier/Krönke*, Grundkurs Öffentliches Recht 2, Rn. 59.
[1554] *Papier/Krönke*, Grundkurs Öffentliches Recht 2, Rn. 77. Im Gegensatz zum Prüfungspunkt der
Beschwerdebefugnis, in deren Rahmen die bloße *Möglichkeit* einer Grundrechtsverletzung ausreicht
(Rn. 598), ist innerhalb Begründetheit zu prüfen, ob eine Grundrechtsverletzung *tatsächlich* vorliegt,
siehe *Benda/Klein*, Verfassungsprozessrecht, Rn. 614.
[1555] Vgl. *Wilms*, Staatsrecht II, Rn. 1164. Siehe auch Rn. 17 ff. Zu **Gleichheitsgrundrechten** siehe
Rn. 570.
[1556] Lat.: „Das Gericht kennt das Recht".

M. Wienbracke, *Einführung in die Grundrechte*, FOM-Edition,   331
DOI 10.1007/978-3-658-00764-5_7, © Springer Fachmedien Wiesbaden 2013

Bezug auf Grundrechte Dritter sowie sonstiges Verfassungsrecht.[1557] Dies folgt aus der Doppelfunktion der Verfassungsbeschwerde nicht nur als Mittel des subjektiven, sondern zugleich auch des objektiven Rechtsschutzes.[1558]

653   Wäre eine gegen einen Judikativakt gerichtete Verfassungsbeschwerde hiernach an sich bereits dann begründet, wenn ein Gericht eine ihrerseits verfassungskonforme Bestimmung des einfachen Gesetzesrechts lediglich falsch anwendet – materiell-rechtlich verstößt ein derartiges (Fehl-)Urteil schließlich nicht nur gegen Art. 20 Abs. 3 und Art. 97 Abs. 1 GG, sondern überschreitet auch die Grenzen der „verfassungsmäßigen Ordnung" und verletzt daher die unterlegene Prozesspartei zumindest in ihrem Grundrecht auf allgemeine Handlungsfreiheit aus Art. 2 Abs. 1 GG sowie in Art. 3 Abs. 1 GG –, so hätte dies verfassungsprozessual freilich zur Konsequenz, dass mittels einer **Urteilsverfassungsbeschwerde** jede Revisionsentscheidung (vgl. § 90 Abs. 2 Satz 1 BVerfGG) vom BVerfG nochmals auf ihre Vereinbarkeit mit dem einfachen Gesetzesrecht hin zu überprüfen wäre.[1559] Eine solche Rolle als weitere Revisionsinstanz über der fachgerichtlichen Revision („**Superrevisionsinstanz**"[1560]) ist dem BVerfG allerdings weder in Art. 93 Abs. 1 Nr. 4a GG noch in § 90 Abs. 1 BVerfGG zugedacht. Vielmehr soll es mittels der Verfassungsbeschwerde als „außerordentlichem Rechtsbehelf" allein Verstöße der öffentlichen Gewalt speziell gegen Grundrechte oder grundrechtsgleiche Rechte überprüfen.[1561]

[1557] BVerfGE 70, 138 (162). Ebenso BVerfGE 124, 235 (241 f.); *Pieroth*, in: Jarass/Pieroth, GG, Art. 93 Rn. 72 m. w. N. auch zur **a. A.** des Ersten Senats des BVerfG, u. a. BVerfGE 82, 6 (18). Vgl. auch BVerfGE 42, 312 (325 f.); 123, 148 (177) und siehe *Wilms*, Staatsrecht II, Rn. 1165. Sofern etwa ein Gesetz zwar **nicht den Beschwerdeführer in seinen** Grundrechten oder grundrechtsgleichen **Rechten verletzt, jedoch aus anderen Gründen verfassungswidrig ist, erklärt** das BVerfG das **Gesetz für nichtig, weist** die **Verfassungsbeschwerde** aber mangels subjektiver Rechtsverletzung des Beschwerdeführers **als unbegründet zurück**, siehe BVerfGE 84, 133 (155 f.; 160); *Detterbeck*, Öffentliches Recht, Rn. 636.

[1558] Vgl. BVerfGE 113, 29 (47) und siehe Rn. 571 sowie *Pieroth/Schlink*, Grundrechte, Rn. 1276 m. w. N.

[1559] Vgl. *Detterbeck*, Öffentliches Recht, Rn. 602; *Hillgruber/Goos*, Verfassungsprozessrecht, Rn. 179; *Papier/Krönke*, Grundkurs Öffentliches Recht 2, Rn. 79; *Scherzberg/Mayer*, Jura 2004, S. 663 = *Scherzberg*, in: Ehlers/Schoch, Rechtsschutz im Öffentlichen Recht, § 13 Rn. 120; *Sodan/Ziekow*, Grundkurs Öffentliches Recht, § 51 Rn. 60. Entsprechendes gilt bzgl. **Exekutivakte**n, siehe *Fleury*, Verfassungsprozessrecht, Rn. 368 und vgl. *Gersdorf*, Verfassungsprozessrecht und Verfassungsmäßigkeitsprüfung, Rn. 74.

[1560] BVerfGE 7, 198 (207). „Super" (lat.): „über".

[1561] *Epping*, Grundrechte, Rn. 207; *Pieroth/Schlink*, Grundrechte, Rn. 1279. Deutlich auch BVerfG, Merkblatt zur Verfassungsbeschwerde (dort unter „I."), abrufbar unter http://www.bundesverfassungsgericht.de/organisation/vb_merkblatt.html: „Verfassungsbeschwerden gegen gerichtliche Entscheidungen führen nicht zur Überprüfung im vollen Umfang, sondern nur zur Nachprüfung auf **verfassungsrechtliche** Verstöße. Selbst wenn die Gestaltung des Verfahrens, die Feststellung und Würdigung des Sachverhalts, die Auslegung eines Gesetzes oder seine Anwendung auf den einzelnen Fall Fehler aufweisen sollten, bedeutet dies für sich allein nicht schon eine Grundrechtsverletzung" (Hervorhebung abweichend vom Original). Siehe auch Rn. 223, 571.

Um dies sicherzustellen, ist die Überprüfung von Gerichtsentscheidungen durch das 654
BVerfG nach der sog. **Heck'schen Formel** auf die Verletzung sog. „**spezifischen Verfas-**
sungsrechts" beschränkt:[1562] „Die Gestaltung des Verfahrens, die Feststellung und Würdigung des Tatbestandes, die Auslegung des einfachen Rechts und seine Anwendung auf den
einzelnen Fall sind allein Sache der dafür allgemein zuständigen Gerichte und der Nachprüfung durch das BVerfG entzogen; nur bei einer Verletzung von spezifischem Verfassungsrecht durch die Gerichte kann das BVerfG auf Verfassungsbeschwerde hin eingreifen.
Spezifisches Verfassungsrecht ist aber nicht schon dann verletzt, wenn eine Entscheidung,
am einfachen Recht gemessen, objektiv fehlerhaft ist; der Fehler muss gerade in der Nichtbeachtung von Grundrechten liegen."[1563] Letzteres ist der sog. **Schumann'schen Formel**
zufolge zumindest dann zu bejahen, wenn die Auslegung des einfachen Gesetzesrechts
durch die Gerichte „zu einem Ergebnis führt, das nicht einmal der Gesetzgeber anordnen
könnte."[1564] Doch auch unterhalb dieser Schwelle bejaht das BVerfG einen Verstoß gegen
spezifisches Verfassungsrecht, wenn

- „bei Auslegung und Anwendung einfachen Rechts der **Einfluss der Grundrechte** 655
  grundlegend verkannt ist",[1565] d. h. das einschlägige Grundrecht entweder vollständig übersehen (nicht „erkannt") oder aber grundsätzlich falsch angewandt („verkannt")
  wurde – sei es auf Schutzbereichs-, Eingriffs- oder Rechtfertigungsebene oder weil im
  konkreten Fall die Anwendbarkeit der Grundrechte durch die Fachgerichte unzutreffend
  verneint wurde.[1566]

Beispiel 114[1567]

Die A-AG gibt eine Werkszeitung heraus, in der unter der Rubrik „tacheles" Zuschrif- 656
ten von Mitarbeitern des Unternehmens zu betrieblichen Themen anonym veröffentlicht werden. Nachdem in einer dieser Ausgaben der Betriebsrat der A-AG als ver-
antwortungsloser und arroganter „Verweigerungsrat" mit miserablen Ruf bezeichnet
wurde, beantragte dieser vor dem Arbeitsgericht mit Erfolg, es der A-AG zu untersagen, Stellungnahmen von Mitarbeitern ohne Angabe des Verfassernamens im Rahmen
des „tacheles"-Programms zu veröffentlichen, soweit sie sich in bewertender Weise auf
die Tätigkeit des Betriebsrats beziehen. Gestützt hat das Gericht seine Entscheidung allein auf die Erwägung, dass dem Arbeitgeber nach dem betriebsverfassungsrechtlichen

---

[1562] So bereits BVerfGE 1, 418 (420).
[1563] BVerfGE 18, 85 (92). Vgl. auch BVerfG, ZfBR 2012, S. 148 (149) m. w. N.: „Soweit sich die
[Verfassungs-]Beschwerde gegen Gerichtsurteile wendet, kann das BVerfG **nicht** untersuchen, **ob**
diese **vom einfachen Recht her ‚richtig'** sind" (Hervorhebungen d. d. Verf.).
[1564] BVerfGE 89, 28 (36). Vgl. *Schumann, Ekkehard*, Verfassungs- und Menschenrechtsbeschwerde
gegen richterliche Entscheidungen, Berlin 1963, S. 207.
[1565] BVerfGE 89, 276 (285) (Hervorhebungen d. d. Verf.).
[1566] Vgl. BVerfG, NZG 2011, S. 1262 (1266) und siehe *Papier/Krönke*, Grundkurs Öffentliches Recht 2,
Rn. 80; *Pieroth/Schlink*, Grundrechte, Rn. 1288 m. w. N. aus der BVerfG-Rspr.; *Sodan/Ziekow*, Grundkurs Öffentliches Recht, § 51 Rn. 61. Siehe auch Rn. 606.
[1567] Nach BVerfGE 95, 28. Siehe auch **Beispiele 72, 91**.

System nicht die Position eines neutralen Vermittlers oder die Rolle eines Moderators zwischen Betriebsrat und Betriebsangehörigen zukomme, was jedoch im Rahmen des „tacheles"-Programms geschehen sei. Die A-AG vertritt die Auffassung, das Gericht habe durch seine Entscheidung „spezifisches Verfassungsrecht", nämlich ihr Grundrecht auf Pressefreiheit aus Art. 5 Abs. 1 Satz 2 i. V. m. Art. 19 Abs. 3 GG, verletzt. Hat sie hiermit Recht?

Ja. Zunächst entband der Umstand, dass das Gericht einen privatrechtlichen Streit zu entscheiden hatte, aufgrund der mittelbaren Drittwirkung der Grundrechte im Privatrecht nicht von der Verpflichtung, die Pressefreiheit der A-AG zu berücksichtigen. Auslegung und Anwendung namentlich des Betriebsverfassungsgesetzes (BetrVG) sind zwar Sache der Arbeitsgerichte. Wirkt sich aber die einschlägige betriebsverfassungsrechtliche Norm oder ihre Anwendung im Einzelfall beschränkend auf eine grundrechtlich geschützte Tätigkeit aus, so haben die Arbeitsgerichte der Bedeutung und Tragweite des betroffenen Grundrechts bei der Rechtsanwendung Rechnung zu tragen. Da der Rechtsstreit ungeachtet dessen ein privatrechtlicher bleibt, prüft das BVerfG insoweit allerdings nur nach, ob die wertsetzende Bedeutung des betroffenen Grundrechts bei der Auslegung und Anwendung des einfachen Rechts ausreichend beachtet worden ist. Daran fehlt es insbesondere dann, wenn das Zivilgericht den grundrechtlichen Einfluss überhaupt nicht berücksichtigt oder unzutreffend eingeschätzt hat und die Entscheidung auf dieser Verkennung des Grundrechtseinflusses beruht. Genauso verhält es sich bzgl. der hier vorliegenden arbeitsgerichtlichen Entscheidung. Diese lässt nämlich nicht erkennen, dass sich das Gericht überhaupt der Auswirkung seines Beschlusses auf die Pressefreiheit der Beschwerdeführerin bewusst war. Denn nicht nur fehlt es an einer ausdrücklichen Erwähnung von Art. 5 Abs. 1 Satz 2 GG. Auch sinngemäß ist das Gericht auf dieses Grundrecht nicht eingegangen. Vielmehr hat es seine Entscheidung völlig losgelöst von dem Umstand, dass das beanstandete Verhalten im Rahmen einer Presseveröffentlichung stattfand, einzig auf die Erwägung gestützt, dass dem Arbeitgeber nach dem betriebsverfassungsrechtlichen System nicht die Position eines neutralen Vermittlers oder die Rolle eines Moderators zwischen Betriebsrat und Betriebsangehörigen zukomme.

657 „Demgegenüber kann das BVerfG einer zivilgerichtlichen Entscheidung nicht schon dann entgegentreten, wenn es bei der Beurteilung der widerstreitenden Grundrechtspositionen lediglich die Akzente anders gesetzt und daher selbst anders entschieden hätte."[1568]

658 • die fachgerichtliche Entscheidung (inhaltlich) **willkürlich** ist, vgl. Art. 3 Abs. 1 GG.[1569] „Willkürlich ist ein Richterspruch nur dann, wenn er unter keinem denkbaren Aspekt rechtlich vertretbar ist und sich daher der Schluss aufdrängt, dass er auf sachfremden

---

[1568] BVerfG, NJW 2011, S. 740 (741) m. w. N.
[1569] *Fleury*, Verfassungsprozessrecht, Rn. 366.

Erwägungen beruht. Das ist anhand objektiver Kriterien festzustellen. Schuldhaftes Handeln des Richters ist nicht erforderlich. Fehlerhafte Auslegung eines Gesetzes allein macht eine Gerichtsentscheidung nicht willkürlich. Willkür liegt vielmehr erst vor, wenn eine offensichtlich einschlägige Norm nicht berücksichtigt oder der Inhalt einer Norm in krasser Weise missdeutet wird. Von willkürlicher Missdeutung kann jedoch nicht gesprochen werden, wenn das Gericht sich mit der Rechtslage eingehend auseinandersetzt und seine Auffassung nicht jedes sachlichen Grundes entbehrt."[1570]

Beispiel 115[1571]

Grundstückseigentümer E beantragt mit seiner vor dem Amtsgericht gegen seinen Nachbarn N erhobenen Klage, die von diesem gepflanzte Hecke bis zu einem Grenzabstand von 0,75 m zurückzuversetzen. Aufgrund eines Sachverständigengutachtens, wonach die streitbefangene Hecke eine Höhe von 1,20 m hat und ihr Grenzabstand zwischen 0,35 m und 0,45 m beträgt, gibt das Amtsgericht der Klage des E statt. Zur Begründung verweist das Gericht auf § 39 LNachbG, wonach „für eine Hecke bis zu einer Höhe von 2 m ein Mindestgrenzabstand von 0,50 m einzuhalten" ist. Nach erfolgloser Erschöpfung des Rechtswegs macht N vor dem BVerfG im Wege der Verfassungsbeschwerde die Verletzung seines Grundrechts aus Art. 3 Abs. 1 GG geltend. Hat N in der Sache Erfolg?

Ja. Ein Eingreifen des BVerfG gegenüber Entscheidungen der Fachgerichte kommt unter dem Gesichtspunkt der Verletzung des Gleichheitssatzes zwar nur in dem seltenen Ausnahmefall in Betracht, dass die Rechtsanwendung im konkreten Fall willkürlich ist. Die Auslegung des einfachen Rechts und seine Anwendung auf den konkreten Fall sind nämlich Sache der dafür zuständigen Fachgerichte und daher der Nachprüfung durch das BVerfG entzogen. Allerdings liegt hier gerade die o. g. Ausnahmesituation einer willkürlichen Gerichtsentscheidung vor. Denn die von E angegriffene Entscheidung ist sachlich schlechthin unvertretbar und damit objektiv willkürlich. So hat das Amtsgericht in offenkundigem Widerspruch zu seiner eigenen, auf dem Sachverständigengutachten beruhenden tatsächlichen Feststellung, dass die hier fragliche Hecke eine Höhe von 1,20 m aufweist, und seiner rechtlichen Folgerung, dass gem. § 39 LNachbG „für eine Hecke bis zu einer Höhe von 2 m ein Mindestgrenzabstand von 0,50 m einzuhalten" sei, N verurteilt, die Hecke auf einen Abstand von 0,75 m zurückzusetzen. Diese Entscheidung ist nicht verständlich; sie ist somit objektiv willkürlich.

- die **Grenzen zulässiger richterlichen Rechtsfortbildung überschritten** werden.[1572] 660 Hierbei geht es weniger um das Ergebnis der jeweiligen gerichtlichen Entscheidungen als vielmehr um „den Weg, auf dem die Gerichte zu diesem Ergebnis gelangt sind." Angesichts der Bindung des Richters an das Gesetz (Art. 20 Abs. 3, Art. 97 Abs. 1 GG) würde er die Verfassung nämlich auch dann „verletzen, wenn er zu einem Ergebnis,

---

[1570] BVerfGE 87, 273 (278 f.). Siehe auch Rn. 548.
[1571] Nach BVerfGE 70, 93. Siehe auch BVerfG, NJW 2011, S. 3217.
[1572] *Pieroth/Schlink*, Grundrechte, Rn. 1285.

das den Wertvorstellungen der Verfassung entspräche, auf einem methodischen Wege gelangte, der die dem Richter bei der Rechtsfindung gezogenen verfassungsrechtlichen Grenzen mißachtete",[1573] z. B. weil sich seine Entscheidung mit keiner der anerkannten Auslegungsmethoden von Grammatik, Systematik, Historie und Telos begründen lässt.[1574] Denn „der Richter kann die Wertvorstellungen des Grundgesetzes nicht in beliebiger Weise in seinen Entscheidungen zur Geltung bringen [...]. Auch eine so getroffene Entscheidung müßte vom BVerfG beanstandet werden."[1575]

Beispiel 116[1576]

661   F ist Geschäftsführer der G-GmbH, einer privaten Untersuchungsstelle i. S. v. § 9 Abs. 1 Satz 1 BSeuchG a. F. Am 15.7. sandte die G-GmbH einen Laborbericht über den Nachweis von „Salmonella Enteritidis" im Doppel „zur Weiterleitung an das zuständige Gesundheitsamt" an Ärztin A, die die Proben eingesandt hatte. A leitete den Bericht an das zuständige Gesundheitsamt weiter, wo er eine Woche später einging. Weil F den Untersuchungsbefund entgegen § 9 Abs. 1 Satz 1 BSeuchG a. F. nicht „unverzüglich" dem für den Aufenthaltsort des Betroffenen zuständigen Gesundheitsamt gemeldet habe, setzte die Kreisverwaltung gegen ihn gem. § 69 Abs. 1 Nr. 1 BSeuchG a. F. ein Bußgeld fest. Auf den Einspruch des F hin bestätigte das Amtsgericht die Geldbuße. Die Einlassung des F, das für den Aufenthaltsort des Betroffenen zuständige Gesundheitsamt sei ihm nicht bekannt gewesen, wies das Gericht unter Hinweis darauf zurück, dass es zu seinen Obliegenheiten gehöre, den behandelnden Arzt nach dem zuständigen Gesundheitsamt zu befragen. F hält dies für unzutreffend, da ihm das BSeuchG keine Pflicht auferlege, seinerseits Erkundigungen nach dem zuständigen Gesundheitsamt anzustellen, und erhebt daher in zulässiger Weise Verfassungsbeschwerde gegen die gerichtliche Entscheidung. Hat die Verfassungsbeschwerde in der Sache Erfolg, wenn § 9 Abs. 1 Satz 1 BSeuchG a. F. lautet: „Die Leiter von [...] privaten Untersuchungsstellen haben jeden Untersuchungsbefund, der auf einen meldepflichtigen Fall [...] schließen läßt, unverzüglich dem für den Aufenthaltsort des Betroffenen zuständigen Gesundheitsamt zu melden"? § 69 Abs. 1 Nr. 1 BSeuchG a. F. bestimmt: „Ordnungswidrig handelt, wer [...] einer Meldepflicht nach [...] § 9 Abs. 1 [...] zuwiderhandelt."

         Ja. Die Verfassungsbeschwerde hat in der Sache Erfolg, weil die mit ihr angegriffene Gerichtsentscheidung nicht mit Art. 103 Abs. 2 GG vereinbar ist. Danach kann eine Tat nur dann bestraft werden, wenn die Strafbarkeit gesetzlich bestimmt war, bevor die Tat begangen wurde. Dies gilt auch für Bußgeldtatbestände. Nach § 69 Abs. 1

[1573] BVerfGE 34, 269 (280).

[1574] BVerfGE 113, 88 (104) unter Hinweis auf BVerfGE 93, 37 (81), wo es u. a. heißt: Die **(verfassungskonforme)** „**Auslegung** findet ihre **Grenzen** [...] dort, wo sie zu dem **Wortlaut** und dem klar erkennbaren **Willen des Gesetzgebers** in Widerspruch treten würde" (Hervorhebungen d. d. Verf.). Siehe auch Rn. 84.

[1575] BVerfGE 34, 269 (280).

[1576] Nach BVerfGE 71, 108; BVerfG, NJW 1995, S. 3050. Siehe auch BVerfG, NJW 2010, S. 754 und **Beispiel 40**.

Nr. 1 BSeuchG a. F. bußgeldbewehrt ist allein ein Verstoß gegen die Meldepflicht des § 9 Abs. 1 Satz 1 BSeuchG a. F. Die Auffassung des Gerichts, nach der die Verpflichtung zur unverzüglichen Meldung generell auch die Obliegenheit erfassen soll, das zuständige Gesundheitsamt zu ermitteln, und eine Zuwiderhandlung hiergegen nach § 69 Abs. 1 Nr. 1 BSeuchG bußgeldbewehrt sein soll, vermischt die bußgeldbewehrte Meldepflicht mit einer etwa daneben bestehenden – für sich aber nicht bußgeldbewehrten – Ermittlungspflicht. Hierin liegt ein Analogieschluss zuungunsten des F.

Grundsätzlich ist die analoge Anwendung einfachgesetzlicher Vorschriften von Verfassungs wegen nicht zu beanstanden. Zwar ergibt sich aus dem in Art. 20 Abs. 3 GG angeordneten Vorrang des Gesetzes, dass der Bürger sein Verhalten auf den Inhalt der Rechtsordnung einstellen und dementsprechend disponieren können muss. Hat der Gesetzgeber eine eindeutige Entscheidung getroffen, so darf der Richter diese nicht aufgrund eigener rechtspolitischer Vorstellungen verändern und durch eine judikative Lösung ersetzen, die im Parlament so nicht erreichbar war. Allerdings kann die tatsächliche oder rechtliche Entwicklung eine bis dahin eindeutige und vollständige Regelung lückenhaft, ergänzungsbedürftig und zugleich ergänzungsfähig werden lassen. Die verfassungsrechtliche Zulässigkeit der Lückensuche und -schließung durch die Judikative findet ihre Rechtfertigung u. a. darin, dass Gesetze einem „Alterungsprozess" unterworfen sind. Sie stehen in einem Umfeld sozialer Verhältnisse und gesellschaftspolitischer Anschauungen, mit deren Wandel sich auch der Inhalt einer Norm ändern kann. In dem Umfang, in dem sich aufgrund solcher Wandlungen Regelungslücken bilden, verliert das Gesetz seine Fähigkeit, für alle Fälle, auf die seine Regelung abzielt, eine gerechte Lösung bereit zu halten. Insoweit sind die Gerichte daher befugt und verpflichtet zu prüfen, was unter den veränderten Umständen „Recht" i. S. v. Art. 20 Abs. 3 GG ist. Die in diesem Zusammenhang bemühte Methode der Analogie wird diesen verfassungsrechtlichen Anforderungen gerecht. Sie geht zwar über die Auslegung im engen Sinne hinaus, weil sie den Anwendungsbereich einer Norm auf einen Fall erstreckt, der von ihrem Wortlaut nicht erfasst wird. Diese Rechtsfortbildung stellt aber nicht die Äußerung unzulässiger richterlicher Eigenmacht dar, durch die der erkennbare Wille des Gesetzgebers beiseitegeschoben und durch eine autark getroffene richterliche Abwägung der Interessen ersetzt wird. Vielmehr wird aus den Wertungen des Gesetzes entnommen, ob eine Lücke besteht und in welcher Weise sie geschlossen wird.

Diese Vorgehensweise ist den Gerichten im hier vorliegenden Rahmen allerdings durch Art. 103 Abs. 2 GG untersagt. Diese Vorschrift verpflichtet den Gesetzgeber – neben dem hier nicht zu thematisierenden Rückwirkungsverbot – dazu, die Voraussetzungen der Strafbarkeit so konkret zu umschreiben, dass Tragweite und Anwendungsbereich der Straftatbestände zu erkennen sind und sich durch Auslegung ermitteln lassen. Hierdurch soll einerseits sichergestellt werden, dass der Normadressat vorhersehen kann, welches Verhalten mit Strafe oder Buße bedroht ist, und andererseits gewährleisten, dass der Gesetzgeber – und nicht erst die Gerichte – über die Strafbarkeit oder Ahnbarkeit entscheidet. Insoweit enthält Art. 103 Abs. 2 GG einen strengen Gesetzesvorbehalt, welcher es der vollziehenden und der rechtsprechenden Gewalt verwehrt, über die Voraussetzungen einer Bestrafung oder der Auslegung eines Bußgeldes selbst zu entscheiden. Dieses in Art. 103 Abs. 2 GG statuierte Erfordernis gesetzlicher Bestimmtheit schließt eine analoge oder gewohnheitsrechtliche Strafbegründung aus. Dabei ist „Analogie" nicht etwa im engeren technischen Sinne zu verstehen. Ausgeschlossen ist vielmehr jedwede Rechts-„Anwendung", die über den Inhalt einer gesetzlichen Sanktionsnorm hinausgeht. Art. 103 Abs. 2 GG zieht der Auslegung von Straf- und Bußgeldvorschriften folglich eine verfassungsrechtliche Schranke. Da Gegenstand der Interpretation gesetzlicher Bestimmungen immer nur der Gesetzeswortlaut sein kann, erweist dieser sich als maßgebendes Kriterium: Der – aus Sicht des Bürgers zu bestimmende – mögliche Wortsinn des Gesetzes markiert die äußerste Grenze zulässiger richterlicher Auslegung. Vorliegend hat das Gericht diesen überschritten.

662   Die Einhaltung der vorstehend aufgezeigten Grenzen „kontrolliert das BVerfG gleichermaßen und unabhängig davon, ob das anzuwendende einfache nationale Recht der **Umsetzung einer Richtlinie der Europäischen Union** dient oder nicht. Dem steht nicht entgegen, dass der aus Art. 4 Abs. 3 EUV folgende Grundsatz der Unionstreue alle mitgliedstaatlichen Stellen, also auch Gerichte, dazu verpflichtet, diejenige Auslegung des nationalen Rechts zu wählen, die dem Inhalt einer EU-Richtlinie in der ihr vom EuGH gegebenen Auslegung entspricht. Denn die unionsrechtliche Pflicht zur richtlinienkonformen Auslegung verpflichtet das nationale Gericht zwar, durch ‚die Anwendung seiner Auslegungsmethoden' ein richtlinienkonformes Ergebnis zu erzielen. Besteht ein Auslegungsspielraum, ist das nationale Gericht verpflichtet, diesen soweit wie möglich auszuschöpfen. Mehrere mögliche Auslegungsmethoden sind daher hinsichtlich des Richtlinienziels bestmöglich anzuwenden im Sinne eines Optimierungsgebots. Allerdings findet die Pflicht zur Verwirklichung des Richtlinienziels im Auslegungswege zugleich ihre Grenzen an dem nach innerstaatlicher Rechtstradition methodisch Erlaubten."[1577]

663   Auch innerhalb der drei vorgenannten Fallgruppen lassen sich die Grenzen des Kontrollumfangs durch das BVerfG allerdings „nicht starr und gleichbleibend" ziehen. Vielmehr hängen sie namentlich von der **Intensität** der Grundrechtsbeeinträchtigung ab: „Je mehr eine [...] gerichtliche Entscheidung grundrechtsgeschützte Voraussetzungen freiheitlicher Existenz und Betätigung verkürzt, desto eingehender muss die verfassungsgerichtliche Prüfung sein, ob eine solche Verkürzung verfassungsrechtlich gerechtfertigt ist."[1578]

[1577] BVerfG, NJW 2012, S. 669 (670 f.) m. w. N. (Hervorhebungen d. d. Verf.).

[1578] BVerfGE 61, 1 (6). So prüft das BVerfG namentlich bei **strafgerichtlichen Eingriffen** in die **Meinungsfreiheit** des Art. 5 Abs. 1 Satz 1 1. Hs. GG nicht nur, „ob die angegriffenen Entscheidungen Fehler erkennen lassen, die auf einer grundsätzlich unrichtigen Anschauung von der Bedeutung des Grundrechts, insbesondere vom Umfang seines Schutzbereichs, beruhen", sondern prüft auch im Einzelnen nach, „ob jene Entscheidungen bei der Feststellung und Würdigung des Tatbestandes sowie der Auslegung und Anwendung einfachen Rechts die verfassungsrechtlich gewährleistete Meinungsfreiheit verletzt haben", BVerfGE 82, 43 (50). Siehe auch BVerfG, NJW 2009, S. 3151 m. w. N. und Rn. 397.

Soweit es dagegen für die Entscheidung über die Begründetheit der Verfassungs-   664
beschwerde auf die **Verfassungsmäßigkeit einer Rechtsnorm** ankommt – sei es, weil
diese unmittelbar in ein Grundrecht oder grundrechtsgleiches Recht des Beschwerdeführ-
rers eingreift oder aber der betreffende exekutive/judikative Eingriffsakt hierauf beruht
(sog. mittelbare Gesetzesverfassungsbeschwerde; vgl. Rn. 221 ff., 645) – hat das Bestreben des BVerfG, nicht „Superrevisionsgericht" zu sein, keine Bedeutung, steht insoweit
doch nicht das Verhältnis zu den Gerichten, sondern vielmehr zum Gesetzgeber in Rede.[1579] Folglich gelangt in dieser Hinsicht der auf die Verletzung von „spezifischem
Verfassungsrecht" reduzierte Kontrollumfang nicht zur Anwendung, sondern prüft das
BVerfG die Verfassungsmäßigkeit des betreffenden Gesetzes, ebenso wie bei „unmittelbaren Gesetzesverfassungsbeschwerden", uneingeschränkt nach – und das seit seiner *Elfes*-
Entscheidung aus dem Jahr 1957 sowohl in formeller als auch in materieller Hinsicht, verletzt ein den Beschwerdeführer belastendes **Gesetz**, das verfassungswidrig ist, diesen doch
zumindest in seinem Grundrecht aus Art. 2 Abs. 1 GG.[1580] Beruht eine den Beschwerdeführer belastende **Verwaltungs-/Gerichtsentscheidung** auf einem verfassungswidrigen
Gesetz, so ist die gegen sie gerichtete Verfassungsbeschwerde daher allein schon aus diesem
Grund begründet (Verstoß gegen den Gesetzesvorbehalt).[1581]

[1579] *Schlaich/Korioth*, Das Bundesverfassungsgericht, Rn. 326. Zum Prüfungsumfang des BVerfG im
Rahmen einer Verfassungsbeschwerde speziell zur Frage, ob sich eine **Rechtsverordnung** noch im
Rahmen ihrer gesetzlichen Ermächtigungsgrundlage hält, siehe *Scherzberg/Mayer*, Jura 2004, S. 663
(664) = *Scherzberg*, in: Ehlers/Schoch, Rechtsschutz im Öffentlichen Recht, § 13 Rn. 122. Siehe auch
Rn. 184.
[1580] Vgl. BVerfGE 6, 32 (41) und siehe *Detterbeck*, Öffentliches Recht, Rn. 604; *Fleury*, Verfassungsprozessrecht, Rn. 369. „In solchen Fällen bildet die Verfassungsmäßigkeit [der] Rechtsnorm eine
Vorfrage der Grundrechtsprüfung. **Prüfungsmaßstab** für die Begründetheit der Verfassungsbeschwerde **bleibt jedoch ausschließlich das betreffende Grundrecht**, auch wenn im Rahmen dieses
Prüfungsmaßstabs die Gültigkeit des grundrechtsbeschränkenden Gesetzes am gesamten GG gemessen werden muss", *Stein/Frank*, Staatsrecht, § 28 I 5 (Hervorhebungen d. d. Verf.). Siehe auch Rn. 166,
522 und **Beispiel 39**.
[1581] Vgl. *Fleury*, Verfassungsprozessrecht, Rn. 366, 368; *Sodan/Ziekow*, Grundkurs Öffentliches Recht,
§ 51 Rn. 61, 63.

C. Entscheidung des BVerfG

Ist die Verfassungsbeschwerde im konkreten Fall unzulässig, so wird sie vom BVerfG „ver-   665
worfen".[1582] Ist sie demgegenüber zwar zulässig, aber unbegründet, so lautet der Tenor:
„Die Verfassungsbeschwerde wird **zurückgewiesen**."[1583] Für den Erfolgsfall, d. h. bei Zulässigkeit und Begründetheit der Verfassungsbeschwerde, sind § 95 BVerfGG nähere Vorgaben bzgl. des Entscheidungsinhalts zu entnehmen. Danach

- „ist" in der Entscheidung **festzustellen**, welche Vorschriften des Grundgesetzes durch   666
  welche Handlung oder Unterlassung verletzt wurden, siehe § 95 Abs. 1 Satz 1
  BVerfGG;[1584]
- **hebt** das BVerfG bei Verfassungsbeschwerden gegen eine (Verwaltungs-/Gerichts-)   667
  Entscheidung diese **auf** (sog. Kassation) und weist die Sache in den Fällen des § 90
  Abs. 2 Satz 1 BVerfGG, d. h. sofern vor der Verfassungsbeschwerde der Rechtsweg
  beschritten wurde,[1585] an ein zuständiges Gericht zurück, siehe § 95 Abs. 2 BVerfGG;

[1582] Siehe z. B. BVerfGE 28, 17 (18) und allgemein *Sachs*, Verfassungsprozessrecht, Rn. 559. Unzu-
lässige Verfassungsbeschwerden werden **i. d. R.** allerdings schon **nicht zur Entscheidung angenommen**, siehe Rn. 574 und *Sodan/Ziekow*, Grundkurs Öffentliches Recht, § 52 Rn. 66, 72.
[1583] Siehe etwa BVerfGE 13, 225 (226) (Hervorhebung d. d. Verf.) und *Papier/Krönke*, Grundkurs
Öffentliches Recht 2, Rn. 85. (Negativ-)Beispiele für nicht mögliche Entscheidungsinhalte nennen
Zippelius/Würtenberger, Deutsches Staatsrecht, § 49 Rn. 117 m. w. N. Zu **Appellentscheidungen**
(„Gesetz ist ‚noch' verfassungsgemäß", BVerfG appelliert aber an den Gesetzgeber, tätig zu werden, um eine in der Zukunft drohende Verfassungswidrigkeit abzuwenden) siehe *Schlaich/Korioth*,
Das Bundesverfassungsgericht, Rn. 431 ff. und zu **Warn-/Ankündigungsentscheidungen** (BVerfG
signalisiert Rechtsprechungsänderung) siehe *Benda/Klein*, Verfassungsprozessrecht, Rn. 1410. Zur
verfassungskonformen Auslegung siehe Rn. 84 f.
[1584] Gem. **§ 95 Abs. 1 Satz 2 BVerfGG** „kann" das BVerfG „zugleich aussprechen, dass auch jede
Wiederholung der beanstandeten Maßnahme das Grundgesetz verletzt".
[1585] BVerfGE 6, 386 (388); *Fleury*, Verfassungsprozessrecht, Rn. 370; *Pestalozza*, Verfassungsprozessrecht, § 12 Rn. 69; *Sachs*, Verfassungsprozessrecht, Rn. 557. „Dies ist Ausdruck der Funktionenteilung
zwischen Fachgerichtsbarkeit und Verfassungsgerichtsbarkeit: Das BVerfG ist allein dazu berufen,

---

M. Wienbracke, *Einführung in die Grundrechte*, FOM-Edition,   341
DOI 10.1007/978-3-658-00764-5_8, © Springer Fachmedien Wiesbaden 2013

668   • „ist" bei Rechtssatzverfassungsbeschwerden das **Gesetz** gem. § 95 Abs. 3 Satz 1 BVerfGG
        grundsätzlich (*ex tunc*[1586] und *ipso iure*[1587]) für „**nichtig**" zu erklären.[1588] Das Gleiche
        gilt, wenn der gegen eine Verwaltungs-/Gerichtsentscheidung gerichteten Verfassungs-
        beschwerde stattgegeben wird, weil die aufgehobene Entscheidung auf einem verfas-
        sungswidrigen Gesetz beruht, siehe § 95 Abs. 3 Satz 2 BVerfGG.

669   Trotz Verstoßes eines Gesetzes gegen das Grundgesetz erklärt das BVerfG Ersteres al-
        lerdings dann nicht für nichtig, sondern bloß als mit Letzterem „**unvereinbar**" (vgl.
        § 31 Abs. 2 Satz 2, 3, § 79 Abs. 1 i. V. m. § 95 Abs. 3 Satz 3 BVerfGG), wenn dies aus
        „übergeordneten Gründen"[1589] geboten erscheint, d. h. „die sofortige Ungültigkeit der
        zu beanstandenden Norm dem Schutz überragender Güter des Gemeinwohls die Grund-
        lage entziehen würde und eine Abwägung mit den betroffenen Grundrechten ergibt, dass
        der Eingriff für eine Übergangszeit hinzunehmen ist."[1590]

670   Ein Unterschied zwischen diesen beiden Entscheidungsaussprüchen besteht darin, dass
        im Fall der Nichtigerklärung einer verfassungswidrigen Norm diese beseitigt ist und
        alle noch nicht bestands- und/oder rechtskräftig abgeschlossenen Verwaltungs- und Ge-
        richtsverfahren grundsätzlich auf Basis der übrigen bestehenden gesetzlichen Grundla-
        gen zu Ende zu führen sind.[1591] Demgegenüber führt die Unvereinbarkeitserklärung

---

einen verfassungsrechtlich relevanten Fehler festzustellen und die fehlerhafte Entscheidung aufzuheben; die erneute Entscheidung – nunmehr unter Beachtung der Rechtsauffassung des BVerfG –
steht dagegen allein dem Fachgericht zu", *Benda/Klein*, Verfassungsprozessrecht, Rn. 615. Siehe auch
Rn. 223, 653.

[1586] Lat.: „von Anfang an" (und nicht *ex nunc*, d. h. „von jetzt an"), siehe *Schlaich/Korioth*, Das Bundesverfassungsgericht, Rn. 379. Gemeint ist der Entstehungszeitpunkt der Kollision zwischen dem
Gesetz und der durch dieses verletzten Verfassungsnorm, siehe *Benda/Klein*, Verfassungsprozessrecht, Rn. 1375.

[1587] Lat.: „kraft Gesetzes". Die **Nichtigkeitserklärung durch** das **BVerfG** hat keine konstitutive, sondern **nur** eine **feststellende Wirkung**. Sie „beseitigt allenfalls den Rechtsschein der Gültigkeit eines
Gesetzes", siehe *Gaier*, JuS 2011, S. 961 (962) m. w. N.

[1588] Genauer: Nur die **verfassungswidrige Norm** des Gesetzes – und dies auch bloß in dem Umfang,
in dem der betreffende Absatz, Satz oder Satzteil der Norm in Widerspruch zum Grundgesetz steht,
siehe *Schlaich/Korioth*, Das Bundesverfassungsgericht, Rn. 384. Diese **Teilnichtigkeit** führt nur ausnahmsweise dann zur Nichtigkeit der **ganzen Norm**, wenn deren „übrigen mit der Verfassung zu
vereinbarenden Bestimmungen keine selbständige Bedeutung haben; ferner, wenn die verfassungswidrigen Vorschriften Teil einer Gesamtregelung sind, die ihren Sinn und ihre Rechtfertigung verlöre,
nähme man einen ihrer Bestandteile heraus, wenn also die nichtige Bestimmung mit den übrigen Bestimmungen so verflochten ist, daß sie eine untrennbare Einheit bilden, die nicht in ihre einzelnen
Bestandteile zerlegt werden kann", BVerfGE 65, 325 (358). Dies kann – ebenso wie formelle Ver-
fassungsverstöße (z. B. fehlende Gesetzgebungskompetenz oder Verstoß gegen Art. 76 ff. GG) – zur
Nichtigkeit des **gesamten Gesetzes** führen, siehe *Degenhardt, Christoph*, Staatsrecht I, 27. Auflage,
Heidelberg 2011, Rn. 804.

[1589] *Sachs*, Verfassungsprozessrecht, Rn. 156.

[1590] BVerfGE 109, 190 (235 ff.).

[1591] *Schlaich/Korioth*, Das Bundesverfassungsgericht, Rn. 424. Vgl. auch *Hömig, Dieter*, in:
Maunz/Schmidt-Bleibtreu/Klein/Bethge, BVerfGG, 31. EGL, München 2009, § 95 Rn. 38. Siehe ferner *Schlaich/Korioth*, Das Bundesverfassungsgericht, Rn. 424: „Im Falle der **Nichtigerklärung** ist das

einer gesetzlichen Vorschrift mit dem Grundgesetz i. d. R. dazu, dass alle bei Behörden und Gerichten anhängige (laufende, schwebende) **Verfahren**, in denen die mit dem
Grundgesetz für unvereinbar erklärte Norm einschlägig ist (z. B. Beschränkung der sog.
Pendlerpauschale gem. § 9 Abs. 2 Satz 2 EStG a. F. auf Aufwendungen „ab dem 21. Entfernungskilometer"), bis zur Neuregelung durch den Gesetzgeber **auszusetzen** sind.[1592]
So ist gewährleistet, dass die Betroffenen in den Genuss einer für sie günstigeren Neuregelung kommen können, hat der Gesetzgeber als „Regelfolge der Unvereinbarkeit"[1593]
doch rückwirkend (*ex tunc*) eine verfassungskonforme Regelung für „alle noch nicht
bestands- oder rechtskräftig abgeschlossenen Verwaltungs- und Gerichtsverfahren" zu
treffen (z. B. Gewährung der Pendlerpauschale „ab dem 1. Kilometer").[1594]

Von diesem Grundsatz der Anwendungssperre einer mit dem Grundgesetz für unver-   671
einbar erklärten Norm macht das BVerfG jedoch dann eine **Ausnahme**, wenn dies notwendig ist, um für die Zeit bis zu einer gesetzlichen Neuregelung ein „rechtliches Va-
kuum"[1595] zu verhindern, das „von der verfassungsmäßigen Ordnung noch weiter entfernt ist als der bisherige" Zustand.[1596] Vielmehr erklärt das BVerfG in einem solchen
Fall die **verfassungswidrige (!) Norm** – quasi als „kleineres Übel" – **für** den **Über-
gangszeitraum** als **weiterhin anwendbar**, wobei es dem Gesetzgeber mitunter eine Frist
für die von ihm zu treffende Neuregelung setzt, vgl. § 35 BVerfGG.[1597] Für den Beschwerdeführer – etwa einer Urteilsverfassungsbeschwerde – hat dies zur Konsequenz,

---

Gesetz beseitigt: Will der Gesetzgeber an seiner Regelung in verfassungsmäßiger Ausgestaltung fest-
halten, so muß er ein neues Gesetz erlassen. Will er auf die Regelung verzichten, so braucht er sie nicht
mehr durch Gesetz abzuschaffen. Es ist dann das BVerfG – anstelle des Gesetzgebers –, das die Regelung beseitigt hat. Im Falle der Beschränkung auf die **Unvereinbarerklärung** [...] der Norm könnte
der Gesetzgeber – und müßte dies dann auch tun – dieses Gesetz entweder durch Gesetz aufheben
oder es ergänzen" (Hervorhebungen d. d. Verf.). Die **Existenz eines Unterschieds noch negierend**
BVerfGE 37, 217 (262): „Ob das Gericht eine Norm für nichtig erklärt oder nur ihre Unvereinbarkeit
mit der Verfassung feststellt, hat ebenso wie für die Zukunft auch für die Vergangenheit die gleiche
Wirkung".
[1592] BVerfGE 122, 210 (246); 126, 400 (431) BVerfG, NJW 2012, S. 1711 (1715). Ebenso *Hillgru-
ber/Goos*, Verfassungsprozessrecht, Rn. 542: „**rechtlicher Schwebezustand**".
[1593] BVerfG, NJW 2009, S. 48 (54). Siehe auch *Schlaich/Korioth*, Das Bundesverfassungsgericht,
Rn. 413 f.
[1594] BVerfG, NVwZ 2011, S. 1316 (1319) m. w. N.: „**Bestands- oder rechtskräftig abgeschlossene
Verfahren können** demgegenüber **von der rückwirkenden Neuregelung ausgenommen werden**. Es
bleibt dem **Gesetzgeber zwar unbenommen**, die Wirkung der vorliegenden Entscheidung **auch auf
bestandskräftige Bescheide zu erstrecken**; von Verfassungs wegen **verpflichtet** ist er hierzu **jedoch
nicht**" (Hervorhebungen d. d. Verf.). Vgl. ferner BVerfGE 120, 125 (167); 122, 210 (247); 126, 268
(284 f.) jeweils m. w. N.
[1595] BVerfGE 121, 108 (133) m. w. N. Siehe auch *Schlaich/Korioth*, Das Bundesverfassungsgericht,
Rn. 413 m. w. N.
[1596] BVerfGE 117, 163 (201) m. w. N.
[1597] Siehe etwa BVerfGE 37, 217 (218); 72, 330 (333); 117, 1 (2); BVerfG, NJW 2012, S. 1711
(1715). „Es ist also **zu unterscheiden zwischen** dem Bestand des Gesetzes (statt der **Nichtigkeit**)
und – bei **Bestand** – dessen Anwendbarkeit bzw. **Nichtanwendbarkeit**. In diesen Unterscheidungen
liegt der Kern der Entscheidungsvariante der ‚Unvereinbarkeit'", *Schlaich/Korioth*, Das Bundes-

dass das BVerfG diese ggf. zwar zum Anlass nimmt, das dem angegriffenen Urteil zugrundeliegende Gesetz für unvereinbar mit dem Grundgesetz zu erklären, die konkrete Verfassungsbeschwerde aber wegen der Weitergeltung der verfassungswidrigen Norm dennoch unbegründet ist.[1598]

672 Diese allein im Fall der Unvereinbarkeits-, nicht hingegen auch der Nichtigerklärung eröffnete Entscheidungsmöglichkeit der vorübergehenden weiteren Anwendbarkeit der verfassungswidrigen Norm zwecks Verhinderung eines Zustands, „der der verfassungsmäßigen Ordnung noch ferner stünde als die verfassungswidrige Regelung", ist zugleich eine der Fallgruppen, in denen das BVerfG es für **geboten** erachtet, als Rechtsfolge der Verfassungswidrigkeit nicht auf die Nichtigkeit der betreffenden Vorschrift, sondern auf deren bloße Unvereinbarkeitserklärung zu erkennen.[1599] Eine derartige verfassungsrechtliche Notwendigkeit bejaht das BVerfG für die **Vergangenheit** – entgegen Teilen des Schrifttums – insbesondere bei haushaltswirtschaftlich bedeutsamen Normen v. a. des Steuerrechts.[1600] Dies ergebe sich aus den Erfordernissen „einer verlässlichen Finanz- und Haushaltsplanung [Art. 109, 110 GG] und eines gleichmäßigen Verwaltungsvollzugs [...] für Zeiträume einer weitgehend schon abgeschlossenen Veranlagung" (Art. 3 Abs. 1 GG).[1601] Ferner muss der Gesetzgeber einen mit dem Grundgesetz unvereinbaren Rechtszustand auch dann nicht rückwirkend beseitigen, wenn „die Verfassungsrechtslage bisher nicht hinreichend geklärt war und dem Gesetzgeber aus diesem Grund eine angemessene Frist zur Schaffung einer Neuregelung zu gewähren ist."[1602] Für die **Zukunft** kann die Weiteranwendung einer vom BVerfG mit dem Grundgesetz für unvereinbar erklärten Vorschrift bis zur Neuregelung durch den Gesetzgeber namentlich deshalb erforderlich sein, „um für die Übergangszeit einen Zustand der Rechtsunsicherheit [...] zu vermeiden."[1603] Die bis zur Neu- noch aufgrund

---

verfassungsgericht, Rn. 425 (Hervorhebungen d. d. Verf.). Zur **Fristenlänge** siehe *Benda/Klein*, Verfassungsprozessrecht, Rn. 1401 m. w. N.

[1598] *Michael/Morlok*, Grundrechte, Rn. 936. Vgl. ferner die vom **BVerfG** in BGBl. I 2012, S. 1715 getroffene **Anordnung bis zur gesetzlichen Neuregelung**.

[1599] BVerfGE 87, 153 (177 f.) m. w. N.; 109, 190 (235 f.) unter Hinweis auf den „Schutz überragender Güter des Gemeinwohls", denen die Nichtigerklärung „die Grundlage entziehen würde und [weil im konkreten Fall] eine Abwägung mit den betroffenen Grundrechten ergibt, dass der Eingriff für eine Übergangszeit hinzunehmen ist." Vgl. auch *Benda/Klein*, Verfassungsprozessrecht, Rn. 1376, 1402; *Gaier*, JuS 2011, S. 961 (964 f.). **A. A.** *Schlaich/Korioth*, Das Bundesverfassungsgericht, Rn. 405, die diese Verwendung der Unvereinbarerklärung wegen des Abzielens allein auf die Rechtsfolge der vorläufigen weiteren Anwendbarkeit der verfassungswidrigen Norm an sich für unzulässig erachten.

[1600] BVerfGE 126, 268 (285) m. w. N. **A. A.** *Seer, Roman*, in: Tipke/Lang, Steuerrecht, 20. Auflage, Köln 2010, § 22 Rn. 287 m. w. N.

[1601] BVerfGE 121, 108 (133) m. w. N. Im Fall von BVerfGE 122, 210 (246) wurde das Vorliegen dieser Voraussetzungen dagegen deshalb verneint, weil die verfassungswidrige Norm „einen vergleichsweise kurzen Anwendungszeitraum" hatte, deren „Verfassungsmäßigkeit stets umstritten war" und worauf „auch die Finanzverwaltung bereits [...] mit vorläufigen Regelungen reagiert hatte".

[1602] BVerfGE 125, 175 (258) m. w. N.

[1603] BVerfGE 117, 1 (70) m. w. N.

der Altregelung ergehenden Rechtsakte sind ihrerseits verfassungsrechtlich nicht zu beanstanden.[1604]

Beispiel 117[1605]

Da der Gesetzgeber die sog. „Hartz IV"-Regelleistung i. H. v. monatlich 345,- Euro nicht   673
in verfassungsgemäßer Weise ermittelt hat, hat er gegen das Grundrecht auf Gewährleistung eines menschenwürdigen Existenzminimums aus Art. 1 Abs. 1 GG i. V. m. dem
Sozialstaatsprinzip des Art. 20 Abs. 1 GG verstoßen. Eine Nichtigerklärung der Vorschriften über die Höhe der Regelleistung würde jedoch dazu führen, dass es an einer gesetzlichen Grundlage für die Gewährung von Leistungen zur Sicherstellung eines menschenwürdigen Existenzminimums völlig fehlen würde. Dies hätte wegen des
in § 31 SGB I angeordneten und durch die Verfassung vorgegebenen Gesetzesvorbehalts[1606] wiederum zur Folge, dass Hilfebedürftige überhaupt keine Leistungen erhalten
könnten. Damit aber würde ein Zustand geschaffen (Regelleistung i. H. v. 0,- Euro),
der von der verfassungsmäßigen Ordnung noch weiter entfernt wäre als der bisherige
(Regelleistung i. H. v. 345,- Euro). Da das BVerfG aufgrund des gesetzgeberischen Ge-
staltungsermessens allerdings nicht befugt ist, auf Grund eigener Einschätzungen und
Wertungen gestaltend selbst einen bestimmten Leistungsbetrag festzusetzen, erklärt es
die verfassungswidrigen „Hartz IV"-Normen bis zu einer Neuregelung durch den Gesetzgeber für weiterhin anwendbar.

Wichtigste Fallgruppe der bloßen Unvereinbarkeitserklärung einer Norm ist nach st.   674
Rspr. des BVerfG[1607] freilich der **Verstoß** der Legislative **gegen** ein Gleichheitsgrund-
recht. Im Unterschied zu den Freiheitsgrundrechten, die bestimmte Staatstätigkeiten
absolut ausschließen (z. B. Art. 5 Abs. 1 Satz 3 GG die Vorzensur; siehe Beispiel 43),
verstößt eine gesetzliche Regelung nämlich nicht etwa bereits dadurch gegen **Art. 3
Abs. 1 GG**, dass sie eine bestimmte Begünstigung gewährt. Vielmehr kann sich in
derartigen Fällen ein Verfassungsverstoß erst daraus ergeben, dass der Gesetzgeber
diese Begünstigung nur einer Gruppe (A) zuteil werden lässt, während er eine andere
Gruppe (B) hiervon ausschließt, d. h. aus dem (relativen) Verhältnis dieser Regelungen
(Begünstigung oder Ausschluss) zueinander, sog. „gleichheitswidriger Begünstigungs-

---

[1604] *Benda/Klein*, Verfassungsprozessrecht, Rn. 1402.
[1605] Nach BVerfGE 125, 175.
[1606] „Die **Gewährleistung eines menschenwürdigen Existenzminimums** muss durch einen gesetzlichen Anspruch gesichert sein. Dies verlangt bereits unmittelbar der Schutzgehalt des Art. 1
Abs. 1 GG. **Ein Hilfebedürftiger darf nicht auf freiwillige Leistungen des Staates oder Dritter
verwiesen werden**, deren Erbringung nicht durch ein subjektives Recht des Hilfebedürftigen gewährleistet ist", BVerfGE 125, 175 (223) (Hervorhebungen d. d. Verf.).
[1607] BVerfGE 126, 268 (284 f.) m. w. N.; BVerfG, NJW 2012, S. 1711 (1714). Siehe auch BVerfGE 127,
293 (334): Feststellung der Unvereinbarkeit einer nationalen Vorschrift mit der Maßgabe ihrer Anwendbarkeit für einen bestimmten Zeitraum, weil ansonsten ein „**Umsetzungsdefizit**" hinsichtlich
einer EU-Richtlinie (Art. 288 Abs. 3 AEUV) entstünde.

ausschluß"[1608].[1609] Bereits das „Begehren der Verfassungsbeschwerde ist [in solchen Konstellationen] also nicht auf die Nichtigkeit der [...] Vorschrift im ganzen gerichtet – damit würde jede Grundlage für den [geltend gemachten] Anspruch entfallen –, sondern (positiv ausgedrückt) auf die Ausdehnung der Regelung auf die [Gruppe B] oder (negativ ausgedrückt) auf die Nichtigerklärung des Ausschlusses der [Gruppe B] von der gesetzlichen Vergünstigung oder jedenfalls auf die Feststellung der Verfassungswidrigkeit dieses Ausschlusses mit dem Ziel ihrer nachfolgenden Einbeziehung durch den Gesetzgeber."[1610] Darüber hinaus verbietet sich eine Nichtigerklärung in diesen Fällen wegen des Gewaltenteilungsprinzips (Art. 20 Abs. 2 Satz 2 GG) sowie aus materiellen Gründen. Denn bei einem Gleichheitsverstoß hat der Gesetzgeber i. d. R. mehrere Möglichkeiten, den verfassungswidrigen (gleichheitswidrigen) Zustand zu beseitigen:[1611] „Entweder wird die übergangene Gruppe [B] in die gesetzliche Vergünstigung einbezogen, oder die Vergünstigung wird überhaupt beseitigt, oder der Kreis der Begünstigten wird nach anderen, dem Art. 3 Abs. 1 GG entsprechenden Merkmalen abgegrenzt. Welche dieser Möglichkeiten im konkreten Fall gewählt werden soll, muß grundsätzlich der Gestaltungsfreiheit des Gesetzgebers überlassen bleiben [...]. Das BVerfG darf daher bei Feststellung des Verfassungsverstoßes nicht selbst die verletzte Gleichheit wiederherstellen, indem es die gesetzliche Vergünstigung auf die übergangene Personengruppe ausdehnt, weil es damit der Entscheidung des Gesetzgebers vorgreifen würde."[1612]

Beispiel 118[1613]

675   Die Regelung in § 622 Abs. 2 BGB a. F., wonach die Kündigungsfrist für Arbeiter (zwei Wochen) kürzer war als für Angestellte (sechs Wochen), verstieß gegen den allgemeinen Gleichheitssatz des Art. 3 Abs. 1 GG, weil sie ohne ausreichenden Grund Arbeiter schlechter stellte als Angestellte. Dieser Verfassungsverstoß konnte nur im Wege einer Neuregelung durch den Gesetzgeber beseitigt werden, dem hierfür verschiedene Regelungsmöglichkeiten zur Verfügung standen (z. B. Verlängerung der Kündigungsfrist für Arbeiter auf sechs Wochen, Reduzierung der Kündigungsfrist für Angestellte auf zwei Wochen, Statuierung einer neuen Kündigungsfrist für Arbeiter und Angestellte von jeweils z. B. acht Wochen). In einem solchen Fall muss das BVerfG sich grundsätzlich

---

[1608] BVerfG, NVwZ-RR 2012, S. 257 (260).

[1609] *Schlaich/Korioth*, Das Bundesverfassungsgericht, Rn. 401 f. Siehe auch Rn. 531.

[1610] BVerfGE 22, 349 (359 f.).

[1611] BVerfGE 126, 268 (284 f.) m. w. N.; *Degenhardt, Christoph*, Staatsrecht I, 27. Auflage, Heidelberg 2011, Rn. 805; *Papier/Krönke*, Grundkurs Öffentliches Recht 2, Rn. 227 f. **A. A.** *Sachs*, Verfassungsprozessrecht, Rn. 158, 558, der diese Rechtsprechung deshalb nicht für überzeugend hält, weil „auch nach der Nichtigerklärung grundsätzlich eine Neugestaltung unter Einbeziehung der gleichheitswidrig ausgeschlossenen Personen bzw. Fallgruppen möglich wäre".

[1612] BVerfGE 22, 349 (361 f.) m. w. N. Siehe auch *Benda/Klein*, Verfassungsprozessrecht, Rn. 1394 m. w. N., denen zufolge die Nichtigkeitsfolge „nicht auf eine sich erst aus einer ‚Normenrelation' ergebende Verfassungswidrigkeit" passe.

[1613] Nach BVerfGE 82, 126.

darauf beschränken, die diskriminierende Bestimmung lediglich als unvereinbar mit dem Grundgesetz – und nicht für nichtig – zu erklären.

Etwas anderes gilt ganz **ausnahmsweise** dann, „wenn mit Rücksicht auf einen zwingen-   676
den Verfassungsauftrag oder nach den sonstigen Umständen des Einzelfalles nur [...] eine Möglichkeit zur Beseitigung des Verfassungsverstoßes in Betracht kommt.“[1614] Dann
kann es „geboten sein, für eine Übergangszeit die **Ausdehnung einer gleichheitswidrigen** [...] **Begünstigungsnorm** auf die benachteiligte Gruppe anzuordnen. Jedenfalls
in den Fällen, in denen die mit der Unvereinbarerklärung verbundenen Unsicherheiten
für die Betroffenen gravierende Auswirkungen haben, die Ausdehnung der [...] Begünstigung durch den Gesetzgeber sehr wahrscheinlich ist und die [...] Auswirkungen
überschaubar sind, kommt die weitere Anwendbarkeit der gleichheitswidrigen Begünstigungsnorm unter gleichzeitiger Ausdehnung der Begünstigung für eine Übergangszeit
in Betracht.“[1615]

[1614] BVerfGE 22, 349 (361 f.) m. w. N. **Umgekehrt fehlt** es mangels Entscheidungserheblichkeit **bereits** am **allgemeinen Rechtsschutzbedürfnis** (Rn. 648) einer Verfassungsbeschwerde, „**wenn der
Gesetzgeber an** der **Schaffung einer für** den [Beschwerdeführer] **günstigeren Regelung** aus Rechts-
gründen oder aus offenkundigen sachlichen Gründen **gehindert ist**“, BVerfG, NVwZ 2010, S. 1429
(1430) m. w. N. (Hervorhebungen d. d. Verf.).
[1615] BVerfGE 121, 108 (133) (Hervorhebungen d. d. Verf.).
[1616] Zum Schaubild vgl. auch *Schlaich/Korioth*, Das Bundesverfassungsgericht, Rn. 400: „Eine Norm,
die gegen die Verfassung verstößt, ist immer und ohne Einschränkung **verfassungswidrig**. Die
Verfassungswidrigkeit hat zur Folge, daß das BVerfG die Norm entweder für **nichtig** (Nichtigerklärung) erklärt oder sich auf den Ausspruch der **Unvereinbarkeit** (Unvereinbarerklärung) beschränkt“
(Hervorhebungen abweichend vom Original), wobei im letztgenannten Fall weiter zwischen der
Anwendbarkeit und der **Nichtanwendbarkeit** der Norm zu differenzieren ist, siehe *dies.*, a. a. O.,
Rn. 425.

677

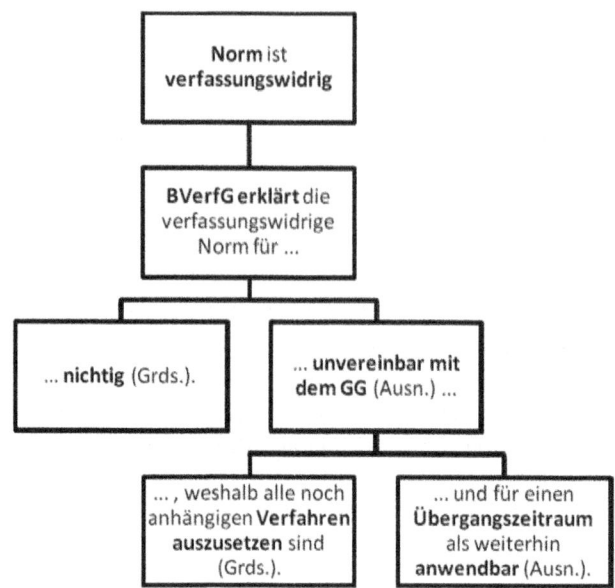

Entscheidungsinhalt bei verfassungswidriger Norm[1616]

678   Bestünde die logische Konsequenz der **Nichtigerklärung** einer verfassungswidrigen Norm *ex tunc* an sich darin, dass alle zwischenzeitlich auf ihrer Grundlage ergangenen Rechtsakte ebenfalls beseitigt würden,[1617] so wird diese Rechtsfolge „im Interesse des Rechtsfriedens und der Rechtssicherheit"[1618] durch § 95 Abs. 3 Satz 3 i. V. m. § 79 BVerfGG doch in erheblichem Umfang begrenzt. Danach gilt hinsichtlich (bestands-/rechtskräftiger) **Verwaltungs-/Gerichtsentscheidungen**, die auf Grundlage eines durch das BVerfG für nichtig erklärten Gesetzes ergangen und ihrerseits nicht mit der Verfassungsbeschwerde angegriffen wurden,[1619] Folgendes:

679   • „Gegen ein rechtskräftiges **Strafurteil**, das auf einer mit dem Grundgesetz für unvereinbar oder [...] für nichtig erklärten Norm oder auf der Auslegung einer Norm beruht, die vom BVerfG für unvereinbar mit dem Grundgesetz erklärt worden ist, ist die Wiederaufnahme des Verfahrens nach den Vorschriften der Strafprozeßordnung zulässig", § 79 Abs. 1 BVerfGG.

680   • „**Im übrigen bleiben** vorbehaltlich der Vorschrift des § 95 Abs. 2 [BVerfGG] oder einer besonderen gesetzlichen Regelung **die nicht mehr anfechtbaren** (Verwaltungs-/

[1617] *Schlaich/Korioth*, Das Bundesverfassungsgericht, Rn. 390.
[1618] BVerfGE 115, 51 (62).
[1619] Vgl. *Hömig, Dieter*, in: Maunz/Schmidt-Bleibtreu/Klein/Bethge, 31. EGL, München 2009, BVerfGG, § 95 Rn. 39.

Gerichts-[1620])**Entscheidungen**, die auf einer […] für nichtig[1621] erklärten Norm beruhen, **unberührt**. Die Vollstreckung aus einer solchen Entscheidung ist unzulässig. Soweit
die Zwangsvollstreckung nach den Vorschriften der Zivilprozeßordnung durchzuführen
ist, gilt die Vorschrift des § 767 der Zivilprozeßordnung entsprechend. Ansprüche aus
ungerechtfertigter Bereicherung sind ausgeschlossen", § 79 Abs. 2 BVerfGG.

Verallgemeinernd lässt sich aus dem Vorstehenden der **Rechtsgedanke** ableiten, „dass   681
einerseits zwar unanfechtbar gewordene Akte der öffentlichen Gewalt, die auf verfassungswidriger Grundlage zustande gekommen sind, nicht rückwirkend aufgehoben und
die nachteiligen Wirkungen, die in der Vergangenheit von ihnen ausgegangen sind, nicht
beseitigt werden, andererseits jedoch zukünftige Folgen, die sich aus einer zwangsweisen
Durchsetzung verfassungswidriger Entscheidungen ergeben würden, abgewendet werden
sollen."[1622] Aus Sicht des Bürgers bedeutet dies, dass er – ohne selbst Verfassungsbeschwerde zu erheben – nur dann von einer etwaigen späteren Nichtigerklärung eines
Gesetzes durch das BVerfG profitieren kann, wenn er gegen den hierauf beruhenden, ihn
belastenden Verwaltungsakt vorsorglich Widerspruch (§ 68 Abs. 1 Satz 1 VwGO) bzw. Anfechtungsklage (§ 42 Abs. 1 1. Alt. VwGO) einlegt oder im Fall von dessen Bestandskraft
sowie Fälligkeit der darin festgesetzten Leistung an den Staat diese zumindest so lange wie
möglich verzögert.[1623]

Beispiel 119[1624]

A, B und C werden jeweils durch Bescheid vom 1. April zur Zahlung einer Abgabe   682
herangezogen. Obgleich die Verhältnisse bei allen drei gleich liegen, reagieren sie unterschiedlich: A zahlt sofort, B erhebt einen zulässigen Widerspruch gegen den Abgabenbescheid und C tut nichts. Mehrere Monate später wird das Gesetz, auf dessen
Grundlage die Abgabenbescheide gegenüber A, B und C erlassen wurden, vom BVerfG
für nichtig erklärt. Hat A einen Anspruch auf Rückzahlung „seines" Geldes; müssen B
und C noch zahlen?

A kann das von ihm gezahlte Geld nicht mehr zurückverlangen, da die Rechtsgrundlage für die Zahlung – der Abgabenbescheid – mittlerweile bestandskräftig geworden
ist. Dass die dem Bescheid zugrunde liegende gesetzliche Ermächtigungsgrundlage

---

[1620] Vgl. *Hillgruber/Goos*, Verfassungsprozessrecht, Rn. 550.
[1621] **§ 79 Abs. 2 BVerfGG** ist **analog** anzuwenden, **wenn** sich das BVerfG darauf beschränkt, **lediglich
die Unvereinbarkeit** einer Norm mit der Verfassung **festzustellen**, siehe BVerfGE 37, 217 (262 f.);
115, 51 (65).
[1622] BVerfGE 115, 51 (63).
[1623] Vgl. *Schlaich/Korioth*, Das Bundesverfassungsgericht, Rn. 392.
[1624] Nach *Maurer, Hartmut*, Staatsrecht I, 6. Auflage, München 2010, § 20 Rn. 88 mit dem *de lege lata*
sachlich zutreffenden, rechtspolitisch freilich überaus fragwürdigen **Fazit, dass „der loyale Bürger
‚bestraft', der säumige Bürger aber ‚belohnt' wird"**. Vgl. auch *Schlaich/Korioth*, Das Bundesverfassungsgericht, Rn. 393: „§ 79 BVerfGG trifft die Entscheidung im **Konflikt zwischen Rechtssicherheit
und materieller Gerechtigkeit** im Regelfall zugunsten der verfassungswidrigen Lage und zu Lasten
der Gerechtigkeit im Einzelfall" (Hervorhebungen im Original).

nunmehr vom BVerfG für nichtig erklärt wurde, führt nach § 79 Abs. 2 Satz 1 BVerfGG zu keinem anderen Ergebnis.

Auf den von B in zulässiger Weise erhobenen Widerspruch hin muss die Behörde den Abgabenbescheid aufheben, weil es für diesen belastenden Verwaltungsakt aufgrund der Nichtigerklärung der zugrunde liegenden Abgabennorm durch das BVerfG an der notwendigen gesetzlichen Ermächtigungsgrundlage fehlt. B muss daher nicht zahlen.

Im Fall des C ist der Bescheid zwar ebenso wie im Fall des A bestandskräftig geworden. Da aber gem. § 79 Abs. 2 Satz 2 BVerfGG die Vollstreckung aus einer Entscheidung (u. a. Verwaltungsakt), die auf einer vom BVerfG für nichtig erklärten Norm beruht, unzulässig ist, ist C aktuell nicht mehr zur Zahlung gehalten.

683   Abweichend von anderen gerichtlichen Entscheidungen, die grundsätzlich nur die jeweiligen Verfahrensbeteiligten (*inter partes*) binden (z. B. § 121 Nr. 1 VwGO), binden die Entscheidungen des BVerfG nach § 31 Abs. 1 BVerfGG sämtliche Verfassungsorgane des Bundes und der Länder sowie alle Gerichte und Behörden (Fälle des § 95 Abs. 1, 2 BVerfGG).[1625] Darüber hinaus hat die Entscheidung des BVerfG gem. § 31 Abs. 2 Satz 1, 2 BVerfGG sogar **Gesetzeskraft** (vgl. auch Art. 94 Abs. 2 Satz 1 GG), d. h. wirkt für jedermann (*erga omnes*[1626]), und ist die Entscheidungsformel im Bundesgesetzblatt zu veröffentlichen, wenn das BVerfG auf eine Verfassungsbeschwerde hin ein Gesetz als mit dem Grundgesetz vereinbar oder unvereinbar oder für nichtig erklärt (Fälle des § 95 Abs. 3 BVerfGG).[1627]

Beispiel 120

684   Aufwendungen eines Arbeitnehmers für die Wege zwischen Wohnung und Arbeitsstätte konnten seit dem Reichseinkommensteuergesetz von 1920 als Werbungskosten abgezogen werden. M. W. v. 1. Januar 2007 hatte der Gesetzgeber in § 9 Abs. 2 Satz 1 EStG angeordnet, dass Aufwendungen eines Arbeitnehmers für Fahrten zwischen Wohnung

---

[1625] *Fleury*, Verfassungsprozessrecht, Rn. 373. In der **Nichtbeachtung** dieser Bindungswirkung liegt ein eigenständiger **Verstoß gegen Art. 20 Abs. 3 GG**, der durch den hiervon Betroffenen – nach Erschöpfung des Rechtswegs – mittels einer auf Art. 2 Abs. 1 i. V. m. Art. 20 Abs. 3 GG gestützten Verfassungsbeschwerde vor dem BVerfG geltend gemacht werden kann, siehe *Benda/Klein*, Verfassungsprozessrecht, Rn. 1476 m. w. N. Zu § 121 VwGO siehe *Wienbracke, Mike*, Verwaltungsprozessrecht, Heidelberg 2009, Rn. 177.

[1626] Lat.: „zwischen allen" (und nicht nur inter partes, d. h. zwischen den am konkreten Rechtsstreit beteiligten Parteien).

[1627] *Fleury*, Verfassungsprozessrecht, Rn. 373. Siehe z. B. BGBl. I 1989, 2052; 2010, S. 272; 2012, S. 507. Hintergrund: Um einer normverwerfenden Gerichtsentscheidung zur Durchsetzung zu verhelfen, soll ihr derselbe Rang zugebilligt werden wie der verworfenen Norm selbst. Zudem wirkt ein Gesetz „für und gegen" alle ihm Unterworfenen, sodass auch eine gesetzesverwerfende Gerichtsentscheidung für jedermann verbindlich sein muss, *Benda/Klein*, Verfassungsprozessrecht, Rn. 1436, 1439. Aufgrund der *„eo ipso*-Nichtigkeit verfassungswidriger Normen" (Rn. 668) hat diese **Veröffentlichung im BGBl.** allerdings **nur deklaratorische Wirkung**, siehe *Gaier*, JuS 2011, S. 961 (962, 964).

und Arbeitsstätte keine Werbungskosten sind. Demgegenüber konnten nach § 9 Abs. 2 Satz 2 EStG i. d. F. des Steueränderungsgesetzes 2007 Aufwendungen, die für Wege zwischen Wohnung und regelmäßiger Arbeitsstätte ab dem 21. Entfernungskilometer entstehen, wie Werbungskosten abgezogen werden, jedoch, soweit der Arbeitnehmer keinen Kraftwagen benutzt, nur bis zu einer Höhe von 4500,- Euro im Kalenderjahr. Mit Urteil vom 9.12.2008 erklärte das BVerfG diese Vorschriften wegen Verstoßes gegen Art. 3 Abs. 1 GG für verfassungswidrig. Entsprechend wurde in BGBl. I 2008, S. 2888 die Entscheidungsformel veröffentlicht:

„1. § 9 Absatz 2 Satz 1 und Satz 2 des Einkommensteuergesetzes in der seit Inkrafttreten des Steueränderungsgesetzes 2007 vom 19. Juli 2006 (Bundesgesetzblatt Teil I Seite 1652) geltenden Fassung ist mit Artikel 3 Absatz 1 des Grundgesetzes unvereinbar.

2. Bis zu einer gesetzlichen Neuregelung ist § 9 Absatz 2 Satz 2 des Einkommensteuergesetzes im Wege vorläufiger Steuerfestsetzung (§ 165 der Abgabenordnung) sowie entsprechend im Lohnsteuerverfahren, hinsichtlich der Einkommensteuervorauszahlungen und in sonstigen Verfahren, in denen das zu versteuernde Einkommen zu bestimmen ist, mit der Maßgabe anzuwenden, dass die tatbestandliche Beschränkung auf ‚erhöhte‘ Aufwendungen ‚ab dem 21. Entfernungskilometer‘ entfällt.

Die vorstehende Entscheidungsformel hat gemäß § 31 Abs. 2 des Bundesverfassungsgerichtsgesetzes Gesetzeskraft [...].“

Sachverzeichnis

Die Zahlen verweisen auf die Randnummern.

Literatur

Albers, Marion, JuS 2008, S. 945

Benda, Ernst/Klein, Eckart, Verfassungsprozessrecht, 3. Auflage, Heidelberg u. a. 2012

Berg, Wilfried, Staatsrecht, 6. Auflage, Stuttgart 2011

Bryde, Brun-Otto/Kleindiek, Ralf, Jura 1999, S. 36

Detterbeck, Steffen, Öffentliches Recht, 8. Auflage, München 2011

de Wall, Heinrich/Wagner, Roland, JA 2011, S. 734

Ehlers, Dirk/Schoch, Friedrich, Rechtsschutz im Öffentlichen Recht, Berlin 2009

Enders, Christoph, Jura 2003, S. 34

Epping, Volker, Grundrechte, 5. Auflage, Berlin u. a. 2012

Epping, Volker/Lenz, Sebastian, Jura 2007, S. 881

Fischinger, Philipp S., JuS 2007, S. 808

Fleury, Roland, Verfassungsprozessrecht, 8. Auflage Köln 2009

Frenz, Walter, Jura 2012, S. 198

Gaier, Rainhard, JuS 2011, S. 961

Geis, Max-Emanuel/Thirmeyer, Stephan, JuS 2012, S. 316

Gersdorf, Hubertus, Verfassungsprozessrecht und Verfassungsmäßigkeitsprüfung, 3. Auflage, Heidelberg u. a. 2010

Guckelberger, Annette, JuS 2003, S. 1151

Günther, Thomas/Franz, Einiko B., JuS 2006, S. 788

dies., JuS 2006, S. 873

Gusy, Christoph, Die Verfassungsbeschwerde, Heidelberg 1988

Hillgruber, Christian/Goos, Christoph, Verfassungsprozessrecht, 3. Auflage, Heidelberg u. a. 2011

Hufen, Friedhelm, Staatsrecht II, 3. Auflage, München 2011

Hummel, David, JA 2010, S. 346

Ipsen, Jörn, Staatsrecht II, 14. Auflage, München 2011

Jarass, Hans D./Pieroth, Bodo, GG, 11. Auflage, München 2011

Jochum, Heike/Durner, Wolfgang, JuS 2005, S. 412

Katz, Alfred, Staatsrecht, 18. Auflage, Heidelberg u. a. 2010

Kahl, Wolfgang, JuS 2008, S. 595

Kluth, Winfried, Jura 2001, S. 371

Kobor, Hagen, JuS 2006, S. 593

Krausnick, Daniel, JuS 2007, S. 991

ders., JuS 2007, S. 1088

ders., JuS 2008, S. 869

Lechner, Hans/Zuck, Rüdiger, BVerfGG, 6. Auflage, München 2011

Lege, Joachim, Jura 2002, S. 753

ders., Jura 2011, S. 507

ders., Jura 2011, S. 826

Lembke, Ulrike, JuS 2005, S. 984

Manssen, Gerrit, Staatsrecht II, 9. Auflage, München 2012

Michael, Lothar, JuS 2001, S. 148

ders., JuS 2001, S. 654

ders., JuS 2001, S. 764

ders., JuS 2001, S. 866

Michael, Lothar/Morlok, Martin, Grundrechte, 3. Auflage, Baden-Baden 2012

Neureither, Georg, JuS 2006, S. 1067

ders., JuS 2007, S. 20

Nolte, Martin/Tams, Christian J., JuS 2004, S. 294

dies., JuS 2006, S. 31

Papier, Hans-J./Krönke, Christoph, Grundkurs Öffentliches Recht 2, Heidelberg u. a. 2012

Pestalozza, Christian, Verfassungsprozessrecht, 3. Auflage, München 1991

Pieroth, Bodo/Schlink, Bernhard, Grundrechte, 27. Auflage, Heidelberg u. a. 2011

Robbers, Gerhard, Verfassungsprozessuale Probleme in der öffentlich-rechtlichen Arbeit, 2. Auflage, München 2005

Sachs, Michael, Verfassungsrecht II, 2. Auflage, Berlin u. a. 2003

Sachs, Michael, Verfassungsprozessrecht, 3. Auflage, Tübingen u. a. 2010

Scherzberg, Arno/Mayer, Matthias, Jura 2004, S. 373

dies., Jura 2004, S. 513

dies., Jura 2004, S. 663

Schlaich, Klaus/Korioth, Stefan, Das Bundesverfassungsgericht, 9. Auflage, München 2012

Schoch, Friedrich, Jura 2001, S. 201

Schwarz, Kyrill-A., JuS 2009, S. 315

Sodan, Helge/Ziekow, Jan, Grundkurs Öffentliches Recht, 5. Auflage 2012

Stein, Ekkehart/Frank, Götz, Staatsrecht, 21. Auflage, Tübingen 2010

Tillmanns, Reiner, Jura 2004, S. 619

von Kielmansegg, Sebastian, JuS 2008, S. 23

ders., JuS 2009, S. 19

ders., JuS 2009, S. 118

ders., JuS 2009, S. 216

Voßkuhle, Andreas, JuS 2007, S. 118

ders., JuS 2007, S. 429

Voßkuhle, Andreas/Kaiser, Anna-Bettina, JuS 2009, S. 313

dies., JuS 2011, S. 411

Wernsmann, Rainer, Jura 2000, S. 657

Wilms, Heinrichs, Staatsrecht II, Stuttgart 2010

Zippelius, Reinhold/Würtenberger, Thomas, Deutsches Staatsrecht, 32. Auflage, München 2008

Zuck, Das Recht der Verfassungsbeschwerde, 3. Auflage, München 2006

The manufacturer's authorised representative in the EU is Springer
Nature Customer Service Centre GmbH, Europaplatz 3, 69115 Heidelberg,
Germany. If you have any concerns regarding our products, please
contact ProductSafety@springernature.com

Printed and bound by CPI Group (UK) Ltd, Croydon, CR0 4YY
23/04/2026
02095635-0014